Physica-Schriften zur Betriebswirtschaft

Physica-Schriften zur Betriebswirtschaft

Informationen über die Bände 1–44
sendet Ihnen auf Anfrage gerne der Verlag.

Band 45
Christoph Kaserer
Optionsmärkte und Risikoallokation

Band 46
Bernd Hempelmann
Qualitäts- und Kommunikationspolitik angesichts von Produktrisiken

Band 47
Stephan Schumacher
PPS-Systeme für Unternehmen der Klein- und Mittelserienfertigung

Band 48
Andreas Bölte
Modelle und Verfahren zur innerbetrieblichen Standortplanung

Band 49
Andrea Piro
Betriebswirtschaftliche Umweltkostenrechnung

Band 50
Hermann Jahnke
Produktion bei Unsicherheit

Band 51
Bernd Schäfer
Informationsverarbeitung und Preisbildung am Aktien- und Optionsmarkt

Band 52
Wolfgang Brüggemann
Ausgewählte Probleme der Produktionsplanung

Band 53
Andreas Kleine
Entscheidungstheoretische Aspekte der *Principal*-Agent-Theorie

Band 54
Alexander Kempf
Zum Preiszusammenhang zwischen Kassa- und Futuresmärkten

Band 55
Jürgen Elsner
Chaos und Zufall am deutschen Aktienmarkt

Band 56
Markus Riess
Effizienzkonzepte und nutzentheoretische Ansätze zur Lösung stochastischer Entscheidungsmodelle

Band 57
Anne Chwolka
Controlling als ökonomische Institution

Band 58
Gerd Lockert
Risikofaktoren und Preisbildung am deutschen Aktienmarkt

Band 59
Hagen Lindstädt
Optimierung der Qualität von Gruppenentscheidungen

Band 60
Thomas Pfeiffer
Innerbetriebliche Verrechnungspreisbildung bei dezentralen Entscheidungsstrukturen

Band 61
Peter Nippel
Strategische Investitionsplanung und Finanzierung

Kathrin Fischer

Standortplanung unter Berücksichtigung verschiedener Marktbedingungen

Mit 15 Abbildungen
und 8 Tabellen

Physica-Verlag

Ein Unternehmen
des Springer-Verlags

Dr. Kathrin Fischer
Institut für Logistik und Transport
Universität Hamburg
Von-Melle-Park 5
D-20146 Hamburg

ISBN 3-7908-1031-2 Physica-Verlag Heidelberg

Die Deutsche Bibliothek – CIP-Einheitsaufnahme
Fischer, Kathrin: Standortplanung unter Berücksichtigung verschiedener Marktbedingungen / Kathrin Fischer. – Heidelberg: Physica-Verl., 1997
(Physica-Schriften zur Betriebswirtschaft; Bd. 62)
ISBN 3-7908-1031-2

Umschlaggestaltung: Erich Kirchner, Heidelberg

SPIN 10631560 88/2202-5 4 3 2 1 0 – Gedruckt auf säurefreiem Papier

"Wenn diese Arbeit einen Wert hat, so besteht er in Zweierlei. Erstens darin, daß in ihr Gedanken ausgedrückt sind, und dieser Wert wird umso größer sein, je besser die Gedanken ausgedrückt sind. - Hier bin ich mir bewußt, weit hinter dem Möglichen zurückgeblieben zu sein. Einfach darum, weil meine Kraft zur Bewältigung der Aufgabe zu gering ist. - Mögen andere kommen und es besser machen.
Dagegen scheint mir die Wahrheit der hier mitgeteilten Gedanken unantastbar und definitiv. Ich bin also der Meinung, die Probleme im Wesentlichen gelöst zu haben.

Und wenn ich mich hierin nicht irre, so besteht nun der Wert dieser Arbeit zweitens darin, daß sie zeigt, wie wenig damit getan ist, daß die Probleme gelöst sind."

Ludwig Wittgenstein

Aus dem Vorwort des
Tractatus logico-philosophicus
Logisch-philosophische Abhandlung

Inhaltsverzeichnis

1 Einleitung

1.1 Einführung und Ordnungsschema ... 1
1.2 Überblick ... 5
1.3 Spieltheoretischer Bezug ... 7
1.4 Spieltheoretische Grundlagen ... 9

2 Klassifizierung und Einordnung von klassischen Standortplanungsproblemen

2.1 Überblick und Ziel ... 26
2.2 Standortplanung aus theoretischer und praktischer Sicht ... 27
2.3 Klassische Standortplanungsprobleme ... 32
2.4 Klassifizierungsmerkmale klassischer Standortplanungsprobleme ... 44
2.5 Auswertung des Merkmalskatalogs
2.5.1 Anwendung auf Beispielprobleme ... 60
2.5.2 Diskussion des Merkmalskatalogs ... 62
2.5.3 Zielsetzungen in der klassischen Standortplanung ... 64
2.6 Geeignete Marktbedingungen für die klassische Standortplanung
2.6.1 Übereinstimmung von Kostenminimierung und Gewinnmaximierung ... 68
2.6.2 Einordnung der klassischen Standortplanung in das Ordnungsschema ... 73
2.7 Erweiterungen klassischer Problemstellungen
2.7.1 Berücksichtigung variabler Produktionsverhältnisse oder elastischer Nachfrage ... 75
2.7.2 Ein allgemeines Modell der Standortplanung mit Produktion ... 77
2.7.3 Literaturdiskussion ... 80
2.7.4 Folgerungen für Netzwerkprobleme ... 86
2.7.5 Räumliches Monopol ... 89
2.7.6 Klassische Ziele in wohlfahrtsorientierten Modellen ... 92
2.8 Zusammenfassung ... 95

3 Mengenmodelle für räumlich diversifizierte Märkte

3.1 Abgrenzung klassischer Standortplanung gegen räumliche Gleichgewichte . . . 97
3.2 Punktmarktmodelle . . . 100
3.3 Markttheorie für räumlich diversifizierte Märkte
3.3.1 Literaturüberblick und Grundmodell räumlicher Gleichgewichte 112
3.3.2 Räumliche Gleichgewichte als Optimierungsprobleme . . . 116
3.3.3 Räumliche Gleichgewichte als Komplementärprobleme . . . 120
3.3.4 Räumliches Gleichgewicht und klassisches Transportproblem . . 129
3.3.5 Literaturüberblick über Netzwerkmodelle für räumliche Gleichgewichte . . . 134
3.3.6 Beispiele für räumliche Gleichgewichte . . . 139
3.4 Räumliche Oligopole
3.4.1 Räumliche Oligopole als Komplementärprobleme . . . 144
3.4.2 Grenzfall des Oligopols auf dem Punktmarkt . . . 152
3.4.3 Grenzfall des Monopols . . . 155
3.4.4 Grenzfall vollständiger Konkurrenz . . . 157
3.4.5 Beispiele für räumliche Oligopole . . . 164
3.4.6 Zusammenfassung . . . 172
3.5 Standort- und Mengenmodelle
3.5.1 Standortplanung eines Anbieters in Gleichgewichtsmodellen . . . 173
3.5.2 Standortplanung mehrerer Anbieter . . . 182
3.5.3 Einordnung in das Ordnungsschema . . . 188

4 Standort- und Preismodelle für räumlich diversifizierte Märkte

4.1 Einleitung und Überblick . . . 189
4.2 Abgrenzung und Einordnung der Konkurrenzstandortplanung . . . 191
4.3 Klassifizierungsmerkmale für (Preis-)Modelle räumlicher Konkurrenz 194
4.4 Gleichgewichtskonzepte für Standortplanung unter Konkurrenz . . . 202
4.5 Das Hotelling-Modell
4.5.1 Das Hotellingsche Grundmodell . . . 205
4.5.2 Weitere Analyse der Hotelling-Situation . . . 214

4.6 Linienmodelle räumlicher Konkurrenz
4.6.1 Modelle mit reiner Standortkonkurrenz 220
4.6.2 Preisentscheidungen 234
4.6.3 Standort- und Preisentscheidungen 239
4.6.4 Zusammenfassung und Bewertung 263
4.7 Standortkonkurrenz in Netzwerken
4.7.1 Einführung 266
4.7.2 Ansätze der diskreten Optimierung 268
4.7.3 Abstimmungsspiele zur Standortbestimmung 279
4.7.4 Graphentheoretische Ansätze 287
4.7.5 Baumspiele 294
4.7.6 Weitere Varianten für Netzwerk-Modelle 301
4.8 Kooperative Spieltheorie in der Standortplanung 308
4.9 Konkurrenzstandortplanung in der Ebene 317

5 Schlußbemerkung 319

Anhang I

Literaturüberblick zum Merkmalskatalog klassischer Probleme 323

Anhang II

Komplementärprobleme
II.1 Einführung und Definitionen 328
II.2 Lineare Programme als lineare Komplementärprobleme 330
II.3 Komplementärpivot-Verfahren für lineare Komplementärprobleme . 333
II.4 Iterative Verfahren zur Lösung linearer Komplementärprobleme .. 340

Symbolverzeichnis 346

Literaturverzeichnis 353

1 Einleitung

1.1 Einführung und Ordnungsschema

Die allgemein als "Standortplanung" bekannte Theorie, die sich mit der Bestimmung eines geeigneten Produktions-, Lager- oder Verkaufsstandortes, zum Beispiel für ein Industrieunternehmen, befaßt, ist vornehmlich darauf ausgerichtet, den in bezug auf eine als fest gegeben angenommene Nachfrage günstigsten Standort zu ermitteln. Dies gilt insbesondere für entsprechende Untersuchungen im Bereich des Operations Research (OR), die sich unter stark vereinfachenden und idealisierenden Annahmen über die Problemstruktur und die vorhandenen Informationen mit der Formulierung mathematischer Modelle und der Entwicklung geeigneter Lösungsverfahren beschäftigen. Aus dem theoretischen Blickwinkel ist dieses Vorgehen sinnvoll und hilfreich, zumal es zum Verständnis der Problemstruktur und ihrer Einordnung bezüglich anderer, ebenfalls auf dem Gebiet des OR untersuchter Probleme beiträgt und damit auch die Anwendung von Lösungsverfahren aus den Bereichen der Optimierung oder Graphentheorie ermöglicht.

Beim Studium der entsprechenden Literatur[1] fällt jedoch auf, daß bestimmten Aspekten nur geringe Aufmerksamkeit gewidmet wird. So wird beispielsweise eine eventuell vorhandene Konkurrenz (und damit ein möglicher Einfluß auf die Nachfrage) häufig nicht berücksichtigt. Statt dessen sieht sich in der Regel das Unternehmen im Rahmen der Standortplanungstheorie einer bekannten Nachfrage gegenüber.[2] Untersuchungen auf Punktmärkten hingegen differenzieren stets nach der An- oder Abwesenheit von Konkurrenten auf einem solchen Markt und klassifizieren Marktmodelle nach diesem Kriterium.[3] Damit lassen sich die Auswirkungen von räumlicher Differenzierung in Marktmodellen bzw. die Effekte von Konkurrenz in Standortmodellen zunächst nicht erfassen.

---

1 Vgl. z.B. Love et al. (1988), Mirchandani und Francis (1990), Domschke und Drexl (1990).

2 Es gibt natürlich Planungssituationen, in denen eine Berücksichtigung von Konkurrenz nicht erforderlich bzw. nicht einmal sinnvoll ist, beispielsweise bei der Planung betriebseigener Verteilzentren oder Läger. In diesen Situationen sind OR-orientierte Planungsmodelle durchaus zur Erfassung der wesentlichen Informationen geeignet.

3 Auf dem "Punktmarkt" wird von der räumlichen Ausdehnung der Wirtschaft völlig abstrahiert, vgl. Schumann (1992), S. 211f. Die Klassifizierung von Märkten anhand des bekannten "morphologischen Marktformenschemas", welches auf von Stackelberg (1934), S. 3, zurückgeht, wird z.B. von Wied-Nebbeling (1993), S. 6ff., sowie Güth (1994), S. 12f., vorgenommen.

Die fehlende Berücksichtigung der Konkurrenz in der Standortplanung hat zudem zur Folge, daß die verschiedenen Ansätze nicht auf einer übergeordneten Ebene bezüglich ihrer Prämissen hinsichtlich der Konkurrenzstruktur auf den Märkten verglichen bzw. eingeordnet werden. Es wird also bei den verbreiteten Modelle nicht deutlich gemacht, welche Annahmen bezüglich der Marktstruktur der Betrachtung zugrunde liegen, und daher können, in Folge dieses Mangels, die betreffenden Modelle nicht ohne weiteres einander gegenübergestellt und in Beziehung zu anderen Forschungsbereichen gesetzt werden. Beispielsweise gibt es Arbeiten zu sogenannten "Spatial Equilibria", d.h. räumlichen Gleichgewichten, die die Anwesenheit von weiteren Anbietern bei räumlicher Ausdehnung implizit berücksichtigen, die jedoch mit der Standortplanung in der Regel nicht in Verbindung gebracht werden,[1] obwohl sich beide Kategorien von Modellen mit wirtschaftlichen Aktivitäten unter Berücksichtigung räumlicher Ausdehnung befassen. Diese Diskrepanz zwischen den Bereichen des Operations Research, in denen normative Modelle zur Kostenminimierung im Vordergrund stehen, und den Gleichgewichtsmodellen der Wirtschaftstheorie sowie den nachfrageorientierten Modellen der "Spatial Competition", d.h. der räumlichen Konkurrenz, soll durch eine vereinheitlichte Betrachtungsweise in dieser Arbeit verringert werden.[2]

Die Theorie von der räumlichen Konkurrenz hat sich in den letzten Jahren, bisher fast vollständig losgelöst von der übrigen Standortplanungsliteratur, zu einem eigenständigen Forschungsgebiet entwickelt.[3] Es handelt sich damit um einen eigenständigen Zweig der Standorttheorie, in dem im Gegensatz zum OR-orientierten Ansatz von festen Produktionsverhältnissen und bekannten Kosten ausgegangen, dafür aber die Nachfrage als variabel angesehen wird.[4] Die getrennte Entwicklung beider Bereiche liegt vermutlich vor allem darin begründet, daß der Schwerpunkt der Modelle, die die Konkurrenz berücksichtigen, notwendiger Weise auf dem Konkurrenzaspekt liegen muß, da dieser die Situation so nachhaltig beeinflußt und

---

1 Eine Ausnahme stellt das kürzlich erschienene Buch von Miller et al. (1996) dar, welches sowohl räumliche Gleichgewichtsmodelle als auch Standortplanungsprobleme behandelt.

2 Die "Lücke" zwischen den Zweigen der raumbezogenen Wissenschaften konstatieren z.B. auch Krarup und Pruzan (1983).

3 Das Forschungsgebiet heißt in der überwiegend englischsprachigen Literatur, wie oben bereits angegeben, "Spatial Competition" bzw. "Competitive (Facility) Location", vgl. z.B. Phlips und Thisse (1982), Eiselt und Laporte (1989-I), Eiselt et al. (1993), Friesz et al. (1988-II).

4 Zu dieser Einteilung der Standortplanung in zwei Zweige vgl. auch Peeters und Thisse (1995), S. 333.

verändert, daß eine grundlegend andere Vorgehensweise zur modellhaften Erfassung und bei der Suche nach Lösungen erforderlich ist. In erster Linie sind zur Abbildung der Konkurrenzsituation Ansätze aus dem Bereich der Spieltheorie geeignet, so daß die "reinen" Optimierungsmodelle keine Anwendung finden. Umgekehrt werden in der OR-orientierten Theorie im wesentlichen Optimierungs- und keine Gleichgewichtsmodelle angewandt.

Die vorliegende Arbeit knüpft die Verbindungen zwischen den verschiedenen theoretischen Ansätzen. Auf diese Weise wird zum einen ein besserer Überblick über vorhandene Ansätze und ihre Gemeinsamkeiten und Unterschiede, hinsichtlich der Prämissen ebenso wie der Ergebnisse, geschaffen. Zum anderen zeigt die Untersuchung auf, wie stark die Zusammenhänge zwischen den zunächst unabhängig erscheinenden Ansätzen sind und wie sie sich unter einem geeigneten Blickwinkel als spezielle Ausprägungen einer verallgemeinerten Problemkategorie begreifen lassen. Um das zu leisten, wird ein Ordnungsschema verwendet, welches die unterschiedlichen Problemstellungen nach zwei Merkmalen kategorisiert: nach der Berücksichtigung der räumlichen Ausdehnung bzw. Diversifizierung und nach der Zahl der agierenden Anbieter, also dem Vorhandensein von Konkurrenz. Zudem wird bei der Einordnung danach differenziert, welche Größen exogen vorgegebene Modellparameter und welche strategische Variablen der Entscheidungsträger sind.

Gegebene und immer gleiche Voraussetzung hinsichtlich des Ordnungsschemas ist hingegen die Anwesenheit "vieler kleiner Nachfrager", deren Nachfrage sich im allgemeinen am Preis orientiert, sich also stets an den günstigsten Anbieter wendet. Dies ist insbesondere dadurch bedingt, daß das untersuchte Gut - bis auf ggf. räumliche Unterschiede - homogen ist, d.h. daß es sich in den Augen der Nachfrager bei den von verschiedenen Anbietern angebotenen Gütern um vollständige Substitute handelt.[1] Desweiteren wird, von der räumlichen Differenzierung abgesehen, das Erfülltsein der Bedingungen des vollkommenen Marktes unterstellt, so daß weder zeitliche Differenzierungen noch persönliche Präferenzen vorliegen und zudem vollständige Markttransparenz besteht.[2] Damit läßt sich der Fall des Punktmarktes, in dem von der räumlichen Ausdehnung der Wirtschaft völlig abgesehen wird, als ein Grenzfall des in Tabelle 1.1 angegebenen Schemas auffassen.

---

1 Für die Definition des Begriffs des homogenen Gutes vgl. z.B. Güth (1994), S. 13.

2 Vgl. Wied-Nebbeling (1993), S. 3. Wenn diese Forderungen in speziellen Modellen aufgehoben werden, wird dies ausdrücklich erwähnt.

Räumliche Struktur Parameter *Strategie*	Anbieterzahl		
	ein Anbieter	mehrere Anbieter	viele Anbieter
Punktmarkt *Menge/Preis*			
Verschiedene Marktplätze Standorte gegeben *Mengen/Preise*			
Verschiedene Marktplätze Mengen/Preise gegeben *Standorte*			
Verschiedene Marktplätze *Standorte und Mengen/Preise*			

Tabelle 1.1 Ordnungsschema

Die in Tabelle 1.1 kursiv eingetragenen Begriffe geben die den agierenden Unternehmen zur Verfügung stehenden Strategien an. Unter einer Strategie ist in diesem Kontext eine Handlungsalternative zu verstehen; unter allen verfügbaren Strategien kann der Handlungsträger, d.h. der Anbieter, eine auswählen. Der Begriff entstammt der Spieltheorie und wird dort definiert als ein "Verhaltensplan, der für jede Entscheidungssituation, in die [ein Spieler] geraten kann, einen Zug auswählt."[1] Da im Rahmen dieser Untersuchung ein spieltheoretischer Blickwinkel eingenommen wird, ist jede untersuchte Situation unter anderem durch die Strategiemengen der Handlungsträger charakterisiert, die zum einen aus den möglichen Standorten, zum anderen aus den anzubietenden Produktmengen bzw. den zu fordernden Preisen bestehen können.[2] Die Strategien können auch als stets aus zwei Komponenten

---

1 Vgl. Güth (1994), S. 74f. Für eine etwas technischere Definition unter Verwendung der extensiven Form eines Spiels - einer Baumdarstellung, in der jede Entscheidungssituation durch einen Knoten und jede Aktion bzw. jeder "Zug" eines Spielers durch eine Kante repräsentiert wird - vgl. auch Owen (1982), S. 4.

2 Zur Vereinfachung der Darstellung wird hier zunächst nicht detailliert ausgeführt, in welchen Spezialfällen welche Strategien nicht zur Verfügung stehen. So können z.B. im Falle des Polypols, also mehrerer Anbieter auf einem Markt, die Anbieter nicht über den Preis, sondern nur über die Angebotsmenge entscheiden.

zusammengesetzt interpretiert werden, wobei die eine Komponente in Spezialfällen jeweils schon fixiert ist bzw. wegfällt - so die Standortentscheidung im Punktmarktfall oder die Preisentscheidung im Polypol.

Die Einordnung der untersuchten Situationen in einen spieltheoretischen Kontext lehnt sich an die Vorgehensweise von Güth (1994) an. Güth klassifiziert Marktsituationen mit unterschiedlicher Anbieterzahl nach ihrem "Heterogenitätsgrad" und verwendet als einheitliches Lösungskonzept das sog. teilspielperfekte Gleichgewicht der Spieltheorie. Um zu einem einheitlichen Modell zu kommen, sind hierbei vereinfachende Symmetrieannahmen erforderlich. Auch wird die Verwendung von Mengenstrategien im Rahmen des Klassifizierungsprozesses ausgeschlossen.

Im Rahmen dieser Arbeit hingegen wird konkret das Differenzierungsmerkmal "Raum" untersucht, und die verschiedenen Theorien zur räumlichen Ausdehnung werden in einen einheitlichen Zusammenhang gestellt. In jeder anderen Hinsicht wird das von den betrachteten Anbietern angebotene Gut als homogen unterstellt, so daß vorwiegend die Theorie homogener Märkte zum Tragen kommt. Dies erscheint zweckmäßig, um die Frage der Standortbestimmung unabhängig von Fragen der Güterheterogenität bzw. sonstigen Produktdifferenzierung zu betrachten. Dabei werden auch Mengenstrategien einbezogen, da diese in vielen räumlichen Modellen maßgeblich andere Ergebnisse als Preisstrategien liefern.

1.2 Überblick

Im zweiten Kapitel dieser Arbeit werden zunächst verschiedene Fragestellungen der "klassischen", OR-orientierten Standortplanung vorgestellt, die im wesentlichen auf Weber (1909) zurückgeht und in ihren Zielen häufig auf die Minimierung der Transportkosten oder Entfernungen ausgerichtet ist, wobei Aspekte der Produktion ebenfalls Gegenstand der Planung sein können. Es wird ein Merkmalskatalog zur Beschreibung und Klassifizierung dieser Probleme erarbeitet und insbesondere die Bedeutung der Zielsetzungen in gängigen Standortplanungsmodellen ausführlich diskutiert. Dabei wird der Frage nachgegangen, welche der in der Theorie verbreiteten Zielsetzungen praktisch zu rechtfertigen sind, und untersucht, welche Annahmen über die Konkurrenzstruktur des zugrundeliegenden Marktes in den bekannten Standortplanungsmodellen - häufig implizit - getroffen werden. Auf diese Weise wird die klassische Standortplanung in das angegebene Ordnungsschema eingeordnet.

Bei den klassischen Problemen werden allgemeine Produktionsbedingungen zunächst nicht berücksichtigt. Die Integration der Produktionsbedingungen in Modelle der Standortplanung sowie die Frage, unter welchen Bedingungen auch bei variablen Produktionsverhältnissen die Minimierung der Transportkosten eine adäquate Zielsetzung für Standortplanungsprobleme darstellt, werden anschließend untersucht. Schließlich werden Möglichkeiten dargestellt, weitere "nicht-klassische" Problemstellungen als klassische Modelle zu formulieren.

Im dritten Kapitel wird der Rahmen der untersuchten Situationen erneut erweitert und die Verbindungen zu anderen Modellen, die räumliche Ausdehnung berücksichtigen, werden im Rahmen der Strukturierung nach den Kriterien "Räumliche Ausdehnung" und "Anzahl der Marktteilnehmer" hergestellt. Anhand der räumlichen Gleichgewichtsmodelle wird aufgezeigt, wie Konkurrenz auf räumlich verteilten Märkten in der Theorie abgebildet wird und welche Mechanismen auf diesen Märkten wirken. Für diese mengenorientierten Modelle wird nachgewiesen, daß die Punktmarktmodelle Spezialfälle der räumlichen Modelle sind. Da sich zudem alle Konkurrenzsituationen auf ein räumliches Oligopolmodell zurückführen lassen, zeigt sich, daß für die Mengenmodelle ein geschlossener theoretischer Ansatz gefunden werden kann. Anschließend wird auf die Möglichkeiten der Integration von Standortplanung in Gleichgewichtsmodelle eingegangen, d.h. die Erweiterung der Strategien von Mengen auf Standorte und Mengen wird vollzogen.

Das vierte Kapitel wendet sich der Theorie räumlicher Konkurrenz zu, die auf der grundlegenden Arbeit von Hotelling (1929) basiert. Im Gegensatz zu den Modellen des dritten Kapitels agieren die Anbieter in Preisen statt in Mengenstrategien, so daß ein ausgeprägterer Konkurrenzkampf entsteht. Die Vielzahl unterschiedlicher Modelle wird durch eine Taxonomie erfaßt, und die besonderen Strukturen werden anschließend anhand eines Beispiels erläutert. Die ausführliche Diskussion der Standortmodelle in einem sehr einfachen (linearen) Raum verdeutlicht die Schwierigkeiten, die mit der Bestimmung von "Lösungen" verbunden sind, und die hohe Sensititvität der Modellergebnisse gegenüber den Modellprämissen. Die Modelle werden nach ihren Voraussetzungen strukturiert und die wesentlichen Ergebnisse und Abhängigkeiten dargestellt.

Bei der anschließenden Untersuchung von Konkurrenzmodellen in Netzwerken stellt sich heraus,[1] daß die Konzepte der OR-orientierten, klassischen Standortplanung in der Konkurrenz-Standortplanung unter bestimmten Umständen Anwendung bei der Ermittlung der optimalen Strategien der Konkurrenten finden können. Die ursprünglich für Situationen ohne Konkurrenz konzipierten Standort-Strategien, wie die Wahl des Medians, können auch im Rahmen der Konkurrenzstandortplanung eingesetzt werden. Es zeigt sich also, daß die unterschiedlichen Theorien einen gemeinsamen Rahmen besitzen und zum Teil enge Bezüge zwischen den in der Regel getrennt untersuchten Gebieten bestehen.

1.3 Spieltheoretischer Bezug

In der Standortplanung im klassischen Sinne wird der Konkurrenzaspekt vernachlässigt; die Theorie konzentriert sich eher auf die Ausgestaltung der Produktion in Verbindung mit der Standortwahl. Der betrachtete Anbieter möchte seine Entscheidungen optimal im Sinne einer bestimmten Zielsetzung treffen, wobei der Zielerreichungsgrad nur von seiner Entscheidung abhängt; es liegt also ein Optimierungsproblem vor. Werden Konkurrenz und ihre Auswirkungen auf die zu erwartende Nachfrage hingegen explizit in die Planung einbezogen, müssen die anzuwendenden Modelle nachhaltig umstrukturiert werden, denn eine direkte Optimierung unter einer bestimmten Zielsetzung, z.B. der Gewinnmaximierung, ist dem Anbieter in einer Situation, die von Konkurrenten spürbar beeinflußt wird, nicht möglich. Zwar gibt es für den jeweils betrachteten Anbieter nach wie vor ein zu optimierendes Ziel, dessen Erreichungsgrad hängt aber nicht mehr nur vom eigenen Verhalten, sondern auch vom Verhalten der anderen Anbieter ab. Dementsprechend wird in den Modellen zur Standortbestimmung, die eine solche Konkurrenzsituation abbilden, eine Gleichgewichtskonzeption verwendet, da bei einem gegenseitig spürbaren Einfluß der Marktteilnehmer das Modellergebnis nur dann als zufriedenstellend angesehen werden wird, wenn keiner der Marktteilnehmer durch eine alleinige Veränderung seines Verhaltens sein Ergebnis verbessern kann.

Zur Analyse der Standortplanungssituation unter Konkurrenz bietet sich daher das spieltheoretische Instrumentarium an. Die Spieltheorie kann als eine Erweiterung der Entscheidungstheorie auf mehrere Konkurrenten angesehen werden. Bei einer ent-

---

1 Da im allgemeinen die Erfassung einer Standortplanungssituation bzw. des der Planung zugrundeliegenden Raumes in Form eines Netzwerkes ein besseres Abbild der Realität als die Ebene liefern wird, werden in dieser Arbeit im wesentlichen Netzwerkprobleme betrachtet.

scheidungstheoretischen Problemstellung will der Entscheidungsträger die beste Wahl unter bekannten Voraussetzungen, aber beispielsweise konkurrierenden Zielen (multikriterielle Entscheidung) oder unter stochastischen Bedingungen treffen, während bei einer spieltheoretischen Problemstellung an die Stelle der stochastischen Bedingungen solche treten, die durch andere Entscheider beeinflußt werden. Die Umwelt eines Entscheidungsträgers mit ihren "Verhaltensmöglichkeiten" in einer Entscheidungssituation unter Unsicherheit kann als ein Gegenspieler mit Entscheidungsmöglichkeiten aufgefaßt werden, wobei den Alternativen, die der Umwelt zur Verfügung stehen, bestimmte Wahrscheinlichkeiten zugeordnet sind.[1] Der "Spieler" Umwelt verfolgt dabei kein eigenes Interesse, ist also kein "echter" Gegner, sondern seine Entscheidungen sind durch den Zufall gesteuert. Jedoch ist beispielsweise eine Standortplanungssituation mit stochastischen Kosten für den Transport auf bestimmten Wegen unter diesem Blickwinkel bereits eine spieltheoretische Situation.

Obwohl es sich bei dem "klassischen Standortplanungsproblem" auf den ersten Blick um ein entscheidungstheoretisches Problem handelt - ein Entscheider wird betrachtet, der einer bekannten Alternativenmenge und einer gegebenen Zielsetzung gegenübersteht -, liegt im beschriebenen Sinne also auch eine spieltheoretische Situation vor. Andere Marktteilnehmer, die nicht explizit als "Gegner" berücksichtigt werden, erzeugen durch ihr Verhalten einen bestimmten "Zustand der Umwelt", zum Beispiel einen bestimmten Konkurrenzpreis auf dem Markt, auf den der betrachtete Entscheider optimal zu reagieren wünscht. Es stellt sich ein Gleichgewicht ein, da jeder einzelne Anbieter sich unter der Voraussetzung unveränderter Umweltbedingungen optimal verhält. Tatsächlich besteht die Umwelt aber aus vielen Anbietern, für die jeweils das gleiche gilt, so daß sich eine klassische Standortplanungssituation auch als spieltheoretische Situation auffassen läßt, in der sich ein Gleichgewichtszustand einstellt, in der aber der Einfluß der Entscheidungen des einzelnen Mitspielers auf das Spielergebnis eines Entscheiders nicht explizit zu erfassen ist.[2] Im Gegensatz dazu muß in den Modellen der Standortplanung unter Konkurrenz, die in Kapitel 4 betrachtet werden, die Anwesenheit mindestens zweier Anbieter auf dem

---

1 In der spieltheoretischen Literatur werden solche Spiele, die Entscheidungen unter Unsicherheit abbilden, als "Spiele gegen die Natur" bezeichnet, vgl. z.B. Holler und Illing (1993), S. 36f.

2 Vgl. auch Isard und Smith (1967-II), die zwischen "Simple Games", in denen nur ein Teilnehmer aktiv handelt, und "Full Games", in denen mehrere Teilnehmer aktiv sind, unterscheiden.

Markt unterstellt werden, deren Entscheidungen sich gegenseitig spürbar beeinflussen.[1]

1.4 Spieltheoretische Grundlagen

Da die spieltheoretischen Konzeptionen in dieser Arbeit immer wieder benötigt und verwendet werden, wird der Arbeit ein kurzer Überblick über die wesentlichen Grundlagen vorangestellt.

Die ein konkretes Spiel beschreibenden Größen sind:[2]

a) Die Menge der Spieler, $N = \{1,...,\nu\}$, die hier durch die Menge der Anbieter gegeben ist. Spieler j hat die Strategiemenge P_j zur Verfügung.

b) Der Strategieraum $SR = \prod_{j=1}^{\nu} P_j$ als kartesisches Produkt der einzelnen Strategiemengen, der aus allen möglichen Strategienkombinationen der einzelnen Spieler besteht. Die Strategien der Konkurrenten sind im Rahmen dieser Arbeit, abhängig von der konkreten Modellierung, entweder die potentiellen Standorte, die Verkaufspreise oder die Verkaufs- bzw. Produktionsmengen, Kombinationen aus diesen und ggf. weitere Elemente wie Einkaufsmengen von Einsatzfaktoren. Eine Strategienkombination der ν Spieler soll zunächst allgemein mit
$\rho = (\rho_1, ..., \rho_j, ..., \rho_\nu)$
bezeichnet werden, wobei $\rho_j \in P_j$ die Strategie des Spielers j angibt.

c) Die erzielbaren Auszahlungen bzw. Auszahlungsfunktionen für alle Spieler, die für jede Kombination von Strategien angeben, welche Auszahlung der Spieler erhält. In der Regel handelt es sich im Rahmen dieser Arbeit entweder um die Gewinnfunktionen oder Funktionen, die den Marktanteil angeben. Allgemein werden diese Funktionen zunächst mit $u_j : SR \rightarrow \mathbb{R}$ bezeichnet. Dabei gibt $u_j(\rho)$ die Auszahlung des Spielers j an, wenn Kombination ρ gespielt wird.

---

1 Die Spieltheorie analysiert nach Holler und Illing (1993), S. 1, "strategische Entscheidungssituationen", die sich unter anderem dadurch auszeichnen, daß sich jeder Entscheidungsträger der Interdependenz der Entscheidungen aller und des Einflusses, den die Entscheidungen aller auf das Ergebnis haben, bewußt ist. In der klassischen Standortplanung fehlt dieses Bewußtsein bzgl. des einzelnen Gegenspielers, über die Daten werden aber die Handlungsweisen eines "Gesamtgegners" einbezogen.

2 Vgl. z.B. Holler und Illing (1993), S. 4 und S. 33ff.

d) Die Spielregeln. Diese können hier z.B. die Angaben umfassen, ob sequentiell oder simultan gehandelt wird oder ob der Markt vor dem Spiel leer ist oder nicht.

Die Spieltheorie läßt sich in die nicht-kooperative und die kooperative Theorie einteilen. Wenn die Spieler bindende Absprachen treffen können, handelt es sich um ein kooperatives, anderenfalls um ein nicht-kooperatives Spiel.[1] Im Rahmen der Analyse räumlicher Modelle werden im wesentlichen nicht-kooperative Modelle betrachtet, in denen keine bindenden Absprachen zugelassen sind.[2]

Für nicht-kooperative Spiele stehen eine Reihe von Lösungskonzepten zur Verfügung, von denen viele intensiv im Rahmen der Spieltheorie untersucht, jedoch selten im Bereich konkreter Anwendungen eingesetzt werden. Ganz allgemein wird eine Strategienkombination in einem nicht-kooperativen Spiel dann als Lösung in Frage kommen, wenn kein Spieler sich veranlaßt sieht, seine Strategie zu verändern. Ein Lösungskonzept für nicht-kooperative Spiele muß also für jedes Spiel eine Strategienkombination der Mitspieler angeben, die diese Forderung erfüllt.[3] Die Anwendbarkeit eines Lösungskonzepts hängt dabei davon ab, welches Wissen bzw. welche Informationen die Spieler jeweils besitzen. Generell wird unterstellt, daß die Spielregeln jedem Mitspieler bekannt sind und daß jeder sich rational verhält, was ebenfalls allgemein bekannt ist.[4]

Hinsichtlich der darüber hinaus vorhandenen Informationen sind Spiele mit vollständiger oder unvollständiger Information sowie Spiele mit perfekter oder imperfekter Information zu unterscheiden. Ein Spiel mit vollständiger Information liegt dann vor, wenn jedem Spieler die komplette Spielstruktur (welcher Spieler zu welchem Zeitpunkt welche Spielzüge zur Verfügung hat) und die Eigenschaften der Mitspieler (z.B. die Auszahlungsfunktionen) bekannt sind; sonst hat das Spiel unvollständige Information.[5] Davon abzugrenzen sind zunächst Spiele mit perfekter Information, in denen jedem Spieler zu jedem Zeitpunkt alle zuvor getroffenen Entscheidungen seiner Mitspieler bekannt sind; entsprechend sind Spiele mit

---

1 Vgl. Holler und Illing (1993), S. 6.

2 Ausnahmen stellen die Arbeiten von Hamilton et al. (1991) und Hamilton und Thisse (1993) dar.

3 Vgl. Holler und Illing (1993), S. 6f.

4 Vgl. Holler und Illing (1993), S. 45.

5 Vgl. Harsanyi (1967/68).

imperfekter Information solche, in denen dies nicht der Fall ist. Wie Harsanyi (1967/68) gezeigt hat, ist jedes Spiel mit unvollständiger Information einem Spiel mit vollständiger, aber imperfekter Information äquivalent. Die unbekannten Eigenschaften werden dann als Ergebnisse von Zufallszügen der Natur interpretiert, deren Resultat die Mitspieler nicht erfahren. Daher ist die angegebene Unterscheidung eigentlich überflüssig, und es kann immer vollständige Information unterstellt werden.[1]

Zwei bedeutende Kategorien von Spielen, die unterschieden werden, sind die Nullsummen- und die Nicht-Nullsummen-Spiele.[2] Ein Nullsummen-Spiel liegt dann vor, wenn die Summe der Auszahlungen aller Spieler immer Null ergibt. Das bedeutet, daß ein Spieler nur etwas gewinnen kann, wenn der oder die anderen etwas verlieren, so daß ein vollständiger Interessengegensatz besteht. Zwei-Personen-Nullsummen-Spiele heißen daher auch "strikt kompetitiv".[3] Jedes Konstant-Summen-Spiel, also jedes Spiel, bei dem die Auszahlungssumme konstant ist, kann in ein Nullsummen-Spiel transformiert werden. In diesem Sinne lassen sich diejenigen räumlichen Konkurrenzmodelle, die bei fest gegebener Nachfrage die Zielsetzung der Marktanteilsmaximierung unterstellen, als Nullsummen-Spiele auffassen, da der aufzuteilende Gesamtmarkt einen konstanten Umfang hat. In diesen Spielen operieren die Spieler in der Regel ausschließlich in Standort-Strategien. Modelle mit elastischer Nachfrage und Preisstrategien hingegen weisen diese Eigenschaft nicht auf, da weder der zu verteilende Gesamtgewinn konstant ist, noch ein Verlust des einen Mitspielers unbedingt einen Zugewinn des anderen bedeuten muß.

Im Zusammenhang mit Modellen räumlicher Konkurrenz werden vornehmlich die Lösungskonzepte des Nash-Gleichgewichts, des teilspielperfekten Gleichgewichts und des Stackelberg-Gleichgewichts verwendet. Das Nash-Gleichgewicht kann als die Weiterentwicklung oder Verallgemeinerung des Cournot-Gleichgewichts betrachtet

---

1 Davon zu unterscheiden ist das Konzept der perfekten oder nicht perfekten Erinnerung, welches erfaßt, ob sich alle Spieler zu jeder Zeit an ihre eigenen, bereits erfolgten Spielzüge erinnern oder nicht, vgl. Friedman (1986), S. 9. Es wird hier jedoch nicht benötigt.

2 Im Englischen werden diese als "Zero-Sum Games" und "General-Sum Games" bezeichnet, vgl. Owen (1982).

3 Vgl. Owen (1982), S. 10.

werden.[1] Es ist dadurch charakterisiert, daß die von den Spielern zu wählenden Strategien jeweils beste Antworten aufeinander sind, d.h. daß jeweils die Strategie gewählt wird, die in bezug auf die gegnerischen Strategien das bestmögliche Ergebnis liefert.[2] Formal ist das Nash-Gleichgewicht also gegeben durch Strategien ρ_j^* für alle Spieler $j \in N$, für die

$u_j(\rho_1^*, \ldots, \rho_j^*, \ldots, \rho_v^*) \geq u_j(\rho_1^*, \ldots, \rho_j, \ldots, \rho_v^*)$ für alle $\rho_j \in P_j$ und alle $j \in N$

gilt. Da im Nash-Gleichgewicht jede Strategie die beste Antwort auf die Strategien der anderen Spieler ist, handelt es sich beim Nash-Gleichgewicht um einen Fixpunkt der "besten Antwortkorrespondenz", also der Abbildung, die jeder Strategienkombination die jeweiligen besten Antworten aller Spieler auf die in der Kombination enthaltenen Strategien ihrer Mitspieler zuordnet.[3]

Das durch das Nash-Gleichgewicht bestimmte Verhalten ist unter der Prämisse, daß über die Rationalität aller Spieler gemeinsames Wissen besteht, das einzig vernünftige. Der Prozeß der Bestimmung dieses Gleichgewichts läuft dabei "im Kopf der Spieler" ab.[4] Es gibt auch die Auffassung, es handele sich um einen dynamischen Anpassungsprozeß, in dessen Verlauf die Spieler jedoch nichts dazulernen und auch keine rationalen Erwartungen hegen, sondern bei den anderen Spielern immer unverändertes Verhalten voraussetzen, an das sie sich selbst jeweils optimal anpassen. Dann steht das Nash-Gleichgewicht am Ende des Anpassungsprozesses.[5] Das Nash-Gleichgewicht beruht in diesem Sinne auf "selbst-stabilisierender Verhaltenserwar-

---

1 Das Nash-Gleichgewicht geht auf die Arbeit von Nash (1951) zurück. Es wird häufig auch einfach als Gleichgewicht bezeichnet, vgl. z.B. Friedman (1986), S. 24, soll hier aber zur besseren Unterscheidung als Nash-Gleichgewicht bezeichnet werden. Davon zu unterscheiden ist die Nash-Verhandlungslösung, vgl. Friedman (1986), S. 154ff., die hier nicht behandelt wird. Das Cournot-Gleichgewicht geht auf Cournot (1838) zurück und wurde für die Konkurrenz im Oligopol mit Mengenstrategien entwickelt.
In der Literatur häufig genannte Arbeiten, wie z.B. die Arbeit von Cournot, werden mit der Jahreszahl ihres ersten Erscheinens zitiert, um die Identifizierung zu erleichtern; wenn eine neuere Auflage oder die Übersetzung herangezogen wurden, ist dies zusätzlich im Literaturverzeichnis angegeben.

2 Vgl. Güth (1992), S. 50 und S. 59.

3 Vgl. Güth (1992), S. 77f., sowie Friedman (1986), S. 35ff. Es handelt sich um eine Korrespondenz und nicht um eine Funktion, weil einem Argument (einer Strategienkombination) eine Menge von Punkten (nämlich alle Beste-Antwort-Kombinationen) zugeordnet wird.

4 Vgl. Holler und Illing (1993), S. 64.

5 Diese Interpretation wird von Holler und Illing (1993), S. 65, zwar vorgestellt, sie geben aber, ebenso wie Güth (1994), S. 73, dieser Interpretation nicht den Vorzug. Güth (1994) akzeptiert sie zwar für die Cournot-Lösung, nicht jedoch für das Nash-Gleichgewicht.

tung", weil alle anderen Spielausgänge sich selbst zerstören würden.[1] Die Konzeption des Nash-Gleichgewichts ist prinzipiell dann geeignet, wenn allen Spielern das Spiel und die Rationalität aller anderen bekannt sind, ihre Einschätzungen über das "Verhalten der Natur", sofern dieses eine Rolle spielt, übereinstimmen und sie ihre Strategien unabhängig wählen.[2]

Problematisch hinsichtlich des Nash-Gleichgewichtskonzepts ist die Tatsache, daß kein Nash-Gleichgewicht existieren und, wenn eines existiert, dieses nicht eindeutig sein muß. In Spielen mit endlichen Strategiemengen, die sich als Bimatrix-Spiele formulieren lassen, ist zwar die Existenz eines Nash-Gleichgewichtes gesichert, es existiert im allgemeinen jedoch nur in gemischten Strategien.[3] Eine gemischte Strategie ist eine Wahrscheinlichkeitsverteilung über die dem Spieler zur Verfügung stehenden Strategien, die angibt, mit welcher Wahrscheinlichkeit jede der "reinen", in der Strategiemenge P_j enthaltenen Strategien gespielt wird.[4] Für den im Rahmen räumlicher Konkurrenz zumeist relevanten Fall kontinuierlicher Strategiemengen ist die Existenz eines Nash-Gleichgewichts weder in reinen noch in gemischten Strategien gesichert. Es müssen neben der Konvexität und Kompaktheit der Strategieräume auch die Stetigkeit der Auszahlungsfunktionen $u_j(\rho)$ über dem Strategieraum SR ($j \in N$) und die Quasi-Konkavität jeder Auszahlungsfunktion $u_j(\rho)$ in der Strategie des jeweiligen Spielers ρ_j ($j \in N$) gegeben sein,[5] damit die Existenz eines Nash-Gleichgewichts in reinen Strategien garantiert ist.[6]

---

1 Vgl. Güth (1992), S. 59.

2 Vgl. Holler und Illing (1993), S. 101. Es sei hier nochmals darauf hingewiesen, daß die Spieler zwar vollständige Information, aber keine perfekte Information besitzen müssen, denn sie wissen in der Regel nicht, wie sich die Mitspieler verhalten, da die Züge simultan erfolgen.

3 Vgl. Owen (1982), S. 127f., Theorem VII.1.2.

4 Die Einführung gemischter Strategien bei Spielen mit endlichen Strategiemengen kann als Konvexifizierung des Strategienraumes interpretiert werden, vgl. Holler und Illing (1993), S. 71.

5 Eine Funktion f(x) ist quasi-konkav, wenn für jedes x im Definitionsbereich D von f gilt, daß die Menge $\{x \mid x \in D\ ,\ f(x) \geq f(x')\}$ konvex ist. Damit ist jede konkave Funktion auch quasi-konkav.

6 Vgl. Friedman (1977), S. 152ff. und S. 160ff, sowie Friedman (1986), S. 39ff. Zum Beweis werden der Brouwersche Fixpunktsatz - zurückgehend auf Brouwer (1910) - bzw. Kakutanis Fixpunktsatz - nach Kakutani (1941) - herangezogen. Der erste Existenzbeweis (für endliche Spiele) stammt von Nash (1951) und basiert auf dem Brouwerschen Fixpunktsatz. Die Arbeiten von Brouwer und Kakutani sind nach Güth (1992) und Friedman (1977) zitiert.

Durch die Einführung gemischter Strategien kann häufig auch bei unendlichen Strategiemengen die Existenz des Nash-Gleichgewichts gesichert werden,[1] so daß gemischte Strategien auch in der räumlichen Konkurrenz Anwendung finden.[2] Das Konzept bringt jedoch Schwierigkeiten bei der Interpretation mit sich, insbesondere, wenn es sich bei den Strategien der Spieler um einmalige Entscheidungen handelt. Die eine gemischte Strategie bestimmende Wahrscheinlichkeitsverteilung kann als Angabe der Häufigkeit interpretiert werden, mit der ein Spieler bei vielfacher Wiederholung desselben Spiels die jeweiligen reinen Strategien wählen würde. Bei nur einmalig durchgeführtem Spiel ist diese Auslegung jedoch wenig sinnvoll. Zudem konvergieren die Häufigkeiten, die sich für das unendlich häufig wiederholte Spiel ergeben, welches von den Spielern mit dem Ziel der Maximierung des erwarteten Gewinns gespielt wird, nur für Nullsummen-Spiele gegen die Wahrscheinlichkeiten, mit denen die optimalen gemischten Strategien des einmaligen Spiels zu bilden sind. Für Nicht-Nullsummen-Spiele muß dies jedoch nicht der Fall sein.[3] Die Auffassung, es handele sich um einen "Zufallsmechanismus", mittels dessen eine reine Strategie mit einer gewissen Wahrscheinlichkeit gewählt wird, ist ebenfalls kritikwürdig, da sie schwer mit der Annahme rationaler Entscheidungsträger zu vereinbaren ist.[4] Zudem macht sie keineswegs plausibel, warum sich die Spieler an die (gemischte) Nash-Strategie halten sollten, da sie sich in bestimmten Spielen durch Anwendung der sog. Maximin-Strategie sogar besser stellen können.[5] Schließlich können gemischte Strategien als die "Formalisierung der strategischen Unsicherheit über das

---

1 Güth (1992), S. 76f., stellt die Sinnhaftigkeit von Spielen mit unendlichen Strategiemengen generell in Frage. Er argumentiert, daß jede sinnvolle Spielsituation nur endlich viele Strategien und damit auch ein Nash-Gleichgewicht aufweise, so daß sich kein Existenzproblem, sondern vielmehr ein Eindeutigkeits- bzw. Auswahlproblem stelle.

2 Vgl. z.B. Shaked (1982) sowie Dasgupta und Maskin (1986-I), (1986-II).

3 Vgl. Gabszewicz und Thisse (1986-I), S. 31, Fußnote 34.

4 Vgl. Holler und Illing (1993), S. 73.

5 Die Maximin-Strategie ist diejenige Strategie, die einem Spieler das beste Ergebnis sichert, wenn dem (oder den) Gegenspieler(n) die schädlichste Verhaltensweise unterstellt wird. Sie sichert dem Spieler also im schlimmsten Fall die höchste Auszahlung. Die Anwendung von Maximin-Strategien ist besonders in Spielen mit strikt entgegengesetzten Interessen, den Nullsummen-Spielen, sinnvoll, vgl. Holler und Illing (1993), S. 58ff. Holler und Illing (1993), S. 74f., geben auch ein Beispiel an, in dem sich die Spieler durch das Spielen der Maximin-Strategie besserstellen können als durch die Gleichgewichtsstrategie.

Verhalten der Mitspieler" aufgefaßt werden, d.h., daß das Spiel als Spiel mit unvollständiger Information interpretiert wird.[1]

Die Eindeutigkeit des Nash-Gleichgewichts ist nur für Auszahlungsfunktionen mit strikt konkavem Verlauf bezüglich der jeweils eigenen Strategien der Spieler zu garantieren.[2] Ist das Nash-Gleichgewicht nicht eindeutig, stellt sich die Frage, welches von mehreren Gleichgewichten ausgewählt werden soll. Um diese Auswahl zu treffen, wurden weitere, verfeinerte Lösungskonzepte entwickelt, wobei diese nicht unbedingt auf garantierte Eindeutigkeit führen. Sie sollen vielmehr den Ausschluß unplausibler Nash-Gleichgewichte ermöglichen sowie instabile Gleichgewichte und unglaubwürdige Drohungen ausschließen.[3] Als instabil gelten solche Lösungen, die sich bereits bei kleinen Änderungen der Spielstruktur ändern, z.B. bei geringen Modifikationen der Auszahlungsmatrix. Nicht plausibel sind z.B. Gleichgewichte, in denen ein Spieler eine schwach dominierte bzw. inferiore Strategie spielt, d.h. eine Strategie, die den Spieler in keinem Fall besser stellt als eine andere Strategie; dominierte Strategien können eliminiert werden, bevor ein Gleichgewicht bestimmt wird.[4] Durch das Konzept der "Trembeling Hand-Perfektheit" werden die Gleichgewichte ausgeschlossen, die sofort instabil sind, wenn einer der Spieler mit einer sehr geringen Wahrscheinlichkeit von der Gleichgewichtsstrategie abweicht.[5] Die Konzeption der teilspielperfekten Gleichgewichte schließlich ist auf dynamische Spiele anwendbar und stellt ebenfalls eine Verfeinerung des Nash-Gleichgewichts zum Ausschluß bestimmter Gleichgewichte dar.[6]

---

1 Vgl. Holler und Illing (1993), S. 75f.

2 Die weiteren Bedingungen sollen hier für den allgemeinen Fall nicht diskutiert werden, es sei auf Friedman (1986), S. 42ff., verwiesen. Eine Eindeutigkeitsgarantie ist gegeben, wenn es sich bei der Korrespondenz der besten Antworten - die unter der angegebenen Konkavitätsbedingung eine Funktion ist - um eine Kontraktion handelt, d.h. wenn die Variation der Strategien der Mitspieler um eine bestimmte Größe stets eine geringfügigere Änderung der besten Antwort des betrachteten Spielers hervorruft. Für die formale Definition sowie die Eindeutigkeitsaussage vgl. Friedman (1977), S. 164f., oder Friedman (1986), S. 43f.

3 Vgl. Holler und Illing (1993), S. 103. Unter einer Drohung ist eine Ankündigung der Form: "Wenn Du jene Strategie spielst, werde ich diese Strategie - die Dir schadet - spielen", zu verstehen; sie ist unglaubwürdig, wenn sich der drohende Spieler durch diese Strategie selbst schaden würde. Für ein Beispiel vgl. Friedman (1986), S. 80.

4 Vgl. Güth (1992), S. 56ff., sowie Holler und Illing (1993), S. 104ff.

5 Vgl. Selten (1975).

6 Der Begriff der Teilspielperfektheit wird von Selten (1965), (1975) eingeführt.

Dynamische Spiele zeichnen sich dadurch aus, daß der Zeitablauf von Bedeutung ist und in der Regel durch die Spieler mehrere, hintereinander geschaltete Entscheidungen zu treffen sind.[1] Ein solches Spiel läßt sich in sog. Teilspiele zerlegen, die für sich genommen komplette Spiele darstellen, die also vom Gesamtspiel getrennt werden können, da die Entscheidungen innerhalb des Teilspiels nicht von den Entscheidungen außerhalb des Teilspiels beeinflußt werden.[2] Jedes dynamische Spiel besitzt mindestens ein Teilspiel, nämlich das Spiel selbst, sowie ggf. andere "echte" Teilspiele.[3]

Die Nash-Gleichgewichts-Konzeption wird der dynamischen Spielsituation nicht gerecht, da sie die sog. unglaubwürdigen Drohungen nicht ausschließt. Ein Nash-Gleichgewicht liegt immer vor, wenn kein Spieler alleine durch Abweichen von seiner Strategie sein Spielergebnis verbessern kann. Es kann jedoch sein, daß dies zwar zutrifft, aber im Falle, daß dieser Spieler seine Strategie änderte, auch der andere Spieler seine Strategie ändern würde, weil ihm die Beibehaltung der "angedrohten" Gleichgewichts-Strategie nur Nachteile bringen würde. In diesem Falle würde das Nash-Gleichgewicht also auf einer unglaubwürdigen Drohung basieren. Es ist dann nicht teilspielperfekt, denn Teilspielperfektheit bedeutet, daß eine Strategie in jedem Teilspiel des gesamten Spiels eine Gleichgewichtsstrategie ist - und zwar auch in den Teilspielen, die im Spielablauf nicht erreicht werden. So fallen Drohungen, die nicht-erreichte Teilspiele betreffen, aber bzgl. der erreichten Teilspiele unglaubwürdig sind, weg.[4]
Da das teilspielperfekte Gleichgewicht in jedem Teilspiel gelten muß, läßt es sich durch Rückwärtsrekursion ermitteln: Beginnend beim letzten Teilspiel wird für dieses

---

1 Sie werden in der extensiven Form abgebildet, die die zeitliche Abfolge der Spielzüge erfaßt, vgl. Holler und Illing (1993), S. 14f. und S. 113. Jede Entscheidung wird als ein Ast, jeder Entscheidungszeitpunkt als ein Knoten abgebildet. Ist einem Spieler nicht zu jedem Zeitpunkt bekannt, welche Züge im Spiel bereits erfolgt sind, liegt also imperfekte Information vor, so werden die Knoten zu sog. Informationsbezirken zusammengefaßt. Ein Spieler weiß dann zwar, daß er sich in einem bestimmten Informationsbezirk befindet, aber nicht, in welchem Knoten dieses Bezirks. In einem Spiel mit perfekter Information besitzt jeder Informationsbezirk nur einen Knoten.

2 In der extensiven Form des Spiels bedeutet dies, daß es sich um einen Teilbaum des Spielbaumes handelt, dessen Informationsbezirke nur Entscheidungsknoten enthalten, die sich ebenfalls in diesem Teilbaum befinden, vgl. Güth (1992), S. 81, bzw., daß der Knoten, in dem das Teilspiel beginnt, der einzige ist, den der Teilbaum mit dem Rest des Spiels gemeinsam hat, vgl. Holler und Illing (1993), S. 113.

3 Unter einem echten Teilspiel ist jedes Teilspiel zu verstehen, welches nicht dem ursprünglichen Spiel entspricht.

4 Beispiele geben Güth (1992), S. 81ff., sowie Holler und Illing (1993), S. 115, an.

ein Nash-Gleichgewicht ermittelt und dann festgestellt, ob die betreffenden Strategien auch für die davorliegenden Teilspiele ein Nash-Gleichgewicht bilden.[1] Damit ist ein teilspielperfektes Gleichgewicht ein Nash-Gleichgewicht, welches zusätzlich in jedem Teilspiel ein Nash-Gleichgewicht induziert, und damit bestimmte "bloße" Nash-Gleichgewichte ausschließt. Natürlich ist per Definition in einem einstufigen Spiel jedes Nash-Gleichgewicht teilspielperfekt.
Die Forderung der Teilspielperfektheit bringt mit sich, daß jeder Spieler zu jedem Zeitpunkt wissen muß, an welchem Punkt des Spieles er sich befindet, daß also ein Spiel mit perfekter Information vorliegen muß.[2] Da dies jedoch nicht in allen Spielen der Fall ist, kann das Konzept des teilspielperfekten Gleichgewichts für Spiele mit imperfekter Information weiter zum sequentiellen Gleichgewicht verfeinert werden.[3] Fast alle im Bereich der räumlichen Konkurrenz bekannten Konzepte gehen jedoch von perfekter Information aus, daher braucht diese Konzeption hier nicht dargestellt zu werden.[4]

Das in den Spielen der räumlichen Konkurrenz verwendete Stackelberg-Gleichgewicht ist der Spezialfall des teilspielperfekten Gleichgewichts für Zwei-Personen-Spiele, in denen zuerst der eine, dann der andere Spieler handelt, wobei der zweite Spieler zum Zeitpunkt seiner Entscheidung die Wahl seines Vorgängers kennt.[5] Der

---

1 Güth (1994), S. 75, spricht in diesem Zusammenhang von durch die Strategie auf den Teilspielen induzierten Strategien. Auch diese Bezeichnung geht auf Selten (1975) zurück.

2 Vgl. Holler und Illing (1993), S. 116.

3 Vgl. Kreps und Wilson (1982). Jedes "Trembeling-hand" Gleichgewicht ist sequentiell, nicht jedoch umgekehrt.

4 Aus diesem Grund wird auch nicht auf die Konzeption des sog. Bayesschen Gleichgewichts eingegangen. Das Bayessche Gleichgewicht findet bei Spielen mit unvollständiger Information Anwendung, d.h. bei Spielen, in denen Unsicherheit über die Auszahlungsfunktionen der Mitspieler besteht. Diese wird durch verschiedene "Typen" von Spielern modelliert, wobei jeder Typ seine eigene Auszahlungsfunktion besitzt, vgl. Harsanyi (1967/68). Die Unsicherheit macht es erforderlich, mit sog. "beliefs", Wahrscheinlichkeitseinschätzungen der Mitspieler über die Typen der jeweils anderen Spieler, und damit auch bedingten Wahrscheinlichkeiten für das Eintreten bestimmter Ereignisse zu operieren. Für eine umfangreiche Einführung mit Beispielen in diese Theorie vgl. Gibbons (1992), S. 143ff.

5 Es geht zurück auf das Oligopolmodell von Stackelbergs (1934). Von Stackelberg modelliert eine Oligopolsituation, in der sich ein Anbieter als "Follower" (Nachfolger) verhält und die Cournot-Strategie spielt, d.h. sich an die Ausbringungsmenge seines Konkurrenten optimal anpaßt, während der andere Anbieter als "Leader" unterstellt, der andere werde sich anpassen, und unter dieser Voraussetzung seinen Gewinn maximiert. Diese Unterstellung ist sinnvoll, wenn die beiden Anbieter tatsächlich nacheinander handeln und der zweite vor seiner Entscheidung erfährt, was der erste getan hat, vgl. Friedman (1977), S. 78ff.

erste Spieler, der als (Stackelberg-)Anführer bezeichnet wird, hat bei vollständiger Information die Möglichkeit, die Entscheidung des zweiten Spielers, des Nachfolgers, zu antizipieren, da bekannt ist, daß sich der zweite Spieler rational verhalten wird. Er befindet sich in der "Unabhängigkeitsposition"; entsprechend heißt die Rolle des Nachfolgers die "Abhängigkeitsposition".[1] Die Situation ist asymmetrisch, denn der zweite Spieler kann nur noch in der für ihn besten Weise auf die Strategiewahl des Anführers reagieren. Damit ist die Teilspielperfektheit gegeben, denn die echten Teilspiele bestehen in einem Stackelberg-Spiel in den auf eine bestimmte Entscheidung - des Anführers folgenden möglichen Entscheidungen des zweiten Spielers.[2] Der Anführer hingegen kann die Reaktion des Nachfolgers durch sein eigenes Verhalten beeinflussen, da er weiß, daß der Nachfolger die für ihn auszahlungsmaximale Strategie wählen wird. Der Spielausgang ist also durch die Strategie, die der Anführer wählt, bereits eindeutig determiniert.
Für Mehr-Personen-Spiele kann das Stackelberg-Gleichgewicht auf mehrere Arten verallgemeinert werden. Entweder ist ein Spieler der Anführer und alle anderen Spieler sind die Nachfolger, oder mehrere Spieler sind gleichermaßen Anführer und andere gleichermaßen Nachfolger, oder der zweite Spieler ist Nachfolger seines Vorgängers, der nächste wieder Nachfolger des zweiten Spielers usw., so daß unterschiedliche Stufen der Unabhängigkeit entstehen.[3] Im Falle der Standortkonkurrenz ist das Stackelberg-Gleichgewicht eine sinnvolle Konzeption, da davon ausgegangen werden kann, daß die standortsuchenden Unternehmen sich im Normalfall nicht gleichzeitig, sondern nacheinander für einen Standort entscheiden werden.

Beispiel

Als einführendes Beispiel wird folgende, von Selten (1965) und (1978) untersuchte Situation betrachtet: Ein bereits auf einem Markt etablierter monopolistischer Anbieter I wird durch die mögliche Konkurrenz eines weiteren Anbieters II bedroht (Spielermenge: $N = \{I,II\}$). Der zweite Anbieter kann in den Markt eintreten oder nicht (Strategiemenge $P_{II} = \{E,NE\}$), der erste Anbieter kann unkooperativ reagieren

---

1 Vgl. Wied-Nebbeling (1993), S. 137.

2 Der Spielbaum besteht im Stackelberg-Spiel aus zwei Stufen, wobei der erste Spieler auf der ersten Stufe, d.h. im ersten Knoten, entscheidet, während der zweite Spieler in den dem ersten Knoten folgenden Knoten die Entscheidung hat. Die echten Teilspiele sind also die Teilbäume, die in einem Entscheidungsknoten des zweiten Spielers beginnen; sie sind alle einstufig, da das Spiel nach der Entscheidung des zweiten Spielers endet.

3 Vgl. Güth (1994), S. 40ff.

und seinen Preis senken oder sich kooperativ bzw. friedlich verhalten (Strategiemenge $P_I = \{U,K\}$). Die Auszahlungen, die zu den unterschiedlichen Strategiekombinationen gehören, sind der folgenden Auszahlungsmatrix zu entnehmen. Dabei beschreibt der jeweils erste Wert in einem Feld die Auszahlung des Spielers I und die zweite Eintragung die Auszahlung des Spielers II, die sich bei der entsprechenden Kombination von Strategien ergibt. Die Strategien des ersten Spielers sind zeilenweise, die des zweiten Spielers spaltenweise eingetragen. Die angegebene Matrixform ist die sog. strategische Form oder Normalform des Spiels.[1]

	E	NE
U	(0, 0)	(5,1)
K	(2, 2)	(5,1)

Tabelle 1.2 Auszahlungsmatrix des Beispiels

Das Spielergebnis ist für den etablierten Anbieter sehr günstig, wenn der andere nicht in den Markt eintritt, denn er kann sich dann einen hohen Gewinn von 5 sichern, während der Konkurrent nur eine Auszahlung von 1 erhält. Wenn hingegen ein Markteintritt erfolgt, führt Kooperation bzw. die Bereitschaft, den Markt aufzuteilen, auf Gewinne von jeweils 2, während kämpferisches Verhalten beiden Anbietern Nullgewinne einbringt. Ein Nash-Gleichgewicht liegt vor, wenn keiner der beiden Spieler durch eine alleinige Verhaltensänderung seinerseits sein Ergebnis verbessern kann. In dem angegebenen Matrixspiel ist dies sowohl für die Strategienkombination (K,E) als auch für die Kombination (U,NE) der Fall, so daß beide Kombinationen Nash-Gleichgewichte darstellen.

Die Spielregeln besagen, daß Anbieter II vor Anbieter I handelt. Aus der Matrixform geht der zeitliche Ablauf nicht hervor; in der extensiven Form hingegen läßt sich die Handlungsreihenfolge erfassen, wie Abbildung 1.1 zeigt, in der die beiden Entscheidungszeitpunkte mit B (für Spieler II) und A (für Spieler I) gekennzeichnet sind und die drei letzten Knoten die Auszahlungen der beiden Spieler beinhalten.

---

[1] Vgl. z.B. Friedman (1986), S. 12ff., und Owen (1982), S. 5f. Ein Spiel dieser Form heißt Bimatrix-Spiel, vgl. Owen (1982), S. 126.

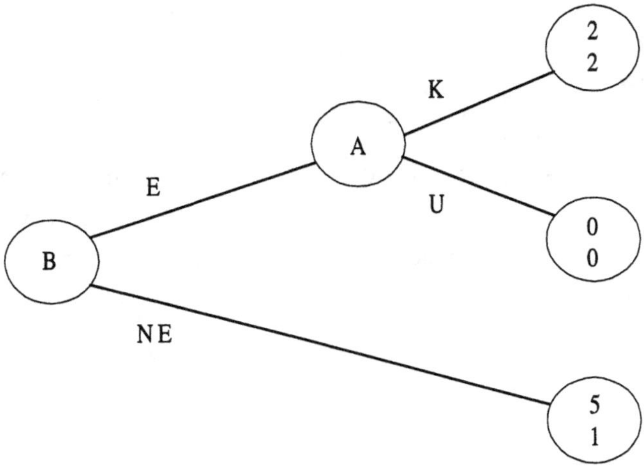

Abb. 1.1 Extensive Form des Beispiels

Das zweite Nash-Gleichgewicht (U,NE) entsteht, ohne daß für den Spieler I die Möglichkeit besteht, die Strategie U überhaupt zu verwenden, da er in diesem Ast des Spielbaumes gar nicht zum Zug kommt. Es handelt sich damit um eine "Drohung", diese Strategie dann zu spielen, wenn die Gelegenheit dazu besteht, wenn also Knoten A erreicht wird. Diese Drohung führt auf das angegebene Gleichgewicht. Käme der Spieler I jedoch in die Verlegenheit, wirklich zwischen seinen beiden Strategien zu wählen - nämlich dann, wenn der Knoten A erreicht wird - so würde er sich immer für die Strategie K entscheiden, da sie ihm eine Auszahlung von 2 anstelle der Auszahlung 0 sichert.[1] Also basiert das Nash-Gleichgewicht (U,NE) auf einer unglaubwürdigen Drohung und ist nicht teilspielperfekt. Die Strategienkombination (K,E) hingegen führt auf ein teilspielperfektes Gleichgewicht, da die Strategien in dem einzigen echten Teilspiel, welches in A beginnt, ebenso wie im Gesamtspiel ein Gleichgewicht liefern.

Gleichzeitig liegt damit auch ein Stackelberg-Gleichgewicht vor, denn es handelt sich um eine typische Stackelberg-Situation. Der Spieler, der zuerst handelt, in diesem Fall also der neue Anbieter II, kann bei vollständiger Information antizipieren, wie sich der Nachfolger, Anbieter I, verhalten wird. Für diesen ist es vernünftig, nicht kämpferisch zu reagieren, wenn ein Markteintritt des II erfolgt ist, sondern sich mit

---

1 Dies gilt nur dann, wenn keine "Selbstbindungskraft" existiert, die den Spieler nötigt, eine einmal angekündigte Maßnahme wirklich durchzuführen. Gäbe es diese, so wäre der Spieler durch seine vor dem Spiel erfolgte Ankündigung gezwungen, im Falle des Markteintritts aggressiv zu reagieren. Das teilspielperfekte Gleichgewicht wird von Selten (1965) aber gerade für Spielsituationen ohne Selbstbindung vorgeschlagen.

diesem zu arrangieren. Also wird Spieler II in den Markt eintreten und Spieler I wird nicht kämpfen; beide erhalten eine Auszahlung von 2.

Die bisher diskutierten spieltheoretischen Ansätze und Konzeptionen beschränken sich auf Spiele, die einmalig stattfinden und sich nicht wiederholen. Daher können die Mitspieler im Laufe des Spiels keinen Ruf aufbauen[1] oder aus dem Verhalten der anderen Spieler lernen. In Anbetracht dessen, daß sich Entscheidungen im Wirtschaftsleben in der Regel in ihren Auswirkungen über mehrere Perioden erstrecken bzw. sich wiederholt abspielen werden, ist häufig die Betrachtung mehrperiodiger Spiele sinnvoll. In mehrperiodigen Spielen kann auch die Möglichkeit berücksichtigt werden, auf kurzfristige Gewinne zu verzichten, um langfristige Verluste, die durch Vergeltungsmaßnahmen der Konkurrenten entstehen, zu vermeiden.[2] Im Hinblick auf die Standortentscheidungen wird von einmaligen Entscheidungen auszugehen sein; Entscheidungen über angebotene Mengen oder Preise hingegen können immer wieder neu getroffen werden.

In einem wiederholten Spiel möchten die Spieler die Summe der über alle Perioden erhaltenen, diskontierten Auszahlungen maximieren, wobei die Auszahlung einer Periode nur von der in dieser Periode gewählten Strategie abhängt.[3] Handeln die Spieler in einem solchen Spiel simultan, so können sie das aktuelle Verhalten der Beteiligten nicht zur Grundlage ihrer Strategiewahl machen, wohl aber das Verhalten, welches die Konkurrenten in den vorangegangenen Perioden an den Tag gelegt haben, sofern ihnen dieses im Nachhinein bekannt ist. Daraus folgend wird Kooperation möglich, die durch drohende Vergeltungsmaßnahmen erwirkt wird und nicht durch bindende Absprachen erzwungen ist. Da der einzelne befürchten muß, in Folgeperioden "bestraft" zu werden, wenn er die stillschweigende "Zusammenarbeit" mit seinen Mitspielern durchbricht, werden sich die Spieler an die stille Vereinbarung halten, sofern ihnen zukünftige Auszahlungen überhaupt etwas bedeuten.

---

1 Englisch: Reputation. Einen Ruf können Spieler nur in Spielen mit unvollständiger Information aufbauen; bei vollständiger Information ist ihr optimales Verhalten auch von den Mitspielern im voraus zu berechnen, vgl. Holler und Illing (1993), S. 176.

2 Vgl. Holler und Illing (1993), S. 140.

3 Zu wiederholten Spielen vgl. Holler und Illing (1993), S. 139ff.

Als Mechanismus zur Durchsetzung solcher stillen Abmachungen fungieren sog. Trigger-Strategien,[1] bei denen jeder Spieler solange die Kooperation mit günstigem Ergebnis für alle Beteiligten aufrecht erhält, wie sie keiner der anderen durchbricht. Wird die Kooperation jedoch durch abweichendes Verhalten von einem der Mitspieler verletzt, so wird dieser "bestraft", indem im folgenden auch die anderen Spieler beispielsweise die individuell optimalen Strategien spielen, die jedem einzelnen jedoch weniger einbringen als die kooperative Strategie. Erst nach einigen Strafperioden kehrt man zur Zusammenarbeit zurück.
Problematisch an dieser Konzeption ist vor allem, daß sich die anderen Beteiligten in der Regel auch selbst bestrafen, da sich auch ihre eigenen Auszahlungen verschlechtern.[2] Zudem weisen sog. Super-Spiele mit unbegrenztem Zeithorizont, d.h. unendlich häufig wiederholte Spiele, zumindest für hohe Diskontierungsfaktoren "zuviele" Gleichgewichte auf, unter denen dann ausgewählt werden muß.[3]

Die genannte Konzeption der Trigger-Strategien eignet sich nur für unendlich häufig wiederholte Spiele. Bei Spielen mit endlichem Zeithorizont müssen immer, da in der letzten Periode das Spielen der Nash-Strategien optimal ist - sofern nur ein Nash-Gleichgewicht existiert - in allen Perioden die Nash-Strategien gespielt werden, da von der letzten Periode ausgehend rückwärts immer auf dieselbe Weise argumentiert werden kann.[4] Damit kann in Spielen mit endlicher Wiederholung keine Kooperation erwirkt werden, wenn diese nur ein Nash-Gleichgewicht besitzen. Gibt es allerdings mehrere Nash-Gleichgewichte, können geeignete Trigger-Strategien formuliert werden.[5]

Da die Berücksichtigung einer "letzten Periode" so starke Auswirkungen auf die Spielstruktur hat und andererseits von vornherein bei realen Situationen vermutlich nicht im voraus klar ist, wann ein Konkurrenzverhältnis endet, ist die Konzeption eines unendlichen Horizonts angemessener. Zwar wird kein Geschäftsbetrieb je davon ausgehen, wirklich unbegrenzt lange tätig zu sein; jedoch wird er sich in der Regel auch kein definiertes Ende setzen, wenn es sich nicht gerade um ein saisonales

---

1 Vgl. Holler und Illing (1993), S. 142ff.

2 Z.B. Güth (1992), S. 98, steht den in Trigger-Strategien enthaltenen Drohungen kritisch gegenüber.

3 Vgl. z.B. Tirole (1988), S. 247 und S. 253.

4 Vgl. z.B. Güth (1992), S. 88f.

5 Vgl. Holler und Illing (1993), S. 165ff.

Geschäft handelt. Der unendliche Horizont des Spieles erfordert wiederum nicht zwingend dessen unendliche Dauer, sondern nur eine unbekannte Dauer.[1] Daher ist der Einwand, daß in endlich wiederholten Spielen keine Kooperation möglich sei, formal richtig, aber tatsächlich besteht das Problem in der Annahme der endlichen Wiederholung.[2] Dies erklärt auch, warum die "Tit-for-Tat"-Strategie, bei der jeder Spieler immer die Strategie wählt, die sein Konkurrent in der Vorperiode gewählt hat, für das wiederholte Gefangenendilemma die "beste" Strategie im Sinne durchschnittlicher Auszahlungen ist:[3] Obwohl von endlichen Wiederholungen ausgegangen wird, bezieht diese Strategie die konkrete Länge des Horizonts nicht ein, sondern verlangt, in jeder Periode so zu reagieren, wie sich der Gegner in der Vorperiode verhalten hat. Damit hat der tatsächliche Horizont keinen Einfluß auf das Spielverhalten.

Dies läßt sich auch anhand des sog. "Handelskettenparadoxon" demonstrieren,[4] welches bei endlicher Wiederholung des oben beschriebenen Beispiels eintritt. Im Beispiel wurde gezeigt, daß es für einen Monopolisten, der auf mehreren (m) Märkten tätig ist, nicht sinnvoll ist, sich auf einen (ruinösen) Preiskampf mit einem Konkurrenten einzulassen, der in einen der Märkte eintreten will. Wollen also in m Perioden m Konkurrenten in je einen Markt eintreten, so müßte der Monopolist nach der angegebenen Argumentation in jeder Periode den Markt mit dem Konkurrenten teilen. Da er ihn in der letzten Periode teilen würde, um Verluste zu vermeiden und da ein Kampf in der letzten Periode ohnehin keinen Konkurrenten mehr abschrecken könnte, wäre Kooperation in der letzten Periode die beste Strategie. Dies ist dann

---

1 Ähnlich argumentiert Tirole (1988), S. 253: Wenn das Spiel mit einer gewissen Wahrscheinlichkeit in einer beliebigen Periode endet, weil z.B. das Gut der Anbieter gar nicht mehr verlangt wird, diese Wahrscheinlichkeit jedoch hinreichend klein ist, bleibt das Ergebnis eines Spiels mit unendlicher Dauer bestehen, obwohl es sich möglicherweise um eine begrenzte Dauer handelt: "Die Zukunft existiert nur mit einer gewissen Wahrscheinlichkeit."

2 Kooperation in endlich wiederholten Spielen läßt sich auch durch unvollständige Information über die Auszahlungen der Mitspieler begründen, vgl. Holler und Illing (1993), S. 168ff.

3 Das wiederholte Gefangenen-Dilemma besteht aus der Wiederholung des Spiels, in dem zwei Gefangene zwischen den Strategien "Gestehen" und "Nicht-Gestehen" wählen können, wobei gleichzeitiges Gestehen zu einer langen Haft, gleichzeitiges Nicht-Gestehen zu einer kurzen Haft, und die Kombination von Gestehen und Nicht-Gestehen zu einer sehr kurzen Haft des Geständigen, aber zur umso längeren Haft des anderen Spielers führt. Vgl. z.B. Holler und Illing (1993), S. 1ff. Die Tit-for-Tat-Strategie erwies sich in einem "Wettbewerb" unter Spieltheoretikern, bei dem die beste Strategie für das wiederholte Gefangenen-Dilemma ermittelt werden sollte, in einer Simulation als überlegene Strategie, vgl. Holler und Illing (1993), S. 167.

4 Vgl. Selten (1978).

aber auch in der Vorperiode die günstigste Strategie, da kein Abschreckungseffekt mehr erzielt werden kann, denn in der letzten Periode wird der Monopolist nicht kämpfen, und so läßt sich die Argumentation rückwärts bis zur ersten Periode fortsetzen. Der Monopolist kann also seine Gegner nicht abschrecken, obwohl es plausibel erschiene, dies in den ersten Perioden zu tun, damit die anderen Konkurrenten auf den Eintritt in den Markt verzichten und dem Monopolisten sein hoher Monopolgewinn erhalten bleibt.[1]

Dieses Ergebnis wird als paradox empfunden, weil sich ein Unternehmen mit Marktmacht nicht einfach mit Markteintritten abfinden wird. Das Problem besteht jedoch nach Holler und Illing (1993, S. 175) nicht in der Argumentation, sondern in den Prämissen des Spiels: In der Regel werden sich Preiskämpfe zur Verteidigung von Monopolstellungen ergeben, weil das monopolistische Unternehmen Kostenvorteile hat und also ein natürliches Monopol hält. Damit führt der Kampf für das Unternehmen selbst nicht zu Verlusten; das Spiel muß daher anders als oben beschrieben modelliert werden.[2] Auch bei diesem Beispiel ändert sich jedoch das spieltheoretische Ergebnis, wenn die Zahl der Perioden nicht mehr beschränkt ist; in diesem Fall lohnt sich die kämpferische Strategie und dies hat zur Folge, daß Konkurrenten gar nicht erst auf den Markt kommen.

Wie die vorgestellten Konzepte und Überlegungen zeigen, werden für die Anwendung der Spieltheorie hohe Anforderungen an das Wissen und die Fähigkeiten der beteiligten Akteure gestellt. Sie müssen in der Lage sein, stets alle Informationen zu verarbeiten, um das vollständig rationale Verhalten abzuleiten, und zudem müssen sie die Mitspieler sehr gut einschätzen bzw. sich in diese hineinversetzen können. Damit verursacht die Suche nach der optimalen Strategie aber auch gewisse Kosten, die jeder Spieler möglichst gering halten möchte.[3] Diese sind eigentlich in die

---

1 Dieses Beispiel wird von Selten (1978) ausführlich dargestellt und diskutiert. Er führt aus, daß das spieltheoretisch rationale Verhalten (die Folge der Induktionstheorie) zu einem wesentlich ungünstigeren Ergebnis führt, als wenn der Monopolist in den ersten Perioden seine Kampfbereitschaft unter Beweis stellt und so weitere Konkurrenten in den späteren Perioden vom Markteintritt abhält (die Folge der Abschreckungstheorie).

2 Für eine spieltheoretische Untersuchung des optimalen Verhaltens eines Monopolisten in einem mehrperiodigen Spiel bei drohendem Markteintritt eines Konkurrenten vgl. Vidal (1996). Hier wird deutlich, daß das optimale Verhalten dadurch bestimmt wird, wie stark der Wettbewerbsvorteil des einzelnen ist. Dabei differenziert Vidal nach Nachfrage- und Kostenvorteilen und berücksichtigt zudem Marketing-Strategien.

3 Vgl. Holler und Illing (1993), S. 170.

Modellierung des Spiels einzubeziehen, was jedoch häufig nicht der Fall ist. Auch darüber hinaus gibt es häufig für die Modellierung des Spiels unterschiedliche Möglichkeiten, die zu unterschiedlichen Spielergebnissen führen, was wiederum hohe Anforderungen an die Fähigkeiten des Modellierenden stellt.

Auch wenn die Spieltheorie eine Vielzahl einleuchtender Konzepte liefert, so ist doch gerade diese Vielzahl problematisch. So weist Sutton (1990) bereits durch den Titel seiner Arbeit "Explaining Everything, Explaining Nothing - Game Theoretic Models in Industrial Economics" darauf hin, daß sich durch geeignete Modellierung fast jedes Verhalten und jedes Marktergebnis erklären lassen. Dies bestätigt sich in der Literatur zur räumlichen Konkurrenz: Durch die Modifikation einzelner Annahmen bzw. Spielregeln lassen sich beliebig viele Spiele erzeugen, die jeweils andere Spielergebnisse liefern, so daß keine allgemeine Vorhersage über den Spielausgang möglich ist. Nach Sutton (1990) sind solche Ergebnisse von besonderem Interesse, die gegenüber Änderungen der Modelle sehr robust sind. Viele Modelle der räumlichen Konkurrenz liefern jedoch bei geringfügigen Änderungen der Prämissen unterschiedliche Ergebnisse. Im vierten Kapitel dieser Arbeit wird diese Prämissenabhängigkeit ausführlich untersucht und überprüft, welche Ergebnisse auch bei Änderungen Bestand behalten. Zunächst jedoch wendet sich die Untersuchung den Ansätzen der Standortplanung zu, die die Konkurrenz nicht explizit berücksichtigen.

2 Klassifizierung und Einordnung von klassischen Standortplanungsproblemen

2.1 Überblick und Ziel

Die Beschäftigung mit dem Gebiet der Standortplanung setzt zunächst eine Definition des Standortbegriffs voraus. Im Hinblick auf Industriebetriebe definiert Hansmann (1974, S. 15f.) diesen als den "geographischen Ort [...], an dem das Unternehmen Leistungen erstellt bzw. verwertet." Im Rahmen der Standortplanung sind also ein oder mehrere solcher geographischer Orte zu bestimmen, wobei der Untersuchungsgegenstand hier weiter gefaßt werden soll, da nicht ausschließlich Industriebetriebe, sondern allgemein (Wirtschafts)Einheiten betrachtet werden, die in einem räumlich ausgedehnten Gebiet agieren und den für ihre Aktivitäten geeignetsten geographischen Ort zu bestimmen suchen. Damit werden privatwirtschaftliche und öffentliche Träger, produzierende sowie Handel treibende Einrichtungen gleichermaßen berücksichtigt.
Die Literatur zur Standortplanung ist so umfangreich, daß ein umfassender Überblick im Rahmen dieser Arbeit kaum gegeben werden kann. Zudem wird durch die Einnahme eines betriebswirtschaftlichen, vornehmlich OR-orientierten Blickwinkels der Untersuchungsrahmen eingegrenzt. Die Beschaffenheit von Standorten bzw. die räumliche Ausdehnung als Einflußgröße wirtschaftlichen Lebens werden auch in der volkswirtschaftlichen bzw. regionalwissenschaftlichen Literatur behandelt, auf diese Ansätze wird jedoch nur am Rande eingegangen.[1]

Um an die Problematik heranzuführen, wird im folgenden zunächst auf die Bedeutung und Struktur von Standortentscheidungen in der Theorie und der betrieblichen Praxis eingegangen. Anschließend wird die hier als "klassisch" bezeichnete Standortplanung vorgestellt bzw. eingegrenzt.[2] Anhand einiger ebenfalls klassischer, in der Literatur häufig erwähnter Beispielprobleme können die Charakteristika der Planungssituationen bzw. der entsprechenden Modelle illustriert werden. Der im folgenden

---

1 Einen umfassenden geschichtlichen Überblick über die Entwicklung der räumlichen Theorie, insbesondere im nicht OR-orientierten Bereich, und über die Entwicklung der Theorien zur Standortplanung gibt Ponsard (1983).

2 Diese Bezeichnung orientiert sich an der Auffassung, die von verschiedenen Autoren zum Ausdruck gebracht wird, daß die Standortmodelle des OR inzwischen als klassisch bezeichnet werden können. Vgl. Serra et al. (1992), die p-Median-Probleme und Maximum Cover-Probleme als "Classical Location Formulations" bezeichnen, sowie Miller et al. (1996), die diskrete Standortplanungsprobleme (das Simple Plant Location Problem und das Capacitated Plant Location Problem) unter der Überschrift "Classical Plant Location" behandeln.

erarbeitete Klassifizierungskatalog erlaubt es, jedes klassische Problem durch die Angabe der es charakterisierenden Merkmale vollständig zu beschreiben. Insbesondere stellt dieser Katalog auch einen ersten Schritt in Richtung einer einheitlichen Modellierungskonzeption dar und verdeutlicht die Abgrenzung klassischer Standortplanungsprobleme gegenüber allgemeineren Problemstellungen.

Da im Hinblick auf die angestrebte Einordnung der Standortplanung in einen größeren Zusammenhang die zu unterstellenden Marktgegebenheiten von Interesse sind, werden in Abschnitt 2.6 die Eignung der verwendeten Zielsetzungen sowie ihre Implikationen hinsichtlich dieser Gegebenheiten untersucht. Die Integration weiterer Planungsbereiche, insbesondere der Produktionsentscheidungen sowie preispolitischer Maßnahmen, in Standortplanungsprobleme wird in den letzten Abschnitten dieses Kapitels behandelt.

2.2 Standortplanung aus theoretischer und praktischer Sicht

Die meisten der in der (OR-)Literatur betrachteten Problemstellungen aus dem Gebiet der Standortplanung haben etwa die folgende Form: Es liegt ein "irgendwie" strukturierter Raum vor, in dem ein (Stand)Ort gesucht wird, der hinsichtlich einer bestimmten Zielsetzung optimal ist, d.h. hinsichtlich einer bestimmten, die Problemstellung (unter anderem) charakterisierenden Größe das beste Ergebnis liefert.[1] Da in der Regel davon ausgegangen wird, daß die Einrichtung,[2] für die der Standort gesucht wird, in Interaktion mit anderen Einrichtungen[3] treten soll, sind als Daten des Problems die im Sinne des Optimierungsziels wesentlichen Informationen über bereits vorhandene Einrichtungen und die in Frage kommenden Standorte sowie ggf. einzuhaltende weitere Restriktionen gegeben. Alle Größen, die das Planungsergebnis beeinflussen, müssen quantifizierbar sein, damit das Problem in ein geeignetes Modell überführt (und gelöst) werden kann.

---

1 Natürlich werden häufig auch mehrere Standorte geplant; für diese erste Beschreibung wird aber zur Vereinfachung zunächst von dem Fall nur eines zu wählenden Standortes ausgegangen.

2 Dies kann beispielsweise eine privatwirtschaftliche Einrichtung wie eine Fabrik, eine Niederlassung oder ein Lager sein, oder es handelt sich um eine öffentliche Einrichtung wie z.B. ein Krankenhaus oder eine Polizeistation.

3 Dies können Kunden, Lieferanten oder schon vorhandene gleiche bzw. ähnliche Einrichtungen sein. Im Fall mehrerer zu planender Standorte ist möglicherweise auch eine Interaktion zwischen den neuen Standorten zu berücksichtigen.

Aus der Sicht eines Unternehmens handelt es sich bei der Wahl des Standortes um eine strategische Entscheidung, die auf den Unternehmenserfolg möglicherweise entscheidenden Einfluß hat und, zumindest kurz- und mittelfristig, nicht oder nur schwer reversibel ist.[1] Demnach ist eine detaillierte Planung von großer Bedeutung, um spätere Nachteile aus einer möglichen Fehlentscheidung zu vermeiden.[2] Allerdings hängt die Güte bzw. Eignung eines Standortes von so vielen Faktoren ab, daß deren vollständige Berücksichtigung innerhalb eines Planungsvorgangs kaum möglich erscheint.

Der folgende Katalog verdeutlicht die Vielfalt und Vielzahl der Einflußgrößen, die für die Wahl eines Standortes einer Industrieunternehmung eine Rolle spielen (können):[3]

- Grund und Boden, Gebäude (Verfügbarkeit, Preise, Baugenehmigungen)
- Arbeitskräfte (Verfügbarkeit, Ausbildungsstand, Kosten)
- Verkehrsanbindung (Verfügbarkeit,Transportkosten)
- Beschaffung und Entsorgung (Möglichkeiten, Kosten der Beschaffung)
- Produktion (Bedingungen, Kosten)
- Investitions- und Finanzierungsbereich
- Allgemeine Infrastruktur
- Öffentliche Hand (Förderungsmaßnahmen)
- Absatz (Bevölkerungspotential, Kaufkraft, Konsumgewohnheiten, Konkurrenz)
- Persönliche Präferenzen

Diese Faktoren lassen sich nach verschiedenen Kriterien klassifizieren, so z.B. als quantitative und qualitative Standortfaktoren.[4] Um die Vielfalt der Kriterien zu bewältigen und vor allem auch die zahlreichen nur schwierig oder gar nicht quantifizierbaren Faktoren (beispielsweise den Aspekt "Arbeitskräfte") in die Planung bei

---

[1] Vgl. z.B. Domschke und Drexl (1990), S. 3.

[2] Vgl. Hansmann (1994), S. 90.

[3] Vgl. Domschke und Drexl (1990), S. 9, sowie Hansmann (1994), S. 91. Weitere ausführlichere Kataloge finden sich bei Hansmann (1974), S. 139ff., sowie bei Behrens (1961), S. 47ff.

[4] Vgl. Hansmann (1994), S. 91. Standortfaktoren sind quantitativ, wenn ihr "Beitrag zum Unternehmenserfolg direkt gemessen werden kann", qualitative Faktoren unterliegen hingegen der subjektiven Einschätzung.

Verwendung von OR-Methoden einzubeziehen, sind folgende Vorgehensweisen denkbar:[1]

1.) Getrennt voneinander werden eine qualitative und eine quantitative Untersuchung durchgeführt, deren Ergebnisse im Anschluß verglichen werden. Zwischen den ermittelten geeigneten Möglichkeiten wird dann mit Hilfe weiterer Kriterien entschieden.
2.) Es wird stufenweise analysiert, wobei entweder mit der qualitativen Prüfung begonnen werden kann und diejenigen Standorte, die dieser Analyse zufolge in Betracht kommen, danach noch unter dem quantitativen Blickwinkel verglichen werden,[2] oder aber zunächst die quantitative Untersuchung stattfindet und die Standorte, die die Erzielung eines bestimmten Mindestergebnisses ermöglichen, anschließend noch bzgl. der qualitativen Kriterien untersucht werden.
3.) Mittels der aus der Entscheidungstheorie bekannten Instrumentarien zur Lösung von sog. multikriteriellen Problemen, d.h. Problemen, die nicht nur eine Zielsetzung haben, sondern in denen mehrere Ziele zu verfolgen sind, können auch Standortplanungsprobleme gelöst werden. Hierfür ist eine Quantifizierung der nicht quantifizierten Ziele, beispielsweise durch ein Punktesystem, erforderlich. Dann können z.B. Scoring-Modelle Anwendung finden.[3]

Die Berücksichtigung der qualitativen Einflußfaktoren kann zwar gewährleistet werden, doch im Rahmen der meisten in der Literatur untersuchten Problemstellungen werden die Standortfaktoren, die nicht quantifizierbar sind, vernachlässigt, oder sie werden als bereits bei der Auswahl der in Frage kommenden Standorte berücksichtigt angesehen, aber nicht mehr ausdrücklich erwähnt. Es wird statt dessen davon ausgegangen, daß die vorliegende Entscheidungssituation in ihren wesentlichen Merkmalen trotz der Vernachlässigung von Einflußgrößen so adäquat erfaßt ist, daß eine Lösung eines entsprechenden Modells mit Hilfe von Optimierungsmethoden sinnvoll ist und zumindest Anhaltspunkte für eine gute Lösung des realen Problems liefert.

Damit wird eine bestimmte - vorliegende oder vorstellbare - Planungssituation durch ausgewählte Daten charakterisiert und auf diese Daten reduziert, und das so ermit-

---

1 Zu den Punkten 1.) und 2.) vgl. Hansmann (1974), S. 138f., ebenso zum Punktesystem unter 3.). Zu Punkt 3.) vgl. die entsprechende entscheidungstheoretische Literatur, z.B. Laux (1991), S. 63ff.

2 Bei dieser Vorgehensweise ergibt sich automatisch eine diskrete Menge möglicher Standorte: die im ersten Analyseschritt ermittelten Orte stellen im zweiten Schritt die potentiellen Standorte dar.

3 Vgl. z.B. Hansmann (1994), S. 92ff.

telte, meist vereinfachte Problem wird anschließend zu lösen versucht.[1] Ein Standortplanungsproblem in diesem Sinne entsteht also durch Beschränkung der Untersuchung einer realistischen Situation auf wenige Einflußgrößen.

Eine andere Möglichkeit ist, daß eine Fragestellung untersucht wird, die zunächst lediglich von theoretischem Interesse ist (beispielsweise das Median-Problem), für die praktische Entsprechungen mit ähnlichen Charakteristika jedoch leicht zu benennen sind. Da keine reale Situation zugrunde liegt, ist hier die Vernachlässigung bestimmter Einflußgrößen zunächst unproblematisch, denn der Modellierende kann frei entscheiden, was im Modell abgebildet wird. Allerdings wird die Gültigkeit bzw. die Möglichkeit der Übertragung auf entsprechende praktische Probleme eingeschränkt. Ein Standortplanungsproblem ist in diesem Fall eine Fragestellung, die auf die Bestimmung eines oder mehrerer Punkte hinzielt, die bestimmte Eigenschaften haben. Es liegt kein reales, sondern ein gewissermaßen abstraktes Problem zugrunde.

In jedem Fall wird die Komplexität realer Entscheidungssituationen[2] nicht berücksichtigt. Jedoch wird der Zweck eines Standortmodells als Entscheidungshilfe zur Standortplanung trotzdem erfüllt, wenn dieses zu "guten" Entscheidungen führt, was nicht unbedingt bedeutet, daß es eine Situation realistisch abbilden muß.[3] Wesentlicher als die Erfassung aller Größen ist daher die Erfassung der für die jeweilige Entscheidungssituation tatsächlich bedeutenden Einflußgrößen, so daß im Einzelfall zwischen wichtigen und weniger wichtigen Faktoren zu unterscheiden ist.[4]

Probleme der Standortplanung lassen sich, wie die einführenden Überlegungen zeigen, auf drei unterschiedlichen Ebenen betrachten.

1.) Die Ebene des realen Problems
Das reale Problem zeichnet sich im wesentlichen durch mehr oder weniger sicher bekannte Daten und Abhängigkeiten aus, deren Kenntnis aus der Realität gewonnen

---

[1] Vgl. Hillier und Lieberman (1988), S. 14ff., was die Modellierung von Entscheidungssituationen (bei allgemeinen OR-Fragestellungen) betrifft.

[2] Komplexität ist hier im Sinne der Vielschichtigkeit der Problemstellung, nicht im komplexitäts*theoretischen* Sinne, vgl. Garey und Johnson (1979), zu verstehen.

[3] Vgl. Krarup und Pruzan (1990), S. 48.

[4] Beispielsweise sind für absatzorientierte Unternehmungen andere Faktoren wichtig als für gütereinsatzorientierte. Zu dieser und weiteren Klassifizierungsmöglichkeiten vgl. Behrens (1961).

wird. Es spielen auch nicht-quantifizierbare Größen eine Rolle. Auf Basis der vorliegenden Informationen sucht der Entscheidungsträger die für ihn "beste" Lösung, also den oder die besten Standort(e), wobei unterschiedliche Zielsetzungen möglich sind, die zunächst verbal formuliert werden.

2.) Die Ebene des "theoretischen" Problems
Das theoretische Problem ist ein "möglichst gutes" Abbild der realen Problemstellung, wobei zur Vereinfachung die Möglichkeit besteht, Daten geeignet zu aggregieren oder bestimmte Aspekte völlig zu vernachlässigen. Es wird ein bestimmter "Ausschnitt der Realität" bestimmt, der für die Problemlösung relevant ist.[1] Zudem wird eine geeignete quantitative Zielsetzung formuliert.

3.) Die Ebene des modellierten Problems[2]
Das Modell bildet das theoretische Problem in einer Form ab, die seine Lösung mittels bekannter oder neu zu entwickelnder OR-Methoden erlaubt, d.h. beispielsweise als gemischt-ganzzahliges oder graphentheoretisches Modell.

Modell- und Problemebene sind oftmals nicht streng zu trennen, da häufig der Schritt zum theoretischen Problem bereits Teile der Modellierung beinhaltet oder sogar direkt ein Modell aufgestellt wird. Dennoch ist eine Trennung der beiden Bereiche erforderlich, da für viele Problemstellungen unterschiedliche Modellierungen zur Verfügung stehen, die durch die Wahl der Entscheidungsvariablen oder die Formulierung der Restriktionen entstehen.[3] Eine Identifikation von (theoretischem) Problem und Modell ist daher nicht möglich. Andererseits ist es erforderlich, zwischen der realen und der theoretischen Problemebene zu trennen, da die Aggregation von Daten und Informationen dazu führt, daß unterschiedliche praktische Probleme durchaus in dieselbe theoretische Problemstellung überführt werden können, und ebenso kann auch dasselbe praktische Problem durch unterschiedliche Aggregation auf verschiedene theoretische Probleme abgebildet werden.

1 Vgl. Müller-Merbach (1973), S. 14f.

2 Mit dem Vorgang der Erstellung linearer und ganzzahliger Modelle, d.h. dem Übergang vom theoretischen zum modellierten Problem, beschäftigt sich z.B. Williams (1985).

3 Für verschiedene Modelle derselben Problemstellung in der Standortplanung vgl. Hummeltenberg (1981). Diverse Modelle für die Problemstellung des Travelling Salesman Problems beschreiben Dethloff und Fischer (1995).

Im folgenden sollen die zweite Ebene der "theoretischen" Probleme und ihre Verbindung zur dritten Ebene der Modelle im Mittelpunkt stehen, nicht jedoch die aus der Erfassung realer Daten oder der Berücksichtigung bestimmter Einflußfaktoren entstehenden Schwierigkeiten und auch nicht die Möglichkeiten zur Lösung bzw. Auswertung von Modellen. Ersteres ist Inhalt der mehr empirisch orientierten Standortlehre, wie sie z.B. durch Behrens (1961) vertreten wird, letzteres, bezogen auf unterschiedlichste Modelle, Thema der meisten Arbeiten, die auf dem Gebiet des Operations Research existieren, wie z.B. der Bücher von Domschke und Drexl (1990) oder Drezner (1995). Im Hinblick auf die reale Problemebene wird jedoch später die Frage diskutiert, inwieweit und unter welchen Voraussetzungen die in der Theorie gewählten Zielsetzungen und Einschränkungen adäquat sind.

2.3 Klassische Standortplanungsprobleme[1]

Die theoretischen Standortplanungsprobleme des OR besitzen, wie oben ausgeführt, eine quantifizierbare Zielgröße und greifen nur auf bestimmte, ausgewählte Daten zur Beschreibung des Problems zurück, wobei sie die Realität vereinfachen oder sich zunächst nicht an dieser orientieren. Sie sind damit der zweiten Ebene des oben dargestellten Schemas zuzurechnen; der Übergang zur Modellebene ist jedoch teilweise fließend, da viele Probleme, wie beispielsweise das Simple Plant Location Problem, am besten durch ein Modell und nicht durch eine verbale Darstellung beschrieben werden.

Klassische Standortplanungsprobleme sind dadurch charakterisiert, daß die zu treffenden Entscheidungen sich ausschließlich auf den (oder die) zu wählenden Standort(e) beschränken. Dabei können Entscheidungen über die Beschaffenheit dieser Standorte hinsichtlich ihrer Produktionstechnologien - mit gewissen Einschränkungen[2] - oder ihrer Größe einbezogen werden. Hingegen beinhalten klassische Probleme keine

---

1 Die Bezeichnung und Eingrenzung der "klassischen Standortplanung" orientiert sich, neben den oben genannten Arbeiten, an Alonso (1967), der die Standorttheorie in der Tradition Webers als "Classical Location Theory" bezeichnet. Er beschränkt sich hierbei zwar auf Probleme in der euklidischen Ebene, die von ihm aufgezeigten Grenzen der angesprochenen Modelle decken sich jedoch mit denen, die auch für die hier als klassisch bezeichneten Modelle gelten.

2 Die unterschiedlichen Produktionstechniken sollen nur insoweit Bestandteil der Planung sein, wie sie auch als Merkmale unterschiedlicher Standorte aufgefaßt werden können. Das bedeutet, daß feste Einsatzmengenverhältnisse gegeben seien müssen oder zumindest nur eine endliche Zahl unterschiedlicher realisierbarer Einsatzmengenverhältnisse existiert. Die gleichen Standorte mit unterschiedlicher Technologie können dann nämlich als unterschiedliche Standorte aufgefaßt werden. Zu diesem Vorgehen vgl. z.B. Hansen und Thisse (1977).

absatzpolitischen Entscheidungen, die direkt oder indirekt Einfluß auf die Preise nehmen können. Vielmehr werden die Preise ebenso wie die Höhe der Nachfrage als gegebene Größen unterstellt. Vor allem aber ist eine Berücksichtigung des Einflusses, den Konkurrenten auf das Planungsergebnis haben könnten, ausgeschlossen. Unter "klassischer Standortplanung" ist also die Planung von Standorten ohne Berücksichtigung der Anwesenheit und des Einflusses anderer Anbieter desselben Guts (oder derselben Dienstleistung), ohne eigenen Einfluß des Planenden auf die Absatzpreise[1] und zunächst unter Vernachlässigung der Beschaffungsseite des Unternehmens zu verstehen.[2]

In der klassischen Standortplanung bleibt die Untersuchung auf Situationen beschränkt, in denen die Nachfrage als bekannt vorausgesetzt wird und damit die Erlösseite fixiert ist, oder die Nachfrage ausschließlich von den Standortparametern, also dem Standort sowie ggf. der Beschaffenheit der Einrichtungen, abhängt.[3] Daraus folgt häufig die ausschließliche Berücksichtigung von Kosten in der Zielsetzung;[4] sie besteht im einfachsten Fall in der Minimierung von Transportkosten oder in einer Optimierung der Entfernungen. Es gehören jedoch auch die sog. Probleme öffentlicher Einrichtungen, d.h. nicht monetär ausgerichteter Unternehmungen, zu

---

1 Miller et al. (1996) bezeichnen Standortprobleme als klassisch, in denen das standortsuchende Unternehmen entweder "Preisnehmer" ist, also keinen Einfluß auf den Preis hat, oder es sich um einen Monopolisten handelt. Nach der hier vertretenen Auffassung gehören nur die erstgenannten Probleme zu den klassischen Problemen.

2 Damit sind Lieferantenbeziehungen und die Beschaffung von Inputgütern nicht Gegenstand der klassischen Planungsprobleme, obwohl diese Bestandteile der ursprünglichen Weberschen Planungssituation sind. Die sich auf Weber (1909) berufende Theorie hat sich mittlerweile jedoch in dieser Hinsicht weit von ihrem Ursprung entfernt und ist großteils ausschließlich auf die Nachfrageseite ausgerichtet. Dieser Entwicklung wird durch die zunächst vorgenommene Eingrenzung, die später gelockert wird, Rechnung getragen.
Die Eingrenzung könnte ebenso umgekehrt formuliert werden, so daß ausschließlich Beschaffungs- und Anlieferbeziehungen berücksichtigt werden und die Beziehungen zu den Absatzmärkten unberücksichtigt bleiben. Wesentlich ist nur die Beschränkung auf einen Sektor, nämlich entweder den Absatz- oder den Liefersektor.

3 Eine Ausnahme bzgl. der fixierten Erlöse wird z.B. zugelassen, wenn nicht die Versorgung aller Nachfrager erzwungen wird, sondern es möglich ist, Nachfragen unversorgt zu lassen. In diesem Fall ergeben sich die sog. "Covering"-Probleme, die ebenfalls zu den klassischen Problemen gezählt werden sollen. Diese sind in ihrer Zielsetzung nicht erlös-, sondern marktanteilsorientiert, erfüllen aber alle Anforderungen an klassische Probleme. Einen Überblick über Covering-Probleme geben z.B. Kolen und Tamir (1990).

4 Diese Voraussetzungen erfüllt bereits das Modell von Weber (1909), so daß die Standortplanung in der Tradition Webers als "klassisch" bezeichnet wird.

den klassischen Problemstellungen,[1] da auch diese ausschließlich Standortentscheidungen beinhalten und keinen Einfluß von Konkurrenz berücksichtigen.

Als Entscheidungsvariablen werden in der in dieser Weise definierten klassischen Planung ausschließlich Variablen verwendet, die den Standort selbst beschreiben, sowie Variablen, die über die Befriedigung der Nachfragen (und damit die Liefermengen) Auskunft geben. Das Ergebnis des Planungsprozesses ist ausschließlich von der Standortentscheidung des Planenden abhängig, nicht von der Handlungsweise anderer Unternehmen oder Leistungsanbieter, möglicherweise allerdings von den Entscheidungen der Nachfrager beeinflußt.[2]
In Abbildung 2.1 sind das Verhältnis der verschiedenen Planungsprobleme bzw. Planungsebenen zueinander und die Stellung der klassischen Standortplanung veranschaulicht.

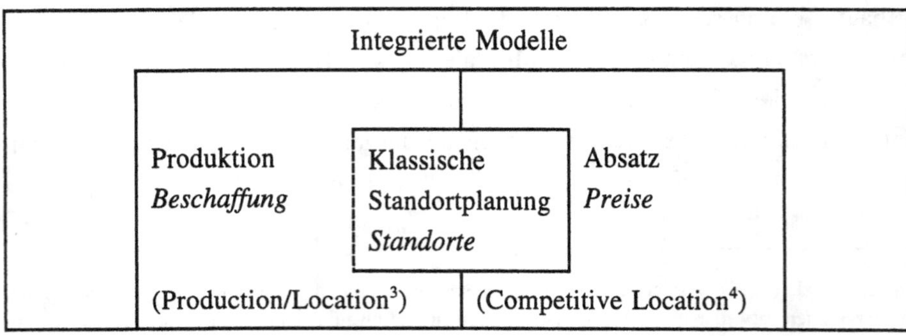

Abb. 2.1 Stellung der klassischen Standortplanung

---

[1] Planungsprobleme, die durch die Wahl ihrer Zielsetzung (Minimierung von Distanzen zu den Nachfragern oder Sicherstellen der Bedienung möglichst vieler Nachfrager) auf die Versorgung der Nachfrager ausgerichtet sind, werden häufig als Probleme des öffentlichen Sektors qualifiziert, vgl. z.B. Eiselt und Laporte (1995), S. 151.

[2] In diesem Sinne können klassische Standortplanungsprobleme als spieltheoretische Situationen aufgefaßt werden, in denen die standortsuchende Institution die erste Entscheidung trifft, die die nachfolgende (Kauf-)Entscheidung der Nachfrager beeinflußt, welche umgekehrt einen Einfluß auf das Spielergebnis der Institution hat. Die Nachfrager werden in diesem Fall als Spieler betrachtet. Diesen Blickwinkel nehmen z.B. Eiselt und Laporte (1995) ein.

[3] Diese Bezeichnung wird von Hurter und Martinich (1989), S. 2ff., für kombinierte Standort- und Produktionsplanungsprobleme verwendet. Ist die Outputmenge des Standortes, d.h. die Gesamtnachfragemenge fixiert, so bezeichnen sie ein Problem als "design/location problem", vgl. Hurter und Martinich (1989), S. 15.

[4] Die Modelle sind nicht zur Konkurrenzstandortplanung zu rechnen, wenn ein monopolistischer Anbieter betrachtet wird.

Abbildung 2.1 stellt die Verbindung der klassischen Standortplanung zu Problemen mit Integration der Bereiche Produktion und Absatz dar.[1] Die Grenze zu den Problemen mit Produktion ist durchbrochen dargestellt, weil Probleme unter Berücksichtigung der Produktion mit den angegebenen Einschränkungen zu den klassischen Problemen zählen können, während Probleme unter Einbeziehung von Konkurrenz oder eines monopolistischen Einflusses auf den Absatzmarkt nicht zu den klassischen Problemen gerechnet werden. Die kursiv gedruckten Begriffe bezeichnen die Bereiche, denen die Entscheidungsvariablen in den jeweiligen Problemklassen entstammen, wobei Standorte immer Gegenstand der Planung sind.

Die unterschiedlichen Erweiterungen klassischer Planungsprobleme werden später betrachtet; zunächst werden die klassischen Standortplanungsprobleme näher untersucht.[2] Geeignete Beispiele für klassische Probleme sind die folgenden vier Problemtypen, die zu den in der Standortplanungsliteratur am häufigsten untersuchten gehören:[3]

Das absolute (p-)Median-Problem[4]

Gegeben ist ein Netzwerk $G = (V, E)$ mit einer Knotenmenge V, die m Knoten $v_i \in V$ $(i = 1(1)m)$ enthält, und Knotengewichten w_i für alle $v_i \in V$, die die Bedarfe der in den Knoten angesiedelten Kunden repräsentieren.[5] Die Kantenmenge E enthält alle existierenden direkten Verbindungen zwischen Knoten, die mit (i, j) bezeichnet werden.[6] Gegeben sind zudem Kantenbewertungen d_{ij} für alle Kanten $(i, j) \in E$, die

---

1 Selbstverständlich ist die Einbeziehung weiterer Bereiche betrieblicher Planung, wie z.B. der Finanzierung, möglich, vgl. das Simultanmodell von Hansmann (1974), S. 46ff. Im Rahmen dieser Arbeit soll jedoch die klassische Planung vorwiegend in Verbindung zu den beiden genannten Planungsgebieten untersucht werden.

2 Nicht betrachtet werden hier und im weiteren Standortplanungsprobleme für sog. "Hubs", d.h. Warenumschlagpunkte. Diese weisen spezielle Strukturen auf, vgl. z.B. Campbell (1994).

3 Die Problembeschreibungen orientieren sich in der Struktur an Hansen et al. (1987) und der Monographie von Mirchandani und Francis (1990).

4 Es sollen hier nicht alle erforderlichen Begriffe der Graphentheorie explizit eingeführt werden. Für die elementaren Grundbegriffe sei auf Domschke und Drexl (1990), S. 16ff., sowie Harary (1974) verwiesen.

5 Minieka (1977) bezeichnet die ungewichtete Variante als Median-Problem, insofern ist die Bezeichnungsweise in der Literatur uneinheitlich. Hier wird jedoch, Hansen et al. (1987), S. 48, sowie Mirchandani (1990), S. 56ff., folgend, die gewichtete Variante als Median-Problem beschrieben.

6 Im folgenden werden stets ungerichtete Netzwerke unterstellt, so daß zwischen (i, j) und (j, i) nicht unterschieden werden muß.

die Entfernung zwischen den Knoten v_i und v_j angeben. Aus diesen können die kürzesten Wege zwischen allen Knoten und deren Längen d(i, j) bestimmt werden.[1] Die kürzesten Wege zwischen jedem Knoten $v_i \in V$ und jedem beliebigen Punkt des Netzwerks $s \in G$ und ihre Längen d(i, s) können ebenfalls bestimmt werden.[2]

Gesucht ist der Punkt $s^* \in G$, der die Summe der gewichteten Distanzen zu den Knoten minimiert, der also das Problem

$$\text{(MED)} \quad \min_{s \in G} \sum_{i=1}^{m} w_i \cdot d(i, s)$$

löst. s^* wird als absoluter Median bezeichnet. Das Problem, einen absoluten Median in einem Netzwerk zu ermitteln, wurde zuerst von Hakimi (1964) untersucht. Zuvor wurde in der Literatur nur das entsprechende Problem bei Beschränkung auf die Knoten des Netzwerkes (Knotenmedian) betrachtet.[3]

Das p-Median-Problem ist analog zum Median-Problem definiert:[4] Es werden genau p Punkte $s_k^* \in G$ (k = 1, ..., p) gesucht, die die Summe der gewichteten Distanzen zu den Knoten minimieren, wobei jeweils die Distanz eines Knotens zum nächstgelegenen s_k^* betrachtet wird. Es sind also Mengen $S_p \subset G$ mit $|S_p| = p$ zu definieren. Die Distanz eines Knotens v_i zu einer Menge S_p ist dann durch seine Entfernung zum nächstgelegenen Punkt aus S_p gegeben, also

$$d(i, S_p) := \min \{d(i, s_k) \mid s_k \in S_p\}.$$

Gesucht ist nun die Menge $S_p^* \subset G$ mit $|S_p^*| = p$, die das Problem

---

1 Es wird hier wie auch im folgenden stets vorausgesetzt, daß die Dreiecksungleichung erfüllt ist, daß also die direkte Entfernung zwischen zwei Knoten nicht länger ist als jeder andere diese Knoten verbindende Weg. Zur Problemstellung und der Ermittlung kürzester Wege in Netzwerken vgl. z.B. Ahuja et al. (1993), S. 93ff.

2 Zu diesem Zweck sind Punkte auf Kanten des Graphen durch ihren relativen Abstand von den beiden Endknoten der Kante zu beschreiben, und die sich entlang der Kante ergebende Entfernung ist zum kürzesten Weg zwischen dem betrachteten Knoten v_i und dem jeweiligen Endknoten der Kante zu addieren.

3 Die Verwendung des Begriffs "Median" ist unterschiedlich: So bezeichnen Hansen et al. (1987) den oben gesuchten Punkt als Median, während Hakimi selbst den "Knotenmedian" Median nennt und für den hier untersuchten Punkt die Bezeichnung "absoluter Median" verwendet.

4 Eine ausführliche Diskussion des p-Median-Problems findet sich bei Mirchandani (1990).

$$(\text{p-MED}) \quad \min_{S_p \subset G} \sum_{i=1}^{m} w_i \cdot d(i, S_p)$$

löst. Eines der wichtigsten Ergebnisse für das (p-)Median-Problem ist die von Hakimi bewiesene Knoteneigenschaft, die besagt, daß es stets eine optimale Lösung gibt, die ausschließlich aus Knoten des Netzwerkes besteht.[1] Damit wird das kontinuierliche Problem zu einem diskreten, d.h. endlichen Problem, denn nur die Knoten müssen bei der Suche nach einer Lösung betrachtet werden. Somit fallen die Problembegriffe "Knotenmedian" und "Median" lediglich formal auseinander, während die Lösungen übereinstimmen,[2] und die Knoteneigenschaft ermöglicht die Formulierung des p-Median-Problems als binäres lineares Programm.[3,4]

Das (p-)Zentren-Problem

Gegeben sind die gleichen Daten wie im Median-Problem.[5] Gesucht ist der Punkt $s^* \in G$, der das Maximum der gewichteten Distanzen zu den Knoten minimiert; $s^* \in G$ löst das Problem

$$(\text{ZEN}) \quad \min_{s \in G} \max_{i} \{w_i \cdot d(i, s)\}.$$

Auch das (absolute) Zentren-Problem geht auf Hakimi (1964) zurück. Da im Gegensatz zum Medianproblem der optimale Punkt nicht in einem Knoten liegen muß, besitzen die absolute und die nicht-absolute Zentren-Problemstellung unter Umständen unterschiedliche Lösungen. Die Menge möglicher Lösungen des Zentren-

---

1 Dies gilt im Falle der entfernungs- und mengenproportionalen Kosten, wie sie in der Zielfunktion des angegebenen klassischen Medianproblems vorliegen, und auch bei in der Entfernung konkaven Transportkostenfunktionen, nicht jedoch im allgemeinen Fall.

2 Vgl. auch Krarup und Pruzan (1990), die aus diesem Grund in ihrer Untersuchung den Begriff "Median" für beide Varianten verwenden.

3 Vgl. Domschke und Drexl (1990), S. 28ff.

4 Die Literatur zum p-Median-Problem ist umfangreich, und es gibt zudem zahllose Modifikationen und Erweiterungen des Problems. Einen guten Überblick geben Tansel et al. (1983-I) und Handler und Mirchandani (1979); exakte Lösungsverfahren stellen Mirchandani (1990) sowie Christofides und Beasley (1982) vor, heuristische Verfahren sind z.B. bei Teitz und Bart (1968) zu finden.

5 Hansen et al. (1987), ebenso wie Minieka (1977), bezeichnen die ungewichtete Variante des angegebenen Problems als Zentrenproblem, d.h. den Punkt, der die maximale Distanz zu allen Knoten minimiert, als Zentrum. Die hier verwendete Bezeichnung des gewichteten Problems als Zentrenproblem orientiert sich an Hakimi (1964).

Problems kann zwar ebenfalls auf endlich viele Punkte beschränkt werden, so daß auch dieses Problem in eine diskrete Problemstellung übergeht, es handelt sich jedoch bei diesen Punkten nicht nur um die Knoten des Netzwerks.[1] Da die in Frage kommenden Punkte nicht so einfach charakterisiert werden können, ist die Formulierung als ganzzahliges Programm für das absolute Zentren-Problem nicht möglich.

Das p-Zentren-Problem ist analog zum Zentren-Problem definiert. Unter Verwendung der oben angegebenen Notation läßt es sich wie folgt formulieren:
Gesucht ist eine Menge $S_p^* \subset G$ mit $|S_p^*| = p$ und S_p^* löst das Problem

$$\text{(p-ZEN)} \quad \min_{S_p \subset G} \max_i \{w_i \cdot d(i, S_p)\}.$$

Das (p-)Median- und das (p-)Zentren-Problem[2] werden von Hakimi (1964) als Probleme mit praktischem Hintergrund formuliert.[3] Die graphentheoretischen Probleme, die er in seiner Arbeit aufgreift, sind jedoch zunächst nur Fragestellungen von theoretischem Interesse. Durch geeignete Erfassung konkreter Problemdaten lassen sich aber viele Anwendungssituationen auf p-Median- und p-Zentren-Probleme zurückführen. Einen Überblick über solche Situationen geben z.B. Handler und Mirchandani (1979). Aufgrund der Struktur ihrer Zielsetzungen werden die Probleme auch als Minisum- und Minimax-Probleme[4] bezeichnet. Durch ihre unterschiedlichen Zielsetzungen decken die beiden Problemtypen ein breites Spektrum möglicher

---

[1] Die in Frage kommenden Punkte werden als Bottleneck-Punkte, vgl. Hansen et al. (1987), S. 51, oder als "suspected points", vgl. Kariv und Hakimi (1979-I), bezeichnet.

[2] Aus der umfangreichen Literatur zu diesem Problem sei ebenfalls auf die Arbeiten von Tansel et al. (1983-I), (1983-II) und Handler und Mirchandani (1979) verwiesen. Handler (1990) gibt einen detaillierten Überblick und präsentiert diverse Lösungsverfahren. Er nimmt zudem, wie bereits in Handler und Mirchandani (1979), eine Klassifikation von Zentrenproblemen vor, die deren Vielfalt unterstreicht. Kariv und Hakimi (1979-I) stellen ebenfalls Lösungsverfahren vor.

[3] Hakimi (1964) nennt als ein Beispiel für ein Median-Problem die Ermittlung des besten Platzes für Schaltzentren in Kommunikationsnetzen mit dem Ziel der Minimierung der insgesamt erforderlichen Drahtlängen. Als Beispiel für ein Zentren-Problem dient die Bestimmung des optimalen Standortes einer Polizeistation, von dem aus der weiteste Weg zu den zu betreuenden Gemeinden am kürzesten ist. In diesem Zusammenhang ist zu beachten, daß die Verwendung einer Minimax-Zielsetzung in Hinblick auf die reale Zielsetzung nur bedingt sinnvoll sein kann, da sie Konstellationen, wo "fast alle" Orte sehr nahe an der Einrichtung liegen und "sehr wenige" etwas weiter entfernt sind, möglicherweise zugunsten anderer Konstellationen, wo alle Orte "ziemlich weit entfernt" sind, ausschließt.

[4] Dies ist z.B. bei Handler und Mirchandani (1979) und ebenso bei Hansen et al. (1987) der Fall.

Anwendungsfälle ab, das durch die Bildung kombinierter Probleme[1] noch erweitert werden kann.

Besondere Bedeutung kommt in Hinblick auf p-Median- und p-Zentren-Probleme einer speziellen Klasse von Graphen bzw. Netzwerken, den sog. Bäumen zu. Ein Baum ist ein zusammenhängender und kreisloser Graph.[2] In realen Situationen finden sich Bäume z.B. bei der Erstellung von Leitungsnetzen, da in der Regel auf möglichst geringe Leitungslängen und die Vermeidung von Zyklen geachtet wird. Bezogen auf die Standortplanung werden Netzwerke zumeist als Abbildungen der existierenden Straßenverbindungen, d.h. als Verkehrsnetze interpretiert, bzw. es werden umgekehrt bei der Erfassung eines realen Problems die Verkehrsverbindungen in Form eines Netzwerkes abgebildet. Werden nicht alle möglichen Verbindungen, sondern nur die Hauptverkehrsadern berücksichtigt und in die Planung einbezogen, so kann das entsprechende Verkehrsnetz häufig hinreichend gut durch ein Baumnetzwerk modelliert werden.

Im allgemeinen sind p-Median- und p-Zentren-Probleme schwierig zu lösen, denn beide Problemtypen gehören zu den NP-schwierigen Problemen,[3] d.h. daß nicht zu erwarten ist, daß ein exakter Algorithmus angegeben werden kann, der beliebig große

---

1 Hier ist insbesondere das Medi-Center-(Cent-Dian)-Problem zu nennen, vgl. Halpern (1976) sowie Handler und Mirchandani (1979), S. 165ff., und Tansel et al. (1983-II). In diesem Problem wird die gleichzeitige Verfolgung der Zielsetzungen durch Konvexkombination in der Zielfunktion oder durch Einbeziehung der einen Zielsetzung als zusätzliche Nebenbedingung ("distance constraint") erfaßt. Lösungsansätze für allgemeine, ganzzahlige lineare Programme mit zwei Zielsetzungen stellen z.B. Neumayer und Schweigert (1994) vor.

2 Vgl. Harary (1974), S. 42.

3 Mit NP wird allgemein die Klasse der auf einer nicht-deterministischen Turing-Maschine in polynomialer Zeit lösbaren Entscheidungsprobleme bezeichnet. Indem jedem Optimierungsproblem ein Entscheidungsproblem mit der Frage "Gibt es eine Lösung des Optimierungsproblems, so daß der Zielfunktionswert kleiner als eine bestimmte Schranke ist?" zugeordnet wird, wird ein Bezug der Klasse NP zu Optimierungsproblemen hergestellt. Optimierungspobleme selbst gehören in der Regel nicht zur Klasse NP.
Die schwierigsten Probleme in NP sind diejenigen Probleme, deren Lösbarkeit mit deterministisch polynomialem Aufwand sofort die Lösbarkeit aller Probleme in NP mit deterministisch polynomialem Aufwand zur Folge hätte. Die schwierigsten Entscheidungsprobleme werden als NP-vollständig, die zugehörigen schwierigsten Optimierungsprobleme als NP-schwierig bezeichnet. Zur Komplexitätstheorie vgl. Garey und Johnson (1979).

Probleminstanzen in polynomialer Zeit löst.[1] Auf Bäumen aber vereinfachen sich die Problemstellungen durch die spezielle Struktur, so daß z.B. Kariv und Hakimi (1979-I), (1979-II) und ebenso Chhajed und Lowe (1992) polynomiale Lösungsverfahren für Zentren- bzw. Median-Probleme in Bäumen angeben.[2]

Das Simple Plant Location Problem (SPLP)[3]

Gegeben sind m Nachfrageorte i (i = 1(1)m) und die von ihnen regelmäßig nachgefragten Mengen eines homogenen Gutes D_i sowie n mögliche Standorte s_j (j = 1(1)n) für zu errichtende Einrichtungen und eine Kostenmatrix mit Einträgen t_{ij} (i = 1(1)m, j = 1(1)n). Dabei gibt t_{ij} die variablen, lieferungsabhängigen Kosten an, die dem Unternehmen entstehen, wenn es den Nachfrageort i vom Standort s_j aus beliefert.[4] Darüber hinaus sind fixe Kosten f_j der einzelnen Standorte gegeben, die nur bei der Inbetriebnahme des jeweiligen Standortes anfallen.[5] Gesucht sind diejenigen der potentiellen Standorte, in denen eine Einrichtung geschaffen werden soll, wenn die Gesamtkosten der Versorgung der Nachfrager zu minimieren sind.[6]

---

1 Der Nachweis der NP-Schwierigkeit wird durch Reduktion des sog. Dominating Set Problems auf das p-Zentren-Problem und das p-Median-Problem geführt, vgl. Kariv und Hakimi (1979-I) und (1979-II). Das Dominating Set Problem besteht in der Frage, ob es in einem Graphen, dessen Kanten alle die Länge 1 haben, eine Teilmenge von r Knoten gibt, so daß jeder beliebige Knoten des Graphen maximal eine Entfernungseinheit von einem Knoten der Teilmenge entfernt ist.

2 Das (1-)Median- und das (1-)Zentren-Problem sind auch in allgemeinen Netzwerken in polynomialer Zeit lösbar, vgl. Kariv und Hakimi (1979-I) und (1979-II).

3 Das Simple Plant Location Problem (SPLP) geht zurück auf Balinski (1965) und Manne (1964). Es wird auch als Warehouse Location Problem (WLP), vgl. Domschke und Drexl (1990), S. 32ff., und Uncapacitated Facility Location Problem (UFLP), vgl. Hansen et al. (1987), S. 23ff., bezeichnet. Das WLP wird bereits von Baumol und Wolfe (1958) untersucht, wobei diese speziell sog. zweistufige WLP betrachten.

4 In der Regel sind hierin unter anderem Informationen über die Distanzen zwischen den Nachfragern und den potentiellen Standorten bzw. die Kosten zur Überbrückung dieser Distanz enthalten, ebenso wie die Kosten der Produktion der von Nachfrager i verlangten Menge am jeweiligen Standort j.

5 Dabei wird es sich in der Regel um periodisierte Kosten für den Unterhalt des Standortes, einschließlich Abschreibungen etc. handeln, die den einzelnen Lieferungen nicht zurechenbar sind.

6 Cornuejouls et al. (1990), Hansen et al. (1987) und andere formulieren das SPLP zunächst als Problem der Profitmaximierung, das aber wegen der Annahme fester Preise p_i in den Nachfrageorten und bekannter und vollständig zu befriedigender Nachfragen D_i direkt in ein Kostenminimierungsproblem übergeht.

Unter Verwendung von Binärvariablen x_{ij} $(i = 1(1)m,\ j = 1(1)n)$, die angeben,[1] ob die Nachfrage in Ort i von Standort s_j aus befriedigt wird $(x_{ij} = 1)$ oder nicht $(x_{ij} = 0)$, und Binärvariablen y_j, die angeben, ob ein Standort s_j errichtet wird $(y_j = 1)$ oder nicht $(y_j = 0)$, läßt sich das Problem als binäres Programm formulieren:[2]

$$\text{(SPLP 1)} \quad \min \sum_{i=1}^{m} \sum_{j=1}^{n} t_{ij} \cdot x_{ij} + \sum_{j=1}^{n} f_j \cdot y_j$$

unter den Nebenbedingungen

$$\text{(SPLP 2)} \quad \sum_{j=1}^{n} x_{ij} = 1 \qquad (i = 1(1)m)$$

$$\text{(SPLP 3)} \quad x_{ij} \leq y_j \qquad (i = 1(1)m,\ j = 1(1)n)$$

$$\text{(SPLP 4)} \quad x_{ij}, y_j \in \{0,1\} \quad (i = 1(1)m,\ j = 1(1)n).$$

Im Gegensatz zu den oben vorgestellten graphentheoretischen Problemen weist das SPLP in seiner verbalen Darstellung einen deutlichen Bezug zu einer praxisnahen Problematik auf. Dieser läßt sich für das Median-Problem (und auch für das Zentren-Problem) erst durch entsprechende Interpretation der Knotengewichte und Verwendung von Kosten anstelle der Distanzen herstellen. Jedoch vernachlässigt andererseits auch das SPLP wesentliche Gesichtspunkte der Standortwahl, wobei zum Teil die Möglichkeit besteht, diese als im Vorfeld berücksichtigt anzusehen. So können qualitative Aspekte, wie oben beschrieben, die Wahl der untersuchten potentiellen Standorte beeinflußt oder auf die Kostengrößen gewirkt haben.

Das SPLP findet in der Literatur ebenfalls starke Beachtung und wird von Krarup und Pruzan (1983) sowie Krarup und Pruzan (1990) gemeinsam mit dem p-Median-

---

1 Eine etwas andere Formulierung geben Krarup und Pruzan (1983) an, indem sie Variablen $z_{ij} \geq 0$ verwenden, die angeben, eine wie große Menge von einem Standort j zu einem Nachfrager i geliefert wird. Die Nebenbedingungen des Modells erhalten dadurch ebenfalls eine leicht geänderte Gestalt. Damit liegt hier ein Beispiel verschiedener Modelle für dasselbe Problem vor.

2 Das Problem kann auch als gemischt-ganzzahliges Modell formuliert werden, indem für x_{ij} Nichtnegativität statt Binarität gefordert wird. Aufgrund der sog. "Single-Assignment-Property", d.h. der Eigenschaft der eindeutigen Zuordnung von Nachfragern zu Standorten, gibt es stets eine optimale Lösung, in der die Variablen x_{ij} nur die Werte 0 oder 1 annehmen, und jeder Nachfrager von nur einem Standort bedient wird, vgl. Krarup und Pruzan (1983). Die Binärbedingung für x_{ij} wird somit nicht benötigt.

und dem p-Zentren-Problem als "Prototype Location Problem" bezeichnet.[1] Es gehört auch zu den NP-schwierigen Problemen,[2] erweist sich aber trotz dieser theoretischen Schwierigkeit als praktisch "gut lösbar", da die Zahl in Frage kommender Standorte meistens nicht sehr groß ist.[3,4]

Im Gegensatz zu den beiden erstgenannten Problemstellungen handelt es sich beim SPLP nicht um ein Problem der Standortplanung im Netzwerk, sondern um ein diskretes Planungsproblem. Den Daten dieses Problems kann insbesondere auch ein Netzwerk zugrunde liegen; dies muß jedoch nicht der Fall sein. Umgekehrt weisen die drei genannten Probleme, wenn sie jeweils als diskrete Problemstellungen betrachtet werden, eine enge, aus den oben angegebenen Formulierungen aber nicht sofort offensichtliche Verwandtschaft auf. Die jeweils auf eine endliche Zahl potentieller Standorte beschränkten Probleme (das Knoten-Median-Problem und das Knoten-Zentren-Problem) können auf eine allgemeine Formulierung zurückgeführt werden, durch die sich durch die geeignete Wahl bestimmter Parameter jede der drei Problemstellungen als Spezialfall darstellen läßt. Diese Formulierung wird unter dem Namen UNILOC von Krarup und Pruzan (1982) vorgeschlagen.[5]

---

1 Das vierte Prototyp-Problem ist nach Ansicht von Krarup und Pruzan (1990) das Quadratische Zuordnungsproblem (QZOP oder QAP), welches auf die innerbetriebliche Standortplanung, d.h. die Anordnung von Maschinen auf einer vorgegebenen Fläche, ausgerichtet ist. Zum QZOP vgl. Domschke und Drexl (1990), S. 138ff., sowie Love et al. (1988), S. 227ff.

2 Daß das SPLP zur Klasse der NP-schwierigen Probleme gehört, zeigen z.B. Krarup und Pruzan (1983) durch Reduktion des sog. Set Cover-Problems bzw. Cornuejols et al. (1990) durch Reduktion des sog. Node Cover-Problems.

3 Zu seiner Lösung eignen sich z.B. das DUALOC-Verfahren von Erlenkotter (1978), das Branch and Bound Verfahren von Efroymson und Ray (1966) sowie die Greedy-Heuristik von Kuehn und Hamburger (1963).

4 In dem umfassenden Überblick zum SPLP von Krarup und Pruzan (1983) werden neben verschiedenen Lösungsverfahren auch zahlreiche Varianten des SPLP vorgestellt.

5 So ist beispielsweise ein SPLP mit Fixkosten in Höhe von $f_j = 0$ für alle Standorte und der zusätzlichen Forderung, daß genau p Standorte zu errichten sind, ein p-Median-Problem. Erforderlich ist nur die Ergänzung des SPLP-Modells um die Bedingung $\sum y_j = p$. Die anderen Problemstellungen lassen sich ähnlich einfach auseinander ableiten, wobei für die Maximin-Zielsetzung des p-Zentrum-Problems die Einführung eines zusätzlichen Terms in der Zielfunktion erforderlich ist, dessen Anwendung über einen Auswahlparameter gesteuert wird.

Das Steiner-Weber-Problem oder Minisum-Problem[1]

Gegeben sind m Punkte im $\mathbb{R}^2$, beschrieben durch ihre euklidischen Koordinaten x(i) und y(i), und diesen Punkten zugeordnete Gewichte (Bedarfe) w_i (i = 1(1)m). Außerdem gegeben ist das euklidische Distanzmaß d_{eukl}, welches zwei beliebigen Punkten s, t $\in \mathbb{R}^2$ jeweils ihren Luftlinienabstand zuordnet:[2]

$$d_{eukl}(t,s) := \sqrt{(x(t)-x(s))^2 + (y(t)-y(s))^2}\ .$$

Gesucht ist der Punkt $s^* \in \mathbb{R}^2$, der die Summe der gewichteten euklidischen Distanzen zu den Punkten i minimiert, der also das Problem

$$\text{(SW)} \quad \min_{s \in \mathbb{R}^2} \sum_{i=1}^{m} w_i \cdot d_{eukl}(i,s)$$

löst. Im Gegensatz zu den anderen "klassischen" Standortproblemen wird hier für das Gebiet, in dem der Standort zu suchen ist, keinerlei Struktur vorausgesetzt. Insofern stellt dieses Problem ein Beispiel für die Vernachlässigung von Einflußfaktoren dar, da die Annahme, alle Punkte eines bestimmten Raumes, z.B. eines Landes, kämen als Standorte in Betracht, und diese seien noch dazu, abgesehen von den Distanzen zu den Nachfragern, unterschiedslos, sicherlich meistens unrealistisch ist. Das Steiner-Weber-Problem kann jedoch als Orientierungshilfe zur Eingrenzung des für einen Standort in Frage kommenden Gebietes einen vernünftigen Ansatz darstellen.[3,4]

---

1 Dieses Problem hat viele Mathematiker zu unterschiedlichen Zeiten beschäftigt und daher auch viele Namen erhalten. Schon Fermat hat sich damit auseinandergesetzt, so daß die Fragestellung auch als "Fermat's Problem" in der Literatur auftaucht, vgl. Kuhn (1972). Die hier angegebenen Bezeichnungen richten sich nach Domschke und Drexl (1990), S. 120, sowie Hansen et al. (1987), S. 4.

2 Das Problem kann allgemein mit beliebigen Distanzmaßen, d.h. unter Verwendung verschiedener Normen, formuliert werden, vgl. Hansen et al. (1987). Hier wird nur die bekannteste Anwendung unter Benutzung der euklidischen Distanz vorgestellt.

3 Vgl. Hansmann (1994), S. 95.

4 Das Steiner-Weber-Problem wird in fast allen Werken zur Standortplanung vorgestellt. Gelöst werden kann es mit dem iterativen Verfahren von Miehle (1958). Exemplarisch sei auf die Monographie von Love et al. (1988) verwiesen, in der Standortplanungsprobleme in der Ebene behandelt werden, sowie auf die Arbeit von Vogel (1978), in der das Steiner-Weber-Problem mit zahlreichen Erweiterungen umfassend dargestellt wird.

2.4 Klassifizierungsmerkmale klassischer Standortplanungsprobleme

Alle im vorigen Abschnitt dargestellten Modelle bzw. die zugehörigen theoretischen Problemstellungen lassen sich gleichermaßen durch die folgende, allgemeine Beschreibung charakterisieren:[1] Gegeben sind, bezüglich eines vorgegebenen Raumes, die Standorte einer bestimmten Anzahl von Kunden sowie die Höhe ihrer (erwarteten) Bedarfe an einem homogenen Gut. Gegeben ist weiterhin ein Distanzmaß in dem vorgegebenen Raum bzw. die Distanzen aller für die Untersuchung relevanten Orte zueinander. Zur Spezifikation der konkreten Problemstellung ist eine Extremierungszielsetzung gegeben, die der standortsuchende Anbieter des homogenen Gutes verfolgt. Es wird genau ein solcher Anbieter betrachtet. Seine Entscheidungsvariablen sind die Größen, die die zu bestimmenden Standorte beschreiben (z.B. Koordinaten in der Ebene).[2] Da der Erfülltheitsgrad des Optimierungsziels allein durch die Wahl und Gestaltung der Standorte beeinflußt werden kann, ist dieses Ziel im Modell formal stets so erfaßt, daß es von den jeweiligen Standorten abhängt.

Die Unterschiede der genannten Beispiele ergeben sich aus der näheren Spezifikation bestimmter Merkmale. Anhand dieser und weiterer Merkmale kann eine Systematisierung der Problemstellungen vorgenommen werden. Die Merkmale sollen im folgenden genannt, geordnet und beschrieben werden. Sofern sich ihr Vorliegen gegenseitig bedingt, d.h. ein Merkmal in einer bestimmten Ausprägung nur in Kombination mit bestimmten anderen Merkmalsausprägungen auftreten kann, wird dies ebenfalls angegeben. Die Merkmale sind z.T. so eng miteinander verknüpft, daß sich keine vollständig disjunkten Kategorien ergeben. Dies ist auf nicht auflösbare Interdependenzen zurückzuführen.

Da sich bei der Betrachtung der "prototypischen Beispiele" klassischer Probleme zeigt, daß diese die Produktionsseite nicht explizit mit in die Untersuchung einbeziehen, sondern sich auf die Betrachtung der Lieferbeziehungen zur Nachfrageseite beschränken, bleibt die oben angegebene Eingrenzung des Bereichs klassischer Standortplanungsprobleme zunächst insofern bestehen, daß der Produktionssektor und damit Fragen der Beschaffung und der Produktion ausgegrenzt

---

[1] Eine ähnliche Definition eines allgemeinen Standortproblems geben Brandeau und Chiu (1989).

[2] Es sind, wie bereits angesprochen, Erweiterungen möglich, wo z.B. über die Größe oder (in Grenzen) die Produktionsverhältnisse eines Standortes entschieden werden soll. Dies ist z.B. bei kapazitierten Problemen der Fall, wie sie durch Einführung entsprechender Restriktionen aus dem SPLP entstehen, vgl. Krarup und Pruzan (1983).

werden bzw. der Produktionssektor immer durch feste Einsatzmengenverhältnisse charakterisiert ist. Damit liegt die Klasse der zunächst charakterisierten Probleme zwar noch in der Weberschen Tradition, schließt aber Varianten mit verschiedenen Technologien und Lieferbedingungen zunächst aus. In einem weiteren Schritt werden anschließend die Merkmale von Problemstellungen, in denen auch im Produktionsbereich Optimierungsmöglichkeiten bestehen, einbezogen und damit die Kategorie klassischer Probleme erweitert.

Über die im folgenden beschriebenen Merkmale hinaus können Fragestellungen der Standortplanung danach unterschieden werden, ob es sich um normative oder deskriptive Fragen handelt.[1] Im Rahmen dieser Arbeit, wie generell im Bereich der OR-basierten Untersuchungen, liegen stets normative Ansätze vor; der Bereich deskriptiver Ansätze wird vornehmlich im Bereich der Volkswirtschaftslehre - häufig mit Raumwirtschaftslehre bezeichnet - abgedeckt.[2]

Merkmalskataloge unterschiedlichen Umfangs und Detaillierungsgrades zur Beschreibung bzw. Klassifizierung von Standortplanungsproblemen finden sich in verschiedenen Arbeiten. Einige Autoren klassifizieren Standortplanungsprobleme nach unterschiedlichen Aspekten und grenzen auf diese Weise die von ihnen untersuchten Problemstellungen ein, so z.B. Krarup und Pruzan (1990, S. 37ff.), Handler und Mirchandani (1979, S. 5ff.) sowie Eiselt und Laporte (1995, S. 152ff.). Explizite Kataloge mit verschiedenen Komponenten bzw. deren Ausprägungen für spezielle Klassen von Standortplanungsproblemen finden sich zudem bei Handler und Mirchandani (1979, S. 86f.) für Zentren-Probleme, bei Moon und Chaudhry (1984) für Netzwerkprobleme mit "distance constraints", d.h. Beschränkungen des maximal oder minimal möglichen Abstandes von Nachfragern von einer Einrichtung, sowie bei Erkut und Neuman (1989) für unerwünschte Einrichtungen (undesirable facilities). Das Klassifikationsschema der letztgenannten Autoren ist das umfangreichste und beinhaltet neun Aspekte. Hamacher (1995) stellt ein Klassifikationsschema vor, mit Hilfe dessen entfernungsbezogene Standortprobleme, d.h. nicht kostenorientierte Probleme, klassifiziert werden können.[3]

---

1 Vgl. Domschke und Drexl (1990), S. 6ff.

2 Vgl. z.B. Isard (1956), Behrens (1961) und Lösch (1962).

3 Hamacher verweist dabei auf bekannte Klassifikationen für Scheduling-Probleme, vgl. Graham et al. (1979) sowie Domschke et al. (1993), S. 253ff., und verwendet auch eine entsprechende Notation, vgl. Hamacher (1995), S. 8f.

Brandeau und Chiu (1989) stellen einen umfangreichen Katalog repräsentativer Standortplanungsprobleme auf, den sie um eine Sammlung von Unterscheidungsmerkmalen für Standortprobleme erweitern. Sie beschränken dabei ihren Untersuchungsbereich nicht auf spezielle Probleme, sondern beziehen im Gegenteil auch Standortplanungsprobleme unter Konkurrenz ein, die hier zunächst ausgegrenzt bzw. zurückgestellt werden. Der von Brandeau und Chiu (1989) gewählte Grad an Allgemeinheit führt jedoch dazu, daß bestimmte Aspekte vernachlässigt werden und sehr große Merkmalskategorien definiert werden müssen. Sie wählen die Kategorien Zielfunktion, Entscheidungsvariablen und Modell-Parameter, ohne dabei auf sich gegenseitig bedingende oder ausschließende Konstellationen einzugehen. Die unten vorgestellte Taxonomie hingegen differenziert nach einer größeren Zahl von Merkmalen und erfaßt auch Abhängigkeiten der Charakteristika untereinander.

Raum- und standortbezogene Merkmale

1. Der zugrundeliegende Raum ist
   a) die euklidische Ebene $\mathbb{R}^2$ (oder ein höher dimensionaler Raum $\mathbb{R}^k$, $k > 2$)
   b) ein Netzwerk[1]
      b1) gerichtet (ohne Kapazitätsbeschränkungen auf den Kanten)
      b2) ungerichtet (ohne Kapazitätsbeschränkungen auf den Kanten)
      b3) mit Kapazitätsbeschränkungen auf den Kanten (gerichtet oder ungerichtet)
      b4) und/oder mit spezieller Struktur, insbesondere ein Baum oder eine Linie
   c) eine beschränkte Zahl diskreter Punkte, die sich in einem der Räume a) oder b) befinden
   d) eine Teilmenge des $\mathbb{R}^2$ (oder eines höher dimensionalen Raumes $\mathbb{R}^k$, $k > 2$).

2. Potentielle Standorte sind
   a) der ganze Raum, d.h. es liegt ein kontinuierliches Problem vor (nicht (1c))
   b) nur "bestimmte" Orte, und
      b1) es liegt ein diskretes Problem vor
      b2) diese werden durch weitere Restriktionen beschrieben (z.B. ein Polygon)

---

[1] Da es viele unterschiedliche Netzwerkprobleme gibt, müßte dieser Punkt eigentlich weiter untergliedert werden. Um aber keine zu starke Hierarchie der Gliederung zu erzeugen, wird darauf verzichtet, und die Punkte werden nebeneinander geordnet.

b3) diese sind durch Mindest- oder Höchstabstandsbedingungen von den Positionen der Nachfrager abhängig.

3. Die Zahl der gesuchten Standorte ist
   a) vorgegeben[1]
      a1) und beträgt 1
      a2) und ist größer als 1
   b) nicht vorgegeben,
      b1) aber durch eine Budgetbegrenzung beschränkt
      b2) und nicht beschränkt.

4. Die zu planenden Einrichtungen in Verbindung mit den potentiellen Standorten sind bzgl. ihrer Charakteristika (z.B. Produktionskosten, verfügbarer Technologien, Kosten für die Errichtung etc.)
   a) identisch
   b) verschieden, wobei
      b1) die Charakteristika für den einzelnen Standort fest gegeben sind
      b2) für den einzelnen Standort verschiedene Charakteristika wählbar sind[2]
      b3) die Einrichtungen von unterschiedlichem Typ (hierarchische Probleme) oder von unterschiedlicher Attraktivität sind (nicht (3a1)).[3]

5. Die Kapazitäten der potentiellen Standorte
   a) sind beschränkt
   b) sind unbeschränkt
   c) sind beschränkt, "regenerieren" sich aber.[4]

---

1 Dies ist zumeist gleichbedeutend mit einer Budgetbegrenzung, d.h. Kostenrestriktion, die das Errichten beliebig vieler Standorte nicht zuläßt, wobei gleichzeitig eine bestimmte Zahl von Standorten zur Versorgung gegeben sein muß.

2 Derselbe Standort mit unterschiedlichen Ausstattungen oder Technologien kann dann als eine Gruppe verschiedener Standorte aufgefaßt werden, vgl. Hansen und Thisse (1977); ähnlich auch Hummeltenberg (1983), der sich auf die Größe der Einrichtungen bezieht.

3 Ein hierarchisches Problem ist z.B. die Frage, wie die Gesundheitsversorgung durch Ambulanzen (niedrigste Stufe), Krankenhäuser und Spezialkliniken (höchste Stufe) sicherzustellen ist. Die jeweils hierarchisch höher eingeordneten Typen erbringen auch die Leistung der tieferen Typen, aber nicht umgekehrt, vgl. Mirchandani (1990), S. 110.

4 Beschränkte, sich regenerierende Kapazitäten treten in Problemen mit Warteschlangen auf, wo nicht jede Nachfrage sofort bedient werden kann, wenn das System belegt ist, aber immer wieder Kapazität frei wird.

6. Gegenstand der Planung sind[1]
   a) die Standorte (mit (3a))
   b) die Zahl der Einrichtungen und ihre Standorte (nur mit (3b))
   c) und/oder die Größe (Kapazität) der Standorte bzw. die in den Standorten jeweils zu produzierenden (zu liefernden) Mengen (mit (5a))[2]
   d) und/oder die Zuordnung von Kunden zu Standorten (nur mit (3a2) oder (3b))
   e) und/oder zu verwendende Technologien (nur mit (4b2)) bzw. Ausstattungen
   f) und/oder der Typ der Einrichtungen bzw. ihre Attraktivität (mit (4b3)).

7. Die Bewertung von Entfernungen erfolgt mittels
   a) euklidischer Distanzen ((1a) oder (1d))
   b) rechtwinkliger Distanzen ((1a) oder (1d))
   c) anderer Distanzmaße[3] ((1a) oder (1d))
   d) kürzester Wege (1b)
   e) konkret vorgegebener Distanzen ((1c) und (1b)), ausgedrückt durch
      e1) Straßenkilometer
      e2) Reisezeiten
   f) Kosten für die Bewältigung der Distanzen ohne Angabe der Distanzen selbst (vgl. (15)).

8. Distanzen, sofern sie vorgegeben sind (7e), sind (nur (1b) oder (1c))
   a) deterministisch
   b) stochastisch.[4,5]

---

[1] Im Gegensatz zu den anderen Merkmalen handelt es sich hier nicht um ausschließende Alternativen, sondern a) bzw. b) können um jeden der Punkte c), d) und e) erweitert werden.

[2] Die Größe bzw. Kapazität eines Standortes ergibt sich auch bei Planung ohne Kapazitätsbeschränkungen automatisch, da sie direkt aus der Zahl zu versorgender Kunden folgt. In diesem Sinne handelt es sich dann um keine eigenständig zu planende Größe, da sie sich aus d) ergibt.

[3] Die am häufigsten verwendeten anderen Distanzmaße sind l_p-Normen und die quadrierte euklidische Distanz.

[4] Bei stochastischen Distanzen scheint die Interpretation als Reisezeiten sinnvoller, da Schwankungen bei Entfernungen nicht zu erwarten sind. In entsprechender Weise können natürlich auch die (in der Regel aus den Entfernungen oder Reisezeiten abgeleiteten) Kosten der Transporte stochastisch sein.

[5] Es ist der Hinweis angebracht, daß weitere Problemgrößen stochastischen Charakter haben können; so können z.B. die potentiellen Standorte vom jeweils aktuellen, stochastisch veränderlichen Umweltzustand abhängen. Mögliche Stochastizität wird jedoch nur bei den Aspekten als Ausprägung aufgeführt, wo sie häufiger in der Literatur auftritt.

Merkmale der Nachfrage

9. Die Nachfragemengen oder - in abstrakten Problemstellungen - "Gewichte"[1] sind
   a) deterministisch, also fest gegeben
   b) stochastisch, d.h. durch eine Zufallsvariable, die einer Verteilung genügt, beschrieben
   c) durch eine Funktion beschrieben, abhängig von
      c1) der Distanz
      c2) den Kosten
      c3) und/oder der Wartezeit (mit (12b2)) bzw. anderen Einflußgrößen.[2]

10. Die Höhe der Nachfragemengen (9a) bzw. die Verteilungen (9b) oder Funktionen (9c) sind
    a) an allen Bedarfsorten gleich (identische Gewichte)[3]
    b) unterschiedlich (verschiedene Gewichte)
    c) unterschiedlich, und die Nachfragen sind von verschiedenem Typ (mit (4b3)).

11. Die Positionen der Nachfragen
    a) befinden sich nur in diskreten Punkten
    b) sind durch eine Verteilung über einem Gebiet oder einer Strecke gegeben (nicht (1c)).

12. Eine Befriedigung der Nachfrage
    a) muß in voller Höhe erfolgen (nur restriktiv, wenn (5a) oder (16a2))
    b) muß nicht in voller Höhe erfolgen; Nachfragen können unbefriedigt bleiben,
       b1) wobei dafür Strafkosten erhoben werden
       b2) wobei die Nachfrage verloren geht
       b3) wobei die Nachfrage dann wartet.[4]

---

[1] An die Stelle von Nachfragemengen können auch Anwohnerzahlen, die Zahl von Anrufen oder andere Größen treten, sofern diese die Inanspruchnahme des Standortes beschreiben.

[2] Die Möglichkeit, daß die Nachfragen durch preisabhängige Nachfragefunktionen beschrieben werden, besteht zwar ebenfalls, bleibt aber im Rahmen dieser Klassifizierung unberücksichtigt, da die sich ergebenden Probleme als "nicht klassische" Standortplanungsprobleme zunächst aus der Betrachtung ausgeschlossen sind.

[3] Dies wird implizit auch angenommen, wenn ungewichtete Probleme betrachtet werden.

[4] Dies ist z.B. möglich bei stochastischen Nachfragen und der Bildung von Warteschlangen.

13. Eine Befriedigung der Nachfrage eines Ortes (nur mit (3a2) oder (3b))
    a) muß vollständig durch einen Standort erfolgen
    b) kann durch mehrere (geeignete) Standorte erfolgen, indem sich die Nachfrage aufteilt.

Kosten- und versorgungsorientierte Merkmale

14. Es werden Kosten berücksichtigt
    a) für Transporte, deren Höhe von der Liefermenge abhängt,[1]
    b) und bezogen auf den Standort, ebenfalls abhängig von den Liefermengen (z.B. Produktionskosten)[2] (nur mit (4b)),
    c) und/oder bezogen auf den Standort (z.B. dessen Errichtung), also mengenunabhängige Kosten[3] (nur mit (4b)),
    d) und/oder für nicht erfolgte Belieferungen (12b1).

15. Die Transportkostenfunktion[4] (oder aus Transport- und Produktions- sowie Distributionskosten zusammengesetzte Funktion, vgl. (14b)) führt auf
    a) Kosten, die proportional zu Entfernung und Liefermenge sind (lineare Kostenfunktion)
    b) Kosten, die nicht proportional zu Entfernung und/oder Liefermenge, aber in anderer Weise funktional von diesen abhängig sind; man unterscheidet vorwiegend
        b1) konkave, stetige Kostenfunktionen

---

[1] Bei Problemen, die ausschließlich entfernungsorientiert formuliert sind und in denen Kosten keine Erwähnung finden, kann von der impliziten Annahme ausgegangen werden, daß ausschließlich entfernungsproportionale (15a) Kosten berücksichtigt werden.

[2] Diese Kosten können zur Vereinfachung auch mit den Transportkosten zusammengefaßt werden, sofern mengenproportionale Transportkosten vorliegen und auch die standortabhängigen Kosten (transport)mengenproportional sind, vgl. auch Punkt (15).

[3] Diese sind, um sie mit den Transportkosten vergleichbar zu machen, wenn nötig geeignet zu periodisieren, vgl. Mirchandani (1990), S. 59. Alternativ können auch alle anfallenden Kosten auf einen Bezugszeitpunkt abgezinst werden, um einmalige und regelmäßige Zahlungen gegenüberstellen zu können, vgl. Hansmann (1974), S. 45f.

[4] Die unterschiedlichen Kostenverläufe entstehen in der Realität aus verschiedenen Einflußfaktoren. Unter anderem spielt es eine Rolle, ob das zu liefernde Gut in Fahrzeugen mit begrenzter Kapazität ausgeliefert wird, da dann ab einer bestimmten Menge ein zweites Fahrzeug erforderlich ist und die Kosten nicht linear in den Mengen steigen werden. Ebenso hat es einen Einfluß, ob das Unternehmen einen eigenen Fuhrpark unterhält oder ob es die Transportleistungen kauft. Diese inhaltlichen Fragen werden jedoch im Rahmen dieser Klassifizierung ignoriert und als in der Kostenfunktion berücksichtigt angesehen.

b2) konvexe, stetige Kostenfunktionen

b3) nichtlineare, unstetige Verläufe, z.B. diskrete Rabatte[1]

c) Kostenwerte je Mengeneinheit für die einzelnen Nachfrager-Standortrelationen; es wird kein funktionaler Zusammenhang zur Entfernung angegeben (7f)[2]

d) verschiedene Kostenwerte; es gibt mehrere Transportkostenfunktionen, nämlich

d1) unterschiedliche Kostenfunktionen je Verbindung, z.B. je Kante im Netzwerk

d2) unterschiedliche Kostenfunktionen, die verschiedene Transportmodi wiedergeben, welche auf denselben Verbindungen in Anspruch genommen werden können

e) stochastische Kostenwerte (vgl. (8b)).

16. Die Entscheidung, welche(r) Standort(e) einen Nachfrager versorgt(en), ((3a2) oder (3b))

a) orientiert sich an der Entfernung,

a1) der nächstgelegene ("freie") Standort wird gewählt ("freie" bei (5a))

a2) wobei zusätzlich der versorgende Standort nicht "zu weit" entfernt sein darf, also Abstandsbedingungen gelten (2b3)

b) orientiert sich an den Kosten, und zwar

b1) nur an den Transportkosten

b2) an den insgesamt für die Versorgung aller Nachfrager anfallenden Kosten, d.h. die Wahl wird unter Berücksichtigung der Fixkosten getroffen (nur (14c))

c) orientiert sich zudem an bestimmten Eigenschaften (Attraktivität) der Standorte (4b3).

Die Entscheidung, durch welchen Standort die Versorgung eines Kunden erfolgt, kann entweder durch den Nachfrager (vorwiegend (16a) oder (16c)) oder durch den Anbieter (eher (16b)) erfolgen. In manchen Fällen würde sich möglicherweise auch unabhängig davon, wer die Entscheidung trifft, dasselbe Resultat ergeben. Wenn

---

1 Vgl. Hansmann (1974), S. 65f., sowie Krarup und Pruzan (1983). Diskrete Rabatte führen auf stückweise lineare Transportkostenfunktionen mit Sprungstellen.

2 Diese Sichtweise entspricht der des klassischen Transportproblems, vgl. z.B. Domschke (1989), S. 88ff. Diese Kostenwerte können aber aus einem funktionalen Zusammenhang abgeleitet worden sein.

beispielsweise der nächstgelegene Standort als Versorger gewählt wird (16a), kann dies die Entscheidung des Nachfragers für diesen Ort bedeuten, aber auch die Entscheidung des Anbieters, von diesem entfernungsmäßig günstigsten Ort aus die Versorgung vorzunehmen. Die Anwendung anderer Kriterien wie beispielsweise der Minimierung der insgesamt anfallenden Kosten inklusive Fixkosten (16b2) ist jedoch sicherlich eine vom Anbieter getroffene Entscheidung, da sie mit den Bedürfnissen der Nachfrager nichts zu tun hat.[1] Hingegen werden die Nachfrager aufgrund der Attraktivität von Einrichtungen möglicherweise Entscheidungen treffen, die nicht im Sinne der Zielsetzung des Anbieters sind, die er aber berücksichtigen muß.

Diese Überlegungen hängen eng mit der Frage zusammen, wer die anfallenden Transportkosten und damit die Kosten der Versorgung übernimmt. Im Falle der Übernahme durch den Anbieter (Lieferpreis) wird sich der Nachfrager nicht dafür interessieren, woher seine Lieferungen kommen, während der Kunde, wenn er die Transportkosten übernimmt (Abholpreis), ein begründetes Interesse an der Bedienung durch den für ihn kostengünstigsten Standort hat.[2]

17. Berücksichtigung von Preisen
    a) erfolgt nicht
    b) erfolgt mit je Nachfrageort fixen Preisen (z.B. SPLP).[3]

Zielsetzungsorientierte Merkmale

18. Die berücksichtigten Ziele bzw. Zielkriterien (siehe unten 19-I und 19-II)
    a) sind auf ein Zielkriterium beschränkt
    b) sind nicht auf ein Zielkriterium beschränkt; es liegt ein multikriterielles Problem vor.

---

1 Vgl. hierzu Hansen et al. (1987), S. 42. Es wird insbesondere die Frage diskutiert, welche Implikationen und welchen Ursprung eine Versorgungsregel hat, die jeden Nachfrager durch genau einen Standort versorgen läßt.

2 Vgl. zur Frage der "akzeptablen" Aufteilung von Kosten zwischen Anbieter und Kunden Kolen und *Tamir (1990), S. 279ff.*

3 Diese können vernachlässigt werden, wenn die Nachfrage fest ist und befriedigt werden muß (12a), nicht hingegen, wenn Nachfrage unbefriedigt bleiben kann (12b). Auch hinsichtlich der Preise in einem SPLP ist es möglich, Stochastizität anstelle deterministischer Daten zu unterstellen, vgl. Hodder und Jucker (1985).

19-I. Eine Zielsetzung der standorterrichtenden Institution kann "entfernungsbezogen"[1] formuliert sein (mit (6a), (6b), (6d), mit (17a)):

a) Es liegt ein "Minisum-Ziel" vor[2] und
   a1) die Summe der Entfernungen ist zu minimieren
   a2) die Summe der gewichteten Entfernungen ist zu minimieren.
b) Es liegt ein "Minimax-Ziel" vor und
   b1) das Maximum der Entfernungen ist zu minimieren
   b2) das Maximum der gewichteten Entfernungen ist zu minimieren.
c) Es liegt ein aus a) und b) kombiniertes Problem vor.

19-II. Die Zielsetzung kann gewinn- bzw. kostenbezogen oder in anderer Weise nicht entfernungsbezogen formuliert sein:

a) Es liegt eine gewinnorientierte Zielsetzung vor,[3] und
   a1) es ist der Gewinn zu maximieren (nur (17b))
   a2) es sind Kosten zu minimieren (nur bei (12a) oder mit (14d)).
b) Es ist die Verkaufsmenge zu maximieren (nur (3a), (3b1), (16a2)).[4]
c) Es ist die optimale Versorgung der Nachfrager sicherzustellen,
   c1) indem möglichst viele Kunden versorgt werden (entspricht (b))
   c2) indem die durchschnittliche Distanz oder die maximale Distanz zu den Kunden minimiert wird (entspricht (19-Ia,b))
   c3) indem die Versorgungszeit minimiert wird (mit (12b3)).
d) Es ist die gleichmäßige Versorgung der Nachfrager sicherzustellen,

---

[1] Eine entfernungsbezogene Zielsetzung kann auch als "Ersatzzielsetzung" bei mengen- und entfernungsproportionalen Kosten (15a) verwendet werden.

[2] Ein "Minisum"-Ziel kann ebenso als das Ziel der Minimierung der durchschnittlichen Entfernung aufgefaßt werden, da die Minimierung der Entfernungssumme der Minimierung der durchschnittlichen Distanz äquivalent ist.

[3] Aufgrund der oben vorgenommenen Abgrenzung klassischer Standortplanungsprobleme fallen innerhalb dieser Klasse gewinn- und kostenorientierte Ziele bei kompletter Nachfragebefriedigung immer zusammen, da die fixierte Erlösseite stets eliminiert werden kann. Vgl. z.B. die Darstellung des SPLP bei Hansen et al. (1987), S. 23.

[4] Problemstellungen dieser Zielsetzung sind meistens "Covering"-Probleme, in denen die Nachfrager von jeweils einem Standort versorgt, also überdeckt werden sollen. Zu unterscheiden sind "Minimal Cost"-Überdeckungsprobleme (diese gehören zu (19-IIa2)), wo eine komplette Befriedigung der Nachfrage gefordert ist (dann darf die Zahl der gesuchten Standorte nicht vorgegeben sein (3b)), und "Max-Cover"-Probleme, die die zu versorgende Nachfrage bei gegebener Standortzahl (3a) zu maximieren suchen.

dann werden Ausgleichsziele verwendet ("Balancing Objectives"[1]).

e) Es ist die Zahl der Einrichtungen zu minimieren (nur mit (3b), (12a)).

Erweiterungsmöglichkeiten und Varianten

Der vorstehende Katalog zeigt, daß bereits eine Vielzahl von unterschiedlichen Problemen konstruiert werden kann, wenn die Betrachtung sich nur auf klassische Standortplanungsprobleme konzentriert. Die Betrachtung klassischer Probleme beschränkt sich dabei auf Situationen, in denen - zumindest an jedem einzelnen Standort - nur ein homogenes Gut angeboten wird oder verschiedene Güter zumindest wie ein einheitliches Gut behandelt werden können. Eine erste Erweiterung stellt daher die Betrachtung einer größeren Zahl von Produkten dar, die auch die Einbeziehung güterbezogener Entscheidungsvariablen erforderlich macht.

20. Zahl der Produkte

a) Es wird nur ein Produkt betrachtet (klassischer Fall).

b) Es werden mehrere Produkte betrachtet (Mehr-Produkt-Probleme).[2]

Ein nächster Erweiterungsschritt ist die Einbeziehung von Beschaffung und Produktion, die die Berücksichtigung weiterer Merkmale erforderlich macht. Diese betreffen die Lieferanten der Produktionsfaktoren des Unternehmens sowie die abzusetzenden Produkte und Produktionsvorgänge selbst. Im Sinne der oben angegebenen Definition können Probleme mit diesen Merkmalen nicht mehr zu den klassischen Standortplanungsproblemen gerechnet werden; sie sollen als produktionsorientierte Standortplanungsprobleme bezeichnet werden.[3]

21. Merkmale der Lieferbeziehungen bzw. Lieferanten

Neben den Auslieferbeziehungen sind Beschaffungsbeziehungen zu berücksichtigen, d.h. entsprechend den oben angegebenen Charakteristika für Nachfragen sind eben-

---

[1] Zu diesem Begriff vgl. z.B. Eiselt und Laporte (1995), S. 169ff.

[2] Ist dies der Fall, müssen alle Nachfragen, Kosten, Transportmengen usw. jeweils für die einzelnen Produkte berücksichtigt werden, sofern die Produkte in ihren Eigenschaften nicht identisch sind. Auf eine Aufzählung aller sich ergebenden Änderungen soll hier verzichtet werden.

[3] Um die Darstellung nicht zu überfrachten, werden die folgenden Erweiterungsaspekte nicht, wie die grundlegenden Merkmale klassischer Standortplanungsprobleme, nach allen möglichen Fällen aufgeschlüsselt. Es sind im Einzelfall viele Ausprägungen denkbar; hier soll jedoch nur ein Überblick gegeben werden.

solche für das Angebot festzulegen. Diese betreffen die angebotenen Mengen, die Positionen der Lieferanten, die Transportkostenfunktionen für die Inputs (und ggf. weitere Kosten der Beschaffung) und die Zuordnung von Zulieferorten zu Standorten, die sich in der Regel an allen anfallenden Kosten oder der Entfernung orientieren wird. Zudem fließen Preise für die Produktionsfaktoren in die Entscheidung ein, die zunächst als je Angebotsort konstant vorausgesetzt werden sollen. Für die jeweiligen Liefermengen sind zusätzliche Entscheidungsvariablen einzuführen.

Wenn die Lieferanten quasi "an die Stelle der Kunden" treten, weil in die Betrachtung keine Nachfragen, sondern nur die Beziehungen der Standorte zu den Lieferanten einbezogen werden, sind die Probleme völlig analog wie klassische Probleme, nur in bezug auf die Lieferanten anstelle der Nachfrager, zu formulieren.[1] Werden hingegen Lieferanten und Nachfrager einbezogen, so sind jeweils zwei Gruppen von Merkmalen, für die Nachfrager und die Lieferanten, zu bilden. Außerdem findet eine Erweiterung statt bzgl. der

22. Merkmale der Produktion

Es ist die Berücksichtigung der Produktion in Form von Produktionsbedingungen bzw. Produktionsfunktionen erforderlich.[2] Zudem müssen die Modelle um Mengenkontinuitätsbedingungen ergänzt werden, damit produzierte und beförderte Mengen übereinstimmen oder die produzierten Mengen die Transportmengen zumindest nicht unterschreiten. Im Unterschied zu den klassischen Problemen werden weitere Entscheidungsvariablen benötigt, die die Produktionsmengen wie auch die Einsatzmengen der Inputfaktoren beschreiben, und die Probleme werden weiter restringiert.[3]

23. Beziehungen zwischen Einrichtungen des Unternehmens

Wenn Beziehungen zwischen verschiedenen Einrichtungen des Unternehmens berücksichtigt werden, sind Variablen zu ihrer Erfassung erforderlich. Die

---

[1] Z.B. betrachten Wendell und Hurter (1973) ein Planungsproblem, welches auf die Produktion bzw. die Beschaffung von Inputfaktoren ausgerichtet ist. Sie untersuchen bei gegebener Produktionsfunktion die Wahl des günstigsten Standortes unter dem Blickwinkel der Versorgung mit Inputfaktoren.

[2] Im klassischen Fall können nur konstante Grenzkosten der Produktion berücksichtigt werden, da eine Abhängigkeit der Produktionskosten von den einzelnen Liefermengen bzw. die Zurechenbarkeit der Kosten zu den Liefermengen gegeben sein muß, vgl. (14b).

[3] Produktionsorientierte Probleme werden in Abschnitt 2.7 weiter diskutiert; als umfassendes Werk zur produktionsorientierten Standorttheorie sei Hurter und Martinich (1989) genannt.

Beziehungen können sich z.B. in Abstandsrestriktionen, d.h. der Forderung von Mindest- oder Höchstabständen der einzelnen Einrichtungen niederschlagen.[1]

24. Bereits vorhandene, "alte" Einrichtungen

Es können bereits vorhandene Einrichtungen berücksichtigt werden, die schon Nachfrager versorgen. Die Nachfrager werden in diesem Fall nur dann von einem neuen Standort versorgt, wenn dieser näher als alle "alten" Standorte liegt. Die entstehenden Probleme werden mit "conditional" Median oder Zentrum bezeichnet.[2] Bei vorhandenen Standorten kann die Möglichkeit des Schließens von Einrichtungen erfaßt werden, indem die "Kosten" alter Standorte mit dem Restwert der Einrichtung angesetzt werden.[3]

25. Mehrperiodige Planung (dynamische Probleme)

Solche Problemstellungen sind eng mit Fragestellungen aus dem Bereich der Investitionsplanung verwandt. Zu klären ist, zu welchen Zeitpunkten welche Einrichtungen mit welchen Kapazitäten wo zu eröffnen bzw. in welcher Weise die Kapazitäten vorhandener Einrichtungen zu welchen Zeitpunkten zu verändern sind. Die Daten und Entscheidungsvariablen müssen demnach zeitbezogen betrachtet werden, und es ist zwischen Kapazität und tatsächlicher Outputmenge, im Gegensatz zum einperiodigen Modell, zu unterscheiden.[4] Dies bedeutet insbesondere, daß von sich im Zeitablauf verändernden Nachfragen ausgegangen wird. Als Zielsetzung kann z.B. die aus der Investitionsplanung bekannte Maximierung des Kapitalwertes bzw. des Vermögensendwertes[5] gewählt werden, oder es können die diskontierten Kosten minimiert werden, wenn in jeder Periode eine gegebene Nachfrage zu befriedigen ist.[6]

---

1 Beziehungen zwischen Einrichtungen berücksichtigt z.B. Miehle (1958).

2 Sie werden z.B. von Minieka (1980) für Graphen, von Chen und Handler (1993) in der Ebene untersucht. Vorhandene Standorte bezieht auch Hansmann (1974), S. 80ff., in ein gemischt-ganzzahliges Planungsproblem ein.

3 Vgl. Hansen et al. (1987), S. 33.

4 Vgl. Jacobsen (1990).

5 Zu den Begriffen und Methoden der Investitionsplanung vgl. z.B. Seelbach (1994).

6 Vgl. Jacobsen (1990).

26. Die Nachfragen befinden sich nicht in festen Punkten, sondern "fließen".[1]

Dies ist beispielsweise für die Planung von Tankstellen interessant, für die nicht die Nähe zu den Wohnorten vieler Nachfrager entscheidend ist, sondern das Auftreten einer hohen potentiellen Nachfrage, die am jeweiligen Standort vorbeikommt. Die Zielsetzung besteht also in der Maximierung des an der Einrichtung vorbeifließenden Nachfragerstroms.[2]

27. Verknüpfung mit anderen Fragestellungen, z.B. der Tourenplanung (Kombinierte Modelle)

Die Kombination von Standort- und Tourenplanung erscheint sinnvoll, da in vielen Fällen nicht alle Kunden in Pendeltouren von einem Standort (z.B. einem Lager) aus bedient werden, sondern die Bedienung auf Touren erfolgt.[3] Bei diesen kombinierten Fragestellungen ist jedoch zu beachten, daß die einzelnen Probleme in den meisten Fällen unterschiedlichen Planungsebenen angehören. Während die Standortplanung als strategische Entscheidung langfristigen Charakter hat, ist die Tourenplanung eine kurzfristige, häufig eine Tagesplanung. Wenn jedoch die zu beliefernden Kunden sowie ihre Bedarfe bereits feststehen und gemeinsame Belieferungen von Kunden erfolgen, d.h. die von den Kunden nachgefragten Mengen einzeln die Kapazität der Lieferfahrzeuge nicht auslasten, so ist eine kombinierte Planung sinnvoll. Eine solche Situation wäre beispielsweise die Planung eines Kühlhauses, von dem aus Supermärkte und Geschäfte mit (zumindest mittelfristig) gleichbleibenden und bekannten Mengen von Kühlwaren in täglichem oder wöchentlichem Rhythmus zu beliefern sind. Dann fällt auch die Planung der Touren in den Bereich der langfristigen Planung.[4]
Stehen andererseits Informationen über zu erwartende Nachfragen zur Verfügung, so kann die Standortplanung auf Basis erwarteter Touren vorgenommen werden. Die

---

1 Im Gegensatz zu Merkmal (11c) bedeutet dies nicht bloß, daß die Nachfrage über einem Gebiet verteilt ist, sondern auch, daß sie sich über diesem Gebiet bewegt.

2 Vgl. Berman, Hodgson und Krass (1995).

3 Ein heuristisches Verfahren für die kombinierte Problemstellung stellen z.B. Hansen et al. (1994) vor. Vgl. auch Laporte (1988).

4 Allerdings kann die Tourlänge auch hinreichend gut durch eine Funktion in den Entfernungen vom Standort zu den Nachfragern approximiert werden, vgl. Hansen et al. (1987), S. 5, so daß die Standortplanung auf Basis dieser Funktion erfolgen kann.

Berücksichtigung aller möglichen Touren macht das Problem dabei äußerst umfangreich, daher wird auch bezüglich dieser Probleme die Bildung geeigneter "a priori"-Touren, auf deren Basis der Standort geplant werden kann, diskutiert.[1]

Die folgenden Typen von Zielsetzungen sind für Standortplanungsprobleme denkbar, passen jedoch nicht in den Rahmen klassischer Probleme.

28. Maximierung der allgemeinen Wohlfahrt
(= "producers and consumers surplus")

Zwar ist die Zielsetzung der Maximierung der minimalen Distanz ebenfalls auf die Kundenversorgung und damit in gewissem Sinn auf die Wohlfahrt ausgerichtet, doch nicht im Sinne des klassischen Wohlfahrtsbegriffs, der auf den gesamtwirtschaftlich erzielten Überschuß abzielt.[2] Ein solcher Überschuß kann aber ohne die Verwendung von Preisen und elastischen Angebots- und Nachfragefunktionen nicht bestimmt werden. Eine wohlfahrtsmaximierende Zielsetzung kann daher in den klassischen Problemen nicht auftreten.

29. Maximierung der Sicherheit der Kunden bzw. Maximierung der (durchschnittlichen oder minimalen) Distanz
("Obnoxious" oder "Undesirable Facilities")

Diese Problemstellungen beinhalten gerade die Umkehrung der oben als entfernungsbezogen genannten Ziele (19-I), weil es sich nicht um erwünschte, sondern um unerwünschte Einrichtungen handelt. Die entstehende Klasse von Problemen könnte auch bei den klassischen Problemen eingeordnet werden, soll aber hier als eigene Kategorie eingestuft werden, da nicht die Versorgung der Kunden die Zielsetzung bestimmt. Unter "unangenehmen" Einrichtungen werden vielmehr solche verstanden, die notwendig sind, die aber kein Nachfrager gerne in der Nähe hat, wie beispielsweise Kraftwerke oder Müllhalden.[3] Die Zielsetzungen sind in diesem Falle umzu-

---

1 Vgl. Berman, Jaillet und Simchi-Levi (1995).

2 Zum Wohlfahrtsbegriff in der ökonomischen Theorie vgl. z.B. Tirole (1988), S. 6f.

3 Es sind auch Problemstellungen möglich, in denen sowohl eine gute Erreichbarkeit sicherzustellen (klassische Zielsetzung) als auch eine gewisse Sicherheit oder ein bestimmter Abstand zu Anwohnern zu gewährleisten ist (Zielsetzung für unerwünschte Einrichtung). Hier ist die Kombination durch Erfassen eines Ziels durch eine Entfernungsrestriktion - z.B. der "Unerwünschtheit" durch eine Minimaldistanz zum nächsten Nachfrager - denkbar.

kehren,[1] oder wachsende Distanzen sind mit fallenden Kosten zu bewerten, so daß die bekannten Zielkriterien beibehalten werden können.[2]

30. Simultane Modelle zur Integration verschiedener Planungsbereiche

Hierunter sind übergreifende Planungsprobleme zu verstehen, die nicht nur die Planung von Standorten und deren Beschaffenheit, sondern weitere unternehmenspolitische Entscheidungen einbeziehen, so z.B. die Investitions- und Finanzplanung. Ein Modell mit Berücksichtigung der Finanzierung stellt z.B. Hansmann (1974) vor; Whitmore (1981) bezieht den Kapitalbedarf eines standortplanenden Unternehmens in einem zweiperiodigen Modell explizit in die Planung ein.

31. Integration preispolitischer Maßnahmen

Liegt neben der Gestaltung der Standorte, ihrer Ausstattung und der Beziehungen zu (ggf.) Lieferanten und Nachfragern auch die Gestaltung der Absatzpreise im Entscheidungsbereich der planenden Institution, so sind die Planungsmodelle um Entscheidungsvariablen für die Preise zu erweitern. Auf Seiten der Nachfrager sind Nachfragefunktionen einzubeziehen, die das Verhältnis vom Preis zur abzusetzenden Menge angeben. Mit einer solchen Erweiterung direkt verbunden sind implizite Annahmen über die Konkurrenzverhältnisse auf dem jeweiligen Absatzmarkt. Der Monopolfall wird in Abschnitt 2.7.5 behandelt; er läßt sich unter gewissen Prämissen als klassische Situation auffassen. Für Situationen mit spürbarer Konkurrenz ist dies nicht möglich, sie sind Thema der Kapitel 3 und 4.

Vernachlässigt werden hier wie im folgenden die räumliche Ausdehnung von Standorten - sie ist Gegenstand der innerbetrieblichen Standortplanung, in der das prototypische Quadratische Zuordnungsproblem Anwendung findet[3] -, und die räumliche Ausdehnung von Kunden,[4] die in Modellen der Standortplanung als im Vorfeld durch Aggregation berücksichtigt gilt.

---

1 Eine Umkehrung des p-Zentren-Problems, das Anti-p-Zentren-Problem, betrachten z.B. Klein und Kincaid (1994).

2 Einen Überblick über die verschiedenen Problemausprägungen bei unerwünschten Einrichtungen und die entsprechende Literatur geben Erkut und Neuman (1989).

3 Vgl. Koopmans und Beckmann (1957) sowie Burkard (1990).

4 Vgl. Krarup und Pruzan (1990), S. 41ff.

2.5 Auswertung des Merkmalskatalogs

2.5.1 Anwendung auf Beispielprobleme

Zur Illustration des Klassifizierungskatalogs wird im folgenden die Einordnung der in Abschnitt 2.3 genannten klassischen Beispielprobleme vorgenommen. Sie verdeutlicht insbesondere, welche Merkmale sich in der Theorie ausgeprägter Berücksichtigung erfreuen und welche in den "Standardproblemen" vollständig vernachlässigt werden.[1]

Das p-Median- und p-Zentren-Problem

Beim (p-)Median-Problem liegt, ebenso wie beim (p-)Zentren-Problem, ein Netzwerk zugrunde, dessen Kantenkapazitäten unbeschränkt sind ((1b1), (1b2) oder (1b4)).[2] Jeder Punkt des Netzwerks wird als Standort in Betracht gezogen (2a). Die Zahl der gesuchten Standorte ist gegeben und ist gleich Eins (3a1) beim Median- und Zentren-Problem bzw. größer als Eins (3a2) im Falle des p-Median(Zentren)-Problems. Die potentiellen Standorte sind bzgl. ihrer Merkmale gleich (4a) und ihre Kapazitäten sind unbeschränkt (5b). Geplant werden die Positionen der Einrichtungen und ggf. die Zuordnung der Kunden ((6a) bzw. (6d)).[3] Ein Teil der Distanzen ist in Form der Kantenlängen konkret und deterministisch vorgegeben (7e), (8a), die übrigen Distanzen sind durch die Bestimmung kürzester Wege aus diesen zu ermitteln (7d). Ebenso sind die Nachfragemengen in der Höhe fest (9b), aber unterschiedlich (10b),[4] in Knoten (11a) gegeben und müssen auf jeden Fall befriedigt werden (12a). In Kombination mit den unbeschränkten Kapazitäten der Standorte ist diese Forderung unproblematisch.

---

1 Ein Literaturüberblick der in dem Merkmalskatalog zwar erfaßten, in den prototypischen Problemen jedoch nicht auftretenden Aspekte findet sich in Anhang I, wobei die Modelle nicht ausführlich diskutiert werden, sondern nur auf entsprechende Literatur verwiesen wird.

2 Ist das Netzwerk gerichtet (1b1), so können zwei Varianten der Problemstellung, nämlich der In-Median (das In-Zentrum) und der Out-Median (das Out-Zentrum), betrachtet werden, abhängig davon, ob die Entfernungen von den Kunden zum Standort oder die Entfernungen vom Standort zum Kunden relevant sind. Die Lösungen beider Probleme müssen bei gerichteten Netzwerken nicht übereinstimmen, während sie bei den hier betrachteten ungerichteten Netzwerken zusammenfallen. Vgl. z.B. Mirchandani (1990), S. 62.

3 Auch wenn die Zuordnung der Kunden im oben angegebenen Median-Problem nicht auftaucht, ergibt sie sich aus der Lösung des Problems und wird bei einer Formulierung der diskreten Problemvariante als binäres Modell durch Variablen erfaßt, vgl. Domschke und Drexl (1990), S. 28ff.

4 Sind sie gleich, so entsteht das ungewichtete Median-Problem bzw. das ungewichtete Zentren-Problem.

Die Befriedigung einer Nachfrage muß nicht nur durch einen Standort erfolgen (13b), aber da die Zuordnung jedes Kunden zu dem ihm nächstgelegenen Standort im Sinne der Zielfunktion am günstigsten ist und die Kapazitäten nicht beschränkt sind, ergibt sich diese Eigenschaft für die Lösung. Die Nachfrager werden stets dem nächstgelegenen Anbieterstandort zugeordnet (16a1). Es werden nur "Kosten" für Transporte (14a) mit entfernungsproportionaler Kostenfunktion (15a) berücksichtigt. Der Begriff "Kosten" steht hier in Anführungszeichen, da in der beschriebenen Problemstellung der Kostenbegriff nicht vorkommt, jedoch implizit eine lineare Transportkostenfunktion unterstellt wird. Preise werden nicht berücksichtigt (17a). Es wird lediglich eine Zielsetzung verfolgt (18a): Im Median-Problem wird die Summe der gewichteten Entfernungen (19-Ia2), im Zentren-Problem die maximale gewichtete Entfernung (19-Ib2) minimiert. Formuliert man die Zielsetzung in nicht entfernungsbezogener Weise, so sollen im Median-Problem Kosten minimiert (19-IIa2), im Zentren-Problem die Versorgung optimiert werden (19-IIc).[1]

Das Simple Plant Location Problem

Das SPLP ist ein diskretes Problem (2b), welches durch ein Netzwerk (1b) oder ausgewählte Punkte (1c) beschrieben sein kann. Die Zahl der gesuchten Standorte ist hier nicht gegeben und nicht eingeschränkt (3b2); sie wird also zum Gegenstand der Planung (6b), wobei zudem die Zuordnung der Kunden zu den Standorten (6d) zu planen ist. Dementsprechend werden standortbezogene Kosten (14c) berücksichtigt, die zudem für die Standorte unterschiedlich sind (4b1). Es werden kein Distanzmaß und keine Distanzen angegeben, sondern Kosten für die Bewältigung der Distanzen selbst (7f), (15c). Die Entscheidung, welcher Standort welche Kunden versorgt, orientiert sich an den Gesamtkosten (16b2).

Hinsichtlich der anderen Aspekte entspricht das SPLP den oben beschriebenen Problemen: Es ist nicht kapazitiert (5b), deterministisch (8a), (9a), die Nachfragemengen sind unterschiedlich (10b), befinden sich in diskreten Punkten (11a) und sind voll (12a) von jeweils einem Standort aus (13a) zu befriedigen.[2] Abhängig davon, ob Preise berücksichtigt werden (17b) oder nicht (17a), ist die einzige verfolgte Zielsetzung (18a) unterschiedlich. Sie entstammt immer der Gruppe (19-II) und ist im ersten Fall gewinn-, im zweiten Fall kostenorientiert (19-IIa).

---

1 Wenn auch die Zielsetzungen ausschließlich entfernungsorientiert formuliert sind, können sie doch geeignet interpretiert werden.

2 Wie oben schon gesagt, muß diese Annahme nicht von vornherein getroffen werden, sondern es ergibt sich, wenn (13b) angenommen wird, auch die "Single Assignment Property" für die Lösungen.

Das Steiner-Weber-Problem

Das Steiner-Weber-Problem schließlich legt die euklidische Ebene (1a) und das euklidische Distanzmaß (7a) zugrunde, wobei alle Punkte der Ebene als Standorte in Betracht kommen (2a).

Gesucht wird nur ein Standort (3a1), (6a); die potentiellen Standorte haben gleiche Charakteristika (4a) und unbeschränkte Kapazitäten (5b) und die Vorgaben sind deterministisch (8a), (9a). Die Nachfragehöhen differieren (10b), eine volle Befriedigung der an diskreten Punkten befindlichen Nachfrage (11a) wird nicht explizit, aber implizit durch den Problemaufbau gefordert (12a). Ebenfalls implizit, wie beim Median-Problem, wird die ausschließliche Berücksichtigung von Transportkosten (14a) bei linearer Transportkostenfunktion (15a) vorgenommen. Preise werden nicht berücksichtigt (17a). Das betrachtete Zielkriterium (18a) ist entfernungsbezogen formuliert und besteht in der Minimierung der Summe gewichteter Entfernungen (19-Ia2); es kann wiederum als Kostenminimierung umgedeutet werden (19-IIa2).

2.5.2 Diskussion des Merkmalskatalogs

Der Vergleich zeigt, daß die vorgestellten "klassischen" Probleme einen hohen Übereinstimmungsgrad bezüglich der Kriterien des Merkmalskatalogs aufweisen, also beispielsweise alle unkapazitiert und deterministisch sind und lineare Transportkostenfunktionen aufweisen. Durch Variationen und Erweiterungen, z.B. Einführung von Kapazitätsschranken oder stochastischen Daten, sind jedoch aus den prototypischen Problemen alle verschiedenen Ausprägungen klassischer Probleme abzuleiten. Zudem wirft bereits die Lösung dieser Basisprobleme für größere Probleminstanzen Schwierigkeiten auf, da sie zu den "schwierigen" Problemen gehören. Daher konzentrieren sich Untersuchungen in Hinblick auf Lösungsmöglichkeiten eher auf die einfacheren, aber häufig weniger realitätsnahen Problemvarianten. Insbesondere die Annahme linearer Transportkostenverläufe vereinfacht die Problemlösung erheblich, weicht aber von realen Kostenverläufen, die häufig durch Mengen- und Kilometerrabatte gekennzeichnet sind, weit ab.[1]

Bei der Gegenüberstellung des oben genannten Katalogs mit Einflußfaktoren für die (reale) Standortwahl und des hier angegebenen Merkmalskatalogs für die theoreti-

---

[1] Vgl. z.B. den in Deutschland für den Güterfernverkehr bis 1992 gültigen "Güterfernverkehrstarif" (Tarif für den Güterfernverkehr mit Kraftfahrzeugen (GFT)), der einen solchen, für wachsende Mengen und Entfernungen fallenden Transportstückkostenverlauf beinhaltet und somit degressiv wachsende Gesamtkosten liefert.

schen Probleme fällt auf, daß viele Aspekte des einen implizit unter einem Aspekt des anderen subsumiert werden. So können alle Einflußfaktoren der Beschaffenheit der Standorte (Arbeitskräfte, Produktionsbedingungen, Bodenpreise) in die Vorauswahl der zur Verfügung stehenden Standorte und deren Belegung mit standortbezogenen Kosten einfließen ((2), (4) und (14b) bzw. (14c)). Die Berücksichtigung bzw. mangelnde Berücksichtigung mancher Einflußgrößen ist damit in erster Linie auf unterschiedliche Abstraktionsgrade in der Formulierung zurückzuführen. Ein Beispiel ist die Vorgabe einer festen Zahl von Standorten beim p-Median-Problem, die implizit beinhaltet, daß jede einzelne Einrichtung (z.B. jedes Krankenhaus) Kosten in bestimmter Höhe verursacht und das vorhandene Budget gerade für p Einrichtungen ausreicht.

Umgekehrt beinhaltet der Merkmalskatalog Aspekte, die nicht direkt mit der realen Auswahl eines Standortes und damit dem "realen" Problem in Zusammenhang stehen, sondern bei denen es sich vielmehr um Modellierungsaspekte handelt, so z.B. die Wahl des Distanzmaßes bzw. der Entfernungserfassung (7). Während manche der angegebenen Charakteristika, wie die in Betracht kommenden Standorte oder die Kostengrößen, durch die jeweilige reale Problemstellung determiniert werden, sind andere vom Planenden festzulegen. So ist unter anderem zu entscheiden, ob deterministische oder stochastische Größen herangezogen werden ((8), (9)). Inhaltlich kann die Verwendung stochastischer Größen bedeuten, daß das Problem eine zeitliche Dimension hat und Daten sich im Zeitablauf verändern. Anstatt eine Periodisierung mit Angabe konkreter Daten zu jedem Zeitpunkt vorzunehmen, wird durch die Stochastizität der Tatsache Rechnung getragen, daß im Zeitablauf Schwankungen entstehen, aber die Realisierungen der Größen nicht sicher bekannt sind. Im Gegensatz dazu "ignorieren" deterministische Modelle den Zeitablauf, indem bekannte Werte aller Daten unterstellt werden, die entweder konkrete Realisierungen in einem bestimmten Zeitpunkt oder einen "repräsentativen" Zeitpunkt erfassen. Zum anderen kann die Verwendung stochastischer Größen auch der Tatsache Rechnung tragen, daß die einzelnen Daten nicht sicher bekannt sind, sondern geschätzt werden müssen. Ein fest gegebener, "deterministischer" Wert kann als Schätzwert oder Mittelwert bzw. Erwartungswert einer zunächst stochastischen Größe aufgefaßt werden,[1] was bedeutet, daß die Verwendung deterministischer Größen das Resultat einer bereits

---

1 Hierzu vgl. z.B. Jacob (1967), S. 261, der die Daten eines Problems als Durchschnitt der nächsten Jahre auffaßt.

bewältigten Vorstufe sein kann, die der Formulierung des Problems vorgelagert ist.[1] Da beinahe kein Datum "sicher" im Sinne einer unveränderlichen Größe ist - Nachfragen unterliegen, zumindest mittelfristig, ebenso Schwankungen wie Reisezeiten -, ist eigentlich immer eine Stochastizität der Daten zu berücksichtigen. Andererseits ermöglicht die Betrachtung deterministischer Daten eine wesentlich vereinfachte Planung, so daß zwischen Genauigkeit und Praktikabilität abzuwägen ist.

Schließlich ist auch die Wahl der Zielsetzung eine planerische Entscheidung und nicht dem realen Problem immanent. Da ihr für das Planungsergebnis höchste Bedeutung zukommt, wird die Eignung von Zielsetzungen im folgenden Abschnitt diskutiert.

2.5.3 Zielsetzungen in der klassischen Standortplanung

Allgemein bildet das erwerbswirtschaftliche Prinzip die Basis aller betrieblichen Entscheidungen, wenn es sich um ein privatwirtschaftliches Unternehmen handelt.[2] Damit ergibt sich das Ziel der Gewinnmaximierung als geeignete Zielsetzung auch für die strategischen, d.h. langfristig wirksamen Entscheidungen, zu denen die Standortplanung gehört. Es ist gleichzeitig auf allen den Gewinn beeinflussenden Ebenen zu optimieren, wobei die verschiedenen Entscheidungsebenen sich gegenseitig beeinflussen. Um die Komplexität der Entscheidungssituation zu reduzieren, wird die Standortplanung aus ihrem Gesamtzusammenhang mit Tourenplanung, Beschaffungsplanung und Absatzplanung herausgelöst und isoliert betrachtet.[3]

Für die Frage, welche Zielsetzungen für die Planung geeignet sind, ist es entscheidend, ob es sich tatsächlich um einen privaten oder um einen öffentlichen Anbieter

---

1 Jahnke (1995), S. 19f. und S. 204f., bezeichnet die Unsicherheit, die entsteht, wenn zwar eine Verteilung von Daten bekannt ist, nicht aber die Daten selbst bekannt sind, als strukturelle Unsicherheit. Während bei dieser Form von Unsicherheit ersatzweise mit Erwartungswerten gerechnet werden kann, ist dies im Falle der sog. informatorischen Unsicherheit, wo keine Verteilungen bekannt sind, die Daten also erst geschätzt werden müssen, nicht möglich. Die verschiedenen Problemstellungen können aber als unterschiedliche Schichten desselben Problems aufgefaßt werden, da die Schätzung der Daten den anderen Modellierungsstufen vorangeht.

2 Vgl. Gutenberg (1983), S. 464ff.

3 Ein analoges Vorgehen findet sich in anderen Bereichen der Betriebswirtschaftslehre, z.B. der Produktionsplanung, wo das Entscheidungsproblem in Unterprobleme wie Kapazitätsplanung, Losgrößenproblem und Ablaufplanungsproblem aufgespalten wird, obwohl eigentlich eine Simultanplanung erforderlich wäre, vgl. z.B. Brüggemann (1995), S. 3ff.

handelt.[1] Unter privaten Anbietern sind in diesem Sinne Unternehmen zu verstehen, die bestimmte Güter oder Dienste anbieten und mit deren Verkauf ein erwerbswirtschaftliches Ziel verfolgen. Dieses übergeordnete Ziel kann in der Maximierung des kurz- oder langfristigen Gewinns, aber auch in der Maximierung des Marktanteils, des Umsatzes oder Absatzes, oder in der Sicherung eines angemessenen Gewinns bestehen.[2] Öffentliche Anbieter hingegen versorgen die Abnehmer ihrer Leistungen vornehmlich in deren Eigeninteresse mit Gütern oder Diensten - als Beispiele seien Krankenhäuser, Feuerwehren oder Polizeistationen, aber auch öffentliche Büchereien genannt. Damit ist ihre übergeordnete Zielsetzung die Sicherstellung der Versorgung oder der möglichst guten Erreichbarkeit.

Eine (isolierte) Standortplanung mit dem Ziel der Gewinnmaximierung (19-IIa1) bedeutet die Maximierung der sich für eine Standortkonstellation ergebenden Differenz aus Erlösen und Kosten. Die Verwendung dieser Zielsetzung im Rahmen eines Planungsmodells wird von vielen Autoren, z.B. ReVelle et al. (1980) sowie Hansen und Thisse (1977), als sinnvoll angesehen. Jacob (1967, S. 238f.) sowie Hansmann (1974, S. 18f.) argumentieren dagegen, daß es sich bei einem Standortplanungsproblem immer auch um ein Investitionsproblem handelt und daher die durch die Standorte zu erzielende Verzinsung des eingesetzten Kapitals die aufzuwendenden Kapitalkosten überschreiten muß, so daß bei der Optimierung ein Rentabilitätskriterium anzulegen ist. Der Grenzgewinn, also der mit der letzten Kapitaleinheit zu erzielende Gewinn, muß daher eine gegebene Mindestverzinsung erreichen.[3]

Der Investitionscharakter der Standorterrichtung spricht für die von Jacob und Hansmann vorgeschlagene Zielsetzung. Der Vergleich mit der Standortliteratur aus dem Bereich des Operations Research zeigt jedoch, daß sie nur selten verwendet wird. Dies ist vermutlich darauf zurückzuführen, daß die vorgeschlagene Betrachtungsweise die Einführung von Investitions- und Finanzierungsbedingungen verlangt, die die Planungsmodelle komplizierter machen und ggf. einfache Modellstrukturen zerstören.[4] Der Ansatz soll daher hier nicht weiter verfolgt werden. Statt dessen wird im folgenden stets unterstellt, daß eine Standorterrichtung in jedem Falle zu erfolgen

---

1 Vgl. ReVelle et al. (1970).

2 Vgl. z.B. Diederich (1969), S. 35f., sowie Jacob (1971), S. 194ff.

3 Vgl. Hansmann (1974), S. 19.

4 Umfangreiche gemischt-ganzzahlige Planungsmodelle, welche neben Investitions- und Finanzierungsentscheidungen auch die Produktion einbeziehen, finden sich bei Hansmann (1974), S. 46ff.

hat und nicht von der zu erzielenden Verzinsung abhängt, da z.B. die unternehmerische Entscheidung, daß neue Standorte zu errichten sind, bereits gefallen und das nötige Kapital schon bereitgestellt ist.
Unter dieser Voraussetzung kann auch die Maximierung der Verkaufsmenge (19-IIb) bzw. der Zahl zu bedienender Kunden (19-IIc1), d.h. die Maximierung des Marktanteils, eine für ein Unternehmen geeignete Zielsetzung sein. Dabei ist allerdings zu bedenken, daß ohne die explizite Berücksichtigung von Konkurrenten, unter denen der Markt aufgeteilt wird, der Begriff des "Marktanteils" inhaltlich problematisch ist und durch "Kundenkreis" ersetzt werden sollte. Es steht in Frage, ob ein Unternehmen eine solche nicht gewinnorientierte Zielsetzung verfolgen wird.

Auch die Zielsetzung eines öffentlichen Unternehmens kann in der Versorgung möglichst vieler Nachfrager (19-IIc1) bestehen, denn es ist denkbar, daß ein öffentliches Unternehmen im Rahmen eines festen Budgets eine Verpflichtung zur möglichst guten Versorgung hat. Insofern wird z.B. eine fest vorgegebene Zahl von Standorten eher bei einem Planungsproblem eines versorgungsorientierten Anbieters zur Erfassung der Problemstellung angemessen sein. Müssen alle Nachfrager bedient werden, so wird die Zielsetzung in der Minimierung der für die Versorgung anfallenden Kosten (19-IIa2) bzw. in der Minimierung der Zahl der Einrichtungen (19-IIe) bestehen.[1]

In Planungssituationen, in denen die Erlösseite keine Rolle spielt, weil z.B. ein Unternehmen ein Umschlaglager errichten will, welches lediglich Distributionszwecken zwischen eigenen Produktionsstätten und Niederlassungen dient, ist Kostenminimierung (19-IIa2) eine sinnvolle Zielsetzung. Dies gilt umso mehr, wenn aufgrund von Direktbelieferungen eine Planung von Touren überflüssig und damit die Verwendung entfernungsabhängiger Transportkosten unkritisch ist.[2]

Unter Punkt (19-I) des Merkmalskatalogs werden entfernungsorientierte Zielsetzungen betrachtet. Es kann sich bei der Verwendung von Entfernungen als

---

1 Vgl. dazu ReVelle et al. (1980), die zwischen "güterorientierten" Problemen, bei denen sich in der Regel die Zahl der Standorte aus der Problemlösung ergibt (z.B. SPLP), und "nachfragerorientierten" Problemen unterscheiden, bei denen die Zahl der Standorte von vornherein feststeht (z.B. p-Median-Probleme). Auch Überdeckungsprobleme zur Ermittlung der kleinsten Zahl von Einrichtungen klassifizieren ReVelle et al. jedoch als nachfragerorientiert.

2 Zur Bestimmung von Standorten für Auslieferungslager zum Zwecke der Distribution vgl. z.B. Tempelmeier (1980).

Zielgröße um eine Ersatzbetrachtung handeln, d.h. die eigentliche Zielsetzung des Unternehmens ist zwar gewinn- oder kostenorientiert und findet sich damit auch in (19-II), aber zur theoretischen Problem- (und Modell-)formulierung wird vereinfachend ein entfernungsbezogenes Ziel herangezogen. Damit wird ein proportionaler Zusammenhang zwischen den zurückzulegenden Entfernungen und den entstehenden Kosten unterstellt.[1] Korrekte Ergebnisse im Sinne der ursprünglichen Zielsetzung sind nur dann zu erwarten, wenn keine Touren geplant werden müssen und keine nichtlinearen - beispielsweise degressiven - Kostenverläufe auftreten. Dies impliziert wiederum, daß die Belieferung der Nachfrager stets auf Pendeltouren oder zu festen Tarifen erfolgt. In diesem Falle ist eine entfernungsbezogene Minisum-Zielsetzung (19-Ia) der Minimierung der Transportkosten äquivalent und kommt damit unter den genannten Voraussetzungen als Zielsetzung eines Optimierungsmodells für privatwirtschaftliche Unternehmen in Betracht.

Sofern es sich bei der Betrachtung der Entfernungen nicht um eine vereinfachte Kostenbetrachtung (Ersatzbetrachtung) handelt, stellt sich die Frage, in welchen Fällen sich die Entfernung zu den Kunden als Zielgröße eignet. Die Entfernung zum Kunden ist maßgebliche Größe, wenn beispielsweise eine Feuerwehr oder eine Unfallstation geplant wird. Kosten spielen dann einerseits (hoffentlich) eine sekundäre Rolle, andererseits werden tatsächlich in den meisten Fällen Pendeltouren vom bzw. zum Standort stattfinden. Damit sind entfernungsbezogene Zielsetzungen, und besonders Minimax-Zielsetzungen (19-Ib), vornehmlich zur Abbildung der Ziele öffentlicher Einrichtungen geeignet.[2]

Die Verwendung einer entfernungsorientierten Zielsetzung für ein privatwirtschaftliches Unternehmen ist denkbar, wenn dieses nach der Maximierung seines Marktanteils strebt und eine umso höhere Nachfrage erwartet, je kürzer die Entfernungen zu seinen Kunden sind. Damit ist allerdings die Annahme verknüpft, daß die Kunden die Transportkosten übernehmen und das Unternehmen Abholpreise festsetzt. Bei konstantem Abholpreis und entfernungsabhängigen Nachfragemengen bzw. vorgegebenen Abstandsrestriktionen, die die Maximalentfernung festlegen, die

---

1 Zudem muß es sich um ein Problem mit fixierter Erlösseite, d.h. bekannten Nachfragen und festen Preisen handeln, damit die Kostenminimierung der Gewinnmaximierung äquivalent ist.

2 In der Literatur werden Minisum-Zielsetzungen häufig als privatwirtschaftlich charakterisiert, Minimax-Zielsetzungen hingegen werden als Ziele öffentlicher Unternehmen eingestuft, vgl. Domschke und Drexl (1985), S. 3, sowie Eiselt und Laporte (1995), S. 154.

ein Nachfrager zurückzulegen bereit ist, ist die Minimierung der Summe der Entfernungen (19-Ia) ein geeignetes Ersatzziel zur Maximierung des Marktanteils.

Damit sind als Ziele einer privatwirtschaftlichen Unternehmung, die Standorte zur Bedienung von Kunden plant, aus dem Katalog der für klassische Standortplanungsprobleme vorgestellten Zielsetzungen (19-II) die Gewinnmaximierung (a1) und die Maximierung der Verkaufsmenge (b) geeignet. Da die zweite Zielsetzung auf Marktanteilsmaximierung abzielt, die ohne Berücksichtigung konkurrierender Anbieter oder eines Einflusses auf die Nachfrage, z.B. über den Preis, weniger angemessen erscheint, verbleibt die Gewinnmaximierung als Zielsetzung, die häufig in klassischen Standortplanungsproblemen formuliert wird und gleichzeitig den Zielen eines privatwirtschaftlichen Unternehmens gerecht wird.[1]

Die Prämisse fester Nachfragen und Preise ermöglicht die Vereinfachung der Gewinnmaximierung zum Ziel "Kostenminimierung" (19-IIa2). Der folgende Abschnitt beschäftigt sich mit der Frage, welche Implikationen bezüglich der Marktbedingungen, denen sich eine Unternehmung gegenübersieht, die Unterstellung fester Preise und Nachfragen hat.

2.6 Geeignete Marktbedingungen für die klassische Standortplanung

2.6.1 Übereinstimmung von Kostenminimierung und Gewinnmaximierung

In der Standortplanungsliteratur wird die Verwendung des Zieles "Kostenminimierung", bzw. genauer der "Transportkostenminimierung", auf Weber (1909) zurückgeführt.[2] In seinem Werk "Über den Standort der Industrien" untersucht Weber Standorte für produzierende Unternehmen im Hinblick auf ihre Kostenvorteile und klammert dabei den Einfluß des Standortes auf die Absatzseite vollkommen aus.[3] Er gelangt zu dem Schluß, daß als maßgebliche Faktoren in der kostenorientierten Planung einer "isolierten Produktion" die vom Standort abhängigen Arbeitskosten sowie die Transportkosten, in die die Materialkosten durch eine gedankliche

---

1 Vgl. z.B. Alonso (1964), S. 79: "In essence, the firm wishes to maximize its profits."

2 Vgl. z.B. Hansen et al. (1987), S. 1, sowie Thisse und Perreur (1977). Hansen et al. (1987), S. 56, bezeichnen die Verwendung der Zielsetzung Kostenminimierung als "Webersches Paradigma".

3 Vgl. Behrens (1961), S. 7.

Transformation in Transportkosten[1] eingerechnet werden, zu berücksichtigen seien. Bei der Transportkostenbetrachtung setzt Weber voraus, daß die Kosten von Entfernung und Gewicht und der Beschaffenheit[2] der benötigten Materialien in Bezug auf das herzustellende Produkt abhängen.

Weber betrachtet die speziellen Konstellationen zweier oder mehrerer Rohstoff- bzw. Beschaffungsquellen für unterschiedliche Rohstoffe und eines bekannten Absatzortes in der Ebene, wobei die Einsatzmengenverhältnisse der Rohstoffe ebenso wie die Preise als konstant angenommen werden. Als Lösung des Problems entsteht der "tonnenkilometrische Minimalpunkt". Die Arbeitskosten werden anschließend berücksichtigt und führen, sofern eine Kostenersparnis möglich ist, zu einer Verschiebung des Standortes vom bisherigen Minimalpunkt weg. Schließlich können auf ähnliche Weise Agglomerationsvorteile berücksichtigt werden.[3]

An der Theorie Webers ist umfangreich Kritik geübt worden,[4] dennoch kann ihr Einfluß auf die Konzepte der heutigen Standortplanungsliteratur nicht hoch genug eingeschätzt werden. Sie bedingt die ausgeprägte Kostenorientierung in Standortplanungsproblemen, wirft aber auch Fragen auf. So konstatiert Behrens (1961, S. 18): "Die Theorie (Webers) setzt also die gesamte Absatzproblematik als bereits gelöst voraus", denn der eine Absatzort sowie der Preis, zu dem die gesamte Produktionsmenge auf dem Markt abgesetzt werden kann, müssen bereits ermittelt worden sein, und es muß ferner einen Grund dafür geben, daß die vom Unternehmen abgesetzte Menge diesen Marktpreis nicht beeinflußt. Mögliche Rechtfertigungen für eine solche Planungssituation sieht Behrens in einer staatlich-zentralen Planung, einer Kartellbildung mit Preisabsprachen oder dem Vorliegen "homogener atomistischer Konkurrenz", d.h. eines Polypols auf vollkommenem Markt.[5] Dies sind aber nicht die Marktgegebenheiten, die in vielen Bereichen vorzufinden sind. Daher wird die

---

1 Vgl. Domschke und Drexl (1990), S. 10.

2 Die Beschaffenheit wird durch den sog. "Materialindex" beschrieben.

3 Auf eine detailliertere Beschreibung des Vorgehens soll hier verzichtet werden. Eine ausführliche Darstellung findet sich neben der Originalquelle bei Behrens (1961), S. 7ff., sowie bei Ponsard (1983), S. 23ff. und S. 136ff.

4 Vgl. z.B. Behrens (1961), S. 15ff.

5 Vgl. Behrens (1961), S. 18f.

Zielsetzung der Transportkostenminimierung von Alonso (1967) als "zweifelhaftes Kriterium" bezeichnet.[1]

Die Hauptproblematik des Weberschen Ansatzes und aller Problemformulierungen, die die Minimierung der Kosten zum Ziel haben, besteht also in der Annahme eines gegebenen Produktions- und Absatzprogramms.[2] Zudem geht auch die Annahme entfernungs- und mengen- bzw. gewichtsproportionaler Transportkosten auf Weber zurück, die in vielen Fällen aus den weiter oben genannten Gründen ebenfalls problematisch ist. Eine geeignete Abbildung kann ein Webersches Modell zum Beispiel für die Planung des Standortes eines Zwischenlagers darstellen, da in diesem Falle Preise und Nachfragen keine Rolle spielen bzw. festgesetzte Mengen zu transportieren sind.[3] Ebenso kann das Modell für die Planung von Produktionsstätten mit fest gegebenen Produktionsverhältnissen und -kosten verwendet werden, von denen aus die produzierten Güter in unternehmenseigene Läger oder zu Kunden, die an feste Verträge bzgl. Abnahmemengen und Preisen gebunden sind, transportiert werden.

In allen Fällen, in denen die Marktbedingungen einen Einfluß auf das Unternehmensergebnis haben, muß hingegen die Eignung der Kostenminimierung zur Erfassung des Planungsziels bezweifelt werden.[4] In der Markt- und Preistheorie[5] wird stets eine Abhängigkeit der Nachfrage vom geforderten Preis unterstellt, so daß die Erlöse eines Unternehmens keineswegs feststehen, sondern sich u.a. aus dem preispolitischen Verhalten der Anbieter ergeben. Da dieses jedoch in der klassischen Standortplanung nicht berücksichtigt wird, stellt sich die Frage, unter welchen Bedingungen die in klassischen Modellen unterstellten Prämissen eine Marktsituation geeignet abbilden.

Wie oben bereits erwähnt, verweist Behrens (1961) auf die Möglichkeit von exogen fixierten Preisen als Folge einer planwirtschaftlichen Festlegung oder von Preisabsprachen. Geht man aber von freien, d.h. nicht-reglementierten Märkten aus, so

---

1 Alonso (1967) vertritt die Auffassung, daß sich bedeutend mehr Unternehmen bei ihrer Standortwahl an den Produktionskosten oder aber an der Absatzseite orientieren.

2 Vgl. z.B. auch Hansmann (1974), S. 18.

3 Ggf. sind Kosten der Standorterrichtung bzw. Fixkosten des Standortes mit einzubeziehen.

4 Insbesondere gilt dies bei der Verwendung von Abholpreisen, da die Transportkosten dann nicht zu Lasten des Unternehmens gehen. Im folgenden werden aber, wie bei Weber, Lieferpreise unterstellt.

5 Vgl. z.B. Wied-Nebbeling (1993) sowie Güth (1994).

sind diese Möglichkeiten ausgeschlossen bzw. kartellgesetzlich untersagt. Damit bleibt als dritte Erklärungsmöglichkeit die Voraussetzung eines vollkommenen Polypols,[1] d.h. die Anwesenheit vieler Anbieter, die alle keinen Einfluß auf den Absatzpreis haben, da dieser sich über den Markt bildet. Anschließend agiert der Anbieter nur noch als sog. "Mengenanpasser", er bietet also die für ihn optimale Menge an.[2] Insbesondere wird dabei unterstellt, daß die Angebotsmenge des einzelnen Anbieters im Vergleich zur insgesamt auf dem Markt befindlichen Menge so gering ist, daß der einzelne beliebig große Mengen absetzen kann. Die Angebotsmenge des einzelnen kann also auch als seine Absatzmenge angesetzt werden, da von ihrem vollständigen Verkauf ausgegangen wird.[3]
Unter diesen Marktbedingungen ist ein vorgegebener Preis, den der Anbieter nicht beeinflussen kann, zu erklären. Die Nachfragemengen müßten dann das Resultat des "Mengenanpassens" durch den Anbieter sein. Die Anpassung der Mengen erfolgt seitens der Anbieter aber immer gerade so, daß ihre Grenzkosten dem Marktpreis entsprechen.[4] Daher müßte dem Unternehmen bei Festlegung der Mengen seine Kostenfunktion bereits bekannt sein, was aber, da der Standort erst anschließend bestimmt wird und die Transportkosten noch nicht feststehen, nicht der Fall sein kann. Eine Ermittlung der Angebotsmenge auf Basis der Grenzkosten ohne Berücksichtigung der Transportkosten kann ebenfalls nicht vorgenommen werden, da sie zu Verlusten des Unternehmens führen würde.

Es stellt sich darüber hinaus die Frage, welche Bedeutung der Begriff "vollständige Konkurrenz" bei der Betrachtung räumlich ausgedehnter Bereiche überhaupt hat. Die vollständige Konkurrenz unterstellt einen vollkommenen Markt und damit insbesondere die Abwesenheit räumlicher Präferenzen.[5] Auf dem der Theorie zugrundeliegenden "Punktmarkt" ist diese Annahme unproblematisch. Die Probleme der Standortplanung aber unterstellen Nachfragen an verschiedenen Orten sowie

---

1 Von dieser Voraussetzung geht z.B. auch Hansmann (1974), S. 48, bei der Entwicklung eines Modells mit festgelegten Preisen je Absatzgebiet aus.

2 Bezüglich der Theorie der vollständigen Konkurrenz sei auf Güth (1994), S. 46ff., verwiesen.

3 Im Weberschen Fall eines Absatzortes und fester Mengenverhältnisse wird keine konkrete Nachfragemenge vorgegeben, dafür aber feste Mengenverhältnisse der Einsatzfaktoren und des erstellten Guts, so daß die Minimierung der je Mengeneinheit entstehenden Kosten der Minimierung der Gesamtkosten für jede Menge entspricht.

4 Vgl. Güth (1994), S. 49.

5 Zu den Bedingungen eines vollkommenen Marktes vgl. z.B. Wied-Nebbeling (1993), S. 3.

unterschiedliche (mögliche) Standorte der Anbieter, so daß sich die Güter an unterschiedlichen Punkten des Raumes befinden und räumliche Präferenzen möglich sind.[1] Diese wirken sich auf die Entscheidung der Nachfrager aus, wenn die Nachfrager das Gut selber abholen. Wenn allerdings das Gut vom jeweiligen Anbieter zu den Nachfragern befördert wird, ist es in den Augen der Nachfrager homogen, da die Unterschiedlichkeit durch die vor dem Erwerb erbrachte Transportleistung aufgehoben wird. Damit liegt jeweils ein Markt, auf dem sich ein Preis gebildet hat, dort vor, wo im Standortplanungsproblem eine gegebene Nachfrage auftritt. Diese Konstellation mehrerer räumlich getrennter, jeweils "vollständiger" Märkte bezeichnen Hanjoul und Thisse (1984) als "Quasi-Perfect Competition". Sie führen aus, daß dies die in Modellen zur Standortplanung üblicherweise unterstellten Marktstruktur sei.

Da die vollständige Konkurrenz, wie oben beschrieben, aber impliziert, daß der einzelne Anbieter eine "beliebige" Menge auf dem Markt unterbringen kann, wäre es in diesem Fall für jeden Anbieter sinnvoll, nur den jeweils für ihn günstigsten Markt zu beliefern, d.h. denjenigen Markt, der ihm den höchsten Gewinn garantiert.[2] Dies führt genau auf die von Weber unterstellte Situation eines Verkaufsmarktes, so daß die Annahmen in Hinblick auf das ursprüngliche Modell konsistent sind. Die Fragestellung der Standortbestimmung bricht aber zusammen, wenn, wie in den beschriebenen klassischen Planungsproblemen, die Beschaffungsseite vernachlässigt wird und andererseits gemäß der angegebenen Argumentation keine Transporte zu unterschiedlichen Nachfrageorten erforderlich sind.

Eine andere Möglichkeit, die Theorie der vollständigen Konkurrenz mit der Theorie der Standortplanung zu verbinden, besteht in der Annahme, daß sich ein einheitlicher Marktpreis für den gesamten zugrundeliegenden Raum gebildet hat. Der Preis ist damit nicht an einen bestimmten Punkt im Raum gebunden, sondern der Markt ist vielmehr zunächst ein "imaginärer Ort", an dem sich Angebot und Nachfrage treffen. Das Gut gilt, da es vom Anbieter jeweils überall hinbefördert wird, ohne daß sich dies in unterschiedlichen Preisen niederschlägt, in den Augen der Nachfrager als

---

1 Vgl. hierzu z.B. Alonso (1967), S. 33, der anmerkt: "Space acts as a differentiator of products and producers." Noch schärfer schreibt Harker (1986): "The very existence of a spatial structure precludes the use of the perfect competition assumption..."

2 Dies merken auch Wendell und Hurter (1973) sowie Alonso (1967) an. Hanjoul und Thisse (1984), die ebenfalls zu dieser Schlußfolgerung gelangen, untersuchen ein Problem unter Berücksichtigung mehrerer Märkte für verschiedene In- und Outputs sowie variabler Produktionsbedingungen, so daß es sich um eine sinnvolle Fragestellung handelt.

homogen, und der Markt ist damit vollkommen. Die gegebenen Mengen, die der Anbieter an die verschiedenen Kunden liefert, können aber, wie oben ausgeführt, nicht aus dem Mengenanpassungsprozeß entstehen, sondern müssen exogen vorgegeben sein, beispielsweise als bekannte Bestellungen verschiedener Kunden. Dann ist es plausibel, daß das Unternehmen die Erfüllung dieser Bestellungen auf die kostengünstigste Weise anstrebt. Damit ist die Zielsetzung klassischer Standortplanungsprobleme unter diesen (Markt-)Bedingungen sinnvoll.[1]

Auch wenn sich die Vorgehensweise der klassischen Standortplanung durch die Annahme vollständiger Konkurrenz in der angegebenen Weise rechtfertigen läßt, gibt es Autoren, die die Verbindung vollständiger Konkurrenz und räumlicher Planung "prinzipiell" ablehnen. So schreibt Alonso (1967, S.33): "The important thing is to realize that the concepts of perfect competition and infinitely elastic demand are poorly suited to the analysis of spatial economics." Er fügt hinzu, daß die Einbeziehung des Raumes die Wirtschaft disaggregiere und daher die Anwendung der Monopoltheorie oder der Theorie monopolistischer Konkurrenz angemessener sei. Ähnlich argumentiert auch Harker (1986). Da jedoch unter anderen als den genannten Marktbedingungen die Prämissen der klassischen Standortplanung nicht zu rechtfertigen sind, sollen vollständige Konkurrenz und gegebene Bestellmengen im folgenden als Rahmenbedingungen der klassischen Planung angesehen werden.

2.6.2 Einordnung der klassischen Standortplanung in das Ordnungsschema

Die Überlegungen zur in der klassischen Standortplanung unterstellten Konkurrenzsituation führen auf die in Tabelle 2.1 angegebene Einordnung in das Ordnungsschema: Hinsichtlich der Anbieterzahl ist die klassische Standortplanung bei vielen Anbietern einzustufen, da sich nur auf diese Weise der nicht zu beeinflussende Preis erläutern läßt. Auch die Mengen müssen, z.B. durch Bestellungen, gegeben sein. Zu bestimmen bleiben also nur der oder die Standorte, wobei die zu bedienenden Marktplätze im Raum verteilt sind.

---

[1] Dies gilt, wenn Bestellungen durch die Abnehmer vorausgesetzt werden, auch bei verschiedenen, räumlich getrennten Märkten mit unterschiedlichen Preisen. Allerdings scheint die Annahme, der Anbieter könne prinzipiell beliebig große Mengen auf dem Markt unterbringen, für einen größeren "Gesamtmarkt" sinnvoller.

Räumliche Struktur Parameter *Strategie*	Anbieterzahl		
	ein Anbieter	mehrere Anbieter	viele Anbieter
Punktmarkt *Menge/Preis*			
Verschiedene Marktplätze Standorte gegeben *Mengen/Preise*			
Verschiedene Marktplätze Mengen/Preise gegeben *Standorte*			Klassische Standortplanung
Verschiedene Marktplätze *Standorte und Mengen/Preise*			

Tabelle 2.1 Einordnung der klassischen Standortplanung

Bezüglich der "verschiedenen Marktplätze" ist der Hinweis angebracht, daß es sich im Falle gegebener Mengen auch um einzelne Nachfrager handeln kann, die zu bedienen sind. Als der "Markt", auf dem der Preis für diese Nachfrager gilt, kann sowohl die Zusammenfassung aller Nachfrageorte gelten, wenn alle denselben Lieferpreis zu entrichten haben, oder die Zusammenfassung aller Angebotsorte, wenn es sich um Abholpreise handelt. Liegen verschiedene Preise je Nachfrageort vor, so sind dies hingegen unterschiedliche Preise dieser unterschiedlichen Märkte (Marktplätze). Es stellt sich also die Frage der Marktabgrenzung, denn auf einem Markt für ein homogenes Gut kann dieses Gut auch nur einen Preis haben.[1] Wird also das gesamte räumlich ausgedehnte Gebiet als ein Markt interpretiert, so kann es auf diesem nur einen Preis geben, nicht hingegen, wenn die räumlich verschiedenen Plätze auch verschiedene Märkte sind.

---

[1] Dies folgt direkt aus den Annahmen des vollkommenen Marktes, d.h. dem Fehlen von Präferenzen und der Annahme vollständiger Markttransparenz. Unter diesen Prämissen herrscht das Prinzip der Preisunterschiedslosigkeit, vgl. Schumann (1992), S. 212.

Wären die Mengen nicht exogen vorgegeben, würde die Annahme vollständiger Konkurrenz den Anbieter veranlassen, nur einen Marktplatz zu bedienen, so daß dieser Fall aus der Sicht des einzelnen Anbieters uninteressant ist. Eine sinnvolle Fragestellung entsteht daher nur bei gegebenen Mengen. Als gesamtwirtschaftliche Fragestellung - "Welche Marktplätze sind von welchen Angebotsmärkten aus zu bedienen?" - ist der Fall zu bestimmender Mengen jedoch von Interesse und wird unter der Bezeichnung "räumliches Gleichgewicht" im dritten Kapitel dieser Arbeit untersucht.

2.7 Erweiterungen klassischer Problemstellungen

2.7.1 Berücksichtigung variabler Produktionsverhältnisse oder elastischer Nachfrage

Die bisher vorgestellten und diskutierten Standortplanungsmodelle zeichnen sich insbesondere durch zwei Einschränkungen aus: Die Produktionsverhältnisse, sofern sie in der Planung überhaupt berücksichtigt werden, und ebenso die Nachfragen und Preise werden als fest und bekannt unterstellt. Damit sind die Kosten der Produktion ebenso wie die Erlöse nicht entscheidungsrelevant. Unter diesen Voraussetzungen sind Planungsprobleme, wie sie durch die im Merkmalskatalog enthaltenen Bestandteile charakterisiert werden können, als Abbilder entsprechender Planungssituationen geeignet. Ausgeschlossen sind damit aber die realistischeren Fragestellungen, die unterschiedliche Technologien und die Möglichkeit steigender oder fallender Grenzkosten auf der Produktionsseite beinhalten und damit Entscheidungen über den Produktionsprozeß oder die Einsatzmengen erfordern. Ebenso ausgeschlossen sind Fragestellungen, in denen elastische Nachfragen unterstellt werden und somit ein Spielraum für preispolitische Entscheidungen besteht.

Die Problematik bei der Einbeziehung variabler Produktionsverhältnisse besteht in der Notwendigkeit, die jeweiligen Produktionsmengen eines Standortes zu erfassen und über diese die Kosten der Produktion zu bestimmen, die sich nun nicht mehr direkt den Transportmengen zuschlagen lassen. Eine einfache Berücksichtigung der Produktionskosten ist nur möglich, wenn die Kostenfunktion linear oder stückweise linear ist, da die Kosten der Produktion dann mengenproportional und somit den Transportmengen direkt zurechenbar sind. Dies ist der Fall, wenn die Produktionsverhältnisse fest gegeben sind; ggf. kann von endlich vielen unterschiedlichen

Intensitätsstufen ausgegangen werden.[1] In diesem Fall ist die Modellierung unter alleiniger Verwendung der Transportmengen möglich, da die Stückkosten, zumindest in Intervallen, konstant sind. Durch die Interpretation jedes Standortes mit einer anderen Technologie bzw. Intensitätsstufe als eigenständiger "Standort" können alle Kosten als transportmengenbezogene Kosten erfaßt werden.[2] Bei anderen Produktionskostenverläufen hingegen scheidet diese Möglichkeit aus, und die Produktionsverhältnisse müssen explizit im Modell erfaßt werden. Die explizite Berücksichtigung der Produktionsseite hat damit zur Folge, daß neben der Entscheidung über zu errichtende Standorte, den Standorten zugeordnete Kunden und ggf. Liefermengen auch Entscheidungen über Bezugsmengen der Einsatzfaktoren zu treffen sind.[3]

Werden elastische Nachfragen unterstellt, so tritt an die Stelle der festen und bekannten Nachfragemengen jeweils eine Nachfragefunktion, die die sich ergebende Nachfrage in Abhängigkeit vom jeweiligen Preis angibt. Dies setzt die Möglichkeit voraus, daß das Unternehmen preispolitische Maßnahmen ergreifen kann, es also eine gewisse Marktmacht besitzt. Dann wird die Entscheidung über die jeweiligen Angebotspreise zu einem weiteren Bestandteil des Entscheidungsproblems.
Der Strategieraum des betrachteten Unternehmens, der in den klassischen Modellen nur die potentiellen Standorte enthält,[4] wird also auf den Raum der zusammengesetzten Strategien erweitert, die entweder zusätzlich die Beschaffungsmengen der Einsatzfaktoren und die Produktionsmengen oder den bzw. die Verkaufspreise des Absatzgutes enthalten.

Mit der Frage, ob die Zielsetzung "Kostenminimierung" für Standortplanungsmodelle mit Produktionsentscheidungen geeignet bzw. wie ihre Wahl zu begründen sei, befassen sich diverse Arbeiten in der Literatur, über die im folgenden ein kurzer Überblick gegeben wird. Zunächst wird anhand eines allgemeinen Modells von

---

1 Zum Begriff der Produktionsfunktion vgl. z.B. Gutenberg (1983), S. 302f., sowie Schumann (1992), S. 137ff.

2 Diese Interpretation für verschiedene Technologien verwenden z.B. Hansen und Thisse (1977), auch Hansmann (1974), S. 54ff., geht bei der Einführung verschiedener Intensitätsstufen ähnlich vor.

3 Ist zudem für die Einsatzfaktoren kein fester Preis vorgegeben, d.h. die Prämisse der vollständigen Konkurrenz für die Angebotsmärkte aufgehoben, so muß die Mengenabhängigkeit der Preise über Angebotsfunktionen berücksichtigt werden.

4 Zusätzlich wird möglicherweise auch über die von den Standorten abhängige Zuordnung von Kunden und Absatzmengen zu den Standorten entschieden; diese Entscheidungen liegen jedoch ebenfalls in der "Standortsphäre" des Unternehmens.

Thisse und Perreur (1977), welches Produktionsentscheidungen in die Planung integriert, der Unterschied zwischen klassischen Modellen und Modellen mit Produktionsplanung verdeutlicht. Anschließend werden im Rahmen der Literaturdiskussion die Bedingungen dargestellt, unter denen die transportkostenminimale Lösung optimal im Sinne der Gewinnmaximierung ist.

2.7.2 Ein allgemeines Modell der Standortplanung mit Produktion

Thisse und Perreur (1977) stellen die Bezüge zwischen der den Gewinn maximierenden und der die Transportkosten minimierenden Lösung eines allgemeinen Ein-Standortproblems dar. Sie betrachten eine Firma mit mehreren Produkten (Output-Gütern) r (r = 1(1)R) sowie mehreren Einsatzfaktoren (Input-Gütern) g (g = 1(1)G). Für jedes Produkt bzw. jeden Einsatzfaktor gibt es mehrere Märkte i = 1(1)I bzw. k = 1(1)K, die durch inverse Nachfrage- bzw. Preisabsatzfunktionen $P_{ir}^{Out}(Q_{ir})$ bzw. $P_{kg}^{In}(E_{kg})$ charakterisiert sind,[1] wobei Q_{ir} die Menge des Produkts r ist, die die Firma für einen Markt i produziert, und E_{kg} die Menge des Einsatzfaktors g vom Markt k ist, die in der Produktion verwendet wird. Die Mengen lassen sich zu den Gesamt-Produktionsmengen und den Gesamt-Einsatzmengen addieren,

$$Q_r := \sum_{i=1}^{I} Q_{ir} \quad (r = 1(1)R), \quad E_g := \sum_{k=1}^{K} E_{kg} \quad (g = 1(1)G);$$

die Produktmengen werden in den Vektoren $Q^T := (Q_1,...,Q_R)$ und $E^T := (E_1,...,E_G)$ zusammengefaßt. Die Produktionsfunktion f(.) sei bekannt und vom Standort s unabhängig.[2] Die Produktionsbedingungen können dann durch die Nebenbedingung

$$f(E) = Q$$

angegeben werden.

---

1 Die inverse Nachfragefunktion bzw. Preisabsatzfunktion gibt den Zusammenhang zwischen verkaufter Menge und auf einem Markt herrschenden Preis an, wobei der Preis die abhängige, die Menge die unabhängige Größe ist.

2 Die Produktionsfunktion f gibt an, in welchem Verhältnis der Einsatz welcher Mengen von Inputfaktoren g (g = 1(1)G) erforderlich ist, um damit bestimmte Mengen der Produkte r (r = 1(1)R) hervorzubringen. Es sei die Substituierbarkeit der Faktoren und ein quasi-konkaver Verlauf von f unterstellt.
Die variablen Kosten der Produktion werden nur über die Kosten der Faktoren erfaßt bzw. in die "Transportkosten" einbezogen; fixe Kosten bleiben unberücksichtigt. Sie könnten als standortbezogene Kosten ebenfalls in das Modell einbezogen werden. Hier wird zur Vereinfachung angenommen, daß sie überall gleich hoch und daher nicht entscheidungsrelevant sind.

Die Menge potentieller Standorte $s \in S$ ist gegeben, kann aber sowohl kontinuierlich als auch diskret sein. Für die einzelnen Güter sind die Transportkostenfunktionen für die Beförderung zwischen dem jeweiligen Markt und den Standorten $s \in S$, $t_{ir}^{Out}(Q_{ir},s)$ bzw. $t_{kg}^{In}(E_{kg},s)$, bekannt, die die Kosten pro transportierter Einheit angeben, wenn eine Gesamtmenge von Q_{ir} bzw. E_{kg} transportiert wird.[1] Die Transportkosten gehen zu Lasten des betrachteten Anbieters. Der Gewinn G(Q, E, s) des Unternehmens läßt sich nun bestimmen als

$$G(Q,E,s) = \sum_{i=1}^{I}\sum_{r=1}^{R} P_{ir}^{Out}(Q_{ir})\cdot Q_{ir} - \sum_{i=1}^{I}\sum_{r=1}^{R} t_{ir}^{Out}(Q_{ir},s)\cdot Q_{ir}$$

$$- \sum_{k=1}^{K}\sum_{g=1}^{G} P_{kg}^{In}(E_{kg})\cdot E_{kg} - \sum_{k=1}^{K}\sum_{g=1}^{G} t_{kg}^{In}(E_{kg},s)\cdot E_{kg}.$$

Handelt es sich bei den verschiedenen Märkten jeweils um Märkte mit vollständiger Konkurrenz, liegt also "Quasi-perfect Competition" vor, so können die Preisabsatzfunktionen $P_{ir}^{Out}(\cdot)$ und $P_{kg}^{In}(\cdot)$ durch die festen Marktpreise p_{ir}^{Out} und p_{kg}^{In} ersetzt werden.[2]

Die Gewinnfunktion G(Q, E, s) ist unter den Nebenbedingungen

$f(E) = Q$ sowie $Q \geq 0$, $E \geq 0$ und $s \in S$

zu maximieren.

Der zumeist in der klassischen Standortplanung betrachtete Spezialfall ergibt sich aus diesem Modell bei fest gegebener Nachfrage, bekannten Preisen und ohne die Berücksichtigung von Einsatzfaktoren.[3] Zudem werden mengenproportionale Transportkosten $t_{ir}^{Out}(s)$, d.h. konstante Kosten je Mengeneinheit für den Transport des Gutes r von Standort s zum Markt i, vorausgesetzt. Dann reduziert sich das

---

1 Diese allgemeine Formulierung ermöglicht damit die Erfassung jeder Art von Transportkosten, da die Durchschnittskosten in der Menge wie auch in der Entfernung wachsen, fallen oder konstant bleiben können. Für bestimmte Ergebnisse sind allerdings Einschränkungen dieser allgemeinen Form erforderlich.

2 Vgl. Thisse und Perreur (1977).

3 Im eigentlich klassischen Fall wird auch nur ein Gut betrachtet; jedoch zeigt sich hier, daß die Erweiterung auf mehrere Güter (Eigenschaft (20) des erweiterten Merkmalskatalogs) unproblematisch ist.

Modell, da die Produktionsnebenbedingung und die beiden letzten Terme der Gewinnfunktion wegfallen, auf die zu maximierende Zielfunktion

$$G(s) = \sum_{i=1}^{I} \sum_{r=1}^{R} (p_{ir}^{Out} - t_{ir}^{Out}(s)) \cdot Q_{ir}, \quad s \in S.$$

Da die erste Komponente dieser Summe konstant ist, kann auch sie fortgelassen und anschließend die Maximierung durch Minimierung bei Vorzeichenumkehr ersetzt werden. Werden mehrere Standorte gesucht, so ist nicht ein Standort s, sondern eine Menge von Standorten, $S_p := \{s_1, \ldots, s_p\}$, zu bestimmen, und es sind dem Modell zusätzliche Nebenbedingungen für die Versorgung aller Kunden hinzuzufügen. Kostenminimierung und Gewinnmaximierung sind unter den angegebenen Prämissen, d.h. in diesem Spezialfall, äquivalent.

Werden aber die Produktion und die Zulieferung in die Betrachtung einbezogen, so ist die Lösung des Problems der Gewinnmaximierung durch Minimierung der Transportkosten zunächst nicht möglich, weil die zu transportierenden Mengen unbekannt sind. Selbst bei gegebener Nachfrage sind die optimalen Mengen der Einsatzfaktoren unbestimmt und können vom jeweiligen Standort abhängen. Die Transportkostenminimierung ist zur Problemlösung jedoch dann geeignet, wenn zusätzlich die Faktoreinsatzmengenverhältnisse fixiert und auch die Preise der Einsatzfaktoren gegeben sind.[1] Dann steht mit der festen Nachfragemenge die benötigte Menge an Einsatzfaktoren unabhängig vom Standort fest, so daß über die Mengen nicht mehr zu optimieren ist, und die Transportkosten die einzigen standortabhängigen Größen sind. Im Falle fester Einsatzmengenverhältnisse und mengenproportionaler Transportkosten ist nicht einmal die Kenntnis der Nachfragemenge erforderlich, da aufgrund der Proportionalität der kostenminimale Standort für alle möglichen Mengen identisch ist. Damit ist gerade das Weber-Problem charakterisiert, welches sich als Kostenminimierungsproblem in der einzigen Standort-Variablen s formulieren läßt.

In dem allgemeinen Modell kann der Mengenvektor (Q, E) auch in Abhängigkeit von s ausgedrückt werden, da die günstigste Mengenkombination letztendlich durch die Wahl des Standortes determiniert ist. Gleichzeitig determiniert im allgemeinen Fall die Mengenkombination aber auch die Wahl des Standortes. Damit handelt es sich um simultan festzulegende Strategievariablen, die unterschiedliche Ebenen des

---

1 Vgl. Isard (1956), S. 222ff.

Unternehmens berühren, und es liegt kein klassisches Problem mehr vor. Die beschriebene Situation beinhaltet jedoch, wie oben ausgeführt, sowohl den Weberschen Fall zweier Faktormärkte und eines Absatzmarktes als auch das klassische Problem als Spezialfälle.

2.7.3 Literaturdiskussion

Zur Darstellung des allgemeinen Bezugs zwischen dem Standort maximalen Gewinns und dem Standort minimaler Kosten definieren Thisse und Perreur (1977) die Begriffe "ex ante"- und "ex post"-transportkostenminimaler Punkt. Sind die zu transportierenden Mengen der Einsatzfaktoren und produzierten Güter alle vor der Bestimmung des Standortes bekannt, heißt der Punkt minimaler Transportkosten "ex ante"-kostenminimaler Punkt. Dies entspricht also dem klassischen Fall, in dem die (Transport)mengen als fest und bekannt vorausgesetzt werden. Sind dagegen die zu transportierenden Mengen erst nach der Lösung des jeweiligen Standortproblems bekannt, so heißt der Punkt, der die Transportkosten *in bezug auf diese Mengen* minimiert, "ex post"-kostenminimaler Punkt.

Thisse und Perreur (1977, S. 228) stellen ihren Überlegungen den Satz: "We will see that a maximizing point of profit always coincides with an ex post minimizing point of total transportation cost", vorweg. Dies ist jedoch unmittelbar klar, denn eine Betrachtung der oben angegebenen Gewinnfunktion zeigt, daß nach der Ermittlung der optimalen Mengen die einzige variable, da vom Standort abhängige, Größe die Transportkosten der Einsatzfaktoren und Produkte sind. Diese Kosten müssen andererseits in bezug auf die optimalen Mengen minimal sein, da sonst ein größerer Gewinn bei Handel mit denselben Mengen, aber bei Wahl eines anderen Standortes möglich gewesen wäre.

Für die Äquivalenz des "ex ante"-transportkostenminimalen und des gewinnmaximalen Standortes ist, wie oben ausgeführt, die Annahme fester Produktionskoeffizienten, also fester Einsatzmengenverhältnisse erforderlich, damit keine Substitutionsmöglichkeiten der Faktoren bestehen.[1] Zudem müssen die Transportkosten einen in der Menge linearen Verlauf haben, also konstante Transportraten

1 Dies geben auch Thisse und Perreur (1977), Theorem 1, an und bezeichnen dieses Resultat als klassisch.

vorliegen, und die Preise fixiert sein, damit der optimale Punkt von der konkreten Höhe des Outputs unabhängig ist.
Ist die Produktionsfunktion linear-homogen, so weist sie einen linearen Expansionspfad auf, d.h. daß das optimale Faktoreinsatzmengenverhältnis konstant ist, auch wenn ursprünglich Substitutionsmöglichkeiten in der Produktion bestehen.[1] Also ist in diesem Fall die konkrete Kenntnis der Nachfragemenge zur Bestimmung des kostenminimalen und optimalen Standortes nicht erforderlich,[2] da dieser mengenunabhängig ist, so daß die Standortentscheidung losgelöst von der konkreten Mengenentscheidung getroffen werden kann.[3] Während diese Resultate zunächst - in der Weberschen Tradition - für die Standortplanung in der Ebene formuliert werden, gelten sie doch weitgehend auch für die Planung in Netzwerken, wie von Hurter und Martinich (1989, S. 45ff.) ausgeführt.

Daß die Einschränkungen bzgl. Produktions- und Transportkostenfunktionen bei der "ex post"-Lösung nicht nötig sind, folgt daraus, daß die Forderung fester Produktionsmengenverhältnisse quasi in die Produktmengen "verschoben" wird, indem für die Argumentation die optimalen Faktor- und Produktionsmengen verwendet werden, für die sich ex post ein festes Einsatzmengenverhältnis und auch bekannte Transportkostensätze und Preise ergeben. Die für die "ex ante"-Lösung angegebenen Voraussetzungen sind für die sich ergebenden Mengen also immer erfüllt und müssen daher nicht vorher gefordert werden. Im Gegensatz zu den Aussagen für die "ex ante"-Lösung, die, sofern die Voraussetzungen an die Produktionsfunktion erfüllt sind, zur

---

1 Zur Definition linear-homogener Produktionsfunktionen vgl. Schumann (1992), S. 148ff. Zur Bestimmung der sog. Minimalkostenkombination, d.h. der optimalen Faktorkombination einer Unternehmung bei gegebener Produktionsfunktion vgl. Schumann (1992), S. 157ff., und zum Begriff der Kostenfunktion und des Expansionspfades, insbesondere für linear-homogene Produktionsfunktionen, vgl. Schumann (1992), S. 161ff.

2 Vgl. Miller und Jensen (1978), Proposition 3 (übersetzt): "Unter der Bedingung konstanter Transportraten ist die Standortentscheidung genau dann von der Menge des Outputs unabhängig, wenn die Produktionsfunktion homogen vom Grad Eins ist." Ebenso Khalili et al. (1974), Proposition 2. Vgl. auch Emerson (1973).
Hurter und Martinich (1989), S. 88, weisen jedoch darauf hin, daß es sich nicht um eine "genau dann wenn"-Aussage handelt, sondern daß nur die im Text angegebene Folgerung gilt, da durchaus spezielle Beispiele für andere Produktionsfunktionen gefunden werden können, für die der Standort nicht mengenabhängig ist.

3 Ist der Transport des Outputs kostenlos (oder überall gleich teuer), so genügt es, eine sog. homothetische Produktionsfunktion vorauszusetzen. Diese Eigenschaft ist schwächer als die lineare Homogenität und hat zur Folge, daß der Expansionspfad der Produktion bei konstanten Inputpreisen durch eine Gerade gegeben ist, vgl. Hurter und Martinich (1989), S. 28f.

Ermittlung der optimalen Lösung verwendet werden können, ist die ex post-Aussage zur Lösung aber nicht anwendbar.

Thisse und Perreur (1977, Theorem 2) geben einen formalen Nachweis der Äquivalenz des "ex post"-transportkostenminimalen und des gewinnmaximalen Punktes, der inhaltlich etwa der oben verbal angegebenen Begründung entspricht.[1] Anschließend diskutieren sie einige Bemerkungen aus der Literatur, die zu ihren Erkenntnissen im Widerspruch zu stehen scheinen. So nehmen sie Bezug auf Moses (1958) und zitieren den Satz: "It would be purely by chance if transportation costs were a minimum at this point",[2] ohne dabei auf die von Moses untersuchte Fragestellung näher einzugehen.
Moses (1958) betrachtet die Webersche Situation entfernungs- und mengenproportionaler Transportkosten und zweier Märkte für je einen Einsatzfaktor sowie eines Marktes für das erstellte Gut mit bekannten Preisen. Er untersucht, wie sich die Ergebnisse Webers verändern, wenn nicht die von ihm unterstellten festen Mengenverhältnisse zugrunde gelegt werden. Ziel ist die Herstellung eines engeren Bezugs zwischen der bekannten "theory of the firm" (Produktionstheorie), die in der Regel von substitutionalen Produktionsverhältnissen ausgeht, und der Theorie der Standortplanung.[3] Moses fixiert zunächst den Abstand des Standortes zum Abnehmermarkt und ermittelt den geeignetsten Standort hinsichtlich der für die Einsatzfaktoren anfallenden Kosten. Es ergibt sich für alle möglichen Faktorkombinationen, die zur Erstellung einer bestimmten Outputmenge führen, je ein Standort, an dem die Beschaffung dieser Mengenkombination am günstigsten ist.[4] Für die (ex post) festen

---

1 Diese Argumentation ist in der Literatur schon lange bekannt und wird z.B. von Isard (1956), S. 223, wie folgt ausgeführt: "Since total revenue and costs on all inputs (except transport inputs) are thus fixed, the firm's customary problem of maximizing profits...is reduced to the problem of minimizing transport costs." Auch wenn sich Isard damit auf das Webersche Problem bezieht, trifft die Argumentation im "ex post"-Fall ebenfalls zu, da dieser ebenso wie jener von bekannten Mengen bzw. Mengenverhältnissen ausgeht.

2 Vgl. Moses (1958), S. 265. Mit "diesem Punkt" ist der gewinnmaximale bzw. gesamtkostenminimale Standort gemeint.

3 Vgl. Moses (1958), S. 269: "..., the main objective of this paper is to make the theory of location an integral part of the theory of the firm." Ponsard (1983), S. 103, hebt hervor, daß Moses als erster Autor die "alte" Standorttheorie und die "moderne" Produktionstheorie in Verbindung gebracht hat. Ebenso Whitmore (1981): "...Moses deserves the credit for integrating location and neoclassical production theory."

4 An diesem Ort stimmen das Verhältnis der Lieferpreise und die reziproke Grenzrate der Substitution überein. Damit gelten die Substitutionsgesetze, wie in vielen anderen Bereichen, vgl. z.B. Schumann (1992), S. 55ff., auch hier.

Einsatzmengen sind die Transportkosten natürlich minimal, denn bei gegebenen Preisen sind die Transportkosten die einzige variable Größe.
Der gewinnmaximale Standort muß jedoch nicht transportkostenoptimal in dem Sinne sein, daß er bzgl. aller in Frage kommenden Standorte und der mit diesen assoziierten Mengen die geringsten Transportkosten aufweist. Es kann Standorte geben, mit denen optimale Mengen verknüpft sind, deren Transportkosten günstiger, deren Gesamtkosten jedoch höher sind. Dies ist es offensichtlich auch, was Moses mit der oben zitierten Aussage meint. Er bezieht sich also auf den "ex ante"-minimalen Punkt und stimmt diesbezüglich mit dem Ergebnis von Thisse und Perreur - daß bei variablen Produktionsverhältnissen keine Äquivalenz zum gewinnmaximalen Punkt gegeben sei - überein.

Des weiteren zitieren und kritisieren Thisse und Perreur (1977) die Arbeiten von Alonso (1967) sowie von Sakashita (1967), in denen ebenfalls die Übereinstimmung der transportkostenminimalen und der gewinnoptimalen Lösung von Standortplanungsproblemen nur für Ausnahmekonstellationen bejaht, allgemein aber verneint wird. Alonsos Überlegungen richten sich auf die Frage, ob das Kriterium der Transportkostenminimierung für die Standortermittlung angemessen ist, wenn "economies of scale", d.h. fallende Grenzkosten, Faktorsubstitution und elastische Nachfragen einbezogen werden. Ausgehend von der Weberschen Situation nimmt er variable Produktionsverhältnisse in seine Betrachtungen auf. Er setzt damit die Untersuchung von Moses fort und kommt ebenso zu dem Ergebnis, daß nur in Ausnahmesituationen die Transportkostenminimierung als adäquate Zielsetzung verwendet werden kann.

Alonso (1967, S. 31) schreibt: "Further, there is no clear and useful meaning to the minimizing of the transport costs since factor proportions change with location, and the eventual factor mix is unknown until the location is determined." Alonso betrachtet demnach nicht den "ex post"- Punkt, sondern ist an einer simultanen Bestimmung optimaler Mengen und des optimalen Standorts interessiert. So schreibt er: "The final Q ... will only be determined simultaneously with the optimal location. Only if we knew the eventual quantity to be produced could we substitute the criterion of minimizing transport costs for the maximizing of profits."[1] Damit stimmt seine Schlußfolgerung ebenfalls mit der von Thisse und Perreur überein.

---

1 Vgl. Alonso (1967), S. 32.

Auch Sakashita (1967) setzt die Untersuchung von Moses fort. Er beschränkt den Raum, in dem ein Standort zu bestimmen ist, auf eine Linie, an deren Enden sich zwei Märkte für verschiedene Einsatzfaktoren befinden. Die Outputseite wird als fixiert angenommen, so daß nur eine Optimierung der Beschaffungskosten der benötigten Inputfaktoren erfolgt. Zunächst wird das mit dem jeweiligen Standort variierende optimale Faktoreinsatzmengenverhältnis für jeden einzelnen festen Standort ermittelt. Unter Verwendung dieses Verhältnisses werden dann Bedingungen für den optimalen Standort abgeleitet. Da sich die Funktion minimaler Gesamtkosten in Abhängigkeit vom Standort als strikt konkav erweist, kommen nur die Randpunkte, d.h. die Märkte, als Standorte in Frage, denn eine (strikt) konkave Funktion nimmt ihr Minimum stets am Rand eines abgeschlossenen Bereiches an.[1,2] Sakashita folgert aus seinen Überlegungen: "In general, the optimum location is not the point of minimum transportation cost."[3] Nur wenn die Produktionsfunktion linear-homogen ist, ist die Übereinstimmung der beiden Standorte gegeben. Tatsächlich begeht Sakashita keinen "Fehler bei seiner Suche nach dem ex post-kostenminimalen Punkt", wie Thisse und Perreur (1977, S. 230) schreiben, sondern er betrachtet den "ex ante"-Punkt.

Sakashita, Moses und Alonso begreifen also einen "Punkt minimaler Transportkosten" als denjenigen, der die entstehenden Transportkosten für zu bestimmende Mengen minimiert. Ob dieser - bei fest vorgegebenen Mengen - tatsächlich dem Optimum entspricht, wird jeweils durch die Produktionsverhältnisse determiniert. Daß es sich umgekehrt nachträglich um einen transportkostenminimalen Punkt für die optimalen Mengen handelt, wird nirgends bestritten, aber auch nicht hervorgehoben. Damit widersprechen die Ergebnisse von Thisse und Perreur denen der anderen Autoren jedoch nicht, da diese anderen offensichtlich jeweils die "ex ante"-Fragestellung vor Augen haben.

Emerson (1973) diskutiert, ob eine Gegenüberstellung von Produktionsverhältnissen mit und ohne feste Faktorrelationen, also des Weberschen und des Problems von Moses, überhaupt sinnvoll sei. Ein solcher Vergleich sei nur durchführbar, wenn

---

1 Die Konkavität der Gesamtkostenfunktion ergibt sich aus den Eigenschaften (Konkavität) der Produktionsfunktion.

2 Sakashitas Beschränkung der möglichen optimalen Standorte auf die Endpunkte der Linie kann als Parallele zu der von Hakimi (1964) bewiesen "Knoteneigenschaft" in Netzwerken angesehen werden.

3 Vgl. Sakashita (1967), S. 113. Diese Folgerung zitieren auch Thisse und Perreur (1977), S. 230.

durch einen Optimierungsvorgang die besten Produktionsverhältnisse bereits bestimmt seien - wobei diese, wie Sakashita aufzeigt, vom (variablen) Standort abhängen. Für die jeweiligen Produktionsverhältnisse sei dann der optimale Standort auch gleichzeitig der hinsichtlich der Transportkosten günstigste: "...the optimum location nevertheless corresponds to the transport cost minimizing location at the optimized production coefficients."[1] Damit "konvergieren" die Probleme von Moses und Weber gewissermaßen gegeneinander. Emerson (1973, S. 347) stellt auf diese Weise die Verbindung zwischen "ex post"- und "ex ante"-Lösungen bereits her und gelangt zu dem Ergebnis: "...i should be observed that firms minimize transport costs for the optimized factor mix and level of output." Er nimmt damit den "ex post"-optimalen Punkt von Thisse und Perreur (1977) vorweg.[2]

In allen genannten Arbeiten wird demnach gefolgert, daß bei - auf welche Art auch immer - festgelegten Mengenverhältnissen der optimale Standort dem Ort minimaler Transportkosten entspricht. Damit ist mit jedem Problem der Gewinnmaximierung ein "Weber-Problem" assoziiert.[3] Das Maximierungsproblem läßt sich zwar, wenn die Mengen nicht bekannt sind, nicht als Kostenminimierungsproblem lösen, aber bestimmte Eigenschaften der Probleme stimmen überein und können bei der Lösung ausgenutzt werden.

Dies gilt jedoch nur unter der Voraussetzung, daß die Kunden Lieferpreise für die Waren entrichten und die Transportkosten vom standortsuchenden Unternehmen übernommen werden. Werden dem Unternehmen statt dessen Möglichkeiten preispolitischer Entscheidungen eingeräumt und die Verwendung von Abholpreisen p_r^a für die hergestellten Güter unterstellt,[4] die das Unternehmen festsetzt, so hängen die Absatzmengen Q_{ir} von der Summe aus Preis und Transportkosten ab, d.h. es gilt

$$Q_{ir} := Q_{ir}(p_r^a + t_{ir}(s)) \quad (i = 1(1)I,\ r = 1(1)R),$$

wobei hier vereinfachend vorausgesetzt wird, daß die Transportkosten $t_{ir}(s)$ für die (sehr kleinen) Nachfrager nicht mengenabhängig variieren, sondern mengen-

---

1 Vgl. Emerson (1973), S. 345.

2 In diesem Zusammenhang wird Emerson (1973) von Thisse und Perreur (1977) allerdings nicht als Quelle angeführt.

3 Vgl. Emerson (1973), S. 347, sowie Thisse und Perreur (1977), S. 234.

4 Vgl. auch hierzu Thisse und Perreur (1977).

proportional sind. Die Gewinnfunktion nimmt damit, wenn der Beschaffungssektor und die Kosten der Produktion ausgeklammert werden, die Form

$$G(Q, s) := \sum_{i=1}^{I} \sum_{r=1}^{R} p_r^a \cdot Q_{ir} = \sum_{i=1}^{I} \sum_{r=1}^{R} p_r^a \cdot Q_{ir}(p_r^a + t_{ir}(s))$$

an. Die Transportkosten lassen sich also nicht isolieren, die Gewinnmaximierung läßt sich weder ex ante noch ex post durch die Transportkostenminimierung erfassen. Für festgesetzte Abholpreise geht die Zielsetzung vielmehr in die Maximierung der verkauften Mengen (Marktanteilsmaximierung) über.[1]

2.7.4 Folgerungen für Netzwerkprobleme

Die Bedeutung der Übereinstimmung ex post-kostenminimaler und gewinnmaximaler Standorte wird bei der Betrachtung von Standortplanungsproblemen in Netzwerken deutlich. So untersuchen Hanjoul und Thisse (1984) die Bestimmung eines gewinnmaximalen Standortes s^* für ein Unternehmen in einem Netzwerk G. Alle Märkte befinden sich in Knoten des Netzwerkes, und auf den Märkten herrscht vollständige Konkurrenz, so daß bekannte Marktpreise gegeben sind. Im übrigen werden die Voraussetzungen und Bezeichnungen aus dem letzten Abschnitt übernommen.

Da es sich nicht lohnt, ein Produkt auf mehr als einem Markt anzubieten oder zu erwerben, wenn vollständige Konkurrenz auf allen Märkten unterstellt wird, gibt es für jeden Faktor g (g = 1(1)G) einen günstigsten Markt k(g) und für jedes Produkt r (r = 1(1)R) einen solchen Markt i(r).[2] Um welche Märkte es sich dabei handelt, hängt aber vom jeweiligen Standort s ab, also geben k(g,s) und i(r,s) die günstigsten Märkte bezüglich des Standorts s an. Es wird zur Vereinfachung der Schreibweise jeweils $E_g(s) := E_{k(g,s)g}$ und $Q_r(s) := Q_{i(r,s)r}$ gesetzt. Entsprechend sind die Konkurrenzpreise auf den Märkten, $p_r^{Out}(s) := p_{i(r,s)r}{}^{Out}$ und $p_g^{In}(s) := p_{k(g,s)g}{}^{In}$ definiert. Die Transportkostenfunktionen, unter Verwendung der kürzesten Wege im Netzwerk, werden definiert als $t_r^{Out}(d(s,i(r,s)))$ für die Kosten, die durch den Transport des Outputs r auf dem kürzesten Weg von Standort s nach Markt i(r,s) entstehen, und analog dazu $t_g^{In}(d(k(g,s),s))$ für den Transport des Faktors g zwischen dem Markt k(g,s) und dem Standort s.

---

[1] Vgl. Eiselt und Laporte (1995), S. 157.

[2] Vgl. Hanjoul und Thisse (1984), S. 296.

Die Gewinnfunktion des Netzwerkproblems, $G_N(Q, E, s)$, hat dann die Form

$$G_N(Q,E,s) = \sum_{r=1}^{R} p_r^{Out}(s) \cdot Q_r(s) - \sum_{g=1}^{G} p_g^{In}(s) \cdot E_g(s)$$

$$- \sum_{r=1}^{R} t_r^{Out}(d(s,i(r,s))) \cdot Q_{r(s)} - \sum_{g=1}^{G} t_g^{In}(d(k(g,s),s)) \cdot E_g(s).$$

Die Funktion $G_N(Q, E, s)$ ist zu maximieren, wobei die Bedingungen

$f(E) = Q$ sowie $Q \geq 0$, $E \geq 0$ und $s \in G$

erfüllt sein müssen.

Bei fixierten Mengen und für eine feste Kombination "günstigster Märkte" je Produkt geht das Problem der Gewinnmaximierung ebenfalls in eine Minimierung der Transportkosten über, da nur noch der dritte und vierte Term der Gewinnfunktion durch die Standortwahl beeinflußt werden.[1] Damit sind die Eigenschaften der Lösung des "Weber Modells" auch für die Lösungen des betrachteten Problems gültig. Aber: "...as the quantities of outputs and inputs are not known a priori, one can no longer use the Weberian model to find the solution of the general problem."[2] Tatsächlich würde das Ziel der Kostenminimierung bei variablen Mengen auf den Transport von Mengen in Höhe Null führen, was in der Regel nicht optimal im Sinne des eigentlichen Unternehmensziels sein wird.

Zur Lösung des Problems trägt die Interpretation als Kostenminimierungsproblem also nicht bei, aber die Äquivalenz (bei festen Mengen) ermöglicht im Netzwerk bei geeigneter Wahl der Transportkostenfunktionen den Nachweis der Knoteneigenschaft der optimalen Lösung.[3] Diese wird von Hakimi (1964) für lineare und von Levy (1967) für in der Distanz konkave Transportkostenverläufe gezeigt: Bei gegebenen Nachfragemengen und linearen bzw. konkaven Transportkostenfunktionen liegt ein

---

1 Die gewählte Schreibweise bringt zwar eine Abhängigkeit der Preise und Mengen vom Standort zum Ausdruck, so daß auch die beiden ersten Terme durch den Standort beeinflußt werden. Nimmt man jedoch die jeweiligen Bezugs- und Verkaufsmengen und damit die ausgewählten Produktmärkte als gegeben an, so sind auch die marktabhängigen Preise fixiert.

2 Vgl. Hanjoul und Thisse (1984), S. 290.

3 Vgl. Hanjoul und Thisse (1984).

transportkostenminimaler Punkt in einem Netzwerk stets in einem Knoten.[1] Damit muß also auch der gewinnmaximale Punkt unter den angegebenen Voraussetzungen in einem Knoten liegen, da er "ex post"-kostenminimal ist, und das Problem der Standortbestimmung im Netzwerk läßt sich auf ein endliches Problem reduzieren. Diese Eigenschaft ist für das Median-Problem bereits bekannt. Löst man das vorliegende Problem mit festen Nachfragemengen und für lineare Transportkostenfunktionen, so entspricht es genau einem SPLP ohne Fixkosten mit einem Standort bzw. einem Median-Problem. Damit läßt sich die Knoteneigenschaft auch direkt aus der Übereinstimmung zu den klassischen Planungsproblemen ableiten, die bei fixierten Mengen entsteht.
Festzuhalten bleibt, daß die für Kostenminimierungsprobleme nachgewiesenen Endlichkeitseigenschaften bzgl. der Menge in Betracht kommender Standorte auf Probleme der Gewinnmaximierung übertragbar sind. Ohne jedoch die jeweiligen Mengenverhältnisse zu kennen, muß immer simultan über die Mengen und den oder die Standorte entschieden werden und Kostenminimierung ist als Zielsetzung sinnlos.[2] Daher müssen für alle in Betracht kommenden Standorte die optimalen Mengen und entstehenden Gewinne ermittelt und einem Vergleich unterzogen werden, um zu einer Standortentscheidung zu gelangen.[3] Die bekannten Lösungsverfahren für SPLP oder Median-Probleme hingegen sind im allgemeinen nicht anwendbar, weil die Mengen nicht unabhängig vom Standort feststehen.

Die Diskussion zeigt, daß Webers Überlegungen die Standortliteratur bis heute entscheidend beeinflussen. Sie liefert keine neuen Anhaltspunkte dafür, wie die Unterstellung bekannter Mengen gerechtfertigt werden kann, zeigt jedoch auf, in welchen Fällen die Standortentscheidung von den nachgefragten Mengen unabhängig ist. In einem allgemein formulierten Entscheidungsproblem sind aber die Entscheidungen über Mengen und Standorte interdependent und daher simultan zu treffen. Die Strategien bestehen aus Mengen und Standorten; das Fortlassen der Mengen Q (und E) ist nur unter den oben genannten Bedingungen an die Entscheidungssituation möglich.

---

1 Dies gilt auch, wie Wendell und Hurter (1973) zeigen, wenn die Transportkostenfunktionen je Kante unterschiedlich, aber jeweils konkav in der Distanz sind.

2 Vgl. auch Hurter und Martinich (1989), S. 7: "...in fact, if the output level is not fixed, the minimum transport cost does not even make sense."

3 Hanjoul und Thisse (1984), S. 305f., bezeichnen dieses enumerative Vorgehen als "Comparative Advantage Method".

2.7.5 Räumliches Monopol

Nachdem im letzten Abschnitt aufgezeigt wurde, welche "nicht-klassischen" Probleme sich auf klassische Problemstellungen zurückführen lassen, wenn die Produktionsfunktionen und Transportkostenfunktionen die geeignete Struktur aufweisen, soll nun ein monopolistischer Anbieter betrachtet und ebenfalls gezeigt werden, wie sich sein Standortplanungsproblem auf ein klassisches Problem zurückführen läßt.

Einem Monopolisten stehen bei räumlich verteilten Märkten bzw. Nachfragern im wesentlichen drei unterschiedliche preispolitische Verhaltensweisen zur Verfügung: Er kann Abholpreise festsetzen, er kann einen einheitlichen Lieferpreis oder differenzierte Lieferpreise fordern.[1] Während Preisdifferenzierung theoretisch die höchsten Gewinne einbringt, ist der Spielraum zur Preisdifferenzierung praktisch meistens durch die Möglichkeit von Arbitragehandel zwischen den Nachfragern beim Vorliegen nicht-isolierter Märkte eingeschränkt.[2] Zudem kann ein gesetzliches Verbot von Preisdifferenzierungen bestehen, weil diese bestimmte Kunden benachteiligen würde.[3] Die Politik eines einheitlichen Lieferpreises ist hingegen immer zulässig und für die Kunden wesentlich transparenter.

Hansen und Thisse (1977) betrachten die Standortplanung eines Monopolisten im Netzwerk, wobei mehrere Standorte gesucht sind. Formal deckt sich die Problemstellung im wesentlichen mit der in Abschnitt 2.7.2 beschriebenen, d.h. insbesondere, daß für die Einsatzfaktoren und für die Outputmärkte Preisabsatzfunktionen bekannt sind; es wird allerdings nur ein Absatzprodukt betrachtet. Der Monopolist betreibt optimale Preisdifferenzierung, wobei möglicher Arbitragehandel unberücksichtigt bleibt. Für dieses Problem läßt sich, wie für das Problem in Abschnitt 2.7.4, die

---

1 Peeters und Thisse (1995) analysieren das räumliche Monopol und nennen neben diesen drei Politiken noch die Politiken des "Zone Pricing" und des "Mixed Pricing". Beim "Zone Pricing" wird der Markt in Zonen eingeteilt, innerhalb derer der Monopolist einen einheitlichen Lieferpreis von den Nachfragern verlangt. Es handelt sich also um eine abgeschwächte Form der Preisdifferenzierung. Die Zonen können exogen vorgegeben sein oder vom Anbieter selbst bestimmt werden. Im Rahmen des "Mixed Pricing" legt der Anbieter einen Abholpreis und einen Lieferpreis fest und der Kunde hat die Wahl zwischen beiden Varianten, sofern der Monopolist ihn überhaupt zu bedienen bereit ist.

2 Vgl. Hansmann (1974), S. 90ff. Wenn die Möglichkeiten zur Differenzierung durch das Vorhandensein nicht isolierter Teilmärkte, d.h. von Teilmärkten, zwischen denen die Nachfrager selbst für den Transport sorgen können, eingeschränkt werden, kann unter Umständen die Abholpreis-Politik günstiger sein als die (eingeschränkte) Preisdifferenzierung, vgl. Hansmann (1974), S. 95.

3 Sog. "Antitrust Laws", vgl. Peeters und Thisse (1995), S. 333.

formale Äquivalenz des Gewinnmaximierungsproblems zu einem SPLP (und damit einem Kostenminimierungsproblem) ableiten. Wenn mehrere Standorte zu bestimmen sind, ist es allerdings erforderlich, für alle möglichen Kombinationen aus Standorten und Nachfragermärkten die optimalen Preise und Nachfragemengen zu bestimmen, um diese Daten bei der anschließenden Bestimmung der optimalen Standorte zu verwenden. Statt des "unmittelbaren Vergleichs", wie er bei Bestimmung eines einzigen Standortes möglich ist, muß hier also für alle möglichen Zuordnungen von Absatzmärkten zu Standorten die Berechnung der jeweiligen Größen erfolgen, die dann als Daten für die Lösung eines SPLP verwendet werden können.[1]

Die Voraussetzungen, die an die Transportkostenfunktionen gestellt werden - in der Distanz wachsende, konkave Transportkosten pro Mengeneinheit - haben die Knoteneigenschaft der Standorte zur Folge. Außerdem gilt bei konkaven Produktionskosten wieder die "Single Assignment Property", d.h. daß jeder Abnehmermarkt genau einem Standort zugeordnet wird.[2] Somit werden die Märkte in einer Lösung eindeutig den Standorten zugeordnet. Auf jedem Markt muß dann das Optimalitätskriterium "Grenzerlös = Grenzkosten" gelten, damit das Unternehmen seinen Gewinn auf jedem Markt und damit seinen Gesamtgewinn maximiert.

Für jede probeweise Zuordnung von Märkten zu Standorten können mittels der bekannten Preisabsatzfunktionen, der bekannten Grenzkosten der Produktion und der Transportkosten zwischen Standort und Markt die optimale Absatzmenge und der sich ergebende Preis aus dem Optimalitätskriterium bestimmt werden.[3] Diese Vorgehensweise ist aber nur bei linear-homogenen Produktionsfunktionen möglich, da nur dann die Grenzkosten der Produktion konstant sind und nicht von der insgesamt in einem Standort produzierten Menge abhängen. Zur Näherung nichtlinearer Produktionsfunktionen oder unterschiedlicher Technologien schlagen Hansen und Thisse stückweise lineare Kostenfunktionen vor und spalten jeden Standort in

---

[1] Für die Details des technischen Vorgehens vgl. Hansen und Thisse (1977). Es sei darauf hingewiesen, daß in dem entstehenden Minimierungsproblem, welches die Form eines SPLP hat, die Daten in der Zielfunktion nicht als Kosten interpretiert werden können, sondern inhaltlich eine andere Bedeutung haben. Nur formal stimmt das entstehende Problem mit einem SPLP überein.

[2] Diese Eigenschaft ergibt sich direkt aus der Konkavität aller Kosten.

[3] Das Unternehmen agiert in diesem Modell also über die Angebotsmenge, während sich der Preis auf den Märkten abhängig von der Menge bestimmt. Für Monopolisten ist wegen des eindeutigen Zusammenhangs von Preis und Menge, der über die Preisabsatzfunktionen gegeben wird, die Wahl des Aktionsparameters gleichgültig.

mehrere Standorte mit jeweils linearer Kostenfunktion auf.[1] Sind für jeden Standort und jeden Markt die optimalen Mengen und damit die Preise bestimmt, kann mit den ermittelten Größen ein binäres Programm zur Gewinnmaximierung aufgestellt werden, welches die beste Standortkonstellation und die günstigste Zuordnung von Märkten zu Standorten liefert. Es ist durch einfache Umformungen in ein SPLP zu überführen. Damit zeigen Hansen und Thisse (1977), daß die Anwendung klassischer Konzepte, in diesem Fall des SPLP, auch für monopolistische Planungsaufgaben möglich ist, wenn die Daten des Problems entsprechend interpretiert bzw. ermittelt werden. Allerdings ist eine Enumeration aller Kombinationsmöglichkeiten von Standorten und Märkten erforderlich, um diese Daten zu ermitteln, die sich schon bei kleinen Beispielen verbietet.

Jacob (1967) geht auf eine ähnliche Fragestellung ein. Für nichtlineare Produktionsverhältnisse und einen kontinuierlichen Raum, aber endlich viele potentielle Standorte, schlägt er ebenfalls das Vorgehen des Standort-Vergleichs vor; allerdings berücksichtigt Jacob auch nichtlineare Produktionsverhältnisse. Dabei beschränkt er sich zunächst auf die Untersuchung eines Standortes, geht anschließend aber auch auf die sog. "Standortspaltung", d.h. die Bestimmung mehrerer Standorte ein. Um die Probleme algorithmisch lösbar zu machen, entwickelt Jacob Modelle der ganzzahligen Programmierung, für deren Konstruktion auch er Kosten- und Erlösfunktionen durch stückweise lineare Funktionen annähert.[2]

Hansen et al. (1981) betrachten eine monopolistische Firma, die einen auf allen Märkten identischen Lieferpreis festlegen will. Hierbei wird die Möglichkeit eingeräumt, unprofitable Märkte nicht zu bedienen.[3] Für einen beliebigen, festen Lieferpreis stimmen nun jeweils die Zielsetzungen "Gewinnmaximierung" und "Kostenminimierung" überein, da sich aus dem festen Preis die Liefermengen ergeben. Da aber der Preis nicht vor der Optimierung bekannt ist, ermitteln Hansen

---

[1] Dieses Vorgehen geht, auch wenn Hansen und Thisse dies nicht angeben, auf Efroymson und Ray (1966) zurück, die in ähnlicher Weise konkave Kostenfunktionen in ein SPLP einbinden.

[2] Vgl. zu solchen Modellen und den Details des Vorgehens bei der Linearisierung auch Hansmann (1974), S. 86ff.

[3] Bei der Festsetzung optimal differenzierter Lieferpreise und ebenso bei der Abholpreispolitik entscheiden die Nachfrager darüber, ob sie zum jeweils geforderten Preis das Gut abzunehmen bereit sind; das Marktgebiet ergibt sich also "automatisch". Bei der Politik des einheitlichen Lieferpreises hingegen ist zusätzlich zur Wahl des Preises auch das optimale zu beliefernde Marktgebiet zu bestimmen, da sich die Belieferung zu weit entfernter Kunden zum einheitlichen Preis möglicherweise für das Unternehmen nicht lohnt, vgl. Jacob (1967), S. 245.

et al. (1981) ihn sukzessive im Rahmen eines Branch and Bound Prozesses. Ein Branch and Bound Verfahren zur Lösung des Gewinnmaximierungsproblems eines Monopolisten bei Verwendung der Abholpreis-Politik wird von Hanjoul et al. (1990) vorgeschlagen.

Es ergibt sich als eine weitere Möglichkeit der Rechtfertigung fester Preise und Mengen in Standortmodellen die Monopolsituation bei einheitlichem Lieferpreis. Jedoch wird der Monopolist die Preisentscheidung nicht vor der Standortentscheidung treffen, sondern im Optimalfall beide Fragen simultan lösen,[1] denn der optimale Angebotspreis und das Marktgebiet variieren mit dem Standort. Somit kann die Monopolsituation also nicht mit der klassischen Standortplanung in Übereinstimmung gebracht werden, wenn nicht der Monopolist aufgrund exogener Beweggründe gezwungen ist, einen vor der Planung bereits bekannten Lieferpreis zu fordern.

2.7.6 Klassische Ziele in wohlfahrtsorientierten Modellen

Auch wohlfahrtsorientierte Planungsziele können in Modelle eingebunden werden, die klassischen Standortplanungsproblemen äquivalent sind. Erlenkotter (1977) weicht von den "klassischen" Voraussetzungen fester Nachfragen ab und bestimmt die Höhe der Nachfragen als Ergebnis eines "wohlfahrtsoptimierenden" Modells. Das Ziel besteht im Erreichen höchstmöglicher "Benefits" (Nutzen), die für jeden Nachfrageort durch Funktionen $B_i(D_i)$ ausgedrückt werden, wobei D_i die in Ort i (i = 1(1)m) verbrauchte Nachfragemenge ist, die zunächst unbekannt ist.[2] Von den positiven Benefits sind die aufzuwendenden Kosten abzuziehen. Die Benefitfunktionen werden als konkav, differenzierbar und von oben beschränkt vorausgesetzt. Es gilt zudem: $B_i(0) = 0$ für alle i (i = 1(1)m).

Die Zahl der zu bestimmenden Standorte ist nicht gegeben, die potentiellen Standorte s_j (j = 1(1)n) und die Kosten für die Standorterrichtung f_j sind, ebenso wie die Transportkostensätze t_{ij}, in denen ggf. die variablen Produktionskosten enthalten sind,

---

1 Es scheint im Gegenteil realistischer anzunehmen, daß Preisentscheidungen nach einer möglichen Standortentscheidung fallen und auch häufiger revidiert werden, da es sich bei Preisentscheidungen zumeist nicht um langfristige Entscheidungen handelt, vgl. auch Hanjoul et al. (1990).

2 Es wird hier nicht die Bezeichnung Q, sondern die Bezeichnung D gewählt, da der Nutzen B(.) nicht auf die Produktionsmengen Q, sondern auf die in Ort i nachgefragte und verbrauchte Menge D_i bezogen wird. Die Bezeichnung Q wird ausschließlich in produktionsorientierten Zusammenhängen verwendet.

bekannt. Somit lautet die Zielfunktion des von Erlenkotter vorgeschlagenen Modells für beliebige Mengen D_i

$$\text{(ER1)} \quad \max \sum_{i=1}^{m} B_i(D_i) - \sum_{i=1}^{m}\sum_{j=1}^{n} t_{ij} \cdot z_{ij} - \sum_{j=1}^{n} f_j \cdot y_j$$

und die Nebenbedingungen sind durch

$$\text{(ER2)} \quad \sum_{j=1}^{n} z_{ij} = D_i \qquad (i = 1(1)m)$$

$$\text{(ER3)} \quad \sum_{i=1}^{m} z_{ij} \leq My_j \qquad (j = 1(1)n)$$

$$\text{(ER4)} \quad z_{ij} \geq 0 \;,\; y_j \in \{0,1\} \qquad (i = 1(1)m,\; j = 1(1)n)$$

gegeben. Dabei geben die Variablen z_{ij} die von s_j nach i gelieferte Mengen an; die Binärvariablen y_j bestimmen, ob Standort s_j ausgewählt wird, und M ist eine große Zahl, z.B. die Summe der maximalen Verbrauchsmengen. Die Zielfunktion (ER1) beinhaltet die Maximierung der Gesamtwohlfahrt, die Nebenbedingungen (ER2) sorgen für die Versorgung aller Nachfrager und die Nebenbedingungen (ER3) stellen die Erfassung der Fixkosten sicher, wenn ein Standort eröffnet wird.

Aus der Äquivalenz des "Benefit-Maximierungsproblems" zu einem Kostenminimierungsproblem bei festen Mengen D_i folgt direkt die "Single Assignment Property" - jeder Nachfrageort wird genau einem Standort zugeordnet -, denn bei festen Mengen hat das Problem (ER) die Struktur eines SPLP. Optimal bezüglich der Mengen ist eine Lösung, bei der Grenznutzen und Grenzkosten für die jeweilige Liefermenge gerade übereinstimmen, da sonst eine Änderung der Menge bei gleichen Standorten den Nutzen noch steigern könnte. Also ist für jeden einzelnen Standort s_j entweder die Liefermenge $z_{ij}^* = 0$, oder aber, wenn sie einen positiven Wert $D_{ij}^* = D_i$ annimmt, muß der Grenznutzen nach der Nachfrage den bekannten Grenzkosten t_{ij} entsprechen. So kann - wie in dem in Abschnitt 2.7.5 beschriebenen Problem - für jede Standort- und Marktkombination die optimale Liefermenge D_{ij}^* durch das Gleichsetzen von Grenznutzen und (konstanten) Grenzkosten ermittelt werden. Anschließend kann das folgende, zu obigem Problem äquivalente Problem definiert werden, das durch einfache Umformungen in ein SPLP übergeht:[1]

---

[1] Vgl. Erlenkotter (1977). Ein SPLP entsteht, wenn ein zusätzlicher "künstlicher" Standort eingeführt wird, der die Nachfrageorte formal versorgt, die aufgrund der negativen "Benefits" bei der Lösung des angegebenen Modells unversorgt bleiben.

$$\text{(ER'1)} \quad \max \quad \sum_{i=1}^{m}\sum_{j=1}^{n} [B_i(D_{ij}^*) - t_{ij} \cdot D_{ij}^*]\; x_{ij} \; - \sum_{j=1}^{n} f_j \cdot y_j$$

unter Beachtung von

$$\text{(ER'2)} \quad \sum_{j=1}^{n} x_{ij} \leq 1 \qquad (i = 1(1)m)$$

$$\text{(ER'3)} \quad \sum_{i=1}^{m} x_{ij} \leq m y_j \qquad (j = 1(1)n)$$

$$\text{(ER'4)} \quad x_{ij} \geq 0 \;,\; y_j \in \{0,1\} \qquad (i = 1(1)m,\; j = 1(1)n).$$

Wieder wird die Problematik unbekannter Mengen also in einem ersten Schritt eliminiert, indem die in Betracht kommenden Mengen für alle Standort- und Marktkombinationen bestimmt werden. Es ist darüber hinaus leicht zu erkennen, daß in Abschnitt 2.7.5 diskutierte Fall der Gewinnmaximierung eines Anbieters auf monopolistischen Märkten bei Preisdifferenzierung ein Spezialfall des hier angegebenen ist, in dem die Erlöse des Monopolisten als "Benefits" interpretiert werden. Ein weiterer Spezialfall des Modells von Erlenkotter ist das Modell von Wagner und Falkson (1975) zur Errichtung öffentlicher Einrichtungen in einem Netzwerk, wobei das Ziel der Wohlfahrtsmaximierung unter Berücksichtigung variabler Nachfragen verfolgt wird.[1] Als Zielgröße verwenden Wagner und Falkson die Summe aus dem "Surplus" (Überschuß) der Anbieter und der Nachfrager. Dieses ist als Maß der Effizienz, d.h. der Marktversorgung, geeignet im Sinne der Pareto-Optimalität, wenn das Einkommen der Nachfrager bestimmte Bedingungen erfüllt.[2]

Modelle für Wohlfahrtsmaximierung bei fester Nachfrage weisen entweder eine dem SPLP ähnliche Struktur auf, oder das Ziel der Versorgung durch möglichst wenige Standorte wird mittels eines Set-Covering-Ansatzes modelliert. Bei elastischer Nachfrage hingegen kann der Überschuß auf der Nachfragerseite durch die Differenz der Preise, die die Nachfrager zu zahlen bereit sind, und der von ihnen tatsächlich gezahlten Preise bestimmt werden. Der Überschuß der Anbieter ergibt sich als die

---

1 Obwohl die Arbeit von Wagner und Falkson öffentliche Einrichtungen behandelt, wird sie als eine der ersten Arbeiten, die die Forderung nach bekannten Nachfragen fallen läßt, hier vorgestellt. Wagner und Falkson schreiben wörtlich über klassische Modelle (S. 70): "In fact, such models determine only suboptimal solutions since they assume implicitly that the amount of service demanded by the public is not elastic with respect to the cost of obtaining that service."

2 Für diese Voraussetzungen vgl. im einzelnen Wagner und Falkson (1975), S. 70f.

Differenz der erzielten Erlöse und der entstehenden Kosten.[1] In der Summe ergibt sich eine Zielfunktion, die strukturell der des Modells von Erlenkotter gleicht und als "Benefit" den Wohlfahrtsüberschuß erfaßt. Auch dieses Wohlfahrtsmodell kann also als SPLP formuliert werden, dessen Daten zuvor durch die entsprechenden Berechnungen zu bestimmen sind.

2.8 Zusammenfassung

Die Beispiele des vorangehenden Abschnitts zeigen Anwendungsmöglichkeiten "klassischer Standortplanungsmodelle" für nicht-klassische Situationen auf, beispielsweise für Planungsprobleme mit Produktionsplanung, das Monopol oder die Wohlfahrtsmaximierung. Damit wird das Feld durch klassische Modelle zu erfassender Problemstellungen erheblich über den in der Abgrenzung dieser Probleme gesteckten Rahmen hinaus erweitert. Dennoch sind bestimmte Aspekte weiterhin aus der Untersuchung ausgeschlossen, vor allem die explizite Berücksichtigung der Konkurrenz, d.h. der Anwesenheit anderer, konkurrierender Anbieter, deren Entscheidungen merklichen Effekt auf das Ergebnis des untersuchten Unternehmens haben. In der Literatur gilt jedoch die Oligopolsituation als die in der Realität am häufigsten anzutreffende Marktgegebenheit, und insbesondere auf räumlich ausgedehnten Märkten als das angemessenste Abbild realer Verhältnisse.[2]

Hakimi (1990, S. 440) konstatiert bezüglich der Annahme, es gebe keine spürbare Konkurrenz, die einen Einfluß auf die Nachfrage eines standortsuchenden Anbieters ausübt: "Although there certainly are many applications in the public or the private sector, where the above assumption does hold, there are possibly even more applications in which it does not." Häufig wird es darum gehen, einen optimalen Standort zur Versorgung von Kunden zu bestimmen, um die mehrere Anbieter konkurrieren. Die Kunden haben dann die Wahl zwischen den Anbietern, und es ist nicht a priori klar, daß sie die Mengen des Gutes oder der Dienstleistung, die sie schließlich abnehmen, überhaupt bei dem standortsuchenden Anbieter erwerben. Damit besteht aber keine Möglichkeit, klassische Modelle zur Abbildung von Standortplanungssituationen unter Konkurrenz zu formulieren, weil der Einfluß

---

1 Sind die Nachfragefunktionen konstant, ist also die Zahlungsbereitschaft aller Nachfrager identisch, so ist der Überschuß durch einfache Multiplikation der entstehenden Differenz mit der Zahl der Nachfrager zu ermitteln. Bei unterschiedlicher Zahlungsbereitschaft entsteht eine fallende Nachfragefunktion, über die zur Ermittlung des Überschusses zu integrieren ist.

2 Vgl. z.B. Wied-Nebbeling (1993), S. 125.

weiterer Anbieter auf die Nachfrage nicht in die Daten eines klassischen Problems eingebunden werden kann, sondern durch die von diesen Anbietern gewählten Strategien explizit zu berücksichtigen ist.[1] In den folgenden Kapiteln werden daher die Verbindungen zwischen räumlicher Ausdehnung und Konkurrenz näher untersucht und Modellierungsmöglichkeiten vorgestellt.

1 Hansmann (1974), S. 100ff., stellt eine Möglichkeit vor, in ein Simultanmodell auch die Auswirkungen oligopolistischer Konkurrenz auf einem der von dem standortsuchenden Unternehmen zu beliefernden Teilmärkte zu integrieren. Dabei betrachtet er ein - durch den Eintritt des Unternehmens entstehendes - Dyopol auf unvollkommenem Markt, d.h. die beiden Anbieter bieten unterschiedliche Produkte bzw. Produktausprägungen an, deren Preise verschieden sein können, sich aber gegenseitig beeinflussen. Unter parametrischer Variation des Konkurrenzpreises kann das Planungsmodell des betrachteten Anbieters gelöst und die optimale Konstellation in Abhängigkeit vom jeweiligen Konkurrenzpreis ermittelt werden. Diese Betrachtung erfaßt also die auf einem Teilmarkt oligopolistische Situation in einer Art erweitertem "klassischen Modell", jedoch kann das Wechselspiel des Verhaltens beider Anbieter auf diese Weise nicht erfaßt werden. Hansmann (1974), S. 111, weist auch auf die Problematik der Bestimmung von Gleichgewichtspreisen hin, die eine Folge der unstetigen Lösungsvariationen bei Änderungen der optimalen Standortkonstellation ist. Auf diesen Aspekt wird in Kapitel 4 ausführlich eingegangen.

3 Mengenmodelle für räumlich diversifizierte Märkte

3.1 Abgrenzung klassischer Standortplanung gegen räumliche Gleichgewichte

In Abschnitt 2.6 wurde die Einordnung der klassischen Standortplanung in das nach Anbieterzahl und räumlicher Ausdehnung differenzierende Ordnungsschema vorgenommen und dabei die Bedeutung der vorgegebenen Mengen betont. Im folgenden wird diese Prämisse aufgehoben, die entstehenden Marktsituationen werden betrachtet und der klassischen Standortplanung gegenübergestellt.

Der folgende Ausschnitt zeigt das Ordnungsschema, beschränkt auf den Polypolfall und mehrere Märkte, aber erweitert auf gesamt- und einzelwirtschaftliche Fragestellungen, wobei die jeweils interessanten Fälle unterlegt sind.

Räumliche Struktur Parameter *Strategie*	Viele Anbieter	
	gesamtwirtschaftlich	einzelwirtschaftlich
Verschiedene Marktplätze Standorte gegeben *Mengen*	Räumliches Gleichgewicht	Je Standort den günstigsten Markt beliefern *Mengenanpassung*
Verschiedene Marktplätze Mengen/Preise gegeben *Standorte*		Klassische Standortplanung *Kostenminimierung*
Verschiedene Marktplätze *Standorte und Mengen*		Quasi-vollständige Konkurrenz *Standortwahl und Mengenanpassung*

Tabelle 3.1 Gegenüberstellung klassischer Standortplanung und räumlicher Gleichgewichte

Da nur der Fall vieler Anbieter betrachtet wird, wird die strategische Variable "Preis" aus der Betrachtung fortgelassen, denn der einzelne Anbieter besitzt im Polypol keinen Einfluß auf den Preis. Wie sich zeigt, ergeben sich vier verschiedene Fälle, wobei in zweien die Lösung auf der Hand liegt, weil die Anbieter beliebige Mengen auf den jeweils günstigsten Märkten unterbringen können.

Der gesamtwirtschaftliche und der einzelwirtschaftliche Fall "vieler Anbieter" unterscheiden sich unter anderem dadurch, ob der Preis mit den Mengen zusammen als exogen gegeben angesehen wird oder aber differenziert gemeinsam mit den Mengen durch das Modell - aber nicht durch den Einfluß eines einzelnen Anbieters - festgelegt wird. Es stellt sich die Frage, warum der Fall bekannter Preise, aber noch zu bestimmender Mengen nicht betrachtet wird. In dieser Situation entstünde jedoch ein Paradoxon, da jeder Anbieter den günstigsten, d.h. vom Deckungsbeitrag her optimalen Markt beliefern würde und möglicherweise manche Märkte gar nicht beliefert würden, was aber der Annahme vollständiger Konkurrenz widerspräche. Also müssen für eine sinnvolle Problemstellung die Preise und Mengen gleichzeitig exogen festgesetzt oder beide innerhalb des Modellrahmens bestimmt werden.[1] Es ergeben sich als sinnvolle Problemstellungen die "Klassische Standortplanung" aus betriebswirtschaftlicher Sicht, d.h. aus Sicht des einzelnen Unternehmens, und die Problemstellung "Gleichgewicht auf allen Märkten" aus gesamtwirtschaftlicher Sicht.[2]

Eine weitere Möglichkeit, die durch die Annahme der vollständigen Konkurrenz entstehenden Schwierigkeiten zu beseitigen, ohne dabei feste Bestellmengen zu unterstellen, besteht in der Annahme exogen gegebener Absatzgrenzen für einzelne, räumlich getrennte Märkte. So betrachtet Hansmann (1974, S. 73ff.) ein Beispiel, in dem das untersuchte Unternehmen ein Gut auf vier räumlich getrennten Märkten mit vollständiger Konkurrenz anbietet, jedoch trotzdem für das Unternehmen auf den Märkten jeweils Absatzgrenzen vorliegen.[3] Dies korrespondiert nicht mit der Annahme der verschwindenden Marktmacht des einzelnen, der zufolge er jede beliebige Menge auf den Markt bringen kann.[4] Andererseits scheint die Annahme,

---

1 Es stellt sich bei dieser Diskussion immer wieder das Problem, daß die Prämissen der vollständigen Konkurrenz einerseits für die Annahme exogen gegebener Preise erforderlich sind, andererseits aber bzgl. des Verhaltens der Anbieter, welches aus dieser Annahme folgen würde, die Konsequenz haben, daß jede Problemstellung in sich zusammenfällt. Werden die aus den Annahmen folgenden Schlüsse konsequent gezogen, ergibt sich die Feststellung, daß vollständige Konkurrenz und räumlich unterschiedliche Märkte einfach nicht zusammenpassen. Vgl. z.B. Scotchmer und Thisse (1992).

2 Da in der gesamtwirtschaftlichen Sicht keine strategische Betrachtung erfolgt, sind in das Schema in der betreffenden Spalte keine Strategien eingetragen.

3 Da es sich bei diesem Modell um ein simultanes Modell handelt, in dem u.a. auch über die Produktion und die Finanzierung entschieden wird, handelt es sich nicht um ein klassisches Standortplanungsproblem.

4 Vgl. hierzu auch Hansmann (1974), S. 47 und S. 49, insbesondere Fußnote 39. Hier führt Hansmann aus, daß in der Praxis aufgrund von Befragungen häufig der maximale Absatz geschätzt werde, der auf einem Markt möglich ist, ohne daß sich der Preis verändert.

daß ein Marktpreis durch sehr große Angebotsmengen eines Anbieters nicht zu beeinflussen sei und daß ein Markt in der Lage sei, "beliebige" Mengen aufzunehmen, ohnehin realitätsfern. Sie impliziert letztlich nur, daß Kapazitätsgrenzen des Anbieters wesentlich eher restriktiv werden, als Änderungen der Marktverhältnisse durch die von ihm angebotenen Menge eintreten.
Ohne die zusätzliche Annahme beschränkter Absatzmengen ergäbe das Modell von Hansmann als Lösung die Belieferung jeweils eines Marktes vom günstigsten Standort in Höhe der maximalen Kapazität. So hingegen ergibt sich die Nutzung mehrerer Standorte, die z.T. zwei der Märkte versorgen, wobei dies nur der Fall ist, wenn auf dem einen Markt die Absatzgrenze bereits erreicht ist. Damit tritt an die Stelle der aus der klassischen Planung bekannten Voraussetzung, es seien Preise und Liefermengen bereits fest gegeben, die abgeschwächte Voraussetzung oberer Absatzgrenzen, die aber in analoger Weise zur Folge hat, daß das Problem nicht zusammenbricht.

Es läßt sich erneut festhalten, daß die Theorie der vollständigen Konkurrenz einerseits und die häufig in der Standortplanung verwendeten Annahmen andererseits nicht vollständig zur Deckung zu bringen sind.[1] Die weitere Untersuchung wendet sich den in sich konsistenten gesamtwirtschaftlichen Modellen der räumlichen Gleichgewichte zu. Zuvor werden die Grundzüge der Punktmarktmodelle betrachtet, da diese die Basisfälle der Markttheorien bilden.

Um die Punktmarkttheorie in Kapitel 4 nicht erneut aufgreifen zu müssen, wird auch die Preiskonkurrenz auf dem Punktmarkt bereits in Abschnitt 3.2 behandelt. Dabei wird nur auf den homogenen Markt eingegangen, nicht auf Ansätze für das heterogene Oligopol und die monopolistische Konkurrenz; denn auch im räumlich diversifizierten Fall wird stets die Homogenität des von den betrachteten Unternehmen angebotenen Produktes - von räumlichen Unterschieden abgesehen - unterstellt, um den Effekt der räumlichen Differenzierung von Konsequenzen anderer Differenzierungsmaßnahmen abgrenzen zu können.

Ziel der Untersuchung ist zu zeigen, daß es einen geschlossenen theoretischen Rahmen gibt, in den sich die betrachteten Modelle für Märkte mit und ohne räumliche Ausdehnung einfügen, daß also die unterschiedlichen Modelle jeweils durch

---

1 Vgl. hierzu auch Peeters und Thisse (1995), S. 332:" Indeed, in a geographical setting [...], the number of firms that can supply a given market is generally small, thus endowing each of them with some market power."

Grenzübergänge auseinander erzeugt werden können. Innerhalb dieses konsistenten Modellrahmens können Konzepte für die Standortplanung entwickelt werden, die am Ende dieses Kapitels vorgestellt und diskutiert werden.

3.2 Punktmarktmodelle

Die Annahme, alle Transaktionen fänden im Wirtschaftsleben quasi außerhalb des realen Raumes statt, d.h. es gäbe einen idealisierten Marktplatz, auf dem Angebot und Nachfrage zusammentreffen und sich ein bestimmter Preis - durch Entscheidung des Anbietenden oder durch den Marktmechanismus - einstellt, bildet die Grundlage der mikroökonomischen Theorie wie auch häufig der Betriebswirtschaftslehre.[1] Die traditionelle Markt- und Preistheorie bietet für die möglichen unterschiedlichen Marktgegebenheiten verschiedene Modelle an. Die Marktgegebenheiten können nach einigen Kriterien eingeordnet werden, so z.B. nach der Beschaffenheit der Güter (homogen oder heterogen) und nach den unterstellten Strategien der Anbieter (Preise oder Mengen). Zudem können, wie auch in dem hier verwendeten Schema, die Marktsituationen danach geordnet werden, ob auf Anbieter- und Nachfragerseite ein, mehrere oder viele Anbieter vorhanden sind. Schließlich können Entscheidungen der Anbieter - zumindest im Oligopolfall - sequentiell oder simultan getroffen werden.[2] Auf diese Weise entsteht eine Vielzahl unterschiedlicher Marktmodelle alleine für den Punktmarkt.

Für ein Marktmodell ist zudem die Abgrenzung des relevanten Marktes wesentlich. Durch sie wird festgelegt, welche Güter und welche Marktteilnehmer zu dem Markt gehören.[3] Schließlich spielt die Modellierung der Nachfrage durch eine Nachfrage-

---

1 Zur Abgrenzung von Mikroökonomie und Betriebswirtschaftslehre vgl. z.B. Schumann (1992), S. 2f.

2 Güth (1994), S. 12ff., bezeichnet die verschiedenen Merkmale als "marktinstitutionelle Aspekte" und nennt neben den hier angegebenen den Informationsstand der Anbieter, die Offenheit des Marktes und die eingesetzten absatzpolitischen Instrumente als weitere Klassifizierungsmerkmale.

3 Dabei ist zu berücksichtigen, daß diese Abgrenzung nicht unproblematisch ist. Prinzipiell sollte ein relevanter Markt so gefaßt sein, daß die Güter, die sich in ihrer Nachfrage gegenseitig beeinflussen, demselben Markt zugeordnet sind. Die Definition sollte jedoch weder zu eng - werden nur perfekte Substitute betrachtet, bildet letztlich jedes spezielle Produkt einen eigenen Markt - noch zu weit gefaßt werden - auch wenn letztlich in einem sehr schwachen Sinne alle denkbaren Produkte miteinander um das begrenzte Einkommen der Nachfrager konkurrieren. Zur Frage der Marktabgrenzung vgl. z.B. Tirole (1988), S. 12f., Güth (1994), S. 5ff., Wied-Nebbeling (1993), S. 10ff.

bzw. Preisabsatzfunktion eine große Rolle.[1] Sie gibt das Nachfrageverhalten aller relevanten Haushalte wieder. Für das Aussehen der Nachfragefunktion sind bestimmte Verhaltensannahmen bezüglich der Nachfrager und Annahmen über ihre Nutzenfunktionen von Bedeutung.[2] Im folgenden wird ein homogenes Gut betrachtet und eine durch eine lineare Nachfragefunktion beschriebene Produktnachfrage vieler "kleiner" Nachfrager unterstellt.[3,4]

Im Falle des Monopols entspricht die Nachfragefunktion der Preisabsatzfunktion des Monopolisten, die durch $D(p) := a - bp$ gegeben ist, d.h. wenn der Monopolist den Preis p für das Gut verlangt, wird die Menge D(p) nachgefragt. Der Monopolist kann also die Menge D(p) absetzen, und es wird angenommen, daß sie seiner Produktionsmenge Q entspricht, also genau soviel produziert wird, wie abgesetzt wird; es gilt daher auch $Q(p) = a - bp$.[5] Invertieren liefert die inverse Nachfragefunktion, die den Preis in Abhängigkeit von der Menge angibt:[6]

$$p(Q) = \frac{a}{b} - \frac{1}{b} \cdot Q$$

Die Kostenfunktion des Monopolisten sei ebenfalls linear mit einem Fixkostenanteil von C, also $K(Q) := C + cQ$.

Der Gewinn des Monopolisten ergibt sich als Differenz von Erlösen und Kosten; das Maximum der Gewinnfunktion in Abhängigkeit von der Menge wird also erreicht,

---

1 In der betriebswirtschaftlichen Literatur wird üblicherweise die inverse Nachfragefunktion als Preisabsatzfunktion bezeichnet; die Bezeichnungsweise ist in der Literatur jedoch nicht einheitlich, vgl. Wied-Nebbeling (1993), S. 15.

2 Vgl. Schumann (1992), S. 46ff. und S. 61ff. Die Nachfragetheorie kann jedoch auch ohne den Rückgriff auf die Nutzenkonzeption auskommen, vgl. Schumann (1992), S. 89.

3 Von der Prämisse der Homogenität des Marktes wird nur gelegentlich abgewichen, um auf die sich verändernden Ergebnisse im Fall heterogener Güter hinzuweisen.

4 Die Annahme linearer Nachfragefunktionen ist in der Standorttheorie üblich, vgl. z.B. Beckmann (1976), und wird daher hier in der ganzen Arbeit beibehalten.

5 In diesem Abschnitt wird immer die Identität von Gesamtproduktionsmenge Q (bzw. bei mehreren Anbietern Q_{ges}) und der auf dem Punktmarkt nachgefragten und verbrauchten Menge D unterstellt. Es wird stets Q verwendet, um diese Menge zu bezeichnen.

6 Die Umkehrung (Invertierung) der Nachfragefunktion ist nur bei streng monotonem Verlauf möglich. Im linearen Fall ist diese Eigenschaft, außer bei vollkommen unelastischer Nachfrage, immer gegeben.

wenn sich Grenzerlös und Grenzkosten entsprechen. Damit liegen für das Angebotsmonopol die optimale Angebotsmenge Q^* und der optimale Angebotspreis p^* bei

$$Q^* = \frac{1}{2}(a - bc), \quad p^* = \frac{1}{2}(\frac{a}{b} + c).$$

Für den Angebotsmonopolisten ist demnach zwischen Preis- und Mengenstrategien nicht zu unterscheiden, da sich eine eindeutige optimale Preis-/Mengenkombination ergibt. Aus praktischem Blickwinkel ist allerdings davon auszugehen, daß der Anbieter den Preis festsetzen wird und die Entscheidung über die abzunehmende Menge von den Nachfragern getroffen wird.[1]

Im Gegensatz dazu ist es für den Oligopolfall erforderlich, zwischen Preis- und Mengenstrategien zu differenzieren, da diese zu unterschiedlichen Markt- und Modellergebnissen führen. Die Modelle mit Mengenstrategien gehen auf Cournot (1838), die Modelle mit Preisstrategien gehen auf Bertrand (1883) zurück. Während die Annahme von Preisstrategien prinzipiell als realistischer einzustufen ist, liefern die Modelle mit Mengenstrategien die überzeugenderen Ergebnisse.[2] Friedman (1983) führt zudem an, daß durchaus Fälle denkbar sind, in denen ein Unternehmen im wesentlichen die Menge als Aktionsparameter einsetzt, während der Preis weitgehend ein Marktergebnis ist.[3] Andererseits wird in der neueren Literatur argumentiert, daß die Verwendung von Mengenstrategien sich mit einem zweistufigen Vorgehen deckt, bei dem in der ersten Stufe Kapazitäten und in der zweiten Stufe Preise von den Anbietern festgelegt werden.[4] Das Marktergebnis bei diesem Modell entspricht gerade

---

1 Vgl. Wied-Nebbeling (1993), S. 17.

2 Vgl. Friedman (1977), S. 39. Letztlich besteht die Problematik des Preismodells hauptsächlich in der Annahme der vollständigen Güterhomogenität. Bei heterogenen Gütern hingegen sind nach Auffassung von Güth (1994), S. 31 und S. 77, Preisstrategien die einzig sinnvollen und denkbaren Strategien, da die Güter verschieden sind und sich die Nachfrager an den Gütereigenschaften und Preisen orientieren.

3 Friedman (1983), S. 46ff., vertritt die Auffassung, daß Firmen, zumindest im Falle heterogener Güter, Preis- und Mengenentscheidungen treffen werden. Stärker preispolitisch ausgerichtete Firmen sieht er im Bereich von Kleinteilproduzenten, die ihre Katalogpreise für längere Zeit festlegen, während beispielsweise Automobilhersteller, die ggf. Rabatte einräumen, um ihre Fahrzeuge abzusetzen, eher Mengenpolitik betreiben, da sie die Produktionsmenge frühzeitig festlegen.

4 Vgl. Kreps und Scheinkman (1983) sowie Tirole (1988), S. 228ff.

dem Cournot-Ergebnis. Damit findet die Anwendung von Mengenstrategien eine plausible Rechtfertigung, sofern Kapazitätsschranken unterstellt werden.[1]

Die Marktnachfrage wird weiterhin durch die oben angegebene inverse Nachfragefunktion charakterisiert, wobei die angebotene bzw. nachgefragte Menge Q_{ges} (= D) sich nun als Summe der Angebotsmengen der verschiedenen Anbieter ergibt: $Q_{ges} := Q_1 + \ldots + Q_\nu$.
Die Kostenfunktion jedes einzelnen Anbieters j ($j = 1(1)\nu$) in Abhängigkeit von seiner Produktionsmenge Q_j verläuft linear und ist gegeben durch $K_j(Q_j) := C_j + c_j Q_j$.
Wesentlich für das Cournotmodell ist die Reaktionshypothese, die die Anbieter bezüglich ihrer Konkurrenten unterstellen. Nach Cournots Hypothese nimmt jeder Anbieter an, daß seine Konkurrenten ihre Strategien, d.h. ihre Angebotsmengen, nicht ändern werden, wenn er selbst seine Strategie verändert.[2] Damit wird die Interdependenz der Entscheidungen im Cournotmodell ignoriert, da keine Reaktion vom Konkurrenten erwartet wird.[3]

Unter dieser Reaktionsannahme führt das Cournotmodell auf die optimale Anpassung der Mengen an die Mengen der anderen Anbieter. Die Gewinnfunktion des Anbieters j lautet

$$G_j(Q_j, Q_{ges}) = \left(\frac{a}{b} - \frac{Q_{ges}}{b} - c_j\right) Q_j - C_j \quad (j = 1(1)\nu),$$

und damit ergeben sich die optimalen Mengen Q_j^* aus den partiellen Ableitungen nach der jeweils eigenen Angebotsmenge Q_j ($j = 1(1)\nu$), die Null gesetzt werden, also

---

1 Es ist dabei allerdings zu beachten, daß spezielle Annahmen hinsichtlich der Rationierungsregel, nach der Nachfrager vom billigeren Anbieter versorgt bzw. nicht versorgt werden, erforderlich sind, um zu der theoretischen Übereinstimmung von Preiskonkurrenz mit Kapazitätsfestlegung und Mengenkonkurrenz zu gelangen, vgl. Davidson und Deneckere (1986).

2 Die Cournot-Lösung wird daher auch als "Irrtumslösung" bezeichnet, vgl. Wied-Nebbeling (1993), S. 134, weil sich die Konkurrenten über das Verhalten ihrer Mitbewerber quasi permanent irren, denn jeder nimmt die Strategien der anderen als gegeben an und paßt die seine daran an, woraufhin die anderen sich aber wiederum anpassen. Obwohl die Anbieter diese Abfolge eigentlich durchschauen müssen, "irren" sie sich immer wieder über die Reaktion der anderen. In der Literatur finden sich zahlreiche andere Reaktionshypothesen, z.B. die Annahme, daß Konkurrenten bei Preiserhöhungen nicht reagieren, bei Preissenkungen hingegen ihren Preis ebenfalls senken würden, vgl. z.B. Sweezy (1939); diese Annahme führt auf eine geknickte Preisabsatzfunktion.

3 Vgl. Pfähler und Wiese (1990).

$$\frac{\partial G_j(Q_j, Q_{ges})}{\partial Q_j} = \frac{a}{b} - \frac{Q_{ges}}{b} - c_j - \frac{Q_j^*}{b} = 0 \Rightarrow Q_j^* = \frac{1}{2}\,(a - bc_j - \sum_{h \neq j} Q_h^*).$$

Der letzte Ausdruck stellt die sog. Reaktionsfunktion des Anbieters j dar, die seine jeweils beste Antwort auf die Strategien der Konkurrenten angibt.[1] Die durch die Reaktionsfunktionen gegebenen optimalen Mengen können unterschiedlich interpretiert werden: Sie können als Ergebnis eines dynamischen Anpassungsprozesses aufgefaßt werden,[2] können aber ebenso als Folge der intellektuellen Vorwegnahme der Entscheidung der anderen Anbieter angesehen werden, zumal die zeitliche Dimension eigentlich gar nicht in das Modell einfließt.[3] Rein formal betrachtet stellt die Cournot-Lösung gerade den Schnittpunkt der Reaktionsfunktionen der Anbieter dar, d.h. sie ist unter den gegebenen Modellannahmen die einzige Konstellation, die sich einstellen kann.

Indem die Summe der optimalen Mengen Q_j^*, also Q_{ges}^*, in die inverse Nachfragefunktion p(Q) eingesetzt wird, kann der Marktpreis als

$$p^*(Q_{ges}^*) = \frac{1}{\nu+1}\,(\frac{a}{b} + \sum_{j=1}^{\nu} c_j)$$

bestimmt werden. Dieser liegt über den Grenzkosten, so daß die Cournot-Lösung ineffizient im Hinblick auf die Versorgung der Nachfrager ist. Auch die Unternehmen produzieren nicht auf der "Gewinnmöglichkeitengrenze",[4] d.h. sie realisieren nicht den maximal möglichen gemeinsamen Gewinn. Dennoch ist die Cournot-Lösung die einzige Lösung, die bei Verwendung von Mengenstrategien ohne bindende Ab-

---

1 Reaktionsfunktionen werden z.B. ausführlich von Friedman (1977), S. 69ff., diskutiert. Sie sind nicht nur für die optimalen Strategien, sondern für alle möglichen Strategien definiert, auch wenn sie hier nur in der Konkretisierung für die optimalen Angebotsmengen angegeben werden.

2 Vgl. Güth (1994), S. 35.

3 Vgl. Wied-Nebbeling (1993), S. 129. Cournot (1838) selbst formuliert ein einperiodiges Modell, in dem nur eine einzige Entscheidung simultan von den Anbietern getroffen wird, so daß die Begriffe "Reaktionsfunktion" und "Reaktionshypothese" eigentlich unangemessen sind, da den Anbietern eine tatsächliche Reaktion auf das Verhalten der jeweils anderen gar nicht möglich ist. Auf diese Weise wird aber auch die Annahme, die Konkurrenten würden auf Mengenänderungen nicht reagieren, plausibel.

4 Vgl. Friedman (1983), S. 29. Die Lösung ist also nicht pareto-optimal.

sprachen stabil ist,[1] da sie für keinen Beteiligten Anlaß bietet, eine andere Strategie zu wählen.[2]

Der Monopolfall ergibt sich als der Grenzfall eines Anbieters ($\nu = 1$) aus diesem Mengenmodell. Dies ist einleuchtend, da das Cournot-Gleichgewicht von der Maximierung des Gewinns bei gleichbleibenden Strategien der Mitbewerber ausgeht und die Monopollösung ebenfalls die Gewinnmaximierung des einzelnen bei dauerhafter Abwesenheit von Konkurrenz und damit ebenfalls gleichbleibendem Verhalten zum Ziel hat.

Werden für alle Anbieter die gleichen Kostenstrukturen und damit die gleichen Grenzkosten in Höhe von c unterstellt, so führt diese Symmetrieannahme zu identischen optimalen Mengen

$$Q_j^* = \frac{1}{\nu+1}(a - bc) \quad (j = 1(1)\nu)$$

und dem Preis

$$p(Q_{ges}^*) = \frac{1}{\nu+1}\left(\frac{a}{b} + \nu c\right).$$

Für eine wachsende Anbieterzahl ($\nu \rightarrow \infty$) ergibt sich gerade das Ergebnis der vollständigen Konkurrenz, nämlich $p(Q_{ges}) = c$, so daß dieses unter den getroffenen Annahmen ebenfalls als Grenzfall der Cournotschen Mengenkonkurrenz gedeutet werden kann. Der Marktpreis fällt, und die insgesamt angebotene Menge wächst, das Cournot-Gleichgewicht ist "quasi-competitive".[3]

---

1 Die Existenz und Eindeutigkeit des Cournot-Gleichgewichts sind nicht allgemein gesichert; unter den hier verwendeten Annahmen bezüglich der zugrundeliegenden Funktionen sind aber beide Eigenschaften sichergestellt. Allgemein ist für die Existenz die Stetigkeit der Gewinnfunktionen der Anbieter und ihre (Quasi-)Konkavität in Abhängigkeit von der eigenen Ausbringungsmenge entscheidend, vgl. Friedman (1977), S. 70ff. und S. 152ff. Diese ist z.B. gegeben, wenn die Nachfragefunktion überall eine negative Steigung hat und konkav verläuft, und wenn zudem die Kostenfunktionen konvex verlaufen.
Für die Eindeutigkeit des Cournot-Gleichgewichts müssen zusätzliche Forderungen an die Steigungen von Grenzerlös und Grenzkostenkurve gestellt werden, vgl. Friedman (1977), S. 71ff.

2 Friedman (1983), S. 32f., bezeichnet das Cournot-Gleichgewicht als "self-enforcing".

3 Vgl. Friedman (1983), S. 39. Das Verhalten von Cournotmodellen bei wachsender Anbieterzahl unter verschiedenen Voraussetzungen wird vielfach untersucht, vgl. z.B. Novshek und Sonnenschein (1983) sowie Mas-Colell (1983).

Bei positiven Fixkosten der Produktion finden allerdings nur endlich viele Anbieter Platz auf dem Markt. Zudem stellt sich die Frage, ob so viele Anbieter auf den Markt kommen werden, wie dieser maximal aufnehmen kann oder ob nicht weitere positive Markteintrittskosten die Anzahl von Konkurrenten gering halten.[1] Nach der Theorie der "contestable markets" hat bereits die potentielle Konkurrenz die Effizienz des Marktes, d.h. die Identität von Grenz- bzw. Durchschnittskosten (wenn Fixkosten auftreten) und Preis, zur Folge, da sich die Anbieter darüber im klaren sind, daß offensichtliche Gewinnmöglichkeiten weitere Anbieter auf den Markt locken.[2]

Die "klassische" Herleitung des Ergebnisses vollständiger Konkurrenz geht von einem gegebenen, auf dem Markt herrschenden Verkaufspreis p aus, der nicht auf Mengenänderungen des einzelnen Anbieters reagiert, weil dessen Angebotsmenge gegenüber dem Gesamtmarkt verschwindend gering ist.[3] Dabei wird unterstellt, daß der Preis sich durch den Ausgleich von Angebot und Nachfrage auf dem Markt gebildet hat, da solange Anbieter auf den Markt strömen, bis keine übernormalen Gewinne mehr zu erzielen sind.[4,5] Die Anbieterzahl ist also (theoretisch) unbeschränkt.
Das Marktergebnis der vollständigen Konkurrenz läßt durch die Gleichung "Preis = Grenzkosten" ausdrücken. Da dem einzelnen Anbieter wegen seiner geringen

---

1 Vgl. Friedman (1983), S. 38f. Die Frage des Markteintritts wurde bisher völlig ausgeklammert, da von einer gegebenen Anbieterzahl ausgegangen wurde. Die Anbieter haben also ggf. anfallende Kosten für den Markteintritt bereits bezahlt, und diese sind nicht mehr entscheidungsrelevant. Diese Unterstellung statischer Verhältnisse ist natürlich unrealistisch; bei der Annahme von freien Markteintritten werden jedoch die zu berücksichtigenden Größen noch vielfältiger, da auch die "Abschreckung" neuer Konkurrenten zum maßgeblichen Bestandteil der Strategien der Anbieter wird, vgl. Friedman (1983), S. 180ff.

2 Vgl. z.B. Tirole (1988), S. 308ff., oder Wied-Nebbeling (1993), S. 137.

3 Vgl. z.B. Güth (1994), S. 46ff.

4 "Übernormale Gewinne" liegen vor, wenn über den kalkulatorischen Unternehmerlohn und die Eigenkapitalverzinsung hinaus Gewinne erzielt werden. Die beiden genannten Größen hingegen sind Bestandteile der langfristigen durchschnittlichen Kosten und werden im Konkurrenzgleichgewicht erwirtschaftet, vgl. Schumann (1992), S. 236.

5 Erklärungsansätze, wie dieser Preis zustande kommt, wenn er nicht von den Anbietern festgesetzt wird, sind zahlreich. Walras (1874) beispielsweise faßt den Vorgang als eine Art Auktionsprozeß auf, bei dem ein Preis ausgerufen wird und dann bestehen bleibt, wenn sich Angebot und Nachfrage zu diesem Preis decken. Sonst wird anschließend ein neuer Preis vom "Auktionator" - der natürlich nur ein gedankliches Konstrukt ist - ausgerufen. Der Auktionator tritt damit an die Stelle der von Smith (1776) als Marktausgleichsinstrument eingeführten "invisible hand", die die Koordination der Marktaktivitäten aller auf einem Markt agierenden Individuen sicherstellt.
Einen Überblick über die verschiedenen Marktgleichgewichtstheorien gibt Nicola (1994). Die Arbeit von Smith (1776) lag beim Verfassen nicht vor und ist nach Nicola (1994) zitiert.

Größe im Verhältnis zum Markt kein Einfluß auf den Preis zukommt, wird er sich als "Mengenanpasser" verhalten, also die für ihn optimale Produktionsmenge ausbringen und anbieten.[1] Die vollständige Konkurrenz stellt damit die Marktlösung dar, bei der die gesamtwirtschaftliche Wohlfahrt maximiert wird, denn alle Anbieter produzieren im Betriebsoptimum, die Faktoren sind optimal verteilt und die Nachfrager werden auf die günstigstmögliche Weise mit dem betrachteten Gut versorgt.[2,3]

Neben der Cournot-Lösung gibt es weitere Mengenlösungen für Oligopole, die sich insbesondere durch die Verhaltens- bzw. Reaktionsannahmen von dieser unterscheiden.[4] Die neben der Cournotlösung bekannteste ist die Stackelberg-Lösung, die von einer klar definierten Abfolge nicht zu wiederholender Entscheidungen ausgeht. Sie wurde von v. Stackelberg (1934) für zwei Anbieter formuliert. Die zeitliche Dimension spielt bei dieser Modellierung eine maßgebliche Rolle, da sich einer der beiden Anbieter "zuerst" für seine Menge entscheidet (in der englischen Literatur wird dieser auch als Leader, also als Anführer, bezeichnet) und dabei davon ausgeht, daß sich der zweite, der Follower bzw. Nachfolger, an die Entscheidung seines Vorgängers gewinnmaximal anpassen wird. Der zweite Konkurrent folgt also der Cournotstrategie, während der erste Anbieter dieses Verhalten antizipiert und bei seiner Strategienwahl berücksichtigt.

---

1 Auch wenn Kapazitätsgrenzen hier nicht explizit in die Untersuchung einbezogen werden, müssen sie natürlich im Falle linearer Kostenfunktionen vorhanden sein, da sonst ein einziger Anbieter beliebig viel produzieren könnte. Dies stände aber im Widerspruch zur Annahme seiner verschwindenden Größe. Die Kapazitätsgrenzen müssen, um diese Annahme zu erfüllen, wesentlich eher restriktiv werden, als der Markt auf Schwankungen der Angebotsmenge eines Anbieters reagiert.

2 Vgl. Schumann (1992), S. 239.

3 Prinzipiell kann ein Modell mit fixiertem Marktpreis für beliebige Anbieterzahlen aufgestellt werden, vgl. Güth (1994), S. 46ff. Die Marktlösung, bei der alle Anbieter den Preis als gegeben unterstellen und sich mit ihren Mengen daran so anpassen, daß der Preis den Grenzkosten gerade entspricht, wird für endliche Anbieterzahlen als "effizienter Punkt" bezeichnet, vgl. Friedman (1983), S. 37, sowie Friedman (1977), S. 29. Der effiziente Punkt kann auch bei Vorliegen von Fixkosten bestimmt und mit der Cournotlösung verglichen werden, um zu prüfen, ob sie gegen das Ergebnis vollständiger Konkurrenz konvergiert, während der Vergleich mit dem Ergebnis vollständiger Konkurrenz wegen der unterstellten "unendlichen" Anbieterzahl und der Abwesenheit von Fixkosten problematisch ist. Umgekehrt ist aber auch die Annahme eines vorgegebenen Preises, den die Anbieter nicht beeinflussen können, bei endlicher Anbieterzahl problematisch.

4 Es gibt außerdem eine große Menge unterschiedlicher Oligopoltheorien und -modelle, insbesondere für das hier nicht untersuchte heterogene Oligopol, in denen der Preis die Strategie der Anbieter darstellt. Vgl. z.B. Krelle (1976), S. 315ff., sowie Krelle (1989), Gutenberg (1984), S. 290ff., sowie Ott (1979), S. 230ff.

Eine einfache Rechnung unter Verwendung der oben angegebenen Funktionen zeigt, daß der Leader in der Stackelberg-Situation auf homogenem Markt eine doppelt so große Menge anbietet wie der Follower und damit auch einen doppelt so großen Gewinn erzielt.[1] Die "intelligente", vorausschauende Strategie lohnt sich also.[2] Problematisch an der Stackelberg-Lösung ist jedoch die Annahme, die Möglichkeiten der Anbieter auf dem Markt seien so unterschiedlich und asymmetrisch. Es ist fraglich, warum ein Anbieter sich freiwillig in die Abhängigkeitsposition begeben und in dieser verharren sollte und warum nur der andere Teilnehmer in der Lage ist, das Verhalten des Konkurrenten zu antizipieren.[3]

Die Anwendung von Preisstrategien führt auf andere Resultate als die Mengenmodelle. Da mehrere Anbieter auf dem Markt agieren und dasselbe Produkt anbieten, müssen die Nachfrager sich zwischen diesen entscheiden; bei Anwendung von Preisstrategien wird unterstellt, daß die Nachfrager stets beim günstigsten Anbieter kaufen, da sie ihren Nutzen maximieren wollen. Damit wird sich in diesem Fall der eindeutige Marktpreis des homogenen Gutes als der niedrigste von einem Anbieter geforderte Preis ergeben.[4] Jeder der Anbieter j ($j = 1(1)\nu$) wird wieder durch eine Kostenfunktion der oben angegebenen Form charakterisiert, $K_j\ (Q_j) = C_j + c_jQ_j$.

Der Preis, zu dem Anbieter j sein Gut verkaufen will, wird mit p_j bezeichnet. Dann ergibt sich der eindeutige Marktpreis als $p_{min} := \min\ \{p_j : j = 1(1)\nu\}$. Die Anbieter, deren Preis über p_{min} liegt, erleiden also einen Verlust in Höhe ihrer Fixkosten; der Markterlös wird unter den Anbietern aufgeteilt, die den Preis p_{min} fordern. Sind insbesondere die variablen Kosten der Herstellung c_j für alle Anbieter gleich, d.h. gilt $c_j := c$ für alle Anbieter j, so ergibt sich ein Marktpreis in Höhe der variablen Kosten ($p_{min} = c$), da jeder höhere Preis von einem der Anbieter geringfügig unter-

---

1 Vgl. z.B. Güth (1994), S. 38ff.

2 Anders ist dies auf dem heterogenen Markt bei der Wahl von Preisstrategien, wo sich durchaus die sog. Abhängigkeitsposition des Nachfolgers lohnen kann. Man spricht dann auch von einem "Second-Mover Advantage", während im homogenen Fall ein "First-Mover Advantage" vorliegt, vgl. Wied-Nebbeling (1993), S. 158.

3 Unter der Voraussetzung "gleichstarker" Anbieter ist v. Stackelbergs Lösung nicht denkbar. Akzeptiert aber einer der Anbieter auf Grund seiner ungünstigeren Kostenstruktur die Marktführerschaft des anderen, ist ein solches Marktergebnis vorstellbar.
Sind beide Anbieter der Meinung, sie hätten die Leader-Position inne, so führt diese Annahme auf die sog. Bowley-Lösung, die beide Anbieter schlechter stellt als die Cournot-Lösung, vgl. z.B. Pfähler und Wiese (1990).

4 Die folgende Darstellung orientiert sich an Güth (1994), S. 28ff.

boten werden könnte und dieser damit die gesamte Nachfrage auf sich ziehen würde. Damit ist ein solcher Markt aber für alle beteiligten Anbieter verlustreich, da sich die Fixkosten nicht amortisieren. Güth (1994, S. 30) folgert daraus, daß diese Situation eine natürliche Monopolsituation sei, weil es für keinen Anbieter von Interesse ist, als zweiter auf einen solchen Markt zu kommen. Wenn sich doch zwei Anbieter auf dem Markt befinden und diese unterschiedliche konstante Grenzkosten haben, so wird derjenige, dessen Grenzkosten geringer sind, zu einem Preis in Höhe der Grenzkosten des anderen Anbieters anbieten.[1]

Das Modellergebnis besagt, daß bereits bei nur zwei Anbietern keine Gewinne mehr auf dem Markt zu erwirtschaften sind. Es wird in der Literatur vielfach kritisiert und u.a. als Bertrandsches Paradoxon[2] bezeichnet. Zum einen werden sich zwei Anbieter ihrer Marktmacht hinreichend bewußt sein, um sich positive Gewinne, z.B. durch Absprachen, zu sichern.[3] Vor allem aber ist für das Modellergebnis die Annahme wesentlich, die Nachfrager suchten bei marginalen Preisänderungen sofort einen anderen Anbieter auf. Diese Annahme resultiert aus der Annahme der Güterhomogenität, die in dieser reinen Form kaum erfüllt ist.[4] Güth (1994, S. 72ff.) entwickelt einen verallgemeinerten Ansatz, in dem alle Märkte als heterogen, allerdings von unterschiedlichem Grad, angesehen werden und sich der homogene Markt als Grenzfall bei abnehmender Heterogenität ergibt. Dann ist die Annahme des eindeutigen Marktpreises bzw. des sofortigen Anbieterwechsels bei unterschiedlichen Preisen nur ein Extremfall; im "Normalfall" verlaufen die Übergänge glatt, und es sind unterschiedliche Preise für die unterschiedlichen Produkte denkbar. Als eine

---

1 Ursprünglich unterstellen Bertrand (1883) ebenso wie Cournot (1838) bei der Entwicklung ihrer Modelle kostenlose Produktion, da sie als Beispiel zwei Mineralwasserquellen heranziehen. Dann entsteht im Bertrand-Fall kein Verlust, sondern es ergeben sich Nullgewinne für beide Anbieter. Bei Einbeziehung von Fixkosten und damit wachsenden Skalenerträgen muß das Modellergebnis eigentlich die Gleichheit von Durchschnittskosten und Preis liefern, damit sich die Produktion überhaupt lohnt, vgl. z.B. Tirole (1988), S. 308ff.

2 Vgl. Tirole (1988), S. 209ff.

3 Die Annahme, wenige Konkurrenten seien nicht in der Lage, den ruinösen Preiskrieg vorherzusehen, den fortgesetztes Unterbieten der Konkurrenz zur Folge hat, ist unrealistisch. Es ist wesentlich plausibler, daß sie sich in irgendeiner Weise auf eine gemeinsame Strategie einigen, vgl. Wied-Nebbeling (1993), S. 144. Auch wenn Absprachen kartellgesetzlich verboten sind, findet abgestimmtes Verhalten dennoch häufig statt, so daß oftmals sog. "wirtschaftsfriedliches Verhalten" unterstellt wird, vgl. z.B. Jacob (1971).

4 Vgl. Friedman (1983), S. 48. Jacob (1971), S. 217, vertritt hingegen die Auffassung, Oligopole auf vollkommenen Märkten seien durchaus verbreitet, und nennt Handelsunternehmen im gleichen Gebiet sowie den Handel mit Heizöl oder Baumaterialien als Beispiele.

Rechtfertigung des Bertrand-Ergebnisses kann andererseits die oben genannte Theorie der "contestable markets" angesehen werden, nach der es als Konsequenz der Möglichkeit weiterer Markteintritte gedeutet werden kann.

Im Kontext des Preismodells ist wesentliche Voraussetzung, daß die Kapazitäten der einzelnen Anbieter unbeschränkt sind. Bei beschränkten Kapazitäten, die geringer sind als die gesamte maximale Nachfrage des Marktes, kann ein Anbieter alleine den Markt nicht versorgen. Dies bietet auch für Konkurrenten mit höheren Kosten die Möglichkeit, auf dem Markt noch etwas abzusetzen und diejenigen Nachfrager zu bedienen, die bereit sind, einen höheren Preis zu bezahlen. Die Weiterentwicklung des Bertrandmodells mit beschränkten Kapazitäten geht auf Edgeworth (1897) zurück.[1] Auch in diesem Fall muß es keinen eindeutigen Marktpreis geben, da das Angebot nicht hinreichend groß ist.

Die Marktsituationen auf dem Punktmarkt können auf unterschiedliche Weise modelliert werden; in der Oligopolsituation stehen zwei verschiedene Strategietypen, nämlich Preis- und Mengenstrategien, zur Verfügung, deren Anwendung zu unterschiedlichen Marktergebnissen führt.[2] Das bereits angesprochene einheitliche Konzept von Güth (1994) basiert auf Preisstrategien; hingegen sind die räumlichen Gleichgewichtsmodelle auf Mengenentscheidungen aufgebaut.

Für das Ordnungsschema ergibt sich das in Tabelle 3.2 dargestellte Bild, wobei auf die Angabe der nicht den Punktmarkt betreffenden Zeilen verzichtet wird. Da die

---

1 Im Gegensatz zum Cournot- und Bertrand-Modell liefert das Edgeworth-Modell kein Gleichgewicht, sondern eine Abfolge unterschiedlicher Zustände, da die Anbieter ihre Preise immer wieder verändern, um höhere Gewinne zu erzielen. Sie unterbieten sich in diesem Falle jedoch nur solange, bis es für einen Anbieter profitabler erscheint, die Restnachfrage, die wegen der beschränkten Kapazität vom anderen nicht versorgt werden kann, zu einem höheren Preis zu bedienen, als den Preis weiter zu senken. Daher wird das Modell auch als "Edgeworth-Oszillationsmodell" bezeichnet, vgl. Wied-Nebbeling (1993), S. 147.

2 In der Literatur finden sich zahlreiche Beispiele für Modelle mit beiden Strategietypen, vgl. z.B. Friedman (1977), der neben einem umfangreichen Überblick über die Oligopoltheorie auch eine ausführliche Darstellung der Spieltheorie gibt. Der Großteil der Ansätze bezieht sich statt auf den hier unterstellten homogenen allerdings auf den heterogenen Markt, denn durch die Annahme differenzierter Produkte wird die Notwendigkeit eines eindeutigen Preises aufgehoben, so daß sich der Spielraum für die Konkurrenten vergrößert.

Oligopolsituation - abhängig von der Strategienwahl - in zwei unterschiedliche Fälle zu unterteilen ist, wird die entsprechende Spalte des Schemas geteilt.[1]

Räumliche Struktur Parameter *Strategie*	Anbieterzahl			
	ein Anbieter	mehrere Anbieter		viele Anbieter
Punktmarkt *Menge/Preis*	Monopol *Menge/Preis*	Cournot-Oligopol *Menge*	Bertrand-Oligopol *Preis*	Vollständige Konkurrenz *Menge*

Tabelle 3.2 Der Punktmarkt im Ordnungsschema

Da die Mengen- und die Preismodelle bereits auf dem Punktmarkt zu völlig unterschiedlichen Ergebnissen führen, wird die Untersuchung im folgenden nach diesen beiden Schwerpunkten getrennt vorgenommen. Die folgenden Abschnitte widmen sich zunächst ausschließlich den Mengenmodellen, zu denen die räumlichen Gleichgewichte gehören, die die vollständige Konkurrenz auf verteilten Märkten abbilden. Analog zu diesen können auch Oligopolmodelle auf verteilten Märkten mit Mengenstrategien entwickelt werden.

Der theoretische Vorzug der Modelle, die in Mengenstrategien operieren, liegt in den im Gegensatz zu den Preismodellen stetigen und (unter nicht allzu einschränkenden Voraussetzungen) konkaven Gewinnfunktionen der Anbieter. Diese Bedingungen garantieren die Existenz von Gleichgewichten und günstige Lösbarkeitseigenschaften, die den Einsatz von Optimierungsmethoden gestatten. Unter leicht einschränkenden Bedingungen kann auch die Eindeutigkeit der Lösungen garantiert werden, die mit geeigneten Verfahren - im folgenden werden Lösungsverfahren für Komplementärprobleme verwendet - ermittelt werden können.
Die Darstellung der Bertrand-Situation verdeutlicht hingegen, daß bei der Anwendung von Preisstrategien die Möglichkeit der Anbieter, sich gegenseitig zu unterbieten, auf Unstetigkeiten der Gewinnfunktion führt. Der Erlös fällt nach dem Modell auf Null, wenn ein Anbieter von einem Konkurrenten unterboten wird. Damit sind die Gewinnfunktionen weder stetig noch konkav, so daß die Existenz von Gleichgewich-

---

[1] Von der Berücksichtigung unterschiedlicher Handlungsreihenfolgen wird hier abgesehen, um das Schema nicht zu überfrachten. Neben dem (simultanen) Cournotmodell könnte jedoch auch das sequentielle Stackelbergmodell eingetragen werden.

ten nicht gesichert und die Bestimmung von Lösungen mit Verfahren, die auf der Differenzierbarkeit der Funktionen aufbauen, nicht möglich ist. Die Untersuchung von Preismodellen auf räumlich getrennten Märkten wird im vierten Kapitel vorgenommen.

3.3 Markttheorie für räumlich diversifizierte Märkte

3.3.1 Literaturüberblick und Grundmodell räumlicher Gleichgewichte

Dieser Abschnitt wendet sich der Situation zu, in der die Märkte räumlich verteilt sind und die Standorte der Anbieter bereits feststehen. Ausgehend von der grundlegenden Theorie "räumlicher Gleichgewichte", die vollständige Konkurrenz auf allen Märkten unterstellt, werden die gleichgewichtstheoretischen Modellansätze behandelt, die als "Mengenmodelle" einzustufen sind.

Die Entwicklung räumlicher Gleichgewichtsmodelle beginnt mit Cournot (1838), der bereits die Situation zweier räumlich getrennter Märkte betrachtet.[1] Ein allgemeines Gleichgewichtsmodell gibt Enke (1951) an, welches sich aber mit den zu diesem Zeitpunkt bekannten mathematischen Methoden nicht lösen läßt. Zur selben Zeit gewinnt jedoch die von Dantzig (1951), (1966) maßgeblich entwickelte Lineare Programmierung an Bedeutung. Samuelson (1952) formuliert daraufhin das Gleichgewichtsmodell als Maximierungsproblem und stellt den Bezug zum klassischen Transportproblem her.

Für die Modelle der räumlichen Marktgleichgewichte wird unterstellt, daß nicht nur auf den einzelnen Angebots- und Nachfragermärkten, sondern auch auf dem Transportmarkt vollständige Konkurrenz herrscht, so daß sich einheitliche (markträumende) Preise für die Transporte in Höhe der Grenzkosten ergeben. Alternativ kann angenommen werden, daß die Preise in Höhe der Frachtrate plus Service festgesetzt werden, ohne daß sich am Ergebnis etwas ändert. Dabei ist es unerheblich, ob die Transporte von den Anbietern selbst übernommen oder von Transporteuren durchgeführt werden; wichtig hingegen ist, daß der einzelne Anbieter den Transportpreis bzw. die ihm entstehenden Kosten als gegeben annimmt, sie also nicht beeinflussen kann.[2]

---

1 Vgl. Cournot (1924), dt. Übersetzung, S. 102ff.

2 Vgl. Harker (1986).

Eine ausführliche Darstellung räumlicher Gleichgewichtsprobleme findet sich bei Takayama und Judge (1971). Unter Verwendung linearer Angebots- und Nachfrage-funktionen und konstanter Einheitstransportkosten formulieren sie Gleichgewichte als quadratische Programme, die effizient beispielsweise mit Wolfes Algorithmus[1] lösbar sind. Für allgemeinere Problemstellungen ist die Formulierung geeigneter und gut lösbarer mathematischer Programme schwierig, so daß Fixpunkt-Verfahren zur Lösung der Gleichgewichtsprobleme[2] oder Methoden zur Lösung allgemeiner nicht-linearer Optimierungsprobleme heranzuziehen sind.[3] Schließlich bietet sich zur Behandlung von Gleichgewichtsproblemen die Formulierung und Lösung als Komplementärproblem oder als Variationsungleichung an.[4]

Das "Grundproblem" des räumlichen Gleichgewichts, beschränkt auf zwei Märkte, läßt sich nach Samuelson (1952) wie folgt formulieren: Gegeben sind zwei räumlich getrennte Märkte und ihre Angebots- und Nachfragekurven für ein homogenes Gut, sowie konstante Einheitstransportkosten t_{12} und t_{21} für die Beförderung des Gutes zwischen den beiden Märkten. Gesucht sind Preise, die beide Märkte zum Ausgleich bringen, für die sich angebotene und nachgefragte Mengen also jeweils entsprechen.

Eine allgemeine Formulierung in geeigneten Symbolen lautet wie folgt: Es seien für zwei Märkte i (i = 1,2) Nachfragefunktionen $D_i(p_i)$ und Angebotsfunktionen $\Omega_i(p_i)$

---

1 Es handelt sich bei Wolfes Verfahren um eine Simplexmethode für quadratische Programme, vgl. Wolfe (1959).

2 Vgl. z.B. MacKinnon (1975).

3 Vgl. Rowse (1981) sowie Florian und Los (1982).

4 Eine Einführung in die Theorie der Komplementärprobleme wird in Anhang II gegeben. Variationsungleichungen dienen ursprünglich der Untersuchung bestimmter partieller Differential-gleichungen, wie sie beispielsweise in der Mechanik auftreten, vgl. Nagurney (1993), S. 4. Während aber bei der Lösung partieller Differentialgleichungen ebenso wie in der Variationsrechnung eine Funktion zu bestimmen ist, die bestimmte Forderungen erfüllt, ist die Funktion $F(\cdot)$ bei der Unter-suchung von Variationsungleichungen vorgegeben; zu bestimmen ist ein Lösungsvektor x^*, der die Ungleichung erfüllt:
$F(x^*)^T (x - x^*) \geq 0$ für alle $x \in X$,
wobei X eine gegebene, abgeschlossene und konvexe Menge ist, auf der die Funktion F definiert ist. Für eine Einführung in die Theorie der Variationsungleichungen vgl. z.B. Nagurney (1993).

gegeben.[1] Die Markträumungsbedingungen verlangen auf beiden Märkten die Übereinstimmung von Angebot und Nachfrage, die sich durch

$D_i(p_i) = \Omega_i(p_i) + x_{ki}$ für k, i = 1, 2 und k ≠ i

ausdrücken läßt, wobei x_{ki} die von k nach i transportierte Menge angibt. Damit sich die Märkte im Gleichgewicht befinden, müssen aber zusätzlich die folgenden Bedingungen erfüllt sein:

Ist $p_i < p_k + t_{ki}$, so wird von k nach i nichts transportiert; es gilt also: $x_{ki} = 0$. In diesem Fall würde sich der Transport von k nach i nicht lohnen, da der auf Markt i zu erzielende Preis nicht kostendeckend ist.

Wenn hingegen eine positive Menge x_{ki} transportiert wird, gilt: $p_i = p_k + t_{ki}$, da anderenfalls die Transportmenge x_{ki} weiter erhöht würde, weil der Markt i noch Gewinne zuläßt.[2] Zudem ist nur entweder die Menge x_{12} oder die Menge x_{21} größer als Null, denn Transporte in beiden Richtungen können in keinem Fall die ökonomisch effizienteste Lösung darstellen.[3] Damit ergeben sich ein "Nettoexport-" und ein "Nettoimport"-Markt.

Verallgemeinert man die angegebene Problemstellung auf m Märkte, so ist ein entsprechender Gleichgewichtszustand aller Märkte gesucht. Dabei werden sich, wie auch im einfachen Fall zweier Märkte, Netto-Angebots- und Netto-Nachfragemärkte herausbilden.[4] Das Problem kann - in Unkenntnis dieser Aufteilung der Märkte - wie folgt formuliert werden:[5]

---

1 Die Angebotskurve ergibt sich aus den aggregierten Kurven der langfristigen Durchschnittskosten aller Anbieter, wobei nur der aufsteigende Ast der Durchschnittskostenkurve betrachtet wird. Im Polypol gibt diese die für den einzelnen Anbieter optimalen Angebotsmengen an, vgl. Schumann (1992), S. 197. Ω_i ist die Angebotsmenge auf Angebotsmarkt i. Im Unterschied zum Punktmarktfall werden die Mengen hier nicht einheitlich mit Q bezeichnet, weil die lokal nachgefragte Menge D_i und die lokal angebotene Menge Ω_i auf Markt i voneinander abweichen können.

2 Da die Annahme vollständiger Konkurrenz auf beiden Märkten zugrunde liegt, ist wieder davon auszugehen, daß im Gleichgewicht nur Nullgewinne (einschließlich Unternehmerlohn und Eigenkapitalverzinsung) erzielt werden.

3 Diesbezüglich wird von Friesz et al. (1983) anders argumentiert. Sie lassen bei einem Gleichgewichtsmodell für beliebig viele Märkte zu, daß ein Markt die von ihm verbrauchten Güter, d.h. seine Nachfragemenge, von anderen Märkten bezieht und dennoch andere Märkte mit den selbst produzierten Mengen beliefert, statt diese selbst zu verbrauchen. Friesz et al. (1983) bezeichnen diesen Sachverhalt als zwar ungewöhnlich, aber möglich.

4 Im Sinne der zitierten Überlegung von Friesz et al. (1983) kann ein Netto-Anbietermarkt durchaus auch importieren und ein Netto-Nachfragermarkt kann auch exportieren; ein Netto-Anbieter hat jedoch einen Ausfuhr-, ein Netto-nachfrager einen Einfuhrüberschuß.

5 Vgl. Friesz et al. (1983) sowie Friesz et al. (1984), die allerdings eine netzwerkbezogene Formulierung aufstellen, also beispielsweise die Transportkosten zwischen zwei Orten als durchschnittlich anfallende Kosten auf einem bestimmten Weg durch das Netzwerk auffassen.

Gesucht sind Transportmengen x_{ki} (i, k = 1(1)m, k ≠ i) sowie Preise p_i und Angebots- bzw. Nachfragemengen $\Omega_i(p_i)$ bzw. $D_i(p_i)$, so daß gilt:[1]

$$\text{(MG1a)} \qquad x_{ki} > 0 \;\Rightarrow\; p_k + t_{ki} = p_i \qquad (i,k = 1(1)m,\; i \neq k)$$

$$\text{(MG1b)} \qquad p_k + t_{ki} > p_i \;\Rightarrow\; x_{ki} = 0 \qquad (i,k = 1(1)m,\; i \neq k)$$

$$\text{(MG2)} \qquad D_i(p_i) - \Omega_i(p_i) + \sum_{k=1}^{m} x_{ik} - \sum_{k=1}^{m} x_{ki} = 0 \quad (i = 1(1)m)$$

$$\text{(MG3)} \qquad \begin{aligned} x_{ki} &\geq 0 \quad (i = 1(1)m,\; k = 1(1)m,\; i \neq k) \\ p_i &\geq 0 \quad (i = 1(1)m). \end{aligned}$$

Die Annahme, daß derselbe Ort sowohl Ware einführen als auch ausführen kann, schlägt sich in den Bedingungen (MG2) nieder, die auch als Mengenkontinuitätsbedingungen oder Bedingungen des Flußerhalts bezeichnet werden;[2] die anderen Bedingungen entsprechen denen für den Fall zweier Märkte. Die Bedingungen (MG1a) und (MG1b) lassen sich auch zusammenfassen zu:

$$\text{(MG 1)} \quad (p_k + t_{ki} - p_i)x_{ki} = 0 \quad (i, k = 1(1)m,\; i \neq k).$$

Hier wie auch im folgenden wird die Betrachtung auf separable Angebots-, Nachfrage- und Transportfunktionen beschränkt, so daß die Angebots- und Nachfragemengen auf einem Markt jeweils nur von dem auf diesem Markt herrschenden Preis abhängen und die Transportkosten einer Verbindung nur von der auf dieser Verbindung beförderten Menge.[3]

---

1 Bei dieser Formulierung können i und k nicht gleich sein, d.h. es werden keine Transportmengen "innerhalb" eines Marktes betrachtet. Eine solche Betrachtung würde die Differenzierung von "Angebotspreis in i" und "Nachfragepreis in i" erzwingen. Die Forderung, daß i und k verschieden sein sollen, wird im folgenden nicht immer explizit aufgeführt, soll aber stets gelten.

2 Vgl. z.B. Friesz et al. (1984).

3 Vektorwertige Funktionen heißen separabel, wenn die einzelnen Komponenten jeweils nur von einer Variablen abhängen, also beispielsweise die Transportkosten auf einer Kante nur von der auf dieser Kante transportierten Menge beeinflußt werden, aber nicht von den übrigen Transportmengen, vgl. Florian und Hearn (1995), S. 498. Für die bisher betrachteten konstanten Einheitstransportkosten ist diese Forderung erfüllt; es sind aber auch andere Funktionen $t_{ki}(x_{ki})$ denkbar.

3.3.2 Räumliche Gleichgewichte als Optimierungsprobleme

Samuelson (1952) überführt das Gleichgewichtsproblem in ein Maximierungsproblem, dessen Zielgröße in der von ihm definierten "Sozialen Netto-Auszahlung" besteht.[1] Diese setzt sich aus den Netto-Auszahlungen der beiden Märkte, vermindert um die anfallenden Transportkosten, zusammen. Die Netto-Auszahlungen wiederum entsprechen der Differenz der Integrale von inverser Nachfragekurve und inverser Angebotskurve zwischen der Menge Null und der tatsächlich verkauften Menge.[2] Inhaltlich handelt es sich dabei um die kumulierten Differenzen zwischen den Preisen, die Nachfrager zu zahlen bereit sind, und den Preisen, die die Anbieter fordern, gewichtet mit den Mengen, und damit um ein Maß für die erzielte Wohlfahrt.[3]

Das allgemeine Maximierungsproblem für m Märkte (i = 1(1)m) unter Verwendung der Bezeichnungen $Pa_i(\Omega_i)$ für die inversen Angebotsfunktionen und $Pn_i(D_i)$ für die inversen Nachfragefunktionen sowie der Zusammenfassung der Variablen x_{ki}, Ω_i und D_i zu Vektoren $x \in \mathbb{R}^{m\cdot(m-1)}$, $\Omega \in \mathbb{R}^m$ und $D \in \mathbb{R}^m$ lautet:[4,5]

$$\text{(W1)} \quad \max \quad Z(\Omega, x, D) = \sum_{i=1}^{m} \int_{0}^{D_i} Pn_i(z_i)\,dz_i - \sum_{i=1}^{m} \int_{0}^{\Omega_i} Pa_i(z_i)\,dz_i - \sum_{i=1}^{m} \sum_{k=1}^{m} t_{ki} \cdot x_{ki}$$

unter Beachtung von

---

1 Samuelson (1952), S. 288, führt den "net social pay-off" ein, wobei er ausdrücklich betont, daß sich keiner der Marktteilnehmer dieser Größe bewußt sei und es sich um eine "künstliche" Größe handele.

2 Die Äquivalenz der Problemstellungen (Gleichgewichtsproblem und Maximierungsproblem) wird unten mit Hilfe der Kuhn-Tucker-Bedingungen gezeigt. Die Stetigkeit und partielle Differenzierbarkeit der (inversen) Angebots- und Nachfragefunktionen seien hier wie im folgenden stets vorausgesetzt.

3 Takayama und Judge (1971), S. 33ff., bezeichnen die entsprechende Größe als "Net Quasi-Welfare". Auch Friesz et al. (1984) charakterisieren das Maximierungsproblem als "maximization of total (consumers´ plus producers´) economic surplus", obwohl bei ihrer Formulierung eine sinnvolle ökonomische Interpretation wegen der von ihnen vorgeschlagenen Verwendung durchschnittlicher Transportkosten auf den Verbindungen eigentlich nicht möglich ist.

4 Vgl. u.a. Tobin und Friesz (1983), die eine entsprechende Formulierung für Netzwerkprobleme angeben.

5 Die in Bedingung (W3) verwendete Schreibweise besagt, daß jede Komponente eines Vektors die angegebene Relation erfüllen muß, also beispielsweise $D_i \geq 0$ für alle i = 1(1)m gelten soll.

$$\text{(W2)} \quad D_i - \Omega_i + \sum_{k=1}^{m} x_{ik} - \sum_{k=1}^{m} x_{ki} = 0 \quad (i = 1(1)m)$$

$$\text{(W3)} \quad x \geq 0,\ D \geq 0,\ \Omega \geq 0.$$

In dieser Formulierung sind die Mengen Ω_i und D_i unabhängige Variable, während die Preise sich aus den inversen Angebots- und Nachfragefunktionen ergeben.

Die Formulierung des Maximierungsproblems unterliegt wesentlichen und einschränkenden Voraussetzungen. Die Angebots- und Nachfragefunktionen müssen umkehrbar und separabel sein, d.h. eine Abhängigkeit der Marktpreise von allen Güterströmen, wie sie z.B. Smith und Friesz (1985) unterstellen, darf für eine solche Formulierung nicht vorliegen, da die inversen Angebots- und Nachfragefunktionen der einzelnen Märkte sonst nicht nach den einzelnen Mengen integrierbar sind. Die Umkehrbarkeit der Funktionen ist im Falle ihrer strengen Monotonie gesichert. Die vorgestellte Formulierung ist so gewählt, daß sie die genannten Voraussetzungen nicht verletzt;[1] es sei jedoch ausdrücklich darauf hingewiesen, daß die Definition einer geeigneten Extremierungszielsetzung nicht allgemein möglich ist. Die Maximierung einer Wohlfahrtsgröße im räumlich diversifizierten Fall ist analog zu der Tatsache zu sehen, daß in der klassischen (Punkt-)Markttheorie die allgemeine Wohlfahrt ebenfalls bei vollständiger Konkurrenz maximiert wird, da diese die effizienteste Versorgung sicherstellt.

Daß das Maximierungsproblem unter bestimmten Bedingungen an die Angebots- und Nachfragefunktionen sowie die Transportkostenfunktionen dem angegebenen Gleichgewichtsproblem äquivalent ist, zeigt die Untersuchung der Kuhn-Tucker-Bedingungen. Es wird zunächst das äquivalente Minimierungsproblem formuliert. Bei konvexer, zu minimierender Zielfunktion und linearen Nebenbedingungen sind die Kuhn-Tucker-Bedingungen notwendig und hinreichend für ein Optimum.[2] Um diese

---

1 Faßt man die Funktionen $Pa_i(\cdot)$ und $Pn_i(\cdot)$ zu vektorwertigen Funktionen $Pa(\cdot)$ und $Pn(\cdot)$ zusammen, so reicht die Forderung der Symmetrie und positiven Definitheit der Jacobi-Matrizen der Funktionen $Pa(\Omega)$, $Pn(D)$ und, wenn die Transportkosten nicht als linear vorausgesetzt werden, der vektorwertigen Transportkostenfunktion $t(x)$ aus, um die Integrierbarkeit sicherzustellen, vgl. Friesz et al. (1984).

2 Vgl. für die Notwendigkeit der Kuhn-Tucker-Bedingungen Mangasarian (1969), S. 173, und für die hinreichende Bedingung bei konvexen Problemen Fiacco und McGormick (1968), S. 90. Für die allgemeine Formulierung von Lagrangefunktionen sowie die Ableitung der Kuhn-Tucker-Bedingungen sei ebenfalls verwiesen auf das Buch von Mangasarian (1969).

Eigenschaft ausnutzen zu können, müssen die in die zu maximierende Funktion eingehenden Bestandteile so beschaffen sein, daß die Zielfunktion einen stetigen, konkaven Verlauf hat, was bei streng monoton wachsender, nichtnegativer (inverser) Angebots- und streng monoton fallender inverser Nachfragefunktion sowie wachsenden durchschnittlichen Transportkosten (bzw., wie hier unterstellt, konstanten Transportkostensätzen) der Fall ist.[1]

Die Lagrangefunktion zu dem entsprechenden Minimierungsproblem kann unter Verwendung von Lagrange-Multiplikatoren π_i (i = 1(1)m) für die Flußbedingungen (W2) und λ_{ki}, μ_i, γ_i (k, i = 1(1)m) für die Nichtnegativitätsbedingungen (W3) folgendermaßen formuliert werden, wobei die einzelnen λ_{ki}, μ_i und γ_i zu Vektoren λ, μ und γ zusammengefaßt sind:[2]

$$L(\Omega, x, D, \pi, \lambda, \mu, \gamma)$$
$$= -Z(\Omega, x, D) + \sum_{i=1}^{m} \pi_i (D_i - \Omega_i + \sum_{k=1}^{m} x_{ik} - \sum_{k=1}^{m} x_{ki}) - \lambda^T x - \mu^T D - \gamma^T \Omega.$$

Die Kuhn-Tucker-Bedingungen ergeben sich aus der Lagrangefunktion zu[3,4]

$$\text{(KT1)} \quad \nabla_x L = 0 \Leftrightarrow t_{ki} + \pi_k - \pi_i - \lambda_{ki} = 0 \quad (i,k = 1(1)m)$$

$$\text{(KT2)} \quad \nabla_D L = 0 \Leftrightarrow -Pn_i(D_i) + \pi_i - \mu_i = 0 \quad (i = 1(1)m)$$

$$\text{(KT3)} \quad \nabla_\Omega L = 0 \Leftrightarrow Pa_i(\Omega_i) - \pi_i - \gamma_i = 0 \quad (i = 1(1)m)$$

---

1 Dann ist auch die Eindeutigkeit der Lösung gesichert, da die zu maximierende Zielfunktion streng konkav ist, vgl. Tobin und Friesz (1983), Theorem 1.

2 Mit z^T wird der transponierte Vektor, also der Zeilenvektor, bezeichnet, da zunächst wie üblich alle Vektoren als Spaltenvektoren definiert sind. Das Vektorprodukt $z^T y$ ist also das Standardskalarprodukt zweier Vektoren, vgl. auch Anhang II.

3 Ähnliche Bedingungen, bezogen auf Netzwerkprobleme, werden von Tobin und Friesz (1983) und Friesz et al. (1984) angegeben.

4 Die Notation bedeutet wieder, daß alle Komponenten der jeweiligen Vektoren, z.B. von $\nabla_x L$, den Wert Null haben. Der Operator ∇ kennzeichnet den Gradienten einer Funktion, ∇_x entsprechend die partiellen Ableitungen nach den Variablen x, vgl. z.B. Forster (1984), S. 37ff.

(KT4) $\nabla_\lambda L = -x \leq 0, \quad \nabla_\mu L = -D \leq 0, \quad \nabla_\gamma L = -\Omega \leq 0$

(KT5) $\lambda^T \nabla_\lambda L = 0, \quad \mu^T \nabla_\mu L = 0, \gamma^T \nabla_\gamma L = 0$

(KT6) $\lambda \geq 0, \mu \geq 0, \gamma \geq 0.$

Die Bedingungen für den Flußerhalt (W2) bleiben als Gleichheitsnebenbedingungen unverändert bestehen; sie entsprechen den Bedingungen (MG-2).

(KT7) $\nabla_\pi L = 0 \Leftrightarrow D_i - \Omega_i + \sum_{k=1}^{m} x_{ik} - \sum_{k=1}^{m} x_{ki} = 0 \quad (i = 1(1)m).$

Aus der Beziehung (KT5) in Verbindung mit (KT1) und (KT4) folgt eine den Gleichgewichtsbedingungen (MG1) äquivalente Darstellung, wenn π_i mit p_i identifiziert wird:

$(\pi_k + t_{ki} - \pi_i) x_{ki} = 0 \quad (i, k = 1(1)m)$

Die Lagrange-Multiplikatoren der Gleichgewichtsbedingungen geben also gerade den Preis auf dem jeweiligen Markt an. Die Forderungen nicht-negativer Preise und Mengen (MG3) sind durch (KT2), (KT3) und (KT4) gewährleistet.[1] Damit ist die Übereinstimmung von Lösungen, die die Kuhn-Tucker-Bedingungen erfüllen und also das Optimierungsproblem lösen, mit Lösungen des Gleichgewichtsproblems unter den genannten Voraussetzungen gezeigt.

Die Kuhn-Tucker-Bedingungen können inhaltlich noch weitergehend interpretiert werden. Die Bedingung (KT2) macht eine Aussage über die Differenz zwischen dem auf Markt i herrschenden Preis π_i und dem Preis $Pn_i(D_i)$, den die Nachfrager zu zahlen bereit sind. Ist die Differenz positiv, der Preis also zu hoch, so nimmt μ_i einen positiven Wert an und die Nachfrage D_i beträgt Null ((KT5) mit (KT4)).

---

1 Die Bedingung nicht-negativer Preise, hier also nicht-negativer π_i, ist kein Bestandteil der Kuhn-Tucker-Bedingungen, da es sich bei den π_i um die Lagrange-Parameter von Gleichheitsrestriktionen handelt, die nicht vorzeichen-beschränkt sind. Aus Bedingung (KT2) in Verbindung mit der Nicht-negativität von μ_i folgt jedoch, daß π_i mindestens so groß sein muß wie der Wert der inversen Nachfragefunktion $Pn_i(D_i)$. Da für diese keine negativen Werte zugelassen sind, ist damit auch die Nichtnegativität von π_i gesichert.

Entsprechendes gilt für die Angebotsbedingung: Liegt der von den Anbietern für die Menge Ω_i geforderte Preis $Pa_i(\Omega_i)$ über dem Marktpreis π_i, so nimmt γ_i einen positiven Wert an, und die Angebotsmenge Ω_i beläuft sich auf den Wert Null. Haben aber jeweils die Lagrangeparameter μ_i bzw. γ_i den Wert Null, so sind der Wert der inversen Angebots(Nachfrage)funktion und der Preis auf dem jeweiligen Markt identisch, und es kann eine positive Menge abgesetzt (erworben) werden.[1] Umgekehrt gilt: Ist das Angebot in einem Ort Null, $\Omega_i = 0$, so gibt π_i an, wieviel an (Stück-) Kosten ein Anbieter maximal auf sich nehmen könnte, um einen Handel in Ort i zu beginnen. Ist $D_i = 0$, so gibt π_i für einen Nachfrager an, was ihn die erste Einheit des Gutes im Ort i kosten wird.

Da die Lösung des Gleichgewichtsproblems als Optimierungsproblem nur unter den genannten einschränkenden Voraussetzungen möglich ist, und die Problemstruktur auch die Formulierung und Lösung als Komplementärproblem ermöglicht, die der Problemstruktur besser entspricht, soll im folgenden diese Formulierung diskutiert werden. Eine allgemeine Einführung in die Theorie der Komplementärprobleme, insbesondere in bezug auf lineare Probleme, und ihre Lösungsmöglichkeiten findet sich in Anhang II.

3.3.3 Räumliche Gleichgewichte als Komplementärprobleme

Die Kuhn-Tucker-Bedingungen des Optimierungsproblems bilden, ebenso wie die Gleichgewichtsbedingungen, ein Komplementärproblem. Ein allgemeines Komplementärproblem ist wie folgt definiert. Gegeben ist eine Abbildung F: $\mathbb{R}^n \rightarrow \mathbb{R}^n$. Gesucht ist $z \in \mathbb{R}^n$, so daß gilt:

(K1) $z \geq 0$

(K2) $w := F(z) \geq 0$

(K3) $z^T w = z^T F(z) = \sum_{i=1}^{n} z_i \cdot F_i(z) = 0.$

---

[1] Umgekehrt liefert genau dieselbe Argumentation auch die Begründung dafür, warum π_i tatsächlich den Marktpreis auf Markt i darstellt: Ist die Nachfrage positiv, so entspricht der Wert von π_i dem der inversen Nachfragefunktion und damit dem Preis. Dasselbe gilt für das Angebot. Vgl. auch Tobin und Friesz (1983).

Im folgenden wird gezeigt, wie sich das Marktgleichgewichtsproblem auf ein Problem dieser Struktur zurückführen läßt, indem zunächst die Kuhn-Tucker-Bedingungen äquivalent umgeformt werden. Es liefern

(KT1) mit (KT6) $\pi_k + t_{ki} - \pi_i = \lambda_{ki} \geq 0 \quad (i,k = 1(1)m)$

(KT2) mit (KT6) $-Pn_i(D_i) + \pi_i = \mu_i \geq 0 \quad (i = 1(1)m)$

(KT3) mit (KT6) $Pa_i(\Omega_i) - \pi_i = \gamma_i \geq 0 \quad (i = 1(1)m)$

(KT4) $x \geq 0,\ D \geq 0,\ \Omega \geq 0$

(KT5) $\lambda^T x = 0,\ \mu^T D = 0,\ \gamma^T \Omega = 0$

(KT7) $D_i - \Omega_i + \sum_{k=1}^{m} x_{ik} - \sum_{k=1}^{m} x_{ki} = 0 \quad (i = 1(1)m).$

Formal fügen sich alle Bedingungen bis auf die Bedingungen (KT7) in das Schema eines Komplementärproblems, da es sich entweder um Nichtnegativitätsbedingungen der Form (K1) bzw. (K2) oder um Komplementaritätsbedingungen der Form (K3) handelt. Die Bedingungen (KT7) lassen sich jedoch durch die folgenden Bedingungen ersetzen:[1]

(KT7´a) $-(D_i - \Omega_i + \sum_{k=1}^{m} x_{ik} - \sum_{k=1}^{m} x_{ki}) \geq 0 \quad (i = 1(1)m)$

(KT7´b) $\pi_i \geq 0 \quad (i = 1(1)m)$

(KT7´c) $-(D_i - \Omega_i + \sum_{k=1}^{m} x_{ik} - \sum_{k=1}^{m} x_{ki})\pi_i = 0 \quad (i = 1(1)m).$

---

1 Ähnlich auch Friesz et al. (1983).

Nimmt in (KT7´c) der Ausdruck in der Klammer den Wert Null an, ist die ursprüngliche Bedingung (KT7) erfüllt; dieser Fall ist also unproblematisch. Da dann auf dem i-ten Markt Transaktionen stattfinden können, kann der Preis π_i auf diesem Markt positiv werden.

Ist der Klammerausdruck in (KT7´c) hingegen von Null verschieden und gilt damit in (KT7´a) die strikte Ungleichung, so übertrifft das Angebot die Nachfrage im Markt i, und der Preis π_i sinkt auf Null. Zum Preis Null wird allerdings bei "vernünftig" gewählten Nachfrage- und Angebotsfunktionen die lokale Nachfrage D_i höher liegen als das lokale Angebot Ω_i, so daß der Überschuß durch Importe entstehen muß.[1] Damit ergibt sich, daß mindestens ein x_{ki} positiv ist. Dann ist die zugehörige Preisdifferenz ($\pi_k + t_{ki} - \pi_i$) gleich Null (KT5), was wegen des auf Markt i herrschenden Preises von Null und aufgrund positiver Transportkosten t_{ki} einen negativen Preis auf Markt k zur Folge hätte. Dies widerspricht aber der Bedingung (KT7´b).[2] Damit kann der zweite Fall nie eintreten; die drei angegebenen Bedingungen sichern also das Flußgleichgewicht, und sie haben zudem die zur Formulierung eines Komplementärproblems geeignete Form. Das Komplementärproblem ist in den Variablen

x_{ki} (i, k = 1(1)m, i $\neq$ k), D_i (i = 1(1)m), Ω_i (i = 1(1)m), π_i (i = 1(1)m),

λ_{ki} (i, k = 1(1)m, i $\neq$ k), μ_i (i = 1(1)m), γ_i (i = 1(1)m)

zu formulieren. Es handelt sich bei den Variablen x_{ki}, π_i, D_i und Ω_i (für alle i und k) um die Strukturvariablen des Problems, während die Variablen λ_{ki}, μ_i und γ_i Bestandteile des Vektors w der Komplementärvariablen sind, die sich durch die Strukturvariablen ausdrücken lassen und daher eliminiert werden können. So ergibt sich folgendes System von Bedingungen:

(KT1) mit (KT6) $\qquad \pi_k + t_{ki} - \pi_i \geq 0 \quad (i, k = 1(1)m)$

(KT5) mit (KT1) $\quad (\pi_k + t_{ki} - \pi_i) x_{ki} = 0 \quad (i, k = 1(1)m)$

---

1 Diese Forderung an den "vernünftigen" Verlauf von Angebots- und Nachfragefunktionen entspricht im wesentlichen den Voraussetzungen an ein sog. reguläres räumliches Marktsystem von Smith und Friesz (1985). Ein solches ist gegeben, wenn beim Preis von Null auf einem Markt die Nachfrage das Angebot nicht unterschreitet und es zudem eine Preisgrenze gibt, oberhalb derer das Angebot die Nachfrage zu jedem Preis übersteigt.

2 Für eine ähnliche Argumentation vgl. Friesz et al. (1983).

(KT2) mit (KT6) $\quad - Pn_i(D_i) + \pi_i \geq 0 \quad (i = 1(1)m)$

(KT5) mit (KT2) $\quad (-Pn_i(D_i) + \pi_i)D_i \geq 0 \quad (i = 1(1)m)$

(KT3) mit (KT6) $\quad Pa_i(\Omega_i) - \pi_i \geq 0 \quad (i = 1(1)m)$

(KT5) mit (KT3) $\quad (Pa_i(\Omega_i) - \pi_i)\Omega_i \geq 0 \quad (i = 1(1)m)$

(KT7´a) $\quad -(D_i - \Omega_i + \sum_{k=1}^{m} x_{ik} - \sum_{k=1}^{m} x_{ki}) \geq 0 \quad (i = 1(1)m)$

(KT7´c) $\quad (D_i - \Omega_i + \sum_{k=1}^{m} x_{ik} - \sum_{k=1}^{m} x_{ki})\pi_i = 0 \quad (i = 1(1)m)$

(KT4) $\Omega_i \geq 0,\ D_i \geq 0,\ x_{ik} \geq 0 \quad (i,k = 1(1)m)$, (KT7´b) $\pi_i \geq 0 \quad (i = 1(1)m)$

Dieses System stellt ein Komplementärproblem dar, das mit der Funktion

$$F: \mathbb{R}^{3m+m\cdot(m-1)} \rightarrow \mathbb{R}^{3m+m\cdot(m-1)},$$
$$(\pi, D, \Omega, x) \rightarrow F(\pi, D, \Omega, x) \quad \text{mit}$$

$$F(\pi, D, \Omega, x) := [-(D_i - \Omega_i + \sum_{k=1}^{m} x_{ik} - \sum_{k=1}^{m} x_{ki})\ (i = 1(1)m),$$
$$-Pn_i(D_i) + \pi_i\ (i = 1(1)m),\ Pa_i(\Omega_i) - \pi_i\ (i = 1(1)m),\ \pi_k + t_{ki} - \pi_i\ (i,k = 1(1)m,\ i \neq k)]$$

zu definieren ist.

Die Einführung inverser Angebots- und Nachfragefunktionen, die zur Erstellung der Optimierungsversion (W) des Marktgleichgewichtes erforderlich ist, hat zur Konsequenz, daß die Mengen Ω_i und D_i $(i = 1(1)m)$ zu Variablen werden. Dieser Schritt kann nun rückgängig gemacht und die Variablen Ω_i und D_i können aus dem System entfernt werden; an ihre Stelle treten wieder die Funktionen $\Omega_i(p_i)$ und $D_i(p_i)$. Die Variablen des Problems sind dann die Flüsse x_{ki} und die Preise p_i bzw. π_i. Auch die Bedingungen, die die inversen Funktionen beinhalten, fallen aus dem Problem heraus, was jedoch für die Problemformulierung unproblematisch ist, da die Variablen π_i

(bzw. p_i) durch die verbleibenden Bedingungen so gesteuert werden, daß sie die Marktpreise repräsentieren. Nur wenn inverse Angebots- und Nachfragefunktionen auftreten, ist ihre Verknüpfung mit den Variablen π_i über konkrete Bedingungen erforderlich.[1]

Bezüglich der Funktion F bedeutet dies, daß die beiden mittleren Komponenten des Bildvektors und die Argumente D und Ω wegfallen; die Variablen π_i können in p_i umbenannt werden. Das Komplementärproblem wird dann mit der Funktion

$$F_P: \mathbb{R}^{m+m\cdot(m-1)} \rightarrow \mathbb{R}^{m+m\cdot(m-1)},$$
$$(p, x) \rightarrow F_p(p,x) \quad \text{mit}$$

$$F_P(p,x) := [-(D_i(p_i) - \Omega_i(p_i) + \sum_{k=1}^{m} x_{ik} - \sum_{k=1}^{m} x_{ki}) \ (i = 1(1)m),$$
$$p_k + t_{ki} - p_i \ (i,k = 1(1)m, \ i \neq k)]$$

definiert.[2] Da dieses Komplementärproblem dem Ausgangsproblem (MG) äquivalent ist, sind nun alle Zusammenhänge der verschiedenen Problemformulierungen gezeigt.

Allgemein läßt sich ein lineares Komplementärproblem LK(M,q) durch die Angabe einer Matrix $M \in \mathbb{R}^{n\times n}$ und eines Vektors $q \in \mathbb{R}^n$ vollständig beschreiben; es ist ein Vektor $z \in \mathbb{R}^n$ gesucht, der die Bedingungen

(LK1) $z \geq 0$

(LK2) $w := Mz + q \geq 0$

(LK3) $z^T w = \sum_{i=1}^{n} z_i \cdot w_i = 0$

---

1 Die inversen Angebots- und Nachfragefunktionen sind zur Konstruktion eines linearen Komplementärproblems, welches das räumliche Gleichgewicht repräsentiert, nicht erforderlich. Sie ermöglichen jedoch die Formulierung des räumlichen Gleichgewichtes als Optimierungsproblem und eröffnen damit den Weg, das Komplementärproblem aus den Kuhn-Tucker-Bedingungen abzuleiten.
In der Literatur werden die Kuhn-Tucker-Bedingungen im allgemeinen zum Nachweis der Äquivalenz der Lösungen von Optimierungs- und Gleichgewichtsproblem verwendet, vgl. z.B. Tobin und Friesz (1983).

2 Diese Variante geben ähnlich Friesz et al. (1983) an.

erfüllt.[1] Das Komplementärproblem, welches das Marktgleichgewicht beschreibt, ist genau dann linear, wenn die Angebots-, die Nachfrage- und die Transportstückkostenfunktionen $t_{ki}(x)$ linear sind. Im folgenden werden stets lineare Transportkostenfunktionen, also konstante Einheitstransportkosten t_{ki}, sowie lineare Angebots- und Nachfragefunktionen der Form

$$\Omega_i(p_i) := d_i p_i - e_i,\ D_i(p_i) := a_i - b_i p_i \quad (i = 1(1)m),$$

unterstellt.

Die Matrix M_P, die zu einem ein Marktgleichgewicht repräsentierenden, linearen Komplementärproblem gehört, ist eine $(m+m\cdot(m-1))\times(m+m\cdot(m-1))$-Matrix und damit sehr umfangreich. Sie setzt sich aus vier Blöcken zusammen, deren linker oberer Block eine $m\times m$-Diagonalmatrix mit positiven Einträgen $(d_i + b_i)$ und deren rechter unterer Block eine $(m\cdot(m-1))\times(m\cdot(m-1))$-Nullmatrix ist. Der rechte obere Block mit dem Format $m\times(m\cdot(m-1))$ beinhaltet die Koeffizienten für die Summation der Mengenvariablen x_{ki}. Jedem der m Orte ist eine Zeile zugeordnet und jeder Variable eine Spalte, wobei zuerst die Variablen x_{1i} $(i = 2(1)m)$, dann x_{2i} $(i \neq 2)$ usw. erfaßt werden. Da jede Variable nur in zwei Mengenkontinuitätsbedingungen auftritt, enthält jede Spalte nur zwei Einträge, nämlich eine 1 und eine -1. Entsprechend weist jede Zeile genau (m-1) Einträge vom Wert 1 und genauso viele Einträge vom Wert -1 auf. Damit handelt es sich bei dieser Teilmatrix um eine Umlade- bzw. Flußmatrix, was auch unmittelbar aus den Mengenkontinuitätsgleichungen zu ersehen ist, die die Struktur von Umladebedingungen bzw. Flußerhaltungsbedingungen haben.[2] In dem speziellen Fall, daß manche Orte als Nachfragemärkte und andere als Angebotsmärkte bekannt sind, also eine von vornherein bekannte Aufteilung der Orte in zwei Kategorien besteht, liegt eine Transportmatrix vor, da in jeder Zeile nur Einträge desselben Vorzeichens auftreten.[3]

Der linke untere Block der Matrix enthält je Zeile eine 1 und eine -1. Wenn diese Zeilen in der gleichen Reihenfolge wie die Variablen x_{ki} erfaßt werden, entspricht die Struktur gerade der negativen Transponierten der rechten oberen Matrix. M_P setzt sich also zusammen aus einer Diagonalmatrix mit Einträgen $(d_i + b_i)$ und zwei

---

1 Eine Einführung in die Theorie linearer Komplementärprobleme und eine Darstellung geeigneter Lösungsverfahren findet sich in Anhang II.

2 Vgl. Ahuja et al. (1993), S. 5, sowie Domschke (1989), S. 78 und S. 81.

3 Die Verbindung zum Umlade- bzw. Transportproblem wird im folgenden Kapitel noch präzisiert. Zur allgemeinen Darstellung des Transportproblems und der Form der Koeffizientenmatrix vgl. Domschke (1989), S. 88ff.

Flußmatrizen. Durch diese spezielle Struktur ist die Matrix M_P positiv semidefinit, aber nicht symmetrisch.[1]

Am Beispiel dreier Orte läßt sich die Struktur der sich ergebenden Matrix anhand der ersten drei Zeilen illustrieren:[2]

$$M_P = \begin{pmatrix} d_1 + b_1 & 0 & 0 & -1 & -1 & 1 & 0 & 1 & 0 \\ 0 & d_2 + b_2 & 0 & 1 & 0 & -1 & -1 & 0 & 1 \\ 0 & 0 & d_3 + b_3 & 0 & 1 & 0 & 1 & -1 & -1 \\ & & & & \dots & & & & \end{pmatrix}$$

Der zu dem Problem gehörige Vektor $q_P := (q_i, q_{ki})^T$ besitzt die Einträge
$q_i := -(a_i + e_i)$ $(i = 1(1)m)$, $q_{ki} := t_{ki}$ $(k = 1(1)m,\ i = 1(1)m,\ i \neq k)$,
der Urbildvektor ist durch $z := (p, x)^T$ gegeben. Damit ist das räumliche Gleichgewichtsproblem als lineares Komplementärproblem vollständig definiert.

Die angegebene Formulierung ist eine "Preisformulierung" des Problems, da sie explizit die Preisvariablen p_i enthält.[3] Davon zu unterscheiden sind die "Mengenformulierungen", bei denen alle Zusammenhänge in Mengenvariablen, also den Transportmengen x_{ki}, ausgedrückt werden. Während für die Preisformulierungen die Nachfrage- und Angebotsfunktionen verwendet werden, sind für die Mengenformulierungen die zugehörigen inversen Funktionen erforderlich.

In eine reine Mengenformulierung in den Variablen x_{ki} können aber die oben angegebenen Mengenkontinuitätsbedingungen (MG2) nicht in der bisher verwendeten Form integriert werden. Statt dessen werden Variable x_{ii} $(i = 1(1)m)$ eingeführt, die

---

1 Dies läßt sich erkennen, da alle Hauptminoren der Matrix Null oder positiv sind, vgl. auch Anhang II.3. Unter den Hauptminoren einer Matrix werden die Determinanten aller quadratischen Untermatrizen verstanden, die durch das Fortlassen von Zeilen und Spalten der Matrix mit demselben Index entstehen.

2 Es sind nur die ersten drei Zeilen der Matrix angegeben, da sich die übrigen sechs Zeilen durch negatives Transponieren der rechten oberen Matrix und ergänzen um je sechs Nullen pro Zeile ergeben.

3 Eine solche explizite Unterscheidung in Preis- und Mengenformulierungen nimmt z.B. Nagurney (1993), S. 78ff., vor. Nagurney betrachtet die entsprechenden Fragestellungen in Form von Variationsungleichungen.

explizit die in Ort i angebotene Menge, die auch dort verbraucht wird, erfassen, und imaginäre Transportkostensätze $t_{ii} = 0$ festgesetzt. Es können dann die Bedingungen

$$\text{(MG2a)} \quad \sum_{k=1}^{m} x_{ki} = D_i \quad (i = 1(1)m)$$

$$\text{(MG2b)} \quad \sum_{k=1}^{m} x_{ik} = \Omega_i \quad (i = 1(1)m)$$

anstelle von (MG2) formuliert werden.[1] Die Möglichkeit, daß ein Ort im- und exportiert und also als "Umladeort" fungiert, wird auf diese Weise ausgeschlossen; sie ist mit dieser Formulierung nicht zu vereinbaren. Über die Bedingungen (MG2a) und (MG2b) werden die Variablen Ω_i und D_i aus dem Problem eliminiert. Die Verwendung der inversen Angebots- und Nachfragefunktionen macht zudem die Variablen p_i überflüssig. Also ergibt sich die Funktion F_M des Komplementärproblems

$$F_M: \mathbb{R}^{m \cdot m} \rightarrow \mathbb{R}^{m \cdot m},$$
$$x \rightarrow F_M(x) \quad \text{mit}$$

$$F_M(x) := [Pa_k(\sum_{j=1}^{m} x_{kj}) + t_{ki} - Pn_i(\sum_{j=1}^{m} x_{ji}) \quad (i, k = 1(1)m)],$$

womit das Problem eine wesentlich einfachere Struktur als in der Preisformulierung erhält. Die Marktpreise können aus den Ergebnissen des Modells abgeleitet werden, werden aber nicht als Bestandteil der Problemlösung bestimmt.

Auch das mit F_M konstruierte Komplementärproblem ist unter der Voraussetzung der Linearität aller auftretenden Funktionen linear. Die inversen Angebotsfunktionen haben die Form

$$Pa_k(\Omega_k) = (1/d_k) \cdot \Omega_k + e_k/d_k \ (k = 1(1)m);$$

die inversen Nachfragefunktionen lauten

$$Pn_i(D_i) = -(1/b_i) \cdot D_i + a_i/b_i \ (i = 1(1)m).$$

Die Mengen Ω_k und D_i können durch die Summen der entsprechenden Transportmengen nach Maßgabe von (MG2a) und (MG2b) ersetzt werden.

---

1 Diese Bedingungen implizieren auch das Erfülltsein von (MG2), nicht jedoch umgekehrt.

Die Matrix dieses Komplementärproblems weist also die im folgenden anhand der ersten drei Zeilen eines Problems beliebiger Größe skizzierte Struktur auf:

$$M_M = \begin{pmatrix} 1/d_1 + 1/b_1 & 1/d_1 & 1/d_1 & \dots & 1/d_1 & 1/b_1 & 0 & \dots & 1/b_1 & 0 & \dots \\ 1/d_1 & 1/d_1 + 1/b_2 & 1/d_1 & \dots & 1/d_1 & 0 & 1/b_2 & \dots & 0 & 1/b_2 & \dots \\ 1/d_1 & 1/d_1 & 1/d_1 + 1/b_3 & \dots & 1/d_1 & 0 & 0 & \dots & 0 & 0 & \dots \\ & & & & \dots & & & & & & \end{pmatrix}$$

Sie setzt sich blockweise aus Diagonalmatrizen zusammen, deren Einträge jeweils die negative Steigung der inversen Nachfragefunktion bilden, zu denen auf der Hauptdiagonalen "Kästchenmatrizen" addiert werden, in die in allen Komponenten die Steigung der inversen Angebotsfunktion, $1/d_i$, eingetragen ist.
Der Vektor q_M des Komplementärproblems besitzt die Komponenten

$q_{ki} := e_k/d_k - a_i/b_i + t_{ki}$ (i, k = 1(1)m).

Die Matrix $M_M \in \mathbb{R}^{(m \cdot m)\times(m \cdot m)}$ ist symmetrisch, besitzt nur nicht-negative Einträge und eine positive Diagonale, so daß die Existenz einer Lösung des Komplementärproblems gesichert ist.[1] Da die Matrix außerdem eine sog. P-Matrix ist, besitzt das Problem eine eindeutige Lösung.[2,3]

Friesz et al. (1983) leiten direkt aus den Gleichgewichtsbedingungen (MG) ein der Preisformulierung entsprechendes Komplementärproblem ab. Die oben angegebene Herleitung aus den Kuhn-Tucker-Bedingungen des Problems zeigt jedoch auch die Verbindung zum Optimierungsproblem (W) auf. Allerdings kann das Optimierungsproblem nicht ohne die explizite Verwendung inverser Angebots- und Nachfragefunktionen formuliert werden, während das Komplementärproblem in der Preisformulierung ohne diese auskommt. Zudem lassen sich durch den "Umweg" über das Optimierungsproblem nur unter strengeren Voraussetzungen Aussagen über die Existenz und Eindeutigkeit der Lösungen machen, als dies bei der "direkten" Formulierung des Komplementärproblems der Fall ist. Das Komplementärproblem kann in der angegebenen Form nämlich auch für nicht-separable Funktionen - also

---

1 Vgl. Cottle und Dantzig (1968).

2 Vgl. Murty (1972). Eine Matrix mit ausschließlich positiven Hauptminoren heißt P-Matrix.

3 Weitere Ausführungen und Literaturhinweise zur Lösbarkeit von LK(M,q) finden sich in Anhang II.3.

z.B. für Angebots- und Nachfragefunktionen, deren Werte von den auf allen Märkten herrschenden Preisen abhängen -, die einer bestimmten Regularitätsbedingung genügen,[1] formuliert werden und ist auch in diesem allgemeinen Fall dem Gleichgewichtsproblem äquivalent. Die Existenz einer Lösung kann mit Hilfe des Brouwerschen Fixpunktsatzes gezeigt werden, indem eine geeignete Abbildung über einer konvexen und kompakten Menge definiert wird.[2] Die Eindeutigkeit der Lösung kann für positive, streng monoton wachsende durchschnittliche Transportkosten und streng monoton wachsende (fallende) Angebots-(Nachfrage-)funktionen gezeigt werden.[3]

Der "Standardfall" konstanter Transportkosten ist aber bei ausschließlicher Berücksichtigung linearer Funktionen unproblematisch. Sind nämlich die Angebots- und Nachfragefunktionen linear wachsend bzw. fallend, so ergibt sich ein lineares Komplementärproblem, bei dem die Transportkosten nur in den Vektor q einfließen, und die Matrix M wie oben erläutert eine P-Matrix ist, so daß das entstehende Problem eindeutig lösbar ist.

3.3.4 Räumliches Gleichgewicht und klassisches Transportproblem

Die Untersuchung des räumlichen Gleichgewichtsproblems zeigt, daß dieses eine enge Verwandtschaft zum klassischen Transportproblem aufweist.[4] Es ist zwar bei dem oben angegebenen Gleichgewichtsproblem weder vorab bekannt, welche Märkte Angebots- und welche Nachfragemärkte sind, noch sind die zu liefernden oder zu beschaffenden Mengen gegeben.[5] Wäre dies jedoch der Fall, so handelte es sich bei der Formulierung als Optimierungsproblem um ein klassisches Transportproblem,

---

1 Vgl. hierzu Friesz et al. (1983). Die Regularitätsbedingung entspricht i.w. inhaltlich der oben bereits genannten Bedingung, daß bei einem Preis von Null die Nachfrage das Angebot nicht unterschreiten soll.

2 Vgl. Friesz et al. (1983), Beweis von Theorem 2. Der Brouwersche Fixpunktsatz - Brouwer (1910) - besagt, daß eine stetige Selbstabbildung einer kompakten, abgeschlossenen Menge einen Fixpunkt besitzt, vgl. z.B. Friedman (1977), S. 158.

3 Vgl. Friesz et al. (1983), Theorem 3. Harker (1986) merkt an, daß die Voraussetzung wachsender durchschnittlicher Transportkosten, die für die Eindeutigkeit einer Lösung erforderlich ist, lästig ("troublesome") sei, da in der Realität aufgrund von Mengenrabatten häufig genau vom Gegenteil ausgegangen wird.

4 Beispielsweise Florian und Los (1982), ebenso wie Rowse (1981), bezeichnen das Markt-Gleichgewichtsproblem auch als verallgemeinertes Transportproblem ("Generalized Transportation Problem").

5 Vgl. Samuelson (1952), S. 285.

da bei festen Mengen die "sozialen Netto-Auszahlungen" aller Märkte ebenfalls feststehen und damit als zu optimierende Größe einzig die Transportkosten übrigbleiben, die, da sie im Maximierungsproblem (W) mit negativem Vorzeichen auftauchen, zu minimieren sind. Damit stellt sich bei fixierten Mengen wieder die Transportkostenminimierung als eine sinnvolle Zielsetzung - hier zur Wohlfahrtsmaximierung - heraus. Die Flußbedingungen (MG2a) und (MG2b) werden bei fixierten Mengen gerade zu den bekannten Angebots- und Nachfragebedingungen des Transportproblems. Damit ist bei geeigneter Interpretation das klassische Transportproblem ein einfacher Fall eines gesamtwirtschaftlichen Gleichgewichts.

Bei fixierten Angebotsmengen Ω_k (k = 1(1)n) der sich ergebenden n verschiedenen Nettoangebotsorte und entsprechend fixierten Nachfragemengen D_i (i = n+1(1)m) der übrigen m-n (Nettonachfrage)Orte - die Orte sind ggf. geeignet neu zu numerieren - lautet das Problem[1]

$$\text{(TP1)} \quad \min \sum_{k=1}^{n} \sum_{i=n+1}^{m} t_{ki} \cdot x_{ki}$$

unter Beachtung von

$$\text{(TP2)} \quad \sum_{i=n+1}^{m} x_{ki} = \Omega_k \quad (k = 1(1)n)$$

$$\text{(TP3)} \quad \sum_{k=1}^{n} x_{ki} = D_i \quad (i = n+1(1)m)$$

$$\text{(TP4)} \quad x_{ki} \geq 0 \qquad (k = 1(1)n,\ i = n+1(1)m).$$

Eine Betrachtung des zu diesem Problem Dualen liefert zu jeder Angebots- und Nachfragebedingung (und damit für jeden Ort) eine Dualvariable (und damit einen Preis) p_k bzw. p_i. Da die Dualvariablen nicht vorzeichenbeschränkt sind, ist allerdings

[1] Das klassische Transportproblem geht auf Hitchcock (1941) und Koopmans (1949) zurück. Vgl. auch Dantzig (1966), S. 343ff.

nur die Differenz zweier Preise, nicht ihre absolute Höhe, aussagekräftig. Es ist daher sinnvoll, die Angebotsbedingungen (TP2) äquivalent zu

$$\text{(TP2')} \quad \sum_{i=n+1}^{m} (-x_{ki}) = -\Omega_k \quad (k = 1(1)n)$$

umzuformen. Dann lautet das Dualproblem:

$$\text{(D-TP1)} \quad \max \sum_{i=n+1}^{m} D_i \cdot p_i - \sum_{k=1}^{n} \Omega_k \cdot p_k$$

unter Beachtung von

$$\text{(D-TP2)} \quad p_i - p_k \leq t_{ki} \quad (k = 1(1)n,\ i = n+1(1)m)$$

$$\text{(D-TP3)} \quad p_i, p_k \in \mathbb{R} \quad (k = 1(1)n,\ i = n+1(1)m).$$

Damit ist die Zielsetzung des Dualproblems durch die Maximierung der Wertzuwächse, die durch Transporte zwischen den Angebots- und Nachfrageorten entstehen, gegeben. Jedoch darf die Differenz der Preise die Transportkosten pro Mengeneinheit, die zwischen den Märkten k und i entstehen, nicht überschreiten. Aus dem Satz vom komplementären Schlupf folgt weiter, daß entweder die Transportmenge x_{ki} den Wert 0 hat oder aber die Differenz von p_i und p_k gerade dem Transportkostensatz t_{ki} entspricht.[1] Diese Forderung ist gleichbedeutend mit Bedingung (MG1). Hier wird am konkreten Beispiel die Verbindung zwischen der Dualisierung eines Linearen Programms und der Ableitung der Kuhn-Tucker-Bedingungen in der Optimierungstheorie deutlich, denn die Dualvariablen p_i, die zur Konstruktion des dualen Transportproblems herangezogen werden, entsprechen den (Lagrange)-Variablen π_i des Gleichgewichtsproblems.

Jedes Paar linearer Programme kann als lineares Komplementärproblem dargestellt werden, wobei die Bedingungen aus dem Satz vom komplementären Schlupf bei der Konstruktion eine wesentliche Rolle spielen. Das Vorgehen ist detailliert in Anhang II.2 dargestellt. Wird nach dieser Vorgehensweise das dem Transportproblem zugeordnete lineare Komplementärproblem für zwei Anbieter(märkte) (k = 1, 2) und

---

[1] Vgl. z.B. Domschke (1989), S. 85f.

zwei Nachfrager(märkte) (i = 3, 4) aufgestellt, so ergibt sich ein Problem[1] mit der Matrix $M_{Trans,4}$ und dem Vektor $q_{Trans,4}$,

$$M_{Trans,4} := \begin{pmatrix} 0 & 0 & 0 & 0 & -1 & -1 & 0 & 0 \\ 0 & 0 & 0 & 0 & 0 & 0 & -1 & -1 \\ 0 & 0 & 0 & 0 & 1 & 0 & 1 & 0 \\ 0 & 0 & 0 & 0 & 0 & 1 & 0 & 1 \\ 1 & 0 & -1 & 0 & 0 & 0 & 0 & 0 \\ 1 & 0 & 0 & -1 & 0 & 0 & 0 & 0 \\ 0 & 1 & -1 & 0 & 0 & 0 & 0 & 0 \\ 0 & 1 & 0 & -1 & 0 & 0 & 0 & 0 \end{pmatrix}, \quad q_{Trans,4} := \begin{pmatrix} \Omega_1 \\ \Omega_2 \\ -D_3 \\ -D_4 \\ t_{13} \\ t_{14} \\ t_{23} \\ t_{24} \end{pmatrix}$$

Die Abbildung, mit der das Komplementärproblem konstruiert wird, ist also F_{Trans},

$$F_{Trans}: \mathbb{R}^{m+n(m-n)} \to \mathbb{R}^{m+n(m-n)}$$
$$(p, x) \to F_{Trans}(p, x)$$

$$F_{Trans}(p,x) := [\, -\sum_{i=n+1}^{m} x_{ki} + \Omega_k \ (k = 1(1)n), \ \sum_{k=1}^{n} x_{ki} - D_i \ (i = n+1(1)m),$$
$$p_k + t_{ki} - p_i \ (k = 1(1)n, \ i = n+1(1)m)]$$

Die Strukturähnlichkeit mit dem Komplementärproblem des Marktgleichgewichts in der Preisformulierung ist bei Vergleich mit der Funktion F_P offensichtlich; jedoch sind im Gleichgewichtsproblem die Nachfrage- und Angebotsmengen variabel, und daher sind Angebots- und Nachfrageorte nicht von vornherein zu bestimmen. Aus diesem Grund müssen im Gleichgewichtsproblem alle Orte als Anbieter und Nachfrager berücksichtigt und zusätzlich die Variablen x_{ii} ausgeschlossen werden, d.h. die entsprechenden Zeilen und Spalten eliminiert werden. Im Transportproblem hingegen ist bereits vor der Lösung eine Aufteilung in Angebots- und Nachfrageorte gegeben, die dazu führt, daß das Problem nur die Dimension $m + n \cdot (m-n)$ hat.

---

[1] Um den Vergleich mit den räumlichen Gleichgewichten zu erleichtern, ist hier die Transportmatrix in der rechten oberen Ecke und die negative Transponierte in der linken unteren Ecke eingetragen. In der Standardform in Anhang II.2 ist hingegen die umgekehrte Anordnung gewählt. Wegen des "Kästchenformats" des einem linearen Programm zugeordneten LK(M,q) ist diese Vertauschung unproblematisch, sie bedingt lediglich die entsprechende Umstellung der Variablen.

Des weiteren muß im Gleichgewichtsproblem das preisabhängige Auftreten von Angebot und Nachfrage einbezogen werden, indem im linken oberen Teil der Matrix jeweils die Summe aus den Steigungen der Angebots- und Nachfragefunktionen eingetragen wird. Es ist inhaltlich einleuchtend, daß das Transportproblem nur Nullen im oberen linken Teil enthält, da die Nachfrage und das Angebot als fest gegebene Größen vollkommen unelastisch sind.

Zur Vervollständigung des Vergleichs wird nun unterstellt, es wäre für vier Märkte zwar bereits bekannt, daß die ersten beiden als Anbieter und die anderen beiden als Nachfrager fungieren, da sich die Unternehmen und die Nachfrager in entsprechender Weise verteilen, aber die konkreten Angebots- und Nachfragemengen seien nicht bekannt. Sie werden durch lineare Angebots- und Nachfragefunktionen in Abhängigkeit vom Preis angegeben. Das räumliche Gleichgewichtsproblem hat dann die Form eines Komplementärproblems mit der Matrix $M_{P,4}$ und dem Vektor $q_{P,4}$, die durch

$$M_{P,4} := \begin{pmatrix} d_1 & 0 & 0 & 0 & -1 & -1 & 0 & 0 \\ 0 & d_2 & 0 & 0 & 0 & 0 & -1 & -1 \\ 0 & 0 & b_3 & 0 & 1 & 0 & 1 & 0 \\ 0 & 0 & 0 & b_4 & 0 & 1 & 0 & 1 \\ 1 & 0 & -1 & 0 & 0 & 0 & 0 & 0 \\ 1 & 0 & 0 & -1 & 0 & 0 & 0 & 0 \\ 0 & 1 & -1 & 0 & 0 & 0 & 0 & 0 \\ 0 & 1 & 0 & -1 & 0 & 0 & 0 & 0 \end{pmatrix}, \quad q_{P,4} := \begin{pmatrix} -e_1 \\ -e_2 \\ -a_3 \\ -a_4 \\ t_{13} \\ t_{14} \\ t_{23} \\ t_{24} \end{pmatrix}$$

gegeben sind. Das Transportproblem kann somit als Spezialfall des räumlichen Gleichgewichts angesehen werden. Die Verwandtschaft der Probleme wird an den zugehörigen Komplementärproblemen besonders deutlich. Während das räumliche Gleichgewicht im allgemeinen ein nicht-lineares Komplementärproblem liefert, entsteht aus dem linearen Transportproblem immer ein lineares Problem, welches gleichzeitig ein spezielles räumliches Gleichgewichtsproblem ist. Umgekehrt ergibt sich im Falle linearer Angebots- und Nachfrage- sowie Transportkostenfunktionen auch für das räumliche Gleichgewicht ein lineares Komplementärproblem, das eine dem Transportproblem ähnliche, allerdings vergrößerte Matrix aufweist, die der variablen Nachfrage und dem variablen Angebot sowie der noch unbekannten Aufteilung in Liefer- und Abnehmerorte Rechnung trägt.

In anderer Interpretation kann das Transportproblem auch als Planungsmodell für die Standortplanung verwendet werden.[1] In diesem Fall werden die Angebotsmengen als mögliche Versandmengen eines Unternehmens aufgefaßt, das durch die Lösung eines Transportproblems die für die Belieferung bekannter Nachfrageorte mit ebenfalls bekannten Mengen günstigsten Standorte bestimmen möchte. Es werden also nicht unbedingt alle untersuchten Standorte tatsächlich errichtet bzw. benutzt, sondern nur mit einigen ausgewählten Standorten die auf günstige Weise zu befriedigenden Nachfragen bedient.[2] Das Transportproblem kann so auch als Grundproblem der klassischen Standortplanung interpretiert werden, aus dem beispielsweise durch zusätzliche Berücksichtigung von Standorterrichtungs- oder anderen standortfixen Kosten das SPLP entsteht.[3] Damit zeigen sich zwischen den verschiedenen, untersuchten Problemkomplexen weitere Zusammenhänge, die auf den ersten Blick nicht erkennbar sind.

3.3.5 Literaturüberblick über Netzwerkmodelle für räumliche Gleichgewichte

Die Darstellung räumlicher Gleichgewichtsmodelle orientiert sich im vorangehenden insoweit an Samuelson (1952) und Takayama und Judge (1971), als sie sich auf räumlich getrennte Märkte beschränkt, für die die Kosten, die für den Transport des betrachteten Gutes zwischen je zwei Märkten anfallen, bekannt sind. In diese Betrachtungsweise paßt die Analogie zum Transportproblem. Auf der anderen Seite lassen sich Gleichgewichts-Problemstellungen auch für konkrete räumliche Strukturen, d.h. Netzwerke, formulieren. In Netzwerken aber gibt es für zwei Orte nicht nur eine Verbindung, über die Waren fließen können, und die Kosten der Verbindungen müssen zunächst aus der Netzwerkstruktur und möglicherweise mengenabhängig bestimmt werden. Zudem können in die Betrachtung neben (Netto-)Anbietern und

---

1 Vgl. z.B. Hansmann (1974), S. 35.

2 Die Lösung des Problems liefert zwar eine komplette Zuordnung der Nachfrager zu den Angebotsorten, da ja Gleichheitsrestriktionen die vollständige Bedienung aller Nachfrageorte erzwingen. Das Ergebnis kann aber anschließend auch in der Weise verwendet und interpretiert werden, daß nur eine bestimmte Zahl der möglichen Standorte eröffnet wird und dafür die günstigsten ausgewählt werden, die sich aus der Rechnung ergeben haben. Dies muß natürlich ggf. anhand der möglichen Gewinne und nicht nur der entstehenden Kosten überprüft werden.

3 Vgl. für die Darstellung dieses Zusammenhangs ebenfalls Hansmann (1974), S. 36ff. Bestimmte Heuristiken zur Lösung von SPLP greifen auf auch Transportprobleme zurück, vgl. z.B. Domschke und Drexl (1990), S. 37ff.

(Netto-)Nachfragern auch Umladeorte einbezogen werden, d.h. Orte im Netzwerk, die nur als Umschlagplätze fungieren.[1]

Für die Formulierung der Probleme in Netzwerken müssen jeweils Wege zwischen den verschiedenen Angebots- und Nachfragemärkten betrachtet werden. Dabei wird, solange keine Kapazitätsbeschränkungen der Kanten berücksichtigt werden, stets der kürzeste bzw. günstigste Weg zwischen einem Angebots- und einem Nachfrageort genutzt.[2] Damit besteht eine Verwandtschaft zu Transportgleichgewichtsmodellen wie dem sog. Wardrop-Gleichgewicht, das die Verteilung von Nutzerströmen in einem Netzwerk bestimmt.[3] Jeder Nutzer will sich von einem bestimmten Startort zu einem Zielort begeben und versucht, dies möglichst kostengünstig zu realisieren. Die Lösungen solcher Probleme werden als "Benutzer-optimiert" bezeichnet, da für jeden einzelnen Benutzer die günstigste Möglichkeit bestimmt wird, jedoch nicht unbedingt das Gesamtoptimum im Sinne der insgesamt kostengünstigsten Lösung erreicht wird.[4]

Im Gegensatz zum Wardrop-Gleichgewicht,[5] in dem die Gleichheit der Kosten auf allen benutzten Wegen zwischen zwei bestimmten Orten und damit die Eindeutigkeit

---

1 Beispiele für entsprechende Netzwerk-Modellierungen geben unter anderem Harker (1986), Friesz et al. (1984) sowie Tobin und Friesz (1983).

2 Vgl. Florian und Los (1982). Dabei besteht das Problem, daß sich bei mengenabhängigen, d.h. nichtlinearen Transportkosten der günstigste Weg abhängig von den Mengen verändert, so daß bei dem von Florian und Los vorgeschlagenen iterativen Verfahren in jedem Schritt eine Bestimmung der aktuell günstigsten Wege erforderlich ist.

3 Vgl. z.B. Nagurney (1993), S. 137ff.

4 Für ein Beispiel mit abweichenden Lösungen vgl. z.B. Florian und Hearn (1995), S. 488f. Ein solcher Fall kann nur eintreten, wenn die Kosten der einzelnen Verbindungen nicht konstant sind, d.h. keine konstanten Einheitstransportkosten vorliegen, sondern diese von den transportierten "Mengen" bzw. Benutzern abhängen.

5 Vgl. auch Harker (1988). Harker stellt Wardrop-Gleichgewichte ("User Equilibria") und System-Gleichgewichte ("System Equilibria") gegenüber und integriert beide in einen gemeinsamen Ansatz. Im wesentlichen unterscheiden sich diese beiden Formen der Netzwerktransport-Gleichgewichte dadurch, daß im ersten Fall viele einzelne Benutzer in einem Transportnetzwerk die von ihnen benutzten Strecken bestimmen und damit jeder seine Kosten individuell minimiert, während im Fall des System-Gleichgewichts ein übergeordneter Entscheidungsträger die optimalen Güterströme mit dem Ziel der Gesamtkostenminimierung bestimmt. Damit ergeben sich unterschiedliche Optimalitätskriterien: Im Benutzer-Gleichgewicht müssen die durchschnittlichen Kosten aller zwischen je zwei Orten genutzten Verbindungen gleich sein, da jeder einzelne Benutzer die für ihn günstigste Verbindung auswählt und seinen Anteil der Gesamtkosten der Verbindung tragen muß. Wären die durchschnittlichen Kosten der genutzten Verbindungen unterschiedlich, würden die Nutzer der teureren Verbindungen auch lieber auf die billigeren wechseln. Im Systemgleichgewicht, dem Gesamtoptimum, müssen dagegen die Grenzkosten der genutzten Verbindungen übereinstimmen.

der Kosten einer Start-/Zielortkombination gefordert wird, sind die räumlichen Gleichgewichte durch die Eindeutigkeit des Verkaufspreises auf jedem Markt charakterisiert, d.h. auf jedem Markt darf es nur genau einen Preis geben, der unabhängig von der Herkunft der Ware ist.[1]

Da also die Flüsse auf den einzelnen Wegen durch das Netzwerk maßgeblich sind, müssen für Gleichgewichte in Netzwerken sog. Weg-Variablen definiert werden. Florian und Los (1982) stellen zunächst ein Modell mit räumlich getrennten Märkten und zwischen diesen Märkten bekannten Transportkosten auf und erweitern dieses anschließend zu einem Netzwerkmodell in Weg-Variablen und mit kantenabhängigen Transportkosten. Das entstehende Problem läßt sich als Problem der nichtlinearen Programmierung[2] formulieren. Allerdings besteht die bereits angesprochene Schwierigkeit, in jedem Schritt die kürzesten bzw. günstigsten Wege neu zu bestimmen. Daher schlagen Tobin und Friesz (1983) die Formulierung in Kantenvariablen vor, d.h. eine Darstellung, die sich vollständig von der Betrachtung einzelner Wege zwischen zwei Orten löst. Da für jeden Knoten des Netzwerks, egal ob er (Netto)Nachfrage- oder (Netto)Angebotsort oder Umladeort ist, eine Mengenkontinuitätsbedingung formuliert werden kann, macht diese Darstellung keine Schwierigkeiten. Tobin und Friesz (1983) lösen das Problem als konvexes, nichtlineares Optimierungsproblem mit Standardsoftware.[3] Die Eindeutigkeit der

---

1 Vgl. Florian und Los (1982).

2 Florian und Los (1982) schlagen eine lineare Approximationsmethode bzw. die Methode projizierter Gradienten vor, um das sich ergebende nicht-lineare Minimierungsproblem zu lösen. Dieses Problem entspricht der Minimierungsversion des oben dargestellten Problems (W), allerdings unter Einbeziehung der Mengenkontinuitätsbedingungen als Strafterm in die Zielfunktion. Auf diese Weise bleibt ein (nicht-lineares) Optimierungsproblem unter ausschließlicher Berücksichtigung der Nichtnegativitätsbedingungen zu lösen.

3 Verwendet wird das Softwarepaket MINOS, welches nach den Angaben von Tobin und Friesz (1983) von Murtagh und Saunders im Jahr 1977 entwickelt bzw. veröffentlicht wurde. In diesem Programmpaket zur Lösung nicht-linearer Optimierungsprobleme unter linearen Restriktionen ist nach Tobin und Friesz (1983) ein Verfahren der reduzierten Gradienten implementiert.
Miller et al. (1992) verweisen ebenfalls auf MINOS und erwähnen die Möglichkeit, mit dem in diesem Programm implementierten Penalty-Verfahren (Strafverfahren, welches die Verletzung von Restriktionen durch schlechte Zielfunktionswerte "bestraft") auch nicht-lineare Probleme mit nichtlinearen Restriktionen zu lösen; sie beziehen sich dabei auf MINOS 5.0 von 1983, eine Weiterentwicklung des oben angegebenen Programms.

Lösung ist durch die Konvexität der Zielfunktion gesichert, die eine Folge der strengen Monotonie und Separabilität der einfließenden Funktionen ist.[1]

In zahlreichen weiteren Arbeiten wird das räumliche Preisgleichgewicht in Netzwerken untersucht. Friesz et al. (1984) betrachten Problemstellungen mit nicht-separablen Funktionen, bei denen also z.B. die Angebots- und Nachfragemengen von allen Preisen abhängen, nicht nur von denen des jeweiligen Marktes. Da diese Probleme nicht symmetrisch sind, können sie auch nicht in der oben dargestellten Weise als Optimierungsprobleme formuliert werden.[2] Deswegen verwenden Friesz et al. (1984) Lösungsmethoden für Variationsungleichungen bzw. Komplementärprobleme.[3] Dabei erweisen sich die Ergebnisse für die Lösung der Komplementärprobleme als durchaus konkurrenzfähig hinsichtlich der Rechenzeiten, darüberhinaus aber als weit überlegen bzgl. der Fehler, die die gelieferten Lösungen enthalten.[4]

Ebenfalls als Komplementärprobleme löst Pang (1981) räumliche Gleichgewichtsprobleme, wobei er ein SOR-Schema vorschlägt, da die Problemstellungen so groß werden, daß sie nicht sinnvoll mit Komplementärpivot-Verfahren zu verarbeiten sind.

---

1 Sind die einzelnen Funktionen streng monoton und separabel, so läßt sich leicht die positive Definitheit der Hesse-Matrix des Extremierungsproblems (von Tobin und Friesz (1983) formuliert als Minimierungsproblem) und damit die Konvexität der Zielfunktion nachweisen, vgl. Tobin und Friesz (1983).

2 Nur für Gleichgewichtsprobleme mit positiv semidefiniter und symmetrischer Jacobi-Matrix gilt die Äquivalenz mit einem Optimierungsproblem; im asymmetrischen Fall ist die Integrierbarkeit der Funktionen nicht garantiert und damit das naheliegende Optimierungsproblem nicht wohldefiniert, vgl. Nagurney (1993), S. 6f.

3 Die nichtlinearen Komplementärprobleme werden dabei in jedem Schritt linearisiert und mit einem Komplementärpivot-Verfahren gelöst; die Variationsungleichungen werden mit einem Diagonalisierungsverfahren behandelt, in dessen Fortgang die entstehenden Optimierungsprobleme entweder mit dem Frank-Wolfe-Verfahren oder mit MINOS gelöst werden.
Diagonalisierungs- bzw. Relaxations-Verfahren werden z.B. ausführlich bei Nagurney (1993), S. 40ff., beschrieben. Die Variationsungleichung wird bei diesen Verfahren iterativ über eine Folge von relativ einfachen Optimierungsproblemen gelöst. Jedes dieser Unterprobleme hat die erforderliche Symmetrieeigenschaft.
Beim Frank-Wolfe-Verfahren wird die Zielfunktion in jedem Schritt im Punkt der aktuellen Lösung linearisiert und das entstehende lineare Programm gelöst. Anschließend wird von der aktuellen Lösung in Richtung der Lösung des linearisierten Problems so weit fortgeschritten, daß sich der Zielfunktionswert des ursprünglichen Problems möglichst stark verbessert.

4 Da es sich bei allen Verfahren, die Friesz. et al. (1984) untersuchen, um iterative Verfahren handelt, die in jedem Schritt Hilfsprobleme lösen, müssen diese nicht die exakte optimale Lösung des Ausgangsproblems liefern. Zwar ist die Konvergenz der Verfahren gesichert, nicht jedoch die Exaktheit der Lösung, gegen die diese konvergieren.

Ferner kann ihre Blockstruktur von iterativen Verfahren besser ausgenutzt werden.[1] Dagegen präsentieren Drissi-Kaitouni und Florian (1994) ein Newton-Verfahren mit sog. "Active Constraints" (aktiven Nebenbedingungen), um Gleichgewichtsprobleme in der Optimierungsformulierung zu lösen.

Harker (1986) entwickelt für Oligopole und das Monopol räumliche Gleichgewichtsmodelle, die in ihrer Struktur dem räumlichen Marktgleichgewicht ähneln, und schlägt für alle diese Modelle eine einheitliche Vorgehensweise zur Problemlösung vor. Dabei verwendet er eine Formulierung als Variationsungleichung und zur Lösung ebenfalls ein Diagonalisierungsverfahren. Wie viele andere Autoren weist er darauf hin, daß die Lösungsmöglichkeiten nur für Probleme mit in der Menge nicht fallenden Transportstückkosten günstig sind, da diese auf konvexe Programme bzw. "gutartige" Variationsungleichungen führen. Bei der Einführung realistischerer konkaver Kostenverläufe ergibt sich aber für Gleichgewichtsfragestellungen ein entscheidendes Problem: Da die Eindeutigkeitsbedingungen nicht erfüllt sind, ist die Fragestellung möglicherweise nicht mehr sinnvoll zu beantworten.

Damit divergieren die in den unterschiedlichen Bereichen zu setzenden Prämissen. Eine Situation, wie sie im Rahmen der räumlichen Gleichgewichte untersucht werden kann, wird im Rahmen der Standortplanung häufig nicht als sinnvoll erachtet.[2] Umgekehrt liefert die Unterstellung der in der Standortplanung häufig verwendeten Prämissen möglicherweise keine eindeutigen Ergebnisse für die räumlichen Gleichgewichte. So konstatieren auch Scotchmer und Thisse (1992) bezüglich der in der Gleichgewichtstheorie unterstellte Annahme fallender Skalenerträge,[3] daß sie gerade die extreme räumliche Diversifizierung begünstigt, da die Produktion kleiner Mengen günstiger ist als die Produktion großer Mengen. Jeder würde also im Extremfall für seinen eigenen Bedarf produzieren, eine Standortplanung wäre damit überflüssig.

---

1 Eine Einführung in SOR(Successive Over Relaxation)-Verfahren findet sich in Anhang II.4.

2 Harker (1986) vertritt die Auffassung, daß im LKW-Frachtverkehr ohnehin kaum Mengenrabatte gewährt würden und es sich insofern um keine starke Einschränkung handele. Die Preisverhältnisse, die z.B. der GFT widerspiegelt, sehen allerdings anders aus.

3 Diese Annahme geht z.B. auf Arrow und Debreu (1954) zurück. Die Existenz des von diesen Autoren eingeführten Gleichgewichts in einer Konkurrenzsituation einer "abstrakten Wirtschaft" läßt sich nur unter der Voraussetzung nicht-wachsender Skalenerträge zeigen. Dies geht wiederum auf die Tatsache zurück, daß die Autoren das Nash-Gleichgewicht verwenden, dessen Existenz nur unter den entsprechenden Forderungen an die Auszahlungsfunktionen gezeigt werden kann, vgl. Friedman (1977), S. 152ff.

Auf der anderen Seite würde die Berücksichtigung steigender Skalenerträge auf das Problem führen, daß die Unternehmensgröße anwächst, und damit kann die Annahme, die Modellen vollständiger Konkurrenz zugrunde liegt, daß das einzelne Unternehmen dem Markt gegenüber "klein" sei, hinfällig werden. Damit ergibt sich erneut, wie bereits in der Diskussion über die klassische Standortplanung, die Schwierigkeit, einen vollständig konsistenten Modellrahmen zu definieren. Nur unter bestimmten Voraussetzungen an die betrachteten Funktionen läßt sich ein solcher Rahmen schaffen, innerhalb dessen die unterschiedlichen Problemstellungen jeweils lösbar sind.

3.3.6 Beispiele für räumliche Gleichgewichte

In den folgenden Beispielen sind die Angebots- und Nachfragemärkte räumlich verschieden, so daß die einzelnen Märkte entweder als Angebots- oder als Nachfragemärkte fungieren. Auf diese Weise wird die Analogie zum Transportproblem besonders deutlich; zudem kann für diesen Fall in der Mengenformulierung der Grenzübergang vom Oligopolmodell zum räumlichen Gleichgewicht gut illustriert werden.[1]

Beispiel MGL[2]

Es liegt das in Abbildung 3.1 dargestellte Netzwerk zugrunde, wobei die Zahlen an den Kanten die Entfernungen zwischen den Orten angeben; an den Orten I (1) und II (2) befinden sich Angebotsmärkte des homogenen Guts, die Orte 3, 4 und 5 sind Nachfragemärkte.[3]

Die Märkte werden durch inverse Angebots- und Nachfragefunktionen der Form

$Pa_k(\Omega_k) \;= e_k/d_k + \Omega_k/d_k$ (k = I, II),

$Pn_i\,(D_i) \;= a_i/b_i \;- D_i/b_i$ (i = 3, 4, 5),

charakterisiert.

---

[1] Auch in der Literatur ist die Aufteilung der Märkte in zwei Gruppen verbreitet, vgl. z.B. Nagurney (1993).

[2] Die Bezeichnungen der Beispiele orientieren sich jeweils am zugrundeliegenden Modell - hier (MG) für das räumliche Gleichgewicht - und der Beschaffenheit der Angebots- bzw. (im Oligopolfall) der Kostenfunktionen. Hier steht L für die linearen Angebotsfunktionen.

[3] Zur besseren Unterscheidung von den Nachfragern werden die Angebotsmärkte sowie später die Anbieter römisch numeriert. Alle Zahlen des Beispiels sind beliebig und nur zu Illustrationszwecken gewählt.

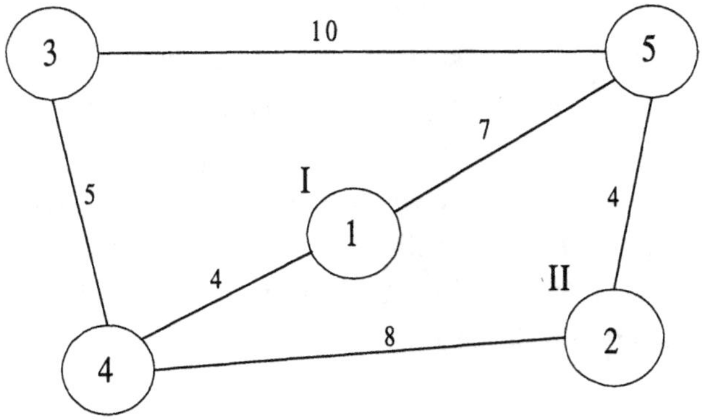

Abb. 3.1 Netzwerk für Beispiele MGL, MGK

Die Daten des Problems sind:
$d_I = d_{II} = 1$; $e_I = e_{II} = 2$;
$a_3 = 8$, $a_4 = 12$, $a_5 = 20/3$; $b_3 = 1/2$, $b_4 = 2/3$, $b_5 = 1/3$.
Im einzelnen lauten also die inversen Angebotsfunktionen
$Pa_I(\Omega_I) = 2 + \Omega_I$, $Pa_{II}(\Omega_{II}) = 2 + \Omega_{II}$;
die inversen Nachfragefunktionen sind gegeben durch
$Pn_3(D_3) = 16 - 2 \cdot D_3$, $Pn_4(D_4) = 18 - 1{,}5 \cdot D_4$, $Pn_5(D_5) = 20 - 3 \cdot D_5$.
Zudem sind für alle Kombinationen von Angebots- und Nachfragemärkten Transportkostensätze t_{ki} gegeben; im einzelnen gilt
$t_{I3} := 0{,}9$; $t_{I4} := 0{,}4$; $t_{I5} := 0{,}7$; $t_{II3} := 1{,}3$; $t_{II4} := 0{,}8$; $t_{II5} := 0{,}4$,
d.h. je Entfernungs- und Mengeneinheit kostet jeder Transport 0,1 Geldeinheiten.

Das Komplementärproblem $LK(M_{MGL},q_{MGL})$, welches die Mengenformulierung des räumlichen Gleichgewichts für diese Datenkonstellation abbildet, weist eine 6×6-Matrix der Form M_M,

$$M_M = \begin{pmatrix} 1/d_I + 1/b_3 & 1/d_I & 1/d_I & 1/b_3 & 0 & 0 \\ 1/d_I & 1/d_I + 1/b_4 & 1/d_I & 0 & 1/b_4 & 0 \\ 1/d_I & 1/d_I & 1/d_I + 1/b_5 & 0 & 0 & 1/b_5 \\ 1/b_3 & 0 & 0 & 1/d_{II} + 1/b_3 & 1/d_{II} & 1/d_{II} \\ 0 & 1/b_4 & 0 & 1/d_{II} & 1/d_{II} + 1/b_4 & 1/d_{II} \\ 0 & 0 & 1/b_5 & 1/d_{II} & 1/d_{II} & 1/d_{II} + 1/b_5 \end{pmatrix}$$

auf. Für das konkrete Beispiel ergibt sich also die Matrix

$$M_{MGL} := \begin{pmatrix} 3 & 1 & 1 & 2 & 0 & 0 \\ 1 & 2{,}5 & 1 & 0 & 1{,}5 & 0 \\ 1 & 1 & 4 & 0 & 0 & 3 \\ 2 & 0 & 0 & 3 & 1 & 1 \\ 0 & 1{,}5 & 0 & 1 & 2{,}5 & 1 \\ 0 & 0 & 3 & 1 & 1 & 4 \end{pmatrix}$$

Dabei beziehen sich die ersten drei Zeilen auf den ersten und übrigen Zeilen auf den zweiten Angebotsort. Die erste und vierte Spalte sind dem Markt 3, die zweite und fünfte Spalte dem Markt 4 und die dritte und letzte Spalte dem Markt 5 zugeordnet.

Die Komponenten des Vektors $q_{MGL} := (q_{I3}, q_{I4}, q_{I5}, q_{II3}, q_{II4}, q_{II5})^T$ ergeben sich aus den Konstanten e_k/d_k, a_i/b_i und den Transportkostensätzen t_{ki} als
$q_{ki} := e_k/d_k - a_i/b_i + t_{ki}$, also
$q_{I3} := 2 - 16 + 0{,}9 = -13{,}1$,
$q_{I4} := 2 - 18 + 0{,}4 = -15{,}6$, und ebenso
$q_{I5} := -17{,}3$, $q_{II3} := -12{,}7$, $q_{II4} := -15{,}2$, $q_{II5} := -17{,}6$.

Das Komplementärproblem $LK(M_{MGL}, q_{MGL})$ kann mit einem Komplementärpivot-Algorithmus gelöst werden. Gut geeignet sind jedoch auch iterative Verfahren, da die Matrix positiv definit und symmetrisch ist, was die Konvergenz des Verfahrens gegen die eindeutige Lösung garantiert.[1] Ein solches SOR-Verfahren liefert die Lösung[2]
$x_{I3} = 3{,}035$, $x_{I4} = 3{,}635$, $x_{I5} = 0$, $x_{II3} = 0{,}18$, $x_{II4} = 2{,}315$, $x_{II5} = 3{,}775$.
Damit befinden sich alle Märkte im Ausgleich, denn die angebotene Menge entspricht auf jedem Angebotsmarkt der abtransportierten Menge und die nachgefragte Menge jedes Nachfragemarktes entspricht der dort ankommenden Menge. Aus den Ergebnissen für die Transportvariablen ergeben sich die Preise auf den Nachfragemärkten durch Einsetzen in die inversen Nachfragefunktionen als
$p_3 = Pn_3(3{,}215) = 9{,}57$, $p_4 = Pn_4(5{,}95) = 9{,}07$, $p_5 = Pn_5(3{,}775) = 8{,}67$,
und die Angebotsmarktpreise belaufen sich auf
$p_I = Pa_I(6{,}67) = 8{,}67$, $p_{II} = Pa_{II}(6{,}27) = 8{,}27$.

---

1 Vgl. Anhang II.4.

2 Die Ergebnisse sind auf 3 Stellen gerundet, wodurch in der letzten Stelle Abweichungen in den folgenden Summationen auftreten können.

Es liegt ein räumliches Preisgleichgewicht vor, da sich die Preise der Nachfragemärkte als Summe des Preises eines beliefernden Marktes und der anfallenden Transportkosten ergeben. Zur Verdeutlichung werden die Bedingungen (MG) nochmals dargestellt und überprüft. Es gilt

(MG1a) $x_{I3} = 3{,}035 > 0$ und $p_I + t_{I3} = 8{,}67 + 0{,}9 = 9{,}57 = p_3$,
$x_{I4} = 3{,}635 > 0$ und $p_I + t_{I4} = 8{,}67 + 0{,}4 = 9{,}07 = p_4$,
$x_{II3} = 0{,}180 > 0$ und $p_{II} + t_{II3} = 8{,}27 + 1{,}3 = 9{,}57 = p_3$,
$x_{II4} = 2{,}315 > 0$ und $p_{II} + t_{II4} = 8{,}27 + 0{,}8 = 9{,}07 = p_4$,
$x_{II5} = 3{,}775 > 0$ und $p_{II} + t_{II5} = 8{,}27 + 0{,}4 = 8{,}67 = p_5$,

(MG1b) $p_I + t_{I5} = 8{,}67 + 0{,}7 = 9{,}37 > 8{,}67 = p_5$ und $x_{I5} = 0$,

(MG2a) $D_3 = 3{,}215 = x_{I3} + x_{II3}$, $D_4 = 5{,}95 = x_{I4} + x_{II4}$, $D_5 = 3{,}775 = x_{II5}$,

(MG2b) $\Omega_I = 6{,}67 = x_{I3} + x_{I4} + x_{I5}$, $\Omega_{II} = 6{,}27 = x_{II3} + x_{II4} + x_{II5}$.

(MG3) $x \geq 0$, $p \geq 0$ ist erfüllt.

Beispiel MGK

Ein einfacherer Fall entsteht, wenn die inversen Angebotsfunktionen konstant durch

$Pa_I(\Omega_I) = Pa_{II}(\Omega_{II}) = 2$

gegeben sind. Alle anderen Daten werden unverändert beibehalten. Dann ergibt sich die Matrix M_{MGK} entsprechend einfacher als in Beispiel MGL zu

$$M_{MGK} := \begin{pmatrix} 1/b_3 & 0 & 0 & 1/b_3 & 0 & 0 \\ 0 & 1/b_4 & 0 & 0 & 1/b_4 & 0 \\ 0 & 0 & 1/b_5 & 0 & 0 & 1/b_5 \\ 1/b_3 & 0 & 0 & 1/b_3 & 0 & 0 \\ 0 & 1/b_4 & 0 & 0 & 1/b_4 & 0 \\ 0 & 0 & 1/b_5 & 0 & 0 & 1/b_5 \end{pmatrix} = \begin{pmatrix} 2 & 0 & 0 & 2 & 0 & 0 \\ 0 & 1{,}5 & 0 & 0 & 1{,}5 & 0 \\ 0 & 0 & 3 & 0 & 0 & 3 \\ 2 & 0 & 0 & 2 & 0 & 0 \\ 0 & 1{,}5 & 0 & 0 & 1{,}5 & 0 \\ 0 & 0 & 3 & 0 & 0 & 3 \end{pmatrix}$$

und der Vektor

$q_{MGK} := q_{MGL} = (-13{,}1;\ -15{,}6;\ -17{,}3;\ -12{,}7;\ -15{,}2;\ -17{,}6)^T$

bleibt unverändert.

Die Lösung des Problems mit dem SOR-Verfahren nimmt die Werte

$x_{I3} = 6{,}55$, $x_{I4} = 10{,}4$, $x_{II5} = 5{,}86$, $x_{I5} = x_{II3} = x_{II4} = 0$

an. Daraus folgen die Preise

$p_3 = Pn_3(6{,}55) = 2{,}9$, $p_4 = Pn_4(10{,}4) = 2{,}4$ und $p_5 = Pn_5(5{,}86) = 2{,}4$,

die sich auch als Summe aus Angebotspreis und Transportkosten des jeweils beliefernden Marktes ergeben. In dieser Situation werden die Absatzmärkte den

Angebotsmärkten eindeutig zugeordnet, weil aufgrund der einheitlichen Angebotspreise allein die Transportkosten für die Belieferung entscheidend sind. Im ersten untersuchten Fall hingegen werden die Nachfragemärkte z.T. von beiden Anbietermärkten aus beliefert, und die Preise auf den Anbietermärkten fallen ebenfalls auseinander, da die Mengen die Höhe der Grenzkosten der Produktion beeinflussen.

Beispiel MGL mit fixierten Mengen

Um die Verwandtschaft des räumlichen Gleichgewichts mit dem Transportproblem zu verdeutlichen, wird das dem ersten Beispiel entsprechende Transportproblem, das sich bei Festsetzen der Angebots- und Nachfragemengen ergibt, betrachtet. Es ist durch folgende Daten beschrieben.

$\Omega_I = 6{,}67$, $\Omega_{II} = 6{,}27$; $D_3 = 3{,}215$, $D_4 = 5{,}95$, $D_5 = 3{,}775$.

$t_{I3} = 0{,}9$; $t_{I4} = 0{,}4$; $t_{I5} = 0{,}7$; $t_{II3} = 1{,}3$; $t_{II4} = 0{,}8$; $t_{II5} = 0{,}4$.

Mit dem Spaltenminimumverfahren zur Ermittlung einer zulässigen Ausgangslösung für Transportprobleme ergibt sich das unten angegebene Tableau, in dem die jeweiligen Mengen fett und die jeweiligen Transportkostensätze jeweils in der linken oberen Ecke eines Feldes eingetragen sind.[1] Die in der rechten oberen Ecke der Nichtbasis-Zellen angegebenen Werte stellen die sog. relativen Kostenfaktoren dar, die den Schlupf der dualen Nebenbedingungen angeben. Sie können mit Hilfe der Preise p_i, p_k, die den Dualvariablen entsprechen und ebenfalls im Tableau in der letzten Zeile und der letzten Spalte angegeben sind, bestimmt werden. Da ein Freiheitsgrad im System der dualen Nebenbedingungen besteht, kann eine Dualvariable, hier p_I, auf den Wert Null festgesetzt werden.[2]

	3	4	5	Ω_k	
I	0,9 **3,215**	0,4 **3,455**	0,7 0,7	**6,67**	$p_I := 0$
II	1,3 0	0,8 **2,495**	0,4 **3,775**	**6,27**	$p_{II} = -0{,}4$
D_i	**3,215**	**5,95**	**3,775**		
	$p_3 = 0{,}9$	$p_4 = 0{,}4$	$p_5 = 0$		

1 Für die Tableaudarstellung von Transportproblemen vgl. z.B. Domschke (1989), S. 92; das Spaltenminimumverfahren wird ebenfalls z.B. von Domschke (1989), S. 94f., dargestellt.

2 Dieses Vorgehen wird in der Literatur als MODI-Methode bezeichnet, vgl. z.B. Domschke (1989), S. 102ff.

Der relative Kostenfaktor in Zelle (II,3) hat den Wert Null, so daß ein Mehrtransport über diese Verbindung möglich ist, ohne daß sich etwas an den Gesamtkosten der Belieferung ändert. Die Maximalmenge, die über (II,3) gebracht werden kann, beträgt 2,495, nämlich die in der aktuellen Lösung von II nach 4 transportierte Menge. Die von II nach 3 zu bringende Menge kann aber insbesondere auch auf $x_{II3} = 0{,}18$ festgesetzt werden, was auf die Verteilung

$x_{I3} = 3{,}035$, $x_{I4} = 3{,}635$, $x_{I5} = 0$, $x_{II3} = 0{,}18$, $x_{II4} = 2{,}315$, $x_{II5} = 3{,}775$

führt, die genau der Lösung des Gleichgewichtsproblems entspricht und dieselben "Kosten" verursacht wie die Lösung des Transportproblems.

Die Dualvariablen des Transportproblems, d.h. die Preise, sind wegen des Freiheitsgrades bei ihrer Festsetzung nur hinsichtlich ihrer Differenz aussagekräftig. Setzt man nun statt $p_I := 0$ in der Rechnung $p_I := 8{,}67$, so nehmen die übrigen Preise die Werte

$p_{II} = 8{,}27$, $p_3 = 9{,}57$, $p_4 = 9{,}07$ und $p_5 = 8{,}67$

an, die genau mit den Ergebnissen des räumlichen Gleichgewichtsmodells übereinstimmen, da die Angebots- und Nachfragemengen entsprechend vorgegeben wurden.

3.4 Räumliche Oligopole

3.4.1 Räumliche Oligopole als Komplementärprobleme

Ein geeignetes Basismodell für die räumliche Oligopol-Situation findet sich z.B. bei Dafermos und Nagurney (1987) sowie auch bei Nagurney (1993, S. 193ff.). Es handelt sich um ein Modell mit Mengenstrategien, welches von Dafermos und Nagurney in Form von Variationsungleichungen formuliert wird. In dieser Arbeit wird dagegen die Formulierung von Komplementärproblemen gewählt, um im Rahmen der im vorigen Abschnitt dargestellten Theorie zu bleiben, und alle Resultate werden auf die Komplementärformulierung übertragen bzw. entsprechend angepaßt. Dies gilt insbesondere für den noch darzustellenden Grenzübergang zum räumlichen Gleichgewichtsmodell.

Es gebe ν Anbieter mit je einer Niederlassung und m verschiedene, d.h. räumlich getrennte Nachfragermärkte. Jeder der Anbieter möchte seinen Gewinn maximieren. Die Anbieter bzw. ihre Niederlassungen erhalten die Bezeichnungen j ($j = 1(1)\nu$) und die Märkte die Bezeichnungen k ($k = 1(1)m$). Die Produktionsmenge, die der Anbieter j von dem betrachteten Gut herstellt und anbietet, wird mit Q_j bezeichnet, die Nachfragemenge des Marktes k mit D_k und die Transportmenge, die Markt k von Anbieter j erhält, wird mit x_{jk} bezeichnet.

Für alle zulässigen Mengenkonstellationen müssen die folgenden Mengenkontinuitätsbedingungen

$$\text{(MK1)}\quad Q_j = \sum_{k=1}^{m} x_{jk} \quad (j = 1(1)\nu)$$

$$\text{(MK2)}\quad D_k = \sum_{j=1}^{\nu} x_{jk} \quad (k = 1(1)m)$$

erfüllt sein. Die Liefermengen x_{jk} stellen die einzigen Entscheidungsvariablen eines Anbieters j dar, da die Produktionsmengen durch diese bereits determiniert sind. Die Mengen Q_j, die Mengen D_k und die Mengen x_{jk} können wieder zu Vektoren $Q := (Q_1, \ldots, Q_\nu)^T$, $D = (D_1, \ldots, D_m)^T$ und $x := (x_{11}, x_{12}, \ldots, x_{1m}, x_{21}, \ldots, x_{\nu m})^T$ zusammengefaßt werden. Die Menge aller Vektoren $(Q, x, D)^T \in \mathbb{R}^{\nu+(\nu \cdot m)+m}$, die die Mengenkontinuitätsbedingungen erfüllen, sei im folgenden mit K bezeichnet.[1]

Jedem Anbieter j entstehen bei der Produktion Kosten c_j, die in der Höhe von den Produktionsmengen Q abhängen, also $c_j := c_j(Q)$. Die Verkaufspreise auf den einzelnen Märkten, p_k, hängen von den nachgefragten Mengen D ab, $p_k := p_k(D)$, und die Transportstückkosten von Anbieter j zu Markt k, t_{jk}, sind abhängig von den transportierten Mengen x, so daß $t_{jk} := t_{jk}(x)$ gesetzt wird.[2] Unter Verwendung dieser Funktionen ergeben sich die Komponenten

$$\text{(G-R)}\quad G_j(x) = \sum_{k=1}^{m} p_k \cdot x_{jk} - c_j - \sum_{k=1}^{m} t_{jk} \cdot x_{jk} \quad (j = 1(1)\nu)$$

des Gewinnvektors $G := G(x) := (G_1(x), \ldots, G_\nu(x))$, der die Gewinne der einzelnen Anbieter enthält, in Abhängigkeit von den Mengen x.

Wollen nun alle Marktteilnehmer, d.h. die ν verschiedenen Anbieter, ihre Gewinne maximieren, so handelt es sich um eine typische Oligopolsituation, da sich die Unternehmen durch ihr Verhalten gegenseitig beeinflussen. Damit kann die Frage nach dem optimalen Verhalten der Anbieter auch als Oligopolspiel mit ν Mitspielern

---

1 Unter den angegebenen Prämissen kann auf die explizite Verwendung von Q und D auch völlig verzichtet werden. Sie machen die Probleme jedoch z.T. übersichtlicher und sind daher hilfreich für die Darstellung.

2 Damit werden zunächst die Funktionen als nicht notwendig separabel vorausgesetzt, denn die Kosten hängen von allen Angebotsmengen, die Preise von allen Nachfragen und die Transportkosten von allen Transportmengen ab.
Zur Vereinfachung wird in den Beispielen jedoch Separabilität unterstellt.

modelliert werden, deren Strategien in allen möglichen Mengenkonstellationen $x_j := (x_{j1}, \ldots, x_{jm})$, $(j = 1(1)\nu)$, bestehen, die die Spieler auf den verschiedenen Märkten anbieten können. Der Raum der zur Verfügung stehenden Strategien P_j eines Spielers enthält die möglichen Aufteilungen aller produzierbaren Mengen Q_j auf m verschiedene Märkte, wobei für jeden Markt nur nichtnegative Mengen zugelassen sind.[1]

Eine stabile Situation liegt vor, wenn sich keiner der Spieler verbessern kann, wenn die anderen Anbieter ihre Strategie beibehalten; dies ist im Nash-Gleichgewicht der Fall. Ein Nash-Gleichgewicht des konkreten Spiels ist eine Mengenkombination $(x_1^*, \ldots, x_\nu^*)$, bei der für alle Anbieter j, $(j = 1(1)\nu)$, gilt:

$$G_j(x_1^*, \ldots, x_j^*, \ldots, x_\nu^*) \geq G_j(x_1^*, \ldots, x_j, \ldots, x_\nu^*) \text{ für alle } x_j \in P_j.$$

Die Problemstellung, ein Nash-Gleichgewicht zu finden, läßt sich auch als Mehrzielproblem formulieren: Es sind simultan ν Ziele zu verfolgen, die interdependent sind. Die Erfüllung jedes der Zielkriterien hängt von allen Entscheidungsvariablen ab; aber der einzelne Entscheider, der jeweils an einem Zielkriterium interessiert ist, kontrolliert nur bestimmte Entscheidungsvariablen. Also lautet die Darstellung des Mehrzielproblems

$$\max \{G_1(x_1, \ldots, x_\nu) \mid x_1 \in P_1\}, \ldots, \max \{G_\nu(x_1, \ldots, x_\nu) \mid x_\nu \in P_\nu\}$$

oder äquivalent

$$\min \{- G_j(x_1, \ldots, x_\nu) \mid x_j \in P_j\} \quad (j = 1(1)\nu).$$

Das Mehrzielproblem bzw. die Gruppe von Optimierungsproblemen ist einem Komplementärproblem (einer Variationsungleichung) äquivalent, sofern bestimmte Bedingungen an die Zielfunktionen erfüllt sind. Unter der Voraussetzung, daß jede Gewinnfunktion $G_j(x)$ konkav in den von Anbieter j kontrollierten Variablen x_{jk} $(i = 1(1)m)$ und stetig differenzierbar in allen Variablen ist,[2] entsprechen die Probleme dem Komplementärproblem (RO):[3]

---

1 Es werden hier unbeschränkte Produktionskapazitäten unterstellt.

2 Dies bedeutet wieder, daß die Nachfragefunktionen streng monoton fallend und die Kostenfunktionen (streng) monoton wachsend verlaufen und jeweils stetig differenzierbar sein müssen.

3 Vgl. Isac (1992), S. 28 und S. 52ff., für das allgemeine Resultat sowie Nagurney (1993), S. 193f., für den konkreten Fall der Gewinnfunktionen im Oligopol. Nagurney formuliert die entsprechende Variationsungleichung. Die Ableitung des Komplementärproblems kann, genau wie im Fall räumlicher Gleichgewichte, über die Kuhn-Tucker-Bedingungen der ν gekoppelten Optimierungsprobleme erfolgen und wird daher hier nicht erneut im Detail ausgeführt.

Gesucht ist $x^* \in \mathbb{R}_+^{v \cdot m}$ (bzw. $(Q^*, x^*, D^*)^T \in K$) (RO1) mit

$$\text{(RO2)} \quad -\frac{\partial G_j(x^*)}{\partial x_{jk}} \geq 0 \quad (j=1(1)v,\ k=1(1)m)$$

$$\text{(RO3)} \quad -\sum_{k=1}^{m}\sum_{j=1}^{v} \frac{\partial G_j(x^*)}{\partial x_{jk}} \cdot x_{jk}^* = 0,$$

bzw. der äquivalenten Variationsungleichung[1,2]

$$-\sum_{k=1}^{m}\sum_{j=1}^{v} \frac{\partial G_j(x^*)}{\partial x_{jk}} (x_{jk} - x_{jk}^*) \geq 0 \quad \text{für alle } x \in \mathbb{R}_+^{v \cdot m}.$$

Die Stetigkeit der partiellen Ableitungen der Gewinnfunktionen bei kompakten Strategiemengen sichert die Existenz einer Lösung des Problems.[3] Die Strategiemenge kann als kompakt unterstellt werden, da alle Liefermengen nach oben durch die Summe der Sättigungsmengen der Märkte beschränkt werden können. Das Komplementärproblem ist zudem eindeutig lösbar, wenn die Gewinnfunktionen als streng konkav vorausgesetzt werden, da strenge Konkavität die strikte Monotonie der negativen partiellen Ableitungen zur Folge hat, die wiederum die Eindeutigkeit der Lösung, sofern sie existiert, sicherstellt.[4]

Das Komplementärproblem enthält die negativen partiellen Ableitungen der Gewinnfunktionen $G_j(x)$ nach den jeweiligen Variablen x_{jk}.[5] Sie werden auch als Richtungsableitungen bezeichnet, denn sie beschreiben die Steigung der Funktion

---

1 Zur Äquivalenz von Komplementärproblemen und Variationsungleichungen vgl. Isac (1992), S. 52ff., Nagurney (1993), S. 7f.

2 Das negative Vorzeichen in den Bedingungen (RO2), (RO3) ist inhaltlich überflüssig - (RO2) könnte auch als Kleiner-Gleich-Relation formuliert werden -, aber erforderlich für die Standardform eines Komplementärproblems.

3 Diese Aussage läßt sich direkt für das Komplementärproblem oder über die äquivalente Variationsungleichung ableiten. Die die Variationsungleichungen betreffenden Sätze in allgemeiner Form finden sich z.B. bei Nagurney (1993), S. 16ff.

4 Vgl. für die allgemeine Aussage bzgl. Variationsungleichungen Nagurney (1993), S. 16.

5 Die Komplementärprobleme werden im folgenden stets ausführlich angegeben, d.h. die Darstellung wird nicht auf die Funktion F(z) beschränkt, da einzelne Umformungen und Zusammenhänge besser anhand der ausführlichen Schreibweise dargestellt werden können.

in der Richtung der jeweils betrachteten Variablen.[1] Eine positive Richtungsableitung in einem Punkt bedeutet, daß die Funktion in der betreffenden Variablenrichtung wächst, eine (marginale) Vergrößerung des Variablenwertes also eine Vergrößerung des Funktionswertes zur Folge hat. Umgekehrt führt in einem solchen Punkt eine (marginale) Verkleinerung des Variablenwertes zu einer Verringerung des Funktionswertes. Das Komplementärproblem bringt daher zum Ausdruck, daß die Richtungsableitungen des Gewinns eines Mitspielers bzgl. der Richtungen der von ihm beeinflußten Entscheidungsvariablen nicht-positiv sind, es also von x^* aus in Richtung wachsender Variablenwerte nur Abstiegsrichtungen gibt. Jede zulässige Vergrößerung einer von einem Spieler selbst gesteuerten Variablen (jede Strategieänderung) würde daher zu keiner Verbesserung seiner Gewinnsituation führen, sofern die anderen Spieler bei ihren Strategien bleiben. Damit wird erneut deutlich, daß die Darstellung als Komplementärproblem dasselbe zum Ausdruck bringt wie die Formulierung als Nash-Gleichgewicht.

Die Komplementaritätsbedingung des Problems besagt darüber hinaus, daß eine Menge x_{jk}^* nur positiv sein kann, wenn die partielle Ableitung in der entsprechenden Richtung den Wert Null hat. Wäre das nicht der Fall, wäre die Richtungsableitung nach x_{jk} also negativ, so könnte nämlich eine Verringerung der betreffenden Menge den Gewinn erhöhen; diese Menge wäre also nicht optimal. Andernfalls ist die Menge x_{jk}^* gerade Null und die Richtungsableitung nicht-positiv, d.h. eine Erhöhung lohnt sich nicht, und eine Senkung ist, da nur nicht-negative Mengen befördert werden können, unmöglich.

Die zweite Gruppe von Bedingungen des Komplementärproblems (RO2) läßt sich unter Einsetzen der Gleichungen (G-R) für die Gewinnfunktionen $G_j(x)$ und unter Verwendung der Vektoren Q und D ausführlich als

$$\text{(RO2)} \quad \frac{\partial c_j(Q^*)}{\partial Q_j} + t_{jk}(x^*) - p_k(D^*) - \sum_{l=1}^{m} \left[\frac{\partial p_l(D^*)}{\partial D_k} - \frac{\partial t_{jl}(x^*)}{\partial x_{jk}}\right] x_{jl}^* \geq 0$$

$$(j = 1(1)\nu, \ k = 1(1)m)$$

schreiben. Dabei wird von der Tatsache, daß die partiellen Ableitungen der Funktionen $c_j(Q)$ und $p_k(D)$ nach x_{jk} jeweils den Ableitungen nach Q_j bzw. D_k

---

1 Vgl. z.B. Forster (1984), S. 50.

entsprechen, Gebrauch gemacht, was aus der Kettenregel und Bedingung (MK1) folgt:[1]

$$\frac{\partial c_j(Q)}{\partial x_{jk}} = \sum_{l=1}^{v} \frac{\partial c_j(Q)}{\partial Q_l} \frac{\partial Q_l}{\partial x_{jk}} = \frac{\partial c_j(Q)}{\partial Q_j}.$$

Die Ableitung des gesamten Ausdrucks ergibt sich i. w. aus der Produktregel.[2]

Die dritte Bedingung (RO3) lautet entsprechend

$$\text{(RO3)} \quad \sum_{k=1}^{m} \sum_{j=1}^{v} \left(\frac{\partial c_j(Q^*)}{\partial Q_j} + t_{jk}(x^*) - p_k(D^*) - \sum_{l=1}^{m} \left[\frac{\partial p_l(D^*)}{\partial D_k} - \frac{\partial t_{jl}(x^*)}{\partial x_{jk}} \right] x_{jl}^* \right) x_{jk}^* = 0.$$

Um die Bedeutung dieser Ausdrücke zu verdeutlichen, wird im folgenden der Spezialfall linearer Produktionskostenfunktionen, $c_j(Q) := c_j Q_j$, mit konstanten Transportstückkosten, $t_{jk}(x) := t_{jk}$ ($j = 1(1)v$), und mit

$p_k(D) := Pn_k(D_k) = a_k/b_k - D_k/b_k$

als Preisabsatzfunktion bzw. inverser Nachfragefunktion für jeden Markt k ($k = 1(1)m$) betrachtet. Das Komplementärproblem, welches das Oligopolproblem erfaßt, lautet:
Gesucht ist $x^* \in \mathbb{R}_+^{v \cdot m}$ (LRO1) mit

$$\text{(LRO2)} \quad c_j + t_{jk} - \frac{a_k}{b_k} + \frac{1}{b_k} \cdot \sum_{l=1}^{v} x_{lk}^* + \frac{x_{jk}^*}{b_k} \geq 0 \quad (j = 1(1)v,\ k = 1(1)m)$$

$$\text{(LRO3)} \quad \sum_{k=1}^{m} \sum_{j=1}^{v} \left(c_j + t_{jk} - \frac{a_k}{b_k} + \frac{1}{b_k} \cdot \sum_{l=1}^{v} x_{lk}^* + \frac{x_{jk}^*}{b_k} \right) x_{jk}^* = 0.$$

---

1 Zur Kettenregel vgl. z.B. Forster (1984), S. 48f.

2 Für die Produktregel bzgl. einer Veränderlichen vgl. z.B. Forster (1983), S. 103.

Die Matrix $M_{O1} \in \mathbb{R}^{(v \cdot m)\times(v \cdot m)}$ des linearen Komplementärproblems hat die Struktur

$$M_{O1} := \begin{pmatrix} 2/b_1 & 0 & \dots & 0 & 1/b_1 & 0 & \dots & 0 & 1/b_1 & 0 & (\dots) & 0 \\ 0 & 2/b_2 & 0 & \dots & 0 & 1/b_2 & \dots & 0 & 0 & 1/b_2 & (\dots) & 0 \\ & & & & & \dots & & & & & & \\ 0 & 0 & \dots & 2/b_m & 0 & 0 & \dots & 1/b_m & 0 & 0 & (\dots) & 1/b_m \\ 1/b_1 & 0 & \dots & 0 & 2/b_1 & 0 & \dots & 0 & 1/b_1 & 0 & (\dots) & 0 \\ & & & & & \dots & & & & & & \\ 0 & 0 & \dots & 1/b_m & 0 & 0 & \dots & 1/b_m & 0 & 0 & (\dots) & 2/b_m \end{pmatrix}$$

Die Komponenten des Vektors $q_{O1} \in \mathbb{R}^{v \cdot m}$ ergeben sich zu

$q_{jk} := c_j + t_{jk} - a_k/b_k$ $(j = 1(1)v,\ k = 1(1)m)$.

Die das Problem beschreibende Matrix setzt sich aus v^2 quadratischen m×m-Matrizen zusammen, die jeweils, mit Ausnahme der auf der Hauptdiagonalen liegenden Teilmatrizen, die Form $B := \operatorname{diag}(1/b_1, 1/b_2, \dots 1/b_m)$ haben.[1] Die Teilmatrizen auf der Hauptdiagonalen haben die Struktur 2B. Die Matrix ist symmetrisch und besitzt nur nicht-negative Einträge und eine positive Diagonale. Damit ist für das Komplementärproblem die Existenz einer Lösung gesichert.[2] Da es sich zudem wieder um eine P-Matrix handelt, ist auch die Eindeutigkeit der Lösung sichergestellt.

Eine etwas kompliziertere Matrix entsteht, wenn die Kostenfunktionen $c_j(Q)$ statt eines linearen Verlaufs einen konvexen Verlauf in Q_j haben. Wenn also z.B. gilt

$c_j(Q) := h_j Q_j^2 + c_j Q_j \quad (j = 1(1)v)$,

so lauten die partiellen Ableitungen der Kostenfunktionen

$$\frac{\partial c_j(Q)}{\partial Q_j} = 2 h_j Q_j + c_j \quad (j = 1(1)v),$$

1 Mit "diag" wird eine Diagonalmatrix mit den entsprechenden Einträgen bezeichnet.

2 Vgl. Cottle und Dantzig (1968) bzw. Murty (1972).

und die Matrix M_{O2} des Komplementärproblems erhält die Struktur

$$\begin{pmatrix} 2/b_1 + 2h_1 & 2h_1 & \dots & 2h_1 & 1/b_1 & 0 & \dots & 1/b_1 & (\dots) & 0 \\ 2h_1 & 2/b_2 + 2h_1 & \dots & 2h_1 & 0 & 1/b_2 & \dots & 0 & (\dots) & 0 \\ & & & & & \dots & & & & \\ 2h_1 & 2h_1 & \dots & 2/b_m + 2h_1 & 0 & 0 & \dots & 0 & (\dots) & 1/b_m \\ 1/b_1 & 0 & \dots & 0 & 2/b_1 + 2h_2 & 2h_2 & \dots & 1/b_1 & (\dots) & 0 \\ & & & & & \dots & & & & \\ 0 & 0 & \dots & 1/b_m & 0 & 0 & \dots & (\dots) & (\dots) & 2/b_m + 2h_v \end{pmatrix}$$

Die Komponenten des Vektors q_{O2} bleiben unverändert, $q_{O2} := q_{O1}$.

Die Bedingungen des Komplementärproblems (LRO) können wie folgt interpretiert werden.[1] Die Bedingungen (LRO2) stellen eine Verbindung zwischen den Kosten der Belieferung eines Marktes k von einem Anbieter j aus ($c_j + t_{jk}$) und dem auf Markt k herrschenden Preis her. Die Kosten pro Einheit, die in diesem Fall den Grenzkosten entsprechen, sollen den Grenzerlös, der sich aus dem Preis (p_k) und der durch Lieferung der Menge x_{jk}^* eintretenden Preisänderung (x_{jk}^*/b_k) zusammensetzt, nicht unterschreiten. Mit Bedingung (LRO3) folgt für den Fall, daß x_{jk}^* positiv ist, daß sich Grenzkosten und Grenzerlös entsprechen müssen. Ist hingegen die Menge x_{jk}^* gerade Null, so ist auch die durch sie hervorgerufene Preisänderung Null, und der Preis auf dem Markt kann die durch die Belieferung entstehenden Kosten unterschreiten. Somit ist dies der Fall, in dem sich die Belieferung nicht lohnt und daher unterbleibt.

Bei positiver Liefermenge x_{jk}^* entspricht außerdem die Differenz aus Preis und Kosten gerade der sich ergebenden Preisänderung x_{jk}^*/b_k. Damit liegt der Preis, der sich ergäbe, wenn alle Anbieter bis auf Anbieter j ihre Mengen beibehielten, Anbieter j aber nichts lieferte (p_{alt}), gerade genausoviel oberhalb des aktuellen Preises (p_{neu}), wie die (Grenz-)Kosten des Anbieters j ($c_j + t_{jk}$) unter diesem Preis liegen. Für jeden Anbieter ist es daher optimal, genau die Hälfte der gerade noch mit

---

[1] Es wird hier zur Verdeutlichung nur auf den Fall linearer Kosten eingegangen.

positivem Gewinn anzubietenden Menge auf den Markt zu bringen.[1] Diesen Zusammenhang veranschaulicht Abbildung 3.2, wobei mit D_{alt} die Absatzmenge auf Markt k ohne die Menge x_{jk}^* und mit D_{neu} die Absatzmenge auf Markt k inklusive der Menge x_{jk}^* bezeichnet ist.

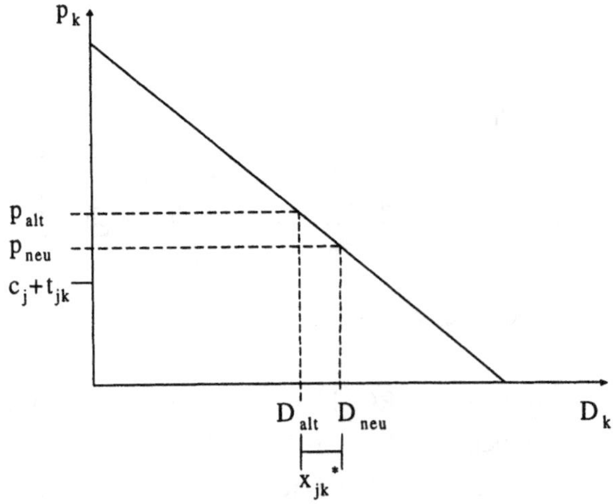

Abb. 3.2 Einfluß der Angebotsmenge auf den Preis

Im folgenden werden für das Mengenmodell des Oligopols die Übergänge zu den Spezialfällen des Punktmarktes sowie eines und sehr vieler Anbieter aufgezeigt.

3.4.2 Grenzfall des Oligopols auf dem Punktmarkt

Das im folgenden vorgestellte Oligopolmodell für den Punktmarkt findet sich in einer Formulierung in Variationsungleichungen z.B. bei Nagurney (1993, S. 195f.). Es entspricht inhaltlich dem Cournotmodell; da dieses in Abschnitt 3.2 jedoch nur für lineare Funktionen dargestellt wurde, wird es hier nochmals für den allgemeinen Fall präsentiert.

Es liege ein Punktmarkt vor, auf dem ν Produzenten jeweils eine bestimmte Menge eines homogenen Gutes anbieten. Strategische Variable jedes Anbieters j (j = 1(1)ν) ist seine Angebotsmenge Q_j. Alle übrigen Bezeichnungen werden wie im vorigen Abschnitt beibehalten.

---

1 Damit deckt sich die Interpretation inhaltlich mit dem Ergebnis des Monopolfalls auf dem Punktmarkt, vgl. Abschnitt 3.2. Der Monopolist bietet gerade soviel an, daß der Preis genau in der Mitte zwischen seinen Kosten und dem Prohibitivpreis liegt, und es gilt ebenfalls die Entsprechung von Grenzerlös und Grenzkosten.

Der Gewinn $G_j(Q)$ des einzelnen Anbieters j ergibt sich als

$$\text{(G-P)}\quad G_j(Q) = p\left(\sum_{l=1}^{\nu} Q_l\right) \cdot Q_j - c_j(Q_j) \quad (j = 1(1)\nu)$$

Gesucht ist wieder eine Kombination von Strategien, d.h. ein Vektor Q^*, so daß ein Nash-Gleichgewicht vorliegt, damit keiner der Konkurrenten einen Anreiz zur Veränderung seiner Strategie hat. Das Nash-Gleichgewicht entspricht unter den Voraussetzungen, daß die Gewinnfunktionen stetig differenzierbar und konkav in Bezug auf Q_j sind, einer Lösung des folgenden Komplementärproblems (O):
Gesucht ist $Q^* \in \mathbb{R}_+^{\nu}$ (O1) mit

$$\text{(O2)}\quad \frac{\partial c_j(Q_j^*)}{\partial Q_j} - \frac{\partial p\left(\sum_{l=1}^{\nu} Q_l^*\right)}{\partial Q_j} Q_j^* - p\left(\sum_{l=1}^{\nu} Q_l^*\right) \geq 0 \quad (j = 1(1)\nu)$$

$$\text{(O3)}\quad \sum_{j=1}^{\nu}\left[\frac{\partial c_j(Q_j^*)}{\partial Q_j} - \frac{\partial p\left(\sum_{l=1}^{\nu} Q_l^*\right)}{\partial Q_j} \cdot Q_j^* - p\left(\sum_{l=1}^{\nu} Q_l^*\right)\right] Q_j^* = 0.$$

Wie im räumlich diversifizierten Fall läßt sich auch diese Darstellung inhaltlich so erklären, daß die Ableitung des Gewinns G_j in Richtung der zugehörigen Angebotsmenge Q_j nicht-positiv sein muß, da sich sonst die Erhöhung der Menge lohnen würde, und daß die Ableitung bei positiver Menge Q_j^* den Wert Null annehmen muß, da sonst eine Senkung der Menge von Vorteil wäre. Das Komplementärproblem bringt wieder genau den Sachverhalt zum Ausdruck, der auch das Nash-Gleichgewicht bestimmt.

Im linearen Fall, d.h. unter Verwendung linearer Kostenfunktionen und einer linearen Nachfragefunktion,[1] die auf die Preisabsatzfunktion

$$p\left(\sum_{j=1}^{\nu} Q_j\right) := \frac{a}{b} - \frac{1}{b}\sum_{j=1}^{\nu} Q_j$$

---

1 Vgl. auch das Cournot-Modell in Abschnitt 3.2.

führt, vereinfacht sich dieses Komplementärproblem zu:[1]
Gesucht ist $Q^* \in \mathbb{R}_+^v$ (LO1) mit

$$\text{(LO2)} \quad c_j + \frac{Q_j^*}{b} - p\left(\sum_{l=1}^{v} Q_l^*\right) = c_j + \frac{1}{b}(Q_j^* - a + \sum_{l=1}^{v} Q_l^*) \geq 0 \quad (j = 1(1)v)$$

$$\text{(LO3)} \quad \sum_{j=1}^{v}\left[c_j + \frac{Q_j^*}{b} - p\left(\sum_{l=1}^{v} Q_l^*\right)\right] Q_j^* = \sum_{j=1}^{v}\left[c_j + \frac{1}{b}\left(Q_j^* - a + \sum_{l=1}^{v} Q_l^*\right)\right] Q_j^* = 0.$$

Damit hat die Matrix $M_{LO} \in \mathbb{R}^{v \times v}$ des linearen Komplementärproblems die Struktur

$$M_{LO} := \begin{pmatrix} 2/b & 1/b & 1/b & .. & .. & 1/b \\ 1/b & 2/b & 1/b & .. & .. & 1/b \\ 1/b & 1/b & 2/b & 1/b & .. & 1/b \\ & & ... & & & \\ 1/b & 1/b & 1/b & .. & .. & 2/b \end{pmatrix}$$

und der Vektor $q_{LO} \in \mathbb{R}^v$ besitzt die Komponenten $q_j := c_j - a/b$ $(j = 1(1)v)$.
Im Falle quadratischer Kostenfunktionen der Form

$c_j(Q) := h_j Q_j^2 + c_j Q_j$ $(j = 1(1)v)$

sind auf der Hauptdiagonalen der Matrix M_{LO} die Größen $2h_j$ hinzuzufügen; also ist die Matrix diag $(2h_1, ..., 2h_v)$ zu M_{LO} zu addieren.

Wie im räumlichen Fall entspricht die Differenz zwischen Preis und (Grenz-)Kosten betragsmäßig gerade der Preisänderung (Q_j^*/b), die durch die von einem Anbieter j auf den Markt gebrachte Menge Q_j^* hervorgerufen wird.[2] Der Grenzerlös entspricht genau den Grenzkosten.

---

1 In Abschnitt 3.2 wurde dasselbe Problem behandelt und durch Auflösen eines Gleichungssystems mit v Gleichungen für die v Anbieter gelöst. Dies stimmt mit der Lösung des Komplementärproblems unter der Prämisse überein, daß alle Anbieter positive Mengen anbieten, was in Abschnitt 3.2 unterstellt wurde. Ist dies nicht der Fall, bieten also Anbieter Mengen von Null an, so wird für diese Anbieter der Grenzgewinn negativ sein. Dies bringt das Komplementärproblem zum Ausdruck und berücksichtigt damit den Fall, daß Anbieter nicht auf dem Markt aktiv sind.

2 Vgl. Abbildung 3.2.

Das angegebene Oligopolmodell für den Punktmarkt (O) läßt sich aus dem räumlichen Oligopolmodell (RO) ableiten, indem die m verschiedenen Märkte zu einem zusammengefaßt bzw. reduziert werden.[1] Wählt man z.B. aus der Matrix des räumlichen Oligopols nur die Einträge der Zeilen und Spalten {1, m+1, 2m+1...}, so ergibt sich die Matrix des Oligopolmodells für den Punktmarkt Markt 1. Bis auf die Transportstückkosten $t_{jk}(x)$ stimmen die Modelle dann überein; der Punktmarktfall stellt nur einen Grenzfall des räumlich Diversifizierten dar, bei dem die Transportkosten gegen Null gehen ($t_{j1}(x) \to 0$ ($j = 1(1)\nu$)). Formal kann die Beschränkung auf einen Markt auch realisiert werden, indem die Transportkosten $t_{jk}(x)$ für alle $k \neq 1$ sehr groß werden, so daß sich die Belieferung nicht mehr lohnt,
$t_{jk}(x) \to \infty$ ($j = 1(1)\nu$, $k = 2(1)m$).

3.4.3 Grenzfall des Monopols

Der Monopolfall für einen Anbieter h läßt sich aus dem räumlichen Oligopol-Modell (RO) ableiten, indem für alle Anbieter bis auf den Monopolisten der Grenzübergang
$t_{jk}(x) \to \infty$ ($j = 1(1)\nu$, $j \neq h$, $k = 1(1)m$)
betrachtet wird. Inhaltlich bedeutet dies, daß alle Anbieter außer Anbieter h sehr weit von dem/den von Anbieter h versorgten Markt/Märkten entfernt sind.
Formal wird für jeden Vektor $x^* \in \mathbb{R}^{\nu \cdot m}$, der Komponenten $x_{jk}^* > 0$ für $j \neq h$ enthält, das Komplementärproblem (RO) für sehr große Transportkostensätze t_{jk} nicht zu erfüllen sein, da dann wegen der Dominanz der Transportkosten auch (vgl. (RO2))

$$\frac{\partial c_j(Q^*)}{\partial Q_j} + t_{jk}(x^*) - p_k(D^*) - \sum_{l=1}^{m} \left[\frac{\partial p_l(D^*)}{\partial D_k} - \frac{\partial t_{jl}(x^*)}{\partial x_{jk}} \right] x_{jl}^* > 0$$

[1] Vgl. auch Nagurney (1993), S. 206. Nagurney liefert zudem eine interessante Netzwerkinterpretation des Oligopols auf dem Punktmarkt: Sie faßt die Oligopollösung als Netzwerkgleichgewicht auf, indem sie einen künstlichen Knoten 0 definiert, von dem für jeden Anbieter eine Kante ausgeht, und einen Knoten 1 für die Nachfrage, zu dem alle Kanten hinführen. Damit wird die Oligopolsituation durch das Netzwerk abgebildet. Die Kanten des Netzes werden mit "Kosten" bewertet, die den Grenzkosten abzüglich der (negativen) Preisveränderungen entsprechen. Die "Flußnachfrage" zwischen den beiden Knoten ergibt sich aus der inversen Nachfragefunktion, vgl. Nagurney (1993), S. 195f. Damit entspricht ein Benutzergleichgewicht im Netzwerk, in dem jeder Nutzer (Oligopolist) möglichst günstig von 0 nach 1 gelangt, gerade der Oligopollösung. Im Benutzergleichgewicht sind alle benutzten Verbindungen gleich teuer. Da in der Oligopollösung die Summe aus Grenzkosten und Preisänderung für jeden Oligopolisten dem Marktpreis entsprechen muß, stimmen damit die Lösungen überein.

gelten muß und dies die Erfüllung der Bedingung (RO3) des Komplementärproblems unmöglich macht. Also muß $x_{jk}^* = 0$ für alle Anbieter $j \neq h$ und alle Märkte k gelten, und der Anbieter h ist Monopolist. Das "Nash-Gleichgewicht" (RM) für Anbieter h, welches sich direkt aus Modell (RO) ergibt, ist gegeben durch das Komplementärproblem:

Gesucht ist $x_{hk}^* \in \mathbb{R}_+^m$ (RM1) mit

$$\text{(RM2)} \quad -\frac{\partial G_h(x^*)}{\partial x_{hk}} \geq 0 \quad (k = 1(1)m)$$

$$\text{(RM3)} \quad -\sum_{k=1}^{m} \frac{\partial G_h(x^*)}{\partial x_{hk}} \cdot x_{hk}^* = 0.$$

Der monopolistische Anbieter wird einen Markt k genau dann beliefern, wenn sein Grenzgewinn bezüglich dieses Marktes Null ist (und damit Grenzerlös und Grenzkosten für den betrachteten Markt übereinstimmen). Dies deckt sich wiederum mit der Monopollösung, die sich direkt aus der Maximierung der Gewinnfunktion

$$G_h(x_h^*) = \sum_{k=1}^{m} p_k(x_h^*) \cdot x_{hk}^* - c_h(Q_h^*) - \sum_{k=1}^{m} t_{hk}(x_h^*) \cdot x_{hk}^*$$

ergibt. Das Gleichgewicht entspricht dem Ergebnis der isolierten Gewinnmaximierung eines Anbieters, wenn dieser vom Verhalten der anderen Anbieter unabhängig ist. Damit ist die Monopollösung ein Grenzfall des räumlichen Oligopols.

Auch das Monopol auf dem Punktmarkt läßt sich in einfacher Weise als Grenzfall gewinnen. Der Punktmarkt-Fall kann durch Zusammenfassen der unterschiedlichen Märkte zu einem Markt erzeugt werden. Die Lösung, die sich aus dem Nash-Gleichgewicht ergibt, entspricht der klassischen Monopollösung. Sie kann aus dem Grenzübergang vom räumlichen Monopol gewonnen werden, indem die Transportkosten für einen Markt gegen Null, sonst gegen unendlich gehen, ergibt sich aber auch aus dem Oligopolmodell für den Punktmarkt als Grenzfall mit nur einem Anbieter.[1]

---

1 Dieser Übergang entspricht genau den Überlegungen in Abschnitt 3.2 zum Cournot-Modell auf dem Punktmarkt.

3.4.4 Grenzfall vollständiger Konkurrenz

Der Übergang zur vollständigen Konkurrenz bzw. dem räumlichen Marktgleichgewicht (MG) kann untersucht werden, indem das Verhalten des Oligopolmodells (O) für den Punktmarkt bzw. des räumlichen Oligopols (RO) bei Erhöhung der Anbieterzahl geprüft wird. Betrachtet man das Modell (LO) und vergleicht sein Ergebnis mit dem bekannten Ergebnis der vollständigen Konkurrenz (Marktpreis = Grenzkosten), so besteht der Unterschied in dem Term Q_j/b, welcher bewirkt, daß der Preis über den Grenzkosten liegt, so daß "übernormale Gewinne" der Anbieter möglich sind. Die Abweichung gegenüber dem Ergebnis vollständiger Konkurrenz besteht also gerade in einem Term, der den Einfluß des einzelnen Anbieters wiedergibt, welcher bei vollständiger Konkurrenz verschwindet. Die folgende Darstellung klärt den formalen Grenzübergang der beiden Modelle ineinander.[1]

Wenn auf dem Markt viele Unternehmen unter identischen Bedingungen anbieten und ihre Zahl, ν, gegen unendlich geht, so gilt wegen der Symmetrie des Gleichgewichts bei identischen Firmen

$Q_j = Q_{ges}/\nu \ (j = 1(1)\nu)$,

wobei Q_{ges} die gesamte Angebotsmenge ist. Diese Gesamtmenge muß unter realistischen Annahmen beschränkt sein, d.h. sie darf nicht mit der Zahl der Anbieter gegen unendlich gehen. Also muß für eine wachsende Anbieterzahl ($\nu \to \infty$) gelten:

$Q_j \to 0$ für alle $j = 1(1)\nu$.

Auf diese Weise wird formal die für die vollständige Konkurrenz grundlegende Annahme, der einzelne Anbieter biete im Vergleich zur Gesamtmenge unbedeutende Mengen an, realisiert. Das Komplementärproblem, welches das zugehörige Oligopolmodell (O) repräsentiert, erhält die folgende Gestalt, da der mittlere Term der Ausdrücke (O2), (O3) mit Q_j gegen Null geht:[2]

---

1 Ruffin (1971) vertritt die Auffassung, daß die Erhöhung der Anbieterzahl und damit der Übergang zur vollständigen Konkurrenz damit einhergeht, daß die inverse Nachfragekurve immer flacher verläuft, da auch mehr und mehr Nachfrager unterstellt werden. Die Reaktionen auf Änderungen des Preises verstärken sich; umgekehrt nimmt die Steigung der Preisabsatzfunktion $p(\cdot)$ ab, so daß die durch die Menge eines Anbieters hervorgerufene Preisänderung verschwindend gering wird und sich aus dem Oligopolmodell die Gleichung "Grenzkosten = Preis", und damit das Ergebnis vollständiger Konkurrenz, für jeden Anbieter ergibt.

2 Dies ist natürlich nur für endliche Werte von ν explizit zu realisieren; zur Untersuchung des Grenzübergangs können aber "sehr große" Zahlen ν unterstellt werden.

Gesucht ist $Q^* \in \mathbb{R}_+^\nu$ (P1) mit

$$\text{(P2)}\quad \frac{\partial c_j(Q_j^*)}{\partial Q_j} - p(Q_{ges}^*) \geq 0 \quad (j = 1(1)\nu)$$

$$\text{(P3)}\quad \sum_{j=1}^{\nu} \left[\frac{\partial c_j(Q_j^*)}{\partial Q_j} - p(Q_{ges}^*) \right] Q_j^* = 0.$$

Also muß der Preis den Grenzkosten entsprechen, wenn Q_j^* positiv sein soll.[1] Die Lösung vollständiger Konkurrenz läßt sich damit als ein weiterer Grenzfall des Oligopols ableiten.[2]

Für die Untersuchung des räumlich diversifizierten Falls werden i.w. dieselben Bezeichnungen wie oben verwendet. Statt der einzelnen Anbieter j werden nun Angebotsmärkte j (j = 1(1)n) betrachtet, auf denen jeweils Angebotsmengen Ω_j angeboten werden.[3] Inverse Angebots- und Nachfragefunktionen $Pa_j(\Omega)$ und $Pn_k(D)$ werden als gegeben vorausgesetzt.

Bei vollständiger Konkurrenz auf den Märkten wird sich gemäß der Ausführungen über räumliche Gleichgewichte ein Gleichgewicht einstellen, welches durch die Bedingungen (MG1), (MG2) und (MG3), vgl. Abschnitt 3.3.1, charakterisiert ist. Die Versorgung eines bestimmten Marktes von einem anderen aus wird nur erfolgen, wenn die Kosten der Versorgung, die aus dem auf dem Angebotsmarkt verlangten Preis und den Transportkosten bestehen, dem zu erzielenden Preis entsprechen. Im Gegensatz zum Oligopolmarkt sind Gewinne ausgeschlossen. Wären nämlich bei der Versorgung des Marktes k von Markt j aus noch Gewinne möglich, so würden, der Theorie zufolge, die Anbieter auf Markt j ihre Angebotsmenge erhöhen, bis keine Gewinne mehr entstehen, weil der Preis mit Erhöhung der Angebotsmenge sinkt. Im Gleichgewicht liegen Nullgewinne auf allen Märkten vor.

---

1 Es ist hierbei zu berücksichtigen, daß die dritte Bedingung des Komplementärproblems für $\nu \to \infty$ in jedem Fall erfüllt wird, weil $Q_j^* \to 0$ gilt. Da aber die zweite Bedingung sinnvoll nur mit Gleichheit erfüllt werden kann, weil sich anderenfalls das Angebot einer Menge gar nicht lohnen würde (übersteigen die Grenzkosten den Preis, arbeitet das Unternehmen mit Verlust), ist die angegebene Folgerung dennoch richtig.

2 Vgl. auch die entsprechenden Ausführungen in Abschnitt 3.2.

3 Das räumliche Gleichgewichtsmodell findet sich in einer Formulierung in Variationsungleichungen bei Dafermos und Nagurney (1987). Es deckt sich mit den "Mengenformulierungen" räumlicher Gleichgewichte in Abschnitt 3.3.3.

Dem räumlichen Gleichgewicht entspricht das folgende Komplementärproblem in der Mengenformulierung:[1]

Gesucht ist $x^* \in \mathbb{R}_+^{n \cdot m}$ (RG1) mit

(RG2) $Pa_j(\Omega^*) + t_{jk}(x^*) - Pn_k(D^*) \geq 0 \quad (j = 1(1)n,\ k = 1(1)m)$

(RG3) $\sum_{j=1}^{n} Pa_j(\Omega^*) \cdot \Omega_j^* + \sum_{j=1}^{n} \sum_{k=1}^{m} t_{jk}(x^*) \cdot x_{jk}^* - \sum_{k=1}^{m} Pn_k(D^*) \cdot D_k^* = 0.$

Der Zusammenhang dieses räumlichen Gleichgewichtsmodells mit dem oben angegebenen räumlichen Oligopolmodell bzw. der Übergang vom Oligopolmodell zum allgemeinen Gleichgewichtsmodell läßt sich wie folgt ableiten.[2]

In jedem Angebotsmarkt j befinden sich mehrere Anbieter A_{jh} $(h = 1(1)anz(j))$ gleichen Typs, deren Zahl durch anz(j) gegeben ist. Die einzelnen Anbieter liefern Mengen x_{jhk} an jeden Nachfragemarkt k. Die insgesamt von Markt j nach Markt k zu bringende Menge ist also definiert als

$x_{jk} := \sum_{h=1}^{anz(j)} x_{jhk} \quad (j = 1(1)n,\ k = 1(1)m)$, die Gesamtanbieterzahl ist $Anz := \sum_{j=1}^{n} anz(j)$.

Der Vektor $x \in \mathbb{R}^{Anz \cdot m}$ enthält die anbieterindividuellen Transportmengen x_{jhk}, die Produktionsmengen der einzelnen Anbieter sind in dem Vektor
$Q := (Q_{11}, Q_{12}, \ldots, Q_{1,anz(1)}, Q_{21}, \ldots, Q_{n,anz(n)})^T$
enthalten. Die Gesamt-Angebotsmenge des j-ten Angebotsmarktes ist durch

$$\Omega_j := \sum_{h=1}^{anz(j)} Q_{jh} \quad (j = 1(1)n)$$

definiert.

---

1 Die Mengen x^*, D^* und Ω^* müssen zusätzlich die Mengenkontinuitätsbedingungen (MG2a) und (MG2b) erfüllen. Die Formulierung entspricht genau dem in Abschnitt 3.3.3 unter Verwendung der Abbildung F_M dargestellten Komplementärproblem. Daher können auch wie in Abschnitt 3.3.3 die Variablen D und Ω ganz eliminiert und durch x ersetzt werden; aus Gründen der besseren Vergleichbarkeit mit dem Oligopolmodell ist dies hier jedoch nicht zweckmäßig.

2 Vgl. für die Ableitung dieses Zusammenhangs in Variationsungleichungen auch Dafermos und Nagurney (1987) sowie Nagurney (1993), S. 206ff.

Es wird nun vorausgesetzt, die Anbieter A_{jh}, die auf einem Markt j (j = 1(1)n) anbieten, hätten identische Produktionsbedingungen. Also entstehen ihnen dieselben Kosten für die Produktion,[1] $c_{jh}(Q) := g_j(\Omega)$, und für den Transport, $t_{jhk}(x) := t_{jk}(x)$, wobei diese Kosten wiederum von den produzierten bzw. den transportierten Mengen abhängen. Aus der Identität der Produktionskosten aller Anbieter eines Marktes ergibt sich durch partielles Differenzieren nach der einzelnen Produktionsmenge[2] mit Hilfe der Kettenregel

$$\frac{\partial c_{jh}(Q)}{\partial Q_{jh}} = \sum_{l=1}^{n} \frac{\partial g_j(\Omega)}{\partial \Omega_l} \frac{\partial \Omega_l}{\partial Q_{jh}} = \frac{\partial g_j(\Omega)}{\partial \Omega_j}.$$

Unter Verwendung dieser Beziehung und der dreifachen Indizierung für Angebotsmärkte, Firmen und Abnehmermärkte läßt sich das Komplementärproblem des Oligopolmodells (RO) für den Fall vieler Anbieter in jedem Markt wie folgt schreiben:

Gesucht ist $x^* \in \mathbb{R}_+^{\mathrm{Anz}\cdot m}$ (ROV1) mit

$$\text{(ROV2)} \quad \frac{\partial g_j(\Omega^*)}{\partial \Omega_j} + t_{jhk}(x^*) - Pn_k(D^*) - \sum_{l=1}^{m} \left[\frac{\partial Pn_l(D^*)}{\partial D_k} - \frac{\partial t_{jhl}(x^*)}{\partial x_{jhk}} \right] x_{jhl}^* \geq 0$$

$$(j = 1(1)n,\ h = 1(1)\mathrm{anz}(j),\ k = 1(1)m)$$

$$\text{(ROV3)} \quad \sum_{j=1}^{n} \sum_{h=1}^{\mathrm{anz}(j)} \sum_{k=1}^{m} [\frac{\partial g_j(\Omega^*)}{\partial \Omega_j} + t_{jhk}(x^*) - Pn_k(D^*)$$

$$- \sum_{l=1}^{m} \left(\frac{\partial Pn_l(D^*)}{\partial D_k} - \frac{\partial t_{jhl}(x^*)}{\partial x_{jhk}} \right) x_{jhl}^*] \cdot x_{jhk}^* = 0.$$

Die Multiplikation der ersten drei Terme der letzten Bedingung mit der Variablen x^*_{jhk} beinhaltet eine Unterscheidung der einzelnen Anbietern h auf jedem Markt j, die aufgrund der Annahme, alle Anbieter auf einem Markt hätten die gleichen Eigenschaften, wegfallen kann. Aus demselben Grund kann $t_{jhk}(x)$ durch $t_{jk}(x)$ ersetzt

---

1 Es ist zu beachten, daß mit dieser Definition der Produktionskosten des Marktes j nicht die Summe der gesamten Kosten gemeint ist, sondern die Kosten, die jedem einzelnen Anbieter auf Markt j entstehen.

2 Vgl. Dafermos und Nagurney (1987).

werden. Zudem können zur Vereinfachung der Schreibweise die von den x_{jhk} abhängigen Variablen Ω_j und D_k an Stelle der x_{jhk} selbst verwendet werden. Es ergibt sich zunächst die äquivalente Formulierung:

Gesucht ist $x^* \in \mathbb{R}_+^{Anz \cdot m}$ mit entsprechenden, den Mengenkontinuitätsbedingungen aus K genügenden Vektoren $\Omega^* \in \mathbb{R}_+^n$ und $D^* \in \mathbb{R}_+^m$, so daß

$$\text{(ROV2)} \quad \frac{\partial g_j(\Omega^*)}{\partial \Omega_j} + t_{jk}(x^*) - Pn_k(D^*) - \sum_{l=1}^{m} \left(\frac{\partial Pn_l(D^*)}{\partial D_k} - \frac{\partial t_{jl}(x^*)}{\partial x_{jk}} \right) x_{jhl}^* \geq 0$$

$$(j = 1(1)n, \; h = 1(1)anz(j), \; k = 1(1)m)$$

$$\text{(ROV3)} \quad \sum_{j=1}^{n} \frac{\partial g_j(\Omega^*)}{\partial \Omega_j} \cdot \Omega_j^* + \sum_{j=1}^{n} \sum_{k=1}^{m} t_{jk}(x^*) \cdot x_{jk}^* - \sum_{k=1}^{n} Pn_k(D^*) \cdot D_k^*$$

$$- \sum_{j=1}^{n} \sum_{k=1}^{m} \sum_{l=1}^{m} \left(\frac{\partial Pn_l(D^*)}{\partial D_k} - \frac{\partial t_{jl}(x^*)}{\partial x_{jk}} \right) \sum_{h=1}^{anz(j)} x_{jhl}^* \cdot x_{jhk}^* = 0$$

gilt. Aus der Symmetrie des Problems folgt weiter, daß alle Transportmengen x_{jhk}^* von Anbietern aus Markt j (j = 1(1)n), die nach Markt k (k = 1(1)m) liefern, identisch sein müssen:[1]

$$x_{jhk}^* = \frac{1}{anz(j)} x_{jk}^* \quad (h = 1(1)anz(j), \; j = 1(1)n, \; k = 1(1)m).$$

Damit können die zweite und dritte Bedingung erneut umformuliert werden zu

$$\text{(ROV2)} \quad \frac{\partial g_j(\Omega^*)}{\partial \Omega_j} + t_{jk}(x^*) - Pn_k(D^*) - \frac{1}{anz(j)} \sum_{l=1}^{m} \left(\frac{\partial Pn_l(D^*)}{\partial D_k} - \frac{\partial t_{jl}(x^*)}{\partial x_{jk}} \right) x_{jl}^* \geq 0$$

$$(j = 1(1)n, \; k = 1(1)m)$$

und

---

1 Theoretisch sind auch asymmetrische Lösungen denkbar, von denen es dann jedoch mindestens so viele gäbe, wie es Anbieter gibt. Da das Oligopolproblem jedoch wegen der Konkavität der Gewinnfunktionen eindeutig lösbar ist, fällt diese Möglichkeit weg. Eine eindeutige Lösung muß aber symmetrisch sein.

$$(\text{ROV3})\quad \sum_{j=1}^{n} \frac{\partial g_j(\Omega^*)}{\partial \Omega_j} \cdot \Omega_j^* + \sum_{j=1}^{n}\sum_{k=1}^{m} t_{jk}(x^*) \cdot x_{jk}^* - \sum_{k=1}^{m} Pn_k(D^*) \cdot D_k^*$$

$$- \sum_{j=1}^{n}\sum_{k=1}^{m}\sum_{l=1}^{m} \frac{1}{anz(j))} \left(\frac{\partial Pn_l(D^*)}{\partial D_k} - \frac{\partial t_{jl}(x^*)}{\partial x_{jk}} \right) x_{jl}^* \cdot x_{jk}^* = 0.$$

Somit ist das Modell für den Fall mehrerer gleicher Anbieter auf den einzelnen Märkten spezifiziert. Der Übergang zu einer "großen" Anzahl von Anbietern auf jedem Markt kann mittels einer Folge $\{ROV_i\}$ von Oligopolmodellen des beschriebenen Typs untersucht werden, bei denen die Zahl der Firmen je Angebotsmarkt, $anz_i(j)$, immer weiter anwächst, d.h.

$$\lim_{i \to \infty} anz_i(j) \cdot \to \infty \quad (j = 1(1)n).$$

Für diesen Grenzübergang gehen die Oligopolmodelle $\{ROV_i\}$, da jeweils der letzte Term in den Bedingungen (ROV2) und (ROV3) wegfällt, gegen das Modell:

Gesucht ist $x^* \in \mathbb{R}_+^{n \cdot m}$ mit entsprechenden, den Mengenkontinuitätsbedingungen genügenden Vektoren $\Omega^* \in \mathbb{R}_+^n$ und $D^* \in \mathbb{R}_+^m$, so daß

$$\frac{\partial g_j(\Omega^*)}{\partial \Omega_j} + t_{jk}(x^*) - Pn_k(D^*) \geq 0 \quad (j = 1(1)n,\ k = 1(1)m)$$

$$\sum_{j=1}^{n} \frac{\partial g_j(\Omega^*)}{\partial \Omega_j} \cdot \Omega_j^* + \sum_{j=1}^{n}\sum_{k=1}^{m} t_{jk}(x^*) \cdot x_{jk}^* - \sum_{k=1}^{m} Pn_k(D^*) \cdot D_k^* = 0.$$

Setzt man nun $Pa_j(\Omega) := \partial g_j(\Omega)/\partial \Omega_j$ für alle Angebotsmärkte j (j = 1(1)n), so stimmt dieses Modell mit dem Mengenmodell des räumlichen Konkurrenzgleichgewichts (RG) überein. Da sich die Angebotskurve eines Marktes aus der Grenzkostenkurve aller Anbieter ergibt, entspricht dies auch der üblichen Definition. Damit ist gezeigt:[1]

Wird für jedes Modell der Folge $\{ROV_i\}$ jeweils die zugehörige Gleichgewichtslösung x^i bestimmt, so ergibt sich eine Folge von Lösungen $\{x^i\}$. Wenn diese eine konvergente Teilfolge besitzt, so konvergiert diese Teilfolge gegen x^*, welches das

---

1 Vgl. Nagurney (1993), S. 208f., sowie Dafermos und Nagurney (1987) für das entsprechende, in Variationsungleichungen formulierte Resultat.

Komplementärproblem für das räumliche Gleichgewicht (Konkurrenz-Gleichgewicht) löst. Dabei ist $Pa_j(\Omega) = \partial g_j(\Omega)/\partial\Omega_j$ für alle Angebotsmärkte j (j = 1(1)n), die Angebotspreise entsprechen jeweils den - für alle Anbieter identischen - Grenzkosten.

Die Untersuchung hat damit aufgezeigt, daß sich das Mengenmodell für ein räumliches Oligopol verwenden läßt, um sowohl die Grenzfälle der Anbieterzahlen als auch den Grenzfall ohne räumliche Ausdehnung, d.h. den Punktmarkt zu betrachten. Damit kann das "Oligopol auf unterschiedlichen Märkten" als die generische Marktform angesehen werden.[1] Als geeignetes Lösungskonzept erweist sich in allen Fällen das Nash-Gleichgewicht, als die geeignete Strategie des einzelnen Anbieters die jeweilige Nash-Gleichgewichts-Strategie. Das Ordnungsschema der Marktsituationen kann also weiter ergänzt werden, wie es Tabelle 3.3 zeigt. Das räumliche Oligopol als Basismodell ist unterlegt und die Übergänge zu den anderen Modellen sind halboffen dargestellt, da die Modelle auseinander hervorgehen.

Räumliche Struktur Parameter *Strategie*	Anbieterzahl		
	ein Anbieter	mehrere Anbieter	viele Anbieter
Punktmarkt *Menge*	Monopol	Oligopol	Vollständige Konkurrenz
Verschiedene Marktplätze Standorte gegeben *Mengen*	Räumliches Monopol	Räumliches Oligopol	Räumliches Gleichgewicht

Tabelle 3.3 Ordnungsschema für Mengenmodelle auf Basis des räumlichen Oligopols

1 Güth (1994), S. 83, bezeichnet das heterogene Oligopol (das Preismodell für heterogene Güter) als generische Marktform, da er Mengenpolitiken als nicht überzeugend ablehnt. Für den räumlich heterogenen Fall mit sonst homogenen Gütern ergibt sich jedoch durchaus ein sinnvolles Ergebnis in Mengenstrategien.

3.4.5 Beispiele für räumliche Oligopole

Beispiel ROL

Es werden die Daten der für das räumliche Gleichgewicht in Abschnitt 3.3.6 dargestellten Beispiele verwendet. Das zugrundeliegende Netzwerk (Abbildung 3.1) sowie die Transportkosten bleiben gleich; die inversen Nachfrage- bzw. Preisabsatzfunktionen sind wieder durch

$$Pn_3\ (D_3) = 16 - 2 \cdot D_3,\ Pn_4\ (D_4) = 18 - 1{,}5 \cdot D_4,\ Pn_5\ (D_5) = 20 - 3 \cdot D_5$$

gegeben.

Es werden zwei Anbieter I und II betrachtet, die sich in den Knoten 1 und 2 des Netzes befinden und deren lineare Kostenfunktionen durch

$$c_I(Q_I) := 2Q_I \text{ und } c_{II}(Q_{II}) := 2Q_{II}$$

gegeben sind.

Die Matrix des das Oligopolmodell repräsentierenden $LK(M_{ROL}, q_{ROL})$ hat die Form

$$M_{O1} = \begin{pmatrix} 2/b_3 & 0 & 0 & 1/b_3 & 0 & 0 \\ 0 & 2/b_4 & 0 & 0 & 1/b_4 & 0 \\ 0 & 0 & 2/b_5 & 0 & 0 & 1/b_5 \\ 1/b_3 & 0 & 0 & 2/b_3 & 0 & 0 \\ 0 & 1/b_4 & 0 & 0 & 2/b_4 & 0 \\ 0 & 0 & 1/b_5 & 0 & 0 & 2/b_5 \end{pmatrix},$$

so daß Einsetzen der Daten auf die Matrix

$$M_{ROL} := \begin{pmatrix} 4 & 0 & 0 & 2 & 0 & 0 \\ 0 & 3 & 0 & 0 & 1{,}5 & 0 \\ 0 & 0 & 6 & 0 & 0 & 3 \\ 2 & 0 & 0 & 4 & 0 & 0 \\ 0 & 1{,}5 & 0 & 0 & 3 & 0 \\ 0 & 0 & 3 & 0 & 0 & 6 \end{pmatrix}$$

führt. Der Vektor ergibt sich aus $q_{jk} := c_j + t_{jk} - a_k/b_k$ ($j = 1(1)\nu$, $k = 1(1)m$) zu $q_{ROL} := (-13{,}1; -15{,}6; -17{,}3; -12{,}7; -15{,}2; -17{,}6)^T$.

Folgende Liefermengen ergeben sich bei der Lösung dieses Mengenmodells mit einem iterativen SOR-Verfahren:
$x_{I3} = 2,25$; $x_{I4} = 3,56$; $x_{I5} = 1,9$; $x_{II3} = 2,05$; $x_{II4} = 3,29$; $x_{II5} = 2$.
Daraus folgen die Marktpreise für die Nachfragemärkte
$p_3 = 7,4$; $p_4 = 7,73$; $p_5 = 8,3$.
Die Gewinne der Oligopolisten liegen bei $G_I = 39,74$ und $G_{II} = 36,425$.

Das Zustandekommen von Preisen, die nicht zu Arbitragegeschäften führen, hängt von der Datenkonstellation ab. Unter Arbitragegeschäften ist der Kauf und Weiterverkauf von Gütern durch Zwischenhändler zu verstehen, zu dem es kommen kann, wenn sich solche Geschäfte lohnen. Wäre also beispielsweise die Preisdifferenz zwischen Markt 3 und 4 größer als 0,5, d.h. größer als die Transportkosten, so ist davon auszugehen, daß sich Zwischenhändler finden werden, die das Gut in Markt 3 kaufen, um es in Markt 4 wieder zu verkaufen.[1] Bei geringfügigen Datenänderungen ergeben sich auf den drei Märkten so unterschiedliche Preise, daß ein solcher Zwischenhandel für die Nachfrager von Interesse wäre.

Erhöht sich, bei sonst unveränderten Daten, z.B. der Prohibitivpreis des Marktes 4 auf 20, so ergeben sich die Liefermengen der Märkte zu
$x_{I3} = 2,25$; $x_{I4} = 4$; $x_{I5} = 1,9$; $x_{II3} = 2,05$; $x_{II4} = 3,73$; $x_{II5} = 2$,
und damit ergeben sich die Preise
$p_3 = 7,4$, $p_4 = 8,4$ und $p_5 = 8,3$.
In diesem Fall würde sich Arbitragehandel lohnen. Ein solcher Handel muß also, damit die Modelle ihre Gültigkeit behalten, durch die Prämisse voneinander isolierter Märkte ausgeschlossen werden, damit die angegebene Preiskonstellation realisierbar ist. Anderenfalls wären zusätzliche Nebenbedingungen in das Modell aufzunehmen, die jedoch die Struktur zerstören.[2]

Aus dem Modell ergeben sich keine eindeutigen Preise, zu denen die Oligopolisten das Gut an ihren Angebotsorten verkaufen. Dies ist durch das Mengenmodell bedingt,

---

1 Vgl. z.B. Hansmann (1974), S. 90ff.

2 Tatsächlich kann bei realistischen Verläufen der Nachfragefunktionen und nicht-isolierten Märkten eine solche Situation vermutlich von vornherein ausgeschlossen werden. Denn entweder bilden die Nachfragefunktionen die lokale Nachfrage richtig ab, dann tritt dieser Fall nicht ein, oder der Fall tritt ein, dann ist die Abbildung falsch, denn dann dürfte die Nachfragefunktion des Marktes 3 nicht mehr die alleinige lokale Nachfrage angeben, sondern müßte die Nachfrage des Marktes 4, die über 3 versorgt wird, beinhalten. Demnach hätten dann die Nachfragefunktionen aber einen anderen Verlauf und wären abhängig von den entsprechenden Funktionen der anderen Märkte.

welches die Oligopolisten nicht zwingt, einen einheitlichen Preis am Angebotsort festzulegen. Vielmehr ergeben sich auch innerhalb der Angebotsmärkte differenzierte Preise, nämlich die Preise p_{jk}, zu denen Anbieter j das Gut auf Markt k anbietet:
$p_{I3} = 7{,}4 - 0{,}9 = 6{,}5$; $p_{I4} = 8{,}4 - 0{,}4 = 8{,}0$; $p_{I5} = 8{,}3 - 0{,}7 = 7{,}6$;
$p_{II3} = 7{,}4 - 1{,}3 = 6{,}1$; $p_{II4} = 8{,}4 - 0{,}8 = 7{,}6$; $p_{II5} = 8{,}3 - 0{,}4 = 7{,}9$.
Nur die Preise der Verkaufs- bzw. Nachfragermärkte sind eindeutig.

Aufgrund der konstanten Grenzkosten der Produktion ergibt sich zudem, daß die Märkte auch isoliert optimiert werden können, daß also das 6×6-Komplementärproblem in drei 2×2-Probleme zerfällt. Das Problem des Marktes 3 ist beispielsweise ein LK(M_{ROL3}, q_{ROL3}) mit den Daten

$$M_{ROL3} := \begin{pmatrix} 4 & 2 \\ 2 & 4 \end{pmatrix}, \quad q_{ROL3} := \begin{pmatrix} -13{,}1 \\ -12{,}7 \end{pmatrix}.$$

Ändern sich also die Parameter eines Marktes, z.B. der Prohibitivpreis der Nachfragefunktion, so findet die daraus resultierende Mengenänderung nur auf diesem Markt statt, während die anderen Märkte unberührt bleiben. Dies zeigt das oben angegebene Beispiel der Erhöhung des Prohibitivpreises auf dem Markt 4 auf 20. Die Anbieter bringen die Mengen $x_{I4} = 4$ und $x_{II4} = 3{,}73$ auf den Markt, und der Preis erhöht sich entsprechend auf $p_4 = 8{,}4$, während die Angebotsmengen und Preise der anderen Märkte unverändert bleiben.

Beispiel ROQ

Anstelle konstanter Grenzkosten werden in diesem Beispiel wachsende Grenzkosten mittels quadratischer Produktionskostenfunktionen
$c_j\,(Q_j) := 0{,}5\; Q_j^2 + 2\; Q_j\; (j = I, II)$,
also mit den Faktoren $h_j := 0{,}5$ (j = I, II) einbezogen. Die anderen Daten des Beispiels ROL bleiben unverändert. Die Matrix des Komplementärproblems erhält die Form[1]

---

[1] Es wird wieder von den ursprünglichen Nachfragefunktionen mit $Pn_4(D_4) = 18 - 1{,}5D_4$ ausgegangen.

$$M_{O2} = \begin{pmatrix} 2/b_3 + 2h_I & 2h_I & 2h_I & 1/b_3 & 0 & 0 \\ 2h_I & 2/b_4 + 2h_I & 2h_I & 0 & 1/b_4 & 0 \\ 2h_I & 2h_I & 2/b_5 + 2h_I & 0 & 0 & 1/b_5 \\ 1/b_3 & 0 & 0 & 2/b_3 + 2h_{II} & 2h_{II} & 2h_{II} \\ 0 & 1/b_4 & 0 & 2h_{II} & 2/b_4 + 2h_{II} & 2h_{II} \\ 0 & 0 & 1/b_5 & 2h_{II} & 2h_{II} & 2/b_5 + 2h_{II} \end{pmatrix},$$

so daß sich durch Einsetzen der Daten die Matrix

$$M_{ROQ} := \begin{pmatrix} 5 & 1 & 1 & 2 & 0 & 0 \\ 1 & 4 & 1 & 0 & 1{,}5 & 0 \\ 1 & 1 & 7 & 0 & 0 & 3 \\ 2 & 0 & 0 & 5 & 1 & 1 \\ 0 & 1{,}5 & 0 & 1 & 4 & 1 \\ 0 & 0 & 3 & 1 & 1 & 7 \end{pmatrix}$$

ergibt. Der Vektor q bleibt gegenüber dem Beispiel ROL unverändert.

Die Märkte lassen sich nicht mehr isoliert betrachten, da die Veränderung einer Liefermenge immer auch einen Einfluß auf die anfallenden Grenzkosten der Produktion und damit auf alle Märkte hat. Es ergeben sich Liefermengen von
$x_{I3} = 1{,}38$; $x_{I4} = 2{,}39$; $x_{I5} = 1{,}31$; $x_{II3} = 1{,}25$; $x_{II4} = 2{,}23$; $x_{II5} = 1{,}46$.
Dabei belaufen sich die Preise auf
$p_3 = 10{,}74$; $p_4 = 11{,}07$; $p_5 = 11{,}69$.
Der Gewinn des Oligopolisten I beträgt $G_I = 30{,}41$, der Gewinn des Oligopolisten II beläuft sich auf $G_{II} = 30{,}35$.
Die Mengen verringern sich gegenüber dem Fall konstanter Grenzkosten der Produktion, da die Produktion teurer ist, und die Preise steigen entsprechend. Führt man erneut die Variation des Prohibitivpreises auf Markt 4 durch und erhöht den Prohibitivpreis wieder auf 20, so ergibt sich die folgende Mengenkonstellation:
$x_{I3} = 1{,}33$; $x_{I4} = 2{,}77$; $x_{I5} = 1{,}27$; $x_{II3} = 1{,}20$; $x_{II4} = 2{,}60$; $x_{II5} = 1{,}42$.
Die Änderungen der Mengen auf den Märkten 3 und 5 fallen wesentlich geringer aus als die Reaktion der Anbieter auf die Verhaltensänderung der Nachfrager, die auf Markt 4 selbst stattfindet. Die sich ergebenden Preise liegen bei
$p_3 = 10{,}94$; $p_4 = 11{,}94$; $p_5 = 11{,}93$,

d.h. in diesem Fall findet auf allen Märkten eine Preiserhöhung statt, weil die Oligopolisten den nun attraktiveren Markt 4 mit einer größeren Menge versorgen und die anderen Märkte weniger beliefern. Sie weiten ihre Gesamt-Produktionsmengen aus.

Grenzübergänge zu den anderen Marktsituationen (Beispiel ROQ)

Das Monopol

Der Monopolfall läßt sich durch die wachsende Distanz eines der beiden Anbieter zu den Märkten realisieren. Das ist unproblematisch, da keiner der kürzesten Wege von einem Anbieter zu einem Markt über den Standort des anderen Anbieters führt und also die Bewertungen der von dem einem Anbieter wegführenden Kanten einfach "sehr groß" gemacht werden können, ohne daß sich an den Distanzen des anderen Anbieters zu den Märkten etwas ändert.[1]

Werden die Entfernungen (und damit die Transportkosten) des ersten Anbieters zu den Märkten sehr groß, $t_{Ik} \to \infty$ (k = 1, 2, 3), so ergibt sich als Lösung des Modells (Beispiel ROQ):[2]

$x_{II3} = 1{,}5785$; $x_{II4} = 2{,}938$; $x_{II5} = 1{,}869$.

Die Preise $p_3 = 12{,}843$, $p_4 = 13{,}593$, $p_5 = 14{,}393$,

sind höher als im Oligopolfall, und die Märkte werden mit geringeren Mengen versorgt. Der Monopolist II betreibt optimale Preisdifferenzierung, wie die folgende Rechnung zeigt.[3]

Es gilt für die Grenzerlöse $E'(D_k)$ auf den Märkten 3, 4 und 5:

$E'(D_3) = 16 - 4 \cdot D_3 = 16 - 4x_{II3} = 9{,}686$;

---

[1] Es könnten auch die kürzesten Wege ermittelt und explizit die Wege eines Anbieters zu den Nachfragern künstlich verlängert werden.

[2] Rechentechnisch kann dies durch Unterstellen von im Verhältnis zu den anderen Distanzen sehr großen, aber endlichen Entfernungen, z.B. dem Hundertfachen der vorgegebenen Entfernung, realisiert werden. Die sich ergebenden Transportkosten müssen nur die Prohibitivpreise der Märkte, die durch die Größen a_k/b_k gegeben sind, überschreiten, damit eine Belieferung durch den entsprechenden Anbieter uninteressant wird.

[3] Damit er diese realisieren kann, muß allerdings auch hier die Isoliertheit der Märkte unterstellt werden, weil anderenfalls die Preisdifferenzierung wegen der Möglichkeit des Arbitragehandels nicht durchsetzbar ist. Eine Möglichkeit wäre z.B., daß nur dem Monopolisten die nötigen Transportmittel zur Verfügung stehen, um das Gut zu befördern, so daß außer ihm niemand die Belieferung durchführen kann.

$E'(D_4) = 18 - 3 \cdot D_4 = 18 - 3x_{II4} = 9{,}186;$

$E'(D_5) = 20 - 6 \cdot D_5 = 20 - 6x_{II5} = 8{,}786.$

Die gesamte Produktionsmenge umfaßt $Q_{II} = 6{,}386$ (gerundet auf drei Nachkommastellen).

Die Kosten setzen sich aus den Produktionskosten $c_{II}(Q_{II})$ und den Transportkosten $t_{IIk}(x_{IIk})$ für jeden der drei Märkte zusammen:

$K_k(x) := c_{II}(Q_{II}) + t_{IIk}(x_{IIk}) = 0{,}5\ Q_{II}^2 + 2Q_{II} + t_{IIk}(x_{IIk})\quad (k = 3,4,5).$

Die Grenzkosten betragen

$K_3'(x) = Q_{II} + 2 + 1{,}3 = 9{,}686;$

$K_4'(x) = Q_{II} + 2 + 0{,}8 = 9{,}186;$

$K_5'(x) = Q_{II} + 2 + 0{,}4 = 8{,}786;$

sie entsprechen den Grenzerlösen. Der Monopolist II erzielt einen Gewinn von $G_{II} = 48{,}8$.

Um den Übergang zum Monopol auf dem Punktmarkt zu betrachten, wird Markt 3 ausgewählt. Für die Transportkostensätze des Anbieters II gilt

$t_{II3} \rightarrow 0,\ t_{II4} \rightarrow \infty,\ t_{II5} \rightarrow \infty.$

Dann ist lediglich der optimale Preis des Anbieters II auf Markt 3 bzw. seine Angebotsmenge zu bestimmen, die sich auf $p_3 = 10{,}4$ bzw. $Q_{II} = D_3 = 2{,}8$ belaufen.

Das Oligopol auf dem Punktmarkt

Das Oligopolmodell für den Punktmarkt wird ebenfalls für Markt 3 untersucht. Auch hier entsteht der Grenzfall, indem die Stückkosten der Transporte für die Märkte 4 und 5 gegen sehr große Werte streben ($t_{I4} \rightarrow \infty$, $t_{I5} \rightarrow \infty$, $t_{II4} \rightarrow \infty$, $t_{II5} \rightarrow \infty$) und die Kosten der Transporte zu Markt 3 gegen den Wert Null gehen ($t_{I3} \rightarrow 0$, $t_{II3} \rightarrow 0$). Es entsteht das $LK(M_{ROQ3}, q_{ROQ3})$ mit

$$M_{ROQ3} := \begin{pmatrix} 1/b_3 + 2h_I & 1/b_3 \\ 1/b_3 & 1/b_3 + 2h_{II} \end{pmatrix} = \begin{pmatrix} 5 & 2 \\ 2 & 5 \end{pmatrix},\quad q_{ROQ3} := \begin{pmatrix} c_I - a_3/b_3 \\ c_{II} - a_3/b_3 \end{pmatrix} = \begin{pmatrix} -14 \\ -14 \end{pmatrix}.$$

Die Liefermengen betragen jeweils $x_{I3} = x_{II3} = 2$, der Preis sinkt auf $p_3 = 8$.

Die vollständige Konkurrenz auf dem Punktmarkt

Die vollständige Konkurrenz auf dem Punktmarkt wird im Ergebnis durch die Bedingung "Preis = Grenzkosten" beschrieben. Diese resultiert, wie oben gezeigt, auch aus der Grenzbetrachtung des Oligopolmodells für den Punktmarkt; das sich ergebende Komplementärproblem läßt sich aufgrund der Symmetrieannahme direkt auf die Gleichungen[1]

$$\frac{\partial c_j(Q_j^*)}{\partial Q_j} - p(Q_{ges}) = Q_j^* + 2 - (16 - 2\cdot Q_{ges}) = 0 \quad (j = 1(1)\nu)$$

reduzieren.

Setzt man, ebenfalls wegen der Symmetrie, $Q_j := Q_{ges}/\nu$, und läßt die Anbieterzahl ν gegen unendlich streben, so ergibt sich:

$$\lim_{\nu\to\infty} \frac{Q_{ges}}{\nu} + 2 - (16 - 2\cdot Q_{ges}) = 2\cdot Q_{ges} - 14 = 0$$

Die Gesamtangebotsmenge ergibt sich zu $Q_{ges} = 7$ und der Marktpreis zu $p = 2$.

Das untersuchte Beispiel ist dadurch charakterisiert, daß sich jeder der Anbieter auf dem betrachteten Punktmarkt denselben Kosten gegenübersieht und sich der Preis von $p = 2$ als gemeinsame Untergrenze der Grenzkosten ergibt. Damit hat die Angebotsfunktion einen konstanten Verlauf. Nur ein solcher Verlauf läßt sich als Grenzfall aus dem Oligopolmodell ableiten, weil alle Anbieter als identisch unterstellt werden.

Das räumliche Gleichgewicht

Wie in der theoretischen Ableitung erläutert, wird für den Grenzübergang zum räumlichen Gleichgewicht die Kostenfunktion

$$g_j(\Omega_j) = c_{jh}(Q_{jh})$$

als für alle Anbieter h eines Marktes j (j = I, II) identische Kostenfunktion eingeführt. Es ergibt sich für den Grenzübergang

$$\text{anz}(j) \to \infty \quad (j = I, II)$$

ein Komplementärproblem für das räumliche Gleichgewicht, in dem die Grenzkostenfunktion $\partial g_j(\Omega_j)/\partial\Omega_j$ an die Stelle der Angebotsfunktion $Pa_j(\Omega_j)$ bzw. des Preises p_j tritt.[2] Damit erhält es für die linearen Kostenfunktionen $c_{jh}(Q_{jh}) = 2Q_{jh}$ (j = I, II) aus

---

1 Die Grenzübergänge für die Transportkosten sind hier genau wie für das Oligopol auf dem Punktmarkt zu vollziehen.

2 Vgl. demgegenüber Abschnitt 3.3.6.

Beispiel ROL die bereits in Abschnitt 3.3.6, Beispiel MGK, dargestellte Form eines linearen Komplementärproblems mit

$$M_{MGK} := \begin{pmatrix} 2 & 0 & 0 & 2 & 0 & 0 \\ 0 & 1{,}5 & 0 & 0 & 1{,}5 & 0 \\ 0 & 0 & 3 & 0 & 0 & 3 \\ 2 & 0 & 0 & 2 & 0 & 0 \\ 0 & 1{,}5 & 0 & 0 & 1{,}5 & 0 \\ 0 & 0 & 3 & 0 & 0 & 3 \end{pmatrix}$$

und $q_{MGK} := (-13{,}1;\ -15{,}6;\ -17{,}3;\ -12{,}7;\ -15{,}2;\ -17{,}6)^T$.
Gegenüber dem Oligopolmodell ändert sich also nur die Diagonale der Matrix, in der die Steigung der Preisabsatzfunktionen nur einfach eingetragen wird, da der Einfluß des einzelnen Anbieters auf den Preis im Grenzfall verschwindet.
Es ergeben sich für die Liefermengen die Werte
$x_{I3} = 6{,}55$, $x_{I4} = 10{,}4$, $x_{II5} = 5{,}86$.
Daraus folgen die Preise
$p_1 = 2{,}9$, $p_2 = 2{,}4$ und $p_3 = 2{,}4$,
die gerade die Summe aus Angebotspreis und Transportkosten darstellen.

Für die sich aus den Daten von Beispiel ROQ ergebenden Grenzkosten- bzw. Angebotsfunktionen erhält man beim Übergang zu vielen Anbietern das ebenfalls in Abschnitt 3.3.6 bereits untersuchte $LK(M_{MGL}, q_{MGL})$ mit

$$M_{MGL} := \begin{pmatrix} 3 & 1 & 1 & 2 & 0 & 0 \\ 1 & 2{,}5 & 1 & 0 & 1{,}5 & 0 \\ 1 & 1 & 4 & 0 & 0 & 3 \\ 2 & 0 & 0 & 3 & 1 & 1 \\ 0 & 1{,}5 & 0 & 1 & 2{,}5 & 1 \\ 0 & 0 & 3 & 1 & 1 & 4 \end{pmatrix}$$

und $q_{MGL} = (-13{,}1;\ -15{,}6;\ -17{,}3;\ -12{,}7;\ -15{,}2;\ -17{,}6)^T$ sowie der Lösung
$x_{I3} = 3{,}035$, $x_{I4} = 3{,}636$, $x_{I5} = 0$, $x_{II3} = 0{,}179$, $x_{II4} = 2{,}316$, $x_{II5} = 3{,}77$.
Damit ergeben sich die Nachfragemarktpreise zu
$p_3 = 9{,}57$, $p_4 = 9{,}07$, $p_5 = 8{,}67$,
und die Angebotsmarktpreise belaufen sich auf
$p_I = 8{,}67$, $p_{II} = 8{,}27$.

Der am allgemeinen Fall dargestellte Übergang des Oligopolmodells zu den Grenzfällen Monopol und räumliches Gleichgewicht kann hier für die Beispiele nachvollzogen werden und führt für wachsende Anbieterzahlen konsequenterweise auf dieselben Ergebnisse wie in Abschnitt 3.3.6. Die Gegenüberstellung mit dem Monopolfall und dem Oligopolfall verdeutlicht die fallenden Preise bei zunehmender Konkurrenz.

3.4.6 Zusammenfassung

In diesem Abschnitt wurde gezeigt und durch ein Beispiel illustriert, wie sich die unterschiedlichen Modelle für den Punktmarkt und den räumlich diversifizierten Markt auf ein Grundmodell, das räumliche Oligopol in Mengenstrategien, zurückführen lassen. Damit erweisen sich die unterschiedlichen Modelle als Resultate derselben Theorie bzw. derselben Konzeption, nämlich des Nash-Gleichgewichts.

In den Augen vieler Autoren ist es jedoch sinnvoller, von Preis- statt von Mengenstrategien auszugehen, da auch in der Realität der Preis normalerweise die Entscheidungsvariable der Anbieter darstellen wird.[1] Auf der anderen Seite entscheidet der Produzent auf jeden Fall auch über seine Kapazitäten und damit über die Produktionsmenge, so daß im Grunde ein zweistufiger Prozeß mit Entscheidungen über Kapazitäten auf der ersten und Entscheidungen über Preise auf der zweiten Stufe stattfindet. Wie Kreps und Scheinkman (1983) analysieren, liefert diese Betrachtungsweise unter bestimmten Voraussetzungen das Cournot-Ergebnis und damit dasselbe Resultat wie die Betrachtung von Mengenstrategien.

Da die Gewinnfunktionen der Oligopolisten in Abhängigkeit vom Preis nicht die Stetigkeitseigenschaften aufweisen, die in Bezug auf die Angebotsmengen vorliegen, kann ein Gleichgewicht in analoger Weise, d.h. beispielsweise über die Formulierung eines Komplementärproblems, für Preismodelle nicht bestimmt werden. Zwar gibt Nagurney (1993, S. 216) an, daß die von ihr abgeleiteten "theoretischen Grundlagen" für Mengenmodelle auch bei der Formulierung räumlicher Oligopolmodelle in Preisvariablen anwendbar seien, aber tatsächlich stellen sich bei der Formulierung von Preismodellen Schwierigkeiten ein,[2] da die optimalen Strategien nicht durch Differen-

---

1 Vgl. z.B. Güth (1994), S. 80ff.

2 Auch die von Nagurney (1993) angegebenen Quellen operieren alle in Mengen-, nicht in Preisvariablen.

tiation ermittelt werden können. Im Falle der Mengenkonkurrenz hat eine stetige Strategieänderung eines Konkurrenten - also eine Variation der Menge - auch eine stetige Änderung des Gewinns des betrachteten Anbieters zur Folge. Im Falle der Preiskonkurrenz hingegen führt die Annahme, daß die Nachfrage sich stets in Richtung des günstigsten Anbieters orientiert, zu Unstetigkeiten und damit zu nicht überall differenzierbaren Gewinnfunktionen. Sie führt außerdem dazu, daß jeder Markt immer nur von einem Anbieter versorgt wird, außer wenn der Ausnahmefall gleicher Kostensituationen vorliegt, während sich bei Mengenkonkurrenz die Anbieter die Märkte in der Regel teilen.

Die Formulierung von Gleichgewichtsmodellen bzw. Komplementärproblemen für die Preiskonkurrenz im Oligopol ist also nicht möglich. Zwar lassen sich, wie in Abschnitt 3.3.3 dargestellt, räumliche Gleichgewichte bei vollständiger Konkurrenz als "Preismodelle" auffassen und berechnen, da hier strategische Überlegungen wegfallen, aber das "Unterbieten" eines einzelnen ist nicht möglich und der Preis ist im eigentlichen Sinne keine strategische Variable, sondern ein Ergebnis des Marktprozesses. Tatsächlich sind die "Preismodelle" in Mengen- und Preisvariablen formuliert. (Echte) Preismodelle im Oligopol sind Gegenstand des vierten Kapitels.

3.5 Standort- und Mengenmodelle

3.5.1 Standortplanung eines Anbieters in Gleichgewichtsmodellen

Aufbauend auf den im letzten Abschnitt dargestellten Gleichgewichtsmodellen, die die Situation räumlich verteilter Anbieter und Nachfrager bzw. entsprechender Märkte abbilden, kann auch die Planung neuer Standorte betrachtet werden. Tobin und Friesz (1986), Friesz et. al. (1988-I), Friesz et al. (1989) sowie Miller et al. (1992) und Miller et al. (1996) untersuchen diese Planungssituation, die als "Spatially Competitive Network Facility Location Problem" bzw. "Equilibrium Facility Location" bezeichnet wird. Die entsprechenden Modelle bilden ein Marktgleichgewicht im Netzwerk ab, welches durch den Markteintritt eines neuen Unternehmens, das seinen Standort und seine Angebotsmengen optimal bestimmen will, beeinflußt wird.

Die Zielsetzung besteht also in der Gewinnmaximierung des standortsuchenden Unternehmens, welches sich des herrschenden Marktgleichgewichts bewußt ist und weiß, daß sich das Marktgleichgewicht durch seinen Markteintritt verändern wird, da sich die insgesamt angebotene Menge erhöht und dem zufolge Preisänderungen auftreten. Zudem bezieht das Unternehmen die zu erwartenden Reaktionen seiner

Konkurrenten auf den Markteintritt in das Kalkül ein, so daß es sich um eine Stackelberg-Situation handelt, bei der das standortsuchende Unternehmen als Anführer agiert. Dem Unternehmen steht eine diskrete Zahl von potentiellen Standorten zur Verfügung, die sich in den Knoten des Netzwerkes befinden; die Strategien des Unternehmens bestehen in den potentiellen Standorten und den Produktions- bzw. Liefermengen, die simultan festzulegen sind.

Tobin und Friesz (1986) untersuchen zwei unterschiedliche Gleichgewichtsmodelle für den zugrundeliegenden Markt, das räumliche (Mengen)Gleichgewicht und das räumliche Oligopol. Die Annahme eines räumlichen Gleichgewichts impliziert die vollständige Konkurrenz auf den Märkten. Wenn sich nun also dieses Gleichgewicht durch den Markteintritt des untersuchten Anbieters verändern soll, muß dieser ein "größerer" als die anderen Konkurrenten auf dem Markt sein, denn der einzelne Anbieter auf dem vollständigen Markt hat keine Marktmacht, da die von ihm maximal auf den Markt zu bringende Menge so gering ist, daß sie die Gleichgewichtspreise nicht verändert. Damit weist das standortsuchende Unternehmen andere Charakteristika als seine Konkurrenten auf; es handelt sich bei der Marktform in Folge der überragenden Größe des einen Anbieters um ein Teilmonopol.[1]

Das Entstehen von Teilmonopolen wird in der Regel dadurch begründet, daß ein "großer" Anbieter zunächst alleine auf dem Markt anbietet und später durch weitere, kleinere Anbieter Konkurrenz bekommt. Die von Tobin und Friesz (1986) unterstellte Situation hingegen ist in der Literatur kaum anzutreffen und nur unter speziellen Annahmen vorstellbar. Das neu auf den Markt kommende Unternehmen müßte bei dieser Konstellation von vornherein beispielsweise große Kostenvorteile gegenüber den anderen, schon am Markt etablierten Unternehmen haben, was in der Regel sehr große Anfangsinvestitionen erfordern dürfte, die die Autoren jedoch nicht berücksichtigen.[2]

So konstatieren auch Miller et al. (1996), daß eine "Inkonsistenz" bei der Verwendung des räumlichen Gleichgewichtsmodells und der Annahme, der einzelne Anbieter habe einen Einfluß auf den Preis, bestünde, da das räumliche Gleichgewicht von der Übereinstimmung von Preis und Grenzkosten ausgeht, die hier nicht gegeben

---

1 Zum Begriff des Teilmonopols vgl. z.B. Wied-Nebbeling, S. 55.

2 Sie berücksichtigen zwar standortbezogene fixe Kosten, jedoch keinen Kostensockel für den Markteintritt.

sein kann.[1] Sie argumentieren, ähnlich wie Harker (1986), daß die Preise nicht zwingend den Grenzkosten entsprechen müßten, sondern es sich dabei auch um "ökonomisch vernünftige Preise" handeln könne. Harker beschäftigt sich allerdings nur mit der Festsetzung der Transportpreise, da er die Annahme eines Transportmarktes mit vollständiger Konkurrenz abschwächen möchte, nicht hingegen mit den Marktpreisen, die gerade den charakteristischen Bestandteil eines Konkurrenzmodells ausmachen. Insofern wirft das Vorgehen bzw. die Grundidee des Modells Schwierigkeiten hinsichtlich der Modellvoraussetzungen auf. Die Inkonsistenz liegt auf einer anderen Ebene als bei der klassischen Standortplanung, in der von gegebenen Mengen ausgegangen wird. Hier hingegen wird die extreme Asymmetrie der Anbieter unterstellt, die dem einzelnen die Möglichkeit einräumt, die Marktverhältnisse signifikant zu beeinflussen, und die nicht in den Modellrahmen der eigentlich unterstellten vollständigen Konkurrenz paßt.

Für das standortsuchende Unternehmen wird eine Gewinnfunktion aufgestellt, in die Variablen für die Wahl der Standorte, die Produktionsmengen, und die Marktpreise eingehen, wobei letztere sich aus dem Gleichgewichtsmodell ergeben. Simultan mit der Bestimmung des Gewinnmaximums ist ein Gleichgewicht auf dem Markt zu bestimmen. Das Modell ist also zweistufig, wobei auf der einen Stufe die Gewinnmaximierung des betrachteten Anbieters und auf der anderen Stufe das Gleichgewichtsproblem steht und sich die Ergebnisse der beiden Stufen gegenseitig beeinflussen.[2] Es ist erforderlich, die Auswirkungen von Mengenänderungen auf das Marktgleichgewicht zu erfassen, da dieses Gleichgewicht sich durch den Markteintritt des einen Anbieters verändert. Dazu bestehen im wesentlichen drei Möglichkeiten.

Erstens kann das Problem explizit zweistufig formuliert und gelöst werden, so daß immer abwechselnd ein Optimierungs- und ein Gleichgewichtsproblem zu lösen ist. Zweitens können die Gleichgewichtsnebenbedingungen, formuliert als Komplementärproblem, in das Modell integriert werden, so daß die beiden Stufen zu einer zusammengefaßt werden. Die entstehenden Nebenbedingungen sind allerdings nichtlinear, da die dritte Bedingung eines Komplementärproblems (K3) immer auf eine nichtlineare - z.B. im Falle linearer Funktionen auf eine quadratische - Gleichheitsrestriktion führt. Wird das Gleichgewicht drittens schließlich als

---

1 Miller et al. (1996), S. 92, schreiben jedoch: "We will not attempt an elaborate defense of this inconsistency."

2 Miller et al. (1996), S. 17ff., bezeichnen es als "Bilevel Equilibrium Facility Location Model".

Variationsungleichung formuliert, so können die jeweils gültigen Preise zwar auch nur aus der Lösung des Gleichgewichtsproblems gewonnen werden, wenn möglich Produktionsmengen des standortsuchenden Anbieters vorgegeben sind; es besteht jedoch die Möglichkeit, mittels einer Approximation der sich ergebenden Preise die durch die Mengenänderungen auf dem Markt eintretenden Preisänderungen in das Optimierungsproblem einzubeziehen.
Neben den Gleichgewichtsbedingungen ist das Optimierungsproblem nur durch Produktionsnebenbedingungen restringiert, die die Produktion des neuen Anbieters[1] in jedem Standort auf eine Maximalmenge Q_{max} beschränken.[2]

Das Optimierungsmodell lautet allgemein, wenn dem neuen Anbieter I in den Angebotsorten j (j = 1(1)n) eine Zahl von n_1 ($n_1 < n$) potentiellen Standorten zur Verfügung steht,[3] die Wahl eines Standortes s_j durch die Binärvariable y_j ($j = 1(1)n_1$) beschrieben wird und die Produktionsmengen im Standort s_j durch Q_{jI} sowie die Liefermengen an die Märkte k (k = 1(1)m) von Standort s_j aus durch $x_k(y_j)$ gegeben sind:[4,5]

$$\text{(SM1)}\quad \max\ G_I(y, x(y), Q_I) = \sum_{j=1}^{n_1}\sum_{k=1}^{m} Pn_k(D_k)\cdot x_k(y_j) - c_j(Q_{jI}) - \sum_{j=1}^{n_1}\sum_{k=1}^{m} t_{jk}\cdot x_k(y_j) - f_j\cdot y_j$$

unter Beachtung von

$$\text{(SM2)}\quad Q_{jI} \le Q_{max}\cdot y_j \quad (j = 1(1)n_1)$$

---

1 Hierbei ist anzumerken, daß diese Beschränkungen mit der Annahme größerer Marktmacht des neuen Anbieters kollidieren können, denn diese bedeutet gerade, daß die Produktionsmengen groß im Verhältnis zu den Mengen der anderen Anbieter sein müssen. Offenbar muß diese Menge also "groß, aber nicht zu groß" sein.

2 Die Maximalmengen können je Standort auch unterschiedlich groß sein, vgl. die Modelle bei Miller et al. (1996), S. 94ff.; sie werden hier zur Vereinfachung der Darstellung als identisch unterstellt.

3 Dies seien ohne Einschränkung die Orte $\{1,\dots,n_1\}$. Ggf. sind die Angebotsorte geeignet neu zu numerieren.

4 Die Schreibweise $x_k(y_j)$ grenzt die vom standortsuchenden Anbieter gelieferten Mengen von den übrigen Liefermengen, die sich im Rahmen des Gleichgewichts ergeben, ab. Ebenso dient die Schreibweise Q_{jI}, deren zweiter Index den neuen Anbieter kennzeichnet, der Abgrenzung.

5 Das Modell findet sich ähnlich auch bei Tobin und Friesz (1986), Friesz et al. (1989) sowie Miller et al. (1992).

(SM3) $Q_{jI} = \sum_{k=1}^{m} x_k(y_j) \quad (j = 1(1)n_1)$

(SM4) $Q_{jI} \geq 0,\ x_k(y_j) \geq 0,\ y_j \in \{0,1\} \quad (k = 1(1)m,\ j = 1(1)n_1).$

(SM5) $Pn_k(D_k)$ ergibt sich aus (RG) oder als $p_k(D_k)$ aus (RO).

Mit $c_j(Q_{jI})$ sind die variablen, von den von Anbieter I produzierten Mengen abhängigen Produktionskosten, mit f_j die Fixkosten des Standortes s_j und mit t_{jk} die (ggf. mengenabhängigen) Transportstückkosten bezeichnet. Die Preise $Pn_k(D_k)$ und die Nachfragemengen D_k auf den Märkten k (k = 1(1)m) ergeben sich aus einem Gleichgewichtsmodell der Form (RG) oder als $p_k(D_k)$ aus einem Oligopolmodell (RO). Das Modell ist also um die Variablen x_{jk}, Ω_j und D_k für alle Märkte (j = 1(1)n, k = 1(1)m) sowie Nebenbedingungen in Form des das Marktgleichgewicht beschreibenden Komplementärproblems in der Mengenformulierung oder des Oligopolmodells zu erweitern. Da diese in der in den vorangegangenen Abschnitten dargestellten Form verwendet werden können, wird die Formulierung nicht nochmals ausgeführt; es müssen nur zusätzlich zu den übrigen Mengen die Transportmengen $x_k(y_j)$ bzw. die Produktionsmengen Q_{jI} des standortsuchenden Anbieters in das Gleichgewicht einbezogen werden.

Das Modell bildet die Entscheidungssituation eines Anbieters als einen einstufigen Prozeß ab, denn der Anbieter entscheidet simultan über seine Standorte und seine Produktions- bzw. Liefermengen, wobei er die Reaktionen "des Marktes" auf seine Entscheidung antizipiert.[1]

Aus den Formulierungen der Gleichgewichte in Form von Variationsungleichungen bzw. Komplementärproblemen und des Entscheidungsproblems als Bilevel-Problem oder alternativ als Optimierungsproblem mit nichtlinearen Restriktionen ergeben sich unterschiedliche mögliche Vorgehensweisen zur Problemlösung. Friesz et al. (1988-I), Miller et al. (1992) sowie Miller et al. (1996, S. 109) stellen einen exakten Lösungs-

---

1 Der Entscheidungsprozeß des Anbieters ist einstufig, während das Modell zweistufig ist. Die beiden Stufen des Modells sind das Optimierungs- und das Gleichgewichtsproblem, die einstufige Entscheidung liegt beim Anbieter und erfordert die simultane Festlegung von y, Q und x. Um diese Begriffe besser zu unterscheiden, wird im folgenden die Bezeichnung "Bilevel Problem" für das kombinierte Optimierungs- und Gleichgewichtsproblem verwendet.

ansatz vor.[1] In diesem wird das Gleichgewichtsproblem als Komplementärproblem formuliert, und die das Komplementärproblem beschreibenden Bedingungen werden als - im allgemeinen Fall nichtlineare - Nebenbedingungen in das Modell integriert. Zudem handelt es sich bei den Standortvariablen um diskrete Variable, was die exakte Lösung des Optimierungsproblems noch erschwert. Nur Fälle mit wenigen potentiellen Standorten können mittels Enumeration gelöst werden. Insbesondere besteht dann auch die - bei sehr vielen Standorten zu aufwendige - Möglichkeit, für jede in Frage kommende Kombination von Standorten ein Gleichgewichtsproblem zu lösen und die sich ergebenden Gewinne des standortsuchenden Anbieters anschließend zu vergleichen.

Ist das das Marktgleichgewicht beschreibende Komplementärproblem linear, so entsteht ein diskretes Optimierungsproblem mit einer quadratischen Nebenbedingung und im übrigen linearen Nebenbedingungen. Da die Lösung des Gleichgewichtsproblems in diesem Fall relativ einfach ist, kann die mehrfache Lösung der Komplementärprobleme für jede mögliche Standortkonstellation anstelle der Lösung des diskreten Optimierungsproblems sinnvoll sein.

Tobin und Friesz (1986) schlagen ein heuristisches Verfahren vor, welches, ausgehend von einer ersten Lösung des räumlichen Gleichgewichtsproblems - also dem Zustand vor dem Markteintritt des großen Anbieters - iterativ neue Lösungen bestimmt. Auf Basis der aktuellen Marktpreise bei Abwesenheit des neuen Anbieters wird die Lösung des Optimierungsproblems des standortsuchenden Anbieters ermittelt. Die Formulierung des Gleichgewichtsproblems als Variationsungleichung ermöglicht dabei die Anwendung der Sensitivitätsanalyse für Variationsungleichungen, mittels derer die Veränderungen der Preise in Abhängigkeit von Veränderungen der Produktionsmengen berücksichtigt werden können.[2] Die Sensitivitätsanalyse führt auf einen linearen Zusammenhang zwischen Preisen und Produktionsmengen, da sie auf der linearen Approximation mittels der partiellen Ableitungen, d.h. der Jacobi-Matrix, basiert. Dies stellt nur eine Näherung der

---

1 Die Existenz einer Lösung wird von Friesz et al. (1989) sowie Miller et al. (1996), S. 103, unter den üblichen Regularitätsbedingungen hinsichtlich Angebot und Nachfrage auf den Märkten, der Voraussetzung der Stetigkeit der einfließenden Funktionen und ihrer strengen Monotonie bewiesen.

2 Die Anwendung dieser Analyse ist nur unter bestimmten Regularitätsvoraussetzungen, nämlich der Differenzierbarkeit und strengen Monotonie der Angebots-, Nachfrage- und Kostenfunktionen möglich, vgl. Tobin und Friesz (1986). Diese bedingen die lokale Eindeutigkeit der Lösungen, die für die Sensitivitätsanalyse wesentlich ist.

tatsächlichen Abhängigkeit dar, erfaßt aber in der heuristischen Rechnung die eintretenden Veränderungen hinreichend gut und erspart die Lösung eines Gleichgewichtsproblems. Statt über das Gleichgewichtsproblem werden die Preise in der Zielfunktion des neuen Anbieters über die lineare Approximation erfaßt.
Die Zielfunktion des standortsuchenden Anbieters wird unter Berücksichtigung der durch seine Entscheidung entstehenden Mengen- und Preisänderungen optimiert.[1] Nach der Lösung des Optimierungsproblems ist eine Iteration abgeschlossen; die neuen Liefermengen des betrachteten Anbieters stellen die Eingangsdaten für ein neu zu bestimmendes Marktgleichgewicht dar, und es folgt die nächste Iteration. Das Verfahren endet, wenn sich der Gewinn des standortsuchenden Anbieters nicht mehr verbessert.[2] Die von Miller et al. (1992) für Testbeispiele erzielten Lösungen liefern für die heuristische Vorgehensweise stets dieselben Ergebnisse wie für das exakte Verfahren.[3]

Die Berücksichtigung eines oligopolistischen Mengengleichgewichts, also eines räumlichen Oligopols, in das ein weiterer Anbieter eintritt, ist inhaltlich weniger problematisch als die Modellierung auf Basis eines räumlichen Gleichgewichts, da dem Oligopolisten immer eine gewisse Marktmacht unterstellt wird. Der Lösungsansatz ist dann ein Stackelberg-Gleichgewicht, in dem der neue Anbieter die Rolle des Anführers einnimmt.[4] Mit Hilfe der Sensitivitätsanalyse für Variationsungleichungen können aus dem Mengengleichgewicht, welches unter den bereits im Markt anwesenden Anbietern herrscht, Reaktionsfunktionen der Anbieter hergeleitet werden, die ihre aus dem Verhalten des standortsuchenden Anbieters resultierenden Reaktionen angeben.[5] Die übrigen Oligopolisten sind die Nachfolger, die bezüglich aller ihrer Konkurrenten - bis auf den Anführer - davon ausgehen, daß sie ihre Strategie beibehalten.[6] Insbesondere ist es im linearen Fall möglich, das entstehende

---

1 Dabei bedienen sich Miller et al. (1996) zur Lösung des Standortproblems der Enumeration oder beziehen die Standortvariablen y_j in Form von Nebenbedingungen $(y_j^2 - y_j) = 0$ in das Problem ein.

2 Eine ausführliche Darstellung des Vorgehens findet sich bei Miller et al. (1996), S. 104ff.

3 Dabei ist zu berücksichtigen, daß die geringe Zahl spezieller Beispiele kaum eine endgültige Aussage zuläßt.

4 Vgl. Miller et al. (1991).

5 Vgl. Miller et al. (1996), S. 139ff.

6 Die Modellierung orientiert sich damit an Sherali et al. (1983), die ein Stackelberg-Gleichgewicht mit mehreren Nachfolgern auf dem Punktmarkt betrachten und die Ableitung der Reaktionsfunktionen sowie ein Vorgehen zur Lösung des Stackelbergmodells darstellen.

Problem exakt zu lösen, da die Reaktionsfunktionen linear sind und also die Sensitivitätsanalyse nicht nur eine Approximation, sondern die "echten" Reaktionsfunktionen liefert, die in die Zielfunktion des "Anführers" aufgenommen werden können.[1]

Wie im Falle des Markteintritts in ein räumliches Gleichgewicht kann allgemein ein gekoppeltes Modell erstellt werden, dessen Zielfunktion die Zielsetzung des standortsuchenden Stackelberg-Führers erfaßt. Das oligopolistische Gleichgewicht fließt in die Nebenbedingungen ein bzw. beeinflußt über die aus der Sensitivitätsanalyse abgeleiteten Reaktionsfunktionen die Preise. Ein mehrstufiges, heuristisches Vorgehen besteht also in der Bestimmung eines Oligopol-Gleichgewichts, der näherungsweisen Bestimmung der Reaktionsfunktionen und der anschließenden Optimierung im Sinne des Ziels des standortsuchenden Anbieters. Anschließend wird erneut ein Gleichgewicht bestimmt, und die nächste Iteration beginnt.[2]

Die vorgestellten Modelle stellen eine Verbindung zwischen den bekannten Modellen der klassischen Standortplanung - Tobin und Friesz (1986) bezeichnen die Formulierung mit das Gleichgewicht approximierenden linearen Nebenbedingungen als "speziellen Typ von kapazitiertem Standortproblem (CPLP = Capacitated Plant Location Problem)" - und den räumlichen Gleichgewichtsmodellen her. Letztere bilden die Marktbedingungen adäquater ab, als es unter der den Standortplanungsproblemen zugrundeliegenden Annahme fester Preise und Nachfragen der Fall ist. Andererseits weisen sie aber zum einen den Nachteil erschwerter Lösbarkeit auf und zum anderen stellt sich das inhaltliche Problem, welchen Situationen diese Art der Modellierung angemessen sein kann. Wie bereits angesprochen muß das Unternehmen eine ausgeprägte Marktmacht haben, über die die anderen Anbieter auf dem Markt nicht verfügen, wenn ein räumliches Gleichgewichtsmodell zugrunde gelegt wird. Fraglich ist jedoch, ob die Annahme, daß sich nach dem Markteintritt des Anbieters erneut ein solches Gleichgewicht einstellt, wirklich sinnvoll ist. Da es sich annahmegemäß um einen Markt handelt, auf dem der eine neue Anbieter große Mengen plazieren und damit Gewinne erzielen kann, ist davon auszugehen, daß nach ihm weitere Anbieter auf den Markt kommen und die Gewinne sich auf Null

---

1 Vgl. Miller et al. (1996), S. 166, sowie Sherali et al. (1983). Lineare Reaktionsfunktionen entstehen im Falle linearer Nachfragefunktionen und linearer oder quadratischer Kostenfunktionen, also in den oben exemplarisch betrachteten Fällen.

2 Vgl. Miller et al. (1996), S. 155ff.

reduzieren werden. Außerdem ist fraglich, warum die kleinen Anbieter in einer solchen Situation nicht ihr Angebot ausweiten, um selber die möglichen Gewinne abzuschöpfen.

Wird ein räumliches Oligopol unterstellt, welches zunächst den Gleichgewichtszustand des Marktes abbildet, so erscheint dies als plausiblere Annahme. Es liegt eine Stackelberg-Situation vor, in der der neue Anbieter eine Entscheidung trifft, bei der er die Reaktion seiner Konkurrenten antizipiert. Damit handelt es sich um einen sinnvollen Ansatz zur Standortplanung im Oligopol, da ein solche Situation realistisch und vorstellbar ist. Es besteht allerdings die Schwierigkeit, die Anwendung von Mengenstrategien in diesem Falle zu rechtfertigen, da ein Einfluß der Anbieter auf den Preis - im Gegensatz zur vollständigen Konkurrenz - vorhanden ist.
Die Situation eines "kleinen" Anbieters hingegen, der zu vielen anderen "kleinen" Anbietern hinzukommt, die bereits auf einem Markt tätig sind, und auf diesem Markt seinen Standort bestimmen möchte, läßt sich auch mit Hilfe der Gleichgewichtsmodelle nicht adäquat erfassen. Es wäre in diesem Fall davon auszugehen, daß dieser Anbieter eine so geringe Menge auf den Markt bringt, daß diese sich auf die herrschenden Preise nicht auswirkt. Damit bleibt erneut das Ergebnis, daß er sich so niederlassen sollte, daß er seine Kosten minimiert, und daß er dann - ohne zusätzliche Annahmen, die seine Liefermengen beschränken - nur einen Markt beliefert. Ein in jeder Hinsicht stimmiges Modell der Standortbestimmung unter vollständiger Konkurrenz kann also auch mittels der Gleichgewichtstheorie nicht gefunden werden.

Beispiel
Das Beispiel ROL aus dem vorigen Abschnitt kann herangezogen werden, um zu verdeutlichen, wie ein dritter Konkurrent (III) mit identischer Kostensituation wie die Anbieter I und II seinen Standort in der Oligopolsituation bestimmen kann. Ihm ist das herrschende Oligopol-Gleichgewicht bekannt, und er weiß, daß sich die Konkurrenten seiner Entscheidung entsprechend anpassen werden. Diese Reaktionen kann der Anbieter antizipieren, indem er für die unterschiedlichen Standorte die sich ergebenden Mengenkonstellationen vergleicht. Die Reaktionsfunktionen sind in diesem Beispiel linear; aufgrund der geringen Zahl möglicher Standorte - es kommen auch für den dritten Anbieter nur die Knoten 1 und 2 in Betracht - ist auch das zweimalige Lösen des räumlichen Oligopolmodells unproblematisch.

Es ergibt sich für den Standort 1 ein Gewinn von 22,7 für den "alten" Anbieter I (vorher 39,7) und den neuen Anbieter III, für den "alten" Anbieter II, der weiterhin alleine seinen Standort besetzt, ergibt sich ein Gewinn von 19,6 (vorher 36,4).[1] Damit ist der prozentuale Verlust für Anbieter II größer als für Anbieter I, obwohl Anbieter I direkte Konkurrenz durch den neuen Anbieter erhält. Die ungünstigere Position des zweiten Anbieters wird jedoch, wenn sich die Konkurrenz verschärft, noch unvorteilhafter als zuvor.

Wählt der neue Anbieter III den Standort 2, so ergeben sich für ihn und den Konkurrenten II Gewinne von je 20,5, während Anbieter I einen Gewinn von 23,2 erhält. Also wird sich der neue Anbieter für den Standort in Knoten 1 entscheiden, der ihm den höheren Gewinn sichert. Interessant an diesem Ergebnis ist insbesondere, daß es für Anbieter II besser wäre, wenn sich der neue Konkurrent in seinem Standort niederließe, da er dann einen größeren Gewinn erhalten würde als in dem Fall, wo sich der Anbieter III in dem anderen Standort niederläßt. Der Grund ist offensichtlich die strategisch etwas günstigere Position des Ortes 1 gegenüber den Märkten 3 und 4, die diesen bei einer größeren Zahl von Anbietern noch mehr Gewicht gewinnen läßt, so daß für den ungünstiger gelegenen Anbieter nur ein kleinerer Marktanteil übrig bleibt.

3.5.2 Standortplanung mehrerer Anbieter

Die dargestellten Ansätze zur Standortplanung in Gleichgewichtsmodellen berücksichtigen die Standort- und Mengenentscheidungen eines Anbieters, die dieser simultan und unter Vorausschau auf die Reaktionen der übrigen Marktteilnehmer trifft. Unter Mengenstrategien im Oligopol ist jedoch auch der Fall vorstellbar, daß mehrere Konkurrenten, die in einen noch leeren Markt eintreten, da sie z.B. ein ganz neues Produkt einführen, zunächst ihre Standorte und anschließend ihre Produktions- bzw. Angebotsmengen festlegen, wobei die Zweistufigkeit des Vorgehens allen Beteiligten bekannt ist und alle Anbieter jeweils simultan agieren.[2] Sie legen also ihre Standorte und ihre Mengen jeweils gleichzeitig fest und berücksichtigen dabei das erwartete Verhalten ihrer Konkurrenten. Gesucht ist in diesem Fall ein teilspielperfektes Gleichgewicht.

---

1 Alle Werte sind auf eine Nachkommastelle gerundet.

2 Das "simultane" Handeln der Anbieter bei der Standortwahl umfaßt theoretisch beliebig viele Standortwechsel, die in Reaktion auf die Entscheidung des jeweils anderen Anbieters stattfinden. Dieser Prozeß läuft quasi "im Kopf der Anbieter" ab und führt schließlich, sofern eine stabile Konstellation existiert, auf eine solche.

Labbé und Hakimi (1991) stellen ein solches Konkurrenz-Standortmodell in Mengenstrategien mit zwei Konkurrenten vor, die beide aktiv Entscheidungen über Standorte und Mengen zu treffen haben. Dabei antizipieren die Entscheidungsträger den Ausgang der zweiten Stufe, also der Mengenentscheidung, bei der Standortwahl. Der zugrundeliegende Raum ist ein Netzwerk, in dessen Knoten sich durch Nachfrage- bzw. Preisabsatzfunktionen beschriebene Absatzmärkte befinden. Beide Anbieter verfolgen das Ziel der Gewinnmaximierung.

Unter den von Labbé und Hakimi (1991) unterstellten Voraussetzungen - lineare Produktionskostenverläufe, lineare, streng monoton fallende Nachfragefunktionen und in den Mengen lineare Transportkosten - ergibt sich die Existenz und Eindeutigkeit der in der zweiten Stufe anzubietenden Gleichgewichtsmengen. Die Gewinnfunktionen haben bei fixierten Standorten jeweils einen streng konkaven Verlauf, denn sie setzen sich aus der streng konkaven Erlösfunktion und den linearen Kostenfunktionen zusammen, und der zulässige Bereich - die Strategiemenge - ist abgeschlossen und beschränkt, da die Gesamtmengen durch die Sättigungsmengen der Nachfragermärkte begrenzt sind, so daß die notwendigen und hinreichenden Bedingungen für Existenz und Eindeutigkeit eines Gleichgewichts erfüllt sind. Dies gilt, sofern beide Konkurrenten auf allen Märkten positive Mengen anbieten. Dann ist das Ergebnis der zweiten Stufe durch die Standortentscheidungen der ersten Stufe eindeutig determiniert.

Das Mengenproblem wird durch ein Komplementärproblem beschrieben.[1] Es handelt sich dabei um die besonders einfache Form (LRO), die in Teilprobleme für die einzelnen Märkte zerfällt, weil die Grenzkosten der Produktion konstant sind. Das Problem lautet unter Berücksichtigung der Abhängigkeit der Transportkosten von dem jeweils von einem Anbieter gewählten Standort s_I bzw. s_{II}, wobei $t_{Ik}(s_I) := t_I(d(s_I,k))$ die Transportstückkosten vom Standort des ersten Anbieters zu Markt k in Abhängigkeit der Entfernung angibt und $t_{IIk}(s_{II})$ analog definiert ist:
Gesucht ist $x^* \in \mathbb{R}_+^{2\cdot m}$ (LRO-1) mit

$$(\text{LRO}-2(\text{I}))\quad c_I + t_{Ik}(s_I) + \frac{x_{Ik}^*}{b_k} - \frac{a_k}{b_k} + \frac{1}{b_k}\cdot(x_{Ik}^* + x_{IIk}^*) \geq 0 \quad (k = 1(1)m)$$

[1] Das Mengenproblem wird von Labbé und Hakimi (1991) durch zwei quadratische Programme beschrieben, deren simultane Lösungen über die Kuhn-Tucker-Bedingungen bestimmt werden können. Dieses Vorgehen führt natürlich zu demselben Ergebnis.

$$\text{(LRO - 2(II))} \quad c_{II} + t_{IIk}(s_{II}) + \frac{x_{IIk}^*}{b_k} - \frac{a_k}{b_k} + \frac{1}{b_k} \cdot (x_{Ik}^* + x_{IIk}^*) \geq 0 \quad (k = 1(1)m)$$

$$\text{(LRO -3)} \quad \sum_{k=1}^{m} \sum_{j=I}^{II} \left[c_j + t_{jk}(s_j) + \frac{x_{jk}^*}{b_k} - \frac{a_k}{b_k} + \frac{1}{b_k} \cdot (x_{Ik}^* + x_{IIk}^*) \right] x_{jk}^* = 0.$$

Also ergibt sich, sofern die Mengen x_{Ik}^*, x_{IIk}^* $(k = 1(1)m)$ von Null verschieden sind, daß die Ausdrücke (LRO-2) jeweils den Wert Null annehmen müssen. Es folgt dann

$$x_{Ik}^*(s_I, s_{II}) = \frac{1}{3} \cdot (a_k + b_k(c_{II} + t_{IIk}(s_{II})) - 2b_k(c_I + t_{Ik}(s_I))) \quad (k = 1(1)m)$$

$$x_{IIk}^*(s_I, s_{II}) = \frac{1}{3} \cdot (a_k + b_k(c_I + t_{Ik}(s_I)) - 2b_k(c_{II} + t_{IIk}(s_{II}))) \quad (k = 1(1)m).$$

Es lassen sich also - unter der Voraussetzung, daß jeder Anbieter jeden Markt versorgt - geschlossene Ausdrücke für die einzelnen Mengen ableiten, die jeweils abhängig von den Standorten der Anbieter sind. Damit lassen sich die Gewinnfunktionen bei optimalen Mengenentscheidungen auf der zweiten Stufe ebenfalls in Abhängigkeit von den Standorten formulieren als[1]

$$G_I(s_I, s_{II}) = \sum_{k=1}^{m} \left(\frac{a_k}{b_k} - \frac{1}{b_k} \cdot (x_{Ik}^*(s_I, s_{II}) + x_{IIk}^*(s_I, s_{II})) - (c_I + t_{Ik}(s_I)) \right) \cdot x_{Ik}^*(s_I, s_{II})$$

$$= \sum_{k=1}^{m} \frac{b_k}{9} \cdot \left(\frac{a_k}{b_k} - 2(c_I + t_{Ik}(s_I)) + (c_{II} + t_{IIk}(s_{II}))\right)^2.$$

$G_2(s_I, s_{II})$ ergibt sich analog.

Sofern beide Anbieter im Gleichgewicht der zweiten Stufe immer jeden der Märkte mit einer positiven Menge beliefern, werden ihre Gewinne durch die oben angegebenen Funktionen beschrieben. Dies ist nur der Fall, wenn sich von allen Punkten des Netzwerkes - und damit allen potentiellen Standorten - aus eine Belieferung aller Märkte lohnt, unabhängig davon, wo sich der zweite Anbieter befindet.

---

[1] Der zweite Ausdruck folgt durch Einsetzen der optimalen Mengen und äquivalente Umformung.

Werden nun die Transportstückkostenfunktionen $t_{jk}(s_j)$ alle als in der Entfernung konkav unterstellt, so hat die Gewinnfunktion jedes Anbieters in Abhängigkeit von seinem eigenen Standort - bei fixiertem Standort des Konkurrenten - einen entlang jeder Kante konvexen Verlauf, da die Transportkosten konkav sind und mit negativem Vorzeichen in die Gewinnfunktion eingehen. Alle anderen Bestandteile der Gewinnfunktion sind unter der Annahme fixierter Mengen ebenfalls unveränderlich, so daß die Maximierung des Gewinns unter dieser Voraussetzung der Minimierung der Transportkosten entspricht. Da diese einen konkaven Verlauf haben, befindet sich dann das Optimum in einem Knoten.[1] Also kann in diesem Fall die Menge der potentiellen Standorte und die Suche nach dem optimalen Standort auf die Knotenmenge des zugrundeliegenden Netzwerkes beschränkt werden.[2]

Ist es einem der Anbieter hingegen möglich, seinen Konkurrenten aus einem der Märkte völlig zu verdrängen, so muß kein Gleichgewicht existieren und wenn ein Gleichgewicht existiert, müssen die Standorte nicht in Knoten des Netzwerkes liegen.[3] Es kann dann günstiger sein, einen Standort zu wählen, der z.B. zwischen zwei Märkten (Knoten) liegt, aus denen auf diese Weise der Konkurrent verdrängt wird. Im Mengengleichgewicht der zweiten Stufe tritt dann der Fall ein, daß der Ausdruck in (LRO-2) positiv wird und also die Kosten der Belieferung eines Marktes den zu erzielenden Erlös für einen der Anbieter übertreffen, während der andere Anbieter diesen Markt mit einer positiven Menge beliefert. Bei gegebenen Mengen verlaufen die Gewinnfunktionen zwar ebenfalls konvex bzw. konkav, wie oben beschrieben, aber es besteht die Möglichkeit, daß die Wahl des Standortes in einem Knoten dem Konkurrenten das Angebot einer positiven Menge in einem Markt ermöglicht, während die Wahl des Standortes auf einer Kante dieses Angebot auf Null drückt. Formal bedeutet dies, daß bei der Wahl des Standortes in einem Knoten der Gewinn durch die oben angegebene Funktion, bei der Wahl des Standortes zwischen zwei Knoten jedoch durch eine andere Gewinnfunktion charakterisiert wird, die den Monopolgewinn des einen Anbieters auf einem oder mehreren Märkten

---

1 Diese Argumentation deckt sich mit der bereits aus Kapitel 2 bekannten Argumentation im Falle "ex post" fixierter Mengen, wobei hier zusätzlich ex post der Standort des Konkurrenten zu fixieren ist. Labbé und Hakimi (1991) begründen dasselbe Resultat mit der Konvexität der Gewinnfunktion, vgl. Lemma 1 und Corollar 1.

2 Die Existenz eines Gleichgewichtes ist dann gesichert, vgl. Labbé und Hakimi (1991), Theorem 1.

3 Labbé und Hakimi (1991) geben konkrete Beispiele für beide Situationen an.

beschreibt.[1] Dieser Monopolgewinn, der nur bei Wahl des Standortes auf der Kante entsteht, kann höher liegen als der maximal zu erzielende Gewinn, wenn sich der Anbieter in einem Knoten niederläßt und die Konkurrenten die Märkte aufteilen.

Die stückweise zusammengesetzte Gewinnfunktion hat also nicht unbedingt einen in der Entfernung entlang der Kanten konvexen Verlauf, so daß ein Optimum auf einer Kante möglich ist; zudem muß kein Gleichgewicht existieren, weil bei festgelegtem Standort des einen Anbieters I der andere Anbieter II seinen Standort auf Basis des einen Astes der Gewinnfunktion bestimmt, woraufhin Anbieter I unter Kenntnis dieses Standortes seinen Standort neu bestimmen würde, weil er z.B. nun Anbieter II aus einem Markt verdrängen kann. Daraufhin würde möglicherweise auch der zweite Anbieter den Standort wechseln usw., bis wieder die Ausgangskonstellation erreicht ist.[2] Dies kann sich bei nicht-zusammengesetzten Gewinnfunktionen nicht ergeben, da in diesem Fall ein eindeutiges Gleichgewicht existiert. Wenn also jeder Anbieter immer alle Märkte beliefert und die Anbieter sich keine monopolistischen Bereiche schaffen können, ist die Existenz eines Standortgleichgewichts in einem Knoten des Netzwerks gesichert. Dann kann ein Gleichgewicht, ohne daß die Menge potentieller Standorte von vorneherein beschränkt ist, enumerativ und durch Vergleich der sich ergebenden Gewinne bestimmt werden. Ein effizienteres Verfahren zur Bestimmung der Standorte ist nicht bekannt.[3]

Wenn die beiden Anbieter aus bestimmten Gründen denselben Standort im Netzwerk auswählen müssen bzw. wollen und alle Knoten als Standorte zur Verfügung stehen, werden beide den Median auswählen, wobei zur Ermittlung des Medians die Nachfrageorte mit ihren Maximalnachfragen zu gewichten sind. Dies läßt sich aus den Gewinnfunktionen, die sich im Falle der Versorgung des ganzen Marktes durch

---

1 Die optimale Menge x_{Ik}^* ergibt sich durch Einsetzen der Menge $x_{IIk}^* = 0$ in den Ausdruck (LRO-2(I)). Dieser ist dann Null zu setzen. Mit den bekannten Mengen kann dann leicht die Gewinnfunktion des ersten Anbieters aufgestellt werden.

2 Ein Beispiel findet sich bei Labbé und Hakimi (1991).

3 Eine Konkurrenzsituation unter Berücksichtigung von Mengenstrategien untersuchen auch Ho et al. (1996), wobei sie die Zahl der Anbieter jedoch nicht beschränken, Fixkosten berücksichtigen und sowohl simultane als auch sequentielle Entscheidungen untersuchen. Die Entscheidungssituation wird dabei ebenfalls als zweistufig erfaßt. Aufgrund der Annahmen linearer Kostenfunktionen und linearer Nachfragefunktionen ist die Ableitung des Mengengleichgewichts genau wie bei Labbé und Hakimi (1991) durchzuführen. Für die Standortermittlung schlagen auch Ho et al. (1996) ein enumeratives Vorgehen vor. Dabei wird ein Konzept von Dobson und Karmarkar (1987) verwendet, welches gewisse Standorte ausschließt, aber auch einen bestimmten Aufwand verursacht; es ist daher im wesentlichen die Enumeration der Standorte und der Gewinnvergleich erforderlich.

beide Anbieter ergeben, ableiten. In Netzwerken mit Baumstruktur hätte immer derjenige Anbieter, der "näher" an einem größeren Teil der Nachfrage liegt, einen Vorteil gegenüber seinem Konkurrenten, so daß in Baumnetzwerken beide Standorte im Median liegen werden, auch wenn dies nicht durch eine entsprechende Voraussetzung gefordert wird, sofern beide Anbieter stets den ganzen Markt versorgen. Ist die Versorgung jedes Marktes aber wegen einer zu großen räumlichen Ausdehnung nicht möglich, werden sich die Anbieter an verschiedenen Orten niederlassen, um sich räumliche Teilmonopolstellungen zu sichern.

Beispiel

An dem im letzten Abschnitt zur Illustration des Oligopolmodells verwendeten Beispiel ROL wird nun der Fall der Standortbestimmung zweier Anbieter betrachtet. Die Marktplätze sollen als Standorte nicht zur Verfügung stehen. Da die Kosten der Anbieter (und insbesondere die Transportkosten) relativ gering im Vergleich zu den Prohibitivpreisen sind, lohnt sich für die Anbieter immer die Versorgung aller Märkte, so daß ein reguläres Gleichgewicht existiert. In diesem Gleichgewicht befinden sich beide Standorte in Knoten; da die Knoten 3, 4 und 5 nach Voraussetzung ausgeschlossen sind, kommen nur die Knoten 1 und 2 in Betracht. Die Enumeration der möglichen Standortkombinationen liefert folgende Ergebnisse:[1]

1. Läßt sich ein Anbieter in Knoten 1 und ein Anbieter in Knoten 2 nieder, so erhält der Anbieter in Knoten 1 einen Gewinn von 39,7, und der Anbieter in Knoten 2 erhält einen Gewinn von 36,4.
2. Lassen sich beide in Knoten 1 nieder, so erhalten sie jeweils 38,7 als Gewinn.
3. Wählen beide den Knoten 2, so erzielen sie nur jeweils einen Gewinn von 37,5.

Damit besteht das einzige Standortgleichgewicht darin, daß beide Anbieter den Standort 1 wählen und identische Mengen

$x_{I3} = x_{II3} = 2{,}18,\ x_{I4} = x_{II4} = 3{,}47,\ x_{I5} = x_{II5} = 1{,}92$

auf die Märkte bringen.

Obwohl zu erwarten wäre, daß die Anbieter sich durch räumliche Abgrenzung Marktvorteile verschaffen, ist dies im Rahmen der Mengenkonkurrenz nicht der Fall. Die Gleichheit der Mengen folgt aus der Identität der Kostenfunktionen der Anbieter. Daß jedoch die Standorte zweier Anbieter mit identischen Kostenfunktionen nicht unbedingt übereinstimmen müssen, zeigt ein Gegenbeispiel, das Labbé und Hakimi (1991) angeben. Für die Nachfrager in den Orten 3 und 4 erweist sich die

---

[1] Alle Werte sind wieder auf eine Nachkommastelle gerundet.

Konstellation, in der sich beide Anbieter im selben Ort 1 befinden, als günstiger als die Situation, in der beide Anbieter unterschiedliche Standorte besitzen, da die Preise leicht auf $p_3 = 7{,}28$ und $p_4 = 7{,}62$ sinken. Hingegen steigt der Preis auf Markt 5 auf $p_5 = 8{,}48$.

3.5.3 Einordnung in das Ordnungsschema

Bezüglich des Ordnungsschemas ergibt sich nun das in Tabelle 3.4 dargestellte Bild, in dem nach einstufigen und zweistufigen Entscheidungen der Anbieter und der Zahl der im Rahmen des Modells agierenden Anbieter zu unterscheiden ist. Da das Monopol im Rahmen der Standortbestimmungsmodelle nicht untersucht wurde, wird die entsprechende Spalte fortgelassen. Der Grenzfall des Monopols entsteht, wenn der standortsuchende Anbieter die Reaktionen oder das Verhalten weiterer Konkurrenten nicht zu berücksichtigen braucht. Dann fällt im Modell (SM) die Nebenbedingung (SM5) weg, da der Monopolist die Preise für die Märkte festsetzen kann. Das entsprechende Monopolmodell wurde in Abschnitt 2.7 angesprochen und wird hier nicht erneut aufgegriffen.

Räumliche Struktur Parameter/Agierende Anbieter *Strategie*	Anbieterzahl	
	mehrere Anbieter	viele Anbieter
Verschiedene Marktplätze Standorte geg./alle Anbieter *Mengen*	Räumliches Oligopol	Räumliches Gleichgewicht
Verschiedene Marktplätze Mengen, Preise geg./ein Anbieter *Standorte*	-	Klassische Standortplanung
Verschiedene Marktplätze ein agierender Anbieter *Standorte u. Mengen (einstufig)*	Standort-/Gleich-gewichtsmodell (Stackelberg-M.)	Standort-/Gleich-gewichtsmodell ("Bilevel"-Modell)
Verschiedene Marktplätze mehrere agierende Anbieter *Standorte u. Mengen (zweistufig)*	1. Stufe: Standorte 2. Stufe: Mengen (Teilspielperf. GG)	-

Tabelle 3.4 Ordnungsschema für Standort- und Mengenmodelle

4 Standort- und Preismodelle für räumlich diversifizierte Märkte

4.1 Einleitung und Überblick

In den Modellen der Standortplanung unter Konkurrenz, die im folgenden betrachtet werden, wird stets die Anwesenheit mindestens zweier Anbieter auf dem Markt unterstellt, die dasselbe Gut anbieten und deren Entscheidungen sich gegenseitig spürbar beeinflussen. Die vollständige Konkurrenz wird nicht mehr untersucht, da sie als Mengenkonkurrenz in den vorangehenden Abschnitten umfassend dargestellt wurde. Vielmehr widmet sich die Untersuchung nun Konkurrenzmodellen in Standort- und Preisstrategien, die auf das bereits diskutierte Bertrandmodell zurückgehen. Da Oligopole unter Preiskonkurrenz häufig als realistischer angesehen werden als die Mengenkonkurrenz, findet sich weitaus mehr Literatur, die sich mit diesen Modellen befaßt, als für die Mengenmodelle.
Die Situationen und Modelle, die unter "räumlicher Konkurrenz" einzuordnen sind, werden zunächst anhand eines Beispiels eingeführt. Im Gegensatz zur klassischen Standortplanung gibt es nur ein "typisches" Beispiel bzw. Prototyp-Modell für die Konkurrenzstandortplanung, nämlich die ursprünglich von Hotelling (1929) eingeführte Situation zweier Anbieter auf einer Linie, auf die beinahe jede Arbeit zur Standortplanung unter Konkurrenz Bezug nimmt.[1] Diese wird zunächst beschrieben, um anschließend eine allgemeine Abgrenzung und Einordnung der Konkurrenzstandortplanung vorzunehmen. Es wird ein Merkmalskatalog erarbeitet, der die Unterschiede zur klassischen Standortplanung verdeutlicht, die Klassifizierung der Modelle räumlicher Konkurrenz nach den für diese Modellgruppe charakteristischen Merkmalen ermöglicht und aufzeigt, wie stark die Planungsmodelle auf Konzepten der Spieltheorie basieren.

Die besondere Problematik des Hotellingschen Modells, welches im Anschluß erneut aufgegriffen und detailliert dargestellt wird, besteht darin, daß die Existenz eines Gleichgewichts - und damit einer Lösung - nicht allgemein gezeigt werden kann. Die normalerweise in der Theorie zum Nachweis der Existenz von Gleichgewichten verwendeten Fixpunktsätze können nur bei stetigem und quasi-konkavem Verlauf der Auszahlungsfunktionen eingesetzt werden. Im Oligopol sind diese Bedingungen an die Gewinnfunktionen der Oligopolisten bei konkavem Verlauf der Nach-

---

[1] Vgl. z.B. Eaton und Lipsey (1975), Gabszewicz und Thisse (1986-I), S. 3, sowie Gabszewicz und Thisse (1992).

fragefunktionen erfüllt, der aber bei räumlicher Preiskonkurrenz nicht gegeben ist. Also kann das in Kapitel 3 eingesetzte Instrumentarium hier keine Anwendung finden. Damit wird an Hotellings Modell bereits eine neue grundsätzliche Schwierigkeit deutlich, die in der klassischen Standortplanung und bei der Wahl von Mengenstrategien[1] nicht auftritt: Während dort die Existenz einer Lösung in der Regel unproblematisch ist und sich vielmehr die Frage nach ihrer Ermittlung stellt, ist hier die Existenz befriedigender Lösungen nicht gesichert. Daher widmet sich die Theorie der Konkurrenzstandortplanung in Preisstrategien zu einem großen Teil der Frage, unter welchen Prämissen die Existenz garantiert werden kann.

In der Literatur existiert eine große Zahl von Arbeiten, in denen durch Variation einzelner Prämissen entstehende "Hotelling-basierte" Modelle untersucht werden. Jedoch gibt es keine Systematisierung, die sinnvolle und weniger sinnvolle, erfolgreiche (im Sinne der Lösbarkeit) und weniger erfolgreiche Modifikationen ordnet und so grundsätzlich die Frage nach "geeigneten" Prämissen beantwortet.[2] Die ausführliche, kritische Diskussion der Sensitivität der Hotellingschen Ergebnisse gegenüber den gewählten Prämissen anhand eines systematischen Literaturüberblicks verdeutlicht die Schwierigkeit, allgemeingültige Aussagen für Konkurrenzmodelle abzuleiten. Die Untersuchung zeigt auf, welche der Modellvarianten geeignet sind, um zum einen reale Verhältnisse abzubilden und zum anderen Stabilitätseigenschaften zu sichern.

Da schon die Konkurrenzmodelle auf der Linie vielfach keine Gleichgewichtslösung besitzen, tritt diese Schwierigkeit umso mehr für Modelle mit komplizierteren räumlichen Strukturen auf. Die verschiedenen Ansätze, Konkurrenzsituationen in Netzwerken zu modellieren, stammen aus den Bereichen der ganzzahligen Programmierung und des sog. Bilevel Programming, aus der Abstimmungstheorie und aus der klassischen Standortplanung. Ihre Gemeinsamkeiten und Unterschiede werden diskutiert, und es können verschiedene Fälle herausgearbeitet werden, in denen eine Konzeption der klassischen Standortplanung zur Lösung eines Konkurrenzproblems geeignet ist. Insofern erweist sich die Theorie der klassischen Planung in manchen Fällen "nicht-klassischer" Situationen als einsetzbar.

---

1 Dies gilt bei der Wahl von Mengenstrategien, sofern gewisse Regularitätsvoraussetzungen erfüllt sind, vgl. Kapitel 3.

2 Vgl. Gabszewicz und Thisse (1986-I), S. 35, die eine solche Systematisierung, wenn es sie gäbe, als zweckmäßig und hilfreich bezeichnen.

4.2 Abgrenzung und Einordnung der Konkurrenzstandortplanung

Die Literatur zur Standortplanung unter Konkurrenz nimmt mit der Arbeit von Hotelling (1929) ihren Anfang. Hotelling betrachtet zwei Anbieter, die dasselbe Gut anbieten, beide ihren Gewinn maximieren wollen und deren Strategien in der Wahl jeweils eines Standortes und der Verkaufspreise bestehen. Seine Zielsetzung ist es, das Bertrandsche Paradoxon, welches sich für zwei Anbieter vollkommen homogener Güter bei Preiskonkurrenz ergibt, durch räumliche Differenzierung der Produkte aufzuheben, indem durch die Berücksichtigung entfernungsbasierter Präferenzen der Tatsache Rechnung getragen wird, daß reale Käufer sich nicht ausschließlich am Preis orientieren, den ein Anbieter fordert, sondern weitere Eigenschaften in ihre Entscheidung einbeziehen. So werden bei einer marginalen Preissenkung eines Anbieters nicht alle, sondern nur einige Nachfrager zu diesem Anbieter überwechseln. Die abrupten Nachfragerübergänge sollen geglättet werden, so daß das gegenseitige Unterbieten, welches nach Bertrand (1883) bereits für zwei Anbieter auf den Konkurrenzpreis bzw. nach Edgeworth (1897) auf eine instabile Situation führt, unattraktiv wird und sich statt dessen ein Gleichgewicht zwischen den beiden Anbietern einstellt.
Damit ist die Theorie Hotellings nicht nur grundlegend für die Literatur räumlicher Konkurrenz, sondern auch eine der ersten und richtungsweisenden Arbeiten im Bereich der Produktdifferenzierung. In der Theorie differenzierter Produkte sind zwei unterschiedliche Ausrichtungen zu unterscheiden: Adreß- oder Standortmodelle und Nicht-Adreßmodelle,[1] bzw. lokalisierte und nicht-lokalisierte Konkurrenz.[2] Letztere befinden sich in der Tradition Chamberlins (1933) und setzen einen Einfluß der Preise aller zu einem Markt gehörigen heterogenen Güter auf die Nachfrage nach allen anderen Güter voraus. Damit wird der Preis bzw. der Gewinn eines Anbieters durch alle anderen Anbieter beeinflußt.[3]

Adreßmodelle hingegen basieren auf der Annahme, daß nur in einem bestimmten Sinne "benachbarte" Güter miteinander konkurrieren, so daß Nachfrager die Entscheidung für ein Gut nur revidieren, wenn ein benachbartes Gut verbilligt wird.

---

1 So bezeichnet z.B. von Wied-Nebbeling (1993), S. 122ff.

2 So bezeichnet z.B. von Anderson et al. (1992), S. 146ff.

3 Ausgehend von dieser Annahme erstellt Güth (1994) eine geschlossene Theorie der Konkurrenzmodelle, die alle auf die Konzeption des teilspielperfekten Gleichgewichts zurückzuführen sind.

Diese Modelle gehen auf das Hotelling-Modell zurück. Das Problem der Standortbestimmung und das Problem der Wahl bestimmter Produktausprägungen sind sich strukturell sehr ähnlich,[1] so daß Ergebnisse aus dem einen Bereich auf den jeweils anderen übertragen werden können, sofern die genannte Voraussetzung des ausschließlichen Einflusses benachbarter Güter erfüllt ist.[2]

Hotellings Modell erfaßt die folgende Situation:[3] Entlang einer Linie (z.B. einer Hauptstraße oder einem Strand[4]) sind Nachfrager gleichmäßig verteilt, die - je Zeiteinheit - genau eine Mengeneinheit eines bestimmten Gutes, also z.B. je ein Eis, zu sich nehmen wollen. Damit ist die auftretende Gesamtnachfrage fest gegeben und vollkommen unelastisch. Die eine Mengeneinheit wird ein Nachfrager immer bei dem Anbieter erwerben, der den geringsten Preis verlangt, wobei die Entfernung zum Verkaufsstandort als preiserhöhend bewertet wird. Sind die Eispreise identisch, so wendet sich jeder Käufer dem nächstgelegenen Verkaufsstand zu. Sind die Preise unterschiedlich, sucht jeder Nachfrager den Anbieter mit der günstigsten Kombination aus Preis und Transportkosten (bzw. aus der Entfernung entstehendem "Unnutzen") auf. Somit steht zwar von vornherein fest, wieviel Eis insgesamt ge- und verkauft wird, nicht aber, welcher Eisverkäufer wieviel verkaufen kann; jeder Eisverkäufer sieht sich einer elastischen Nachfrage gegenüber, deren Höhe vom Verhalten beider Anbieter abhängt.

Den Anbietern sind die Präferenzen der Nachfrager bekannt, und sie wissen jeweils, daß es einen Konkurrenten auf dem Markt gibt, dessen Verhalten das Marktergebnis und damit auch den eigenen Zielerreichungsgrad beeinflußt. Sie bestimmen zunächst simultan ihre Standorte und anschließend, wenn sie die Standorte eingenommen haben, simultan die Preise, zu denen sie das Gut an die Nachfrager verkaufen. Die Anbieter möchten durch die Wahl ihrer Standorte und Preise ihren eigenen Gewinn bzw. (bei fixierten Preisen) ihren Marktanteil maximieren.

---

1 Vgl. Capozza und Van Order (1982).

2 Die Frage der Produktdifferenzierung, also der Wahl konkreter Produkteigenschaften, wird daher im folgenden als Parallele zur Standortbestimmung betrachtet, jedoch nicht explizit in Kombination mit der Standortbestimmung untersucht.

3 Eine ausführliche formale Darstellung des Hotelling-Modells und seiner Ergebnisse erfolgt in Abschnitt 4.5.1.

4 Rosenhead und Powell (1975) bezeichnen das Problem der Standortbestimmung auf einer Linie als das "Ice-Cream Man Problem", weil es die Situation zweier Eisverkäufer entlang eines von Badegästen bevölkerten Strandabschnitts repräsentiere. Alonso (1964) versteht die Anbieter als Hot-Dog Verkäufer am Strand.

Damit ist das Hotellingsche Modell prototypisch für Modelle der Konkurrenzstandortplanung. Über die Abgrenzung dieses Gebietes besteht in der Literatur keine einheitliche Auffassung. "Competitive Facility Location Models" werden von Friesz et al. (1988-II) wie folgt definiert: "..., a competitive facility location model will be any facility location model which explicitly recognizes that a firm's location may affect its market share." In diesem Sinne zählen die Modelle von Erlenkotter (1977), Wagner und Falkson (1975) sowie Hansen und Thisse (1977)[1] ebenfalls zu den Konkurrenzmodellen, auch wenn in diesen Modellen keine Konkurrenten anwesend sind, sondern es sich um Monopolisten oder einzeln agierende Institutionen handelt. Die Integration elastischer Nachfragen und damit veränderlicher Marktanteile macht die Modelle jedoch nach der angegebenen Definition zu Modellen der Konkurrenz.

Im Rahmen dieser Arbeit wird hingegen eine andere Auffassung vertreten. Es werden solche Modelle als Konkurrenzmodelle bezeichnet, in denen jeder Anbieter einen oder mehrere Konkurrenten besitzt und das Verhalten der Anbieter, also auch ihre Standortentscheidung, einen spürbaren Einfluß auf das Marktergebnis der jeweils anderen Anbieter hat. Eine ähnliche Abgrenzung von Konkurrenzmodellen treffen auch Hakimi (1983) sowie Serra und ReVelle (1995), die den Konkurrenzaspekt als maßgebliches Merkmal betonen.
Eine allgemeine Beschreibung einer Standortplanungssituation unter Konkurrenz ist also die folgende: Es gibt zwei oder mehr Anbieter, die in demselben Marktgebiet innerhalb eines vorgegebenen Raumes tätig sind und deren Aktivitäten sich gegenseitig beeinflussen. In dem Marktgebiet befinden sich Nachfrager, deren Standorte und Bedarfsmengen an einem homogenen Gut - ggf. in Abhängigkeit vom Preis dieses Gutes - gegeben sind. Die Nachfrager entscheiden sich nach bestimmten Kriterien für den Kauf bei einem der Anbieter. Die Anbieter haben Strategien zur Verfügung, die sich aus einer oder mehreren Komponenten - mindestens der Standortkomponente - zusammensetzen, und führen ihre Entscheidungen nach bestimmten Regeln und unter Verfolgung einer zu spezifizierenden Zielsetzung durch. Dabei haben sie bestimmte Erwartungen bezüglich der Reaktionen ihrer Konkurrenten und wissen, daß diese ebenfalls Einfluß auf den Zielerreichungsgrad haben. Zur Analyse der Situation wird daher das spieltheoretische Instrumentarium herangezogen.[2]

---

[1] Vgl. Abschnitt 2.7.

[2] Die Anwendung spieltheoretischer Argumente kann als wesentliches Unterscheidungsmerkmal zwischen klassischer "Standard-Standortplanung" und der Standortplanung unter Konkurrenz angesehen werden, vgl. Eiselt et al. (1993).

In das Ordnungsschema lassen sich die in diesem Kapitel betrachteten Situationen und Modelle wie in Tabelle 4.1 dargestellt einordnen.

Räumliche Struktur Parameter *Strategie*	Anbieterzahl	
	ein Anbieter	mehrere Anbieter
Verschiedene Marktplätze Standorte gegeben *Preise*	Räumliches Monopol	(Räumliche) Preiskonkurrenz
Verschiedene Marktplätze Preise gegeben *Standorte*		Standort-konkurrenz
Verschiedene Marktplätze *Standorte und Preise*	Räumliches Monopol	Standort- und Preiskonkurrenz

Tabelle 4.1 Einordnung von Standortkonkurrenz und Standort-Preiskonkurrenz

4.3 Klassifizierungsmerkmale für (Preis-)Modelle räumlicher Konkurrenz

Das oben dargestellte Beispiel des Hotelling-Modells weist bestimmte Merkmale auf, die in weiteren Modellen variiert werden und deren Ausprägungen ein Standortmodell unter Konkurrenz charakterisieren. Einige dieser Merkmale decken sich mit Merkmalen für die klassische Standortplanung, die im zweiten Kapitel dargestellt wurden, viele ergeben sich jedoch aus dem speziellen Charakter der Konkurrenzsituationen. Um eine vollständige Erfassung zu ermöglichen, werden in dem folgenden Merkmalskatalog alle - auch die im zweiten Kapitel ggf. schon beschriebenen - Charakteristika aufgeführt, die Modelle der Konkurrenzstandortplanung kennzeichnen.

Merkmalskataloge zur Klassifizierung von Konkurrenz-Standortplanungsmodellen finden sich in mehreren Arbeiten. Friesz et al. (1988-II) ebenso wie Miller et al. (1996, S. 3ff.) nennen neben zahlreichen Merkmalen, die sie in acht Gruppen zusammenfassen und die auch in die hier verwendete Taxonomie einfließen, die

Existenz von Lösungen und das Vorliegen von Algorithmen als Charakteristika. Da in dieser Arbeit jedoch die Modellierung betont wird, wird der Lösungsaspekt in der Klassifizierung bewußt ausgeklammert, da er im eigentlichen Sinne kein Modellmerkmal ist.[1] Eiselt und Laporte (1989-I) klassifizieren die unterschiedlichen Modelle nach acht Aspekten, wobei sie großteils eine andere Strukturierung als Friesz et al. (1988-II) wählen, und gehen anschließend vornehmlich auf das Modell von Hotelling und dessen Erweiterungen und Modifikationen ein. Eiselt et al. (1993) schlagen schließlich ein Klassifizierungsschema vor, welches auf den fünf Unterscheidungsmerkmalen basiert, die sie als die wesentlichsten ansehen. Es ähnelt den aus dem Bereich der Ablaufplanung bekannten Schemata.[2] Eiselt et al. (1993) geben zudem ca. 120 Arbeiten an, die sie anhand ihres Schemas klassifizieren. Die in den letzten beiden Arbeiten genannten Kriterien fließen vollständig in den hier angegebenen Katalog ein, werden aber großteils weiter differenziert und ergänzt.[3]

Raum- und standortbezogene Merkmale

1. Der zugrundeliegende Raum ist
   a) kontinuierlich, und zwar
      a1) eine Linie
      a2) ein Kreis(rand)
      a3) die euklidische Ebene
      a4) ein höherdimensionaler Raum
   b) ein ungerichtetes Netzwerk
      b1) ohne spezielle Struktur
      b2) mit spezieller Struktur, z.B. ein Baum.

2. Der zugrundeliegende Raum ist (mit (1a1), (1a3) und (1a4))
   a) durch Restriktionen begrenzt
   b) unbegrenzt.

---

[1] Auch Klassifizierungen hinsichtlich der Komplexität, also der Schwierigkeit im Sinne der Komplexitätstheorie, werden nicht einbezogen.

[2] Vgl. Graham et al. (1979).

[3] Der angegebene Katalog weist zwar Übereinstimmungen mit dem Katalog für klassische Standortplanungsprobleme auf, da jedoch die Unterschiede überwiegen, ist eine identische Numerierung der Merkmale nicht sinnvoll. Es wird statt dessen Wert auf eine geeignete Systematisierung und Ordnung gelegt.

3. Die potentiellen Standorte sind
   a) der ganze Raum
   b) nur bestimmte Punkte des Raumes, z.B. Knoten des Netzwerkes (1b).

4. Die Zahl der vom einzelnen Anbieter zu wählenden Standorte ist
   a) exogen gegeben
      a1) und ist Eins
      a2) und ist größer als Eins
   b) nicht vorgegeben.[1]

5. Das Einnehmen "identischer" Standorte durch mehrere Anbieter ist[2]
   a) erlaubt
   b) nicht erlaubt.

6. Die Bewertung von Entfernungen und Ermittlung der Transportkosten erfolgt mit
   a) euklidischen Distanzen (mit (1a))
   b) quadrierten euklidischen Distanzen (mit (1a))
   c) anderen Metriken
   d) kürzesten Wegen (mit (1b)).

Charakteristika des Spiels

7. Die Zahl der "Spieler" bzw. Konkurrenten ist
   a) fest gegeben als
      a1) 2 Spieler
      a2) $\nu > 2$ Spieler
   b) nicht gegeben (freier Markteintritt).

8. Vor dem Spiel
   a) ist der Markt leer, d.h. dort befinden sich noch keine Anbieter

---

[1] In den bekannten Modellen besteht häufig eine Entscheidung über den Eintritt in den Markt, d.h. die Entscheidung, ob überhaupt ein oder mehrere Standorte errichtet werden sollen oder nicht. Wenn diese Wahlmöglichkeit besteht, gilt die Zahl der Standorte als nicht gegeben.

[2] Als "identische" Standorte sollen auch solche interpretiert werden, die im Modell einen infinitesimal kleinen Abstand zueinander haben. In Linienmodellen (1a1) ist das Einnehmen desselben Standortes zwar immer untersagt, aber das Einnehmen von Standorten mit sehr kleinem Abstand erlaubt. In Netzwerken (1b) kann es hingegen den Anbietern verboten sein, sich in demselben Knoten niederzulassen, was, wenn nur Knoten als Standorte in Betracht kommen, automatisch auf einen bestimmten Mindestabstand führt.

b) befinden sich auf dem Markt bereits Standorte
   b1) eines Spielers
   b2) mehrerer Spieler.

9. Von den Anbietern
   a) agieren mehrere im Rahmen der untersuchten Situation
   b) agiert nur einer (nur sinnvoll mit (8b)).

10. Preise werden im Modell
   a) nicht berücksichtigt,
      a1) weil ein Preis exogen fixiert ist (z.B. Absprachen)
      a2) weil Preise keine Rolle spielen (z.B. politische Entscheidungen)
   b) direkt berücksichtigt
      b1) und sind für die Anbieter unterschiedlich fixiert
      b2) und sind Bestandteil der Strategien der Anbieter ((11c), (11d))
   c) "indirekt" berücksichtigt, denn sie ergeben sich aus den Mengen (11e).

11. Die Strategien bestehen aus[1]
   a) Standorten (mit (4a) und nicht (10b2), (10c))
   b) Standorten und Zahl der Standorte (mit (4b) und nicht (10b2), (10c))
   c) Preisen[2] (mit 10b2))
   d) Standorten und Preisen (mit (10b2))
   e) Standorten und Produktions- bzw. Mengenentscheidungen (mit (10c))
   f) zusätzlich Entscheidungen über den Markteintritt
      (kann in (11a) integriert werden).

12. Die Anbieter verwenden die Preispolitik (nur mit (10b)):
   a) einheitlicher Abholpreis (Transportkosten übernehmen die Käufer)[3]
   b) einheitlicher Lieferpreis (Transportkosten übernehmen die Anbieter)

---

1 Dieser Aspekt wird stark durch die Ausprägung von 10. beeinflußt; für die Strategien sind jedoch weitere Ausprägungen möglich, die in 10. nicht genannt sind.

2 Es liegt zwar im eigentlichen Sinne keine Standortplanung unter Konkurrenz vor, wenn nur die Preise strategische Variable sind und die Standorte bereits feststehen. Da es sich aber um eine häufig untersuchte Situation handelt, die auch als Bestandteil eines Standortplanungsmodells auftreten kann, wird diese Möglichkeit hier auch berücksichtigt.

3 Diese Politik wird auch bei fixierten Preisen unterstellt, denn diese gelten als identisch in den jeweiligen Angebotsorten, so daß für die Nachfrager noch die Transportkosten anfallen.

c) (vollkommen) differenzierte Lieferpreise
(Transportkosten übernehmen die Anbieter)
d) nach Zonen differenzierte Preise (Transportkosten übernehmen die Anbieter)
e) gemischte Preise (Kunden entscheiden zwischen Abhol- und Lieferpreis).

13. Die Komponenten der Strategien (z.B. Standorte und Preise) werden von jedem Spieler in bestimmter Weise festgelegt:
a) simultan[1]
b) sequentiell (nur mit (11d), (11e), (11f)).

14. Die Wahl der Strategien erfolgt durch die Spieler (bezogen auf die Mitspieler)
a) simultan und damit (theoretisch) modifizierbar
b) sequentiell und damit endgültig
c) teils simultan, teils sequentiell (mit (11d), (11e), (11f)).

Bei sequentieller Entscheidung (14b) wird in der Regel Voraussicht unterstellt, d.h. ein Spieler weiß, daß die nach ihm Entscheidenden sich ebenfalls rational verhalten und seine Strategie in ihre Entscheidung einbeziehen (siehe auch (15d)). Die Entscheidungen werden endgültig getroffen. Bei simultaner Entscheidung (14a) wird hingegen unterstellt, daß die Anbieter sich immer wieder einen anderen Standort suchen können, alle Entscheidungen also reversibel sind.
Mit (14c) in Verbindung mit (13b) besteht z.B. die Möglichkeit, daß erst die Standorte sequentiell und endgültig, anschließend die Preise simultan und veränderlich festgelegt werden.

15. Die verwendeten Strategien sind
a) reine Strategien
b) gemischte Strategien
c) teils reine, teils gemischte Strategien (mit (11d), (11e), (11f)).

16. Als Lösungskonzept wird
a) das Nash-Gleichgewicht (mit (13a))
b) das teilspielperfekte Gleichgewicht (mit (13b))
c) das Stackelberg-Gleichgewicht (mit (14b))
d) die Maximin-Lösung

---

[1] Wird nur eine Entscheidung getroffen, z.B. über den Standort, ist diese automatisch "simultan".

e) eine Nicht-Gleichgewichts-Konzeption[1]

verwendet.[2]

Merkmale der Anbieter

17. Als Verhaltensannahme[3] bzgl. ihrer Konkurrenten unterstellen die Anbieter, daß diese
    a) ihre Strategie beibehalten werden (sog. ZCV- oder Cournot-Annahme)[4]
    b) ihre Strategie beibehalten, sofern sie nicht aus dem Markt gedrängt werden (sog. modifizierte ZCV-Annahme)
    c) tun, was dem betrachteten Anbieter am meisten schadet (Maximin-Annahme)
    d) sich in optimaler Weise im Sinne ihrer eigenen Zielsetzung verhalten werden (vornehmlich mit (14b))
    e) wieder den alten Status quo herstellen wollen.

18. Die Zielsetzung der Anbieter besteht
    a) in der Maximierung des Marktanteils (mit (10a), (11a) oder (11b), (25a))
    b) in der Maximierung des Gewinns (nicht mit (10a))
    c) und zusätzlich in der Abschreckung weiterer Konkurrenten (mit (7b), (9b)).

---

1 Die Fälle, in denen sog. Nicht-Gleichgewichts-Konzeptionen Anwendung finden, sind diejenigen, bei denen nur das Verhalten eines aktiven Spielers bei Anwesenheit weiterer Anbieter untersucht wird (9b). Da keine Reaktionen der anderen Spieler zugelassen werden, ist nur die Handlungsweise des einen Spielers wichtig, und es ist keine Gleichgewichtskonzeption, sondern eine geeignete Optimierungskonzeption anzuwenden. Damit liegt dieser Fall am nächsten an der klassischen Standortplanung, wobei aber im Gegensatz zu diesen Modellen der Einfluß der bereits anwesenden und konkret bekannten Anbieter zu berücksichtigen ist.

2 Eiselt et al. (1993) merken an, daß alle drei Gleichgewichte (16a) - (16c) letztlich mit demselben Gleichgewichtskonzept korrespondieren, welches auf Spiele mit unterschiedlichen Regeln angewendet wird. Das Basiskonzept ist in diesem Sinne das teilspielperfekte Gleichgewicht.

3 Verhaltensannahmen spielen eine große Rolle für die Ergebnisse von Standortspielen. Sie sind Bestandteil der Spielregeln bzw. haben Einfluß auf die verfügbaren Strategien. Zumeist wird, korrespondierend mit dem Nash-Gleichgewicht, (17a) vorausgesetzt. Verhaltensannahmen werden z.B. von Gannon (1972) und (1973) diskutiert.

4 Die Annahme, daß die Konkurrenten ihre Strategie beibehalten, wird in der englisch-sprachigen Literatur als Zero Conjectural Variation (ZCV) bezeichnet, vgl. z.B. Novshek (1980-I). Sie kennzeichnet das Cournotsche Oligopolmodell. Es handelt sich um eine vielfach kritisierte, aber häufig verwendete Verhaltensannahme, denn es erscheint unsinnig, daß die rationalen Entscheider annehmen sollten, daß ihre Konkurrenten nicht auf ihr Verhalten reagieren, obwohl sie immer wieder feststellen, daß diese sehr wohl reagieren. Dennoch sind die sich aus dem Cournotmodell ergebenden Strategien optimal, aber "aus den falschen Gründen", vgl. Friedman (1977), S. 83, sowie die Diskussion in Abschnitt 3.2.

Merkmale der Nachfrage

19. Die Gesamtnachfrage ist
    a) vollkommen unelastisch (essentielle Nachfrage),[1] also fest gegeben
    b) elastisch und beschrieben durch Nachfragefunktionen (nicht-essentielle Nachfrage),
        b1) die einen rechteckigen Verlauf haben, so daß die Nachfrage unterhalb eines Grenzpreises (Prohibitivpreis) unelastisch, darüber Null ist
        b2) die einen linearen Verlauf haben
        b3) die einen anderen, fallenden Verlauf haben.

20. Die Positionen der Nachfragen
    a) befinden sich nur in diskreten Punkten
    b) sind gemäß einer Verteilung bzw. Dichte[2] gegeben, diese ist
        b1) gleichförmig
        b2) nicht gleichförmig.

21. Die Präferenzen der Nachfrager für die Anbieter sind
    a) entfernungsabhängig (mit (11a), (11b)) (wie b) bei festem Abholpreis)
    b) preisabhängig bzw. nutzenabhängig (deterministischer Nutzen) (mit (11c), (11d))
    c) auch von nicht meßbaren Faktoren abhängig (stochastischer Nutzen).

22. Die Bedienung eines Nachfragers erfolgt
    a) vollständig durch einen Standort (binäre Präferenzen[3])
    b) durch Standorte unterschiedlicher Anbieter (teilweise binäre Präferenzen)
    c) anteilig durch alle Anbieter bzw. Standorte (proportionale Präferenzen).

---

[1] Hakimi (1986) bezeichnet Güter als essentiell, wenn sie immer in vollem Umfang nachgefragt werden, als nicht-essentiell, wenn die Höhe der Nachfrage von der Entfernung zum Anbieter abhängig ist.

[2] Mit einer Dichte wird beschrieben, daß sich die Nachfrager über ein bestimmtes Gebiet verteilen, sich jedoch in jedem einzelnen Punkt eine Nachfrage der Masse Null befindet. Um also die von einem Anbieter erreichte Nachfrage zu ermitteln, muß in diesem Falle immer über die Nachfragerdichte innerhalb der Marktgrenzen des Anbieters integriert werden.

[3] Hakimi (1986) bezeichnet die Präferenzen der Nachfrager als binär, wenn sich die Nachfrager immer für die nächstgelegene Niederlassung entscheiden, und sonst als nicht-binär.

23. Eine Bewertung der Attraktivität der Anbieter/Standorte durch die Nachfrager erfolgt
    a) nicht (identische Gewichtungen)
    b) durch verschiedene Gewichte
    c) durch ihren differenzierten Geschmack (stochastische Größe) (wie (21c)).

Ergänzende Merkmale

24. Die Kapazitäten der Standorte werden
    a) nicht berücksichtigt (die Kapazitäten sind unbegrenzt oder nicht restriktiv)
    b) berücksichtigt.

25. Kosten werden
    a) nicht
    b) als Fixkosten, d.h. Kosten des Markteintritts oder Standortwechsels (mit (4b) und/oder (7b); mit (14a) keine Kosten des Standortwechsels)
    c) und /oder als Kosten der Produktion (Grenzkosten)
        c1) in identischer Höhe für alle Anbieter
        c2) in verschiedener Höhe

    einbezogen.

In der Regel wird davon ausgegangen, daß den Nachfragern die Standorte und Preise der Anbieter bekannt werden, sobald sie durch die Anbieter festgelegt wurden, und sich die Nachfrager dann für den für sie jeweils günstigsten Anbieter entscheiden. In diesem Sinne hat das stattfindende Spiel noch eine letzte Stufe, auf der sich Nachfrager entscheiden, die jedoch von den Anbietern auf Grund der Rationalität der Nachfrager antizipiert werden kann. Das ist nur dann nicht der Fall, wenn über die räumliche Differenzierung hinaus die Produkte der Anbieter unterschiedliche Eigenschaften haben, die Präferenzen der Nachfrager diesen Eigenschaften gegenüber jedoch nicht bekannt sind (21c) oder wenn die Nachfrager nicht über die von den Anbietern gewählten Strategien, also z.B. die Preise, informiert werden, sondern sich diese Informationen erst beschaffen müssen.[1]

Der Katalog der Merkmale zeigt, wie vielfältig die Ausprägungen von Standortplanungsmodellen sind, die die Konkurrenz berücksichtigen. Gleichzeitig wird deutlich, daß der Schwerpunkt dieser Modelle nicht in der Quantifizierung möglichst

---

1 Vgl. z.B. Gabszewicz und Garella (1986).

vieler Einflußfaktoren besteht, wie sie die klassischen Modelle des OR zu leisten versuchen, sondern daß die Modelle vor allem von den Charakteristika der verwendeten spieltheoretischen Konzeption geprägt sind. Im folgenden werden die spieltheoretischen Lösungskonzepte (16a-c), die in den nächsten Abschnitten immer wieder benötigt werden, bezogen auf räumliche Konkurrenzsituationen dargestellt.

4.4 Gleichgewichtskonzepte für Standortplanung unter Konkurrenz

In der Konkurrenzstandortplanung werden vornehmlich drei Gleichgewichtskonzepte verwendet: das Nash-Gleichgewicht, das Stackelberg-Gleichgewicht und das teilspielperfekte Gleichgewicht. Welches dieser Gleichgewichtskonzepte zur Anwendung kommt, hängt von der Konstruktion des Spiels, d.h. den Spielregeln ab. Im folgenden werden die drei Konzepte für den Standardfall zweier konkurrierender Anbieter, die jeweils einen Standort bestimmen wollen, vorgestellt, da später die Konzepte nicht mehr in jedem Einzelfall explizit ausgeführt, sondern häufig nur die Resultate beschrieben werden. Dabei seien die Preise zunächst als exogen gegeben vorausgesetzt. In diesem Fall stimmen die Maximierung des Gewinns und des Marktanteils (bei Unterstellung konstanter Grenzkosten) überein; damit die Schreibweise leicht auf den Fall variabler Preise übertragen werden kann, wird hier aber dennoch die Gewinnmaximierung betrachtet.

Die Strategiemengen P_I und P_{II} der beiden Spieler (Anbieter) I und II bestehen aus den potentiellen Standorten, beschrieben durch die Mengen S_I und S_{II}, die abhängig von den Voraussetzungen diskrete Punkte enthalten oder kontinuierlich sein können. Zur Verfügung stehen den Anbietern Strategien $s_I \in S_I$ bzw. $s_{II} \in S_{II}$.[1] Die Auszahlungsfunktionen sind durch die Gewinnfunktionen der Spieler gegeben; die Gewinne hängen von den jeweils gewählten Strategien ab. Die Gewinnfunktionen sind also Funktionen $G_I : S_I \times S_{II} \rightarrow \mathbb{R}$ und $G_{II} : S_I \times S_{II} \rightarrow \mathbb{R}$.
Die Strategie des Gegenspielers geht jeweils parametrisch in die Gewinnfunktion ein.

Bei simultaner Entscheidung der beiden Anbieter ist das Nash-Gleichgewicht das geeignete Lösungskonzept. Zwei Strategien $s_I^* \in S_I$, $s_{II}^* \in S_{II}$ bilden wieder ein Nash-Gleichgewicht, wenn die Bedingungen

$$G_I(s_I^*, s_{II}^*) \geq G_I(s_I, s_{II}^*) \quad \text{für alle } s_I \in S_I$$
$$G_{II}(s_I^*, s_{II}^*) \geq G_{II}(s_I^*, s_{II}) \quad \text{für alle } s_{II} \in S_{II}$$

---

1 Es werden zunächst nur reine Strategien zugelassen.

erfüllt sind. Das Nash-Gleichgewicht kann auch verwendet werden, wenn nur die Preise die Strategien der Spieler sind; der Gewinn G_j des Spielers j (j = I, II) läßt sich dann entsprechend als Funktion der Preise p_I, p_{II} darstellen.[1]

Bei sequentieller Handlungsweise der beiden Spieler findet das Stackelberg-Gleichgewicht Anwendung. Die Stackelberg-Situation zeichnet sich dadurch aus, daß der eine Spieler (I) das Verhalten das anderen Spielers (II) voraussehen und in seine Entscheidung einbeziehen kann, während der zweite Spieler sein Verhalten auf Basis der von seinem Vorgänger gewählten Strategie s_I optimiert und also aus Sicht des Anführers eine Strategie $s_{II}(s_I)$, die durch s_I determiniert ist, wählt. Es gilt also:

Zwei Strategien $s_I^* \in S_I$, $s_{II}^* \in S_{II}$ bilden ein Stackelberg-Gleichgewicht, wenn gilt

$$G_I(s_I^*, s_{II}^*(s_I^*)) \geq G_I(s_I, s_{II}^*(s_I)) \quad \text{für alle } s_I \in S_I,$$

und $s_{II}^*(s_I)$ ergibt sich aus

$$G_{II}(s_I^*, s_{II}^*) \geq G_{II}(s_I^*, s_{II}) \quad \text{für alle } s_{II} \in S_{II}.$$

Im Nullsummen-Spiel ist die Strategie des ersten Spielers also eine Minimax-Strategie,[2] denn die Zielsetzung des ersten Spielers besteht darin, das für den zweiten Spieler erzielbare Maximum zu minimieren:
$s_I^* \in S_I$ wird von Spieler I so gewählt, daß gilt

$$G_{II}(s_I^*, s_{II}(s_I^*)) = \min \{\max \{G_{II}(s_I, s_{II}), s_{II} \in S_{II}\}, s_I \in S_I\}.$$

Werden die beiden Größen Standort und Preis als variabel unterstellt, so setzen sich die Strategien der beiden Anbieter I und II aus den potentiellen Standorten $s_I \in S_I$ und $s_{II} \in S_{II}$, sowie den möglichen Preisen $p_I, p_{II} \in [0, \infty)$ zusammen.[3] Die Strategien bilden Tupel $(s_j, p_j) \in S_j \times [0, \infty)$ für j = I, II. Entsprechend sind die Gewinnfunktionen zu erweitern, deren Argumente nun aus Quadrupeln bestehen:
$G_I : S_I \times [0, \infty) \times S_{II} \times [0, \infty) \rightarrow \mathbb{R}$ und $G_{II} : S_I \times [0, \infty) \times S_{II} \times [0, \infty) \rightarrow \mathbb{R}$.

Bei simultaner Entscheidung der beiden Anbieter über die beiden Entscheidungsgrößen Standort s und Preis p ist wiederum das Nash-Gleichgewicht das geeignete

---

1 Der Fall, daß beide Komponenten variabel sind, wird unten noch explizit behandelt.

2 Zum Begriff der Minimax-Strategie vgl. Owen (1982), S. 14.

3 Realistisch wäre, von diskreten Variationsmöglichkeiten der Preise auszugehen. Um mit stetigen Funktionen operieren zu können, werden jedoch theoretisch kontinuierliche Variationen zugelassen.

Lösungskonzept. Zwei Strategien $(s_I^*, p_I^*) \in S_I \times [0, \infty)$, $(s_{II}^*, p_{II}^*) \in S_{II} \times [0, \infty)$ bilden dabei ein Nash-Gleichgewicht, wenn die Bedingungen

$$G_I((s_I^*, p_I^*), (s_{II}^*, p_{II}^*)) \geq G_I((s_I, p_I), (s_{II}^*, p_{II}^*)) \quad \text{für alle } (s_I, p_I) \in S_I \times [0, \infty)$$
$$G_{II}((s_I^*, p_I^*), (s_{II}^*, p_{II}^*)) \geq G_{II}((s_I^*, p_I^*), (s_{II}, p_{II})) \quad \text{für alle } (s_{II}, p_{II}) \in S_{II} \times [0, \infty)$$

erfüllt sind.[1]

Werden, wie oben bei der Einführung des Stackelberg-Gleichgewichts, sequentielle Strategiewahlen der Anbieter erst auf der Standort-, dann auf der Preisstufe des Spiels unterstellt, ergibt sich entsprechend die kombinierte Konzeption, bei der das Spiel in vier Stufen zerfällt. Auf der letzten Stufe entscheidet der Preis-Nachfolger, auf der vorletzten Stufe der Preis-Anführer, wobei dieser die Entscheidung des Nachfolgers antizipiert. Auf den ersten beiden Stufen fallen, ebenfalls sequentiell, die Standortentscheidungen der beiden Anbieter, wobei beide das Ergebnis der zweiten Spielstufe antizipieren.

Werden die Entscheidungen über die Standorte zwar vor den Entscheidungen über die Preise, Standort- und Preisentscheidungen der Anbieter jedoch jeweils simultan getroffen, so liegt ein mehrstufiges Spiel vor, für welches das Konzept teilspielperfekter Gleichgewichte geeignet ist.

Zwei Strategien $(s_I^*, p_I^*) \in S_I \times [0, \infty)$, $(s_{II}^*, p_{II}^*) \in S_{II} \times [0, \infty)$ bilden ein teilspielperfektes Gleichgewicht, wenn gilt:[2]

a) $p_I^* := p_I^*(s_I, s_{II})$, $p_{II}^* := p_{II}^*(s_I, s_{II})$ bilden ein Preisgleichgewicht für alle $s_I \in S_I$, $s_{II} \in S_{II}$,

$$G_I((s_I, p_I^*), (s_{II}, p_{II}^*)) \geq G_I((s_I, p_I), (s_{II}, p_{II}^*)) \quad \text{für alle } p_I \in [0, \infty),$$
$$G_{II}((s_I, p_I^*), (s_{II}, p_{II}^*)) \geq G_{II}((s_I, p_I^*), (s_{II}, p_{II})) \quad \text{für alle } p_{II} \in [0, \infty),$$

d.h. auf der zweiten Spielstufe liegt immer ein Gleichgewicht vor.[3,4]

---

1 Insbesondere muß die Lösung also auch besser als alle anderen Lösungen sein, die entstehen, wenn nur eine Strategiekomponente - Standort oder Preis - variiert wird und die andere unverändert bleibt.

2 Eine ähnliche Darstellung findet sich bei Gabszewicz und Thisse (1986-I), S. 41, sowie bei Gabszewicz und Thisse (1992).

3 Daß diese Bedingung für alle Standortkombinationen erfüllt sein muß und nicht nur für diejenige, die schließlich gewählt wird, entspricht gerade der Forderung von Optimalität der Strategien außerhalb des Gleichgewichtspfades. Das "Preisspiel" stellt in dem zweistufigen Spiel das einzige echte Teilspiel dar.

4 Die Preise werden also als Preisfunktionen in Abhängigkeit von den Standorten definiert.

b) Die Standorte s_I^*, s_{II}^* induzieren ein Gleichgewicht des zweistufigen Spiels,

$$G_I((s_I^*, p_I^*(s_I^*, s_{II}^*)), (s_{II}^*, p_{II}^*(s_I^*, s_{II}^*))) \geq G_I((s_I, p_I^*(s_I, s_{II}^*)), (s_{II}^*, p_{II}^*(s_I, s_{II}^*)))$$

für alle $s_I \in S_I$ und

$$G_{II}((s_I^*, p_I^*(s_I^*, s_{II}^*)), (s_{II}^*, p_{II}^*(s_I^*, s_{II}^*))) \geq G_{II}((s_I^*, p_I^*(s_I^*, s_{II})), (s_{II}, p_{II}^*(s_I^*, s_{II})))$$

für alle $s_{II} \in S_{II}$, d.h. im Gesamtspiel liegt ein Gleichgewicht vor.

In a) wird sichergestellt, daß für jede beliebige Standortwahl auf der zweiten Spielstufe die "beste" Preisentscheidung getroffen wird; in Teil b) wird zusätzlich festgelegt, daß auch tatsächlich die "besten" Standorte gewählt werden.

Die Darstellung der Preise als reellwertige Größen, d.h. als Skalare $p_j \in [0, \infty)$, ist nur angemessen, wenn für alle Nachfrager einheitliche Liefer- oder Abholpreise unterstellt werden. Bei Berücksichtigung von differenzierten Lieferpreisen müssen diese in den Strategien in Form von Funktionen $p_j(x)$ (j = I, II) erfaßt werden. Die Funktion $p_j(x)$ ordnet jedem Punkt x, an dem eine Nachfrage auftritt, einen Lieferpreis zu, den der Anbieter j an diesem Punkt fordert. Dann sind im Falle des teilspielperfekten Gleichgewichts in Abhängigkeit von den Standorten nicht die optimalen Preise p_j, sondern die optimalen Preisfunktionen $p_j(x)$ zu bestimmen. Insbesondere kann es sich bei den Funktionen natürlich um Abbildungen einer diskreten Menge von Nachfrageorten auf eine diskrete Menge von Preisen handeln.

4.5 Das Hotelling-Modell

4.5.1 Das Hotellingsche Grundmodell

Im folgenden wird zunächst das Hotellingsche Linienmodell als Basismodell räumlicher Konkurrenz dargestellt und anhand des Merkmalskatalogs eingeordnet, um dessen Anwendbarkeit zu illustrieren. Im Anschluß folgt die Darstellung unterschiedlicher Varianten des Hotelling-Modells, die die Sensitivität der Ergebnisse gegenüber den Prämissen verdeutlicht.

Die Prämissen von Hotellings Modell sind:[1]

1. Der relevante Markt dehnt sich entlang eines linearen Streckenabschnitts ($|a|$) aus, auf dem sich die Nachfrager gleichmäßig verteilen, d.h. die Verteilung ist

---

[1] Hotelling (1929) führt seine Prämissen nicht in dieser Weise auf und formuliert manche Voraussetzungen nicht aus. Der Klarheit und Übersichtlichkeit halber werden hier auch die implizit gesetzten Voraussetzungen, die sich aus seiner Vorgehensweise ableiten lassen, aufgeführt. Ähnlich strukturiert gehen Lerner und Singer (1937) vor.

durch eine konstante Dichtefunktion gegeben (20b1).[1] Die Nachfrager befinden sich also nicht an diskreten Punkten, sondern sind über jedes (beliebig kurze) Intervall gleichmäßig verteilt.

2. Die Länge des Marktes ist normiert, der Markt durch das Intervall [0,1] gegeben (2a) und ist vor Spielbeginn leer (8a).[2]
3. Die Gesamtnachfrage ist ebenfalls auf Eins normiert und fest gegeben (19a). Sie ist also vollkommen unelastisch und ist vollständig auf die Anbieter zu verteilen.
4. Jeder Nachfrager kauft bei dem für ihn günstigsten, d.h. billigsten Anbieter (21b), (22a), (23a). Es gibt insgesamt zwei konkurrierende Anbieter (7a1).
5. Die Nachfrager bezahlen Abholpreise und kommen für den Transport auf (12a).
6. Die Transportkosten verhalten sich linear zur Entfernung; es liegt ein konstanter Einheitstransportkostensatz t vor (6c).
7. Es werden keine Kosten der Produktion und keine Kosten des Markteintritts berücksichtigt (25a), d.h. die Kosten sind Null oder die Grenzkosten der Produktion sind konstant. Damit sind die Kosten vom Standort unabhängig.[3]
8. Die Kapazitäten der Produktion sind unbeschränkt (24a).
9. Die Anbieter I und II legen beide (9a) erst simultan je einen Standort (4a1), dann ebenfalls simultan ihre Preise fest (13b), (14a). Die Strategien setzen sich aus Standorten $s_I \in [0,1]$ und $s_{II} \in [0,1]$ (3a) und Preisen $p_I \in [0, \infty)$ und $p_{II} \in [0, \infty)$ zusammen (10b2), (11d); betrachtet werden nur reine Strategien (15a). Das Einnehmen von Standorten mit infinitesimal kleinem Abstand (5a) ist möglich.

---

1 Auch wenn es in der Realität keine linearen Märkte gibt, eröffnet ihre Untersuchung dennoch wichtige Einsichten in die Problemstruktur und die Sensitivität der Parameter, vgl. z.B. Eiselt und Laporte (1989-I). Zudem ist bzgl. des Analogons differenzierter Produkte durchaus vorstellbar, daß in bestimmten Fällen die Untersuchung auf ein wesentliches Charakteristikum beschränkt wird, dessen Ausprägung als Punkt auf einer Linie dargestellt wird. Der "Standort" eines Nachfragers beschreibt dann die von ihm gewünschte Ausführung, der "Standort" des Anbieters die von ihm angebotene Ausführung, vgl. Anderson et al. (1992), S. 279.

2 Hotelling (1929) nimmt diese Normierung nicht vor; sie ist jedoch sinnvoll und stellt keine Einschränkung dar.

3 An dieser Annahme wird besonders deutlich, daß sich die Probleme dieser Klasse in eine völlig andere Kategorie als das Webersche Problem einordnen lassen, da der für das Weber-Problem maßgebliche Faktor (die Kosten der Beschaffung) hier keine Berücksichtigung findet. Lerner und Singer (1937) merken an: "This assumption shows clearly that our problem" - hier ist das Problem von Hotelling gemeint - "has nothing to do with the 'location' problem of Alfred Weber..."

10. Jeder Anbieter geht davon aus, daß der andere seine Strategie beibehält, auch wenn er selbst seine Strategie verändert (17a).[1]
11. Beide Anbieter möchten ihren Gewinn maximieren (18b).

Hotelling unterstellt zudem, daß sich die Anbieter nicht an ihrem jeweiligen Standort gegenseitig unterbieten, d.h. er betrachtet nur Preisstrategien, die diese Einschränkung berücksichtigen.[2] Damit bedient jeder Anbieter immer sein eigenes "Hinterland", also sein Ende der Linie, und möglicherweise einen Teil des Marktes zwischen den beiden Standorten; als weitere Prämisse läßt sich formulieren:

12. Es gibt eine Grenze der Marktgebiete beider Anbieter, die zwischen ihren Standorten liegt.[3] Es müssen also immer beide Konkurrenten auf dem Markt aktiv sein, keiner darf durch seinen Konkurrenten vollständig verdrängt werden. Die Prämisse läßt sich auch als die Forderung formulieren, daß die Transportkosten zwischen den Standorten der Anbieter die Preisdifferenz nicht unterschreiten dürfen:[4] $|p_I - p_{II}| \leq t\,(s_{II} - s_I)$.

Hotelling analysiert die Konkurrenzsituation als zweistufigen Prozeß, in dem erst die Standorte, dann die Preise festgelegt werden.[5] Betrachtet man zunächst die zweite

---

1 Genauer unterstellt Hotelling im zweistufigen Ablauf, daß die Anbieter im Prozeß der Standortbestimmung den gesamten Prozeß der Preisbestimmung, der sich als Anpassungsvorgang vollzieht, antizipieren, wobei sie aber bei jedem einzelnen Schritt der Preisanpassung von der genannten Annahme ausgehen, der andere behielte seine Strategie bei. In Verbindung mit den simultanen Entscheidungen wird die Möglichkeit eingeräumt, den Standort beliebig häufig ohne Zeit- und Kostenaufwand zu wechseln.

2 Dies ist ein wesentlicher und häufig vernachlässigter Aspekt in Hotellings Arbeit. Hotelling (1929) schreibt, daß er ein wesentlich weniger fragiles Gleichgewicht im Duopolfall entwickelt, als es bisher bekannt war, vgl. S. 42, und fügt an, daß dieses Gleichgewicht nur im Falle der Kollusion oder eines Preiskrieges, der auf die vollständige Verdrängung des Gegners abzielt, destabilisiert werden könnte. Damit schließt Hotelling beide Möglichkeiten ausdrücklich aus. Andere Autoren jedoch kritisieren Hotellings Gleichgewichtslösung, vgl. z.B. D´Aspremont et al. (1979), weil sie nur eingeschränkte Gültigkeit besitze; diese Einschränkung hat Hotelling selbst jedoch erkannt und bewußt vorgenommen. Im Rahmen seiner Prämissen liefert Hotelling also die zutreffende Lösung; richtig ist aber, daß diese Prämissen auch essentiell für das Ergebnis sind.

3 Eine ähnliche Formulierung findet sich bei Gabszewicz und Thisse (1986-I), S. 30, Fußnote 28.

4 Ohne Einschränkung wird immer davon ausgegangen, daß sich der Standort des zweiten Anbieters rechts vom Standort des ersten befindet, da anderenfalls einfach die Numerierung der Anbieter geändert werden könnte und diese Forderung dann wieder erfüllt wäre.

5 Damit bedient sich Hotelling zu einem Zeitpunkt, als dieses in der Literatur noch gar nicht bekannt war, der Konzeption des teilspielperfekten Gleichgewichts (16b), welches durch Rückwärtsrechnung (backward induction) zu analysieren ist.

Stufe dieses Prozesses und geht von gegebenen Standorten aus, so sind - anschaulich gesprochen - zwei verschiedene Möglichkeiten denkbar: Die Standorte können sich "dicht zusammen" oder "weit entfernt" auf der Linie befinden. Diese vagen Formulierungen lassen sich wie folgt näher spezifizieren. Der erste Fall liegt vor, wenn es für ein Unternehmen am günstigsten wäre, dem anderen die gesamte Nachfrage abzuziehen, indem es das andere Unternehmen an dessen eigenem Standort unterbietet. Dann würde also kein prinzipiell anderes Ergebnis als in der Bertrand-Situation erzielt, da es zum Preiskrieg kommt. Dies ist der Fall, den Hotelling durch seine letzte Annahme ausschließt, was er damit begründet, daß ein Preiskrieg im Interesse keines Anbieters liegt. Es bleibt hierbei jedoch unklar, ob er nahegelegene Standorte oder die Anwendung von kämpferischen Preisstrategien untersagt.
Im zweiten Fall, bei entfernten Standorten, machen sich die beiden Anbieter zwar Konkurrenz, es lohnt sich für sie jedoch nicht, sich gegenseitig aus dem Markt zu verdrängen. Vielmehr setzen sie, unter Berücksichtigung des Verhaltens des Konkurrenten, gewinnmaximale Gleichgewichtspreise fest. Gesucht ist bei gegebenen Standorten eine Kombination von Preisen, bei der keiner der Anbieter alleine seinen Gewinn verbessern kann, also Nash-Gleichgewicht in Preisen.

Im folgenden wird die Distanz des Anbieters I vom linken Marktende durch a, die des Anbieters II durch b beschrieben, wie es Abbildung 4.1 zeigt:[1,2]

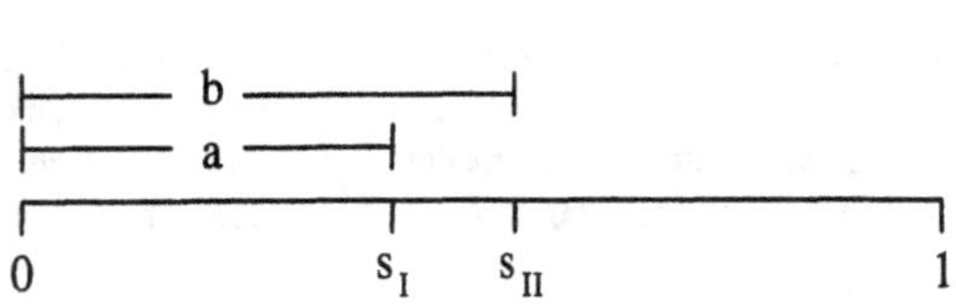

Abb. 4.1 Standorte im Hotelling-Modell

Die Marktgrenze zwischen den Anbietern ist durch den Punkt $g \in [0,1]$ gegeben, an dem die Summe aus Preis und Transportkosten von Anbieter I und Anbieter II übereinstimmen, an dem also

---

1 Hotelling bezeichnet mit a die Distanz des ersten Anbieters vom linken Ende der Linie und mit b die Distanz des zweiten Anbieters vom rechten Ende. Entsprechend weicht die Darstellung der folgenden Ergebnisse vom Hotellingschen Original ab. Es ist jedoch zweckmäßig, alle Distanzen von demselben Ende der Linie aus zu messen. So gehen beispielsweise auch Hartwick und Hartwick (1971) und Economides (1984) vor.

2 Die Abbildung findet sich in ähnlicher Form bei Hartwick und Hartwick (1971).

$p_I + t(g - a) = p_{II} + t(b - g) \Rightarrow g = (p_{II} - p_I)/2t + (a + b)/2$

gilt. Im Falle identischer Preise $p := p_I = p_{II}$ stellen sich die Verläufe der Ausgaben, die die Käufer jeweils tätigen müssen, um das Gut zu erhalten, wie in Abbildung 4.2 dar.[1] Es ist ersichtlich, daß die Nachfrager links von g bei dem ersten und die Nachfrager rechts von g bei dem zweiten Anbieter kaufen, d.h. es liegen getrennte Marktgebiete vor. Eine leichte Preissenkung eines der Anbieter würde in diesem Fall nur wenige Nachfrager am Rande seines Marktgebietes, nahe der Grenze g, veranlassen, sich dem anderen Anbieter zuzuwenden.

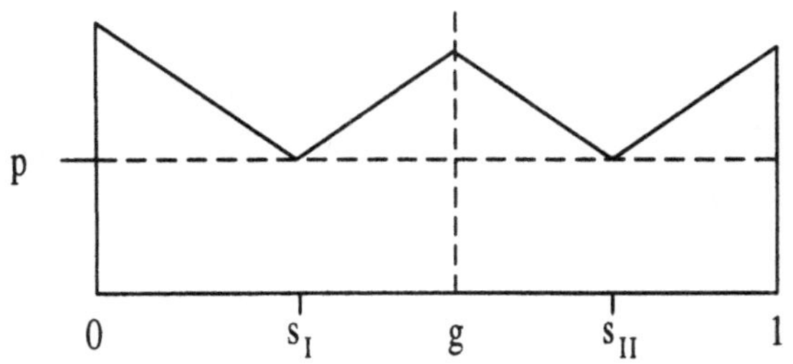

Abb. 4.2 Marktgebiete im Hotelling-Modell

Der Gewinn des Anbieters I ist bei beliebigen Preisen p_I und p_{II} durch
$G_I(p_I, p_{II}) = p_I \cdot g = p_I((p_{II} - p_I)/2t + (a + b)/2)$,

der Gewinn des Anbieters II durch
$G_{II}(p_I, p_{II}) = p_{II}(1-g) = p_{II}(1 - (p_{II} - p_I)/2t - (a + b)/2)$
gegeben.[2]

Partielle Differentiation der Gewinnfunktionen nach dem jeweils eigenen Preis eines Anbieters und Nullsetzen der Ableitungen liefert

$$\frac{\partial G_I(p_I, p_{II})}{\partial p_I} = \frac{p_{II} - p_I}{2t} + \frac{a+b}{2} - \frac{p_I}{2t} = 0 \Rightarrow p_I(p_{II}) = \frac{p_{II} + t(a+b)}{2}$$

als Reaktionsfunktion $p_I(p_{II})$ des ersten Anbieters sowie

---

1 Die Standorte der Anbieter wurden hier zunächst willkürlich festgelegt. Eine ähnliche Abbildung findet sich z.B. bei Hartwick und Hartwick (1971).

2 Die Normierung der Nachfrage und die gleichförmige Verteilung vereinfachen die Rechnung, da keine explizite Integration erforderlich ist, denn die abgesetzte Menge eines Anbieters entspricht immer genau der Länge des von ihm bedienten Marktes.

$$\frac{\partial G_{II}(p_I, p_{II})}{\partial p_{II}} = 1 - \frac{p_{II} - p_I}{2t} - \frac{a+b}{2} - \frac{p_{II}}{2t} = 0 \Rightarrow p_{II}(p_I) = t + \frac{p_I - t(a+b)}{2}$$

als Reaktionsfunktion $p_{II}(p_I)$ des zweiten Anbieters. Auflösen der beiden Gleichungen führt auf die Preise im Schnittpunkt der Reaktionsfunktionen,

$p_I^* = (2t + t(a + b))/3 = t(2 + a + b)/3$, $p_{II}^* = (4t - t(a + b))/3 = t(4 - a - b)/3$.

Für das durch diese Preise gegebene Gleichgewicht ist entscheidend, daß sich die Anbieter nicht gegenseitig unterbieten (können) bzw. die Differenz der optimalen Preise kleiner ist, als die für den Transport zwischen s_I und s_{II} anfallenden Transportkosten (Prämisse 12). Nur unter dieser Prämisse hat das genannte Preisgleichgewicht (p_I^*, p_{II}^*) Gültigkeit, da sich ohne diese Voraussetzung nicht die angegebenen Reaktionsfunktionen und damit auch nicht die angegebenen Gleichgewichtspreise ergeben.[1]

Liegt die Marktgrenze nicht zwischen den beiden Anbietern, so bezeichnet Hotelling diejenigen Preiskonstellationen als ein "Gleichgewicht", die aus den Preisen bestehen, deren Differenz genau den für den Transport zwischen den beiden Orten anfallenden Kosten entspricht. Es kann dann kein unrestringiertes Minimum gefunden werden, sondern die Beschränkung

$|p_I - p_{II}| \leq t(b-a)$

ist mit Gleichheit erfüllt. Die Situation ist nur unter der Annahme "stabil", daß gegenseitiges Unterbieten ausgeschlossen ist, und für $p_{II} > p_I$ in Abbildung 4.3 dargestellt.

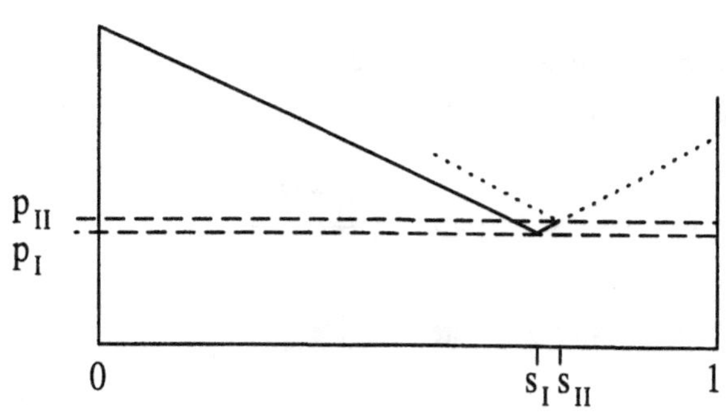

Abb. 4.3 Grenzfall des Hotelling-Modells

[1] Die Prämisse bezeichnen Hartwick und Hartwick (1971) als "Hotelling Stability Condition".

Der zweite Anbieter versorgt nur sein eigenes Hinterland, das ihm nach Voraussetzung nicht genommen werden kann. Es ist jedoch offensichtlich, daß es sich für den Anbieter I, der den geringeren Preis fordert, lohnen würde, den Preis noch etwas weiter zu senken, bis der ganze Markt an ihn fällt, wie es Abbildung 4.4 zeigt.

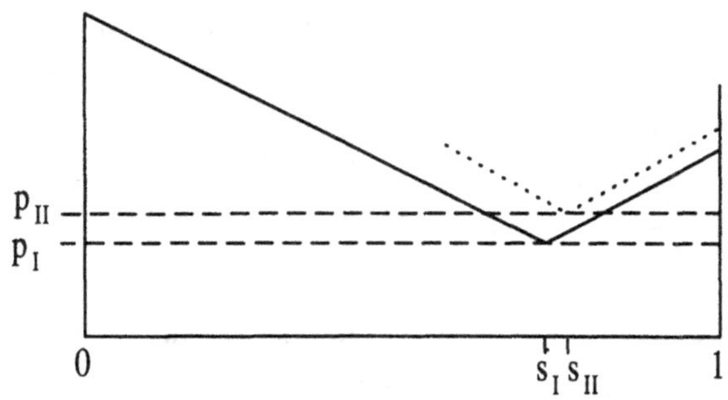

Abb. 4.4 Unterbieten eines Konkurrenten

Eine leichte Preissenkung läßt in diesem Fall viele Nachfrager ihre Entscheidung für ihren Anbieter revidieren, nämlich das gesamte Hinterland des Anbieters II. Anbieter I könnte den zweiten Anbieter also völlig aus dem Markt verdrängen, indem er ihn an seinem Standort und damit in seinem gesamten Hinterland unterbietet. Darauf würde Anbieter II jedoch mit einer Preissenkung reagieren, um den Markt zurückzugewinnen - es käme zum Bertrandschen Preiskrieg. Durch die Hotellingsche Stabilitätsbedingung kann es im Extremfall jedoch zur in Abbildung 4.3 dargestellten Situation kommen. Dabei handelt es sich um eine "künstliche" Forderung, die die Problematik der durch Unterbieten entstehenden Instabilität beseitigen soll.[1]

Es soll nun der Fall "hinreichend weit entfernter" Standorte betrachtet werden. Da die Gleichgewichtspreise für verschiedene Standortkonstellationen der beiden Anbieter bereits ermittelt sind, kann die Frage nach den optimalen Standorten untersucht werden. Die Gewinnfunktionen der beiden Anbieter ergeben sich aus den

---

1 Tatsächlich wollte Hotelling vermutlich sicherstellen, daß niemals eine große Zahl von Nachfragern auf einmal den Anbieter wechselt. MacLeod (1985) beschreibt die sog. "Hotelling Assumption", die besage, daß die zwischen zwei Anbietern indifferenten Nachfrager immer nur eine Nullmenge bilden dürfen, d.h. für Linienmodelle, daß sich die Marktgebiete zweier Anbieter immer nur in einem Punkt treffen, aber nicht überschneiden dürfen. Diese Forderung stellt die Kontinuität der Nachfragerübergänge sicher. Sie ist aber gerade bei linearen Transportkosten nicht erfüllt, wie die obere der beiden Abbildungen zeigt, da über das ganze Intervall $[s_{II}, 1]$ die Nachfrager zwischen den beiden Anbietern indifferent sind. Insofern erzeugt die Wahl linearer Transportkosten ein pathologisches Problem, welches bei konvexen Transportkostenfunktionen nicht auftritt.

oben ermittelten Preisen p_I^* und p_{II}^* und den zu diesen Preisen abzusetzenden Mengen.[1] Sie können durch Einsetzen der Gleichgewichtspreise p_I^* und p_{II}^* in die Gewinnfunktionen $G_I(p_I, p_{II})$, $G_{II}(p_I, p_{II})$ gewonnen werden. Es ergibt sich

$$G_I(a, b) = t(2 + a + b)^2/18, \quad G_{II}(a, b) = t(4 - a - b)^2/18.$$

Da der Gewinn des Anbieters I mit wachsendem a und der Gewinn des Anbieters II mit sinkendem b wächst, folgert Hotelling, es gebe eine Tendenz der beiden Anbieter, sich einander anzunähern. Er erkennt jedoch auch die Probleme, die die Schlußfolgerung, die Anbieter näherten sich einander immer weiter an, mit sich bringt. Er schreibt, die Zone zwischen den beiden Anbietern fungiere als ein Puffer; fällt sie weg, ist seine Voraussetzung nicht erfüllt, die Bertrandsituation tritt ein, und es kommt zum Preiskrieg.[2,3] Der Abstand der beiden Anbieter darf nicht beliebig klein werden, sondern eine bestimmte Grenze nicht unterschreiten.[4]

Das Ergebnis, die Anbieter hätten eine Tendenz zur Annäherung, ist in der Literatur als "Principle of Minimum Differentiation" bekannt.[5] Aus den oben dargestellten Überlegungen folgert Hotelling, daß sich die Anbieter dicht beieinander niederlassen werden. Er verallgemeinert dies auch auf andere Bereiche, d.h. er sieht Parallelen zur Produktdifferenzierung und zum politischen Spektrum. In allen Bereichen gelte: "Buyers are confronted everywhere with an excessive sameness."[6] Hotelling erkennt aber, daß die Produktion identischer Produkte bzw. das Beziehen identischer

---

1 Auch die Gewinnfunktionen erhalten durch die abweichende Wahl der Bezeichnungen eine andere Gestalt als bei Hotelling (1929), beinhalten jedoch dieselbe Aussage.

2 Vgl. Hotelling (1929), S. 52.

3 Ist es den Anbietern möglich, die Standorte zu wechseln, so werden die Lösungen, ähnlich der Edgeworth-Situation, zwischen weiter entfernten und nähergelegenen Standorten und höheren und niedrigen Preisen oszillieren.

4 Vgl. Hotelling (1929), S. 51, Fußnote 1. Hotelling bezeichnet diese Einschränkung als nebensächlich; sie sei lediglich Folge der Annahme, daß sich die Nachfrager nicht kontinuierlich umentscheiden, sondern plötzlich viele Nachfrager - das ganze Hinterland eines Anbieters - den Versorger wechseln, wenn der andere Anbieter den einen unterbietet. Damit hat Hotelling selbst offensichtlich darauf abgezielt, die Güterheterogenität nicht nur durch räumliche Differenzierung, sondern auch durch unterschiedliche Präferenzen einzuführen oder aber andere Kostenverläufe als ausgerechnet lineare Transportkosten zu unterstellen, um die Möglichkeit des Unterbietens über einem ausgedehnten Marktabschnitt auszuschließen.

5 Diese Bezeichnung geht vermutlich auf Boulding (1966), S. 484ff., nicht aber auf Hotelling selbst zurück.

6 Vgl. Hotelling (1929), S. 54.

Standorte im Modell auf einen Bertrandschen Preiskrieg führen würde, daß also die Güter bzw. Standorte nicht völlig identisch sein werden, ist jedoch der Meinung, sie seien nicht so verschieden, wie es im Interesse der Nachfrager wäre.[1] Ein neuer Anbieter wolle sich immer "zwischen" seine Konkurrenz und die Nachfrager setzen, damit diese ihn dem Konkurrenten vorziehen, er würde jedoch keinen Preiskrieg provozieren.

Das "Principle of Minimum Differentiation" hat dann Gültigkeit, wenn die Situation unter der Annahme, die Preise seien fixiert (oder spielten keine Rolle) betrachtet wird.[2] In diesem Fall sind nur die Standorte variabel und stellen die Strategien der Anbieter dar. Die Nachfrager werden sich stets zu dem ihnen nähergelegenen Angebotsort begeben, weil ihre Entscheidung nur durch die Transportkosten beeinflußt wird. Da bei fixierten Preisen ein gegenseitiges Unterbieten nicht möglich ist, ist es in dieser Situation die einzige Gleichgewichtslösung, sich dicht nebeneinander in der Marktmitte niederzulassen. Denn ließe sich einer der Anbieter außerhalb der Mitte nieder, so würde sein Konkurrent einen Standort "sehr dicht daneben" auf der längeren Marktseite wählen und diese Marktseite dem Konkurrenten abspenstig machen, so daß eine solche Standortwahl nicht optimal sein kann.

Damit kann für das reine Standortproblem eine allgemeingültige Gleichgewichtslösung angegeben werden; für das Problem in Standorten und Preisen hingegen ist nur unter einschränkenden Prämissen die Angabe eines Gleichgewichts möglich. Eine Gleichgewichtslösung müßte für jede beliebige Kombination von Standorten das eindeutige Preisgleichgewicht determinieren, so daß mit dem Wissen um das Preisgleichgewicht rekursiv die Gleichgewichtsstandorte bestimmt werden können. Hotelling erzwingt durch seine Prämisse zwar formal eine "Lösung" auch für nahegelegene Standorte, aber diese stellt kein Gleichgewicht dar, weil sich mindestens einer der Anbieter noch verbessern könnte, indem er seinen Konkurrenten unterbietet.

---

1 Hier ist also unklar, ob Hotelling, wie oben beschrieben, unterstellt, daß die Konkurrenten sich gegenseitig nicht in ihren Standorten unterbieten, oder ob er diese Möglichkeit zuläßt. Er scheint die Annahme jedenfalls nicht konsequent durchzuhalten.

2 Gabszewicz und Thisse (1986-I), S. 35, führen Kartellvereinbarungen oder öffentliche Bestimmungen als mögliche Begründungen an.

4.5.2 Weitere Analyse der Hotelling-Situation

D´Aspremont et al. (1979) zeigen formal, welchen Abstand die Standorte der beiden Anbieter haben müssen, damit das Hotellingsche Preis-Gleichgewicht die Lösung des Problems darstellt, wenn auf die Randbedingung, die Marktgrenze müsse sich zwischen den Anbietern befinden, verzichtet wird. Sie lassen also, im Gegensatz zu Hotelling, zu, daß die Anbieter sich gegenseitig unterbieten, wenn es sich für sie lohnt, und gelangen zu den folgenden Gewinnfunktionen der Anbieter in Abhängigkeit vom Preis:

$$G_I(p_I, p_{II}) = \begin{cases} p_I((p_{II} - p_I)/2t + (a + b)/2), & \text{wenn } |p_I - p_{II}| \leq t(b - a) \\ p_I, & \text{wenn } p_I < p_{II} - t(b - a) \\ 0, & \text{wenn } p_I > p_{II} + t(b - a) \end{cases}$$

$$G_{II}(p_I, p_{II}) = \begin{cases} p_{II}(1 - (p_{II} - p_I)/2t - (a + b)/2), & \text{wenn } |p_I - p_{II}| \leq t(b - a) \\ p_{II}, & \text{wenn } p_{II} < p_I - t(b - a) \\ 0, & \text{wenn } p_{II} > p_I + t(b - a). \end{cases}$$

Die Gewinnfunktion des Anbieters I in Abhängigkeit von seinem eigenen Preis p_I (und analog die Gewinnfunktion des Anbieters II) verläuft bei fixiertem Preis p_{II}' im Intervall $[p_{II}' - t(b\text{-}a), p_{II}' + t(b\text{-}a)]$ konkav, da es sich im wesentlichen um eine umgekehrte Parabel handelt; sie verläuft im Intervall $[0, p_{II}' - t(b\text{-}a))$ linear und im Bereich $(p_{II}' + t(b\text{-}a), \infty)$ hat sie einen konstanten Verlauf. Die Gewinnfunktionen sind nicht stetig, und sie sind auch nicht konkav bzw. quasi-konkav, also sind die Prämissen, die die Existenz eines Nash-Gleichgewichts garantieren, nicht erfüllt.

Der Verlauf der Gewinnfunktionen läßt sich wie in Abbildung 4.5[1] dargestellt skizzieren, wobei hier exemplarisch $G_I(p_I, p_{II})$ ausgewählt ist.

---

1 Vgl. D´Aspremont et al. (1979).

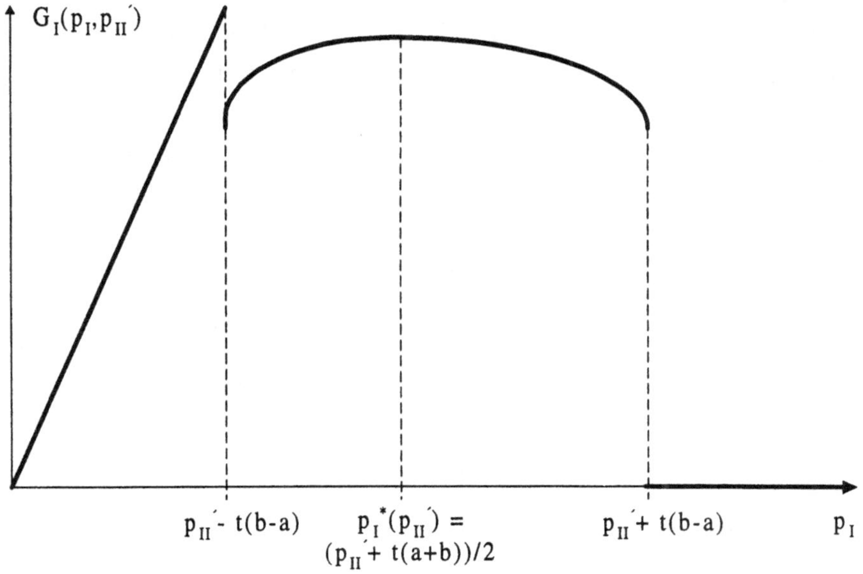

Abb. 4.5 Verlauf der Gewinnfunktion bei linearen Transportkosten

Bei gleichen Standorten (a = b) ist das einzige Preis-Gleichgewicht durch
$p_I = p_{II} = 0$
gegeben.[1] Dies ergibt sich unmittelbar aus dem Bertrand-Ergebnis.

Sind die Standorte verschieden ($a \neq b$), so läßt sich zeigen, daß es genau dann einen Gleichgewichtspunkt in Preisen gibt, wenn für die Standorte die Bedingungen[2]

(1) $(2 + a + b)^2/3 \geq 4(2 + a - 2b)$

(2) $(4 - a - b)^2/3 \geq 4(1 + 2a - b)$

erfüllt sind. Der Gleichgewichtspunkt besteht aus den Hotelling-Strategien p_I^*, p_{II}^*.

Bei verschiedenen Standorten kann ein Gleichgewicht nur vorliegen, wenn gilt:
$|p_I - p_{II}| < t(b - a)$,
denn anderenfalls könnte sich immer einer der beiden Anbieter durch Unterbieten seines Konkurrenten verbessern. Also kommen als Gleichgewichtsstrategien nur die

---

1 Dies ist auf das Bertrandsche Argument bei homogenen Produkten und Preiskonkurrenz zurückzuführen. Vgl. auch für eine ausführliche allgemeine Diskussion D´Aspremont et al. (1983).

2 Vgl. D´Aspremont et al. (1979), Proposition und Beweis.

von Hotelling bestimmten Strategien in Frage, da sie gerade unter dieser Prämisse abgeleitet worden sind. Damit es sich bei der Strategie p_I^* tatsächlich um eine Gleichgewichtsstrategie gegen p_{II}^* handelt, muß p_I^* dem Anbieter I den höchstmöglichen Gewinn einbringen; insbesondere darf es sich für ihn nicht lohnen, seinen Konkurrenten II in seinem Standort zu unterbieten. Unterbietet Anbieter I den Anbieter II an dessen Standort um einen Betrag $\varepsilon > 0$, so gewinnt er den ganzen Markt zu einem Preis von $p_I' := p_{II}^* - t(b - a) - \varepsilon$ für sich. Es muß also für alle $\varepsilon > 0$

$$\begin{aligned} G_I(p_I^*, p_{II}^*) = t(2 + a + b)^2/18 \geq G_I(p_I', p_{II}^*) &= (p_{II}^* - t(b - a) - \varepsilon)\cdot 1 \\ &= t(4 - a - b)/3 - t(b - a) - \varepsilon \\ &= t(4 + 2a - 4b)/3 - \varepsilon \end{aligned}$$

gelten, damit für Anbieter I seine Gleichgewichtsstrategie wirklich die beste Antwort auf die Gleichgewichtsstrategie des zweiten Anbieters ist.
Der Grenzübergang ($\varepsilon \to 0$) liefert die Relation[1]

$$(2 + a + b)^2/3 \geq 4(a - 2b + 2),$$

also die in (1) angegebene Bedingung für die Existenz eines Preis-Gleichgewichts. Die in (2) angegebene Bedingung folgt analog durch Betrachten der Gewinne des Anbieters II. Damit ist gezeigt, daß die Bedingungen (1) und (2) für die Standorte der Anbieter erfüllt sein müssen, damit ein Preisgleichgewicht existiert, und daß dieses Gleichgewicht in den Hotellingschen Preisen besteht.

Die Existenz-Bedingungen sind für den allgemeinen Fall nicht leicht zu analysieren. Bei symmetrischen Standorten mit $b = 1 - a$ führen sie auf die Forderung $a \leq 1/4$, d.h., daß sich die halbe Marktlänge zwischen den Standorten befinden muß, damit ein Gleichgewicht existiert. Von einem "Prinzip minimaler Differenzierung" kann daher nicht die Rede sein.[2] Vielmehr zeigen D´Aspremont et al. (1979) sogar ein "Prinzip maximaler Differenzierung" für eine quadratische Transportkostenfunktion. Bei in der Entfernung quadratisch anwachsenden Transportkosten wird, sobald ein Anbieter den anderen in seinem Standort unterbietet, nicht das gesamte Hinterland

---

1 Es muß für den Transportkostensatz die Forderung $t \neq 0$ erfüllt sein, was aber hier stets vorausgesetzt wird.

2 Graitson (1980) setzt die Prämisse, daß die Anbieter jeweils, wenn sie ein Unterbieten zu befürchten haben, ihre Maximin-Strategie spielen. Es zeigt sich, daß sie damit geringere Gewinne erzielen als bei der Entscheidung für weiter entfernte Standorte und Nash-Gleichgewichtspreise, so daß Graitson folgert, daß die Anbieter entfernte Standorte und Gleichgewichtspreise vorziehen werden. Die Maximin-Lösung führt auf die Standorte 1/4 und 3/4.

den Anbieter wechseln, sondern nur einige Nachfager, die sich nahe am Angebotsort befinden, werden dies tun. Dies ist in der Abbildung 4.6 illustriert.

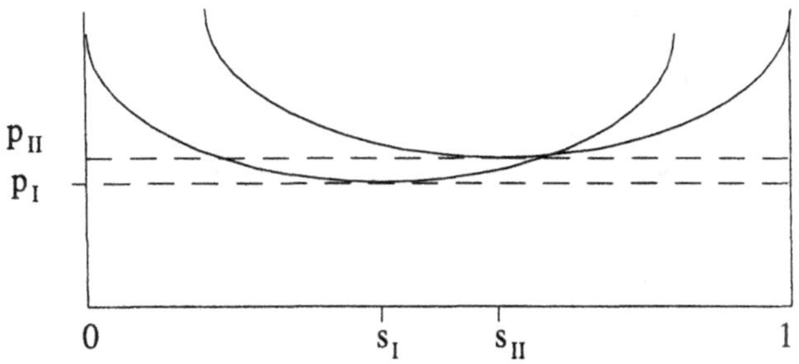

Abb. 4.6 Unterbieten bei quadratischen Transportkosten

Die bei quadratischen Funktionen anwachsende Steigung stellt sicher, daß nur ein Übergang weniger Nachfrager erfolgt, wenn Anbieter I den anderen in seinem Standort unterbietet. Jedoch ist die Unterstellung eines in der Entfernung konvexen Transportkostenverlaufs mit der Realität kaum zu vereinbaren, denn es werden sich auf Grund von Rabatten eher konkave Verläufe ergeben. Da es sich allerdings hier um durch die Nachfrager zu erbringende Transportaufwendungen handelt, ist die Annahme steigender Kostenzuwächse mit zunehmender Entfernung eher zu rechtfertigen als bei Lieferungen durch den Anbieter, weil es dem Nachfrager möglicherweise wenig ausmacht, eine kurze Strecke zurückzulegen, ihm eine längere Strecke aber zunehmend unangenehm ist bzw. teuer wird, wenn der Verkaufsort z.B. nicht mehr zu Fuß, sondern nur noch mit dem Fahrzeug erreicht werden kann. In diesem Fall wäre ein aus linearen Abschnitten zusammengesetzter Kostenverlauf denkbar, der durch eine quadratische Funktion, welche die gewünschten Differenzierbarkeitseigenschaften aufweist, approximiert werden könnte.

Umgekehrt ist ebenso vorstellbar, daß anwachsende Distanzen immer weniger negativ bewertet werden, da z.B. ein weiterer Kilometer in Relation zur Gesamtdistanz immer weniger ins Gewicht fällt. Dann wäre ein konkaver Verlauf der Kosten wesentlich angemessener. Letztlich hängt es vor allem von den realen Umständen der zu erfassenden Situation ab, welche Annahmen bzgl. der Transportkosten gerechtfertigt sind; eine willkürliche Änderung des Kostenverlaufs, um ein Gleichgewicht zu erzeugen, aber ohne die tatsächlich entstehenden Kosten oder Aufwendungen zu berücksichtigen, führt nicht auf real umsetzbare Ergebnisse.

Formal ergibt sich für die Gewinnfunktion in Abhängigkeit vom Preis durch die angegebene Änderung der Transportkosten ein stetiger Verlauf, und ein Preis-Gleichgewicht existiert für jedes Paar von Standorten. Die optimale Standortkombination besteht in der Entscheidung für die Enden der Linie. Durch die große Entfernung versuchen die Anbieter, die Konkurrenz abzuschwächen, und sichern sich dadurch einen größeren Spielraum für ihren eigenen Preis und damit den größtmöglichen Gewinn.[1] Dabei wirkt zum einen eine "direkte" Kraft, die die Anbieter eigentlich ins Zentrum des Marktes zieht, um den eigenen Marktanteil zu vergrößern, zum anderen eine "indirekte" Kraft, die sie veranlaßt, sich zu distanzieren, weil sonst vom Konkurrenten Preissenkungen zu befürchten wären, die die Gewinne reduzieren. Die letztere, strategische Motivation überwiegt in diesem Fall.

D'Aspremont et al. (1979) betonen, daß die Stetigkeit der Nachfragefunktion nicht der Grund für die Existenz des Gleichgewichts ist, da sich für ein anderes Beispiel, welches diese Eigenschaft ebenfalls aufweist, keine Gleichgewichtspreise finden lassen.[2] Vielmehr ist die Quasi-Konkavität der Gewinnfunktionen für die garantierte Existenz eines Nash-Gleichgewichts entscheidend.[3]

Das Hotelling-Modell zeigt wesentliche Charakteristika der Preismodelle auf, die diese von den Mengenmodellen des letzten Abschnittes unterscheiden: Die Existenz eines Gleichgewichts in Preisen ist nicht garantiert, und die Gleichgewichte sind empfindlich gegenüber den gewählten Modellprämissen.[4] So läßt sich, wie gezeigt, durch eine einfache Variation der Transportkostenfunktion das Gleichgewicht herstellen. Im Unterschied zu den Mengenmodellen werden vollkommen unelastische

---

1 Dieses Ergebnis kann als "Principle of Differentiation" bezeichnet werden, vgl. neben D'Aspremont et al. (1979) auch Tirole (1988), S. 278.

2 Ein solches Beispiel mit einer aus einem linearen und einem quadratischen Term zusammengesetzten Transportkostenfunktion geben Gabszewicz und Thisse (1986-I), S. 25ff. an.

3 Vgl. zu hinreichenden Bedingungen für die Existenz von Gleichgewichten Friedman (1977), S. 152ff., insbes. S. 160. Neben der Quasi-Konkavität ist für den allgemeinen Nachweis die Kompaktheit der Strategiemengen erforderlich, die nicht gegeben ist, wenn die Konkurrenten beliebig hohe Preise fordern können. Geht man jedoch von unkooperativem Verhalten aus, so lassen sich die Preise durch ein geeignetes Vielfaches der maximal anfallenden Transportkosten begrenzen, da bei einem höheren Preis ein Gewinn von Null entstehen würde, weil der jeweilige Anbieter alle Nachfrager an die Konkurrenz verlieren würde.
Zwar handelt es sich bei der Quasi-Konkavität der Gewinnfunktionen nur um eine hinreichende Bedingung, aber die Beispiele zeigen, daß das Problem der Nicht-Existenz von Gleichgewichten durch das Fehlen dieser Eigenschaft entsteht, vgl. auch Gabszewicz und Thisse (1986-I), S. 30.

4 Dies merken auch Eiselt und Laporte (1989-I) an.

Nachfragen vorausgesetzt - bei Mengenmodellen eine unsinnige Annahme -, und jeder Nachfrageort wird immer von genau einem der Anbieter versorgt. Bei den Mengenmodellen hingegen wird ein Ort fast immer von mehreren Anbietern bedient.

Aufbauend auf der Arbeit von Hotelling (1929) ist das Studium von Modellen der Standortbestimmung auf der Linie in zahlreichen Arbeiten fortgesetzt worden. Hotellings Ansatz ist dabei nicht nur als grundlegend für die Literatur räumlicher Standortplanung anzusehen,[1] sondern die Konzeption läßt sich auch auf andere Bereiche übertragen, in denen die unterschiedliche Ausprägung einer Eigenschaft bzw. unterschiedliche Eigenschaften einen Einfluß auf das Verhalten von Nachfragern, Verbrauchern oder auch Wählern[2] haben. Auch die Einordnung von Angestellten in ein "Fähigkeitenspektrum" kann durch dieses Modell wiedergegeben werden.[3]

Im folgenden wird ein Überblick über Arbeiten gegeben, die sich mit Variationen des Hotellingschen Modells befassen.[4] Dabei steht meistens die Frage nach der Existenz eines Gleichgewichts und Bedingungen, um die Existenz sicherzustellen, im Vordergrund. Die Sensitivität der Ergebnisse bzgl. der getroffenen Voraussetzungen führt auf die Erkenntnis, daß sich mit "geeigneten" Prämissen sehr vieles zeigen läßt, daß es jedoch von Interesse ist zu prüfen, inwieweit diese Prämissen einerseits in den Rahmen der sonstigen Standortliteratur, andererseits auf real vorzufindende Situationen passen. Die Umgestaltung von Modellprämissen oder Modellen mit dem Ziel, Gleichgewichte zu erzeugen, scheint wenig zweckmäßig, wenn die neuen Rahmenbedingungen nicht auch geeignete Abbilder konkreter Situationen sind. Daher wird die Eignung der verschiedenen Varianten jeweils kurz diskutiert. Zudem wird verdeutlicht, auf welche Weise die Veränderungen das Modellergebnis beeinflussen und daß bestimmte, "unterschiedliche" Prämissenänderungen letztlich auf dieselben Modellvarianten und identische Resultate führen.

---

1 Vgl. z.B. Eiselt et al. (1993) sowie Gabszewicz und Thisse (1986-I), S. 3.

2 Schließlich ist auch im politischen Umfeld immer von der "politischen Mitte" und dem "Rand des politischen Spektrums" die Rede, so daß offensichtlich die Vorstellung einer linearen Anordnung zwischen den extremen Positionen "ganz links" und "ganz rechts" zugrunde liegt. Da im politischen Bereich Preise keine Rolle spielen, handelt es sich dabei um reine Standortkonkurrenz, vgl. z.B. Eaton und Lipsey (1975), S. 32, Fußnote 4.

3 Vgl. Eiselt et al. (1993).

4 Einen Überblick über das Hotelling-Modell und jeweils einige Varianten liefern auch Graitson (1982), Eiselt et al. (1989-I) sowie Gabszewicz und Thisse (1992).

Um eine geeignete Strukturierung vorzunehmen, wird im folgenden nach drei Kategorien differenziert: Nach Modellen, in denen die Preise fixiert sind und die Unternehmen nur ihre Standorte bestimmen, nach Modellen, in denen die Standorte fixiert sind und die Konkurrenten nur ihre Preise bestimmen und nach Modellen, in denen beide Entscheidungen von den Unternehmen zu treffen sind. Die zweite Modellkategorie ist dabei den Gleichgewichtsmodellen aus Kapitel 3 vergleichbar, in denen ebenfalls die Standorte der Unternehmen als fixiert angesehen werden und nur die Liefermengen zu bestimmen sind. Sie ist hier von Interesse, weil sie die zweite Stufe des Entscheidungsprozesses und damit ein komplettes Teilspiel charakterisiert, wenn das Spiel zweistufig abläuft.

4.6 Linienmodelle räumlicher Konkurrenz

4.6.1 Modelle mit reiner Standortkonkurrenz

Modelle mit reiner Standortkonkurrenz geben einen guten Eindruck von der Funktionsweise der räumlichen Konkurrenz, weil der Einfluß der Preise völlig unberücksichtigt bleibt. Die Zielsetzung der Anbieter besteht in der Maximierung ihres Marktanteils. Damit handelt es sich, sofern ein fest gegebene Gesamtnachfrage unterstellt wird, um ein Nullsummen-Spiel, da die aufzuteilende Marktnachfrage konstant und bekannt ist. Die Strategien der Anbieter sind die zu wählenden Standorte, die Auszahlungsfunktionen geben den für eine bestimmte Standortkombination erzielten Marktanteil an. In den meisten Fällen wird als Lösungskonzept das Nash-Gleichgewicht vorgeschlagen.

Wie oben dargestellt führt eine reine Standortkonkurrenz in der Hotelling-Situation auf zwei Standorte in der Marktmitte. Eaton und Lipsey (1975) greifen dieses "Prinzip minimaler Differenzierung" auf und untersuchen, in welchen Fällen sich seine Gültigkeit bestätigen läßt und in welchen Fällen sich andere Prinzipien finden lassen. Sie untersuchen die Sensitivität der Modelle in Hinblick auf die Kriterien "Verteilung der Nachfrage", "Zahl der Spieler" sowie "zugrundeliegender Raum" und "Begrenztheit des Marktes". Dabei unterstellen sie im übrigen die Hotellingschen Voraussetzungen, wobei sie fixierte, d.h. exogen gegebene Preise annehmen.

Für Hotellings Modell unter Berücksichtigung beliebig vieler Anbieter zeigt sich zunächst, daß ein (Nash-)Gleichgewicht in Standorten sich durch die folgenden Eigenschaften auszeichnet:

i) Das Marktgebiet einer Firma, d.h. der von einem Anbieter bediente Bereich, ist mindestens so groß wie der halbe Markt jeder anderen Firma.
ii) Die Firmen an den Enden des Marktes, d.h. die "äußeren Firmen", lassen sich paarweise (paired), d.h. unmittelbar nebeneinander nieder.

Beide Bedingungen ergeben sich aus der Überlegung, daß eine Konstellation, in der sie nicht erfüllt sind, instabil wäre, weil sich ein Unternehmen mit kleinerem Markt (i) oder am Marktende (ii) dann durch Standortwechsel verbessern könnte.

Damit ergibt sich für den Fall zweier Anbieter das Hotelling-Ergebnis: beide Anbieter lassen sich in der Marktmitte nieder. Für drei Anbieter hingegen sind die Bedingungen nicht zu erfüllen, und es existiert kein Gleichgewicht.[1] Wie auch immer nämlich die Standorte dreier Anbieter auf dem Markt verteilt sind, bleibt stets mindestens einem Spieler eine Verbesserungsmöglichkeit. Entweder wünscht einer der "äußeren" Anbieter, der Mitte näher zu rücken, weil Bedingung (ii) nicht erfüllt ist. Wird aber der "mittlere" Anbieter von seinen beiden Konkurrenten "eingeklemmt" ((i) ist nicht erfüllt), so wird dieser sich durch einen "Sprung" nach außen wieder ein größeres Marktgebiet sichern. Die Lösungen oszillieren.[2]

Mehrere Autoren haben die Instabilität im "Drei-Anbieter-Fall" zum Anlaß genommen, durch Modifikation der Modell-Voraussetzungen oder der Strategien zu versuchen, ein Gleichgewicht sicherzustellen. Shaked (1982) zieht gemischte Strategien heran, um im Falle dreier Anbieter ein Gleichgewicht zu etablieren, und gelangt zu dem Ergebnis, daß sich die Anbieter nie in den äußeren Vierteln des Marktes niederlassen sollten. Eine Ansiedlung an einem beliebigen Ort innerhalb der mittleren Markthälfte hingegen erfolgt mit konstanter Wahrscheinlichkeitsdichte.[3] In gemischten Strategien existiert also ein Gleichgewicht - hierzu sei auch auf die Untersuchung von Dasgupta und Maskin (1986-I) und (1986-II) verwiesen, in der

---

1 Diese Instabilität wurde bereits von Lerner und Singer (1937) erkannt.

2 Dieser Vorgang des Überspringens wird in der englischen Literatur als "leap-frogging" bezeichnet, vgl. z.B. Teitz (1968).

3 Da der Strategieraum stetig ist, kann die gemischte Strategie nicht durch einzelne Wahrscheinlichkeiten angegeben werden, sondern wird durch eine Dichtefunktion beschrieben. Diese nimmt für $1/4 \leq x \leq 3/4$ den Wert 2 und überall sonst den Wert Null an.

die Existenz gezeigt wird [1] - jedoch ist dieses Gleichgewicht schwierig in seiner Aussagekraft zu beurteilen, da es sich bei der Standortentscheidung um eine einmalig zu treffende Entscheidung handelt.[2] Osborne und Pitchik (1986), die ebenfalls die Hotelling-Situation für drei Anbieter unter Berücksichtigung gemischter Strategien untersuchen, ermitteln weitere Gleichgewichte, in denen wenigstens ein Spieler eine reine Strategie spielt, nämlich den Standort in der Marktmitte wählt. Sie rechtfertigen die gemischten Strategien als reine Strategien in Spielen mit unvollständiger Information, in denen z.B. die Konsumentenverteilung unklar ist. Dieser Ansatz berücksichtigt damit die Schwierigkeit, alle Informationen mit Sicherheit zu beschaffen.

---

1 Dasgupta und Maskin (1986-I) analysieren allgemein die Situation nicht-kontinuierlicher Auszahlungsfunktionen und betrachten als ein populäres Beispiel die Hotelling-Situation, vgl. auch Dasgupta und Maskin (1986-II). Auch sie führen aus, daß die Existenz eines Gleichgewichts in reinen Strategien nicht an der fehlenden Stetigkeit der Auszahlungsfunktionen, sondern an der nicht vorhandenen Quasi-Konkavität scheitert.

Nash (1951) beweist, daß bei endlichen Strategiemengen stets ein Gleichgewicht in gemischten Strategien existiert. Glicksberg (1952) - diese Quelle lag beim Verfassen dieser Arbeit nicht vor und ist nach Dasgupta und Maskin (1986-I) zitiert - zeigt das entsprechende Resultat für kompakte Strategiemengen und stetige Auszahlungsfunktionen. Sind die Auszahlungsfunktionen jedoch nicht stetig, lassen sich Beispiele ohne Gleichgewichte finden. Dasgupta und Maskin (1986-I) wenden sich diesem Fall zu. Wesentliche Eigenschaft der von ihnen untersuchten unstetigen Auszahlungsfunktionen ist dabei, daß sie nur Unstetigkeiten in Punkten aufweisen, wo die Spieler dieselbe Strategie verwenden. Die Unstetigkeiten treten z.B. in der Hotelling-Situation dann auf, wenn zwei Spieler denselben Standort beziehen bzw. denselben Preis fordern. Eine (eindeutige) Abhängigkeit der Strategien voneinander in bestimmten Punkten der Strategiemenge sowie das Auftreten der Diskontinuitäten gerade an diesen Punkten sind für den Nachweis der Existenz eines gemischten Gleichgewichts entscheidend. Zusätzlich wird die obere Halbstetigkeit der Summe der Gewinnfunktionen sowie die untere Halbstetigkeit und Beschränktheit der einzelnen Gewinnfunktionen benötigt. (Untere (obere) Halbstetigkeit besagt im wesentlichen, daß die betrachtete Funktion keine Sprünge nach unten (nach oben) aufweist. Zu den Begriffen der unteren und oberen Halbstetigkeit vgl. z.B. Forster (1984), S. 39.)

Dasgupta und Maskin (1986-I) zeigen unter den genannten Bedingungen die Existenz eines Gleichgewichts in gemischten Strategien, die durch Grenzübergang von Spielen mit endlich vielen Strategien zu einem Spiel mit kontinuierlicher Strategiemenge bewiesen wird. Sie zeigen zudem, daß keine der Unstetigkeitsstellen mit positiver Wahrscheinlichkeit in den gemischten Gleichgewichtsstrategien erscheinen darf.

Dasgupta und Maskin (1986-II) betrachten als Beispiele die Hotelling-Situation (Preisgleichgewichtsbestimmung bei gegebenen Standorten) sowie die Konstellation fester Preise und zu bestimmender Standorte. Das eigentliche Hotelling-Beispiel, d.h. die zweistufige Standort- und Preisbestimmung, läßt sich nicht mit den Sätzen von Dasgupta und Maskin (1986-I) lösen, da dieses Spiel durch die Abhängigkeit der beiden Stufen voneinander einen unendlich-dimensionalen Strategieraum aufweist; hingegen ist die simultane Standort- und Preisbestimmung ebenfalls in gemischten Strategien lösbar, da die Dimension des Strategienraumes hier endlich bleibt. Die Autoren leiten nicht konstruktiv die gemischten Gleichgewichtsstrategien ab, sondern liefern allgemeine Existenzaussagen, ohne die Gleichgewichtsstrategien konkret anzugeben.

2 Vgl. z.B. Gabszewicz und Thisse (1986-I), S. 31:"... we are not aware of a justification, in terms of firms´ behavior, for the use of mixed strategies in spatial price competition."

Eine weitere Möglichkeit, für die Drei-Spieler-Situation ein Gleichgewicht zu schaffen, ist die Einführung heterogener Güter, d.h. unterschiedlicher Produktausprägungen, die neben der räumlichen Differenzierung bestehen. Ein solches Vorgehen schlagen De Palma, Ginsburgh und Thisse (1987) vor. Die Güterheterogentität wird dabei mittels eines Parameters $\mu \geq 0$ gemessen, der gleichzeitig die Verschiedenartigkeit der Konsumentenpräferenzen angibt.[1] Wenn die Konsumenten alle denselben Geschmack haben und das angebotene Gut in den Augen der Nachfrager homogen ist, entscheiden sich alle Nachfrager nur nach der Entfernung zum Anbieter, und es entsteht das Hotelling-Modell ($\mu = 0$). Sind die Wünsche der Konsumenten hingegen sehr verschieden, wird der Parameter μ groß. Den Anbietern sind nun aber die einzelnen Geschmacksausprägungen ihrer Kunden nicht bekannt, sondern diese können nur geschätzt werden. Mit identisch und unabhängig verteilten Zufallsvariablen $\varepsilon_j(x)$ wird der nicht beobachtbare Geschmack erfaßt, der - neben der Distanz zum Anbieter - den Nutzen beeinflußt, den sich die einzelnen Nachfrager an den Orten x vom Kauf bei Anbieter j versprechen. Der Nutzen beträgt
$u_j(x) = - t\,|x - s_j| + \mu\varepsilon_j(x) \quad (j = I, II, III)$,
wobei s_j den Ort angibt, an dem sich Anbieter j befindet.

Jeder Nachfrager möchte den ihm aus dem Kauf bei einem der drei Anbieter entstehenden Nutzen maximieren. Die Anbieter, denen dies bekannt ist, die aber die Präferenzen der einzelnen Nachfrager nicht kennen, werden für hinreichend heterogene Nachfragen, d.h. wenn die Neigungen der Nachfrager die Bedeutung der Transportkosten weit übertreffen, alle ihre Standorte in der Marktmitte wählen, denn dort befindet sich dann das einzige Gleichgewicht.[2] Intuitiv läßt sich dies dadurch begründen, daß bei sehr heterogenem Geschmack die einzelnen Güter nur in sehr schwacher Konkurrenz stehen und also jeder einzelne Anbieter wie ein Monopolist handeln kann, der sich in der Marktmitte niederläßt und damit die durchschnittliche Entfernung zu allen Kunden minimiert. Jeder der Anbieter bedient, im Gegensatz zum Modell ohne heterogenen Geschmack, den ganzen Markt, und nicht nur ein

---

1 Es werden also keine konkreten Produktausprägungen angegeben, sondern nur ein Maß des "Grades der Differenzierung" definiert.

2 Vgl. auch Anderson et al. (1992), S. 351ff., insbes. S. 354. Sie betrachten nur Gleichgewichte mit symmetrischer Anordnung der Standorte. Für drei Anbieter gibt es für sehr kleine Werte von μ/t ($\mu/t \leq 0{,}157$) kein symmetrisches Gleichgewicht, für $0{,}157 \leq \mu/t \leq 0{,}166$ ein verteiltes Gleichgewicht, bei dem sich die Anbieter nicht an demselben Ort befinden, und für $0{,}166 \leq \mu/t \leq 0{,}27$ ein Gleichgewicht in der Marktmitte und ein weiteres, verteiltes Gleichgewicht. Für $0{,}27 \leq \mu/t$ gibt es nur das Gleichgewicht in der Marktmitte.

begrenztes Marktgebiet; die Märkte "überlappen" sich.[1] Einen analogen Effekt haben geringe Transportkosten, die die überlegene Attraktivität eines näher gelegenen Anbieterstandortes für die Nachfrager abschwächen, da nur geringe Mehrkosten bei etwas größerer Entfernung entstehen. Ist der Geschmack der Nachfrager dann differenziert, so hindert der Entfernungsunterschied sie nicht mehr am Kauf bei dem etwas weiter entfernten Anbieter. Die Möglichkeit, die Konkurrenten durch die Standortwahl aus dem Markt zu verdrängen, wird abgeschwächt.[2,3]

Interessanterweise sind also mögliche Ansätze zur Schaffung eines Gleichgewichts im Falle dreier Spieler dadurch gekennzeichnet, daß sie auf verschiedene Art der Unsicherheit der Situation bzw. dem Mangel an Information Rechnung tragen.[4] Die Spieltheorie unterstellt ein in der Regel nicht verfügbares Wissen und eine "übermenschliche" Rationalität. Diese Forderungen werden abgeschwächt und machen realistischeren Vorstellungen Platz, wenn durch geeignete Konstruktionen unsichere Informationen, beispielsweise über die Wünsche der Nachfrager, erfaßt werden. Nachteilig an diesen Modellen ist zwar der in der Regel größere Rechenaufwand, jedoch liefern sie wesentlich bessere und realistischere Ergebnisse, da sich kleine Veränderungen - wie die Erhöhung der Anbieterzahl von zwei auf drei Anbieter - nicht mehr in vollkommen unterschiedlichen Modellergebnissen niederschlagen. Vielmehr kann für das Modell mit heterogenem Konsumentengeschmack auch für

---

1 Vgl. Gabszewicz und Thisse (1986-I), S. 58.

2 Formal ist zu beobachten, daß für wachsende Heterogenitätsparameter die Stetigkeit der Nachfrageübergänge von einem zum anderen Anbieter und damit die Stetigkeit der Gewinn- bzw. Marktanteilsfunktionen hergestellt wird. Weil die Nachfrager, die sich zu Anbieter I begeben, nicht alle sofort den Anbieter wechseln, wenn sich Anbieter II direkt neben I niederläßt, sondern sich aufgrund des unterschiedlichen Geschmacks nur einige umentscheiden, werden die Übergänge stetig. Bei hinreichend großer Heterogenität ist die Gewinnfunktion auch quasi-konkav.

3 Es sei darauf hingewiesen, daß eine ähnliche Idee bereits bei Eaton und Lipsey (1975) auftaucht. Diese schreiben in ihren Schlußfolgerungen, daß für mehr als zwei Spieler das Prinzip minimaler Differenzierung dann zu etablieren sei, wenn die Nachfrager zwischen zwei Firmen, die nicht zu weit voneinander entfernt sind, indifferent seien. Der maximale Abstand zweier Firmen, bei dem die Nachfrager noch indifferent sind, sei mit Δ, die maximal auf dem Markt entstehenden Transportkosten seien durch t_{max} gegeben. Ist dann Δ / t_{max} hinreichend groß, so ist es für die Anbieter am günstigsten, sich in der Marktmitte niederzulassen, um die durchschnittlichen Transportkosten gering zu halten. Δ kann auch als Maß für die Heterogenität des Geschmacks aufgefaßt werden, denn je größer Δ ist, umso weniger wichtig ist den Nachfragern die Entfernung im Vergleich zu anderen Kriterien.

4 Ein Ansatz von Kohlberg (1983), der auf stetige Marktanteilsfunktionen führt, aber keine Unsicherheit, sondern ein anderes Konsumentenverhalten als das Hotelling-Modell unterstellt, liefert beispielsweise kein Gleichgewicht.

größere Anbieterzahlen die Existenz eines Gleichgewichts, in dem sich alle Anbieter in der Marktmitte befinden, gezeigt werden.[1] Andererseits ist es natürlich von der jeweiligen Situation abhängig, ob die Nachfrage tatsächlich durch heterogenen Geschmack gekennzeichnet ist, ob es unter Umständen möglich ist, die Präferenzen der Nachfrager, z.B. durch eine Änderung des Produktimages, zu beeinflussen oder ob tatsächlich, außer den räumlichen Präferenzen, keine weiteren Präferenzen der Käufer vorliegen.

Die Drei-Spieler-Situation ist die einzige Konstellation, in der die Ermittlung eines Gleichgewichts in Standorten im Hotelling-Modell Schwierigkeiten bereitet. Für zwei, vier und fünf Spieler ist das Gleichgewicht, das sich aus den beiden Bedingungen (i) und (ii) ergibt, eindeutig, während es für alle größeren Anbieterzahlen unendlich viele Gleichgewichtskonfigurationen gibt.[2] So müssen bei sechs Anbietern jeweils zwei Firmen paarweise an den Marktenden siedeln, die Firmen in der Marktmitte können aber sowohl "paired" als auch um ein Viertel der Marktlänge voneinander entfernt angeordnet sein, und auch alle Anordnungen dazwischen stellen ein Gleichgewicht dar. Damit gehen die Gleichgewichtsstandorte nicht mit einer optimalen Anordnung in Sinne der entfernungsminimalen Versorgung der Nachfrager einher, denn diese wäre bei einer Verteilung der Anbieter in gleichmäßigen Abständen gegeben.[3]
Dieser einfache Fall zeigt die bereits beschriebenen Nachteile des Nash-Gleichgewichts auf, nämlich die nicht gesicherte Existenz und die fehlende Eindeutigkeit. Letztere führt auf die Frage, welcher Gleichgewichtszustand von mehreren Unternehmen angestrebt werden wird und wie dieser Gleichgewichtszustand erreicht werden soll. In den bisher betrachteten Modellen wird die gleichzeitige Festlegung der Strategien der Konkurrenten bzw. die beliebig häufige erneute Entscheidung unterstellt. Alternativ ist es möglich, die Spielsituation als dynamisches Spiel zu betrachten, in dem sequentiell und endgültig gehandelt wird und die Spieler rationale Erwartungen bzgl. des Verhaltens der nach ihnen handelnden Konkurrenten haben. Diese Betrachtungsweise ist für reale Planungssituationen sicherlich realistischer.

---

1 Vgl. Anderson et al. (1992), S. 355ff.

2 Vgl. Eaton und Lipsey (1975). Aus diesem Grund findet auch bei der Untersuchung von Konkurrenzmodellen in Netzwerken die 3-Spieler-Situation besondere Beachtung, vgl. z.B. Eiselt und Laporte (1993).

3 Eine solche Anordnung, die minimale Gesamtkosten der Versorgung verursacht, wird auch als "sozial optimal" bezeichnet, vgl. Anderson et al. (1992), S. 329, da sie das Ergebnis eines zentralisierten, auf die günstigste Versorgung der Nachfrager ausgerichteten Planungsprozesses wäre.

Im Falle von zwei Spielern ist auch bei sequentieller Handlungsweise mit Vorausschau die minimale Differenzierung das optimale Ergebnis.[1] Es ist bei sequentiellem Handlungsablauf "rückwärts" zu argumentieren:[2] der zweite Spieler wird sich so niederlassen, daß er sich die längere Marktseite sichert; also wird der erste Spieler versuchen, diese möglichst kurz zu machen - schließlich handelt es sich um ein Nullsummen-Spiel, und der Spieler sieht das Verhalten seines Mitspielers voraus - und muß sich deswegen in der Marktmitte ansiedeln.

Auf dieselbe Weise kann bei drei Spielern und sequentiellem Handlungsablauf argumentiert werden, im Gegensatz zum Fall des simultanen Handelns existiert jedoch ein Gleichgewicht.[3] Die beiden ersten Spieler werden sich jeweils bei einem und drei Vierteln der Marktlänge ansiedeln, und der dritte Anbieter wird eine Position dazwischen beziehen. So sichern sich alle Anbieter mindestens ein Viertel des Marktes als Marktanteil.[4] Da unter der Voraussetzung sequentiellen Vorgehens und der Unmöglichkeit eines späteren Standortwechsels - die z.B. durch hohe Kosten eines solchen Wechsels begründet werden kann - kein "leap-frogging" zustande kommt, ist die Annahme sequentiellen Handelns also eine weitere Möglichkeit, um ein Gleichgewicht für drei Spieler zu etablieren. Für den dritten Anbieter sind alle Standorte zwischen den beiden anderen gleichermaßen attraktiv, wobei es für die

---

1 Vgl. Prescott und Visscher (1977).

2 Vgl. auch Eaton und Lipsey (1975), S. 33, Fußnote 1.

3 Es sei an die Prämisse der sequentiellen Handlungsweise erinnert, daß eine Veränderung der Standorte nach einmaliger Festlegung nicht möglich oder zu teuer sei, während bei simultaner Handlungsweise immer implizit unterstellt wird, die kostenlose Neubestimmung des Standortes wäre möglich, vgl. z.B. Eaton and Lipsey (1975).

4 Auch Eaton und Lipsey (1975) betrachten den Fall sequentieller Einnahme der Standorte mit Vorausschau. Sie bezeichnen die verwendete Strategie als "Maximin-Strategie", da jeder Anbieter versuchen wird, den Schaden, den ihm die nachfolgenden Anbieter zufügen können, zu minimieren. Eaton und Lipsey (1975) merken an, daß bei gemeinsamer Schädigungsabsicht zweier Anbieter ein erstes Unternehmen keine Möglichkeit hat, sich überhaupt einen positiven Marktanteil zu bewahren, da die letzten zwei Firmen die erste stets "einklemmen" und so ihren Marktanteil auf Null drücken könnten. Der Unterschied besteht also in der Annahme gemeinsamer Schädigung, die Absprachen zwischen Anbietern voraussetzt, und zum anderen in der Unterstellung, daß "später" die Standorte wieder kostenlos verändert werden können, so daß das endgültige Marktergebnis für mehr als zwei Anbieter nicht determiniert ist. Prescott und Visscher (1977) hingegen unterstellen einzeln handelnde Konkurrenten, die sich einmalig festlegen müssen.

beiden ersten Anbieter jeweils von großem Interesse ist, daß der dritte sich nicht unmittelbar neben ihnen niederläßt.[1,2]

Das "Prinzip minimaler Differenzierung" verliert nach Ansicht von Eaton und Lipsey (1975) bei mehr als zwei Anbietern an Gültigkeit, da es keine Gleichgewichte für mehr als zwei in der Marktmitte siedelnde Anbieter gibt. Jedoch kann das Prinzip auch anders interpretiert werden. Da unter den gegebenen Voraussetzungen nur jeweils benachbarte Firmen um dieselben Nachfrager konkurrieren, ist die oben beschriebene "paired" Eigenschaft der Lösungen (das paarweise Siedeln zweier Anbieter), die immer mindestens für die "Randfirmen" gelten muß, aber in einer der möglichen Gleichgewichtskonstellationen auch für die anderen Firmen gilt, ebenfalls eine Art "Prinzip minimaler Differenzierung", und zwar jeweils auf dem von zwei Firmen zu versorgenden Markt. Das tatsächlich relevante Marktgebiet eines Anbieters besteht nicht aus dem Gesamtmarkt, sondern nur aus dem Abschnitt des linearen Marktes, der sich zwischen den ihm jeweils benachbarten Anbietern erstreckt.[3] Im restlichen Markt ist der Anbieter wegen der zu hohen Transportkosten bei exogen gegebenen Preisen nicht konkurrenzfähig. Auf diesem Marktgebiet stellt sich nun aber das "Prinzip minimaler Differenzierung" ein, zumindest für eine der möglichen Gleichgewichtskonstellationen. Dieses Prinzip bezeichnen Eaton und Lipsey (1975) als "Principle of Pairing" bzw. "Principle of Clustering".

---

1 Daher ist es für die Konkurrenten attraktiv, dem dritten Anbieter sogenannte "Seitenzahlungen" anzubieten, damit er sich weiter entfernt niederläßt, vgl. Prescott und Visscher (1977), S. 382, Fußnote 4. Seitenzahlungen sind aus der kooperativen Spieltheorie bekannt und dienen dem Ausgleich innerhalb einer Koalition, also einer Gruppe von Spielern. Voraussetzung ist, daß zwischen allen Spielern ein erzielter Nutzen linear transformierbar ist, daß also gemeinsam erzielter Nutzen beliebig aufgeteilt werden kann, vgl. Owen (1982), S. 144f. Im Falle des Marktanteils ist dies möglicherweise schwierig, da den Kunden nicht vorgeschrieben kann, wo sie kaufen; es sind jedoch Ausgleichszahlungen vorstellbar.
Anderson et al. (1992), S. 289, argumentieren hingegen, daß bei der Einführung einer noch so schwachen Nachfrager-Elastizität der Mittelpunkt des Intervalls zwischen den beiden ersten Anbietern für den dritten Anbieter der günstigste Standort ist und daher ohne Einschränkung auch bei unelastischer Nachfrage als sinnvolle Standortwahl angesehen werden kann.

2 Die verschiedenen Möglichkeiten, die dem dritten Anbieter in diesem Falle zu Gebote stehen, und seine Gleichgültigkeit, die aus deren Äquivalenz entsteht, untersucht Dewatripont (1987). Er sieht in der Gleichgültigkeit eine Einflußmöglichkeit, da der letzte Spieler versuchen wird, seine Vorgänger durch Drohungen zu günstigen Handlungen zu veranlassen - er könnte beispielsweise beiden Vorgängern androhen, sich unmittelbar neben ihnen niederzulassen, wenn sie nicht in seinem Sinne handeln.

3 Ähnliche Überlegungen zur Definition der Begriffe "Industrie" und "Marktgebiet" stellen Gabszewicz und Thisse (1986-I), S. 10ff., an.

Daß das Marktergebnis auch von den Verhaltensannahmen stark geprägt ist, zeigt die Untersuchung von Maximin-Strategien in Mehr-Personen-Spielen.[1] Wenn die Anbieter anstelle der "Zero Conjectural Variation" (ZCV) annehmen, ihre Konkurrenten würden mit der größtmöglichen Schädigungsabsicht reagieren - was im Nullsummen-Spiel stets der Fall ist - so ist es für jeden Anbieter am sinnvollsten, die Maximin-Strategie zu wählen.[2] Da in der einfachen Standortkonkurrenz jeder Anbieter immer befürchten muß, daß ein Konkurrent ihm die "lange" Seite seines Marktgebietes streitig machen möchte, wird jeder Anbieter versuchen, diese zu verkürzen und sich also in der Mitte seines Marktgebietes niederlassen.[3] Dies führt auf dieselbe Anordnung wie die sequentielle Handlungsweise, nämlich eine äquidistante Anordnung der Anbieter. Im Sinne der Nachfrager ist diese Standortkonstellation optimal, denn die insgesamt aufzuwendenden Transportkosten werden bei gleichmäßiger Anordnung minimiert.[4] Das Resultat steht im Gegensatz zum Ergebnis bei der ZCV-Annahme, die im Extrem - wenn alle Firmen paarweise angeordnet sind - auf doppelt so hohe Gesamt-Transportkosten führt.

Ebenso wie die Verhaltensannahmen ist die Verteilung der Nachfrager maßgeblich für das Modellergebnis.[5] Meistens wird, wie bei Hotelling, eine gleichförmige Verteilung vorausgesetzt; Eaton und Lipsey (1975) prüfen jedoch die Sensitivität der Ergebnisse gegenüber anderen Verteilungen. Dabei zeigt sich eine starke Verteilungsabhängigkeit, und es wird insbesondere deutlich, daß für die Standortwahl der Median

---

1 Vgl. Eaton und Lipsey (1975).

2 Damit macht sich ein Anbieter gleichsam von der Reaktion seiner Mitspieler unabhängig, da er deren schlimmste Auswirkungen bereits in Betracht zieht; er kann nicht mehr enttäuscht werden.

3 Dadurch erhalten die Anbieter keinen größeren Marktanteil, als wenn sie sich paarweise nebeneinander niederlassen. Dies würde ein Spieler bei der Anwendung von Maximin-Strategien aber nicht tun, da er befürchten würde, daß der nächste Anbieter ihm die "lange" Marktseite streitig macht und ihm dann gar kein Marktanteil bleibt.

4 Eine Ausnahme stellt lediglich der Fall zweier Anbieter dar, in dem auch unter der Maximin-Annahme die Spieler in der Marktmitte siedeln.

5 Dagegen wirkt sich Wahl der Marktstruktur, d.h. eines begrenzten (Linie) oder nicht begrenzten Marktes (Kreisrand) kaum auf die Ergebnisse aus, nur die Randeffekte fallen bei unbegrenztem Markt weg.
Der Kreisrand wird insofern als unbegrenzt angesehen, weil er keine Enden aufweist. Es gibt keine Anbieter, die sich am "Rand des Marktes" befinden, sondern alle Anbieter haben gleichviele Nachbarn, so daß die Asymmetrien, die ein Linienabschnitt aufweist, entfallen. Kreisförmige Märkte sind also zwar einerseits noch weniger real vorstellbar als lineare Märkte, weisen jedoch andererseits keine pathologischen Randeffekte auf und sind insofern auch wieder realistischer als lineare, "plötzlich endende" Märkte.

der jeweiligen Verteilung (der Punkt, der die Gesamtnachfrage in zwei gleich große Gruppen teilt) eine besondere Rolle spielt. So werden sich zwei Anbieter stets im Median ansiedeln, auch wenn dieser bei einer nicht-gleichförmigen Verteilung nicht dem Mittelpunkt des Marktes entspricht.[1] Für größere Anbieterzahlen ν - außer für $\nu = 3$, wo es nie ein Gleichgewicht geben kann - ist die Zahl der Maxima der Dichtefunktion wesentlich dafür, ob es ein Gleichgewicht in Standorten gibt: Die Zahl der Anbieter darf höchstens dem Zweifachen der Zahl der Maxima entsprechen.[2,3]

Teitz (1968) sowie Gabszewicz und Thisse (1986-I) variieren die Annahme, jeder Anbieter würde nur einen Standort errichten, indem sie von Anbietern mit mehreren Niederlassungen ausgehen. Teitz (1968) untersucht den Fall eines Unternehmens mit zwei Niederlassungen, welches Konkurrenz von einem Unternehmen mit einer Niederlassung erhält. Da die Situation ebenso instabil ist wie die Situation dreier Anbieter, wenn die kurzfristige Gewinnmaximierung unterstellt wird, schlägt Teitz (1968) die Verwendung von Maximin-Strategien vor, da diese langfristig einen Mindestgewinn sichern. Statt also immer wieder kurzfristig dem Konkurrenten Marktanteile abjagen zu wollen, beschränkt sich beispielsweise ein Unternehmen, welches zwei Niederlassungen unterhält, darauf, diese an den Positionen 1/4 und 3/4 zu errichten und damit dem anderen maximal ein Viertel des Marktes zuzugestehen. Natürlich könnte das erste Unternehmen seine Lage kurzfristig verbessern; langfristig jedoch erweist sich die genannte Lösung als stabil. Zudem stellt Teitz (1968) fest, daß sich die Lösung "nahe am sozialen Optimum" befindet, denn unabhängig davon, wieviele Niederlassungen das erste Unternehmen errichtet, stellt es sich nach der Maximin-Strategie am besten, wenn es sich an den sozial optimalen Punkten niederläßt. "Even a small gadfly can keep the big operator ´honest´."[4]

---

1 Vgl. auch Anderson et al. (1992), S. 278f.

2 Der Beweis und eine detaillierte Diskussion finden sich bei Eaton und Lipsey (1975). Intuitiv kann man sich das Ergebnis klar machen, weil Anbieter sich immer in den Maxima werden niederlassen wollen, da sie sich dort nahe an vielen Nachfragern befinden. Gibt es jedoch pro Maximum mehr als zwei Anbieter, so werden jeweils zwei den dritten wie im oben beschriebenen Drei-Anbieter-Fall in einem Maximum "einklemmen", so daß sein Marktanteil auf Null sinkt, der "leap-frogging"-Effekt entsteht und kein Gleichgewicht erreicht wird. Bei gleichförmiger Dichtefunktion ohne Maxima gibt es keine in diesem Sinne attraktiven Standorte mit besonders vielen Nachfragern, so daß das Problem - außer für drei Anbieter - nicht auftritt.

3 Eine Untersuchung unterschiedlicher Verteilungen der Nachfrager führt auch Shilony (1981) durch.

4 Vgl. Teitz (1968), S. 143.

Gabszewicz und Thisse (1986-I, S. 39) betrachten zwei Anbieter, die jeweils mehrere Niederlassungen errichten. Die Autoren unterstellen dabei - was in den bisher vorgestellten Modellen nicht der Fall ist -, daß die Einrichtung einer Filiale bestimmte Fixkosten verursacht, so daß ein Unternehmen diese Kosten mindestens decken muß, wenn es auf dem Markt agiert. Damit wird die Zahl der Niederlassungen nicht exogen, sondern endogen beschränkt. Die Niederlassungen der Konkurrenten werden im Gleichgewicht jeweils paarweise angeordnet sein, so daß quasi lokale Märkte geschaffen werden, auf denen nur jeweils zwei Niederlassungen miteinander konkurrieren. Damit wird wieder das Prinzip der paarweisen Anordnung ("Principle of Pairing") wirksam.

Kosten für die Standorterrichtung beziehen auch Prescott und Visscher (1977) ein, da die Unterstellung, die Veränderung des gewählten Standortes sei kostenlos und könne also beliebig häufig erfolgen, nicht sinnvoll sei. Auch unter dem Blickwinkel eines Modells für die Differenzierung von Produkten sehen sie diese Annahme als unzulänglich an, da die von einem Unternehmen hergestellte Produktausprägung nicht ohne Zeit- und Kostenaufwand zu variieren sei. Daher unterstellen sie, daß die Standortentscheidungen einmalig zu treffen und beizubehalten sind und von den Anbietern nacheinander durchgeführt werden. Damit verbunden ist die Annahme, daß die Anbieter über die Fähigkeit der Vorausschau verfügen und das rationale Verhalten ihrer Konkurrenten antizipieren können: "...no firm mistakenly considers itself a profit-maximizer in a world of fools".[1] Damit spielen sie auf die Verhaltensannahme der Zero Conjectural Variation an. Die Verhaltensannahme von Prescott und Visscher besagt statt dessen, daß jeder Spieler das Verhalten seiner Vorgänger kennt, das seiner Nachfolger antizipieren kann und anhand dieses Wissens seine Entscheidung trifft. Gesucht ist also ein mehrstufiges Stackelberg-Gleichgewicht.
Im Gegensatz zur Hotellingschen Feststellung, daß sich die Produkte oder Standorte im Gleichgewicht zu ähnlich seien, gelangen Prescott und Visscher (1977) zu dem Schluß, daß sich ein neues Unternehmen in einem Markt die "Lücken" suchen wird, um sich von den anderen abzugrenzen, anstatt sein Produkt den anderen ähnlich zu machen. Da die räumliche Ausdehnung gerade die Schaffung einer gewissen Monopolstellung begünstige,[2] werde jedes Unternehmen auch versuchen, sich diese zu sichern, und sie nicht durch extreme Annäherung an die Konkurrenten völlig aufgeben.

---

1 Vgl. Prescott und Visscher (1977), S. 379.

2 Vgl. Prescott und Visscher (1977), S. 389.

Prescott und Visscher (1977) unterstellen zwar, es gebe beliebig viele potentielle Marktteilnehmer, da jedoch beim Markteintritt Fixkosten bzw. "sunk costs" entstehen, ist die Zahl der Anbieter, die ohne Verlust auf dem Markt operieren können, beschränkt.[1] Dies ist wiederum gemeinsames Wissen aller Spieler, aus dem das folgende Verhalten resultiert: Ein Anbieter wird sich in einem Marktintervall nur niederlassen, wenn der Marktanteil, den er erzielen kann, zur Deckung der Fixkosten ausreicht. Dieser mindestens erforderliche Marktanteil sei mit MA bezeichnet. Das bedeutet umgekehrt, daß sich kein weiterer Spieler zwischen zwei Konkurrenten oder neben einem Konkurrenten am Marktende niederlassen wird, wenn der erzielbare Marktanteil zu gering ist. Durch die Kosten des Markteintritts ist der Marktzugang beschränkt, und bereits auf dem Markt tätige Anbieter können weitere Interessenten durch geschickte Standortwahl abschrecken, indem sie die "freien Marktintervalle" unattraktiv klein machen.

Ist das Nachfragepotential zwischen zwei bereits vorhandenen Anbietern noch so groß, daß es einen positiven Ertrag ermöglicht, also größer als 2 MA, so unterstellen Prescott und Visscher, daß sich ein neuer Konkurrent entweder in der Mitte der Anbieter oder gerade in dem Abstand von einem der Anbieter niederlassen wird, der sicherstellt, daß kein weiterer Anbieter profitabel in das Marktintervall eindringen kann.[2] Gibt es also eine a priori unbeschränkte Zahl von potentiellen Anbietern, die auf dem Markt aktiv werden möchten, so werden sich die ersten beiden Anbieter zunächst in einem Abstand vom Rand des Marktes niederlassen, der ihnen in Richtung des Marktrandes einen Anteil von 1 MA sichert. Jeder folgende Anbieter wählt einen Standort, der ein Intervall mit Marktanteil 2 MA zwischen ihn und einen

---

1 Zur Abgrenzung von Fixkosten und sog. "sunk costs" vgl. Tirole (1988), S. 307f. Fixkosten sind nur "auf kurze Zeit versunken", also z.B. monatliche Mietzahlungen, echte versunkene Kosten sind langfristige Investitionen, die in mehreren Perioden zum Geschäftserfolg beitragen. Insofern sind die Kosten des Markteintritts, die beispielsweise für die Errichtung eines Geschäftsgebäudes anfallen, "sunk costs". Sie stellen zudem ein Signal an die anderen Marktteilnehmer dar, daß das Unternehmen längerfristig im Markt tätig sein wird, und können abschreckend wirken, vgl. Tirole (1988), S. 314ff.

2 Die Annahme, der Anbieter würde sich ggf. in der Mitte des Intervalls niederlassen, dient der Vereinfachung. Ist das Intervall zwischen zwei Anbietern länger als 2 MA, aber kürzer als 4 MA, so ist prinzipiell jeder Punkt für den neuen Anbieter gleich gut geeignet, da er sich überall den gleichen Gewinn bzw. Marktanteil sichern kann. Da aber Prescott und Visscher keinerlei persönliche Beziehungen zwischen den Anbietern unterstellen und damit für den einzelnen kein Grund besteht, einen Konkurrenten mehr zu schädigen als den anderen, ist die Verhaltensannahme in diesem Sinne vernünftig. Ist das freie Intervall hingegen länger als 4 MA, so muß der neue Anbieter nachfolgende Konkurrenten abschrecken und sich in einer Entfernung von 2 MA von einem Konkurrenten niederlassen, um sich auf diese Weise dauerhaft den zur Deckung der Kosten notwendigen Ertrag zu sichern.

Konkurrenten bringt. So vermeidet jeder Anbieter zumindest "auf einer Seite" weitere Markteintritte, weil die zu erzielenden Marktanteile dort nicht mehr groß genug sind, und sichert sich selbst auf dieser Seite gleichzeitig eine ausreichende Nachfrage. Es entsteht eine beinahe sozial optimale Konfiguration, da die Standorte gleichmäßig verteilt sind; die Kosten der Versorgung der Nachfrager werden minimiert.

Damit deckt sich das Ergebnis mit der von Eaton und Lipsey (1975) unter der Annahme einer bekannten Anbieterzahl und von Maximin-Strategien ermittelten Konstellation.[1] Es wirkt nicht nur eine Kraft, die die Anbieter dazu drängt, sich möglichst große Marktanteile zu sichern, sondern eine weitere, die sie nötigt, diese Anteile nicht zu groß zu machen, um keine weiteren Konkurrenten anzulocken. Da sich die Anbieter endgültig in ihrer Standortwahl festlegen müssen, werden sie auf kurzfristig gewinnmaximierende Strategien verzichten und sich statt dessen mit einer Maximin-Strategie einen Mindest-Marktanteil sichern. Allerdings wird dafür ein sehr hohes Maß an Information und Vorausschau unterstellt, welches möglicherweise unrealistisch ist.

Ebenso wie die Einführung sequentieller Entscheidungen wirkt sich auch die Einführung elastischer Nachfragen auf die Konkurrenzmodelle so aus, daß die Tendenz zur Standorthäufung und minimalen Differenzierung abgeschwächt wird.[2] Solange die Elastizität der Nachfrage im simultanen Modell nicht zu hoch ist, lohnt es sich noch für die Anbieter, sich direkt nebeneinander niederzulassen, da sie sonst, genau wie bei unelastischer Nachfrage, befürchten müssen, daß der Konkurrent ihnen die längere Marktseite abspenstig macht.[3] Ist die Elastizität hingegen hoch genug, tritt der Fall ein, daß die Nachfrager an den Marktenden nichts mehr kaufen würden, wenn sich die Anbieter in der Marktmitte niederließen. Daher werden die Anbieter ihr Angebot stärker differenzieren, um alle Nachfrager zu erreichen und ihre Marktanteile auf diese Weise zu vergrößern. Eine hohe Nachfrageelastizität begünstigt also auch in reinen Standortmodellen die räumliche Differenzierung.

---

1 Rothschild (1979) betrachtet die endgültige Standortwahl mehrerer Unternehmen bei sequentiellem Markteintritt und bezieht dabei elastische Nachfragen ein. Dies führt ebenfalls auf das Ergebnis gleichmäßig verteilter Standorte.

2 In reinen Standortmodellen bedeutet die Elastizität der Nachfrage, daß diese mit zunehmender Entfernung zum in Anspruch genommenen Anbieter abnimmt. Dementsprechend sind Standortspiele mit elastischer Nachfrage keine Nullsummen-Spiele, da die Gesamtnachfrage nicht konstant ist.

3 Vgl. Anderson et al. (1992), S. 280ff.

Zusammenfassung der Ergebnisse zur Standortkonkurrenz

Die Untersuchung reiner Standortmodelle zeigt, daß die Ergebnisse durch fast jede Variation der Prämissen verändert werden, so daß die Stabilität, die von einem geeigneten Basismodell erwartet wird, nicht gegeben ist. Insbesondere ergeben sich bei relativ geringfügig unterschiedlichen Modellen entgegengesetzte Resultate, nämlich minimale und maximale Differenzierung.

Im Sinne einer realistischen Modellierung sollte die pathologische Erscheinung des Hotelling-Modells, daß ein marginaler Standortwechsel sehr viele Nachfrager zum Wechsel ihres Anbieters veranlaßt, eliminiert werden. Dies kann durch die Einführung heterogener Geschmäcker geschehen, d.h. durch die Einführung einer weiteren differenzierenden, aber nicht beobachtbaren Ebene. In diesem Fall tritt das Ergebnis minimaler Differenzierung auch für viele Anbieter ein, so daß ein Erklärungsmodell für real zu beobachtende Häufungen von Anbietern - im Sinne der städtischen Agglomeration ebenso wie z.B. der Existenz von Einkaufszentren - vorliegt.

Das Resultat der "paarweisen Agglomeration" kann als ein Mittelweg zwischen der räumlichen Monopolstellung und der minimalen Differenzierung, also der Häufung aller Anbieter, gedeutet werden, bei dem der Gesamtmarkt in einzelne Gebiete aufgeteilt wird, in denen dann nur wenige Anbieter konkurrieren. Zwischen diesen Anbietern jedoch findet eine direkte Konkurrenz statt. Damit handelt es sich um einen Übergang zur nicht-lokalisierten Konkurrenz, wie sie in Nicht-Adreßmodellen erfaßt wird; diese Modelle erweisen sich damit in diesem Sinne als in der Theorie der Adreßmodelle enthalten.

Andererseits ergibt sich sowohl unter der Verwendung quadratischer Transportkosten als auch unter der Annahme sequentiellen Handelns bzw. endgültiger Standortwahl unter Berücksichtigung von Fixkosten das Ergebnis, daß die Anbieter ihr Angebot differenzieren sollten. Dabei ist das Resultat maximaler Differenzierung bei quadratischen Transportkosten ebenfalls pathologisch, da es unmittelbar von der Annahme unelastischer Nachfrage abhängt, denn bei größtmöglicher Distanz können die Anbieter zwar die höchsten Preise fordern, diese führen aber nur bei unelastischer Nachfrage nicht auf Verluste von Nachfragern. Die Schaffung von eigenen Marktgebieten und damit einer "gewissen" Differenzierung, wie sie sich aus den sequentiellen Modellen ergibt, ist hingegen sinnvoll, weil sie z.B. auch bei elastischer Nachfrage die beste Lösung bleibt. Insbesondere interessant ist, daß diese begrenzte

Differenzierung gerade auf gleichmäßig verteilte Anbieter und damit die kostengünstigste Versorgung der Nachfrager führt, so daß die kostenminimierenden Lösungen der klassischen Standortplanung - wenn auch zunächst nur für Linienmodelle - als geeignete Lösungskonzepte der Konkurrenzstandortplanung wiedergefunden werden können.

4.6.2 Preisentscheidungen

In Spielen mit reinen Preisentscheidungen werden feste Standorte der Anbieter unterstellt, so daß die Strategien ausschließlich aus den von den Anbietern festzulegenden Preisen bestehen. Die Auszahlungen bilden in der Regel die erwirtschafteten Gewinne. Die Preisentscheidungen sind aber auch die zweite Stufe des Hotellingschen zweistufigen Spiels. Während in zweistufigen Spielen jedoch meistens von Abholpreisen ausgegangen wird und also nach Voraussetzung die Nachfrager die Kosten des Transports zu entrichten haben, werden in der Literatur zur räumlichen Preiskonkurrenz verschiedene Preisstrategien miteinander verglichen. Die Begründung dafür liegt in der Tatsache, daß die Preispolitik für den Unternehmenserfolg entscheidenden Einfluß hat und damit auch in der Standortbestimmung zu berücksichtigen ist: "Indeed, location theory itself is empty without considering the spatial pricing practices of firms."[1] Daß sich unterschiedliche optimale Standorte unter den unterschiedlichen Preispolitiken ergeben, zeigt die Untersuchung von Greenhut et al. (1986). Dabei ist natürlich zu bedenken, daß preispolitische Entscheidungen zumeist kurzfristiger reversibel sein dürften als Standortentscheidungen.

Ein Beispiel für die Bedeutung von Preispolitiken bei der Standortwahl geben Anderson et al. (1992, S. 323ff.). Sie betrachten einen Monopolisten auf einem linearen Markt mit elastischer Nachfrage. Jeder Nachfrager ist durch die gleiche, lineare Nachfragefunktion charakterisiert; die Nachfrager sind einer Dichtefunktion entsprechend verteilt. Der Monopolist ist in der Lage, den ganzen Markt zu versorgen, d.h. die Transporte sind nicht zu teuer. Dem Monopolisten stehen die Politiken "Abholpreis" (Ab-Werk-Preis), "gleichförmiger Lieferpreis" und "differenzierte Lieferpreise" zur Verfügung. Wählt der Monopolist die Politik der Abholpreise, so befindet sich sein optimaler Standort im Median der Konsumentendichte, d.h. dort, wo sich die Hälfte der Nachfrager links, die andere Hälfte rechts von ihm befindet. Dasselbe gilt, wenn er einen gleichförmigen Lieferpreis festsetzt. In diesem Standort

---

[1] Vgl. Greenhut und Greenhut (1975).

werden gleichzeitig die insgesamt anfallenden Kosten der Transporte minimiert. Wählt der Monopolist hingegen die Politik differenzierter Lieferpreise, so befindet sich der optimale Standort im "Median der verkauften Mengen", d.h. er wählt den Standort, der ihm in beiden Marktrichtungen den Verkauf einer gleichgroßen Menge garantiert. Im Falle einer gleichförmigen Konsumentendichte stimmen die optimalen Standorte überein, im allgemeinen Fall hingegen nicht.

Damit eine Untersuchung verschiedener Preispolitiken überhaupt sinnvoll ist, darf es sich bei den Modellen nicht um sog. "Shopping-Modelle" handeln, d.h. Modelle für Situationen, in denen sich die Nachfrager in jedem Fall zum Verkaufsort begeben.[1] Dann ist die Annahme von Abholpreisen unumgänglich und durch die Situation determiniert. Es gibt jedoch viele Fälle, wo der Anbieter tatsächlich zwischen mehreren Preisstrategien entscheiden kann.[2]

Preismodelle werden als zweite Stufe der Modelle vom Hotelling-Typ im folgenden Abschnitt weiter behandelt. Daher wird an dieser Stelle vornehmlich auf die verschiedenen Untersuchungen zur Wahl der Preisstrategie, d.h. zur Entscheidung über Abhol- oder Lieferpreise, und die Gegenüberstellung der Preispolitiken eingegangen.

Die Wahl von Abholpreisen wird von Phlips und Thisse (1982) als Hotelling-Lösch-Ansatz bezeichnet, da diese beiden Autoren stets von dieser Preispolitik ausgehen. Hingegen wird die Variante mit differenzierten Lieferpreisen als Greenhut-Ohta-Ansatz bezeichnet, da er auf Greenhut und Ohta (1972) zurückgeht.[3] Greenhut und

---

1 Vgl. Anderson et al. (1992), S. 274f.

2 Eine empirische Untersuchung über die Wahl zwischen verschiedenen Preisstrategien findet sich bei Greenhut (1981). Es werden im Rahmen einer Befragung die am häufigsten verwendeten Preispolitiken von Unternehmen in den USA, der Bundesrepublik Deutschland und Japan ermittelt. Dabei erweist sich räumliche Preisdifferenzierung als am stärksten vertretene Preispolitik, obwohl sie beispielsweise in den USA nicht zulässig ist. Der häufig vorgebrachte Einwand gegen Preisdifferenzierung, diese sei gesetzlich untersagt, vgl. z.B. Beckmann (1976), ist damit also hinfällig, da Differenzierung in den USA nicht wirklich verhindert wird, sondern nur etwas "gemäßigter" ausfällt als in den anderen Ländern, vgl. Greenhut (1981).
Die Untersuchung von Norman (1981) zeigt, daß auch gleichförmige Lieferpreise - zumindest in Großbritannien - verbreitet sind.

3 Allerdings unterscheiden sich der Ansatz von Lösch (1962) und der Ansatz von Hotelling insofern, als die Anbieter bei Lösch davon ausgehen, daß die jeweiligen Marktgebiete immer erhalten bleiben, daß also bei der Preissenkung oder Erhöhung eines Anbieters die anderen Anbieter entsprechend reagieren werden, um ihren Markt zu wahren; bei Hotelling hingegen wird davon ausgegangen, daß die Anbieter jeweils ihre Preis fixiert lassen werden (ZCV-Annahme). Daher werden die Ansätze

Ohta untersuchen das räumliche Monopol und führen die räumliche Preisdifferenzierung und die sog. "freight absorption" ein, worunter das partielle Absorbieren der Frachtkosten durch den Anbieter zu verstehen ist, der diese nicht voll an den einzelnen Kunden weitergibt, sondern umverteilt. Insbesondere sind gleichförmige Lieferpreise eine extreme Form der Frachtkosten-Umverteilung.

Es gibt mehrere Arbeiten, die Preispolitiken im räumlichen Monopol untersuchen und diese den Konkurrenzsituationen gegenüberstellen, so z.B. Capozza und Van Order (1977), Ohta (1981) und Mulligan und Fik (1994). Insbesondere ist interessant, daß die Preise in der Konkurrenzsituation nicht unbedingt niedriger sein müssen als in der Monopolsituation, wobei dieses Resultat allerdings eine Folge der unterstellten Verhaltensannahmen ist, also z.B. der Annahme von Lösch, daß das jeweilige Marktgebiet unveränderlich sei, auch wenn sich der Preis verändert. Diese Annahme ist im Rahmen einer Monopoluntersuchung jedoch kaum sinnvoll, da Größe des Marktgebietes und Preis voneinander abhängige Variable sind, die der Monopolist beeinflussen kann.[1] In der Konkurrenzsituation zwingt die Verhaltensannahme von Lösch andererseits die Anbieter, auf Preiserhöhungen ebenfalls mit Preiserhöhungen zu reagieren, um die Marktgrenzen zu wahren, so daß die Preise für steigende Anbieterzahlen in die Höhe getrieben werden.[2]

Beckmann (1976) vergleicht verschiedene räumliche Preispolitiken, also Abholpreise, gleichförmige und differenzierte Lieferpreise. Unter der Voraussetzung, daß die Marktgebiete gegeben und die Nachfragen elastisch mit normierter Nachfragefunktion (Steigung -1) sind, ist die optimale differenzierende Preispolitik so beschaffen, daß an jeden Nachfrager die Hälfte der für den Transport zu seinem Wohnort anfallenden Transportkosten weitergegeben wird. Diese Preispolitik liefert zwar den höchsten Gewinn, ist aber gesetzlich nicht immer zulässig und möglicherweise schwer durchzusetzen. Beckmann zeigt auch, daß der optimale gleichförmige Lieferpreis sich aus den durchschnittlich anfallenden Transportkosten und dem optimalen Abholpreis zusammensetzt, so daß beide Politiken auf denselben Gewinn führen. Er sieht

---

hinsichtlich ihrer Verhaltensannahmen nach Hotelling-Smithies, Lösch, und Greenhut-Ohta differenziert, vgl. Mulligan und Fik (1994). Die von Greenhut und Ohta verwendete Verhaltensannahme besagt, daß immer derselbe Preis an der Marktgrenze erhalten bleibt, also die Reaktion der Konkurrenten wieder auf denselben Preis an der Marktgrenze führen wird. Zur Gegenüberstellung der Verhaltensannahmen vgl. auch Capozza und Van Order (1977).

1 Vgl. Ohta (1981).

2 Vgl. das Zahlenbeispiel bei Mulligan und Fik (1994).

Abholpreise als die praktikabelste Preispolitik an, da sie niedriger sind als Lieferpreise und die Käufer entsprechend psychologisch beeinflussen. Außerdem sind sie rechtlich immer zulässig. Dem steht jedoch die Überlegung gegenüber, daß Käufer möglicherweise Lieferungen bevorzugen oder keine Transportmöglichkeiten besitzen.

Lerner und Singer (1937) untersuchen neben der Abholpreis-Situation auch die Lieferpreis-Situation in einem Hotelling-Modell, wobei sie statt vollkommen unelastischer Nachfrage allerdings einen einheitlichen oberen Grenzpreis (Prohibitivpreis) der Nachfrage unterstellen, unterhalb dessen die Nachfrager das Gut abnehmen, oberhalb dessen sie es hingegen nicht mehr kaufen. Die Bestimmung von Lieferpreisen eröffnet die Möglichkeit der Preisdifferenzierung. Die Anbieter fordern als Lieferpreis jeweils den Preis, der sich aus den Versorgungskosten des jeweils benachbarten Konkurrenten ergibt, d.h. die Summe aus den Grenzkosten der Produktion c und den Transportkosten des Konkurrenten, vgl. Abbildung 4.7.[1]

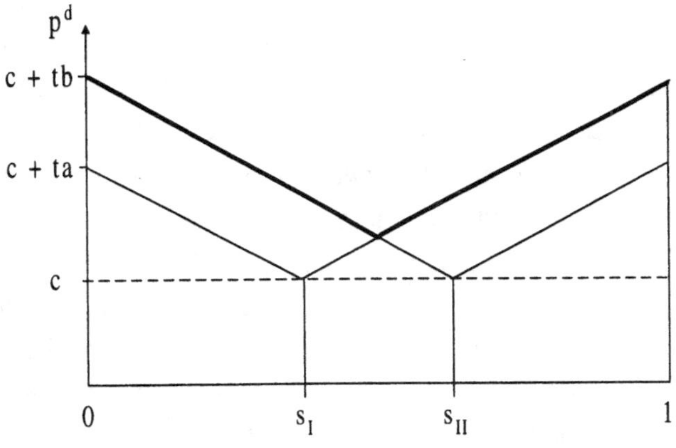

Abb. 4.7 Verlauf von Lieferpreisfunktionen

In dieser Abbildung gibt die dick ausgezeichnete Linie den an jedem Ort $x \in [0,1]$ geforderten Lieferpreis p^d an, den der Anbieter erhält, der einen Nachfrager in x versorgt. Zu dem angegebenen Preis wird jeweils derjenige Anbieter, dessen Kosten geringer sind, die Nachfrager versorgen, denn er hat durch seinen Kostenvorteil die Möglichkeit, seinen Konkurrenten ggf. marginal zu unterbieten.[2] Als Gewinn fließen

---

1 Die Abbildung findet sich bei Anderson et al. (1992), S. 327, sowie bei Gabszewicz und Thisse (1986-I), S. 60.

2 Hurter und Lederer (1985) bezeichnen diese Regel als "Cost Advantage Sharing Rule", da die Nachfrage stets dem Anbieter mit dem Kostenvorteil zufällt.

diesem Anbieter also die Differenz der Kosten des Konkurrenten und seiner eigenen Kosten zu. Diese Wahl von Preisen stellt ein Gleichgewicht dar, da bei Forderung eines höheren Preises der eine vom anderen Anbieter unterboten werden könnte, während die Forderung niedrigerer Preise nicht den größtmöglichen Gewinn sicherte.

Bei der Betrachtung räumlich differenzierter Preise wird deutlich, daß ein Anbieter lokal eine Monopolstellung ausspielen kann, denn die Nachfrager in seiner nächsten Umgebung werden, da hier die Konkurrenz besonders schwach ist, mehr über den Preis ausgebeutet als die Nachfrager in der Marktmitte, wo aufgrund der stärkeren Konkurrenz die Preise niedriger sind.[1,2]

Osborne und Pitchik (1987) lassen gemischte Strategien für die Wahl der Preise zu. Es ergibt sich, daß (eindeutige) Gleichgewichte in reinen Strategien existieren, wenn die beiden Anbieter weit genug voneinander entfernt oder an demselben Standort sind,[3] und daß gemischte Strategien bei nähergelegenen Standorten erforderlich sind, um ein Gleichgewicht herzustellen. Ein (teilspielperfektes) Gleichgewicht ergibt sich für Standorte in der Nähe der Viertel der Linie ($a = 0{,}27$ und $b = 0{,}73$) in gemischten Preisen. Dabei haben die Wahrscheinlichkeitsverteilungen, mit denen die Preise von den Konkurrenten ausgewählt werden, nur über zwei Intervallen positive Werte, nämlich über einem "Hochpreis"-Intervall und einem "Ausverkauf"-Intervall.[4] Gemischte Strategien in Preisen sind inhaltlich leichter zu begründen als in Standorten, da in der Preiskonkurrenz eher von häufiger Wiederholung der Spielsituation ausgegangen werden kann. Wenn die Preise von den Anbietern regelmäßig simultan neu festgesetzt werden, ist die Anwendung gemischter Strategien durchaus gerechtfertigt.[5] Das Ergebnis, daß abwechselnd hohe und niedrige Preise festgesetzt werden, scheint aus diesem Blickwinkel ebenfalls sinnvoll.

---

1 Ähnliche Überlegungen gehen bereits auf Hoover (1937) zurück, der Preisdifferenzierung unter Konkurrenz, die Gründe für "Preisdiskriminierung" gegen nahegelegene und entfernte Kunden und den Zusammenhang mit der Nachfrageelastizität diskutiert.

2 Eine empirische Bestätigung solchen Verhaltens findet sich in der Studie von Greenhut (1981).

3 Vgl. D'Aspremont et al. (1979) und die Diskussion in Abschnitt 4.5.2.

4 Eine Untersuchung gemischter Preisstrategien führt auch Gal-Or (1982) durch; sie gibt allerdings nur Bedingungen für ein Gleichgewicht in gemischten Strategien an, ohne dieses Gleichgewicht konkret abzuleiten.

5 Vgl. auch Beckmann (1973), der gemischte Strategien für ein Hotelling-Modell in Lieferpreisen bei gegebenen Standorten untersucht.

MacLeod (1985) zeigt, daß selbst die von Hotelling implizit getroffene Annahme, Unterbieten im Standort des Konkurrenten sei den Anbietern nicht gestattet, nicht unbedingt auf ein Gleichgewicht führt. Er weist dies an einem Beispiel mit beschränkten Kapazitäten nach. Während die Konkurrenzmodelle sonst stets von unbegrenzten Kapazitäten oder nicht maßgeblichen Kapazitätsschranken ausgehen, unterstellt MacLeod eine dem Edgeworth-Modell vergleichbare Situation. Damit bestehen die Strategien der Anbieter aus Outputmengen und Preisen bei gegebenen Standorten. Wenn ein Anbieter die Nachfrage nicht befriedigen kann, geht diese anteilig zum anderen Anbieter über, auch wenn dieser einen höheren Preis fordert. Unter diesen Bedingungen gibt es, genau wie im Modell von Edgeworth (1897), kein Gleichgewicht, wenn die Standorte der Anbieter zu nahe nebeneinander liegen, denn es kann für einen Anbieter immer profitabel sein, seinen Preis zu erhöhen, um diejenigen Nachfrager zu versorgen, die der andere Anbieter abweisen muß, oder den Preis zu senken, um seine Kapazität voll auszulasten.
Damit zeigt sich, daß die von Edgeworth festgestellte Problematik oszillierender Lösungen auch bei (räumlich) differenzierten Produkten zum Tragen kommt. Inhaltlich stimmt das Ergebnis mit dem Resultat gemischter Strategien überein, denn in beiden Modifikationen schwanken die Preise zwischen einem hohen und einem niedrigen Niveau.

Eine weitere Variation des Preismodells entsteht, wenn unterstellt wird, daß die Transportkosten nur entfernungs-, nicht jedoch mengenproportional sind, was beispielsweise für Konsumenten, die Geschäfte aufsuchen, eine sinnvolle Annahme sein dürfte. Weinberg (1985) modelliert diesen Fall, indem er unterstellt, daß jeder Nachfrager pro Einkaufsvorgang einen festen Betrag ausgibt, der auf die Waren und deren Transport aufgeteilt werden muß, wobei die Nachfrage elastisch ist. Durch diese Annahmen entsteht ein stetiger Nachfragerübergang zwischen den Anbietern. Weinberg weist in diesem Modell die Existenz und Eindeutigkeit eines Nash-Gleichgewichts in Preisen nach.

4.6.3 Standort- und Preisentscheidungen

Spiele mit Standort- und Preisentscheidungen können auf zwei Arten modelliert werden, nämlich als simultane Spiele, bei denen beide Parameter gleichzeitig festgelegt werden und die Strategien also aus Tupeln (s, p) bestehen, oder als sequentielle, d.h. zweistufige Spiele, bei denen in der ersten Stufe die Standorte s und in der zweiten Stufe, abhängig von der Entscheidung der ersten Stufe, die

Preise p(s) festgelegt werden.[1] Die zweistufige Modellierung läßt sich inhaltlich dadurch begründen, daß in der Regel die Wahl des Standortes (als strategische Entscheidung) der Wahl des Preises vorangehen wird.[2] Da ein mehrstufiges Spiel rekursiv gelöst wird, muß den Spielern vollständige Vorausschau unterstellt werden. Sie sind also in der Lage, die zweite Stufe des Spiels zu analysieren und die optimalen Preise in Abhängigkeit von der Standortkombination zu ermitteln, um dann mit diesem Wissen auf der ersten Stufe die optimalen Standorte zu bestimmen. Damit das möglich ist, müssen die Preise auf der zweiten Spielstufe jeweils eindeutig sein, d.h. für alle Standortkombinationen muß es ein eindeutiges Preisgleichgewicht geben.[3] Weil dies, wie von D'Aspremont et al. (1979) gezeigt, im unrestringierten Hotelling-Modell nicht der Fall ist, gibt es in der Literatur zahlreiche Ansätze, das Spiel durch Variation von Voraussetzungen und Spielregeln allgemein lösbar zu machen. Es werden zunächst ausschließlich Ansätze für Spiele in Standorten und Abholpreisen betrachtet.

Für simultane Preis- und Standortspiele gibt es kein Gleichgewicht bei fest gegebener Gesamtnachfrage, denn, da immer die Möglichkeit besteht, sich am selben Standort wie der Konkurrent niederzulassen und diesen zu unterbieten, ist keine mögliche Standort-Preis-Konstellation ein Gleichgewicht.[4] Ein simultanes Gleichgewicht kann nur existieren, wenn sich beide Anbieter ein Monopolgebiet sichern können und sich also gar keine direkte Konkurrenz machen, was bei fest gegebener, d.h. unelastischer Nachfrage jedoch nie der Fall ist. Da die Annahme unelastischer Nachfrage aber bezüglich der meisten Güter ohnehin unrealistisch ist,[5] wird sie häufig durch die

---

1 Vgl. Gabszewicz und Thisse (1986-I), S. 39ff.

2 Vgl. Eiselt et al. (1993).

3 Vgl. z.B. Economides (1984).

4 Vgl. Gabszewicz und Thisse (1986-I), S. 40.
Da ein Anbieter den anderen am selben Standort unterbieten kann, werden die Preise und die Gewinne sinken, bis sich einer der Anbieter vom anderen distanziert, um sich wieder einen positiven Gewinn zu sichern. Der andere Anbieter wird ihm folgen, so daß die Lösungen oszillieren.

5 Vgl. z.B. Hartwick und Hartwick (1971). Unelastische Nachfragen machen vor allem Sinn, wenn durch ein Modell nicht räumliche Vorgänge, sondern die Differenzierung von Produkten oder die politische Parteienlandschaft abgebildet werden sollen.

Annahme ersetzt, es gebe einen für alle Nachfrager einheitlichen Prohibitivpreis,[1] oder es werden elastische Nachfragen eingeführt, wobei die Nachfragefunktion in der Regel als für alle Nachfrager identisch und zumeist als linear vorausgesetzt wird.[2]

Lerner und Singer (1937) untersuchen einen Markt mit einheitlichem Prohibitivpreis. Sie betrachten den Zwei-Anbieter-Fall, wobei sie die gleichzeitige Wahl von Preis und Standort unterstellen und annehmen, daß die Anbieter jeweils bzgl. dieser kombinierten Strategie die ZCV-Annahme machen.[3] Bei hohen Transportkostensätzen haben beide Anbieter getrennte Marktgebiete und können jeweils eine Monopolstellung in einem Teil des Marktes für sich in Anspruch nehmen. Sind die Transportkosten geringer, werden sich beide Marktgebiete berühren; die optimalen Standorte befinden sich dann auf den Vierteln der Linie. Sinken die Kosten des Transports weiter, so lohnt es sich wie im Falle unelastischer Nachfrage, den Konkurrenten zu unterbieten, so daß die Situation instabil ist und kein Gleichgewicht erreicht wird. Anders als im Hotellingschen Fall hängt die Existenz eines Gleichgewichts also von der Höhe der Transportkosten im Verhältnis zur Marktlänge ab, denn wenn sowieso nicht der ganze Markt von den beiden Kontrahenten erreicht werden kann, werden diese sich auch nicht gegenseitig Konkurrenz machen, sondern sich lokale Monopole aufbauen.

Genau denselben Effekt hat die Senkung des Prohibitivpreises, wie sie Economides (1984) untersucht, da letztlich der von einem bestimmten Standort aus zu bedienende Marktbereich vom Verhältnis dieser beiden Größen (Transportkosten und Prohibitivpreis) abhängt. Wenn der Prohibitivpreis der Kunden so niedrig ist, daß es an den Rändern des Marktes immer Nachfrager gibt, die nichts kaufen wollen,[4] besteht für die Anbieter keine Versuchung, sich in nahegelegenen Standorten gegenseitig zu unterbieten. Ist also der Prohibitivpreis der Nachfrager hinreichend niedrig,

---

1 Vgl. z.B. Lerner und Singer (1937) sowie Economides (1984). Auch Beckmann (1972) verwendet eine solche Nachfragestruktur und nennt als Beispiele für Güter, zu deren Nachfragebeschreibung eine "Rechteck-Nachfragefunktion" verwendet werden kann, Gebrauchsgüter ("durables"), medizinische Versorgung und bestimmte Arten von Kleidung.

2 Diese Prämisse wurde zuerst von Smithies (1941) eingeführt. Vgl. auch Hartwick und Hartwick (1971) sowie Kohlberg und Novshek (1982).

3 Für simultane Standort- und Preisentscheidungen zeigen z.B. auch Kohlberg und Novshek (1982) bei elastischer Nachfrage, daß unter speziellen Voraussetzungen ein simultanes Gleichgewicht existiert.

4 Diese Prämisse setzt Economides (1984) als zusätzliche "Spielregel".

existiert - wie bei hohen Transportkosten - ein Gleichgewicht, in dem die Anbieter lokale Monopole halten. Es gilt eher ein Prinzip maximaler als minimaler Differenzierung. Die Anbieter agieren zwar im gleichen Markt, ihre Marktgebiete überlappen sich aber nicht einmal bei Wahl des Monopolpreises, so daß nicht von einer echten Konkurrenzsituation gesprochen werden kann.

Prescott und Visscher (1977) betrachten das Hotelling-Problem mit unelastischer Nachfrage als zweistufiges Spiel und diskutieren die Einführung des Elements "Produktqualität" anstelle der räumlichen Differenzierung. Sie bezeichnen dieses Element als "Wartezeit", die die Käufer in einem Geschäft in Kauf nehmen müssen und die unterschiedlich hoch ist, weil z.B. mehr oder weniger Personal im jeweiligen Geschäft zur Verfügung steht.[1] Diese veränderte Interpretation der Anbieterpositionen auf der Linie dient zur Glättung der Nachfrageübergänge. Die Nachfrager werden statt mit einer räumlichen Verteilung mit einer Verteilung der "Bereitschaft, Wartezeiten in Kauf zu nehmen", versehen.[2] Im Gegensatz zu Hotellings Beispiel werden keine Transportkosten betrachtet, sondern jeder Nachfrager kauft bei dem Anbieter, der die für den Nachfrager günstigste Preis- und Wartezeitkombination anbietet. Für die Anbieter wiederum ist der Gewinn abhängig von der gewählten Wartezeit wz_I bzw. wz_{II}, da je verkaufter Einheit Kosten anfallen, die mit steigender Wartezeit fallen, weil z.B. weniger Personal auch weniger kostet. Jedoch muß der Anbieter mit der längeren Wartezeit den geringeren Preis fordern, da er sonst für alle Nachfrager der uninteressantere Anbieter wäre und alle Kunden sich zu dem anderen Anbieter begeben würden.
Die Annahme einer gleichmäßigen Verteilung der Nachfragerpräferenzen bzgl. der Eigenschaft "Wartezeiten" im Intervall $[wz_{min}, wz_{max}]$ führt dazu, daß ein Unterbieten bei nahegelegenen Standorten nicht mehr attraktiv ist. Eine leichte Senkung des Preises macht einen Anbieter nun nur noch für einige Nachfrager interessanter, während die anderen lieber dem Produkt mit der kürzeren Wartezeit treu bleiben; eine Senkung der Wartezeit erhöht zudem die Kosten. Damit verlaufen die Gewinnfunktionen stetig und konkav, wie exemplarisch für $G_I(p_I, p_{II}')$, die Gewinnfunktion

[1] Auch Kohlberg (1983) verwendet in einer Modifikation des Hotelling-Modells den Begriff der Wartezeit und knüpft diese an die Zahl der Nachfrager, die einen Anbieter in Anspruch nehmen. Im Gegensatz dazu ist die "Wartezeit" bei Prescott und Visscher eine vom Anbieter a priori festzulegende Produkteigenschaft.

[2] Mit ihrer "Wartezeitkonstruktion" schaffen Prescott und Visscher (1977), ohne dies so zu bezeichnen, ein Modell zur sog. "vertikalen Differenzierung", da prinzipiell alle Nachfrager eine bestimmte Variante - nämlich hier die kurze Wartezeit - bevorzugen, diese Eigenschaft jedoch unterschiedlich wichtig nehmen. Vertikale Differenzierung wird unten noch weiter diskutiert.

des ersten Anbieters in Abhängigkeit seines eigenen Preises bei fixiertem Preis p_{II}' seines Konkurrenten, in Abbildung 4.8 dargestellt.[1] Dabei seien die angebotenen Wartezeiten wz_I und wz_{II} mit $wz_I > wz_{II}$ bereits festgelegt.

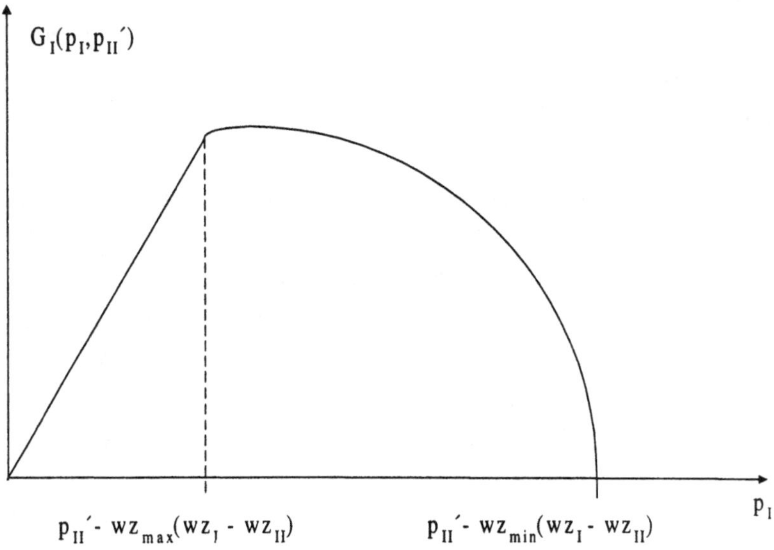

Abb. 4.8 Gewinnfunktion bei vertikaler Produktdifferenzierung

Die optimale Konstellation führt nach Prescott und Visscher (1977) für ein Beispiel mit zwei Anbietern auf sehr unterschiedliche Wartezeiten bzw. Produktqualitäten und unterschiedliche Preise, also auf maximale Differenzierung. Der eine Anbieter spezialisiert sich auf die anspruchsvollen Kunden, die wenig warten möchten, und verlangt von diesen einen höheren Preis, während der andere die genügsameren Verbraucher bedient, die länger warten und weniger bezahlen müssen.

Im Beispiel mit Wartezeiten unter der Annahme sequentiellen Handelns unterstellen Prescott und Visscher (1977), daß die Wahl der Wartezeit (des Standortes) irreversibel sei, während die Wahl des Preises revidiert werden kann. Der Preis wird also in der zweiten Stufe in Form eines Nash-Gleichgewichts bestimmt, und die

---

[1] Die Abbildung und die formale Ableitung der Gewinnfunktion für einen allgemeinen Fall vertikaler Produktdifferenzierung finden sich in Anderson et al. (1992), S. 307ff.

Anbieter entscheiden sich zuvor nacheinander für je eine "Wartezeit".[1] Es betreten nur soviele Anbieter den Markt, wie profitabel agieren können, was wieder von den für den Markteintritt zu entrichtenden Fixkosten beeinflußt wird. Auch in diesem Beispiel wirken die Kosten als Eintrittsbarriere, die es den aktiven Anbietern ermöglicht, weitere Konkurrenten abzuschrecken. Je höher die Fixkosten sind, umso größere Marktanteile kann sich der einzelne Anbieter sichern. Die Ziele der Gewinnmaximierung und Abschreckung weiterer Konkurrenten sind aber nur bis zu einer bestimmten Höhe der Fixkosten komplementär.[2]

Eine ähnliche Untersuchung führt Neven (1987) durch. Er geht von sequentiellem Markteintritt und hohen Kosten für das Beziehen eines Standortes bzw. die Wahl einer "Produkteigenschaft" aus. Auch er betrachtet einen zweistufigen Prozeß, in dem erst der Markteintritt und die Produktwahl, dann die Preisbestimmung erfolgt. Die Voraussetzungen von Hotelling variiert Neven insofern, als er, wie D´Aspremont et al. (1979), von quadratischen Funktionen zur Messung der Transportkosten bzw. des "Unnutzens",[3] der durch einen größeren Abstand des Nachfragers von einem Gut

---

1 Anderenfalls könnte sich der zweite Anbieter immer den ganzen Markt sichern, indem er denselben Standort wie der erste bezieht und einen geringfügig niedrigeren Preis fordert. Daher würde, so argumentieren Prescott und Visscher (1977), jeder der beiden Anbieter versuchen, erst als zweiter auf den Markt zu kommen.
Würde der erste das Verhalten des zweiten aber antizipieren, so müßte er selbst bereits einen Preis in Höhe der Grenzkosten bzw. durchschnittlichen Kosten fordern, um nicht mehr erfolgreich unterboten werden zu können. Dann könnte sich nur der erste auf dem Markt behaupten. Diese Möglichkeit ziehen Prescott und Visscher nicht in Betracht.

2 Prescott und Visscher (1977) weisen außerdem darauf hin, daß die angegebene Entwicklung nur dann stattfindet, wenn nicht die Unternehmung, die als erste handelt, sich den Markt als Monopolist sichert, indem sie gleich so viele Standorte eröffnet, daß sie den ganzen Markt abdeckt. Dies wäre für einen "ersten Anbieter" auf einem Markt die günstigste Strategie, wenn er über genügend Kapital verfügt, um hinreichend viele Standorte aufzubauen und seine Monopolstellung auf diese Weise zu sichern. Dies wird in der Realität jedoch kaum der Fall sein.

3 Neven (1987) betrachtet (Un-)Nutzenfunktionen statt Preisfunktionen, was im formalen Ergebnis keinen Unterschied darstellt. Jedoch sind quadratische Funktionen zur Messung des entstehenden "Unnutzens" inhaltlich besser zu rechtfertigen als quadratische Transportkosten, da ein größeres Mißfallen gegenüber starken Abweichungen von einer gewünschten Produktbeschaffenheit und ein geringfügiges Mißfallen bei leichten Abweichungen sicherlich plausibel ist, während bei Transporten eher mit Entfernungsrabatten zu rechnen ist. Es gelten allerdings die oben (Abschnitt 4.5.2) genannten Überlegungen bzgl. der Präferenzen von Käufern, die die Anbieter aufsuchen und möglicherweise ebenfalls kleine Entfernungen schwach, große jedoch stark negativ bewerten.

entsteht, ausgeht. Unter dieser Prämisse ist die Existenz und Eindeutigkeit des Gleichgewichts für zwei Anbieter unproblematisch.[1]
Bei sequentiellem und freiem Markteintritt haben die früher eintretenden Unternehmen Gewinnvorteile, die sie durch Abschreckungsstrategien gegen später eintretende Anbieter zu verteidigen versuchen.[2] Neven (1987) zeigt auf, wie unterschiedlich sich Firmen abhängig davon verhalten, ob sie noch einen weiteren Markteintritt zu befürchten haben oder nicht.[3] Richten sie ihre Strategie auf Abschreckung aus, so gelangen sie zu einer gleichmäßigeren Verteilung, als wenn sie keine weiteren Markteintritte befürchten.

Im Modell von Anderson (1987) bestimmen die Anbieter nacheinander ihre Standorte und dann ihre Preise in umgekehrter Reihenfolge, d.h. der Nachfolger des Standort-Spiels wird Anführer des Preis-Spiels. Dies erscheine sinnvoll, argumentiert Anderson, weil der erste Anbieter auf der Standortstufe sich besser stelle, wenn er seinen Kontrahenten zuerst den Preis wählen läßt, der selbst eine Präferenz dafür hat, zuerst den Preis zu wählen. Damit ergeben sich der "Rollentausch" und die angegebene Entscheidungsfolge in natürlicher Weise. Auf der zweiten Stufe des Spiels wird ein Stackelberg-Gleichgewicht in Preisen, auf der ersten Stufe ein - dieses Gleichgewicht der zweiten Stufe antizipierendes - Gleichgewicht in Standorten bestimmt. Im Gegensatz zum Nash-Gleichgewicht in Preisen, welches nicht für alle Standorte existiert, existiert das Stackelberg-Gleichgewicht wegen der gegebenen Handlungsreihenfolge immer.
Der Preis-Nachfolger kann sich besser stellen als der Preis-Anführer, da letzterer eine Strategie anwenden muß, die den anderen nicht zum Unterbieten verleitet. Der Anführer ist in seinem Verhalten also durch diese Drohung eingeschränkt. Der Standort-Anführer wird sich in der Mitte des Marktes niederlassen, um die "lange Seite" des Marktes möglichst kurz zu machen; der Standort-Nachfolger läßt sich am Rand des Marktes, also möglichst weit entfernt nieder, um in der zweiten Spielstufe nicht so leicht unterboten werden zu können.

---

1 Dies wird ausführlich in Neven (1985) dargestellt. Neven gelangt zu demselben Ergebnis wie D'Aspremont et al. (1979) und schreibt: "Firms tend to relax price competition through product differentiation."

2 Vgl. aber das dem Modell von Neven (1987) ähnliche Modell von Lane (1980), welches jedoch nicht in jedem Falle einen Gewinnvorteil für früher eintretende Konkurrenten ergibt. Auch hier kommt also den im einzelnen gesetzten Prämissen große Bedeutung zu.

3 Weitere Möglichkeiten der Abschreckung neuer Konkurrenten sind Produktdifferenzierung oder das "Drohen" mit noch ungenutzten, aber verfügbaren Kapazitäten, vgl. Tirole (1988), S. 314ff.

Ein maßgebliches Charakteristikum des Hotelling-Modells ist die ZCV-Annahme. Eine Variation dieser Annahme, der Gegner werde immer seine Strategie beibehalten, liefert die "Modified Zero Conjectural Variation", die unterstellt, der Konkurrent werde seine Strategie beibehalten, außer wenn er in seinem Standort unterboten wird und damit seinen Markt ganz verliert. Lerner und Singer (1937) nehmen in diesem Fall an, daß der Unterbotene reagiert, indem er die beste Antwort in Hinblick auf die vom anderen gespielte Strategie wählt, andere Autoren hingegen unterstellen, daß der Unterbotene in diesem Fall seinen Preis sofort auf die Grenzkosten absenkt.[1] Diese modifizierte Annahme macht das Unterbieten unattraktiv, da der Unterbietende vorhersehen kann, daß es ihm durch die Reaktion des Gegners schließlich selbst schaden wird. Auf diese Weise wird Unterbieten durch eine Reaktionsannahme bzw. "begrenzte Vorausschau" bzgl. der Reaktionen eliminiert.[2]

Modifizierte Verhaltensannahmen berücksichtigt auch Novshek (1980-I). Nach der modifizierten Annahme gehen die Konkurrenten davon aus, daß der andere Anbieter seinen Preis senken wird, wenn er unterboten worden ist.[3] Novshek eliminiert zudem die Marktgrenzen, indem er statt des linienförmigen Marktes einen Kreisrand betrachtet, auf dem sich die Nachfrager gleichmäßig verteilen. Dabei werden Fixkosten und variable Produktionskosten je Mengeneinheit sowie elastische Nachfragen in die Betrachtung einbezogen. Die Anbieter treffen ihre Standort- und Preisentscheidungen

---

1 Vgl. z.B. Kohlberg und Novshek (1982). Hingegen bezeichnen Gabszewicz und Thisse (1986-I), S. 30f., die Annahme als "Modified Zero Conjectural Variation", die die Untersuchung auf solche Gleichgewichte beschränkt, bei denen beide Anbieter "im Markt" sind, d.h. eine positive Nachfrage realisieren. Im Ergebnis hat diese Forderung ebenfalls die Konsequenz, daß die Strategie des Unterbietens ausgeschlossen wird.
Alle diese Modifikationen, die in ihren Grundzügen bereits auf Hotelling zurückgehen, nehmen, wie Gabszewicz und Thisse (1986-I), S. 31, Fußnote 32, schreiben, ein wesentliches Element der Preiskonkurrenz aus den Modellen heraus. Damit ist fraglich, wie tragfähig die Modelle überhaupt unter diesen modifizierten Annahmen sind. Andererseits ist sicher die Annahme, die Anbieter würden vorhersehen, daß ein Preiskampf sie selbst ebenfalls empfindlich treffen kann, sinnvoller als die Unterstellung, daß stets die Erwartung bestünde, der oder die Mitanbieter würden nicht auf einen Verlust ihres Marktanteils reagieren.

2 Im Grunde erreicht Hotelling (1929) durch seine Annahme nichts anderes als die modifizierte ZCV, auch wenn er nicht so argumentiert. Tatsächlich aber ist Folge seiner Prämisse ebenso wie der modifizierten ZCV, daß sich die Konkurrenten nicht unterbieten; nur die Erklärungen sind unterschiedlich.

3 Novshek (1980-I) erwähnt verschiedene Formen der modifizierten ZCV, die hier nicht alle aufgeführt werden sollen. Er stellt zudem bezüglich der Verhaltensannahmen folgende Überlegung an: Die Wahl von Standorten und Mengen anstatt von Standorten und Preisen kann interpretiert werden als Preisentscheidung mit der Verhaltensannahme, daß die anderen Firmen ihre Preise so ändern werden, daß sie wiederum gerade die Gleichgewichtsmenge anbieten.

simultan. Novshek (1980-I) weist für diese Voraussetzungen die Existenz symmetrischer Gleichgewichte mit einheitlichen Preisen bei einer beliebigen, exogen vorgegebenen Zahl von Konkurrenten nach. Es ist also unter der modifizierten Annahme nicht erforderlich, daß jeder Anbieter ein Monopolgebiet besitzt, damit ein Gleichgewicht existiert.[1] Die Konkurrenten sehen voraus, daß ihnen die Verschärfung der Konkurrenz schadet, und verteilen sich auch ohne Monopolstellungen möglichst gleichmäßig auf dem Markt, um die Konkurrenz wenigstens abzuschwächen.

Ähnliche Ergebnisse erzielt Economides (1989), wobei er von quadratischen Transportkosten, von durch einen Prohibitivpreis begrenzter Nachfrage und einem kreisförmigen Markt ausgeht und eine dreistufige Modellierung (1. Stufe: Markteintritt, 2. Stufe: Wahl des Produktes bzw. Standortes, 3. Stufe: Wahl des Preises) und damit die Verwendung des teilspielperfekten Gleichgewichtskonzepts vorschlägt. Die Untersuchung führt ebenfalls auf ein Gleichgewicht mit symmetrisch angeordneten Standorten und identischen Preisen aller Anbieter.[2]

Kohlberg und Novshek (1982) verwenden lineare, für alle Nachfrager identische Nachfragefunktionen und die modifizierte ZCV, bei der die Anbieter ihren Preis auf die Grenzkosten senken, wenn sie unterboten werden. Zunächst untersuchen sie sog. beschränkte Gleichgewichte (Constrained Equilibria) auf dem linienförmigen Markt, bei denen die Anbieter numeriert sind und der i-te Anbieter sich auf jeden Fall zwischen dem (i - 1)ten und dem (i + 1)ten Konkurrenten niederlassen muß.[3] Der Standort eines Anbieters kann nur optimal sein, wenn die Nachfrager an den beiden Grenzen seines Marktgebietes denselben Preis entrichten, denn anderenfalls würde ein Verschieben des Standortes dem Anbieter zu einem besseren Ergebnis verhelfen.[4] Also befindet sich jeder Anbieter in der Mitte seines Marktgebietes, die Anbieter haben daher gleichmäßige Abstände. Problematisch sind die "Randfirmen", für die,

---

1 Bei freiem Markteintritt muß ein Gleichgewicht nicht immer existieren; es existiert jedoch für nicht zu hohe Fixkosten und geht beim Grenzübergang zu "sehr vielen" Nachfragern, der aus einem Grenzprozeß der Fixkosten gegen Null resultiert, in das Konkurrenzgleichgewicht über, da der Preis auf die Grenzkosten bzw. die minimalen Durchschnittskosten fällt, vgl. Novshek (1980-I).

2 Bei freiem Markteintritt fallen bei wachsender Firmenzahl die Preise auf die Grenzkosten, vgl. Economides (1989).

3 Dies schließt beispielsweise die Möglichkeit des oben beschriebenen "leap-frogging", bei dem Anbieter immer wieder zum Rand des Marktes springen, um sich dort Marktanteile zu sichern, aus. Damit wird eine wesentliche strategische Komponente aus dem Spiel eliminiert.

4 Dies gilt bei elastischer, nicht aber bei unelastischer Nachfrage.

in Abhängigkeit der Marktlänge, unterschiedliche Möglichkeiten der Standortwahl bestehen. Sind die Nachfragen unelastisch, besteht für die "Randfirmen" stets Veranlassung, sich unmittelbar neben ihrem nächsten Konkurrenten niederzulassen. Im Falle elastischer Nachfragen hingegen verliert ein Anbieter auf der Seite, von der er sich weiter entfernt, auch Nachfrager. Es entsteht ein "trade-off"[1] des Zugewinns auf der einen und des Verlusts auf der anderen Seite, der die Situation stabilisiert. Im Ergebnis existiert für "hinreichend kurze" Märkte, also niedrige Transportkosten, ein eindeutiges beschränktes Gleichgewicht, während für längere Märkte, also hohe Transportkosten, jeder Anbieter eine Monopolstellung einnimmt und viele verschiedene stabile Situationen mit gleichem Marktergebnis denkbar sind. Für die "kürzeren" Märkte sind in der Regel die Rand-Anbieter im Vorteil, d.h. ihr Gewinn übersteigt den der anderen Anbieter.[2] Beschränkte Gleichgewichte sind also nicht unbedingt tatsächliche Gleichgewichte, da es für einen "inneren" Anbieter attraktiv sein kann, seinen Standort nach außen zu verlagern.[3]

Die in der Literatur verwendete modifizierte ZCV ermöglicht also die Konstruktion allgemein lösbarer Modelle, wenn sie mit der Annahme elastischer Nachfragen verbunden wird.[4] Während aber die Annahme elastischer Nachfragen unmittelbar einleuchtet, wirft die Annahme der modifizierten ZCV die Fragen auf, warum ein Anbieter nur dann mit einem Senken des Preises reagieren sollte, wenn er in seinem Standort unterboten wird, und ob nicht auch bei einem Verlust eines "hinreichend großen Teils" der Nachfrage anzunehmen ist, daß ein Anbieter kämpferisch reagiert. Andererseits stellt die modifizierte ZCV eine Verbesserung gegenüber der Annahme der ZCV dar, die den Konkurrenten unterstellt, sie würden vom anderen keine

---

1 Vgl. Kohlberg und Novshek (1982).

2 Eine inhaltliche Erläuterung liefern Anderson et al. (1992), S. 300: Während die Firmen in der Marktmitte ein "mittelmäßiges" Produkt auch nur zu einem gemäßigten Preis anbieten können, können es sich die Anbieter der spezialisierten Güter an den Rändern des Spektrums leisten, höhere Preise zu verlangen.

3 Eine Studie über den Einfluß der "Marktlänge" (oder entsprechend der Transportkosten) auf das Konkurrenzgleichgewicht zweier Anbieter auf linienförmigem Markt bei elastischer Nachfrage findet sich auch bei Eaton (1972). Das Gleichgewicht (unter der Annahme einer modifizierten ZCV) ist symmetrisch, und die Standorte liegen umso dichter an der Marktmitte, je "kürzer" der Markt ist, je geringer also die Transportkosten sind.

4 Da sie im Ergebnis Hotellings Annahme entspricht, ergibt sich auch für unelastische Nachfragen ein Gleichgewicht, in dem für nahegelegene Standorte die Anbieter Preise setzen, mit denen sie einander gerade noch nicht unterbieten.

Reaktion erwarten.[1] Die modifizierte ZCV wird der Rationalität der Spieler eher gerecht.

Da die Variation der Transportkosten zu stabilen Gleichgewichten führen kann, wie die Untersuchung von D'Aspremont et al. (1979) unter Verwendung quadratischer Transportkostenverläufe zeigt, werden Variationen dieser Kostenstruktur auch von anderen Autoren betrachtet. Anderson (1988), ebenso wie Gabszewicz und Thisse (1986-I) und (1986-II) untersuchen Transportkostenfunktionen, die aus einem linearen und einem quadratischen Term zusammengesetzt sind.[2] Bezüglich der realen Anwendbarkeit gelten dieselben Überlegungen und Einschränkungen, die bereits für die quadratischen Transportkosten ausgeführt wurden. Formal zeigt sich, daß ein Gleichgewicht unter dieser Voraussetzung ebenfalls nur für hinreichend weit entfernte Standorte und bestimmte Relationen zwischen der Gewichtung des linearen und des quadratischen Terms gesichert werden kann, daß also das zweistufige Spiel nicht immer lösbar ist, obwohl die Gewinnfunktionen stetig in den Preisen verlaufen.

Für eine weitere, von Gabszewicz und Thisse (1986-I, S. 32ff.) und (1986-II) untersuchte Problemausprägung, die die vertikale Produktdifferenzierung wiedergibt, existiert hingegen immer ein Gleichgewicht. Dabei kann der Unterschied zwischen vertikaler und horizontaler Differenzierung allgemein wie folgt beschrieben werden:[3] Wenn für alle Güter der gleiche Preis verlangt wird und dann jedes der Güter nachgefragt wird, so sind die Güter horizontal differenziert. Wenn unter denselben Umständen nur ein Gut nachgefragt wird, so sind die Güter vertikal differenziert.[4] Mit anderen Worten ist die Güterbewertung der Konsumenten im Falle vertikaler

---

[1] Gabszewicz und Thisse (1986-I), S. 31, Fußnote 32, sehen es als problematisch an, daß durch die modifizierte ZCV die Strategien des Unterbietens und damit wesentliche Elemente der Konkurrenz wegfallen, da Preiskriege ausgeschlossen werden. Andererseits werden rationale und vorausschauende Konkurrenten aber versuchen, einen solchen ruinösen Kampf tatsächlich zu vermeiden, indem sie die Konkurrenz abschwächen. Gerade diese Möglichkeit bietet die räumliche Differenzierung.

[2] Eine weitere Variation schlägt Economides (1986) vor, der Transportkosten verwendet, die "zwischen" den linearen und den quadratischen liegen, wo also der Abstand zwischen Anbieter und Nachfrager mit einer Zahl zwischen Eins und Zwei potenziert wird.

[3] Vgl. z.B. Anderson et al. (1992), S. 274.

[4] Hier wird deutlich, daß die "Wartezeitkonstruktion" von Prescott und Visscher (1977) tatsächlich eine vertikale Differenzierung bedeutet, denn zum gleichen Preis würden alle Nachfrager die kürzeste Wartezeit bevorzugen.

Differenzierung identisch, während sie für horizontal differenzierte Güter unterschiedlich ist.

Alle bisher untersuchten Linien-Modelle - bis auf das Wartezeitmodell - bilden die horizontale Differenzierung ab. Vertikale Differenzierung kann in einem Standortmodell erfaßt werden, indem das Innere des von den Nachfragern besiedelten Intervalls von den möglichen Standorten ausgeschlossen wird. Statt dessen stehen den Anbietern Standorte auf der Verlängerung dieser Linie jenseits einer Intervallgrenze zur Verfügung. Dann bildet für jeden Nachfrager innerhalb des Intervalls der dem Intervall nähergelegene Anbieter die attraktivere Alternative, sofern beide Anbieter denselben Preis verlangen, und damit ist die Güterbewertung aller Nachfrager identisch. Unter dieser Voraussetzung erhält möglicherweise ein Anbieter gar keine Nachfrage, denn bei Transportkostenfunktionen, in denen der lineare Term gegenüber dem quadratischen Term zu stark gewichtet ist, ist der weiter vom Nachfragerintervall entfernte Anbieter benachteiligt. Die Situation weist dennoch auch bei nahegelegenen Standorten ein Gleichgewicht auf (im Gegensatz zur horizontalen Differenzierung, d.h dem Hotelling-Fall). Ggf. kann einer der Spieler durch geschickte Wahl des Standortes am Intervallende und seines Preises sicherstellen, daß der zweite Spieler gar keine Möglichkeit hat, in den Markt einzudringen.[1]

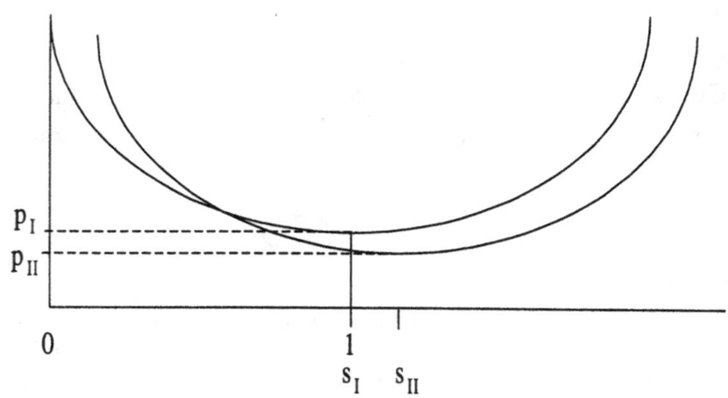

Abb. 4.9 Beispiel vertikaler Differenzierung

Ist der quadratische Term, wie in Abbildung 4.9 gezeigt, hingegen hinreichend stark gewichtet, so kann sich der weiter von den Nachfragern entfernte Anbieter Nachfrager am Rand des Marktes sichern, sofern sich für den nähergelegenen Anbieter

---

[1] Damit erweist sich die Situation als "natürliche Monopolsituation".

eine Preissenkung nicht mehr lohnt, weil sie ihm nur wenige Nachfrager einbringen würde. Die Abbildung illustriert eine solche Situation mit Standorten am Rand bzw. außerhalb des Nachfragerintervalls.

Eine größere Stabilität in Modellen vertikaler Differenzierung weisen auch andere Autoren nach.[1] Shaked und Sutton (1982) untersuchen ebenfalls ein Modell vertikaler Differenzierung und berücksichtigen dabei unterschiedliche Einkommen der Käufer. Auf diese Weise wird erreicht, daß die Käufer mit geringerem Einkommen billigere Produkte minderer Qualität bevorzugen. Unter dieser Modellierung zeigt sich, daß nur eine geringe Anbieterzahl auf dem Markt bestehen kann und auch bei freiem Markteintritt und hinreichend niedrigen Fixkosten die Anbieterzahl nicht unbegrenzt zunimmt. Es findet kein Grenzübergang zur (quasi-)vollständigen Konkurrenz statt, wie im Falle horizontaler Differenzierung bei hinreichend niedrigen Fixkosten.[2] Gabszewicz und Thisse (1979), die ebenfalls ein Modell vertikaler Differenzierung mit gleichmäßigen Einkommensunterschieden betrachten, zeigen die Stetigkeit des Nachfrageübergangs unter diesen Prämissen auf und weisen nach, daß ein Prinzip maximaler Differenzierung für diese Situation angemessen ist. Dasselbe Resultat liefert ein bzgl. der Nachfrager etwas anders konstruiertes Modell, bei dem diese nicht durch ihre Einkommen, sondern durch ihre Bereitschaft, für höhere Qualität zu bezahlen, differenziert werden.[3] Wie in Prescott und Visschers (1977) "Wartezeitmodell" verteilen sich die Nachfrager zwischen der höchsten und der niedrigsten

---

1 So zeigen z.B. Anderson et al. (1992), S. 305ff., daß ein Gleichgewicht bei vertikaler Differenzierung für die simultane Preis- und Standortwahl existiert, daß allerdings in diesem Gleichgewicht alle Anbieter am in den Augen der Nachfrager besten Standort (bzw. die beste Qualität) anbieten und dafür einen Preis von Null erhalten.

2 Vgl. Phlips und Thisse (1982). Bei horizontaler Differenzierung kann sich jeder Anbieter einen "kleinen" Anteil des Marktes sichern, da es immer Nachfrager gibt, die sein Produkt bevorzugen. Bei vertikaler Differenzierung hingegen ist die Präferenz aller Nachfrager gleich, so daß nicht beliebig viele Anbieter einen positiven Marktanteil halten können. So ergibt sich z.B. im Modell von Shaked und Sutton (1982) bei einer nicht zu großen Einkommensspanne der Nachfrager, daß nur zwei Anbieter profitabel auf den Markt kommen können.
Vgl. hierzu auch die Untersuchung von Shaked und Sutton (1987), die aufzeigt, daß bei gleichzeitiger vertikaler und horizontaler Differenzierung der Markt dann nicht völlig "fragmentarisch" wird, d.h. bei zunehmender Anbieterzahl nicht alle Marktanteile beliebig klein werden, wenn die Kosten qualitätsabhängig sind. Die Zahl der Anbieter auf einem solchen Markt bleibt unter dieser Voraussetzung also immer begrenzt.

3 Vgl. Anderson et al. (1992), S. 307ff., sowie Tirole (1988), S. 296ff.

Qualität, und ihre jeweilige Präferenz für einen Anbieter bestimmt sich nach der Kombination aus Preis und Qualität.[1]

Schließlich untersuchen Anderson et al. (1992) den Fall gleichzeitiger vertikaler und horizontaler Differenzierung ohne die Berücksichtigung von qualitätsabhängigen Kosten.[2] Hierbei stellt sich heraus, daß die Differenzierung in der einen Richtung maximal und in der anderen Richtung minimal sein wird, daß sich also die Anbieter nur in der einen Komponente - horizontal oder vertikal - abgrenzen. Wie im Falle horizontaler Differenzierung können, sofern Fixkosten vernachlässigt werden, beliebig viele Anbieter auf den Markt kommen, da sie sich in horizontaler Richtung stets eine Marktnische sichern können.

Die im Zusammenhang mit "reinen" Preisspielen bereits angesprochene Festsetzung von Lieferpreisen anstelle von Abholpreisen wird von Hurter und Lederer (1985) sowie Lederer und Hurter (1986) untersucht. Die Autoren unterstellen dabei einen zwei-dimensionalen Raum; die Ergebnisse lassen sich jedoch ohne weiteres auf den linienförmigen Markt übertragen.[3] In einem zweistufigen Spiel wird jeder von zwei Anbietern auf der zweiten Stufe die bereits beschriebene optimale Strategie wählen, die auf Lieferpreise in Höhe der Kosten des Anbieters mit den höheren Kosten führt, d.h. an jedem Punkt des Marktes x ist der Lieferpreis p^d durch[4]

$$p^d(x) := \max \{c_I + t\cdot|s_I - x|, c_{II} + t\cdot|s_{II} - x|\}$$

gegeben, wobei c_I bzw. c_{II} die konstanten Grenzkosten der Produktion darstellen. Die Nachfrage wird dabei als vollkommen unelastisch vorausgesetzt.

Die Gleichgewichtsstrategien in Preisen existieren für alle möglichen Standorte der Konkurrenten. Zur Ermittlung der optimalen Standorte können nun die Gewinnfunktionen aufgestellt und nach den Standorten (bzw. den Größen a und b) differenziert werden. Unterstellt man zur Vereinfachung für beide Anbieter identische Grenzkosten der Produktion in Höhe von c, so beträgt der Gewinn des ersten Anbieters[5] auf seinem Marktgebiet [0, (a + b)/2]

---

1 Ein Modell mit vertikaler Differenzierung und Mengenstrategien schlägt Gal-Or (1983) vor.

2 Vgl. Anderson et al. (1992), S. 316ff.

3 Vgl. z.B. auch Gabszewicz und Thisse (1986-I), S. 59ff.

4 Vgl. Lederer und Hurter (1986), Theorem 1.

5 Vgl. Anderson et al. (1992), S. 328.

$$G_I(a,b) := \int_0^{\frac{a+b}{2}} (c + t(b-x)) - (c + t|a-x|)\,dx$$

$$= \int_0^{a} t(b-a)\,dx + \int_a^{\frac{a+b}{2}} t(a+b-2x)\,dx$$

$$= t(b-a)a + (\frac{t(a+b)^2}{2} - t(a+b)a) - (\frac{t(a+b)^2}{4} - t\cdot a^2)$$

$$= t(b-a)\,a + \frac{t}{4}(b-a)^2.$$

Analog ergibt sich der Gewinn des zweiten Anbieters. Durch partielles Differenzieren und Nullsetzen der partiellen Ableitungen lassen sich die optimalen Standorte bestimmen, in denen die Anbieter bei Wahl der optimalen Preise $p^d(x)$ auf der zweiten Spielstufe ihre Gewinne maximieren. Es ergibt sich bei Ableiten des Gewinns von Anbieter I nach a:

$$\frac{\partial G_I(a,b)}{\partial a} = tb - 2ta + \frac{t}{2}(b-a)(-1) = -\frac{3t}{2}a + \frac{t}{2}b = 0$$

$$\Rightarrow 3a = b$$

Da sich beide Anbieter derselben Kostensituation gegenübersehen, sie also bzgl. aller wesentlichen Eigenschaften identisch sind, müssen auch ihre Standorte auf der Linie symmetrisch angeordnet sein (a + b = 1). Daher folgt unmittelbar, daß

$a^* = 1/4$ und $b^* = 3/4$

gelten muß. Damit sind die Standorte im Gleichgewicht so verteilt, daß die gesamten anfallenden Transportkosten minimiert werden. Trotz der ursprünglich anderen Zielsetzung wird also in diesem Konkurrenzmodell bei Verwendung von Lieferpreisen eine Aufgabe der klassischen Standortplanung gelöst. Weil jeder Anbieter den Standort seines Konkurrenten als gegeben annimmt und damit auch die Preise und die Erlösseite als unveränderlich voraussetzt, bleibt für den einzelnen Anbieter nur die Kostenseite zu optimieren. Führen beide Anbieter simultan eine solche Kostenminimierung durch, so ist zumindest eine mögliche Lösung diejenige, die auch die Gesamtkosten minimiert. Es kann jedoch noch weitere Gleichgewichte geben, so daß die Eindeutigkeit nicht garantiert ist.[1]

---

[1] Vgl. das bei Hurter und Lederer (1985) angegebene Beispiel.

Bei Verwendung differenzierter Lieferpreise werden sich die Anbieter nie an demselben Ort niederlassen, da sie sich nur durch räumliche Abgrenzung von der Konkurrenz einen Kostenvorteil - und damit positive Gewinne - sichern können. In Lieferpreisen ist die Konkurrenz zunächst intensiver als in Abholpreisen, denn die Preise orientieren sich in jedem einzelnen Punkt des Marktes am Niveau der Kosten des Konkurrenten, so daß gleichsam um jeden Kunden einzeln konkurriert wird. Ein Unterbieten kann allerdings nicht mehr stattfinden, weil die Anbieter Preise fordern, die niedrig genug sind, um es auszuschließen. Die Konkurrenz wird zudem abgeschwächt, indem sich die Konkurrenten voneinander entfernen. Da sie jedoch, im Gegensatz zur Betrachtung von Abholpreisen, selber mit den Kosten der Transporte belastet werden, streben sie nicht an den Rand des Marktes, wo die Kosten der Belieferung noch höher wären, sondern wählen "gemäßigt differenzierte" Standorte.

Werden elastische Nachfragen unterstellt, kann das Argument der fixierten Erlösseite nicht aufrechterhalten werden, und es ergibt sich, wie in den Modellen der klassischen Standortplanung, die Problematik, daß die Kostenminimierung nicht mehr der Gewinnmaximierung äquivalent ist. Damit sind die sozial optimalen Standorte in diesem Fall nicht die Gleichgewichtslösung, sondern die Anbieter nähern sich im Gleichgewicht mehr der Marktmitte, da sie durch eine solche Standortveränderung in der Mitte des Marktes mehr hinzugewinnen können, als sie am Rande des Marktes verlieren.[1]

In gleichförmigen Lieferpreisen gibt es, im Gegensatz zu den anderen Preispolitiken, nie ein teilspielperfektes Gleichgewicht, da eine instabile Situation, ähnlich wie im Edgeworth-Fall, eintritt, in der sich die Anbieter entweder unterbieten wollen oder, wenn der Preis des Konkurrenten bereits niedrig ist, den von diesem nicht bedienten Teil des Marktes zu einem höheren Preis versorgen wollen.[2] Wie im kapazitierten Fall zwingt der gleichförmige Lieferpreis die Konkurrenten dazu, ihr Angebot zu rationieren, d.h. nicht jeden potentiellen Kunden zu versorgen, da ein Bedienen weiter entfernter Kunden zu Verlusten führen kann.
Werden allerdings die Nachfragerpräferenzen umgestaltet und differenzierte Produkte eingeführt, wie in Abschnitt 4.6.1 bereits für den Drei-Spieler-Fall erläutert, so existiert auch für gleichförmige Lieferpreise ein Gleichgewicht. De Palma, Pontes und Thisse (1987) unterstellen, daß die von zwei Anbietern angebotenen Produkte

---

1 Vgl. Anderson et al. (1992), S. 329f.

2 Vgl. Anderson et al. (1992), S. 338ff.

unterschiedlich und die Geschmäcker der Nachfrager verschieden seien. Die Heterogenität des Geschmacks und der Grad der Produktdifferenzierung werden wieder durch einen Parameter $\mu \geq 0$ erfaßt. Den Anbietern ist die Nachfrage, die sie bei einem bestimmten Preis erzielen können, nicht bekannt. Die Kaufwahrscheinlichkeit in Abhängigkeit von den Preisen kann jedoch formal durch ein sog. binomiales Logit-Modell erfaßt werden, da der Heterogenitätsgrad des Geschmacks bekannt ist.[1] Diese Wahrscheinlichkeit kann als Kaufwahrscheinlichkeit jedes einzelnen Nachfragers bei dem betrachteten Anbieter oder als der durch diese Größe charakterisierte Anteil aller Nachfrager, der bei dem Anbieter kauft, interpretiert werden. Die Kaufwahrscheinlichkeit ist für den Anbieter mit dem höheren Preis zwar geringer, aber sie ist nicht, wie im Modell ohne differenzierte Produkte, gleich Null. So wird erreicht, daß die Nachfrager-Übergänge nicht mehr abrupt, sondern kontinuierlich erfolgen.

De Palma, Pontes und Thisse (1987) betrachten ein simultanes Preis- und Standort-Gleichgewicht bei gleichförmigen Lieferpreisen. Bei heterogenen Produkten bzw. Nachfragern mit heterogenem Geschmack existiert, im Gegensatz zum homogenen Fall, ein Gleichgewicht, sofern die Heterogenität - abgebildet durch den Parameter μ - hinreichend groß ist.[2] Die beiden Anbieter befinden sich im Gleichgewicht in der Marktmitte und fordern denselben Preis. Da die Geschmäcker der Nachfrager heterogen sind, beliefern beide Anbieter alle Nachfrager, d.h. den ganzen Markt.[3]

Ein vergleichbares Ergebnis ergibt sich für ein simultanes Standort- und Preismodell mit hinreichend heterogenem Konsumentengeschmack und Abholpreisen.[4] Auch hier verschwindet die Unstetigkeit der Gewinnfunktionen, weil nicht plötzlich alle

---

1 Vgl. De Palma, Pontes und Thisse (1987). Ein binomiales Logit-Modell eignet sich zur Erfassung zweier Alternativen, wie sie in diesem Fall, da es nur zwei Anbieter gibt, vorliegen. Anstelle der formal schlecht zu handhabenden Normalverteilung wird die sog. logistische Verteilung für die Geschmäcker der Käufer unterstellt, die ähnliche Ergebnisse wie die Normalverteilung liefert. Das Logit-Modell liefert die Wahrscheinlichkeiten der Entscheidungen für die beiden zur Wahl stehenden Alternativen.

2 Wie auch im Drei-Spieler-Fall mit Standortkonkurrenz kann die Existenz des Gleichgewichts dann gezeigt werden, wenn μ im Verhältnis zum Transportkostensatz t hinreichend groß ist, da dann die Bedeutung der Produktdifferenzierung bzw. der Geschmacksunterschiede die Bedeutung der Entfernung übertrifft.

3 Dies gilt natürlich nur unter der Einschränkung, daß die Kosten der Belieferung nicht höher sind als der Preis. Ist dies der Fall, wird ein Anbieter es vorziehen, den Nachfrager nicht zu beliefern.

4 Vgl. De Palma et al. (1985).

Nachfrager den Anbieter wechseln, wenn der eine den anderen marginal unterbietet. Die Quasi-Konkavität der Gewinnfunktion im Preis ist zwar auch für sehr heterogene Geschmäcker nicht gegeben,[1] dennoch existiert ein Gleichgewicht. Dies erklärt sich dadurch, daß die Strategie des Unterbietens nicht mehr unbedingt einen größeren Gewinn als eine höhere Preisforderung verspricht, da die Nachfrager bei differenzierten Produkten nicht so sensitiv auf Preissenkungen reagieren und ein höherer Preis nur mit geringem Kundenverlust und also höheren Gewinnen verbunden ist. Die Gleichgewichtsstandorte befinden sich auch in diesem Fall - für zwei ebenso wie für eine beliebige Zahl von ν Firmen und bei hinreichender Heterogenität des Geschmacks im Vergleich zu den Transportkosten - in der Mitte des Marktes. Im Preismodell ergibt sich ein einheitlicher Abholpreis, $p := \mu\nu/(\nu-1)$. Dieser geht für fallendes μ gegen Null. Die Bedeutung des Verhältnisses von Heterogenität und Transportkostensatz läßt sich inhaltlich dadurch erklären, daß bei teureren Transporten die Versuchung für die Anbieter größer ist, sich durch räumliche Verteilung eine Monopolstellung in einem bestimmten Marktgebiet zu sichern. Bei niedrigeren Kosten des Transports hingegen erscheint diese Strategie nicht so vielversprechend und die Anbieter wählen lieber im Zentrum des Marktes eine möglichst von allen Nachfragern gut zu erreichende Position.[2]

Stahl (1982) erzielt ein ähnliches Ergebnis, indem er ebenfalls differenzierte Produkte bzw. Einrichtungen betrachtet. In Stahls Modell müssen die Nachfrager sog. Suchkosten aufwenden, um die von ihnen bevorzugte Variante zu finden. Daher profitieren die Anbieter von einem "gemeinsamen" Standort, weil ein Standort (Marktplatz), an dem sich mehrere Anbieter aufhalten, eher von den Nachfragern aufgesucht wird, da diese ihre Suchkosten minimieren wollen. Je wählerischer die Kunden sind, je

---

1 Vgl. Anderson et al. (1992), S. 366ff., insbes. Figure 9.8.

2 Dieses Ergebnis steht scheinbar im Gegensatz zu dem oben dargestellten Resultat von Prescott und Visscher (1977). Diese gehen von einem differenzierten Geschmack bzgl. der "Wartezeiten" aus, die die Käufer auf sich nehmen müssen, und gelangen zu dem Schluß, daß die Anbieter sich weit entfernt voneinander niederlassen werden. Tatsächlich handelt es sich jedoch um eine Folge der unterschiedlichen Modellierung: Während Prescott und Visscher (1977) die Linie als eine Verteilung der Wartezeit, d.h. der von ihnen betrachteten Produkteigenschaft, ansehen, wobei diese Eigenschaft für die Käufer unterschiedlich bedeutsam ist, behält diese bei De Palma et al. (1985) ihre räumliche Bedeutung, und die Güterheterogenität wird zusätzlich zur räumlichen Differenzierung einbezogen.

ausgeprägter also ihre Präferenzen sind, desto ausgeprägter ist die Tendenz der Anbieter zur minimalen räumlichen Differenzierung.[1]

Suchkosten - und damit unvollkommene Information der Kunden - unterstellen auch Gabszewicz und Garella (1986). In diesem Modell kennen die Nachfrager jeweils den von dem ihnen nächstgelegenen Anbieter geforderten Preis, während sie linear entfernungsabhängige Suchkosten aufwenden müssen, um den Preis des zweiten Anbieters zu erfahren. Bezüglich der Annahmen über den zweiten Preis betrachten die Autoren zwei Fälle. Im einen Fall kennen die Verbraucher ein Preisintervall, innerhalb dessen der Preis mit Sicherheit liegen wird; im zweiten Fall leiten sie eine Vermutung über diesen Preis aus dem ihnen bekannten Preis des anderen Anbieters ab. Es ergibt sich, daß im ersten Fall - bei vom konkreten Preis unabhängigen Erwartungen - die Anbieter den Preis verlangen werden, der es gerade für alle Nachfrager uninteressant macht, überhaupt Suchkosten aufzuwenden. Dieses Preisgleichgewicht existiert aber nur, wenn die Standorte der Anbieter hinreichend weit voneinander entfernt sind, so daß die Einführung unvollkommener Information auf ein zum ursprünglichen Hotelling-Problem analoges Existenzproblem führt. Im zweiten Fall - wenn die Verbraucher ihre Erwartungen aus dem ihnen bekannten Preis herleiten - hingegen existiert gar kein Gleichgewicht. Die Anbieter sind, im Gegensatz zum ursprünglichen Hotelling-Modell, nicht versucht, sich gegenseitig zu unterbieten, sondern durchbrechen das Gleichgewicht, um einen höheren Preis zu fordern, da der Verlust an Nachfragern zunächst von den höheren Einnahmen überkompensiert wird, denn die Nachfrager zögern, die Suchkosten auf sich zu nehmen, so daß einem Anbieter bei einer Preiserhöhung nur wenig Nachfrage verloren geht. Die Nachfrager leiten aus einer ihnen bekannten hohen Preisforderung die Erwartung ab, der Preis des Konkurrenten werde ebenfalls hoch sein, und nehmen deswegen die Suche nicht auf sich.

Während die bisher vorgestellten Konzeptionen im wesentlichen im Rahmen der Problemstellung von Hotelling bleiben und die Sensitivität bzgl. einzelner Prämissen geprüft wird, gibt es auch Ansätze, in denen die Spielregeln weitergehend verändert werden. So definiert Bester (1989) ein Verhandlungsspiel, bei dem nicht die Anbieter

---

[1] Die unterschiedliche Attraktivität von Einrichtungen beziehen auch Eiselt und Laporte (1988) sowie Eiselt et al. (1989) ein. Die Firmen besitzen verschiedene Gewichte, die ihre Größe repräsentieren, wobei die Größe einer Einrichtung von den Nachfragern positiv und die Entfernung negativ bewertet wird. Während die Standorte der Unternehmen bereits feststehen, sind die Gewichte in optimaler Weise zu bestimmen. In der Realität finden sich solche Problemstellungen z.B. bei der Planung von Niederlassungen in schon existierenden Einkaufszentren.

Preise festsetzen, sondern bei dem jeder Nachfrager im Geschäft über den Preis verhandeln und sich ggf. zum Verlassen des Geschäfts entschließen kann, wenn keine Einigung erreicht wird. Dann kann er den Weg zu einem anderen Anbieter auf sich nehmen, der ihm allerdings Reisekosten bzw. Zeitverluste einbringt.[1] Auf der ersten Stufe entscheiden die Anbieter also zunächst autonom über ihre Standorte, auf der zweiten Stufe treten sie in Preis-Verhandlungen mit den Nachfragern.
Durch die Verhandlungsmöglichkeit und das mögliche Weitersuchen nach einem anderen Angebot beginnt die Zeit eine Rolle zu spielen. Später entstehender Nutzen muß abgezinst werden, um ihn mit früher entstehendem Nutzen vergleichbar zu machen. Da es wegen dieser Nutzeneinbußen für Käufer und Verkäufer aber letztlich sinnvoll ist, das Geschäft zu einem frühen Zeitpunkt zu tätigen, werden die Anbieter einen Preis verlangen, bei dem alle Nachfrager, die das Geschäft aufsuchen, bereits in der ersten Periode kaufen.[2] Für zwei Anbieter führt das Verhandlungsspiel zu symmetrischen, aber entfernten Standorten - Bester (1989) betont, daß sich die Anbieter auf diese Weise eine gewisse Monopolstellung sichern - und gleichen Preisen. Auch hier wird also eher maximale als minimale Differenzierung erreicht.

Eine andere Variation der Spielregeln schlagen Artle und Carruthers (1988) vor. Sie führen eine weitere, vorgelagerte Spielstufe ein, in der zunächst ein Landbesitzer über die Vergabe von Grund und Boden an die Anbieter entscheidet, bevor diese um ihre Nachfrager zu konkurrieren beginnen. Dieses Vorgehen verändert das Modellergebnis, da die übergeordnete Zielsetzung nun die des Landbesitzers ist, der die Pachteinnahmen maximieren möchte und der die Standorte, die die Anbieter einnehmen, in seinem Sinne beeinflussen kann. Insbesondere hat der Landbesitzer auch die Macht, den Anbietern aggressive Preisstrategien zu untersagen, so daß sich die Situation gegenüber dem Hotelling-Modell stabilisiert.

Karlson (1985) betrachtet eine Verbindung des Hotellingschen Modells mit dem klassischen Modell von Weber. Da die beiden Fälle "complements, not substitutes" seien, hält er eine nähere Verbindung der Modelle für wünschenswert, die durch das Einbeziehen einer Rohstoffquelle in ein Hotelling-Modell auf kreisförmigem Markt bei elastischer Nachfrage realisiert wird. Anstatt nach globalen Gleichgewichten sucht

---

1 Der Unterschied zur oben beschriebenen Modellsituation von Gabszewicz und Garella (1986) besteht in der Verhandlungsmöglichkeit.

2 Insofern besteht eine Übereinstimmung zum Ergebnis von Gabszewicz und Garella (1986), da auch in jenem Modell die Gleichgewichtspreise so festgesetzt werden, daß Suchen unattraktiv ist.

Karlson nach lokalen Gleichgewichten, d.h. Konstellationen, wo sich durch kleine Veränderungen keiner der Anbieter verbessern kann, so daß die Möglichkeit des Unterbietens ausgeschlossen ist. Die Rohstoffquelle bzw. die durch den Transport von Inputfaktoren zu erwartenden Transportkosten veranlassen die Konkurrenten, sich nicht gleichmäßig verteilt auf dem Markt niederzulassen, sondern näher an den Rohstoffmarkt heranzurücken. Während das reine Konkurrenzmodell bei elastischen Nachfragen eine Tendenz zur Differenzierung hat und das Webersche Modell auf Agglomeration nahe der Rohstoffquelle führt, liefert das kombinierte Modell ein qualitativ "dazwischen" liegendes Ergebnis.

Anderson und Neven (1991) sowie Anderson et al. (1992, S. 332ff.) betrachten die Verwendung von Mengenstrategien bei elastischer Nachfrage auf der Linie.[1] Mengenstrategien lassen sich insbesondere rechtfertigen, wenn die Produktionsmengen langfristiger als die Preise festzulegen sind, weil im voraus auf Lager produziert wird, und werden, z.B. von Eaton und Lipsey (1989), als in manchen Fällen "vernünftiger" als Preisstrategien angesehen. Gerade bei hohen Investitionskosten für die Kapazitätsbereitstellung wird es besonders im Interesse der Anbieter sein, ihre Produktionsmengen auch tatsächlich verkaufen zu können, so daß sie markträumende Strategien spielen, was mit der Wahl der Cournotmengen übereinstimmt.[2] Bei Verwendung von Mengenstrategien werden zudem die pathologischen Ergebnisse des fortgesetzten Unterbietens bei Preiskonkurrenz vermieden.[3]

Mengenstrategien führen, wie die Untersuchung räumlicher Marktgleichgewichte bereits gezeigt hat, auf eine Versorgung der Nachfrager durch beide Firmen, nicht nur durch das Unternehmen mit den günstigeren Kosten.[4,5] Die Marktgebiete überlappen sich teilweise oder vollständig und sind nicht strikt getrennt, was mit

---

1 Auch wenn Mengenstrategien eigentlich Gegenstand des dritten Kapitels dieser Arbeit sind, werden im folgenden Anwendungen von Mengenstrategien auf Hotelling-Modelle behandelt, um sie den Preismodellen gegenüberstellen zu können.

2 Vgl. Tirole (1988), S. 217f., sowie Kreps und Scheinkman (1983).

3 Vgl. auch Salant (1986), der ebenfalls die Verwendung von Mengenstrategien im Hotelling-Modell untersucht.

4 Dies gilt, sofern die Transportkosten nicht zu hoch sind, solange also jeder Anbieter den ganzen Markt beliefern möchte.

5 Vgl. auch das Mengenmodell zum internationalen Handel mit sog. "Cross-Hauling" von Brander (1981). Brander zeigt, daß sich der Handel zwischen zwei Industrien, die ein identisches, homogenes Gut anbieten, durch ein Mengenmodell begründen läßt.

realen Beobachtungen übereinstimmt, da in der Regel keine klar getrennten Marktgebiete verschiedener Anbieter zu beobachten sind.[1]
Anderson und Neven (1991) setzen voraus, daß beide Anbieter prinzipiell zur Belieferung jedes Punktes auf der Linie bereit sind, daß also die Transporte nicht zu teuer sind. Betrachtet man zunächst gegebene Standorte der Anbieter, so ist der aus den Liefermengen folgende Verkaufspreis an allen Orten, die sich zwischen den Anbietern befinden, identisch; während der jeweils kostengünstigere Anbieter eine größere Menge liefert, bietet der jeweils teurere Anbieter weniger an. Symmetriegründe führen im Linienmodell auf konstante Gesamtmengen und konstante Preise an allen Nachfragerpunkten zwischen den beiden Anbietern.[2]

Wenn sich unter Mengenkonkurrenz zwei Anbieter an einem Ort befinden, fallen die Preise nicht auf die Grenzkosten, da die Anbieter ohnehin die gleichen Nachfrager beliefern und in Mengenstrategien kein Unterbieten stattfindet. Tatsächlich ist Agglomeration für bestimmte Konstellationen von Nachfragefunktionen und hinreichend niedrige Transportkosten die Gleichgewichtslösung des zweistufigen Standort-Mengen-Spiels auf der Linie.[3,4] Lohnt sich hingegen aufgrund zu teurer Transporte die Belieferung aller Nachfrager nicht mehr für beide Anbieter, so ist die lokale Monopollösung für die Anbieter günstiger als die gemeinsame Ansiedlung in der Marktmitte; die Anbieter versorgen dann nicht mehr alle Kunden gleichzeitig, sondern schaffen sich ihre eigenen, abgegrenzten Marktgebiete.[5] Damit ergibt sich für die Linienmodelle ein äquivalentes Resultat zu dem Ergebnis, das bereits in Abschnitt 3.5.2 für das Konkurrenzmodell von Labbé und Hakimi (1991) in Netzwerken angegeben wurde. Die Anbieter sichern sich Monopolgebiete, wenn sie nicht alle

---

[1] Vgl. hierzu auch die Untersuchung zur Gestalt von Marktgebieten von Huff (1964).

[2] Dies trifft nur unter der Voraussetzung entfernungs- und mengenproportionaler Transportkosten zu, vgl. Anderson et al. (1992), S. 334.

[3] Vgl. Anderson und Neven (1991). Sie zeigen, daß für konvexe und lineare Transportkosten minimale Differenzierung ein Gleichgewicht - sogar für mehr als zwei Anbieter - darstellt, während dies für konkave Transportkostenverläufe nicht der Fall ist. Diese verstärken vielmehr wieder die Tendenz zur Differenzierung.

[4] Die Konkavität der Gewinnfunktionen, die sich unter den genannten Annahmen bzgl. der Transportkosten zeigen läßt, garantiert ein Gleichgewicht.

[5] Vgl. Anderson et al. (1992), S. 336f. Obwohl die Konkurrenz bei der Verwendung von Mengenstrategien abgemildert scheint und die Preise höher liegen als bei Preisstrategien, müssen die Gewinne nicht höher sein.

Nachfrager beliefern können; ist dies jedoch möglich, so liegen die optimalen Standorte in demselben Punkt, und es findet keine Abgrenzung statt.

Neben der Frage, unter welchen Prämissen und Modellvarianten die Existenz eines Gleichgewichts gezeigt werden kann und wann sich dieses mit dem Hotellingschen Prinzip minimaler Differenzierung deckt, ist ein weiterer, in der Literatur häufig betrachteter Untersuchungsgegenstand das Modellverhalten bei freiem Markteintritt und wachsender Anbieterzahl. Das Marktergebnis vollständiger Konkurrenz basiert auf der Annahme, jeder Anbieter unterstelle eine horizontale Nachfragefunktion, d.h. er könne den Preis nicht beeinflussen, und die Produktion finde mit konstanten Skalenerträgen statt.[1] Im Gegensatz dazu besitzt bei räumlicher Ausdehnung jeder Anbieter eine gewisse Monopolmacht, zumindest in seiner direkten Umgebung, und, um sinnvolle Modelle zu konstruieren, ist die Annahme wachsender Skalenerträge erforderlich.[2] Damit kann aber die Gleichgewichtstheorie, die auf Arrow und Debreu (1954) zurückgeht, mangels konvexer Technologien nicht angewendet werden. Die wachsenden Skalenerträge sind Folge von Fixkosten für die Standort-Errichtung ("indivisibilities"), die die Zahl der Anbieter auf dem Markt begrenzen.[3] Der freie Markteintritt muß nicht auf beliebig viele Anbieter mit Nullgewinnen führen wie im nicht-räumlichen Fall, da ein Markteintritt unvorteilhaft sein kann, der mit festen Ausgaben verbunden ist, obwohl die auf dem Markt bereits aktiven Anbieter noch Gewinne erzielen.[4] Eaton und Lipsey (1978) bezeichnen die Marktstruktur im räumlichen Fall daher als "hartnäckig oligopolistisch". Greenhut und Greenhut (1992), die die Überlegenheit räumlicher Modelle gegenüber Punktmarkt-Modellen betonen, schreiben: "...given the cost of distance, the world of industry is one of oligopoly."

1 Es läßt sich allerdings auch für U-förmige Durchschnittskosten, d.h. zunächst steigende Skalenerträge zeigen, daß bei freiem Markteintritt das Ergebnis des Cournot-Modells gegen das Ergebnis vollständiger Konkurrenz konvergiert, sofern die einzelnen Firmen klein im Vergleich zum Gesamtmarkt sind, vgl. Novshek (1980-II).

2 Vgl. Dorward (1982), der die neoklassische Theorie vollständiger Konkurrenz und die Theorie räumlicher Konkurrenz gegenüberstellt.

3 Vgl. z.B. Salop (1979) und Eaton (1976). Würden die Durchschnittskosten nicht fallen und die Skalenerträge nicht steigen, wäre es am günstigsten, ein Angebot in jedem Punkt des Raumes zu schaffen. Lokalisierte Produktion bzw. lokalisiertes Angebot entstehen gerade wegen der steigenden Skalenerträge.

4 Vgl. Eaton (1976) und die Diskussion des Modells von Prescott und Visscher (1977) unter Einbeziehung von Markteintrittskosten.

Es bleibt jedoch festzuhalten, daß für die Grenzbetrachtung gegen Null fallender Fixkosten bei freiem Markteintritt räumlich differenzierte Modelle eine wachsende Zahl von Anbietern und gegen die Grenzkosten fallende Preise aufweisen und also im Grenzübergang gegen die vollkommene Konkurrenz streben.[1] Positive Gewinne können sich die Anbieter nur bei hinreichend hohen Fixkosten sichern, die dann auch als "Abschreckungsinstrument" gegen weitere Anbieter verwendet werden. Die Anbieter können übernormale Gewinne, die annähernd die Höhe der Fixkosten erreichen, hinter den Kosten "verstecken", wenn sie die Abschreckungsstrategie einsetzen, für neue Anbieter nur unprofitable Marktabschnitte zwischen je zwei vorhandenen Anbietern übrig zu lassen.[2]
Anschaulich liegen bei fallenden Fixkosten und zunehmender Zahl der Anbieter die Anbieterstandorte immer dichter nebeneinander, weil immer kleinere Intervalle für die Anbieter noch profitabel sind, so daß die räumliche Differenzierung und damit das eigene Marktgebiet jedes Anbieters und seine Monopolstellung immer mehr verschwinden. Im Gegensatz dazu bleibt die Zahl der Anbieter bei vertikaler Produktdifferenzierung in jedem Fall beschränkt; es handelt sich um ein "natürliches Oligopol".[3] Während bei horizontaler Differenzierung aufgrund der unterschiedlichen Präferenzen der Nachfrager jede "Marktnische" für Anbieter attraktiv ist, können bei gleichen Vorstellungen der Nachfrager nur wenige Produkte profitabel angeboten werden, da eigentlich alle Nachfrager das beste bzw. nächstgelegene Produkt kaufen möchten.

Die Beschränktheit der Anbieterzahl beim Vorliegen von Fixkosten deckt sich mit dem Ergebnis der monopolistischen Konkurrenz, obwohl diese auf einer grundlegend anderen Annahme basiert, nämlich der Voraussetzung, daß die Preisänderung eines Anbieters einen vernachlässigbar kleinen Effekt auf die Nachfrage aller anderen Anbieter hat.[4] Hingegen ist im oben beschriebenen Konkurrenzmodell ein spürbarer Einfluß auf die jeweils "benachbarten" Anbieter - und nur auf diese - immer vorhanden.[5] Damit zeichnet sich die monopolistische Konkurrenz durch eine Sym-

---

1 Vgl. Tirole (1988), S. 282ff.

2 Vgl. zum freien Markteintritt auch Anderson et al. (1992), S. 286f.

3 Vgl. Shaked und Sutton (1983), deren Aufsatz den Titel "Natural Oligopolies" trägt, sowie Anderson (1992), S. 312.

4 Vgl. Tirole (1988), S. 287.

5 Diese Auffassung vertritt auch Eaton (1976).

metrieforderung aus, die die räumlichen Modelle nicht besitzen. Zudem wird in der Theorie der monopolistischen Konkurrenz vorausgesetzt, daß die Verbraucher nicht genau ein von ihnen bevorzugtes Gut, sondern "ein bißchen von allem" kaufen.[1]

Bei Anwendung von Mengenstrategien findet ein Grenzübergang zur vollständigen Konkurrenz statt, da im Gleichgewicht die Anbieter in der Marktmitte siedeln, jeder neue Anbieter Kunden von allen Konkurrenten abzieht und damit die Gewinne aller Anbieter gegen Null sinken.[2]

4.6.4 Zusammenfassung und Bewertung

Die These Hotellings, daß sich eine zu geringe Differenzierung des Angebots und die Agglomeration von Anbietern mittels seines Modells erklären ließe und ein "Prinzip minimaler Differenzierung" etabliert werden könne, läßt sich nicht aufrecht erhalten, sobald variable Preise in die Untersuchung einbezogen werden.[3] Zahlreiche Modellvarianten zeigen, daß die Unternehmen vielmehr an einer Differenzierung des Angebots interessiert sein werden, um sich eine gewisse Monopolstellung in ihrem eigenen Marktgebiet zu sichern. Diese lokale Marktmacht kann nur ausgeübt werden, wenn sich die Unternehmen voneinander entfernen;[4] minimale Differenzierung hingegen kann, da sie in Preismodellen auf Nullgewinne führt, nie die optimale Lösung sein. Also kann eher ein "Prinzip der Differenzierung" als ein Prinzip der minimalen Differenzierung etabliert werden.

In realen Situationen ist davon auszugehen, daß die Wahl der Standorte sequentiell erfolgt, d.h., daß den Anbietern jeweils bekannt ist, ob und wo sich bereits Unternehmen niedergelassen haben, und daß eine Standortentscheidung zumindest mittelfristig nicht, oder nur unter hohem finanziellem Aufwand, reversibel ist. Unter dieser Prämisse wirkt neben dem Wunsch, sich gegen die vorhandenen Anbieter abzugrenzen, das Bedürfnis, weitere Anbieter, die später auf den Markt kommen könnten, abzuschrecken. Dieser Abschreckungsgedanke fördert die Annäherung anstelle der Differenzierung, da die Konkurrenten versuchen werden, mögliche Markt-

---

1 Vgl. Dixit und Stiglitz (1977) sowie die Darstellung ihres Modells bei Tirole (1988), S. 298ff.

2 Vgl. Anderson et al. (1992), S. 337f., sowie Anderson und Neven (1991).

3 Vgl. D´Aspremont et al. (1983) für eine allgemeine Argumentation.

4 Vgl. Anderson et al. (1992), S. 299.

lücken nicht zu groß werden zu lassen. Die beiden Kräfte wirken also gegeneinander, und die im einzelnen erzielten Resultate hängen stark von den jeweils gewählten Prämissen ab; im Ergebnis kommt es jedoch nie zu minimaler Differenzierung.
Anders hingegen verhält es sich, wenn die Anbieter heterogene Produkte anbieten, d.h. ihre "Monopolmacht" auf einem anderen als dem räumlichen Sektor ausbauen. Dies führt auf minimale Differenzierung in der räumlichen Komponente, da es für die Anbieter nicht von Interesse ist, sich auf einen räumlichen Teilmarkt zu konzentrieren, weil sie Nachfrage nach ihrem Produkt aus dem gesamten Marktgebiet erwarten. Ebenso liefert die Anwendung von Mengen- anstelle von Preisstrategien (Cournotkonkurrenz) minimale Differenzierung, da auch bei Mengenkonkurrenz der Markt nicht in Gebiete aufgeteilt wird, sondern die Nachfrager positive Mengen bei beiden Anbietern abnehmen. Insofern entsprechen sich die Ergebnisse auf heterogenem Markt und auf homogenem Markt mit Mengenkonkurrenz strukturell.
Auch niedrige Transportkosten, die eine Belieferung weit entfernter Nachfrager erleichtern, bewirken eher eine Häufung der Anbieter, während sich bei hohen Kosten die Anbieter über den Markt verteilen, um die Nachfrager besser zu erreichen. Sind die Kosten so hoch, daß sich die Anbieter räumliche Monopole aufbauen können, ergeben sich stabile Konstellationen mit getrennten Marktgebieten. Niedrige Transportkosten in Verbindung mit einer gewissen Toleranz der Nachfrager gegenüber geringfügigen Preisunterschieden erfüllen ebenso wie unterschiedliche Güter formal den Zweck, die Übergänge der Nachfrager zu glätten, um das ursprünglich von Hotelling angestrebte Ziel stetiger Übergänge zu erreichen.

In den in diesem Abschnitt vorgestellten Modellen wird die Konkurrenz von Anbietern unter der Voraussetzung betrachtet, daß einmalig Entscheidungen getroffen werden,[1] denn die "simultanen" Entscheidungen stellen zwar beliebig häufig revidierte sequentielle Entscheidungen dar, deren Ergebnisse die Anbieter jeweils erfahren; diese verursachen jedoch keinen Zeitaufwand, so daß sie in ihrer Gesamtheit als eine Entscheidung verstanden werden können. Der Zeitablauf und die Wiederholung der Entscheidungssituation werden in diesen Modellen nicht einbezogen und die Erlangung kurzfristiger Vorteile, also kurzfristige Gewinnmaximierung, bildet das Ziel der Anbieter.
Wenn sich die Anbieter gegenseitig unterbieten, erleiden beide aber erhebliche Nachteile gegenüber einer möglichen Kooperationssituation. Solche Kooperation muß nicht durch bindende Verträge erzwungen werden, sondern kann auch durch entsprechende

---

1 Tirole (1988), S. 239, bezeichnet dies als "one-shot competition".

Reaktionen der Mitspieler durch die Anwendung von Trigger-Strategien im Spielablauf erreicht werden, wenn sich dieser über beliebig viele Perioden erstreckt.[1] Dann besteht die Zielsetzung der Spieler in der Maximierung ihrer langfristigen Gewinne, wobei Zahlungen späterer Perioden geeignet zu diskontieren sind.[2]

Unterstellt man ein mehrperiodiges Spiel mit beliebig vielen Perioden, in dem die Standorte einmalig und unkooperativ, die Preise jedoch in jeder Periode in Abstimmung festgelegt werden, so können Trigger-Strategien betrachtet werden.[3] Diese bestehen in der Androhung, bei Abweichen von der "abgesprochenen" Preisstrategie die Preisgleichgewichtsstrategie zu spielen. Diese Drohung führt, bei gewissen Voraussetzungen an die Spielregeln, dazu, daß Kollusion zustandekommt, die im Standortspiel auf gleiche Standorte in der Marktmitte führt.[4] Wie in vielen unendlich wiederholten Situationen mit Trigger-Strategien gibt es jedoch eine Vielzahl von Gleichgewichten,[5] aus der ein geeignetes Gleichgewicht durch eine Auswahl- bzw. Koordinationsregel der Spieler bestimmt werden muß.

Es läßt sich schließlich feststellen, daß sich die Zielsetzungen klassischer Standortplanung zum Teil auch für Konkurrenzmodelle eignen. Im Monopolfall entspricht der Median einer Konsumentenverteilung dem optimalen Standort, sofern gleichförmige Lieferpreise oder Abholpreise unterstellt werden. Bei differenzierten Lieferpreisen unter Konkurrenz sind die kostengünstigsten Standorte auch Gleichgewichtsstandorte, denn ein Standortgleichgewicht befindet sich in den sozial optimalen Punkten bezogen auf die Nachfragerverteilung. Werden differenzierte Produkte betrachtet, so sollten sich alle Anbieter gemeinsam im Median niederlassen, so daß auch hier ein Konzept der klassischen Standortplanung Anwendung findet.

Die Übergänge zum Monopolfall und zur vollständigen Konkurrenz stellen sich wie folgt dar: In Preismodellen findet, wie bereits aus dem Punktmarktfall bekannt, kein

---

1 Prinzipiell könnte man auch annehmen, daß in einem einperiodigen Spiel zwischen zwei Anbietern kollusives Verhalten zustandekommt, weil die beiden sich ihrer "gemeinsamen Monopolmacht" gegenüber den Nachfragern bewußt sind. So argumentiert beispielsweise Chamberlin (1933), S. 48. Es handelt sich dann um sog. stillschweigende Kooperation.

2 Zur dynamischen, d.h. mehrperiodigen Preiskonkurrenz im allgemeinen vgl. Tirole (1988), S. 239ff.

3 Für dieses Modell vgl. Anderson et al. (1992), S. 303ff.

4 Zum selben Ergebnis gelangt Jehiel (1992), der Verhandlungslösungen betrachtet.

5 Vgl. Holler und Illing (1993), S. 24 und S. 150ff.

"glatter" Übergang vom Oligopol zum Monopol statt; es tritt bereits bei zwei Anbietern das Konkurrenzergebnis ein, so daß der Übergang zum Polypol kontinuierlich verläuft. Unter Einbeziehung räumlicher Differenzierung werden diese Tendenzen abgeschwächt. Das Monopol wird in einem kleineren räumlichen Bereich, dem eigenen Marktgebiet, von den einzelnen Anbietern realisiert und stellt sich so als Grenzfall des Oligopols dar, und der Grenzübergang zu vielen Anbietern führt auf immer kleinere Marktgebiete der einzelnen Anbieter und fallende Marktpreise. Auch hier kann das räumliche Oligopol als Basisfall betrachtet werden, aus dem die anderen Fälle durch Grenzübergänge abzuleiten sind, wobei sich dies nicht, wie in den Mengenmodellen, durch stetige Funktionsübergänge zum Ausdruck bringen läßt.[1]

4.7 Standortkonkurrenz in Netzwerken

4.7.1 Einführung

Die Planung von Standorten in Netzwerken unter Berücksichtigung von Konkurrenz ist erst in den achtziger Jahren in den Blickpunkt des wissenschaftlichen Interesses gerückt.[2] Aufbauend auf den oben dargestellten Hotelling-Modellen einerseits und den klassischen Modellen zur Standortplanung in Netzwerken andererseits entwickelte sich ein eigenständiges Untersuchungsgebiet. Dieses ist nicht das einzige Gebiet, welches die Aspekte "räumliche Netzwerk-Struktur" und "Konkurrenz" zusammenbringt. De Palma und Thisse (1993) nennen als weitere Schwerpunkte der "Competition on Networks" neben den Modellen räumlicher Gleichgewichte (Spatial Equilibria, vgl. Kapitel 3) und den im folgenden vorzustellenden Modellen der Standortplanung unter Konkurrenz (Competitive Location) zum einen die Verkehrsgleichgewichte (Traffic Equilibria) und zum anderen Modelle der Netzwerkkonstruktion (Network Design).

Die Literatur zur Standortkonkurrenz in Netzwerken läßt sich im wesentlichen in drei Kategorien einteilen: Die OR-orientierte Theorie, die Abstimmungstheorie und die Gleichgewichtstheorie. In der OR-orientierten Theorie wird das Problem eines Anbieters untersucht, der in einem Gebiet, in dem bereits Konkurrenz vorhanden ist,

---

1 Auch die Preisgleichgewichte im heterogenen Oligopol, d.h. bei differenzierten Produkten mit und ohne räumliche Differenzierung stimmen überein. Vgl. Anderson et al. (1992), S. 222 (Oligopol ohne räumliche Differenzierung) und S. 364 (Modell mit räumlicher Differenzierung). Diese Modelle gehen also ebenfalls ineinander über.

2 Als erste Quelle ist Wendell und McKelvey (1981) zu nennen.

einen möglichst günstigen Standort bestimmen will. Die entstehenden Modelle sind formal dem Simple Plant Location Problem[1] sehr ähnlich. Der Anwendung der Abstimmungstheorie auf Standortprobleme liegt die Überlegung zugrunde, daß die Konsumenten oder Nachfrager durch ihre Kaufentscheidung gewissermaßen über den Standort des Unternehmens abstimmen und daß also das Unternehmen, welches sich das beste "Abstimmungsergebnis" sichert, den größten Marktanteil bekommt.[2] Schließlich kann die oben vorgestellte Theorie Hotellings auf die Konkurrenz von Anbietern im Netzwerk übertragen werden; dies führt auf die Bestimmung von Nash- oder Stackelberg-Gleichgewichten.
Den verschiedenen Untersuchungen ist gemeinsam, daß sie als Raum ein Netzwerk zugrunde legen, in dem die Anbieter ihre Standorte bestimmen wollen. Dabei wird vorausgesetzt, daß die Nachfrager sich in Knoten des Netzwerkes befinden. Häufig wird die Nachfrage als fest und bekannt unterstellt, d.h., daß sie unelastisch ist. Insoweit decken sich die Annahmen mit den in der klassischen Standortplanung getroffenen Voraussetzungen.[3]

Die folgenden Abschnitte zeigen auf, welche Impulse die Netzwerk-Standorttheorie aus der klassischen Standortplanung, aus der Theorie Hotellings und aus der Theorie der Marktgleichgewichte erfährt. Schon vorab jedoch ist klar, daß die im letzten Abschnitt dargestellten Probleme bzgl. der Existenz eines Gleichgewichts in mindestens so hohem Maße wie bei den Linienmodellen zu erwarten sind, denn während durch die gleichförmige Verteilung der Nachfrager auf der Linie zumindest für geeignete (entfernte) Standortkonstellationen ein Gleichgewicht existiert, weil die Nachfrager sukzessive den sie versorgenden Anbieter wechseln, ist in Netzwerken kein stetiger Übergang zu erreichen, wenn sich die Nachfrager in Knoten befinden und diejenigen, die sich in demselben Knoten aufhalten, auch dieselbe Präferenz für einen Anbieter haben, so daß sie ggf. alle gleichzeitig den Anbieter wechseln. Ein stetiger Übergang könnte nur bei über die Kanten verteilter Nachfrage oder unterschiedlichen Präferenzen erreicht werden.

---

1 Vgl. Krarup und Pruzan (1983) sowie Abschnitt 2.3 dieser Arbeit.

2 Vgl. Hansen und Thisse (1981). Dabei wird i.d.R von jedem Anbieter genau ein Standort bestimmt.

3 Vgl. Kapitel 2. Bezüglich der Annahme fester Gesamtnachfragen ist kritisch anzumerken, daß diese unter Konkurrenz ebenso wenig modellimmanent zu begründen ist wie feste Nachfragen bei der Betrachtung der klassischen Standortplanung. Andererseits handelt es sich um die gesamte Nachfrage einer Region und nicht um die Nachfrage, die sich an einen einzelnen Anbieter wendet. Die Annahme, diese unter den Anbietern aufzuteilende Gesamtnachfrage könne angegeben bzw. geschätzt werden, ist sicher häufig nicht unrealistisch.

4.7.2 Ansätze der diskreten Optimierung

Das Problem der Marktanteilsmaximierung eines neuen Anbieters in einem Umfeld, in dem bereits Anbieter aktiv sind, wird von ReVelle (1986) eingeführt und untersucht. Da in dieser Problemstellung nur ein Anbieter aktiv handelt, während die Entscheidungen der anderen Anbieter bereits gegeben und irreversibel sind, handelt es sich um eine Art Analogon zur klassischen Standortplanung, wobei jedoch die Anwesenheit anderer Anbieter und deren Einfluß auf das Ergebnis berücksichtigt werden.

Als Anwendungsbereich charakterisiert ReVelle (1986) insbesondere die Planung von Lebensmittelgeschäften oder Restaurants, von denen einige bereits im Marktgebiet vorhanden sind, die die vorhandene Nachfrage unter sich aufteilen. Die Nachfrager suchen jeweils den nächstgelegenen Anbieter auf. Ein neuer Anbieter möchte also die Wahl seiner p Standorte so gestalten, daß er eine möglichst große Nachfrage von den anderen Anbietern abzieht, um seinen eigenen Marktanteil zu maximieren.[1] Damit ist die Problemstellung dem Überdeckungsproblem (Covering-Problem) der klassischen Standortplanung vergleichbar.

Das Problem kann als binäres Optimierungsmodell formuliert werden, da als in Frage kommende Standorte nur diskrete Punkte berücksichtigt werden. Die Menge J potentieller Standorte s_j ($j \in J = \{1(1)n\}$), die Zahl zu eröffnender Standorte p, die bereits vorhandenen Konkurrenzeinrichtungen $h \in H$ und die Nachfragen in Ort i ($i \in I = \{1(1)m\}$) mit ihrer jeweiligen Höhe D_i sind bekannt. Es gilt $H \subseteq J$, d.h. alle bereits besetzten Orte kommen als potentielle Standorte in Betracht. Alle Nachfrageorte i sind zunächst der ihnen nächsten, bereits vorhandenen Einrichtung h zugeordnet, und es ist die Entfernung $d_i := \min \{d_{ih} \mid h \in H\}$ zu diesem Anbieter zu ermitteln. Da jeweils nur diejenigen Nachfrager durch eine Niederlassung des neuen Anbieters versorgt werden können, die sich mindestens genau so nahe an dieser befinden wie an der sie bisher versorgenden Einrichtung, werden die Entfernungen d_i benötigt, um anschließend für jeden Nachfrageort i festzustellen, welche potentiellen Standorte als neue Versorger in Betracht kommen.[2] Diese werden für jeden Nachfrageort i zu einer Menge Sn_i der strikt näheren Orte und einer Menge Sg_i der genauso nahen Orte zusammengefaßt.

---

1 Preisstrategien werden ausgeklammert.

2 Es wird unterstellt, daß bei gleicher Entfernung zu einem alten und einem neuen Versorgerort die Nachfrage jeweils zur Hälfte von dem alten und dem neuen Versorger befriedigt wird.

Mit Hilfe dieser Indexmengen und dreier Gruppen von Binärvariablen x_i, y_j und z_i ($i \in I$, $j \in J$) läßt sich die Problemstellung im folgenden Modell erfassen. Dabei nimmt x_i den Wert 1 an, wenn Nachfrager i einen neuen Versorger erhält, z_i nimmt den Wert 1 an, wenn die Nachfrage von i zur Hälfte an einen neuen Versorger fällt und y_j nimmt den Wert 1 an, wenn in Ort s_j eine Niederlassung des neuen Anbieters errichtet wird. Das Modell (MAXCAP) lautet

(MAXCAP 1) $\text{Max} \sum_{i \in I} D_i \cdot x_i + \sum_{i \in I} \frac{D_i}{2} \cdot z_i$

(MAXCAP 2) $x_i \leq \sum_{j \in Sn_i} y_j \quad (i \in I)$

(MAXCAP 3) $z_i \leq \sum_{j \in Sg_i} y_j \quad (i \in I)$

(MAXCAP 4) $x_i + z_i \leq 1 \quad (i \in I)$

(MAXCAP 5) $\sum_{j \in J} y_j = p$

(MAXCAP 6) $x_i, y_j, z_i \in \{0,1\} \quad (i \in I, j \in J)$.

Das Modell stellt sicher, daß die Nachfrage aus dem Ort i dem Anbieter nur dann voll zugute kommt, wenn mindestens einer seiner Standorte näher an dem Nachfrager liegt als der bisherige Versorger (MAXCAP 2). Analoges gilt für Standorte gleicher Entfernung (MAXCAP 3). Ein Nachfrager kann nur einmal bedient werden (MAXCAP 4), und es werden insgesamt p Standorte errichtet (MAXCAP 5). Die Zielfunktion (MAXCAP 1) sorgt für die Maximierung des erzielten Marktanteils. Formal handelt es sich im wesentlichen um ein Überdeckungsproblem (Covering-Problem).[1] Es läßt sich durch Einführung von Binärvariablen x_{ij} in ein solches über-

---

[1] Vgl. zu Covering-Problemen z.B. Hansen et al. (1987), S. 38ff.

führen, wobei zusätzlich neue Zielfunktionskoeffizienten b_{ij} zu definieren sind,

$$b_{ij} := \begin{cases} D_i, & \text{wenn } d_{ij} < d_i \\ \frac{D_i}{2}, & \text{wenn } d_{ij} = d_i \\ 0 & \text{sonst.} \end{cases} \qquad (i \in I,\ j \in J)$$

Die Variablen x_{ij} geben an, welchem neuen Standort s_j ($j \in J$) ein Nachfrageort i zugeordnet wird. Im Unterschied zu dem oben angegebenen Modell wird jeder Nachfrageort formal einem neuen Standort zugewiesen, jedoch leistet diese Zuweisung nur einen Zielfunktionsbeitrag, wenn der neue Standort tatsächlich nahe genug an dem Nachfrageort liegt:[1,2]

(MAXCAP 1´) $\max \sum_{i \in I} \sum_{j \in J} b_{ij} \cdot x_{ij}$

(MAXCAP 2´) $y_j \geq x_{ij} \quad (i \in I,\ j \in J)$

(MAXCAP 4´) $\sum_{j \in J} x_{ij} = 1 \quad (i \in I)$

(MAXCAP 5´) $\sum_{j \in J} y_j = p$

(MAXCAP 6´) $x_{ij} \in \{0,1\},\ y_j \in \{0,1\} \quad (i \in I,\ j \in J).$

Diese Formulierung zeigt eine enge Verwandtschaft zu einem klassischen Standortplanungsproblem auf. Ebenso wie bestimmte Monopolprobleme durch geeignete Formulierung als SPLP gelöst werden können,[3] so ist es auch möglich, ein Marktanteilsproblem unter Konkurrenz durch geeignete Wahl der Parameter als

---

1 ReVelle (1986) gibt dieses Modell als p-Median-Problem an. Da die Zielfunktion eine zu maximierende ist, entspricht die Formulierung einem Überdeckungsproblem, welches sich jedoch in ein äquivalentes p-Median-Problem überführen läßt, vgl. z.B. Hansen et al. (1987), S. 40.

2 ReVelle (1986) differenziert zwischen bereits besetzten und nicht besetzten Standorten. Auf diese Unterscheidung kann jedoch verzichtet werden, so daß das Modell etwas vereinfacht wird.

3 Vgl. z.B. Hansen und Thisse (1977) sowie Abschnitt 2.7.5 dieser Arbeit.

Covering-Problem bzw. als p-Median-Problem zu lösen. Die Konkurrenzsituation muß durch Berechnungen im Vorfeld in die Datensituation einbezogen werden, dann können Methoden der klassischen Standortplanung zur Problemlösung herangezogen werden.[1] Dies ist natürlich nur möglich, wenn die Entscheidungssituation eines Anbieters betrachtet wird, während die Entscheidungen seiner Konkurrenten als gegeben und bekannt unterstellt werden. Da Standortentscheidungen nicht häufig revidiert werden, ist diese Unterstellung nicht unrealistisch.

In die Problemformulierung können entfernungsabhängige, elastische Nachfragen einbezogen werden; ebenso ist es möglich, bereits vorhandene Standorte des Anbieters, der weitere Niederlassungen eröffnen möchte, zu berücksichtigen.[2] Erweiterungen zur Einbeziehung unterschiedlicher "Gewichte" der Firmen im Sinne einer unterschiedlichen Attraktivität für die Kunden sind ebenfalls denkbar und werden von Eiselt und Laporte (1989-II) untersucht. ReVelle und Serra (1991) erweitern die Problemstellung dahingehend, daß die Strategien des neuen Anbieters nicht auf neue Standorte beschränkt bleiben, sondern er zudem die Möglichkeit hat, "alte" Standorte zu verschieben. Die Möglichkeit der Verlegung bereits vorhandener Standorte bringt es mit sich, daß nicht nur neu gewonnene Kunden positiv in der Zielfunktion zu berücksichtigen sind, sondern auch Nachfrageverluste, die durch einen Standortwechsel entstehen können, mit negativem Vorzeichen einbezogen werden müssen.[3,4] Zudem ist zu berücksichtigen, daß Kunden möglicherweise den Versorgerort wechseln, aber dennoch weiterhin vom betrachteten Anbieter bedient werden. Das Modell ist also entsprechend zu erweitern.

---

1 Heuristische ebenso wie exakte Lösungsverfahren für das Maximal Covering Location Problem geben beispielsweise Church und ReVelle (1974) an. Insbesondere ist die lineare Programmierung gut zur Problemlösung geeignet, da sich sehr häufig "natürlich ganzzahlige" Lösungen ergeben, so daß nur in Ausnahmefällen im Rahmen eines Branch and Bound Verfahrens einzelne Variable auf die Werte Null oder Eins fixiert werden müssen. Diese vorteilhafte Lösbarkeitseigenschaft überträgt sich auf das hier vorgestellte Problem.

2 Vgl. ReVelle (1986).

3 Eine alternative, kompaktere Formulierung, bei der nicht Zugewinne und Verluste betrachtet werden, sondern direkt der erreichte Marktanteil berücksichtigt wird, schlagen Serra et al. (1992) vor.

4 Kosten des Standortwechsels und der Standorteröffnung, die in der Regel erheblich sein dürften, werden nicht explizit in das Modell einbezogen, da es sich um ein Modell der Marktanteilsmaximierung handelt. Ein sinnvolles Vorgehen wäre beispielsweise die Erfassung und Beschränkung der Kosten durch eine entsprechende Restriktion. Serra und ReVelle (1995) schlagen die Berücksichtigung durch eine zweite Zielfunktion oder die Integration in die Zielfunktion vor, wobei die zweite Möglichkeit eine andere als die angegebene Definition der Zielfunktionskoeffizienten erforderlich macht, um das Ziel der Gewinnmaximierung zu erfassen.

Problematisch ist die dem Modell zugrundeliegende Annahme, daß die Nachfrager sofort den Anbieter wechseln, wenn dieser ihnen ein wenig näher als der bisherige Versorger ist, und daß sich die Nachfrage zwischen zwei Anbietern gleicher Entfernung gleichmäßig aufteilt. Dies hat insbesondere zur Folge, daß sich der zweite Anbieter, sofern er genauso viele Standorte wie der (oder die) bereits vorhandene(n) Anbieter eröffnet, mindestens die Hälfte der Nachfrage sichern kann. Die Voraussetzung entspricht in der Idee den Hotelling-Modellen, ist aber sicherlich nicht realistisch. Sie führt in den von ReVelle (1986) und ReVelle und Serra (1991) durchgeführten Beispielrechnungen häufig auf Lösungen, in denen sich der standortsuchende Anbieter an denselben Orten wie sein Konkurrent niederläßt und dadurch den halben Markt beanspruchen kann. Damit wird bei der Planung in Netzwerken das "Prinzip minimaler Differenzierung" realisiert, welches bei der ausschließlichen Planung von Standorten auch auf der Linie wirkt.

Hinsichtlich der aus dem p-Median-Problem bekannten Voraussetzung, es solle eine fest gegebene Zahl von Standorten errichtet werden, stellt sich die Frage, ob ein Anbieter nicht abhängig davon, welche Zahl von Standorten den höchsten Gewinn bzw. Marktanteil verspricht, die Zahl der Standorte erst bei der Problemlösung bestimmen sollte. In ein Modell zur Marktanteilsmaximierung, welches die Kosten nicht berücksichtigt, ist ein solches Vorgehen jedoch nicht zu integrieren; denn der größte Marktanteil würde bei sehr vielen Standorten erreicht, gleichzeitig entstünden aber auch sehr hohe Kosten. Das Festlegen einer Obergrenze der Zahl von Standorten anstelle des Festlegens der absoluten Zahl würde die entstehenden Kosten begrenzen und die Möglichkeit bieten, ggf. weniger als p Standorte zu errichten. Auch in diesem Fall müßte aber die Kostenkomponente in die Zielfunktion integriert werden, da sonst stets die Maximalzahl möglicher Standorte die beste Lösung wäre, weil sie auf den höchsten Marktanteil führt. Die Annahme einer vorgegebenen Zahl von Standorten erweist sich somit als notwendig zur Formulierung eines Modells zur Marktanteilsmaximierung, ebenso wie sie für die Formulierung von Covering-Problemen erforderlich ist. Die Verwendung einer marktanteils- und nicht gewinnorientierten Zielsetzung ist nur sinnvoll, wenn auf einer höheren Planungsstufe bereits über die Zahl zu errichtender Filialen entschieden worden ist, wobei die Kosten berücksichtigt worden sind, und in einem weiteren Planungsschritt nun die Standorte der Filialen zu bestimmen sind.

Während die dargestellte Untersuchung nur ein Optimierungsproblem aus der Sicht eines "neuen" Anbieters, allerdings unter Berücksichtigung der Anwesenheit weiterer

Konkurrenten, löst, kann die Fragestellung auch dahingehend erweitert werden, daß zwei Unternehmen jeweils in jeder Periode die Möglichkeit haben, ein bestimmte Zahl ihrer vorhandenen Standorte zu variieren.[1] Wenn die Anbieter dabei unterstellen, der Konkurrent werde seine Strategie beibehalten, liegt die ZCV- bzw. Cournot-Annahme vor; antizipiert einer das Verhalten des anderen, handelt es sich um ein Stackelberg-Modell. Ein Gleichgewicht ist erreicht, wenn keiner der Anbieter in der nächsten Periode noch einen Standort verlegen möchte. Die Untersuchung von Serra und ReVelle (1991) zeigt jedoch, daß nicht unbedingt ein solches Gleichgewicht erreicht wird. Dies ist vor dem Hintergrund der Untersuchungen im Hotellingfall nicht erstaunlich, da die Problematik des "Unterbietens" - hier im Sinne einer kürzeren Entfernung - und des damit verbundenen plötzlichen Anbieterwechsels bei rein entfernungsorientierten Präferenzen im angegebenen Beispiel genau wie in der Hotelling-Situation gegeben ist. Eine stabile Situation ist ohne weitere ergänzende Voraussetzungen oder Abwandlung der Spielregeln nicht zu erwarten.

Eine solche Abwandlung der Spielregeln liegt vor, wenn sukzessives und endgültiges Handeln der Anbieter unterstellt wird, wobei diese über Vorausschau verfügen. Analog den Überlegungen von Prescott und Visscher (1977) stellen Serra und ReVelle (1995) ein solches Modell für einen Anbieter vor, der selbst p Einrichtungen auf einem bisher unversorgten Markt eröffnen möchte, dabei aber weiß, daß später ein oder mehrere weitere Anbieter auf den Markt kommen werden. Sie bezeichnen dieses als "pre-emptives" Modell. Dabei wird zunächst vorausgesetzt, die Zahl der Niederlassungen der nachfolgenden Anbieter sei bekannt; in einer Variante wird diese Annahme aufgehoben.

Da die Gesamtnachfrage konstant ist, handelt es sich um ein Nullsummen-Spiel, so daß der erste Anbieter versuchen wird, die Marktanteile seiner Nachfolger zu minimieren und seinen eigenen Marktanteil zu maximieren. Zwar entspricht das Problem formal damit im wesentlichen dem oben angegebenen Problem des maximalen Marktanteils, es tritt jedoch die Schwierigkeit auf, daß die Indexmengen Sn_i und Sg_i nicht bestimmt werden können, da die Zuordnung der Kundenorte zu Konkurrenzanbietern zum Zeitpunkt der Standortwahl noch nicht bekannt ist.[2] Auch wenn theoretisch "vollständige Vorausschau" unproblematisch ist und es eine beste Strate-

---

1 Vgl. ReVelle und Serra (1991). Wird die Möglichkeit der Standortänderung einbezogen, so muß auch der Zeitablauf einbezogen werden, der bisher nicht berücksichtigt zu werden brauchte, da die Änderungen nacheinander erfolgen.

2 Vgl. Serra und ReVelle (1995), S. 380.

gie des ersten Anbieters gibt, ist diese Strategie doch nicht einfach zu berechnen, da zuviele Kombinationsmöglichkeiten von Standorten und Nachfragern existieren.

Serra und ReVelle (1995) schlagen ein heuristisches Vorgehen vor, bei dem zunächst für eine beliebige Standortkonstellation des ersten Anbieters die beste Antwort seines Nachfolgers mit Hilfe des oben angegebenen ganzzahligen Programms - exakt oder heuristisch - bestimmt und das Marktergebnis berechnet wird. Anschließend erfolgt ein Verschieben eines Standortes des ersten Anbieters und die erneute Berechnung von bester Antwort und Marktergebnis. Verbessert sich das Ergebnis für den ersten Anbieter, wird die neue Lösung beibehalten und ein neuer Verbesserungsschritt an einen anderen Standort versucht; wird keine Verbesserung erzielt, wird die alte Lösung beibehalten und der nächste Standort verschoben. Das Verfahren endet, wenn keiner der aktuellen Standorte mehr gewinnbringend verschoben werden kann. Es garantiert auf Grund der heuristischen Vorgehensweise keine optimale Lösung und ist zudem, da für jede zu prüfende Standortkonstellation des ersten Anbieters ein MAXCAP-Problem zu lösen ist, relativ aufwendig.

Das kombinierte Problem beider Anbieter fällt jedoch in eine allgemeine Problemklasse, für die bereits Lösungsverfahren existieren: das Bilevel Programming.[1] Darunter sind Aufgabenstellungen zu verstehen, die aus Stackelberg-Spielen mit einem Anführer und einem Nachfolger hervorgehen, deren jeweilige Ziele sich durch Funktionen in denselben Variablen formulieren lassen, wobei jeder der Beteiligten jedoch nur Einfluß auf einen Teil dieser Variablen besitzt.[2] Es werden also nichtkooperative sequentielle Spielsituationen erfaßt, indem zwei (oder mehr) Zielfunktionen aufgestellt werden, die aufeinander aufbauen und die durch zugehörige Nebenbedingungen restringiert werden. In einer solchen Situation kann der erste Spieler die Entscheidung des zweiten durch die Wahl seiner Strategie, d.h. die Festlegung seiner Entscheidungsvariablen, beeinflussen; der zweite reagiert wiederum in hinsichtlich seiner Zielfunktion optimaler Weise auf die Entscheidung des ersten, was dieser antizipiert. Auf diese Weise können z.B. Anbieter- und Konsumentenentscheidungen[3] oder Regierungs- und Produzentenentscheidungen[4] modelliert werden,

---

1 Das Bilevel Programming ist ein Spezialfall der hierarchischen Optimierung, vgl. Anandalingam und Friesz (1992).

2 Vgl. Mathur und Puri (1995).

3 Vgl. Bard und Moore (1992).

4 Vgl. Mathur und Puri (1995).

sofern die Einflußmöglichkeiten der beiden beteiligten Parteien unterschiedlich sind, die Produzenten sich also z.B. nach der Regierungsentscheidung richten müssen.

Besonders intensiv wird in der Literatur das lineare Bilevel Programming Problem untersucht, bei dem die Zielfunktionen und Nebenbedingungen linear sind.[1] Die allgemeine Formulierung eines linearen Bilevel Programming Problems mit K Nebenbedingungen wird unten vorgestellt. Dabei werden für die Zielfunktionen die Koeffizienten a_i^1, a_j^2, d_i^1, d_j^2 und für die Nebenbedingungen die Koeffizienten g_{ki} und h_{kj} verwendet. Die rechten Seiten der Nebenbedingungen sind durch r_k $(k = 1(1)K)$ beschrieben. Die Entscheidungsvariablen des ersten Entscheidungsträgers, also des Anführers, sind mit x_i $(i = 1(1)m)$, die Entscheidungsvariablen des Nachfolgers mit y_j $(j=1(1)n)$ bezeichnet. Das allgemeine Problem lautet:[2]

$$\text{(BIL 1)} \quad \max_{x \in \mathbb{R}^m} \sum_{i=1}^{m} a_i^1 \cdot x_i + \sum_{j=1}^{n} a_j^2 \cdot y_j$$

wobei $y \in \mathbb{R}^n$ das Problem

$$\text{(BIL 2)} \quad \max_{y \in \mathbb{R}^n} \sum_{i=1}^{m} d_i^1 \cdot x_i + \sum_{j=1}^{n} d_j^2 \cdot y_j$$

unter Beachtung von

$$\text{(BIL 3)} \quad \sum_{i=1}^{m} g_{ki} \cdot x_i + \sum_{j=1}^{n} h_{kj} \cdot y_j \leq r_k \quad (k = 1(1)K)$$

$$\text{(BIL 4)} \quad x_i \geq 0, \; y_j \geq 0 \quad (i = 1(1)m, \; j = 1(1)n)$$

löst. Die erste Zielfunktion (BIL 1) gibt das Ziel des ersten Spielers an, die zweite Zielfunktion (BIL 2) erfaßt die Zielsetzung des Nachfolgers. Da dieser keinen Einfluß auf den ersten Term seiner Zielfunktion hat, der durch die Werte von x_i $(i = 1(1)m)$ bestimmt wird, kann der Term auch weggelassen werden.[3]

---

1 Vgl. z.B. Liu und Spencer (1995), Önal (1993) sowie Wen und Hsu (1991).

2 Vgl. z.B. Anandalingam und Friesz (1992).

3 Vgl. Bard und Moore (1992). Dies gilt umgekehrt nicht für die erste Zielfunktion, da die Entscheidung über die Werte von y von der Wahl von x abhängt.

Die lineare Problemstellung bietet, im Gegensatz zu diskreten bzw. ganzzahligen Problemstellungen, den Vorteil, daß das Unterproblem des Nachfolgers durch Aufstellen der Kuhn-Tucker-Bedingungen als System von Nebenbedingungen zur Zielfunktion des Anführers aufgefaßt werden kann.[1] Da jede beliebige Lösung des Anführer-Problems eine optimale Lösung des Nachfolgerproblems induziert, läßt sich die Nachfolgerlösung durch die Optimalitätsbedingungen ausdrücken. Dies bedeutet jedoch nicht, daß das Problem dann einfach zu lösen ist, da die Kuhn-Tucker-Bedingungen Komplementaritätsforderungen beinhalten, so daß ein einstufiges Problem mit nicht-linearen Nebenbedingungen entsteht.
Ein entsprechendes Vorgehen zur Problemumformung ist auch für nicht-lineare Bilevel Probleme möglich.[2] Da die Lösungen von Bilevel Problemen häufig nicht pareto-optimal sind, so daß sich beide Teilnehmer verbessern könnten, wenn die Möglichkeit der Kooperation bestünde, ist die Anwendung von Verfahren zur Lösung von Problemen mit mehrfacher Zielsetzung, die beide Ziele gleichrangig behandeln und pareto-optimale Lösungen finden, ausgeschlossen.[3]

Zur Abbildung der Situation zweier standortsuchender Konkurrenten in einem Netzwerk ist ein kontinuierlicher Ansatz des Bilevel Programming ungeeignet, da nach Voraussetzung nur bestimmte Punkte als Standorte zur Verfügung stehen und daher zur Standortwahl und auch für die Zuordnung der Nachfrager, wie oben im einstufigen Nachfolger-Problem, binäre Entscheidungsvariablen benötigt werden. Darüber hinaus zeigt sich, daß zur Modellierung der Nachfrageteilung zwischen den Anbietern, die bei gleichen Entfernungen zwischen den nächstgelegenen Standorten und einem Nachfrager eintritt, der Maximumoperator erforderlich ist, so daß die Linearität der Zielfunktionen verlorengeht. Also muß statt einer linearen eine entsprechende ganzzahlige Formulierung verwendet werden.

Für das oben beschriebene Problem der Maximierung des Marktanteils für zwei Konkurrenten kann folgende zweistufige binäre Problemformulierung gewählt werden, in der die Variablenvektoren z und v die Entscheidungen des ersten und x und y die Entscheidungen des zweiten Anbieters beschreiben. Die Variable x_{ij} $(i \in I, j \in J)$ gibt

---

1 Vgl. z.B. Önal (1993).

2 Das Bilevel Programming kann auch zum "Multilevel" Programming, also der hierarchischen Optimierung über mehr als zwei Stufen mit entsprechend vielen Zielfunktionen verallgemeinert werden. Für eine Einführung vgl. z.B. Anandalingam und Friesz (1992).

3 Vgl. Bard und Moore (1992).

an, ob der Nachfragerort i von einer Filiale des zweiten Anbieters am Standort s_j versorgt wird ($x_{ij} = 1$) oder nicht. Die Variable z_{ij} hat die entsprechende Bedeutung für den ersten Anbieter. Die Variablen v_j bzw. y_j geben an, ob der erste bzw. der zweite Anbieter am Ort s_j ($j \in J$) eine Niederlassung errichtet.
Das Problem lautet dann:

(BL 1) $$\max_{z,v} \sum_{i \in I} D_i \sum_{j \in J} \mathrm{Max}\{(z_{ij} - \frac{1}{2} \cdot \sum_{k \in J} x_{ik}), 0\}$$

unter Beachtung von

(BL 2) $$v_j \geq z_{ij} \qquad (i \in I,\ j \in J)$$

(BL 3) $$\sum_{j \in J} v_j = p$$

(BL 4) $$\sum_{j \in J} z_{ij} \leq 1 \quad (i \in I),$$

wobei x und y das Problem

(BL 5) $$\max_{x,y} \sum_{i \in I} D_i \sum_{j \in J} \mathrm{Max}\{(x_{ij} - \frac{1}{2} \cdot \sum_{k \in J} z_{ik}), 0\}$$

unter Beachtung von

(BL 6) $$y_j \geq x_{ij} \qquad (i \in I,\ j \in J)$$

(BL 7) $$\sum_{j \in J} y_j = r$$

(BL 8) $$\sum_{j \in J} x_{ij} \leq 1 \quad (i \in I)$$

(BL 9) $$\sum_{j \in J} (z_{ij} + x_{ij}) \geq 1 \quad (i \in I)$$

$$\text{(BL 10)} \quad (d_{ij} - d_{ik}) \cdot (z_{ik} - x_{ij}) \geq 0 \qquad (i \in I,\ j \in J,\ k \in J)$$

$$\text{(BL 11)} \quad (d_{ij} - d_{ik}) \cdot z_{ik} + M(1 - x_{ij}) \geq 0 \quad (i \in I,\ j \in J,\ k \in J)$$

$$\text{(BL 12)} \quad (d_{ik} - d_{ij}) \cdot x_{ij} + M(1 - z_{ik}) \geq 0 \quad (i \in I,\ j \in J,\ k \in J)$$

$$\text{(BL 13)} \quad x_{ij}, z_{ij} \in \{0,1\} \quad (i \in I,\ j \in J); \quad v_j, y_j \in \{0,1\} \quad (j \in J)$$

lösen. M ist dabei eine sehr große Zahl, z.B. die Summe aller Entfernungen im Netzwerk.

Die Zielfunktionen (BL 1) und (BL 5) erfassen die Ziele der Marktanteilsmaximierung. Die Nebenbedingungen (BL 2) und (BL 6) sichern, daß eine Niederlassung errichtet wird, wenn von dem möglichen Standort s_j aus ein Nachfrager versorgt wird. (BL 3) und (BL 7) geben die vorgegebene Zahl der Niederlassungen je Anbieter an. (BL 4) und (BL 8) stellen sicher, daß jeder Nachfrager von höchstens einer Filiale eines Anbieters versorgt wird, und die Bedingungen (BL 9) bewirken, daß eine Versorgung jedes Nachfragers erfolgt. Die Bedingungen (BL 10) in Verbindung mit (BL 11) und (BL 12) schließlich sorgen dafür, daß jeweils die Versorgung durch die nächstgelegenen Standorte stattfindet (BL 10) und nur dann auf zwei Standorte verteilt wird, wenn diese gleich weit vom Nachfrageort entfernt sind ((BL 11) und (BL 12)).
Das zweistufige Modell (BL) erfaßt zwar die Problemstellung zweier standortsuchender Anbieter exakt, eignet sich aber kaum zum Lösen des Problems, da schon für kleine Netzwerke sehr viele Nebenbedingungen und Variablen benötigt werden. Selbst wenn das Netzwerk nur fünf Knoten aufweist und die Anbieter je einen der Knoten als Standort bestimmen wollen, besitzt das Problem bereits 60 Variablen. Bard und Moore (1992) beispielsweise schlagen für diskrete Bilevel Programming Probleme mit linearen Zielfunktionen und linearen Nebenbedingungen ein exaktes Lösungsverfahren - einen Branch and Bound Ansatz - vor. Dieser Ansatz erweist sich jedoch in von ihnen durchgeführten Testrechnungen schon in diesem einfachen linearen Fall nur für bis zu ca. 50 Variablen hinsichtlich der Rechenzeit als geeignet. Insofern stellt sich die zweistufige Formulierung als für die Problemlösung wenig vielversprechender Ansatz heraus. Zumindest liefert das Bilevel Programming aber eine geschlossene Problemformulierung, die auch die Problemstruktur verdeutlicht.

In Verbindung mit dem hier vorgestellten Ansatz sei nochmals auf das Modell zur Standortbestimmung in Abschnitt 3.5.1 verwiesen, in dem die Verhaltensweisen einiger oder beliebig vieler Konkurrenten des standortsuchenden Unternehmens als Netzwerk-Gleichgewicht modelliert werden. Auch dieser Ansatz ist im hier vorgestellten Sinne mehrstufig, wobei auf der zweiten Stufe mehrere Spieler agieren und die Entscheidungssituation der zweiten Stufe nicht als lineares oder binäres Programm formuliert werden kann, sondern als Komplementärproblem oder Variationsungleichung erfaßt werden muß. Die Gemeinsamkeiten der Modellierung sind jedoch deutlich; die Erfassung nur eines bereits anwesenden Konkurrenten wie in dem hier diskutierten Fall erweist sich als Spezialfall der Standortbestimmung in Gleichgewichtsmodellen.

4.7.3 Abstimmungsspiele zur Standortbestimmung

Während es sich bei den Modellen zur Marktanteilsmaximierung um diskrete Optimierungsmodelle handelt, die ihre Wurzeln ebenso sehr in der klassischen Standortplanung wie in der Konkurrenztheorie haben, sind die Modelle zur "Abstimmung über Standorte" der Abstimmungstheorie entnommen. Die Ausgangsfrage lautet: Kann ein Anbieter immer einen Standort finden, der ihm mindestens soviele (bzw. mehr) Stimmen, d.h. Nachfrager, garantiert wie seinem Konkurrenten, egal wo dieser sich niederläßt?[1] Dabei wird unterstellt, daß die Nachfrager jeweils für den Angebotsort stimmen, der ihnen am nächsten liegt, und daß die Anbieter nicht denselben Standort beziehen können.

Die Nachfrager befinden sich in Knoten des Netzwerkes $G = (V, E)$, die in der graphentheoretischen Darstellungsweise mit v_i $(i = 1(1)m)$ bezeichnet werden; die Höhe der Nachfragen, und damit die "Zahl der Stimmen" in einem Knoten, beträgt jeweils w_i. Der Sachverhalt der Abstimmung wird formal erfaßt, indem die Notation

$$|\, s < t \,| := \sum_{i=1}^{m} \{ w_i \mid d(i, s) < d(i, t) \}$$

---

1 Vgl. Wendell und McKelvey (1981). Diese Frage deckt sich mit der von Serra und ReVelle (1995) untersuchten "pre-emptiven" Problemstellung, wobei sich allerdings Wendell und McKelvey nicht auf die Knoten des Netzwerkes als potentielle Standorte beschränken.

eingeführt wird, die die Zahl der Nachfrager bezeichnet, die den Ort $s \in G$ einem Ort $t \in G$ vorziehen.[1]

Auch in dieser Modellklasse werden also keine Preise einbezogen, sondern die Betrachtung beschränkt sich auf entfernungsbezogene Entscheidungen und unelastische Nachfragen und damit auf die Zielsetzung der Marktanteilsmaximierung. Die Betrachtung von Abstimmungsproblemen ist in der Konkurrenzstandortplanung sinnvoll, da die Anbieter möglichst viele Kunden für sich gewinnen wollen. Auch die im Rahmen der Linienmodelle betrachteten Konzeptionen zielen, zwar nicht explizit, aber implizit, auf die Zustimmung möglichst vieler Nachfrager zu einem Standort ab.[2]

Ein von den Nachfragern bevorzugter Ort wird von Wendell und McKelvey (1981) als "Gleichgewicht" bezeichnet. Dabei heißt ein Ort $s_m \in G$ schwaches globales Gleichgewicht, wenn die Zahl der Nachfrager, die sich im Vergleich zu einem beliebigen anderen Ort $z \in G$ für s_m entscheiden würden, mindestens so groß ist wie die Zahl der Nachfrager, die denselben Ort $z \in G$ dem Ort s_m vorziehen würden.[3] Für einen solchen Ort s_m wird häufiger die Bezeichnung "Plurality Solution" (Mehrheitslösung) verwendet,[4] die auch im folgenden benutzt wird. Formal läßt sich eine Mehrheitslösung s_m charakterisieren durch die Eigenschaft

$$| z < s_m | \leq | s_m < z | \text{ für alle } z \in G.$$

Ein Ort s_m heißt starke Mehrheitslösung, wenn die Ungleichung strikt erfüllt ist.

Betrachtet man als spezielles Netzwerk eine Linie, auf der sich mehrere gleichgroße Nachfrager an einzelnen Punkten befinden, so ist der Median, d.h. der Ort, an dem

---

1 Die formale Darstellung orientiert sich, auch bei den im folgenden vorgestellten Lösungskonzepten, an Wendell und McKelvey (1981), Hansen und Labbé (1988) und Hansen et al. (1990).

2 Die Betrachtung eines Standortproblems als Abstimmungsproblem läßt sich, zumindest für öffentliche Einrichtungen, durch die Frage motivieren, ob die Nachfrager sich für denselben Standort entscheiden würden, wenn sie eine Mehrheitsentscheidung herbeiführen könnten, den auch eine zentrale, planende Instanz auswählen würde. Die Diskrepanz beider Lösungen gibt wiederum Auskunft darüber, wie groß die Ineffizienz der Abstimmungslösung und wie groß die Unzufriedenheit der Nachfrager bei der planerischen Lösung ist, vgl. Hansen und Thisse (1981).

3 Dabei werden indifferente Nachfrager entweder aus der Betrachtung ausgeklammert, d.h. es werden nur diejenigen gezählt, die eine strikte Präferenz für einen Ort haben, oder aber Nachfrager, die von zwei Orten gleichweit entfernt sind, werden gleichmäßig auf diese beiden Orte aufgeteilt, vgl. Bandelt (1985).

4 Vgl. z.B. Hansen et al. (1990).

sich der mittlere Nachfrager befindet, eine Mehrheitslösung, denn jeder andere Ort wird im Vergleich mit dem Median von weniger als der Hälfte der Nachfrager bevorzugt, der Median hingegen von mindestens der Hälfte.[1] Der Median ist bei ungerader Anzahl von Nachfragern eindeutig und damit eine starke Mehrheitslösung. Im Hotelling-Fall, d.h. bei gleichmäßig über die Linie verteilter Nachfrage, ist der Linienmittelpunkt die Mehrheitslösung.

Das Median-Resultat läßt sich direkt auch auf Netzwerke übertragen, die Baumstruktur aufweisen. In Bäumen ist jeder kürzeste Weg zwischen zwei Knoten eindeutig.[2] Diese spezielle Eigenschaft macht den Baum strukturell einer Linie sehr ähnlich, auf der es ebenfalls nur einen Weg zwischen je zwei Punkten gibt.[3] Der entscheidende Vorzug von Bäumen gegenüber allgemeinen Graphen liegt einerseits in der Konvexitätseigenschaft der Entfernungsfunktion, die aus der Eindeutigkeit der kürzesten Wege folgt,[4] und andererseits darin, daß das Entfernen eines Knotens, also insbesondere des Medians, aus einem Baum diesen Baum in einen oder mehrere zusammenhängende Teilbäume zerfallen läßt.[5] Die in jedem dieser Teilbäume enthaltene Nachfragesumme kann niemals höher sein als die Hälfte der Gesamtnachfrage, sonst wäre der entfernte Knoten nicht der Median gewesen.[6] Dann kann aber in keinem der Teilbäume ein Knoten liegen, der eine höhere Stimmenzahl als der Median sichert. Eine Mehrheitslösung befindet sich also analog zum Fall der Linie

---

1 Vgl. auch Alonso (1964), der das "Principle of Median Location" beschreibt. Dieses Prinzip ist insofern beeindruckend, als auf der Linie die einzelnen Distanzen zu den Nachfragern keine Rolle spielen, sondern es nur von ihrer Zahl bzw. ihrer Gewichtung abhängt, wo sich der Standort mit der minimalen Gesamtentfernung zu den Nachfragern befindet, der gleichzeitig die höchste Zustimmung erhält und damit die Mehrheitslösung ist.

2 Vgl. Harary (1974), S. 43, Satz 4.1.

3 Auch in Bäumen wirkt das "Principle of Median Location". Dieses macht sich beispielsweise der Algorithmus von Goldman (1971) zur Bestimmung eines Medians in Bäumen zunutze, der, an einem Endknoten beginnend, jeweils die von einem Knoten ausgehende Kante und diesen Knoten selbst entfernt und das Gewicht des anderen Endknotens der Kante um die Summe der Gewichte der bisher untersuchten Knoten erhöht, bis diese Knotensumme die Hälfte der Gesamtgewichtssumme des Baumes erreicht. Dann ist ein Median gefunden. Bei dem Algorithmus spielen die Kantenlängen also keine Rolle.

4 Vgl. Dearing et al. (1976).

5 Vgl. Kariv und Hakimi (1979-II).

6 Vgl. Goldman (1971) sowie Kariv und Hakimi (1979-II). Die Summe der Gewichte eines Teilbaumes, der einen Median enthält, beträgt mindestens die Hälfte der Gesamtsumme; ein Teilbaum ohne Median hat ein Gewicht, welches kleiner als die Hälfte der Gesamtsumme ist.

im Median des Baumes; ist der Median eindeutig, so stellt er auch die eindeutige starke Mehrheitslösung dar.[1] Da Mediane sich immer in Knoten eines Netzwerkes finden lassen, ist damit die Knoteneigenschaft für Mehrheitslösungen in Bäumen ebenfalls gesichert.

Eine solche einfache Charakterisierung ist für allgemeine Netzwerke nicht möglich, denn in diesen kann nicht einmal die Existenz von Mehrheitslösungen allgemein gezeigt werden.[2] Daher sind andere Abstimmungskonzepte erforderlich, die etwas schwächere Anforderungen an die Zustimmung der Nachfrager stellen, aber dennoch eine günstige Anbieterposition charakterisieren und immer anwendbar sind. Ein mögliches Konzept ist die sog. Condorcet-Lösung. Ein Punkt s_c in einem Netzwerk stellt eine Condorcet-Lösung dar, wenn die Zahl der Nachfrager, die einen anderen Punkt z bevorzugen, für alle z höchstens der Hälfte der Gesamtnachfrage W,

$$W := \sum_{i=1}^{m} w_i, \quad \text{entspricht.}^3$$

Dies läßt sich formal ausdrücken durch die Forderung

$$|z < s_c| \leq \frac{W}{2} \quad \text{für alle } z \in G.$$

Damit handelt es sich um ein schwächeres Konzept als das der Mehrheitslösung, da für einen Condorcet-Punkt durchaus mehr Nachfrager einen anderen Punkt z gegenüber s_c bevorzugen dürfen, es sich dabei nur nicht um mehr als die Hälfte der Gesamtnachfrage handeln darf. Dieser Fall kann auftreten, wenn viele Nachfrager indifferent sind. Umgekehrt ist aber jede Mehrheitslösung eine Condorcet-Lösung.[4]

---

1 Vgl. Wendell und McKelvey (1981), Theorem 4.

2 Vgl. Hansen et al. (1990), S. 482. Eine Existenzbedingung bzw. Charakterisierung für Mehrheitslösungen geben Wendell und McKelvey (1981), Theorem 1, an.

3 Vgl. Hansen et al. (1990). Bandelt (1985) ebenso wie Bauer et al. (1993) definieren die Condorcet-Lösungen in allgemeinerer Form, indem sie sog. β-Condorcet-Lösungen einführen, bei denen $0 \leq \beta \leq 1$ angibt, welcher Anteil der indifferenten Nachfrager, d.h. der Nachfrager, die von zwei Punkten gleichweit entfernt sind, der Gruppe der bevorzugenden Nachfrager zugerechnet wird. Auf diesen Grad der Allgemeinheit soll hier verzichtet werden.

4 Wäre sie keine, so gäbe es einen anderen Punkt, den mehr als die Hälfte der Nachfrager s_c vorziehen, so daß s_c auch keine Mehrheitslösung mehr seien könnte, da die Zustimmung zu s_c dann geringer als die Hälfte der Gesamtnachfrage ausfallen müßte.

In Bäumen stimmen Condorcet-Punkte wie Mehrheitslösungen mit den Medianen überein.[1] Dies ist jedoch für allgemeine Netzwerke nicht der Fall, sondern es läßt sich sogar nachweisen, daß die Abweichung - gemessen in der von den Nachfragern zurückzulegenden Gesamtentfernung - erheblich sein kann.[2] Eine Charakterisierung von Netzwerken, in denen die Condorcet-Lösungen mit den Medianen übereinstimmen, gibt Bandelt (1985) an; diese Eigenschaften sind jedoch wenig anschaulich und nicht so leicht zu prüfen wie z.B. die Baumeigenschaft.

Weder die Mehrheitslösung noch die Condorcet-Lösung müssen existieren, wie das in Abbildung 4.10 dargestellte einfache Beispiel zeigt.[3]

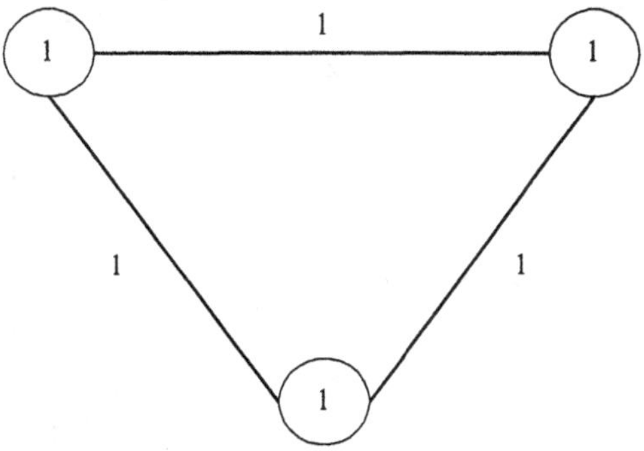

Abb. 4.10 Beispiel für Existenzproblem

In dem angegebenen Netzwerk sind alle Knoten mit einer Nachfrage von 1 und alle Kanten mit einer Länge von 1 bewertet. Läßt sich also der erste Anbieter in einem Knoten nieder, kann ein Konkurrent durch Wahl eines Standortes auf der gegenüberliegenden Kante immer eine größere Nachfrage in Höhe von zwei Einheiten bekommen. Wählt andererseits der erste Anbieter einen Standort auf einer Kante,

---

1 Vgl. Hansen et al. (1986). Hansen et al. (1990), S. 487, bemerken dazu, daß die Übereinstimmung von "planerischer Lösung" (=Median) und Abstimmungslösung vom gesellschaftlichen Standpunkt aus positiv zu bewerten sei, da die planerische Lösung dann auch von den Nachfragern favorisiert wird. - Ein solche Übereinstimmung ist ebenfalls in sog. "Kaktusnetzwerken" gegeben. Ein Netzwerk ist ein Kaktus, wenn je zwei Kreise in diesem Netzwerk höchstens einen Knoten gemeinsam haben. Wenn ein Kaktus überhaupt einen Condorcet-Punkt besitzt, dann stimmen die Condorcet-Punkte mit den Medianen überein, vgl. Labbé (1985).

2 Vgl. Labbé (1985), Theorem 6, sowie Hansen et al. (1990), Corollar 11.7.

3 Vgl. z.B. Hansen und Labbé (1988) sowie Hansen et al. (1990), S. 482.

sichert dem Konkurrenten ein benachbarter Knoten eine höhere Nachfrage von zwei Einheiten.[1]

Um der Existenzproblematik abzuhelfen, wird in der Literatur noch ein weiteres, abgeschwächtes Konzept betrachtet, die Simpsonlösung s_s.[2] Sie ist dadurch charakterisiert, daß die Maximalzahl von Nachfragern, die denselben Punkt z einem anderen Punkt vorziehen, für s_s am geringsten ist, die Gegnerschaft von s_s, die ein einheitliches Ziel verfolgt, also schwächer ist als die Gegnerschaft jedes anderen Punktes. Formal bedeutet dies

$$\max \{ | z < s_s | : z \in G\} \leq \max \{ | z < x | : z \in G\} \text{ für alle } x \in G.$$

Im angegebenen Beispiel mit identischen Knotengewichten ist jeder Punkt eine Simpson-Lösung, denn in jedem beliebigen Punkt kann sich der erste Anbieter die Nachfrage eines Knotens sichern, und immer bevorzugen zwei Nachfragerknoten einen anderen Punkt, so daß die Bedingung als Gleichung erfüllt wird.

Die Forderungen an einen Simpson-Punkt sind also wiederum schwächer als die an einen Condorcet-Punkt, weil durchaus viele Nachfrager andere Punkte bevorzugen dürfen; von diesen sollen nur möglichst wenige dieselbe Präferenz für einen bestimmten Punkt haben. Doch obwohl es sich um ein schwächeres Konzept handelt, ist nicht jeder Condorcet-Punkt eine Simpson-Lösung. Die Maximalzahl der Nachfrager, die einen anderen Ort bevorzugen, wird auch als der "score" von s_s bezeichnet. Gesucht ist also der Ort mit dem minimalen score. Nur wenn dieser score kleiner oder gleich W/2 ist, handelt es sich bei der Simpson-Lösung auch um einen Condorcet-Punkt. Gibt es mehrere Condorcet-Punkte mit verschiedenen scores, so sind nur diejenigen mit minimalem score auch Simpson-Lösungen.

Die Simpson-Lösung entsteht aus einem Minimax-Konzept, welches den möglichen Schaden, den der Anbieter erleiden kann, begrenzt. In Bäumen stimmen Simpson- und Condorcet-Lösungen überein und entsprechen den Medianen, da die "Gegnerschaft" des Medians im Baum immer geringer als die Gegnerschaft jedes anderen Punktes ist.[3]

---

1 Betrüge hingegen die Nachfrage in einem der Knoten drei Mengeneinheiten, so handelte es sich bei diesem Knoten um eine starke Mehrheitslösung. Betrüge sie zwei Mengeneinheiten, so wäre dieser Knoten eine Condorcet-Lösung und eine schwache Mehrheitslösung.

2 Vgl. Hansen et al. (1990).

3 Wird statt des Medians ein diesem benachbarter Punkt gewählt, so befindet sich dieser in einem Teilbaum, dessen Gewicht geringer ist als die Hälfte der Gesamtnachfrage. Die Nachfrage, die demgegenüber dem Median den Vorzug gibt, beträgt hingegen mindestens die Hälfte der Gesamtnachfrage, so daß die Maximalzahl ablehnender Stimmen im Median am geringsten ist, denn jeder andere Punkt wird von mehr Nachfragern abgelehnt.

Eine weitere Möglichkeit, schwächere Lösungskonzepte einzuführen, besteht in der Beschränkung auf lokale Lösungen, d.h. auf Punkte, die die geforderten Bedingungen nur in bezug auf und im Vergleich mit einer gewissen Umgebung erfüllen. Lokale Konzepte untersuchen z.B. Hansen et al. (1986) und weisen nach, daß lokale Mehrheitslösungen mit lokalen Condorcet-Punkten und mit lokalen Medianen in allgemeinen Graphen übereinstimmen.[1] Damit läßt sich für das abgeschwächte Lösungskonzept also ein weiter reichendes Resultat erzielen; jedoch ist andererseits die lokale Konzeption in ihrer Aussagekraft stark eingeschränkt, da es in einer hinreichenden Entfernung immer hinsichtlich der Stimmenzahl überlegene Orte geben kann. Nur die maximale lokale Zustimmung, die in einem gewissen Gebiet erreicht werden kann, ist durch eine solche Lösung gesichert. Ist dem Anbieter sein - gegenüber dem Gesamtmarkt eingeschränktes - Marktgebiet also bereits bekannt, so liefern die lokalen Lösungskonzepte die beste Standortwahl in diesem Teilmarkt.

Außer in sehr einfachen Netzwerken, wo die verschiedenen Lösungen per Anschauung bestimmt werden können, ist die Ermittlung der durch die Abstimmungskonzepte vorgegebenen Lösungen nicht unproblematisch. Hansen und Labbé (1988) schlagen ein polynomiales Verfahren zur Bestimmung von Condorcet- und Simpson-Punkten vor.[2] Dieses erweist sich als erheblich einfacher, wenn eine ungerade Nachfragesumme vorliegt, weil nur im Falle einer ungeraden Summe ein Condorcet-Punkt immer in einem Knoten liegen muß.[3] Der Algorithmus stellt ein "Vergleichsverfahren" dar, bei dem zunächst Knoten miteinander verglichen und so potentielle Condorcet-Punkte ermittelt werden. Anschließend werden diese Knoten daraufhin überprüft, ob sie von Punkten auf Kanten dominiert werden. Bei gerader Nachfragesumme ist jedoch anschließend noch ein Vergleich mit bestimmten Punkten auf Kanten durchzuführen.[4]

---

1 Vgl. Hansen et al. (1986), Theorem 2.

2 Polynomiale Verfahren verursachen einen Aufwand, der sich durch ein Polynom in der Größe der eine Probleminstanz charakterisierenden Daten beschränken läßt.

3 Vgl. Hansen und Thisse (1981), Proposition 1.

4 Bauer et al. (1993) untersuchen Varianten der angegebenen Konzeptionen, bei denen die Nachfrager nicht eindeutig dem ihnen nächstgelegenen Anbieterort zugerechnet werden, sondern Zuordnungs- bzw. Kaufwahrscheinlichkeiten in Abhängigkeit von den Entfernungen zu jeweils zwei Angebotsorten verwendet werden. Sie schlagen ebenfalls polynomiale Verfahren für diese Problemstellungen vor.

Die Lösungen, die durch die abstimmungstheoretisch fundierten Ansätze gegeben sind, stellen für den ersten Anbieter, der auf einen Markt kommt, sinnvolle Vorgaben für die Standortentscheidung dar, wenn er sich einen möglichst großen Marktanteil sichern möchte (Mehrheitslösung), wenn er verhindern will, daß sein Konkurrent einen zu großen Marktanteil bekommt (Condorcet-Punkt), oder sich selbst unter der Prämisse, sein Nachfolger werde ihm den größtmöglichen Schaden zufügen, noch den größtmöglichen Anteil sichern möchte (Simpson-Lösung). Erweitert man nun den Blickwinkel auf eine Konkurrenzsituation zweier Anbieter,[1] denen die Wahl desselben Standortes möglich ist, so handelt es sich bei der Mehrheitslösung um eine Nash-Lösung, da sich keiner der beiden Anbieter verbessern kann, wenn sie beide sich in einer Mehrheitslösung niederlassen.[2] Beide erhalten dann gerade die Hälfte der Nachfrage; es liegt also die äquivalente Lösung zu Hotellings "Prinzip der minimalen Differenzierung" vor. Wie oben bereits dargestellt, handelt es sich beispielsweise in Bäumen zudem um den Median, so daß ein Konzept der klassischen Standortplanung zur Problemlösung verwendet werden kann.[3]

Das Konzept der Simpsonlösung entspricht hingegen in der Idee der Stackelberg-Konzeption. Wie im von Prescott und Visscher (1977) untersuchten Fall des sukzessiven Markteintritts auf der Linie, versucht sich auch hier der erste Anbieter eine möglichst gute Position zu sichern, wobei er voraussieht, daß der zweite ihm schaden wird. Daher bezieht der erste Anbieter die Position, die ihm im schlechtesten Fall - nämlich wenn der zweite Anbieter den Ort bezieht, an dem er selbst am meisten Nachfrage erhält und also der erste am meisten verliert - noch am meisten einbringt. Der erste wählt also eine Maximin-Strategie, die durch den Simpson-Punkt wiedergegeben wird. Der Vorteil liegt in dieser Situation nicht etwa beim ersten Anbieter, dem Anführer, sondern dem zweiten Anbieter, der dem ersten einen Teil seiner Nachfrage - mindestens 50% - wieder abnehmen kann.[4]

---

1 Vgl. Hansen et al. (1986) und Hansen et al. (1990).

2 Dies gilt unter der hier unterstellten Prämisse, daß die Nachfrager, die von beiden Anbietern gleich weit entfernt sind, den beiden Anbietern auch zu gleichen Teilen zugeordnet werden.

3 Damit sind im Falle der Konkurrenz zweier Anbieter die Nachfrager nicht besser gestellt, als wenn es nur einen Anbieter gäbe; sozial ist die Lösung also ineffizient, vgl. auch Hansen et al. (1990), denn die günstigste Lösung im Sinne der Nachfrager wären zwei Standorte im 2-Median des Baumes.

4 Es besteht also ein "Second Mover Advantage", vgl. z.B. Wied-Nebbeling (1993), S. 158.

Die Abstimmungskonzepte sind, im Vergleich zu dem auf ganzzahliger Programmierung aufbauenden Ansatz des vorangehenden Abschnitts, weniger auf die praktische Anwendung ausgerichtet. Eine Einbindung von Kostenaspekten oder die Entscheidung über mehrere Standorte sind mit diesen Konzeptionen nicht möglich. Die Konzepte geben also wenig Aufschluß für betriebswirtschaftliche Fragestellungen, machen aber erneut die Bedeutung des Medians in der Standorttheorie deutlich. In manchen Fällen - wenn es sich bei dem zugrundeliegenden Graphen um einen Baum oder einen "Baum-ähnlichen" Graphen handelt - kann die Lösung des Medianproblems gleichzeitig die optimale Lösung des Abstimmungs- und damit des Marktanteilsmaximierungs-Problems liefern. Jedoch stellt die sich für mehrere Anbieter ergebende Standortkonstellation, wenn diese der Abstimmungstheorie folgen, keineswegs die günstigste Lösung im Sinne der Versorgung der Nachfrager dar, da sich die Anbieter nicht gleichmäßig verteilen, sondern im Extremfall sogar denselben Standort wählen.

4.7.4 Graphentheoretische Ansätze

Hakimi, der bereits den Median und das Zentrum in die Standortliteratur eingeführt hat,[1] stellt 1983 die verwandten, graphentheoretisch ausgerichteten Konzepte des Medianoid und des Centroid vor.[2,3] Im Gegensatz zu ReVelle (1986) und den Arbeiten der Abstimmungstheorie nimmt Hakimi an, daß ein Nachfrager den von ihm präferierten Anbieter nur dann wechseln wird, wenn die Entfernung zum "neuen" Anbieter strikt kürzer als die zum bisherigen Anbieter ist.[4] Befindet sich also bereits ein Anbieter I mit p Einrichtungen auf dem Markt und ein weiterer Anbieter II möchte Standorte für seine r neuen Einrichtungen bestimmen, so sucht er die r Orte

---

1 Vgl. Hakimi (1964).

2 Die konkrete Ausprägung von Medianoid und Centroid ist durch weitere Angaben zu spezifizieren. Zur Vereinfachung der Sprechweise werden hier, abweichend von der Literatur, die Begriffe Medianoid und Centroid ohne weitere Zusätze verwandt, wenn die jeweilige Klasse von Problemen gemeint ist.

3 Der Begriff des Centroid wurde ursprünglich für Bäume geprägt und gehört der klassischen Standortplanung an. Ein Centroid ist ein Knoten v des Baumes, für den gilt, daß die maximale Gewichtssumme der beim Entfernen von v entstehenden Unterbäume minimal ist, vgl. Kariv und Hakimi (1979-I). Sie zeigen auch, daß Centroid und Median in Bäumen äquivalent sind, was auf die oben bereits diskutierte Bedeutungslosigkeit der Distanzen und die Bedeutung der Gewichte hinweist, da für die Ermittlung des Centroids keine Kantenlängen berücksichtigt werden.

4 Somit kann, bei identischer Zahl der Einrichtungen, der zweite Anbieter sich nicht die Hälfte der Gesamtnachfrage sichern, indem er die Standorte seines Konkurrenten bezieht. Damit scheidet die Hotelling-Lösung der minimalen Differenzierung von vornherein aus, denn sie würde für den zweiten Anbieter zu Nullgewinnen führen.

im Netzwerk G = (V, E), die ihm den größten Marktanteil sichern. Formal sind diese Mengen von Orten durch die folgenden Definitionen zu charakterisieren.

Der Marktanteil des zweiten Anbieters, wenn er r Standorte $S_{II(r)} := \{s_{II1}, ..., s_{IIr}\}$ eröffnet und dem Anbieter I bereits die p Standorte in $S_{I(p)} := \{s_{I1}, ..., s_{Ip}\}$ gehören, ist durch

$$M(S_{II(r)}, S_{I(p)}) := \sum_{i=1}^{m} \{w_i \mid d(i, S_{II(r)}) < d(i, S_{I(p)})\}$$

gegeben. Ist $S_{II(r)}^*$ so beschaffen, daß der Marktanteil maximiert wird, daß also

$M(S_{II(r)}^*, S_{I(p)}) \geq M(S_{II(r)}, S_{I(p)})$ für alle $S_{II(r)} \subset G$ gilt,

so heißt $S_{II(r)}^*$ ein $(r, S_{I(p)})$-Medianoid.[1] Da die optimalen Standorte von $S_{I(p)}$ abhängen, schreibt man auch $S_{II(r)}^*(S_{I(p)})$.

Damit entspricht die Zielsetzung der Marktanteilsmaximierung des MAXCAP-Problems,[2] wobei Hakimi jedoch alle Punkte des Netzwerkes als potentielle Standorte zuläßt. Ein auf die Knoten beschränkter Medianoid würde der MAXCAP-Lösung entsprechen. Es lassen sich jedoch, anders als beim Median, Beispiele finden, wo die Knoteneigenschaft für den Medianoid nicht erfüllt ist, so daß die Beschränkung auf die Knoten nicht natürlich zustandekommt.[3]

Während die Analogie des Medians und des Medianoids offensichtlich ist, da beide Ansätze auf einen Standort abzielen, von dem aus die Nachfrager möglichst günstig zu erreichen sind, ist die Verwandtschaft zwischen Zentrum und Centroid nicht so leicht zu erkennen. Der (r,p)-Centroid ist als diejenige Knotenmenge mit p Knoten definiert, die sicherstellt, daß der maximale Marktanteil eines nachfolgenden Anbieters mit r Standorten möglichst gering ausfällt. Formal bedeutet das, $S_{I(p)}^*$ ist ein (r,p)-Centroid, wenn gilt

$$M(S_{II(r)}^*(S_{I(p)}^*), S_{I(p)}^*) \leq M(S_{II(r)}^*(S_{I(p)}), S_{I(p)}) \text{ für alle } S_{I(p)} \subset G.$$

---

1 Zu den Definitionen und der verwendeten Notation vgl. Hakimi (1983).

2 Vgl. ReVelle (1986) und Abschnitt 4.7.2 dieser Arbeit.

3 Vgl. Hakimi (1983). Ein einfaches Beispiel ist das bereits betrachtete Netzwerk mit drei Knoten und drei Kanten, in dem sich ein $(1, S_{I(1)})$ -Medianoid auf einer Kante befindet, wenn $S_{I(1)}$ aus einem Knoten besteht.

Der erste Anbieter antizipiert die Reaktion seines Konkurrenten, so daß auch hier eine Stackelberg-Situation vorliegt, in der Anbieter I eine Minimax-Strategie spielt. Hierin liegt auch die Übereinstimmung zum Zentren-Problem, denn im Zentren-Problem wird die maximale Distanz zu den Nachfragern minimiert.[1] Da beim Centroid-Problem aber die Minimax-Strategie auf die Minimierung des gegnerischen Gewinns abzielt, ist inhaltlich kaum eine Vergleichbarkeit der beiden Ansätze gegeben. Man könnte zunächst jedoch annehmen, das Zentrum des Netzwerkes bilde auch einen Centroid, weil die Distanz zu den Nachfragern "nicht zu groß" ist. Tatsächlich stellt aber nicht das Zentrum eines Netzwerkes den (1,1)-Centroid dar, sondern in gewissen Fällen liefert der Median einen Centroid. Dies ist beispielsweise der Fall, wenn ein Baum vorliegt,[2] denn der (1,1)-Centroid stimmt immer mit der Simpson-Lösung und in einem Baumnetzwerk, wie oben ausgeführt, dann auch mit der Mehrheitslösung, der Condorcet-Lösung und dem Median überein.[3] Für allgemeine Netzwerke trifft diese Aussage jedoch nicht zu; es ist nicht einmal möglich, die Knoteneigenschaft für allgemeine Netzwerke zu beweisen.[4]

Die Probleme, einen $(r,S_{I(1)})$-Medianoid und einen (1,p)-Centroid zu finden, sind jeweils NP-schwierige Probleme, was sich durch Reduktion des sog. Dominating Set Problems bzw. des Vertex Cover Problems auf die beiden Probleme zeigen läßt.[5] Sogar bei Beschränkung auf die Netzwerkknoten bleiben das $(r,S_{I(1)})$-Medianoid-Problem und das (1,p)-Centroid-Problem NP-schwierig. Dabei kommt allerdings die theoretische Schwierigkeit dadurch zustande, daß die Größen r und p nicht beschränkt sind, sondern variabel gehalten werden. Für fixierte Größen r und p hingegen kann

---

1 Vgl. Hakimi (1990), S. 444.

2 Vgl. Hakimi (1983).

3 Die Übereinstimmung des (1,1)-Centroids mit der Simpsonlösung ist offensichtlich, da die Definitionen übereinstimmen. Die Simpsonlösung ist der eine Standort, der die geringste Zahl von Nachfragern garantiert, die einen anderen Ort bevorzugen, und genau dieselbe Beschreibung trifft auf den (1,1)-Centroid zu.

4 Weitere Eigenschaften spezieller Centroide finden sich bei Hakimi (1983).

5 Vgl. Hakimi (1983) und Hakimi (1990).
Das Dominating Set Problem besteht in der Frage, ob es in einem Graphen, dessen Kanten alle die Länge 1 haben, eine Teilmenge von r Knoten gibt, so daß jeder beliebige Knoten des Graphen maximal eine Entfernungseinheit von einem Knoten der Teilmenge entfernt ist. Das Vertex Cover Problem besteht in der Frage, ob es in einem Graphen eine Teilmenge von p Knoten gibt, so daß jede Kante mindestens einen Endknoten in dieser Teilmenge hat. Zur NP-Vollständigkeit beider Probleme vgl. Garey und Johnson (1979), S. 54ff. bzw. S. 190.

beispielsweise ein polynomialer Algorithmus zur Ermittlung eines $(r,S_{I(p)})$-Medianoids angegeben werden.[1]

Während bisher, wie in der klassischen Standortplanung, von festen Nachfragen ausgegangen wurde, die sich immer an den nächstgelegenen Anbieter wenden und dementsprechend auf die Konkurrenten verteilen, können in die Modellierung auch nicht-essentielle Nachfragen, die mit wachsender Entfernung zum Anbieter fallen, sowie nicht-binäre Nachfragen, die sich unter verschiedenen Anbietern aufteilen, einbezogen werden.[2] Nicht-binäre Nachfrage kann unter Konkurrenz unterschiedlich modelliert werden, da entweder unterstellt werden kann, ein Nachfrager begebe sich jeweils zu den nächsten Niederlassungen der Anbieter I und II, und zwar mit zu den Entfernungen umgekehrt proportionalen Häufigkeiten bzw. Wahrscheinlichkeiten, oder er begebe sich zu jeder beliebigen Niederlassung mit einer bestimmten, der Entfernung umgekehrt proportionalen Wahrscheinlichkeit.[3] Im zweiten Fall konkurrieren auch die Einrichtungen desselben Anbieters untereinander.

Unter bestimmten Voraussetzungen kann für einige dieser Modelle die Knoteneigenschaft der Medianoide gezeigt werden; dabei sind Konvexitätsannahmen für die Funktion, mit der der Einfluß der Entfernungen auf das Käuferverhalten bewertet wird, von entscheidender Bedeutung.[4] Hakimi (1986) und (1990) untersucht zunächst Modelle ohne Konkurrenz und mit nicht-essentiellen Nachfragen, und wendet sich anschließend Modellen mit Konkurrenz zu. Die Nachfrage jedes Knotens fällt nach Maßgabe einer konvexen Funktion mit wachsender Entfernung zum Anbieter. Die Maximierung des Marktanteils kommt damit der Minimierung der wegfallenden Nachfrage gleich, die demzufolge durch eine konkave Funktion in der Entfernung

---

1 Vgl. Meggido et al. (1983). Wird die Suche auf Knoten beschränkt, eignet sich auch die Formulierung und Lösung als diskretes Optimierungsproblem, vgl. Abschnitt 4.7.2.

2 Das entfernungsminimierende Verhalten, welches bisher unterstellt wurde, ist zwar sinnvoll im Sinne der Nutzenmaximierung, sofern der Nutzen nur abhängig von der Entfernung gemessen wird; reales Käuferverhalten sieht jedoch anders aus, denn ein Nachfrager wird unterschiedliche Anbieter aufsuchen und also seine Nachfrage aufteilen, wobei sich die Häufigkeit eines Besuchs u.a. umgekehrt proportional zur Entfernung verhält. Es entstehen die sog. Gravitationsmodelle, vgl. Huff (1964) sowie Hansen et al. (1987), S. 42f.

3 Die Entfernungen werden in der Regel zusätzlich mit einer monoton wachsenden Funktion bewertet.

4 Vgl. für die konkreten Voraussetzungen Hakimi (1990), S. 454ff. Zudem ist erforderlich, daß die Nachfrager bereits eine Distanz von Null negativ bewerten, daß sie also nie die Maximalmengen zu kaufen bereit sind. Dies kann formal erreicht werden, indem die Nachfragemenge künstlich erhöht wird.

ausgedrückt wird. Also kann die nicht-essentielle Nachfrage im Modell genau wie eine konkave Transportkostenfunktion erfaßt werden. Für konkave Entfernungs- bzw. Transportkostenfunktionen ist aber die Knoteneigenschaft des p-Medians bewiesen.[1] Die Untersuchung nicht-essentieller Nachfragen ist unter den von Hakimi unterstellten Voraussetzungen und ohne Konkurrenz also nichts anderes als ein Fall verallgemeinerter, konkaver Transportkosten.[2]
Die Knoteneigenschaft kann unter Konkurrenz nur gezeigt werden, wenn sich die Nachfrage nicht immer eindeutig dem nächstgelegenen Anbieter zuwendet, sondern sich nach bestimmten Präferenzregeln zwischen den Anbietern aufteilt. Daß keine Knoteneigenschaft für den Fall binärer Nachfragen gelten kann, zeigt schon das oben angegebene einfache Beispiel dreier Orte, die in einem gleichseitigen Dreieck angeordnet sind, vgl. Abbildung 4.10.

Da die Konkavität der monoton steigenden Bewertungsfunktion große Distanzen im Verhältnis weniger unattraktiv macht als kleinere Distanzen, wird, anschaulich gesprochen, ein Anbieter lieber in einem (Nachfrager-)Knoten siedeln als zwischen zwei solchen Knoten. Zudem wird durch die veränderten Nachfrager-Präferenzen, die keine "0-1"-Entscheidung mehr vom Käufer verlangen, ein stetiger Übergang der Nachfragen erreicht - ein leichtes Verschieben eines Standortes läßt den Anbieter nicht mehr die gesamte Nachfrage eines Knotens gewinnen oder verlieren, sondern diese geht sukzessive von einem zum anderen Anbieter über. Damit wird ein Analogon zu den "Glättungsversuchen" in den Linienmodellen geschaffen. Die Marktanteilsfunktion eines Anbieters erhält auf diese Weise einen konvexen und stetigen Verlauf, der bei den sprunghaften Übergängen im Falle binärer Nachfragen nicht zu erreichen ist.

Zur Illustration wird der Fall zweier Anbieter mit je einem Standort für den Fall essentieller, nicht-binärer Nachfragen betrachtet.[3] In diesem Fall teilt sich die Nachfrage eines Knotens, w_i, auf die beiden Standorte der Anbieter in den Orten s_I und s_{II} auf: $w_i = w_{iI} + w_{iII}$ $(i = 1(1)m)$.

---

1 Vgl. Levy (1967) für Kostenfunktionen, die auf allen Kanten identisch sind, sowie Wendell und Hurter (1973) für unterschiedliche Kostenfunktionen je Kante.

2 Zur Bedeutung konkaver Kostenverläufe vgl. auch Mirchandani (1990), S.75ff.

3 Da hier jeder Anbieter nur eine Niederlassung besitzt, teilt die Nachfrage sich entfernungsabhängig zwischen diesen auf. Für eine Untersuchung der unterschiedlichen Fälle mit mehreren Niederlassungen der einzelnen Anbieter vgl. Hakimi (1986) und Hakimi (1990), S. 454ff.

Die Anteile der Nachfragen verhalten sich umgekehrt proportional zu den durch die Nachfrager in v_i jeweils mit monoton steigenden Funktionen f_i bewerteten Distanzen; also gilt

$$\frac{w_{iI}}{w_{iII}} = \frac{f_i(d(i,s_{II}))}{f_i(d(i,s_I))} \quad (i = 1(1)m).$$

Diese Gleichungen lassen sich jeweils nach w_{iI} auflösen, so daß sich

$$(w_{iI}) = w_{iII} \cdot \frac{f_i(d(i,s_{II}))}{f_i(d(i,s_I))} = w_i - w_{iII} \quad (i = 1(1)m)$$

und daraus

$$w_{iII} = w_i \cdot \frac{f_i(d(i,s_I))}{f_i(d(i,s_I)) + f_i(d(i,s_{II}))},\; w_{iI} = w_i \cdot \frac{f_i(d(i,s_{II}))}{f_i(d(i,s_I)) + f_i(d(i,s_{II}))} \quad (i = 1(1)m)$$

ergibt. Der auf eine Filiale entfallende Anteil an der Nachfrage eines Ortes wird also umso größer, je weiter die andere Filiale entfernt ist. Insbesondere wird bei gleicher Entfernung die Nachfrage gleichmäßig verteilt, da die Entfernung hier die einzige die Nachfrage beeinflussende Größe darstellt.[1]

Hakimi (1990) fordert für die Funktionen f_i einen konkaven, monoton wachsenden Verlauf und die Erfüllung der Bedingung $f_i(0) > 0$. Die zweite Eigenschaft ist für eine Bewertung der Entfernungen durch die Nachfrager sicherlich plausibel, da diese kurze Wege bevorzugen, die dritte Eigenschaft stellt sicher, daß ein gewisser Anteil der Käufer auch dann noch eine andere Filiale aufsucht, wenn sich eine Niederlassung an ihrem eigenen Wohnort befindet, und stimmt ebenfalls mit real zu beobachtendem Verhalten überein. Für den Beweis der Knoteneigenschaft ist nun, wie oben ausgeführt, die Konkavität von f_i entscheidend. Da die Entfernungsfunktion f_i im Nenner der Funktion steht, die den erzielten Anteil an der Nachfrage eines Ortes beschreibt, ist die Anteilsfunktion eines Anbieters konvex in der Distanz zum jeweils betrachteten Nachfrageort. Demnach muß eine aus konvexen Anteilen zusammengesetzte Funktion - der Marktanteil des Anbieters - maximiert werden.[2] Dies ist der

---

1 Es könnten jedoch auch Gewichte oder Attraktivitätskoeffizienten der Anbieter einbezogen werden, zu denen dann der jeweilige Anteil der Nachfrage in direkt proportionalem Verhältnis steht.

2 Der Abstand der Nachfrager zum Konkurrenten wird in dieser Betrachtung konstant gehalten.

Minimierung einer aus konkaven Distanzfunktionen zusammengesetzten Funktion äquivalent, für die das Knotenresultat von Wendell und Hurter (1973) gezeigt wird. Anhand des Beispiels mit drei Knoten und drei Kanten (Abbildung 4.10) läßt sich dieser Sachverhalt illustrieren: Die Nachfragen seien essentiell und verteilen sich proportional auf die beiden Anbieter, wobei die Entfernungen von allen Nachfragern

entsprechend den Funktionen $f_i(d(i,s)) := 1 + \sqrt{d(i,s)} \quad (i = 1(1)m)$

bewertet werden. Dann ergibt sich, wenn sich beide Anbieter in je einem Knoten befinden, für jeden eine Nachfrage in Höhe von 1,5 und also ein Marktanteil von 50%. Läßt sich der zweite Anbieter, wie es für den Fall binärer Nachfragen sinnvoll wäre, in der Mitte der dem Standort des ersten Anbieters gegenüberliegenden Kante nieder, so erhält er hingegen nur eine Nachfrage von 1,389, während sich der Anteil des ersten Anbieters entsprechend höher liegt (1,611).
Die Knoten-Eigenschaft kann allerdings ausschließlich für Medianoid-Probleme unter den entsprechenden Prämissen nachgewiesen werden; für Centroid-Probleme sind bisher keine Knoten-Garantien gefunden worden. Da hier immer eine durch die Entscheidung des Nachfolgers bedingte Funktion untersucht werden muß, ist das Centroid-Problem ungleich komplizierter als das Medianoid-Problem. Es läßt sich - auch bei geschickter Wahl von Entfernungsmaß bzw. Nachfrage - nicht auf ein zu einem klassischen Problem äquivalentes Problem zurückführen.

Zusammenfassend läßt sich sagen, daß durch Einbeziehen der Präferenzen der Nachfrager tatsächliches Käuferverhalten realistischer abgebildet wird.[1] Zudem wird auf diese Weise die Glättung der Nachfrageübergänge geleistet, die für den Nachweis der Existenz von Gleichgewichten essentiell ist, wie bereits die Untersuchung der Linienmodelle gezeigt hat. Schließlich erzielt die geschickte Wahl der Entfernungsfunktionen ein der klassischen Standortplanung analoges Ergebnis, nämlich die Knoteneigenschaft für Medianoide, da die Argumente aus der klassischen Standortplanung verwendet werden können. Durch die Konstruktion werden das Vorhandensein eines ersten Anbieters und die Präferenzen der Nachfrager quasi in eine Entfernungsfunktion "integriert", die die aus der klassischen Standortplanung als wünschenswert bekannte Eigenschaft der Konkavität aufweist.

---

1 Karkazis (1989) geht in dieser Richtung noch weiter, indem er neben entfernungsbedingten Präferenzen weitere Eigenschaften der Einrichtungen einbezieht, die die Nachfrager beeinflussen können. Diese werden als "Levels" bezeichnet. Ein neu auf den Markt kommender Anbieter - es wird hier, wie bei ReVelle (1986), nur der zweite Anbieter betrachtet - muß neben seinen Standorten auch diese "Levels" festlegen. Es handelt sich um hierarchische Probleme, vgl. auch Abschnitt 2.4.

Die Betrachtung der beiden Konzepte aus spieltheoretischem Blickwinkel führt auf ein Spiel mit je einem Zug bei sequentieller Handlungsweise; der erste Spieler bestimmt einen Centroid und der zweite Spieler einen entsprechenden Medianoid, und es entsteht ein Stackelberg-Gleichgewicht. Unterstellt man hingegen simultanes Handeln und (theoretisch) beliebig häufige Standortwechsel, ist also ein Nash-Gleichgewicht gesucht, so sind von beiden Spielern Medianoide zu ermitteln, die jeweils beste Antworten aufeinander darstellen.[1] Im Gegensatz zur Intuition steht die Feststellung, daß ein Nash-Gleichgewicht nicht erreicht wird, wenn der erste Spieler seinen Centroid auswählt. Die a priori gewählte Handlung des ersten Spielers muß aber nicht auch a posteriori am besten sein; nachdem sich der Konkurrent für seine Standorte entschieden hat, kann sich der erste Anbieter durch einen Standortwechsel noch verbessern, denn die Minimax-Strategie garantiert zwar dem Nachfolger das schlechteste Ergebnis, nicht jedoch das beste Ergebnis für den ersten Anbieter nach erfolgter Entscheidung des zweiten.

In der Tradition der Hotelling-Spiele wäre in Spielen mit binärer Nachfrage die Annahme einzuführen, daß die Nachfrager sich bei gleicher Entfernung zu beiden Anbietern gleichmäßig aufteilen und nicht beim ersten Anbieter bleiben. Diese Annahme bringt die Möglichkeit ins Spiel, daß sich beide Anbieter an demselben Ort niederlassen können. Dann wäre beispielsweise in einem Baum die günstigste Strategie zweier Anbieter, die je einen Standort zu bestimmen suchen, die Wahl des Medians, die auf eine symmetrische Aufteilung des Marktes führt.[2] Damit stellt dies ein Analogon zur Hotellingschen Situation dar.

4.7.5 Baumspiele

Da die Analogien zwischen Linien und Bäumen ausgeprägt sind und daher viele Resultate der Linienmodelle auf Bäume übertragbar sind, wird Baumnetzwerken in der Literatur erhöhte Aufmerksamkeit gewidmet.[3] In diesem Abschnitt werden

---

1 Vgl. Hakimi (1990), S. 466ff., der auch diverse Beispiel angibt.

2 Vgl. Eiselt und Laporte (1991). Ist das Beziehen desselben Standortes verboten, wird sich ein Anbieter im Median, der andere in dem dem Median benachbarten Knoten niederlassen, der zu dem gewichtsmäßig größten Unterbaum gehört, der beim Entfernen des Medianknotens entsteht.

3 In der Literatur werden die Resultate für Bäume zumeist durch die Spezialisierung der Netzwerkresultate gewonnen, und auf die Linienmodelle wird dabei fast nie Bezug genommen. Dementsprechend werden auch hier die Baumspiele nach den allgemeinen Netzwerkmodellen behandelt. Dabei wird jeweils auf die entsprechenden Eigenschaften der Linienmodelle verwiesen, sofern sich ein Bezug herstellen läßt.

ebenfalls ausschließlich Baumnetzwerke betrachtet. Es werden nur Standorte in den Knoten des Netzwerkes gestattet.[1] Die entstehenden Konkurrenzsituationen zweier Anbieter, die je einen Standort ermitteln wollen, werden als "Baumspiele" bezeichnet. In manchen Fällen ist das Einnehmen derselben Standorte durch beide Anbieter erlaubt, in anderen nicht; auf die jeweilige Ausgestaltung dieser Spielregel wird im einzelnen hingewiesen. Die Betrachtung von Bäumen läßt sich in Hinblick auf reale Planungssituationen insofern begründen, als häufig nicht alle möglichen Verkehrsverbindungen, sondern nur die wichtigsten Hauptverkehrsadern in die Untersuchung einbezogen werden, und dann ein Netz ohne Zyklen, also ein Baum, ein geeignetes Abbild der Verkehrsstrukturen darstellen kann.

Dem Median kommt in allen Baumspielen eine besondere Bedeutung zu,[2] wie die Darstellung der Abstimmungsspiele bereits gezeigt hat. Eiselt und Laporte (1991) untersuchen die Konkurrenzsituation zweier Anbieter mit je einem Standort auf einem Baumnetzwerk, wobei sie neben den Entfernungen als weitere Einflußgröße für die Präferenzen der Nachfrager "Gewichte" der Anbieter berücksichtigen.[3] Bei identischen Gewichten werden sich die Anbieter stets entweder beide im Median oder im Median und einem benachbarten Knoten (abhängig von der Spielregel) niederlassen. Diese Konstellation bildet ein Nash-Gleichgewicht. Bei unterschiedlichen Gewichten, d.h. unterschiedlicher Attraktivität der Anbieter, ist der attraktivere Anbieter daran interessiert, sich möglichst nahe bei dem anderen Anbieter niederzulassen, da er ihn dann bei allen Nachfragern ausstechen kann, während der unattraktivere Anbieter sich lieber von seinem Konkurrenten distanzieren möchte. Im Gleichgewicht werden die beiden sich also immer in benachbarten Knoten befinden, da sonst der Attraktivere einen Anreiz zur Veränderung hätte.
Jedoch wird ein solches Gleichgewicht nicht immer existieren, und zwar unabhängig davon, ob das Beziehen desselben Standortes möglich ist oder nicht. Dies wird von Eiselt und Laporte (1991) mit Beispielen belegt. Der unattraktivere Anbieter kann sich immer mindestens die Nachfrage eines Knotens sichern (oder einen Anteil eines

---

1 Dies stellt, wie die Ausführungen gezeigt haben, häufig keine echte Einschränkung dar, da sich z.B. ein (1,1)-Centroid im Baum ohnehin in einem Knoten befindet.

2 Vgl. z.B. Hakimi (1990), S. 471ff., der aus einem unveröffentlichten Arbeitspapier von Penn, Kariv und Halpern (1982) zitiert. Diese berücksichtigen beispielsweise auch elastische Nachfragen.

3 Diese Gewichte wirken als positive, die Entfernung zum Anbieter als negative Anziehung. Der Quotient aus beiden Größen stellt die absolute Attraktion dar, und jeder Nachfrager kauft bei dem Anbieter mit der für ihn größten Anziehungskraft. Von der Idee ähnelt der Ansatz dem Huffschen Gravitationsmodell, vgl. Huff (1964).

Knotens); sind die Entfernungen innerhalb des Netzwerkes hinreichend kurz, erhält der Konkurrent den ganzen Rest des Marktes. Kann sich jedoch der weniger attraktive Anbieter nach der Standortentscheidung seines Konkurrenten durch ein erneutes Distanzieren von diesem wieder verbessern, so wird er es tun, so daß kein Gleichgewicht zustandekommt. Gibt es hingegen auch nach dem Zug des attraktiveren Anbieters für den anderen keine günstigere Position, liegt ein Gleichgewicht vor. Dies ist aber Folge einer besonderen Datenkonstellation; in der Regel wird es kein Nash-Gleichgewicht geben.

Im Falle sequentieller Entscheidungen tritt auch in Baumspielen häufig der Fall ein, daß der "Nachfolger", d.h. der zweite Anbieter auf dem Markt, sich besser stellt als der Spieler in der Vorgängerrolle. Eiselt und Laporte (1991) bezeichnen dieses Marktergebnis als "First Entry Paradox".[1,2] Bei sequentieller Handlungsweise kommt es aufgrund der endgültigen Standortwahl, wie aus den Linienmodellen schon bekannt, immer zu einer stabilen Lösung, wobei aber der unattraktivere Anbieter möglicherweise gar keine Nachfrage erhält.

Eiselt (1992) bezieht neben den Standorten auch Abholpreise in die Strategien der Spieler ein. Die strukturelle Ähnlichkeit von Bäumen mit der Linie bringt es mit sich, daß die Beschaffenheit der Märkte ebenfalls ähnlich ist: Jeder Anbieter besitzt ein Hinterland, von welchem aus die Nachfrager den anderen Anbieter erst erreichen, wenn sie an "ihrem" Anbieter vorbeigegangen sind. Diese Nachfrager werden alle gleichzeitig den Anbieter wechseln, wenn "ihr" Anbieter von seinem Konkurrenten unterboten wird.[3] Die Unstetigkeit und fehlende Quasi-Konkavität der Gewinn-

---

1 Die Bezeichnung "Paradoxon" ist insofern verblüffend, als es sich um ein bekanntes Phänomen handelt. Daß der zweite Spieler einen Vorteil besitzen kann, zeigt die Untersuchung des Preiswettbewerbs in heterogenen Gütern, denn der zweite Spieler kann den ersten unterbieten. Dieser Sachverhalt wird als "Second Mover Advantage" bezeichnet. In Standortspielen handelt es sich ebenfalls um ein häufig beobachtetes Phänomen, denn beispielsweise bei Entscheidungen über je einen Standort hat der zweite Spieler, bei sonst identischen Voraussetzungen beider Anbieter, immer die Möglichkeit, sich mindestens 50% der Nachfrage zu sichern, sofern das Beziehen gleicher Standorte erlaubt ist. Der zweite Spieler besitzt einen Informationsvorteil, und er muß seinen Gegner durch sein Verhalten nicht mehr abschrecken oder in seinen Möglichkeiten beschränken, wie es für den ersten der Fall ist. Daher erscheint es weniger paradox, sondern eher selbstverständlich, daß der zweite Anbieter - unter der Prämisse, daß die Nachfrager sich nicht durch Gewohnheit bereits an den ersten gebunden fühlen - im Vorteil ist.

2 Auch Brandeau und Chiu (1994) gehen auf das "First Entry Paradox" ein, welches sie auf die Baumstruktur des von ihnen untersuchten Falls zurückführen.

3 Die Entscheidung der Nachfrager für einen Anbieter orientiert sich, wie im Hotelling-Modell, an der Summe aus Preis und Transportkosten.

funktionen besteht also auch hier und ein Gleichgewicht in Preisen kann nicht existieren, weil für die Anbieter immer ein Anreiz besteht, durch eine leichte Preissenkung noch einen weiteren Nachfrageknoten hinzuzugewinnen und damit den Gewinn zu erhöhen.[1] Daher muß sich unter den gegebenen Voraussetzungen die Analyse auf fixierte Preise und damit die Frage der Marktanteilsmaximierung beschränken, wenn ein Gleichgewicht bestimmt werden soll.
Eiselt (1992) geht daher von fixierten, aber unterschiedlichen Preisen der beiden Anbieter aus. Diese Annahme erzeugt eine asymmetrische Situation, in der der Anbieter mit dem niedrigeren Preis (Anbieter I) einen Vorteil gegenüber dem anderen Anbieter hat. Dieser äußert sich darin, daß Anbieter I immer dann den ganzen Markt für sich gewinnen kann, wenn es einen Knoten v gibt, so daß die Transportkosten von v zum Standort des Anbieters II, s_{II}, geringer sind als der Preisunterschied. Läßt sich dann nämlich Anbieter I im Knoten v nieder, gewinnt er den ganzen Markt für sich, weil er den zweiten Anbieter in seinem Standort - und damit überall - unterbietet. Daraufhin wird sich Anbieter II wieder einen neuen Standort suchen. Ein Gleichgewicht kann daher nur existieren, wenn es einen sog. "kantengeschützten" (edge-protected) Knoten v_e gibt, der von allen seinen Nachbarn so weit entfernt ist, daß die Transportkosten den Preisunterschied übertreffen. Ein Gleichgewicht ist aber völlig ausgeschlossen, wenn beide Anbieter in demselben Knoten siedeln dürfen, da Anbieter I dann stets denselben Standort wie Anbieter II bevorzugt, während II einen anderen Standort als I einnehmen möchte. Somit kann in diesem Fall keine stabile Situation erreicht werden.

Wenn ein kantengeschützter Knoten v_e existiert und die beiden Anbieter nicht in demselben Knoten siedeln können, wird sich der teurere Anbieter II in dem geschützten Knoten niederlassen, und Anbieter I wählt den Standort, der ihm die größte Nachfrage sichert, d.h. den zu v_e benachbarten Knoten, der zu dem Teilbaum mit der höchsten Gewichtssumme gehört. In diesem Fall kann sich Anbieter I nicht

---

1 Eiselt (1992), Theorem 2, gibt an, es gebe nie ein Gleichgewicht in Preisen für beliebige Standorte. Dieses Ergebnis ist durch die Annahme vollkommen unelastischer Nachfragen bedingt. Im Gegensatz zur Hotelling-Situation, wo ein Gleichgewicht für hinreichend weit entfernte Standorte existiert, weil eine geringfügige Preissenkung dem preissenkenden Anbieter auch immer nur einen "sehr kleinen" Anteil der Nachfrage einbringt, wechseln im Fall der punktuellen Nachfrage in Knoten immer gleich alle Nachfrager eines Knotens den Anbieter. Das erhöht die Attraktivität des Unterbietens noch mehr als im Hotelling-Fall.
Durch die Einführung von Prohibitivpreisen für die Nachfrager läßt sich dieses Resultat allerdings beheben. Sofern zusätzlich die Transportkosten hinreichend groß sind, verhalten sich die Firmen dann wie "lokale Monopolisten", da die Nachfrage des anderen Anbieters für die quasi unerreichbar ist. Für ein einfaches Beispiel einer Linie mit nur zwei Knoten vgl. Gabszewicz und Thisse (1986-I), S. 21ff.

verbessern; eine Verbesserung für Anbieter II ist nur möglich, wenn ein weiterer geschützter Knoten mit einem größeren Hinterland existiert. Daraus ergibt sich direkt, daß eine stabile Situation dann vorliegt, wenn der Median ein geschützter Knoten ist, denn er bildet dann den optimalen Standort für den teureren Anbieter.

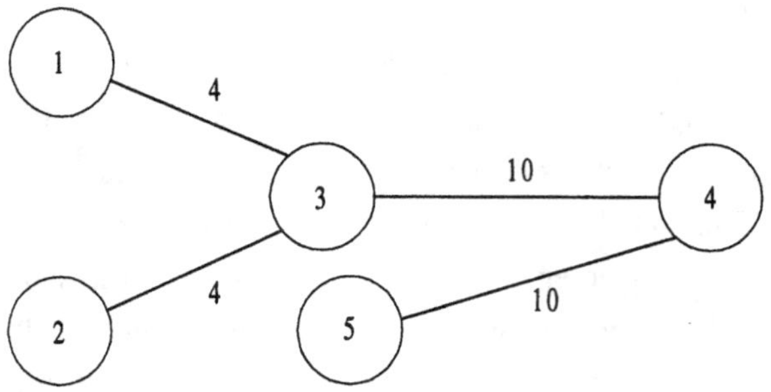

Abb. 4.11 Beispiel für kantengeschützen Knoten

Als Beispiel wird das in Abbildung 4.11 dargestellte Baumnetzwerk mit Nachfragen der Höhe 1 in jedem Knoten betrachtet. Der Transport koste je Entfernungseinheit eine Geldeinheit. Suchen zwei Anbieter, deren Preise auf $p_I = 5$ und $p_{II} = 10$ festgesetzt sind, in diesem Netzwerk je einen Standort, so erhält Anbieter II nur dann einen positiven Marktanteil, wenn er sich in Knoten v_4 oder v_5 niederläßt, da diese Knoten kantengeschützt sind. Siedelt er in Knoten v_4, so kann er die Nachfrager in Knoten v_4 und v_5 versorgen; die Wahl des Knotens v_5 würde ihm nur die lokale Nachfrage sichern. Jede andere Standortwahl des Anbieters II würde Anbieter I die Möglichkeit geben, den Konkurrenten in seinem Standort zu unterbieten und damit aus dem Markt zu verdrängen. Entscheidet sich Anbieter II für Knoten v_4, so ist die beste Wahl des Anbieters I der Knoten v_3, der ihm eine Nachfrage von 3 sichert.[1] Da hier der Median (v_3) nicht geschützt ist, stellt er für II nicht den optimalen Standort dar.

Bei sequentieller Handlungsweise mit endgültiger Standortwahl verändert sich die Situation, da sich der teurere Anbieter, wenn er als zweiter auf den Markt kommt, auch in einem nicht kantengeschützten Standort niederlassen kann; er muß lediglich eine hinreichende Distanz zum ersten Anbieter wahren. Gibt es also keine kanten-

---

1 In diesem speziellen Fall würde sich der Anbieter durch die Entscheidung für Knoten v_1 oder v_2 ebenso gut stellen.

geschützte Ecke, kann Anbieter II als Nachfolger noch einen positiven Marktanteil bekommen, als Vorgänger jedoch nicht. Ist insbesondere der Median kantengeschützt, so stellt er den besten Standort für den Vorgänger dar, egal ob dieser der teurere oder der billigerer Anbieter ist, und sichert ihm die höchste Nachfrage; ist er jedoch nicht geschützt, kann ein anderer Standort für den teureren Anbieter günstiger sein.

Im oben angegebenen Beispiel läßt sich dies veranschaulichen, indem die Länge der Kante (4, 5) auf 4 gesenkt wird. Dann ist der Knoten v_4 nicht mehr kantengeschützt. Hat sich aber im sequentiellen Spiel der Anbieter I bereits in v_3 niedergelassen, ist v_4 der beste Standort für Anbieter II und bringt ihm eine Nachfrage von 2 ein. Ist Anbieter II aber der Vorgänger, so wird er, wenn er sich in v_4 niederläßt, von Anbieter I unterboten, wenn dieser sich in Knoten v_5 niederläßt. Da es in diesem geänderten Beispiel keinen kantengeschützten Knoten gibt, kann sich der teurere Anbieter II als Vorgänger keinen positiven Marktanteil sichern.
Wird andererseits die Kantenlänge (3, 4) auf 4 gesenkt, während (4, 5) die Länge 10 behält, so ist Knoten v_4 ebenfalls nicht mehr geschützt; Knoten v_5 ist es jedoch wieder und stellt für Anbieter II als Vorgänger den günstigsten Standort dar.

Kantengeschützte Knoten besitzen kein direktes Analogon im Hotelling-Fall, sofern alle Orte auf der Linie als Standorte zur Verfügung stehen. Vorstellbar wäre jedoch das Ausgrenzen von Bereichen der Linie, in denen sich kein Standort befinden darf. Dann müßte der Bereich zwischen zwei Anbietern mit verschiedenen Preisen, in dem keiner etwas anbieten darf, so lang sein, daß die Kosten des Transports über diesen Abschnitt die Preisdifferenz übertreffen. Genau diese Forderung beinhaltet jedoch auch die Hotellingsche Prämisse, die Marktgrenze müsse zwischen den Anbietern liegen, so daß die Prämisse, es gebe einen kantengeschützten Knoten, letztlich mit Hotellings Stabilitätsforderung übereinstimmt.
Die Eigenschaft der "Kanten-Geschütztheit" entspricht aber auch in ihrer Idee der Bedingung hoher Transportkosten im Vergleich zum niedrigen Prohibitivpreis, die im Linienmodell auf stabile Konstellationen führt, in denen die Anbieter lokale Monopole halten. Eiselt (1992) nimmt auch darauf keinen Bezug, erreicht jedoch genau denselben Effekt durch die in verschiedener Höhe fixierten Preise. Die Summe des höheren der beiden Preise und der Transportkosten stellt den "Prohibitivpreis" dar, der im Verhältnis zu den Transportkosten nicht zu hoch liegen darf.[1] Der

---

1 Die Nachfrage ist zwar unelastisch, wendet sich aber immer an den billigeren Anbieter, so daß der maximal in Betracht kommende Preis sich aus dem höheren Preis und den anfallenden Transportkosten zusammensetzt. Einen höheren Preis brauchen die Nachfrager nie zu erwarten.

Grundgedanke besteht wieder im Aufbau lokaler Monopole - die Nachfrage des teureren Anbieters wird durch die Entfernung bzw. die Kosten des Transports geschützt.
Die Einführung von Preisen wirkt sich im Ergebnis ähnlich aus wie die Einführung von Gewichten. Durch beide Vorgehensweisen wird einem Anbieter ein Wettbewerbsvorteil eingeräumt, der den benachteiligten Anbieter veranlaßt, sich vom anderen zu distanzieren. Im Falle der Gewichte kann sich der unattraktivere Anbieter bei hinreichend hoher Entfernung noch einen gewissen Marktanteil sichern, ebenso wie dies dem teureren Anbieter im Falle der Preise möglich ist. Da die Gewichte aber nicht wie die Preise einen linearen Einfluß auf das Verhalten der Käufer haben, sind Regeln für die Existenz eines Gleichgewichts schwer abzuleiten.[1]

Die Überlegung, daß Bäume in vielen Punkten analog wie das Linienmodell behandelt werden können, führt auch auf die Frage, wie sich die im Linienfall instabile Drei-Spieler-Situation im reinen Standortspiel in Baumnetzwerken verhält. Analog zur Linie werden die Spieler nahe beieinander siedeln, sofern die Einnahme identischer Standorte untersagt ist. Sofern ein Gleichgewicht existiert, gibt es auch eines, in dem ein Spieler den Median des Baumes besetzt, denn befänden sich alle Spieler außerhalb des Medians, wäre es für mindestens einen von ihnen eine Verbesserung, sich in den Median zu begeben. Dann siedeln die beiden anderen Spieler in den beiden ertragreichsten Teilbäumen oder teilen sich den ertragreichsten Teilbaum, sofern dieser ein weitaus größeres Gewicht als alle anderen Teilbäume aufweist.[2] Wesentliches Ergebnis ist ein "Prinzip minimaler Differenzierung", denn benachbarte Standorte sind für die Anbieter am günstigsten. Jedoch hat die Baumstruktur für dieses Resultat entscheidende Bedeutung, da aufgrund dieser Struktur das Zerlegen in Teilbäume möglich ist, die die Märkte der einzelnen Nachfrager angeben und für die Konkurrenz nicht erreichbar sind. In Netzwerken mit Zyklen hingegen ist dieses Abgrenzen von Märkten nicht möglich.

Ist die Einnahme identischer Standorte gestattet, so werden sich die drei Anbieter alle im Median niederlassen und erhalten je ein Drittel des Marktes, sofern es keinen Teilbaum gibt, dessen Gewicht größer ist als ein Drittel der Gesamtnachfrage. Gibt es einen solchen Teilbaum, so können auch andere Gleichgewichtskonstellationen

---

1 Eine Untersuchung für zwei Anbieter in einem Baumnetzwerk führen auch Brandeau und Chiu (1994) durch, wobei sie ebenfalls die unterschiedliche Attraktivität der Anbieter berücksichtigen.

2 Die exakten Bedingungen finden sich bei Eiselt und Laporte (1993), Theorem 6.

existieren, bei denen sich jeweils mindestens ein Anbieter im Median niederläßt, oder es gibt gar kein Gleichgewicht.[1] Der letzte Fall tritt ein, wenn einzelne Teilbäume zu viel Gewicht besitzen und dadurch der Median für keinen Anbieter attraktiv ist.[2] Eiselt und Laporte (1993) folgern, daß eine "ausgewogene Verteilung" der Nachfrage für die Existenz eines Gleichgewichtes wichtig sei. Dieser Begriff von Ausgewogenheit ist jedoch schwer zu fassen, denn eine Linie mit äquidistant angeordneten Nachfragern gleichen Bedarfs stellt einen Baum mit sicherlich ausgewogener Verteilung dar, besitzt aber dennoch kein Gleichgewicht für drei Anbieter, weil es zu dem aus der Liniensituation bekannten "leap-frogging"-Effekt kommt.

4.7.6 Weitere Varianten für Netzwerk-Modelle

Der Übergang zu elastischen Nachfragen ermöglicht im Hotelling-Modell die Schaffung von Gleichgewichten. Diese Variation wird von Ghosh und Craig (1984) im Kontext von Netzwerken aufgegriffen. Dabei entscheiden sich die Nachfrager immer für den nächstgelegenen Anbieter; die Höhe der von ihnen nachgefragten Menge hängt aber umgekehrt proportional von der Entfernung zum Anbieter ab, die Nachfrage ist also nicht-essentiell. Damit liegt kein Konstantsummen-Spiel vor, sondern die Summe, d.h. die Gesamtnachfrage bzw. der Gewinn, ist variabel. Gesucht sind wieder die besten p Standorte für einen ersten Anbieter, der erwartet, daß später noch ein zweiter Anbieter mit r Standorten auf den Markt kommen wird, wobei die Zahl der zu bestimmenden Standorte fest vorgegeben ist und die potentiellen Standorte auf die Knoten beschränkt sind. Das von Ghosh und Craig (1984) zur Lösung vorgeschlagene Vorgehen basiert im wesentlichen auf Enumeration und dem Vergleich aller möglichen Lösungen.

Die Frage, wann keine weiteren Anbieter profitabel auf den Markt kommen können, wird von Dobson und Karmarkar (1987) untersucht. Sie ermitteln Konstellationen von Standorten, die gewährleisten, daß der anwesende Anbieter Gewinne erzielt, aber weitere Anbieter ferngehalten werden. Damit handelt es sich also um eine Fortsetzung der von Prescott und Visscher (1977) für den Linienfall angestellten Überlegung, daß ein erster Anbieter auf dem Markt sich bei geschickter Wahl seiner

---

1 Vgl. Eiselt und Laporte (1993), Lemma 7 und Theorem 8.

2 Man stelle sich z.B. einen Baum vor, bei dem der Median mit genau zwei Kanten inzident ist. In diesem Fall könnte sich ein Anbieter im Median nur dessen Nachfrage sichern, während die beiden anderen Anbieter in den benachbarten Knoten die gesamte übrige Nachfrage erhalten.

Standorte und hinreichenden finanziellen Mitteln den ganzen Markt sichern kann. Dabei berücksichtigen Dobson und Karmarkar (1987) Fixkosten und variable Kosten, da sie die Zahl der zu errichtenden Standorte nicht exogen festlegen, sondern sich diese endogen aus dem Modell ergibt. Die Zielsetzung besteht dementsprechend nicht in der Maximierung des Marktanteils, sondern in der Gewinnmaximierung.
Dobson und Karmarkar (1987) entwickeln verschiedene Stabilitätskonzepte, die geeignete Standorte der ersten Firma charakterisieren, und sie geben anschließend ganzzahlige Programme an, die das Optimierungsproblem der Nachfrager, des zweiten Anbieters und des ersten Anbieters beinhalten. Diese drei voneinander abhängigen Programme - sie bilden quasi ein "Trilevel Programm" - können durch ein einziges Programm ersetzt werden, welches das Problem abbildet, welche und wieviele Standorte ein erster Anbieter errichten muß, damit er seinen Gewinn unter der Bedingung maximiert, daß kein weiterer Anbieter erfolgreich in den Markt eintreten kann. Im Unterschied zu dem Bilevel Programm aus Abschnitt 4.7.2 ist also die Berücksichtigung der Ziele des zweiten Anbieters nicht erforderlich, da der erste den vollständigen Ausschluß des zweiten aus dem Markt durch seine Planung realisiert. Dafür müssen weitere Nebenbedingungen einbezogen werden, die in Verbindung mit Indexmengen steuern, daß es keine Orte gibt, an denen eine weitere Niederlassung profitabel eröffnet werden kann.[1] Während eine Lösung dieses Problems immer existiert, solange nur die Errichtung eines einzigen Standortes durch den künftigen Konkurrenten in Betracht gezogen wird, muß es im Falle, daß dieser mehrere Standorte eröffnen kann, keine Lösung geben. Ein erster Anbieter kann nicht prinzipiell einen weiteren Anbieter abschrecken, wenn der zweite hinreichende Mittel zur Verfügung hat.

Dobson und Karmarkar (1987) zeigen die NP-Schwierigkeit des von ihnen untersuchten Problems durch Reduktion des Vertex-Cover-Problems, wie sie auch für das Centroid-Problem gezeigt wird, und schlagen ein begrenztes Enumerationsverfahren zur Lösung vor. Für große Probleme ist dieses wegen der Schwierigkeit des Problems wenig vielversprechend; kleinere Instanzen können jedoch mit vertretbarem Aufwand gelöst werden.

Da ein Standortgleichgewicht schon in einfachen Graphen nicht existieren muß, wie oben bei Hakimi diskutiert, stellt sich wie in den Linienmodellen die Frage, wie

---

1 Dobson und Karmarkar (1987) entwerfen insgesamt acht Stabilitätskonzepte, die sich bzgl. verschiedener Kriterien unterscheiden, auf deren detaillierte Vorstellung hier aber verzichtet wird.

dieses Gleichgewicht dennoch zu etablieren ist. Ein wesentlicher Faktor ist die Entscheidung der Nachfrager für den ihnen jeweils nächstgelegenen Anbieter, die die bereits diskutierten Unstetigkeiten hervorruft. Um diese aufzuheben, wird von De Palma et al. (1989) vorgeschlagen, auch für Netzwerkmodelle einen heterogenen statt eines homogenen Konsumentengeschmacks zu betrachten, der zu einer nicht ausschließlich an der Entfernung ausgerichteten Kaufentscheidung führt.[1] Es werden ν Anbieter betrachtet, die von vornherein mit den Geschmäckern und Bedürfnissen der Nachfrager nicht vertraut sind und daher eine Entscheidungsregel unterstellen müssen, die sich an den Regeln der diskreten Auswahltheorie (Discrete Choice Theory) orientiert.[2] Die Entscheidungsregel liefert Wahrscheinlichkeiten für das Kaufverhalten der Nachfrager.[3]

Eine solche Regel für die Kaufwahrscheinlichkeit kann aus einem nutzentheoretischen Modell abgeleitet werden, in welchem den Anbietern zwar jeweils bekannt ist, daß jeder Nachfrager, der sich an einem Knoten v_i befindet, einen Nutzen

$$u_e(i, j) := u_{ij} - d(i, j)$$

vom Kauf bei Anbieter j erwartet (Standorte und Anbieter werden hier identifiziert), wobei die Anbieter die konkreten Werte für u_{ij} jedoch nicht kennen, sondern ihnen nur ein über alle Nachfrager gebildeter Durchschnittswert u_j bekannt ist. Die Abweichungen von diesem Wert können jedoch wieder mittels Zufallsvariabler ε_{ij} und eines Parameters $\mu \geq 0$ modelliert werden.[4] Der geschätzte Nutzen u_g des Kaufs der Nachfrager aus v_i bei j ergibt sich zu

$$u_g(i, j) := u_j - d(i, j) - \mu \cdot \varepsilon_{ij}.$$

---

1 Da die Modellierung für Netzwerkmodelle besonders interessante Ergebnisse liefert, wird sie hier etwas ausführlicher diskutiert als die Modelle mit heterogenem Konsumentengeschmack in den Abschnitten 4.6.1 und 4.6.3.

2 Diese Theorie unterliegt denselben Bedingungen wie die hier zu modellierenden Entscheidungen. Zur Discrete Choice Theory vgl. Anderson et al. (1992) sowie die dort angegebenen umfangreichen Literaturhinweise. Die Theorie ist diskret, weil nur diskrete Alternativen in Frage kommen, denn ein Nachfrager sucht einen von endlich vielen Anbietern auf.

3 Diese kann unterschiedlich interpretiert werden, nämlich als die Wahrscheinlichkeit der Entscheidung eines Käufers für einen Angebotsort oder als der Anteil der Nachfrage, die auf einen Angebotsort entfällt, da sich die Nachfrage jedes Käufers auf mehrere Anbieter aufteilt.

4 Damit handelt es sich um ein sog. Random Utility Model, vgl. Anderson et al. (1992), S. 29. Dies steht im Gegensatz zu den Modellen, bei denen der Nutzen deterministisch, aber der Auswahlprozeß des Entscheiders zufällig ist (sog. Stochastic Decision Rules), vgl. Anderson et al. (1992), S. 20ff.

Der Parameter μ entspricht also der Standardabweichung des Geschmacks. Ist μ sehr groß, spielen Kriterien außer der Entfernung eine große Rolle; bei kleinem Parameter μ hingegen überwiegt die Entfernung im Urteil der Nachfrager. Die Zufallsvariablen ε_{ij} sind unabhängig, aber identisch und stetig verteilt und haben den Erwartungswert 0 und die Varianz 1. Die Wahrscheinlichkeit, daß ein Nachfrager aus Ort i bei einem bestimmten Anbieter j kauft, entspricht dann der Wahrscheinlichkeit, daß der Nutzen für diesen Kauf größer ist als für den Kauf an jedem anderen Standort bzw. bei jedem anderen Anbieter.

Das Konsumentenverhalten ist den Anbietern nicht vollständig bekannt, weil es nicht ausschließlich auf beobachtbare Größen zurückzuführen ist. Dennoch kann es sich auf Seiten der Konsumenten um vollkommen rationales Verhalten handeln, welches nur die Unternehmen nicht vorhersehen können.[1] Es liegt also letztlich ein Mangel an Information auf Seiten der Anbieter vor. Das Spiel mit unklarem Konsumentenverhalten[2] ist ein Spiel bei unvollständiger Information, welches auch als Spiel mit imperfekter Information erfaßt werden kann.[3] Dieses Spiel beinhaltet anfängliche Zufallszüge, die jedem Spieler seinen "Typ" zuweisen - hier jedem Konsumenten also seine Präferenzen. Das Konstrukt des Zufallszugs deckt sich damit mit dem Konstrukt der nicht beobachtbaren Wünsche der Nachfrager, sofern man die Nachfrager ebenfalls als Spieler interpretiert.[4]

---

1 Vgl. Anderson et al. (1992), S. 4f. und S. 17ff. Eine andere Interpretation des Discrete Choice Modells besagt, daß sich die Konsumenten irrational und damit stochastisch verhalten können und dadurch die fehlende Vorhersagbarkeit des Handelns bedingt sei. Diese Interpretation steht der Psychologie näher.

2 Es sei jedoch hervorgehoben, daß es sich hier nicht um eine Unsicherheit bzgl. der Höhe der Gesamtnachfrage handelt, sondern um eine Unsicherheit über deren Verteilung auf die Anbieter. Im Falle nur eines Anbieters hingegen ist die Untersuchung stochastischer Nachfragehöhen sinnvoll, die z.B. von Louveaux und Thisse (1985) durchgeführt wird. Diese betrachten einen zweistufigen Prozeß, in dem der Anbieter erst, in Unkenntnis der Realisierung der Nachfragen, Standorte und Kapazitäten festlegt und dann in einer zweiten Stufe die Verteilung der Ausbringungsmenge auf die Märkte in Abhängigkeit der eingetretenen Nachfragen ermittelt.
Anders modellieren Laporte et al. (1994) ein diskretes Standortplanungsproblem mit unsicheren Nachfragen; sie maximieren in der ersten Stufe die erwarteten Erlöse und minimieren in der zweiten Stufe die anfallenden Kosten. Hier werden die erwarteten Nachfragen also bereits in der ersten Stufe einbezogen.

3 Vgl. Harsanyi (1967/68).

4 Solange ihr Verhalten deterministisch vorgegeben ist, braucht die Entscheidungsstufe der Nachfrager nicht explizit berücksichtigt zu werden, da die Nachfragerentscheidung bereits durch die Strategienwahl der Anbieter determiniert ist. Hier hingegen ist ein solch eindeutiger Zusammenhang nicht gegeben, und die Nachfrager werden zu aktiven Mitspielern, deren Verhalten nicht vorhersehbar ist.

Die sehr viel ältere Theorie des stochastischen Nutzens birgt eine sehr ähnliche Erklärung[1] wie die, die Harsanyi (1967/68) in der "umgekehrten" Richtung liefert: Das Individuum, welches sich zu einem bestimmten Zeitpunkt entscheiden muß, entscheidet sich nach dem Nutzen, der gerade zu diesem Zeitpunkt am größten zu sein scheint, wobei diese Einschätzung jedoch schwankt, so daß unterschiedliche Entscheidungen möglich sind. Diese Charakterisierung trifft also zunächst nicht auf den rationalen Entscheider zu. Jedoch kann man sich den Entscheider als aus verschiedenen rationalen Entscheidern zusammengesetzt vorstellen, von denen immer genau einer ausgewählt wird. Dies entspricht genau dem Zufallszug-Konzept der Spieltheorie.

Die Einführung einer zweiten differenzierenden Ebene bzgl. der Produkteigenschaften führt dazu, daß die bisher lokalisierte Konkurrenz einen nicht-lokalisierten Anteil erhält. Da viele einzelne Nachfrager mit gleichen Präferenzen unterstellt werden, scheint es zunächst sinnvoll, für die Verteilung der Geschmäcker aufgrund des zentralen Grenzwertsatzes eine Normalverteilung zu unterstellen.[2] Da sich das Modell unter Verwendung von Normalverteilungen jedoch nicht in geschlossener Form darstellen läßt, wird häufig die doppelte Exponentialverteilung unterstellt, die vergleichbare Eigenschaften hat und besser für Rechnungen geeignet ist. Es ergeben sich die erwarteten Verkäufe in Standort s, M(s), als Summe der mit den Knotengewichten multiplizierten Kaufwahrscheinlichkeiten unter Verwendung des zu μ direkt proportionalen Parameters μ' [3]

$$M(s) := \sum_{i=1}^{m} \frac{\exp[(u_s - d(i,s))/\mu']}{\sum_{j=1}^{v} \exp[(u_j - d(i,j))/\mu']} \cdot w_i \, .$$

Dieses Modell hat die Eigenschaft, daß für $\mu \to 0$ die Entscheidung der Nachfrager gegen die deterministische Entscheidung strebt, die auf der Entfernung basiert, denn

---

1 Diese Erklärung geht nach Anderson et al. (1992), S. 30, auf Thurstone (1927) zurück. Die Arbeit von Thurstone lag beim Verfassen dieser Arbeit nicht vor und ist nach Anderson et al. (1992) zitiert.

2 Vgl. Anderson et al. (1992), S. 15. Zum zentralen Grenzwertsatz vgl. z.B. Behnen und Neuhaus (1984), S. 361.

3 Vgl. DePalma et al. (1989). Der Parameter muß normiert werden, um den Anforderungen der verwendeten doppelten Exponentialverteilung zu genügen; es gilt: $\mu' := \sqrt{6}\,\mu/\pi$.

für kleine Werte von μ' (und damit von μ) erhält der Anbieter mit der kleinsten Distanz zu einem Nachfragerort i dessen gesamte Nachfrage. Für $\mu \rightarrow \infty$ werden andererseits die Nutzenwerte u_j und die Entfernungen unerheblich und die Wahl jeder Alternative ist, unabhängig von den Distanzen, gleichwahrscheinlich.

Es läßt sich nun für das Modell in Netzwerken zeigen, daß sich für hinreichend große Werte von μ, also für einen genügend heterogenen Geschmack, die Gleichgewichtsstandorte aller Anbieter im Median des Netzwerkes befinden.[1] Dies deckt sich mit dem entsprechenden Ergebnis für den Linienfall, wo sich ebenfalls Agglomeration und damit minimale Differenzierung für hinreichend große Geschmacksvarianzen ergeben. Der Median muß allerdings eindeutig sein, damit dieses Ergebnis zustandekommt. In Hinblick auf die reale Anwendbarkeit der Theorie ist zudem zu berücksichtigen, daß "hinreichend große" Geschmacksunterschiede sicher nicht ohne weiteres vorausgesetzt werden, möglicherweise aber z.B. durch geeignete Werbemaßnahmen "künstlich" erzeugt werden können.

Suchen die Anbieter j jeweils eine unterschiedliche Zahl von Standorten p_j, so sind - unter der Voraussetzung der Eindeutigkeit der Mediane - jeweils die p_j-Mediane die Gleichgewichts-Standorte der Anbieter.[2] Inhaltlich ist dies einleuchtend, da bei stark unterschiedlichen Geschmäckern der Nachfrager jeder der Anbieter für sein Gut eine Art Monopol hält. Da sich die Nachfrager nicht-deterministisch entscheiden, ist im Median - im Gegensatz zum Fall reiner Standortkonkurrenz, wo die Anbieter sich durch ein Entfernen von der Konkurrenz ihren Marktanteil sichern wollen - kein Anreiz zum Standortwechsel gegeben.[3]
Die Voraussetzung der Eindeutigkeit des Medians ist wesentlich für das Resultat und keineswegs immer erfüllt; ohne diese Eindeutigkeit jedoch kann das Ergebnis auch für große Geschmacksvarianzen μ nicht gezeigt werden. Immerhin ermöglicht es die Einführung des heterogenen Geschmacks aber auch hier, erstens in bestimmten Fällen

---

1 Vgl. De Palma et al. (1989).

2 Die Entscheidung eines Nachfragers erfolgt in diesem Fall in zwei Stufen; entsprechend dem "Geschmack" entscheidet er sich für ein Unternehmen, entsprechend der Distanz für eine Niederlassung des Unternehmens, vgl. DePalma et al. (1989).

3 Ein vergleicbares Ergebnis erzielen auch De Palma et al. (1994) für ein Unternehmen mit mehreren Niederlassungen, welche auf einer Linie verteilt werden sollen (Hotelling-Fall). Während im Falle deterministischer, d.h. entfernungsorientierter Nachfragen die Anordnung in regelmäßigen Abständen optimal ist, ist bei heterogenen Nachfragen die Agglomeration im Zentrum des Marktes die beste Lösung, weil die Transportkosten unter dieser Konstellation bei heterogener Nachfrage am geringsten sind.

- bei eindeutigem Median - die Existenz eines Gleichgewichts zu zeigen; zweitens bestätigt sich die besondere Bedeutung des Medians auch für Graphen ohne Baumstruktur. Sie ist Folge der Tatsache, daß die Erlösseite fixiert und standortunabhängig ist, wenn sich die Höhe der Nachfrage nicht an den Entfernungen orientiert, so daß dann die Minimierung der durchschnittlichen Entfernungen und Kosten sinnvoll ist.

Alle vorgestellten Modelle zur Standortbestimmung in Netzen beinhalten entweder keine Preise oder setzen diese fest, weil die Existenz eines Gleichgewichts mit variablen Abholpreisen nicht nachzuweisen ist. Lederer und Thisse (1990) untersuchen daher ein Beispiel mit Lieferpreisen anstelle von Abholpreisen. Sie modellieren die Konkurrenzsituation zweier Anbieter als zweistufiges Spiel, wobei in der ersten Stufe die Standorte sowie die Produktionspolitiken festgelegt werden und in der zweiten Stufe die Festsetzung der Preise erfolgt. Die Produktionsseite wird dabei durch unterschiedliche Technologien beschrieben, die jeweils durch die Fixkosten, die sie verursachen, und die Relationen zwischen benötigten Inputmengen und erzielter Outputmenge (und damit die variablen Kosten) charakterisiert sind. Damit entsteht im Produktionsbereich ein Modell wie bereits in Abschnitt 2.7 beschrieben, wobei hier nur linear-homogene Produktionsfunktionen betrachtet werden. Für die Einsatzfaktoren ebenso wie für den Output werden zudem in der Distanz konkave Transportkostenfunktionen unterstellt. Durch die Annahme linear-homogener Produktionsfunktionen sind die Mengenverhältnisse zwischen Einsatzfaktoren und Absatzgut unabhängig von der absoluten Produktionsmenge fixiert, sofern das Unternehmen immer die optimale Faktoreinsatzmengenkombination verwendet.[1] Damit liegen konstante Grenzkosten der Produktion vor, deren Höhe vom jeweiligen Standort abhängt, da sich die optimale Mengenkombination aufgrund der sich ändernden Transportkosten ebenfalls mit dem Standort verändern kann.[2]

Die Nachfrage ist bekannt und nicht preiselastisch. Von den Anbietern wird für jeden Absatzmarkt ein bestimmter Preis festgelegt; wie in den in Abschnitt 4.6 betrachteten Fällen mit Lieferpreispolitik wird sich auch hier der Preis jeweils bei den höheren

---

1 Bei linear-homogenen Produktionsfunktionen ist der sog. Expansionspfad, der die Minimalkostenkombinationen für verschiedene Produktionsmengen verbindet, ein Strahl aus dem Ursprung, so daß jede Produktionsmenge mit der gleichen Faktorintensität hergestellt wird, das Einsatzmengenverhältnis also fixiert ist. Es entsteht eine Kostenfunktion mit konstanter Steigung, vgl. z.B. Schumann (1992), S. 161ff.

2 Vgl. die entsprechenden Überlegungen in den Abschnitten 2.7.1 und 2.7.3.

Lieferkosten einstellen. Damit existiert für jede Kombination von Standorten auf der zweiten Stufe genau ein Preisgleichgewicht. Wesentliche Voraussetzung hierfür sind aber die konstanten Grenzkosten der Produktion. Zudem bleibt die Frage offen, wie die Firmen mit den Fixkosten umgehen, denn nach dem Modell müssen diese nicht zwingend gedeckt werden.

Es läßt sich, wie in dem für die Linie dargestellten Modell mit Lieferpreisen, direkt ableiten, daß die günstigste Strategie eines Anbieters die der Kostenminimierung ist. Damit ist eine Gleichgewichtslösung durch die sozial optimale Lösung in Form des 2-Medians gegeben, sofern Fixkosten keine Rolle spielen. Während also bei heterogenem Geschmack der Nachfrager alle Anbieter im 1-Median, d.h. in demselben Knoten, ihre Niederlassungen eröffnen, verteilen sich die Anbieter bei Anwendung der Lieferpreisstrategie und homogenem Konsumentengeschmack in optimaler Weise im Netzwerk. Die unterstellte Konkavität der Kostenfunktionen führt zudem auf die Knoteneigenschaft, so daß eine Lösung immer in Knoten zu finden ist und bei strikt konkaven Funktionen sogar ausschließlich die Knoten in Betracht kommen.[1] Demnach handelt es sich auf der ersten Stufe um ein endliches Spiel.

4.8 Kooperative Spieltheorie in der Standortplanung

In der Standortplanungsliteratur finden sich nur wenige Ansätze der kooperativen Spieltheorie. Obwohl die oben untersuchten Konkurrenzsituationen auch unter der Prämisse der Kooperation zwischen den Anbietern betrachtet werden könnten, findet eine solche Analyse kaum statt. Dies läßt sich möglicherweise darauf zurückführen, daß die Kartellgesetzgebung offene Absprachen der Anbieter untersagt und Kooperation daher auf Hemmnisse stößt. Kooperative Lösungen sind also, zumindest wenn sie die Preise betreffen, unzulässig, auch wenn sie in der Realität trotzdem häufig verwirklicht werden.[2] Vor allem aber sind kooperative Lösungen nicht so

---

1 Vgl. Lederer und Thisse (1990), Theorem 3.

2 Schon Smith (1776) konstatiert, daß nicht zu erwarten sei, daß "Leute von demselben Gewerbe" nicht Mittel und Wege fänden, gemeinsam ihre Kunden auszubeuten. Es gibt verschiedene Möglichkeiten, Kooperation zu realisieren, z.B. Anerkennung eines Preisführers, abgestimmtes Verhalten oder Kartellbildung ebenso wie stillschweigende Übereinkünfte. Abgestimmtes Verhalten ist zwar wie die Kartellbildung durch das Gesetz gegen Wettbewerbsbeschränkungen in Deutschland untersagt; da aber "zufälliges oder bewußtes Parallelverhalten" nicht untersagt ist, sofern es nicht abgestimmt ist, ist die Einhaltung dieses Verbots schwer zu kontrollieren, vgl. Wied-Nebbeling (1993), S. 184, insbes. Fußnote 90. Als Beispiel sei die Mineralölindustrie genannt, denn auf dem Kraftstoffmarkt findet offensichtlich Parallelverhalten statt, welches Ergebnis einer rotierenden Preisführerschaft mit expliziter oder stillsschweigender Übereinkunft sein kann, vgl. Wied-Nebbeling (1993), S. 186.

interessant wie Lösungen unter Konkurrenzverhalten; denn die optimalen Standorte zweier Konkurrenten würden, wenn diese sich keine Konkurrenz machen, den optimalen Standorten eines einzelnen Anbieters entsprechen.[1,2] Ein solches Problem könnte also mit Methoden der klassischen Standortplanung gelöst werden; anschließend wären noch Einigungen über die Verteilung des erzielten Gewinns erforderlich. Die Verteilung könnte mit Hilfe der im folgenden beschriebenen Konzepte kooperativer Spieltheorie für Spiele mit transferierbarem Nutzen erfolgen.

Ein kooperatives Spiel ist durch seine charakteristische Funktion cf beschrieben, die für alle Koalitionen von Spielern, d.h. für alle Teilmengen K aus der Spielermenge $N = \{1, ..., \nu\}$, $K \subseteq N$, angibt, welche Auszahlung sich diese Koalition gegen ihr Komplement N\K mindestens sichern kann. cf(K) gibt also den Maximin-Wert des "Zwei-Personen-Spiels" K gegen N\K an.[3] Für die Funktion cf muß gelten, daß sie der leeren Koalition den Wert Null zuordnet und zudem superadditiv ist, d.h. daß stets gilt:

$$cf(K_1 \cup K_2) \geq cf(K_1) + cf(K_2)$$

für beliebige Koalitionen K_1, $K_2 \subseteq N$, mit $K_1 \cap K_2 = \emptyset$.

Wenn es sich bei den Spielergebnissen nicht um positiven Nutzen bzw. Auszahlungen, sondern um negativen Nutzen bzw. Kosten handelt, ist das Relationszeichen umzukehren.

Für kooperative Spiele sind viele unterschiedliche Lösungskonzepte bekannt, die sich in Mengenansätze und Wertansätze aufteilen lassen.[4] Zu den Mengenansätzen gehören das Kernkonzept[5] und die stabilen Mengen[6] sowie die Verhandlungsmenge, der

---

1 Dies gilt natürlich nur, wenn eine Umverteilung des Gewinns unter den Anbietern beliebig möglich, der Nutzen also transferierbar ist.

2 Zu diesem Ergebnis gelangt bereits Smithies (1941).

3 Vgl. zu kooperativen n-Personen-Spielen Owen (1982), S. 143ff., sowie Holler und Illing (1993), S. 263ff. Die angegebene Definition findet sich bei Owen (1982), S. 145. Es werden hier nur Spiele mit Seitenzahlungen (side-payments) bzw. transferierbarem Nutzen betrachtet.

4 Vgl. Holler und Illing (1993), S. 272ff. und S. 303ff.

5 Vgl. z.B. Peleg (1992).

6 Vgl. von Neumann und Morgenstern (1967), S. 270ff., sowie Lucas (1992).

Nucleolus und der Kernel.[1] Wertansätze sind die Konzepte der Machtindizes wie z.B. der Shapley-Wert.[2] Insbesondere gibt es für Spiele zur Kostenallokation[3] weitere Konzepte, die insbesondere der unterschiedlichen Rolle von Gemeinkosten und individuell zurechenbaren Kosten gerecht werden sollen.[4]

Beispiele für kooperative Spiele in Graphen geben Granot (1987) und Tamir (1993) an. Diese behandeln die gemeinschaftliche Einrichtung von Standorten, die alle Beteiligten versorgen sollen und deren Kosten geteilt werden müssen. Es handelt sich also nicht um die Frage der Überschuß-, sondern der Kostenverteilung, da bei der Versorgung, z.B. durch Krankenhäuser, keine Überschüsse entstehen. Anhand des Modells von Tamir läßt sich jedoch der Bezug zur klassischen Standortplanung gut nachvollziehen, und es sind Parallelen zur Konkurrenzstandortplanung zu erkennen.

Granot (1987) untersucht die Frage, wie die Gebühren für ein Service-Center, z.B. eine Unfallstation oder Feuerwache, auf verschiedene Gemeinden zu verteilen sind, wenn diese die Einrichtung gemeinsam nutzen, bzw. wo eine solche Station am besten zu errichten ist, wenn die Nutzer immer dieselbe Gebühr bezahlen. Dabei stehen Aspekte der Ausgewogenheit im Vordergrund,[5] so daß beispielsweise eine Gemeinde, die weiter von der Servicestation entfernt ist, aufgrund dieser Benachteiligung eine geringere Gebühr zahlen sollte als eine nahegelegene Gemeinde. Alle Gemeinden wünschen sich, ihre Benachteiligung, d.h. ihren negativen Nutzen, zu minimieren.

Die Analyse von Granot (1987) bleibt im wesentlichen auf Bäume beschränkt. Ebenfalls in Bäumen untersucht Tamir (1993) die Frage der geeigneten Kostenallokation, wenn statt eines mehrere Service-Center zu errichten sind, die eine größere Anzahl von Gemeinden bedienen sollen. Die Kosten f_j, die bei der Errichtung eines bestimmten Standortes s_j ($j = 1(1)n$) anfallen, sind bekannt. Da die Kooperation aller Spieler (Gemeinden) zu den niedrigsten möglichen Kosten führen wird, weil sie die

---

1 Vgl. Maschler (1992), Owen (1982), S. 236ff., sowie Holler und Illing (1993), S. 290ff.

2 Vgl. Owen (1982), S. 193ff.

3 Probleme der Kostenallokation werden vielfach mit dem Instrumentarium der kooperativen Spieltheorie behandelt. Vgl. z.B. Young (1994) sowie für ein Beispiel Owen (1982), S. 256ff.

4 Vgl. Tijs und Driessen (1986).

5 Vgl. zu Zielfunktionen, die in der Standortplanung mit dem Ziel der Ausgewogenheit vereinbar sind, auch Eiselt und Laporte (1995), S. 169ff.

Einrichtungen gemeinsam nutzen können,[1] ist diese auf jeden Fall sinnvoll; entschieden werden muß aber nach der Bestimmung der optimalen Standorte der Einrichtungen auch über eine geeignete Verteilung der Gesamtkosten unter den Spielern. Die Werte der charakteristischen Funktion, cf(K), erhalten hier die Bedeutung der für K mindestens anfallenden Kosten, wenn K eine Einrichtung ohne das Zutun der anderen Gemeinden schafft. Besteht das Problem in der Errichtung so vieler Service-Centren in Knoten des Baumes, daß die maximale Entfernung jedes Spielers - die Spieler befinden sich ebenfalls in Knoten - zu einer der Einrichtungen eine gegebene Schranke nicht überschreitet, so besteht offensichtlich eine Verwandtschaft der Problemstellung zum Überdeckungsproblem (Covering-Problem).[2]

Granot (1987) und Tamir (1993) betrachten zur Kostenverteilung vornehmlich das Kernkonzept.[3] Die Idee dieser Konzeption besteht darin, daß eine Allokation dann sinnvoll ist, wenn keiner der Mitspieler (Gemeinden) ein Interesse daran hat, die Kooperation mit den anderen abzubrechen. Die Gesamt-Kosten oder der anfallende "Unnutzen" sollten also so verteilt werden, daß sich kein einzelner und keine Gruppe durch Ausscheren aus der Kooperation und Errichten einer eigenen Servicestation besser stellen kann. Der Kern stellt somit ein Lösungskonzept mit hohen Stabilitätsanforderungen dar;[4] die Kernlösung muß im allgemeinen jedoch weder eindeutig sein, noch überhaupt existieren, der Kern kann leer sein.[5]

Eine Kostenaufteilung zwischen den ν Gemeinden sei durch einen Vektor x gegeben, in dem jede Komponente die von Gemeinde i zu entrichtenden Kosten bezeichnet,[6] $x = (x_1, ..., x_\nu)^T$.

---

1 Es ist plausibel, daß für zwei Gruppen von Nutzern, die zwei Einrichtungen schaffen, um ihre Bedürfnisse zu erfüllen, eine höhere Kostensumme anfällt, als wenn sich die beiden Gruppen gemeinsam engagieren. Teurer braucht eine gemeinsame Lösung ohnehin nicht zu werden, sie kann jedoch durch Synergien günstiger ausfallen.

2 Vgl. z.B. Hansen et al. (1987), S. 38ff.

3 Eine formale Definition des Kerns findet sich z.B. bei Owen (1982), S. 150. Dort werden auch die anderen Lösungskozepte, besonders die Machtindizes, ausführlich diskutiert.

4 Vgl. Owen (1982), S. 166.

5 Vgl. Owen (1982), S. 152.

6 Da der Index j hier für die Standorte benötigt wird, wird für die Spieler ausnahmsweise der Index i verwendet.

Damit sich eine solche Aufteilung im Kern des Spiels befindet, muß gelten[1]

$$\sum_{i=1}^{v} x_i = cf(N) \quad \text{und} \quad \sum_{i \in K} x_i \leq cf(K) \quad \text{für alle } K \subset N,$$

d.h. die Gesamtkosten der "großen Koalition" N werden aufgeteilt, und die Kosten, die jede Koalition übernehmen muß, unterschreiten die Kosten, die ihr entstünden, wenn sie sich von der großen Koalition unabhängig machte. Damit hat eine Kostenverteilung, die die angegebenen Bedingungen erfüllt, die gewünschte Stabilitätseigenschaft. Auch in diesem speziellen Spiel muß es jedoch in allgemeinen Graphen keine Kernlösung geben.[2]
In Baumgraphen hingegen existiert, sofern es überhaupt eine zulässige Überdeckung gibt, auch eine Kernlösung, die über ein lineares Programm bestimmt werden kann.[3] In einem Baum ist es zunächst möglich, die Kosten einer minimalen Überdeckung, die den Kosten der großen Koalition entsprechen, in polynomialer Zeit zu berechnen.[4]

Das Überdeckungsproblem ist durch

$$\text{(COV 1)} \quad \text{Min} \sum_{j=1}^{n} f_j \cdot y_j$$

unter Beachtung von

$$\text{(COV 2)} \quad \sum_{j=1}^{n} a_{ij} \cdot y_j \geq 1 \quad (i = 1(1)v)$$

$$\text{(COV 3)} \quad y_j \in \{0,1\} \qquad (j = 1(1)n)$$

gegeben, wobei die Koeffizienten a_{ij} angeben, ob Nachfrager i von Standort s_j weiter entfernt ist als die zur Versorgung zugelassene Maximaldistanz d_{max}:

---

1 Vgl. Owen (1982), S. 151, Theorem VIII.4.2.

2 Dies zeigt Tamir (1993) an einem einfachen Beispiel: In einem Graphen mit vier Knoten, in denen sich jeweils ein Nachfrager befindet, und mit vier gleichlangen Kanten, die ein Viereck bilden, und in dem die Errichtung eines Standortes in allen Knoten gleich teuer ist, soll jeder Nachfrager maximal eine Kantenlänge von der nächstgelegenen Einrichtung entfernt sein. Die große Koalition müßte zwei Einrichtungen schaffen, je drei Nachfrager benötigten jedoch nur eine Einrichtung und könnten sich somit durch Ausscheren verbessern.

3 Vgl. Tamir (1993), Theorem 4.

4 Vgl. Kolen und Tamir (1990), S. 271ff.

$$a_{ij} := \begin{cases} 1, & \text{wenn } d(i,j) \leq d_{max} \\ 0, & \text{sonst.} \end{cases}$$

Die Binärvariablen y_j ($j = 1(1)n$) erfassen, ob Standort s_j errichtet wird oder nicht.

Der Zielfunktionswert dieses Problems gibt die insgesamt zu verteilenden Kosten an. Liegt ein Baumnetzwerk zugrunde, so sind alle Lösungen des oben angegebenen Problems natürlich-ganzzahlig, so daß cf(N) als Lösung eines linearen Programms ermittelt werden kann.[1] Die Bedingung (COV 3) kann also durch eine Nichtnegativitätsbedingung ersetzt werden. Das zum Überdeckungsproblem duale Problem

$$\text{(D-COV 1)} \quad \text{Max} \sum_{i=1}^{v} x_i$$

unter Beachtung von

$$\text{(D-COV 2)} \quad \sum_{i=1}^{v} a_{ij} \cdot x_i \leq f_j \quad (j = 1(1)n)$$

$$\text{(D-COV 3)} \qquad x_i \geq 0 \quad (i = 1(1)v)$$

gibt genau das Kostenallokationsproblem an, denn sein Zielfunktionswert, der die verteilten Gesamtkosten widerspiegelt, entspricht im Optimum dem Zielfunktionswert des Primalproblems, der gerade die entstehenden Gesamtkosten cf(N) angibt. Damit ist die erste "Kern"-Bedingung erfüllt. Die Nebenbedingungen (D-COV 2) des Dualproblems gewährleisten zunächst, daß die von einer Koalition zu tragenden Kosten nicht höher ausfallen als die Kosten f_j, die der Koalition für die eigenständige Errichtung eines Standortes s_j entstünden. Durch Abschätzung der Kosten, die größeren Koalitionen zugewiesen werden, über die Summation der entsprechenden Nebenbedingungen läßt sich auch für mehrere Standorte verifizieren, daß sich ein Ausscheren aus der großen Koalition für keine Gruppe von Spielern lohnt. Damit ist auch die zweite "Kern"-Bedingung erfüllt. Es ergibt sich eine duale Beziehung

---

[1] Dies ist auf eine spezielle Eigenschaft der Koeffizientenmatrix A zurückzuführen. Diese ist balanciert ("balanced"), vgl. Kolen und Tamir (1990), S. 294ff. Zu den Eigenschaften balancierter Spiele vgl. Owen (1982), S. 156ff.

zwischen Überdeckungs- und Kostenallokationsproblemen,[1] zwischen den entstehenden Kosten und der Kostenverteilung.

Da die genannte Beziehung nur für Bäume ausgenutzt werden kann, weil sonst die natürliche Ganzzahligkeit der Lösungen nicht gesichert ist und damit keine Dualitätsargumente verwendet werden können, ist das erzielte Resultat nicht auf allgemeine Graphen übertragbar. Es läßt sich jedoch zur Lösung kooperativer Standortplanungsprobleme in Bäumen verwenden, da mit Hilfe der angegebenen Formulierung die Zahl benötigter Standorte und eine geeignete Kostenaufteilung unter den kooperierenden Anbietern ermittelt werden kann, die für keinen der Beteiligten den Anreiz bietet, auf "eigene Faust" eine Niederlassung zu errichten und von dort den zugehörigen Kundenkreis zu bedienen. Geeignet wäre dieses Vorgehen also für Modelle mit fester Nachfrage und hohen Kosten für die Standorterrichtung, die einen Konkurrenzkampf, wie er durch die nicht-kooperativen Modelle abgebildet wird, unattraktiv machen.

Hamilton et al. (1991) und Hamilton und Thisse (1993) befassen sich mit der Anwendung kooperativer Spieltheorie in der räumlichen Konkurrenz. Dabei findet die Kooperation jedoch nicht zwischen den Anbietern, sondern zwischen Anbietern und Kunden statt, die jeweils Koalitionen bilden können. Hamilton et al. (1991) betrachten die Liniensituation von Hotelling mit einem Prohibitivpreis. Wesentlicher Unterschied zur sonst untersuchten Hotelling-Situation ist, daß den Nachfragern ein Einfluß auf den Preis eingeräumt wird;[2] die Nachfrager müssen sich also mit dem Anbieter, bei dem sie kaufen, über den Preis einig sein. Eine Allokation gibt in diesem Spiel an, wieviele Geldeinheiten und wieviele Produkteinheiten (eine oder keine) jeder Nachfrager zugewiesen bekommt und wieviele Einheiten die beiden Anbieter erhalten. Koalitionen bestehen immer aus mindestens einem Anbieter und "seinen" Nachfragern, da die Nachfrager untereinander und die Anbieter miteinander keine Geschäfte machen können. Kann keine Gruppe von Spielern eine Preiskonstellation herbeiführen, bei der sich alle ihre Mitglieder durch die sich ergebende Allokation von Geld und Produkt besserstellen als in der aktuellen Allokation, so liegt die aktuelle Preiskonstellation im Kern dieses Spiels. Da die Anbieter aber

---

1 Ein ähnlicher Zusammenhang besteht in dem von Owen (1975) angegebenen Produktionsspiel, dessen Kern sich ebenfalls als Lösung des Dualproblems zu einem das Ausgangsproblem beschreibenden linearen Programm bestimmen läßt.

2 Vgl. auch die Verhandlungsspiele von Bester (1989).

letztlich die Macht über die Preise besitzen, muß für ein Gleichgewicht zudem gefordert werden, daß sich keiner der Anbieter durch eine Veränderung seiner Preisforderung verbessern kann, wenn der andere seine Strategie beibehält.[1] Eine stabile Lösung muß, bezogen auf die beiden Anbieter, ein Nash-Gleichgewicht sein.

Ein Nash-Gleichgewicht in Lieferpreisen besteht in der von Lederer und Hurter (1986) angegebenen Lösung.[2] Es handelt sich um eine Lösung im Kern des kooperativen Spiels, weil alle Nachfrager bei dem für sie günstigeren Anbieter kaufen, und wenn sie dies nicht tun, dann nur, weil beide Anbieter zu teuer sind. Die Nachfrager können sich also nicht verbessern, die Anbieter ebenfalls nicht. Auf der Ebene des Standortspiels ist klar, daß wie im Konkurrenzspiel die sozial optimalen Lösungen ein Gleichgewicht darstellen, weil die Anbieter an Kostenminimierung interessiert sind und den Nachfragern bei Lieferpreisen die Standorte gleichgültig sind. Es entsteht dasselbe Ergebnis wie im unkooperativen Spiel.

Wenn die Anbieter Abholpreise fordern, liegt eine Allokation im Kern wieder nur dann vor, wenn sich keine Gruppe von Nachfragern zusammen mit einem Anbieter besserstellen kann. Bei nahegelegenen Standorten trifft dies aber immer für einen der Anbieter, "seine" Nachfrager und die Nachfrager zu, die er durch Unterbieten des Konkurrenten auf sich ziehen kann. Diese Koalition kann sich durch eine Preissenkung besserstellen. Hamilton et al. (1991) schließen dies jedoch aus, da sie nur Kernkonstellationen als Lösungen für vertretbar halten und sich nur solche Konstellationen im Kern befinden, in denen keiner der Anbieter sich durch Unterbieten verbessern kann. Also werden die Anbieter durch die Forderung, daß jede Preiskonstellation eine Kernallokation hervorbringen müsse, in ihrer Preiswahl eingeschränkt. Diese A-priori-Einschränkung erzeugt ein Gleichgewicht: "Our requirement that prices be chosen from those which support core allocations restores the existence of a price equilibrium in pure strategies for all location pairs."[3] Ein Anbieter, der sonst versucht wäre, seinen Kontrahenten zu unterbieten, wird durch diese geänderte "Spielregel" gezwungen, den Preis zu fordern, bei dem er seinen

---

1 Dies entspricht der Forderung, daß die aus jeweils einem Spieler (hier: Anbieter) bestehenden Koalitionen alleine ebenfalls keine Möglichkeit haben dürfen, sich zu verbessern.

2 Vgl. Abschnitte 4.6.2 und 4.6.3.

3 Vgl. Hamilton et al. (1991), S. 933. Damit wird derselbe Effekt erzielt wie mit der Forderung, daß Unterbieten verboten sei, bzw. der Modified Zero Conjectural Variation, vgl. auch die Abschnitte 4.5 und 4.6.

Konkurrenten gerade noch nicht unterbietet. Unter dieser Forderung ist wieder die sozial optimale Verteilung der Standorte ein Gleichgewicht. Diese Variation der "Spielregeln" wird dem Sinn der Preiskonkurrenz jedoch nicht mehr gerecht, da ein wesentliches Element der Preiskonkurrenz eliminiert wird.[1] Die Annahme, daß nur Elemente des Kerns zulässig seien, äußert sich letztlich in Restriktionen an die zulässigen Preise. Das kooperative Konzept führt also wieder auf ein "Verbot des Unterbietens", liefert aber keine neuen Erkenntnisse.

Den Fall differenzierter Lieferpreise greifen Hamilton und Thisse (1993) unter zusätzlicher Berücksichtigung von Kapazitätsschranken wieder auf. Daß Kapazitätsschranken Probleme bzgl. der Existenz von Lösungen in reinen Strategien aufwerfen können, ist bereits aus der Edgeworth-Variante der Bertrand-Konkurrenz bekannt. Wenn sich ein Unternehmen Kapazitätsbeschränkungen gegenübersieht, kann es möglicherweise nicht den ganzen Markt bedienen und also auch nicht um diesen konkurrieren. Unproblematisch ist der Fall, wo beide Firmen nicht einmal ihr eigenes Marktgebiet - d.h. die Kunden, die dem einen Unternehmen näher sind als dem anderen - versorgen können, da sie dann nicht in Konkurrenz treten. Ist die Kapazität beider andererseits groß genug für den ganzen Markt, sind die Kapazitätsbeschränkungen unbedeutend.
Besitzt jedoch ein Unternehmen zu wenig Kapazität für den Gesamtmarkt und mehr als nötig ist, um den eigenen Markt zu versorgen, so existiert kein Gleichgewicht, da es immer möglich ist, ein Anbieten im lokalen Markt für den weiter entfernten Kontrahenten unattraktiv zu machen, indem ein niedriger Preis gefordert wird, und anschließend den Preis und damit den Gewinn auf ein hohes Niveau zu steigern, was den Konkurrenten wieder anzieht. In Folge dieser Argumentation liegen die Preise, die im Rahmen einer gemischten Strategie verwendet werden, zwischen den höheren Versorgungskosten (der Lederer und Hurter - Lösung) und dem Prohibitivpreis (der Monopollösung).[2] Jedoch sind die gemischten Strategien inhaltlich schwierig zu interpretieren, da sich im Einzelfall Preiskonstellationen ergeben können, bei denen der eine Anbieter trotz seines Kostenvorteils Kunden verliert, weil er einen zu hohen Preis fordert.

---

1 Es sei daran erinnert, daß die Anbieter sehr wohl miteinander konkurrieren; sie bilden Koalitionen mit Nachfragern, aber nicht miteinander.

2 Vgl. Hamilton und Thisse (1993), Proposition 2.

Stabile Preiskonstellationen sind auch hier Kernkonstellationen.[1] In einer solchen Konstellation werden die Unternehmen verpflichtet, den Kunden, denen sie das Gut zu einem günstigen Preis anbieten, dieses auch zu verkaufen, d.h., sie können keine Kapazität abziehen und in die Versorgung anderer Nachfrager investieren, da sich sonst eine Koalition der Nachfrager mit dem anderen Anbieter bilden könnte, die diese alle besserstellt. Die Kern-Bedingung nimmt also wieder das eigentliche Konkurrenzelement aus der Situation heraus, weil die geforderte Stabilität das Preisverhalten der Konkurrenten stark beschränkt. Die Preise müssen immer unter den höheren Versorgungskosten liegen (unter den Lederer und Hurter-Preisen), aber oberhalb der günstigeren Versorgungskosten.

Die Theorie der kooperativen Spiele wird in allen vorgestellten Arbeiten nicht verwendet, um die Kooperation der Anbieter abzubilden, sondern dient entweder der Verteilung von Kosten zwischen Selbstversorgern oder der Abbildung der Koalitionsverhältnisse zwischen Anbietern und Nachfragern, wobei letzteres im Ergebnis nur eine Variation der Spielregeln bzw. eine Beschränkung der Entscheidungsmöglichkeiten der Anbieter darstellt.[2] Wie schon zu Beginn dieses Abschnitts vermutet, ergibt sich aus der Anwendung der kooperativen Theorie wenig Neues.

4.9 Konkurrenzstandortplanung in der Ebene

Ebenso wie in Netzwerken und diskreten Räumen kann Standortplanung unter Konkurrenz auch in der Ebene betrachtet werden.[3] Hierbei bestätigt sich wieder ein Prinzip minimaler Differenzierung, sofern keine Preise berücksichtigt werden. Drezner (1982) untersucht ein Stackelberg-Problem in der Ebene, das dem Centroid und Medianoid äquivalente Problem, wobei die feste Nachfrage in diskreten Punkten gegeben ist. Es zeigt sich, daß ein zweiter Anbieter auf dem Markt sich immer unmittelbar neben seinem Konkurrenten niederlassen muß, um sich die größte

---

1 Vgl. Hamilton und Thisse (1993).

2 In die erste Gruppe lassen sich auch die Arbeiten von Isard und Smith (1967-I und II) einordnen, in denen unter anderem Einigungsmöglichkeiten bei der Einrichtung einer gemeinschaftlich genutzten Highschool durch mehrere Gemeinden diskutiert werden. Auch die von Isard und Smith vorgenommene Erweiterung der Weber-Situation auf ein Spiel mit mehreren Teilnehmern erfolgt unter dem Blickwinkel der Kostenaufteilung für eine gemeinsam zu nutzende Einrichtung wie z.B. eine Raffinerie oder einen Flughafen.

3 Erweiterungen oder Übertragungen ihrer Überlegungen von der Linie auf die Ebene nehmen z.B. Eaton und Lipsey (1975) sowie Wendell und McKelvey (1981) vor.

Nachfrage zu sichern. Die Strategie des ersten Anbieters ist komplizierter und erfordert die Berechnung aller durch zwei Nachfrageorte führenden Geraden und der sich ergebenden Halbebenen, um den am wenigsten angreifbaren Standort zu finden.

Okabe und Suzuki (1987) untersuchen dagegen sog. stabile Standortkonfigurationen für sehr viele Anbieter und stellen eine Anordnung fest, die der sozial optimalen Anordnung sehr nahe kommt. Dabei ist das gewählte Stabilitätskriterium allerdings auch wesentlich schwächer als das üblicherweise verwendete Kriterium; es liegt kein Nash-Gleichgewicht, sondern eine Art lokales Gleichgewicht vor. Eine ähnliche Untersuchung, ebenfalls für eine gleichförmige Verteilung der Nachfrager, führen Drezner und Zemel (1992) durch, wobei das dem Centroid-Problem äquivalente Problem eines ersten Anbieters der Untersuchungsgegenstand ist. Auch sie gelangen zu dem Schluß, daß eine annähernd optimale Position durch die Anordnung der Einrichtungen in Sechsecken (hexagonale Anordnung) erreicht wird. Dabei wird unterstellt, daß der erste Anbieter "sehr viele" Einrichtungen zur Verfügung hat, um die Ebene abzudecken.

Beaumont (1980) betrachtet Modelle mit stochastischem Nutzen für die Ebene, die in ihrer Konstruktion dem diskutierten Modell mit heterogener Nachfrage ähneln. Für entsprechende Parameterwerte konvergiert das Modell Beaumonts gegen das Weber-Modell (wenn die Entfernung die nicht-meßbaren Kriterien dominiert); im anderen Extrem spielen Transportkosten keine Rolle mehr. Für die simulative Untersuchung einer Situation ohne Konkurrenz, aber mit mehreren Niederlassungen unter diesen unterschiedlichen Bedingungen zeigt sich, daß die Standorte bei hoher Bedeutung der Entfernung weit voneinander entfernt liegen, während die Standorte sich bei geringer Bedeutung der Entfernung annähern. Im Konkurrenzfall liegen die Standorte hingegen bei jeder Parameterwahl nahe beieinander.

Weitere Varianten stellen z.B. Tapiero und Desplas (1983) vor, die konkurrierende Unternehmen in der Ebene mit unsicherer Nachfrage betrachten und ein Marktanteils-spiel untersuchen, sowie Infante-Macias und Munoz-Perez (1995), deren Unter-suchung ein Medianoid-Problem in der Ebene mit rechtwinkligen Distanzen betrifft.

5 Schlußbemerkung

In dieser Arbeit werden die verschiedenen Kombinationen von räumlicher Ausdehnung, Anbieterzahlen und möglichen Strategien dieser Anbieter diskutiert. Die unterschiedlichen Theorien, die diese Faktoren in verschiedenen Kombinationen erfassen, werden in der Literatur üblicherweise nicht in einem gemeinsamen Kontext, sondern voneinander getrennt behandelt, so daß Ergebnisse des einen Bereichs in einem anderen nicht ausgenutzt werden können. Durch die Verwendung eines einheitlichen Ordnungsschemas und des spieltheoretischen Blickwinkels können die Zusammenhänge verdeutlicht werden, und es zeigt sich, daß die Unterschiede weniger in verschiedenen Lösungskonzeptionen als vielmehr in unterschiedlichen Prämissen oder unterschiedlichen Annahmen bezüglich der zur Verfügung stehenden Strategien bestehen. Das spieltheoretische Instrumentarium erweist sich als geeignet, alle bekannten Lösungsansätze zu erfassen und insbesondere auch die Modelle der klassischen Standortplanung als spezielle spieltheoretische Modelle einzuordnen.

Bezüglich der klassischen Standortplanung zeigt ein umfassender Katalog charakterisierender Merkmale einerseits die existierende Modellvielfalt auf, verdeutlicht aber auch andererseits im Vergleich mit dem entsprechenden Katalog, der die Merkmale der Planungsmodelle für Konkurrenzsituationen erfaßt, daß die Ausrichtungen sehr unterschiedlich sind, weil die Komplexität der Planungsaufgaben die Konzentration auf bestimmte Schwerpunkte erfordert. Während erweiterte klassische Planungsmodelle zur Erfassung von Produktionsbedingungen oder elastischer Nachfragen in der Monopolsituation geeignet sind, erweisen sie sich für die Erfassung von Konkurrenzssituationen, in denen die Konkurrenz als aktiv handelnde Partei berücksichtigt wird, zunächst als ungeeignet.
Die Überlegungen hinsichtlich der Frage, welche Marktbedingungen einer Planungssituation, die in einem klassischen Modell erfaßt wird, zugrundeliegen können, führen auf die Unterstellung vollständiger Konkurrenz, wobei dieser Begriff in Hinblick auf räumliche Differenzierung Schwierigkeiten aufwirft. Geeignet zur Erfassung vollständiger Konkurrenz auf räumlich getrennten Märkten sind die in Kapitel 3 vorgestellten Gleichgewichtsmodelle, die als Komplementärprobleme formuliert werden können. Auch oligopolistische Konkurrenz unter Anwendung von Mengenstrategien kann in Form eines Komplementärproblems erfaßt werden. Diese Modellierung ermöglicht zum einen den Nachweis, daß sich die verschiedenen Marktsituationen als Grenzfälle des räumlichen Oligopols ableiten lassen, und zeigt zum anderen im Vergleich zu den Modellen des vierten Kapitels die theoretische

Vorteilhaftigkeit der Anwendung von Mengenstrategien auf. Während Mengenstrategien auf differenzierbare und "gutartige" Funktionsverläufe führen, die den Einsatz von Optimierungsmethoden ermöglichen, ist dies bei Preisstrategien nicht der Fall.
Die Darstellung eines einfachen Beispiels in Standort- und Preisstrategien zeigt die entstehenden Probleme auf, und die Systematisierung der Literatur verdeutlicht, daß häufig durch die Variation einzelner Prämissen versucht wird, die technischen Schwierigkeiten zu beseitigen, ohne dabei die Frage zu berücksichtigen, ob die Prämissen die Realität sinnvoll beschreiben. Die Auswertung einer Vielzahl von Arbeiten zeigt, daß sich i.w. zwei Resultate ergeben, wenn Standorte und Abholpreise festzulegen sind: Bieten die Konkurrenten homogene Güter an, so streben sie nach räumlicher Differenzierung, um die Konkurrenz auf diese Weise abzuschwächen und sich möglichst räumliche Monopolstellungen zu sichern; wenn hingegen die Güter - zumindest in den Augen der Nachfrager - unterschiedlich sind, lassen sich die Anbieter gemeinsam in gut erreichbarer Position nieder, da aufgrund der unterschiedlichen Präferenzen der Nachfrager jeder Anbieter alle Punkte des Marktes bedienen muß und daher eine räumliche Aufteilung des Marktes nicht möglich ist. Jeder Anbieter bezieht die für seine Kunden transportkostenminimale Position.

Eine vollständige Vereinheitlichung der Ansätze erweist sich insofern als unmöglich, als die Ergebnisse bei Anwendung von Mengen- und Preisstrategien in der Regel divergieren. Das Argument, Mengenstrategien seien vorzuziehen, da sie zu stabileren Ergebnissen führen, ist sicherlich nicht überzeugend.[1] Vielmehr wird es von den angebotenen Gütern und der jeweiligen Planungssituation abhängen, welche strategische Variable die Unternehmen wählen bzw. welche Variable ein stärkeres Gewicht besitzt. Für die Standortwahl ist die jeweilige Strategie von großer Bedeutung, da die Verwendung von Mengenstrategien eher auf Standorthäufungen führt, während bei Anwendung von Preisstrategien die Anbieter ein Interesse an der räumlichen Verteilung haben. Nur wenn der Preis fixiert ist oder aber die von den Anbietern hergestellten Güter hinreichend unterschiedlich sind, wird auch ohne Mengenstrategien die Agglomeration von den Anbietern bevorzugt.

Es zeigt sich, daß in manchen Fällen Ansätze der klassischen Planung in der Konkurrenzstandortplanung zur Anwendung kommen können. So findet sich die

---

1 Die Verwendung von Mengenstrategien zur Bestimmung von Gleichgewichten wird teilweise damit begründet, daß auf diese Weise, im Vergleich zu Preisstrategien, die Existenzprobleme abgeschwächt werden, vgl. z.B. Weskamp (1985).

Medianbestimmung als ein wesentliches Konzept zur Bestimmung von Standorten in Konkurrenzsituationen, wenn die zugrundeliegende räumliche Struktur eine Baumstruktur ist. Werden von den Unternehmen Lieferpreise festgesetzt, wie es auch in den Modellen der klassischen Planung meistens unterstellt wird, so erweisen sich die beiden durch den 2-Median gegebenen Standorte als die für zwei Konkurrenten sinnvolle Standortkombination. Obwohl sich dies durch die Prüfung der Prämissen im zweiten Kapitel zunächst nicht zeigen ließ, stellen sich damit die Konzepte klassischer Standortplanung in bestimmten Konkurrenzsituationen als geeignet und damit als allgemein sinnvoll, zumindest zur Ermittlung einer ersten Näherungslösung für einen Standort, heraus.

Diverse Aspekte können im Rahmen dieser Untersuchung nicht berücksichtigt werden. So wird dem Einfluß von Agglomerationsvorteilen, die mehr Nachfrager zum Aufsuchen eines Marktes veranlassen, wenig Aufmerksamkeit gewidmet. Sie müßten in die Verhaltensannahmen integriert werden und würden auf eine höhere Konzentration der Anbieter führen. Es wäre dann auch das Kriterium der sozialen Optimalität zu überprüfen, da die zurückzulegende Entfernung nicht der geeignete Maßstab für die optimale Versorgung ist, wenn für die Nachfrager auch die erreichbare Vielfalt des Angebots von Bedeutung ist. Damit verknüpft ist die Berücksichtigung der konkreten Produkte bzw. Produkteigenschaften, denn diese werden einen merklichen Einfluß darauf haben, ob und wieviel die Nachfrager erwerben, welche Wege sie zurückzulegen bereit sind und ob die Agglomeration tatsächlich vorteilhaft ist. Insofern ist eine Standortplanung im konkreten Fall ohne vorherige Studien über das Nachfragerverhalten kaum denkbar.
Ebenso wird wenig auf Informationsdefizite oder Informationsvorteile eingegangen. Die Entscheidung der Anbieter wird oftmals ohne die Kenntnis der genauen Produktionsbedingungen der Konkurrenten erfolgen, so daß die Anwendung weiterer spieltheoretischer Konzepte, die diese Gegebenheiten erfassen, interessant wäre.
Schließlich kann hier nicht darauf eingegangen werden, wie Produktdifferenzierung und räumliche Diversifizierung simultan modellhaft zu erfassen sind. In diesem Kontext wären insbesondere die Modelle der Gleichgewichtsgebiete[1] und der geknickten Preisabsatzfunktionen[2] zu untersuchen und mit dem Einfluß der räumlichen Gegebenheiten zu verknüpfen.

---

1 Vgl. z.B. Krelle (1976).

2 Vgl. z.B. Gutenberg (1984).

Anhang I

Literaturüberblick zum Merkmalskatalog klassischer Probleme

Viele der im in Abschnitt 2.4 angegebenen Klassifizierungskatalog genannten Merkmale sind in keinem der Beispiele klassischer Problemstellungen enthalten. Daher wird im folgenden ein knapper Literaturüberblick gegeben, in dem auf Formulierungen mit den entsprechenden Eigenschaften verwiesen wird. Umfangreiche Bibliographien mit Verweisen auf Literatur aus dem Bereich der klassischen, OR-orientierten Standortplanung finden sich z.B. in Francis and Goldstein (1974), Brandeau und Chiu (1989) und Domschke und Drexl (1985); einen Überblick geben beispielsweise Francis et al. (1983).

Netzwerke mit Kapazitätsbeschränkungen (1b3) auf den Kanten betrachten z.B. Wendell und Hurter (1973). Tansel et al. (1983-II) stellen unterschiedliche Spezialfälle von p-Median- und p-Center-Problemen in Bäumen (1b4) vor. Sie gehen dabei unter anderem auf bereits vorhandene Einrichtungen (24), Abstandsbedingungen (16a2) und mehrfache Zielsetzungen (18b) ein. Die Beziehung zu vorhandenen Einrichtungen betrachten auch Butt und Cavalier (1996) in einem modifizierten Steiner-Weber-Problem, in dem außerdem Teile der euklidischen Ebene aus der Betrachtung ausgeschlossen sind (1d) und nicht als Standorte in Frage kommen (2b2). Hierarchische Planungsprobleme (4b3), in denen der Typ der Einrichtungen zu planen ist (6f), systematisiert Narula (1984) unter anderem danach, ob jede Hierarchiestufe andere Leistungen anbietet, oder ob Standorte höherer Hierarchiestufen die Leistungen der niedrigeren Stufen ebenfalls anbieten. Die Nachfragen sind dabei von unterschiedlichem Typ (10c), werden aber - abhängig vom Problemtyp - erst der niedrigsten Hierarchiestufe zugewiesen und dann ggf. "weiterverteilt", oder gleich der für sie "richtigen" Stufe zugewiesen.

Kapazitierte Warehouse-Location-Probleme (5a) werden z.B. von Hansen et al. (1987, S. 33f.) vorgestellt. Es ist hervorzuheben, daß die Einführung von Kapazitätsrestriktionen eine bedeutende Änderung der Problemstruktur darstellt.[1] Zu planen sind neben den Standorten auch deren Kapazitäten (6c). Krarup und Pruzan (1983) betrachten das CPLP (= Capacitated Plant Location Problem) als eine mögliche

1 So muß z.B. in den zur Lösung unkapazitierter Probleme geeigneten Branch and Bound Prozeß zusätzlich eine Lagrange-Relaxation für die Kapazitätsrestriktionen aufgenommen werden, vgl. Hurter und Martinich (1989), S. 70, sowie Domschke und Drexl (1990), S. 67ff.

Erweiterung des SPLP. Probleme mit begrenztem Budget (3b1), in denen die Zahl der Einrichtungen zwar nicht feststeht, aber begrenzt ist, werden von Cornuejols et al. (1977) auf ihre Lösungsmöglichkeiten hin untersucht.

Beschränkte, sich "regenerierende" Kapazitäten (5c) treten in Problemen mit Warteschlangen auf, wie sie beispielsweise Berman et al. (1990) betrachten. Sie haben jedoch auch in mehrperiodigen Problemen (25) ihren Platz, wie sie von Jacobsen (1990) untersucht werden. In den Modellen von Berman et al. werden die Kunden vom gerade verfügbaren Standort versorgt; ist kein Standort frei, werden sie aus dem System eliminiert (12b2) oder aber in eine Warteschlange eingereiht (12b3). Im zweiten Fall kann auch die Versorgungszeit für die Zielsetzung eine Rolle spielen (19-IIc3).

Wenn der Produktionssektor berücksichtigt wird und verschiedene Technologien zur Verfügung stehen, sind diese mit zu planen (6e). Beispiele geben Hansmann (1974) sowie Hansen und Thisse (1977) und andere.[1] Auf unterschiedliche Distanzmaße (7b), (7c) gehen Hansen et al. (1987, S. 5ff.) ein. Stochastische Distanzen bzw. stochastische "Kosten der Entfernung" (8b) ebenso wie stochastische Nachfragen (9b) werden z.B. von Mirchandani (1990) untersucht. Dabei sind die unterschiedlichen möglichen Zustände eines Netzwerkes ebenso wie ihre jeweiligen Wahrscheinlichkeiten bekannt. Die zur Bewältigung verschiedener Kanten des Netzes erforderlichen Zeiten oder aufzuwendenden Kosten stehen nicht deterministisch fest, sondern variieren abhängig von den Zuständen, so daß Wahrscheinlichkeiten für die möglichen Zeiten/Kosten angegeben werden können und anstelle von Medianen "Erwartungswert-Mediane" zu bestimmen sind. Mirchandani verwendet das Konzept "mehrdimensionaler Netzwerke", um die unterschiedlichen Zustände, aber auch, um mehrere unterschiedliche Güter (20b) und unterschiedliche Zielsetzungen (18b) simultan zu erfassen.

Stochastische Nachfragen (9b) werden auch von Louveaux und Thisse (1985) untersucht. Die Nachfragen werden erst nach der Standort- und Produktionsentscheidung des Unternehmens realisiert, so daß das Unternehmen ohne Kenntnis der Mengen die Standort- und nach ihrer Kenntnis die Distributionsentscheidung zu treffen hat.

---

[1] Auf Probleme mit integrierter Produktion wird in Abschnitt 2.7 dieser Arbeit ausführlich eingegangen.

Hakimi (1990) betrachtet neben der "klassischen" Annahme, die Nachfragen seien fest gegeben und in voller Höhe zu erfüllen ("essential demands"), auch die Möglichkeit, die Nachfragen würden sich nicht zufällig, sondern abhängig von der zum Anbieter zurückzulegenden Distanz verändern ("unessential demands"), da die Entfernung das Kaufinteresse der Nachfrager beeinflußt ((9c1) bzw. (9c2)). Im Gegensatz zur Formulierung von Entfernungsrestriktionen, die einen bestimmten Versorgungsradius erzwingen, innerhalb dessen die Nachfrage ganz, außerhalb dessen sie aber gar nicht befriedigt wird, findet hier ein kontinuierlicher Übergang statt. Wird berücksichtigt, daß Nachfrager sich nicht immer demselben Standort zuwenden, sondern unterschiedliche Standorte aufsuchen, wobei nach der gängigen Verhaltensannahme die Häufigkeit der Besuche bzw. der Anteil des Bedarfs mit wachsender Distanz vom betreffenden Standort fällt, so liegen "proportional demands" vor, die ebenfalls von Hakimi (1990), aber auch von Hansen et al. (1987, S. 42ff.) vorgestellt werden. In die von Hansen et al. betrachteten Gravitationsmodelle wird neben der Distanz auch die unterschiedliche Attraktivität von Einrichtungen als Einflußfaktor aufgenommen (4b3), (16c). Probleme, in denen sich Wartezeiten (12b3) oder andere äußere Einflußfaktoren ("externalities") auf die Nachfrage auswirken (9c3), stellen z.B. Brandeau et al. (1995) sowie Drezner und Wesolowsky (1996) dar.

Verteilte Nachfragen entlang der Kanten eines Netzwerkes (11b) treten bei der Betrachtung von sog. "general centers" und "general medians" auf, die von Minieka (1977) untersucht werden. Ein Anwendungsfall ist die Errichtung von Straßenwachten, die nicht nur bestimmte Knotenpunkte, sondern ganze Streckenabschnitte versorgen müssen. Miniekas Problemstellung bezieht bei der Ermittlung der Entfernungen zu Kunden die jeweils am weitesten entfernten Punkte auf den einzelnen Kanten ein. Es wird nicht über die Kanten integriert, denn Minieka betrachtet nicht die Versorgung der ganzen Kante, sondern des auf einer Kante am schwierigsten zu erreichenden Punktes.

Um die Annahme nicht unbedingt zu erfüllender Nachfragen (12b) in Standortmodelle, z.B. ein SPLP, zu integrieren, kann eine "künstliche" Einrichtung, d.h. ein zusätzlicher Standort vorgesehen werden, von dem aus Kunden, die nicht beliefert werden, fiktiv eine Nachfragebefriedigung erhalten. Anstelle von Transportkosten entstehen Strafkosten (12b1), mit denen die Lieferungen vom fiktiven Anbieter bewertet werden (14d); Nachfrage wird dann nur befriedigt, wenn sich dies für den Anbieter auch lohnt. Ein konkretes Beispiel für nichtbefriedigte Nachfragen und den Einsatz von Strafkosten geben Kolen und Tamir (1990) für Covering Probleme.

(Nichtlineare) Standortbezogene Kosten (15b2), die den Mengen nicht proportional sind, beziehen Krarup und Pruzan (1983) in die Planung ein. Die betrachtete Kostenfunktion ist aber stückweise linear, so daß das Problem durch Einführung künstlicher Einrichtungen auf ein SPLP zurückgeführt werden kann. Diese Idee geht auf Efroymson und Ray (1966) zurück.

Standortbezogene Kosten, ihr Einfluß auf die Zielfunktion eines Standortmodells und die sich aus ihrer Berücksichtigung im einzelnen ergebenden Restriktionen werden auch ausführlich von Hansmann (1974, S. 46ff.) dargestellt. Als mengen- und standortabhängige Kosten (14b) betrachtet er neben den Transportkosten die Produktions- und Materialkosten, als standortbezogene Kosten (14c) die Lohn-, die Finanzierungskosten und die Kosten der Aggregate sowie sonstige standortabhängige Fixkosten (Verwaltungskosten etc.).

Hansen et al. (1987, S. 9ff.) geben mehrere Beispiele für nichtlineare Transportkostenverläufe (15b) an. Sie nennen Transportkosten mit fixem, d.h. nicht von der Distanz abhängigem Anteil,[1] konkave und konvexe Transportkostenfunktionen sowie allgemeinere Verläufe, die sich nur durch ein Anwachsen mit wachsender Entfernung auszeichnen. Eine weitere Verallgemeinerung betrachten Wendell und Hurter (1973), die in einem Netzwerk für jede Kante einen anderen (konkaven) Verlauf der Transportkostenfunktion annehmen (15d1). Louveaux et al. (1982) berücksichtigen unterschiedliche Transportmodi (15d2) und deren Vorteilhaftigkeit für verschiedene Güter, indem sie sog. "multimodale" Netze definieren.[2] Die Netze der verschiedenen Modi berühren sich an allen Punkten, in denen das Transportmittel gewechselt werden kann; die Transportkosten je Modus und Gut sind bekannt.

Hamacher (1995, S.67ff.) behandelt entfernungsorientierte Mehrzielprobleme (18b), wobei die Ziele sich durch die jeweiligen Gewichte, die den einzelnen "Nachfrageorten" zugeordnet werden, unterscheiden. ReVelle et al. (1980) zeigen auf, daß die Standardprobleme des p-Medians und Covering (Überdeckung) als Probleme mit zwei konkurrierenden Zielsetzungen aufgefaßt werden können, bei denen jeweils eine Zielsetzung als Nebenbedingung erfaßt wird. Im p-Median-Problem ist dies die Budgetbegrenzung, im Covering-Problem die Forderung der Bedienung aller Kunden.[3]

---

1 Vgl. auch Louveaux et al. (1982).

2 Vgl. auch die "mehrdimensionalen Netze" bei Mirchandani (1990).

3 Die kombinierten Cent-Dian- bzw. Medi-Center-Probleme (19-Ic) wurden in Kapitel 2 bereits erwähnt.

Covering-Probleme mit dem Ziel der Maximierung der Verkaufsmenge ((19-IIb) bzw. (19-IIc1)) bei gegebener Zahl von Standorten (3a) führen Church und ReVelle (1974) ein. Während die Nachfrage in diesen Problemen nicht komplett versorgt werden muß (12b2), gibt es eine weitere Klasse von Covering-Problemen, in denen die Zahl der Einrichtungen zu minimieren ist (19-IIe), wobei die Nachfrage vollständig bedient werden muß (12a) und zumeist Distanzbedingungen vorliegen (2b3), (16a2). Solche Probleme in Baumnetzwerken (1b4) betrachten z.B. Tansel et al. (1982). Berman (1994) kombiniert die Zielsetzungen der Überdeckungs- und Zentren-Probleme (18b). Covering-Probleme mit dem Ziel der Kostenminimierung (19-IIa2), wobei die Summe aus Standorterrichtungskosten (14c) und Strafkosten (14d) zu minimieren ist, untersuchen Kolen und Tamir (1990).

Geeignete "Ausgleichsziele" für Standortplanungsprobleme (19-IId), die auf eine ausgewogene Bedienung der Nachfrager ausgerichtet sind, geben Eiselt und Laporte (1995) an.

Anhang II

Komplementärprobleme

II.1 Einführung und Definitionen

Die folgende Aufgabenstellung wird als *Komplementärproblem* bezeichnet:[1]
Gegeben ist eine Abbildung F: $\mathbb{R}^n \rightarrow \mathbb{R}^n$. Gesucht ist $z \in \mathbb{R}^n$, so daß gilt:

(K1) $z \geq 0$

(K2) $w := F(z) \geq 0$

(K3) $z^T w = z^T F(z) = \sum_{i=1}^{n} z_i \cdot F_i(z) = 0.$

Das Problem läßt sich also beschreiben als die Suche nach einem Vektor z, der nur nicht-negative Komponenten enthält (K1), dessen Bild w unter der Abbildung F ebenfalls nur nicht-negative Komponenten enthält (K2) und senkrecht auf seinem Urbild steht (K3).[2]

Ist die Abbildung $F(\cdot)$ nicht-linear, so wird das Problem als *nicht-lineares Komplementärproblem* bezeichnet;[3] ist F hingegen eine affin-lineare Funktion, heißt das Problem entsprechend *lineares Komplementärproblem* (LK).[4] Ein solches lineares Komplementärproblem läßt sich durch die Angabe einer Matrix $M \in \mathbb{R}^{n \times n}$ und eines Vektors $q \in \mathbb{R}^n$ vollständig beschreiben; es ist ein Vektor $z \in \mathbb{R}^n$ gesucht, der die Bedingungen

---

1 Vgl. Isac (1992), S. 1.

2 Zwei Vektoren stehen genau dann senkrecht aufeinander (sind zueinander orthogonal), wenn ihr Skalarprodukt den Wert Null annimmt. Das euklidische (Standard-)Skalarprodukt zweier Vektoren ist dabei definiert als die Summe der Produkte ihrer Komponenten, also als das übliche Vektorprodukt, vgl. Stammbach (1983), S. 165. Es gibt viele weitere Skalarprodukte und damit verbundene Orthogonalitätsbegriffe, die hier jedoch nicht betrachtet werden.

3 Zu nicht-linearen Komplementärproblemen vgl. z.B. Karamardian (1972) und Isac (1992).

4 Zu linearen Komplementärproblemen vgl. z.B. Murty (1988).

(LK1) $z \geq 0$

(LK2) $w := Mz + q \geq 0$

(LK3) $z^T w = \sum_{i=1}^{n} z_i \cdot w_i = 0$

erfüllt.[1] Ein lineares Komplementärproblem mit Matrix M und Vektor q wird mit *LK(M,q)* bezeichnet. Die folgende Darstellung wird sich weitgehend auf lineare Probleme beschränken.

Unter einer *zulässigen Lösung* eines LK(M,q) wird ein Vektor $z \in \mathbb{R}^n$ verstanden, welcher die Bedingungen (LK1) und (LK2) erfüllt. Als *komplementäre Lösung* oder einfach als *Lösung* wird ein Vektor $z \in \mathbb{R}^n$ bezeichnet, für den zusätzlich die Bedingung (LK3) erfüllt ist. Analoge Definitionen gelten für nicht-lineare Komplementärprobleme.

Kennzeichnend für Komplementärprobleme und ihre Lösungen ist vor allem die sog. Komplementaritätsbedingung (K3). Da für die in dieser Bedingung auftretenden Vektoren in (K1) und (K2) Nichtnegativität gefordert wird, muß jede Komponente der in (K3) bzw. (LK3) angegebenen Summe den Wert Null annehmen, d.h. es muß gelten: $w_i \cdot z_i = 0$ für alle i = 1(1)n. Es muß also die i-te Komponente des Urbildvektors oder die i-te Komponente des Bildvektors Null sein, und (LK3) läßt sich auch schreiben als:

(LK3') $z_i = 0$ oder $w_i = 0$ für alle i = 1(1)n.[2]

Die Variablen z_i und w_i heißen *zueinander komplementäre Variable*.

---

[1] Häufig, so z.B. bei Bastian (1976), wird als Lösung eines linearen Komplementärproblems das Tupel aus den Vektoren z und w bezeichnet. In den Fällen, wo sich diese Sprechweise für Erläuterungen besser eignet, wird sie auch im folgenden verwandt, wobei aber stets berücksichtigt werden sollte, daß ein Vektor z das zugehörige w bereits eindeutig determiniert, so daß die Angabe von w eigentlich überflüssig ist.

[2] Dies schließt natürlich die Möglichkeit ein, daß sowohl z_i als auch w_i den Wert Null annehmen.

II.2 Lineare Programme als lineare Komplementärprobleme

Im folgenden wird gezeigt, daß lineare Programme spezielle Komplementärprobleme sind. Dazu wird zunächst ein lineares Programm in allgemeiner Form und anschließend ein konkretes Beispiel betrachtet.

Ein allgemeines lineares Optimierungsproblem hat die folgende Struktur:
Gegeben sind eine Matrix $A \in \mathbb{R}^{m \times n}$ sowie Vektoren $b \in \mathbb{R}^m$ und $c \in \mathbb{R}^n$.
Gesucht ist ein Vektor $x \in \mathbb{R}^n$, der das Problem

(LP) $\min \{c^T x \mid Ax \geq b, x \geq 0\}$

löst. Das zu (LP) duale Problem (DP) lautet:
Gesucht ist ein Vektor $y \in \mathbb{R}^m$, der Lösung des Problems

(DP) $\max \{b^T y \mid A^T y \leq c, y \geq 0\}$

ist. Hier wie auch im folgenden wird die kompakte Matrizen- bzw. Vektorenschreibweise gewählt, um die Darstellung zu vereinfachen.

Einführen von Schlupfvariablen überführt die Nebenbedingungen von (LP) in

$Ax - v = b, v \geq 0, x \geq 0,$

und die Nebenbedingungen von (DP) werden zu

$A^T y + u = c, u \geq 0, y \geq 0.$

Der Satz vom komplementären Schlupf besagt, daß für optimale Lösungen (x^*, v^*) und (y^*, u^*) der beiden Probleme (LP) und (DP) die folgenden Bedingungen erfüllt sind:[1]

(KS1) $(v^*)^T y^* = (Ax^* - b)^T y^* = 0,$
(KS2) $(u^*)^T x^* = (c - A^T y^*)^T x^* = 0 \Leftrightarrow (-A^T y^* + c)^T x^* = 0.$

Sind umgekehrt die Bedingungen (KS1) und (KS2) erfüllt und ist y^* zulässig für (DP), so ist x^* optimale Lösung von (LP).

Werden die Vektoren $x \in \mathbb{R}^n$ und $y \in \mathbb{R}^m$ zu einem Vektor $z \in \mathbb{R}^{n+m}$ zusammengefaßt, und die Vektoren $u \in \mathbb{R}^n$ und $v \in \mathbb{R}^m$ zu einem Vektor $w \in \mathbb{R}^{n+m}$, so ist für die Vektoren z und w die Komplementaritätsbedingung (LK3) genau dann erfüllt, wenn für

---

1 Vgl. z.B. Werner (1984), S. 47f.

die Vektoren u, v, x und y die Bedingungen (KS1) und (KS2) erfüllt sind. Die Nichtnegativitätsbedingung (LK1) stimmt mit der Forderung nach Nichtnegativität der Vektoren in den Problemen (LP) und (DP) sowie nach Nichtnegativität der Schlupfvariablen überein. Die Bedingung (LK2) ist ebenfalls gewährleistet, wenn die Vektoren $c \in \mathbb{R}^n$ und $(-b) \in \mathbb{R}^m$ zu einem Vektor $q \in \mathbb{R}^{n+m}$ zusammengefaßt werden und aus den Matrizen $A \in \mathbb{R}^{m\times n}$ und $-A^T \in \mathbb{R}^{n\times m}$ eine Matrix $M \in \mathbb{R}^{(n+m)\times(n+m)}$ der Form

$$M = \begin{pmatrix} 0 & -A^T \\ A & 0 \end{pmatrix}$$

gebildet wird, denn die Ungleichungen

$$w = Mz + q \geq 0$$

entsprechen genau den Nebenbedingungen von (LP) und (DP). Damit läßt sich, unter Verwendung der angegebenen Definitionen für M und q, das Paar dualer Programme (LP) und (DP) darstellen als LK(M,q).

Ebenso wie lineare Programmierungsprobleme können auch Probleme der quadratischen Programmierung (QP) und Bimatrixspiele als LK(M,q) gelöst werden. Die Herleitung des jeweiligen LK(M,q) ergibt sich für das QP aus den Kuhn-Tucker-Bedingungen, für Bimatrix-Spiele aus der Definition des Nash-Gleichgewichts.[1] Lineare Komplementärprobleme bilden damit eine Klasse, die viele bekannte Problemstellungen als Unterprobleme beinhaltet.

Beispiel

Die dargestellten Überlegungen sollen an einem einfachen linearen Programm beispielhaft illustriert werden. Das primale Problem sei gegeben durch

$$\min \quad 2x_1 + 2x_2$$

unter Beachtung von

$$\begin{aligned} 3x_1 + 2x_2 &\geq 4 \\ x_1 + 5x_2 &\geq 6 \\ x_1,\ x_2 &\geq 0. \end{aligned}$$

---

[1] Die Zusammenhänge werden ausführlich von Murty (1988), S. 11ff., erläutert.

Das zugehörige Dualproblem hat die Form

$$\max \quad 4y_1 + 6y_2$$

unter Beachtung von

$$\begin{aligned} 3y_1 + \ \ y_2 &\le 2 \\ 2y_1 + 5y_2 &\le 2 \\ y_1,\ y_2 &\ge 0. \end{aligned}$$

Durch Einführen von Schlupfvariablen u_1 und u_2 in den Nebenbedingungen des primalen und von Schlupfvariablen v_1 und v_2 in den Nebenbedingungen des dualen Problems werden diese in Gleichheitsrestriktionen überführt. Durch die Zusammenfassung der Vektoren in der oben angegebenen Weise entsteht aus den beiden Problemen das Komplementärproblem LK(M,q) mit der Matrix M und dem Vektor q, die wie folgt definiert sind:

$$M := \begin{pmatrix} 0 & 0 & -3 & -1 \\ 0 & 0 & -2 & -5 \\ 3 & 2 & 0 & 0 \\ 1 & 5 & 0 & 0 \end{pmatrix} \quad q := \begin{pmatrix} 2 \\ 2 \\ -4 \\ -6 \end{pmatrix}.$$

Ausgeschrieben lautet das LK(M,q) also

(LK1) $z := (x_1,\ x_2,\ y_1,\ y_2) \ge 0$

(LK2) $w := (u_1,\ u_2,\ v_1,\ v_2) \ge 0$

$$\begin{aligned} u_1 &= -3\,y_1 - \ \ y_2 + 2 \ge 0 \\ u_2 &= -2\,y_1 - 5\,y_2 + 2 \ge 0 \\ v_1 &= \ \ 3\,x_1 + 2\,x_2 - 4 \ge 0 \\ v_2 &= \ \ \ \ x_1 + 5\,x_2 - 6 \ge 0 \end{aligned}$$

(LK3) $z^T w = 0.$

Dieses LK(M,q) ist dem angegebenen Paar linearer Programme äquivalent.

II.3 Komplementärpivot-Verfahren für lineare Komplementärprobleme

Die besondere Struktur der Lösungen von LK(M,q) führt auf den Entwurf von Lösungsverfahren, die diese Struktur ausnutzen.[1] Eine spezielle Bedeutung kommt im Rahmen dieser Verfahren den sog. *fast-komplementären Lösungen* zu. Im Gegensatz zu einer komplementären Lösung, in der jedes Paar von Variablen (z_i, w_i) mindestens eine Variable mit dem Wert Null enthält, beinhaltet eine fast-komplementäre Lösung genau ein Paar (z_k, w_k) von strikt positiven Variablen, d.h. es gilt $w_k > 0$ und $z_k > 0$. Sie heißt dann fast-komplementäre Lösung der Klasse k.

Die Komplementärpivot-Verfahren sind mit den Simplex-Algorithmen für lineare Programmierungsprobleme verwandt.[2] Ein Beispiel für Komplementärpivot-Verfahren ist das Verfahren von Lemke (1965).[3] Wie die Simplex-Algorithmen erzeugen auch die Komplementärpivot-Verfahren eine Folge von Extrempunkten (Ecken) des Polyeders zulässiger Lösungen. Diese sind *Basislösungen* in dem Sinne, daß sie jeweils genau n positive Komponenten und n Nullkomponenten beinhalten, wobei die positiven Komponenten zu unabhängigen Spalten der Matrix M und der Einheitsmatrix I gehören.

Das Gleichungssystem

$$w = Mz + q$$

kann in das äquivalente System

$$Iw - Mz = q$$

überführt werden, wobei $I \in \mathbb{R}^{n \times n}$ die n-dimensionale Einheitsmatrix repräsentiert. Damit hat das Gleichungssystem die Koeffizientenmatrix $(I, -M) \in \mathbb{R}^{n \times 2n}$, in der

---

1 Auch Lösungsverfahren für nicht-lineare Komplementärprobleme greifen häufig auf die Lösung linearer Probleme zurück, da das Problem linearisiert wird bzw. in jedem Schritt ein linearisiertes Teilproblem gelöst wird, vgl. Karamardian (1972).

2 Zur linearen Programmierung und zur Simplexmethode vgl. Dantzig (1966).

3 Allgemein wird eine ganze Klasse von Verfahren als "Komplementärpivot-Algorithmen" bezeichnet, die sich durch bestimmte Charakteristika auszeichnet. Die ersten Algorithmen dieser Art gehen auf Lemke und Howson (1964) sowie Lemke (1965) zurück.

jeweils maximal n Spalten linear unabhängig sind.[1] Sind jeweils beliebig ausgewählte n Spalten linear unabhängig, so heißt die betreffende Matrix M *nicht-degeneriert* oder *nicht-entartet*. Ist M nicht-degeneriert, so folgt aus der Definition der Basislösungen, daß für jede komplementäre Lösung entweder $z_i = 0$ oder $w_i = 0$ gilt, nicht jedoch beide gleichzeitig Null sein können. Dann heißt auch das Komplementärproblem nicht-degeneriert, und die Suche nach einer Lösung des Problems kann sich auf die (nicht-entarteten) Basislösungen beschränken. Diese haben, wie die Basislösungen beim Simplexverfahren, eine geometrische Entsprechung in Form von Eckpunkten des Polyeders zulässiger Lösungen. Nur diejenigen Eckpunkte sind jedoch Lösungen des LK(M,q), die auch die Komplementaritätsbedingung erfüllen.

Geometrisch betrachtet wird das Polyeder der zulässigen Lösungen eines Komplementärproblems im $\mathbb{R}^{n \times n}$ durch *Facetten* begrenzt. Für alle Punkte (Vektoren) auf einer solchen Facette gilt, daß bestimmte Komponenten den Wert Null haben. Haben n Komponenten den Wert Null, so handelt es sich um eine 0-dimensionale Facette, um einen *Extrempunkt*. Ein solcher entspricht gerade einer Basislösung. Haben n-1 Komponenten den Wert Null, so liegt eine 1-dimensionale Facette, eine *Kante* vor. Sind alle Punkte auf einer solchen Facette fast-komplementär von einer bestimmten Klasse k (bzw. die Randpunkte komplementär), so wird eine solche Facette als *F-Facette der Klasse k* bezeichnet.[2] Es ist zu beachten, daß jede fast-komplementäre Facette eine Kante, nicht jedoch jede Kante eine F-Facette ist.

Ebenso wie sich das Simplexverfahren durch Basisaustauschschritte von einer Ecke des zulässigen Bereichs entlang einer Kante zur nächsten Ecke bewegt, schreitet das Komplementärpivot-Verfahren von einem Extrempunkt über eine angrenzende F-Facette der Klasse k zum nächsten Extrempunkt.[3] Zwar ist jede komplementäre Lösung ein Extrempunkt, aber natürlich entspricht nicht jeder Extrempunkt einer komplementären Lösung. Das Verfahren beschränkt die Suche auf komplementäre und fast-komplementäre Extrempunkte und damit auf endlich viele in Frage kommende "Kandidaten" für die Lösung.

---

[1] Wie beim Simplexverfahren können die Variablen w_i auch als Schlupfvariablen interpretiert werden, da durch ihre Einführung das Ungleichungssystem $Mz + q \geq 0$ in ein Gleichungssystem überführt wird. Diese "Schlupfvariablen" müssen in einer zulässigen Lösung nicht-negative Werte annehmen.

[2] Diese Begriffe finden sich so bei Bastian (1976), S. 12ff.

[3] Der dabei beschrittene Weg wird auch als *F-Pfad* bezeichnet, vgl. Bastian (1976), S. 19. Ein F-Pfad wird dabei durch bestimmte Bedingungen charakterisiert, die hier nicht formal ausgeführt werden, da nur die Verfahrensidee vorgestellt werden soll.

Beginnend in einem fast-komplementären Extrempunkt der Klasse k wird über eine F-Facette derselben Klasse ein anderer Extrempunkt aufgesucht. Ist dieser fast-komplementär, so führt von ihm genau eine weitere F-Facette derselben Klasse weg, auf der die Suche fortgesetzt werden kann.[1] Ist dieser hingegen komplementär, führt keine weitere Facette derselben Klasse von ihm weg. Dies bedeutet umgekehrt, daß in dem Fall, wo der F-Pfad nicht fortgesetzt werden kann, weil es keine weitere F-Facette gibt, eine Lösung des Komplementärproblems erreicht ist.

Betrachtet man das anschaulich beschriebene Vorgehen nun formal, so spielt, im Gegensatz zum Simplexverfahren, bei Komplementärpivot-Verfahren keine Zielfunktion eine Rolle. Die Wahl der Variablen, die in die Basis aufgenommen wird, erfolgt daher nicht über die Zielfunktionskoeffizienten, sondern anhand des "Komplementaritätskriteriums": Es wird die Variable in die Basis aufgenommen, deren komplementäre Variable die Basis im vorangehenden Schritt verlassen hat. Auf diese Weise wird die Fast-Komplementarität gewährleistet, und es erfolgt anschaulich die Bewegung auf dem F-Pfad. Verläßt in einem Schritt schließlich eine der beiden Variablen des k-ten Variablenpaars die Basis, ist eine komplementäre Lösung erreicht.
Dieses Vorgehen kann in einem Tableau ähnlich dem Simplextableau realisiert werden, in welches die Matrix (I, -M) und der Vektor q eingetragen werden. Die Ermittlung eines Startpunktes für das Verfahren soll hier nicht diskutiert werden; es ist ein ähnliches Vorgehen wie bei der Simplexmethode im Falle der Unzulässigkeit der Null-Lösung möglich.[2] Die weiteren Schritte bestehen in je einem Basistausch, bei dem eine Variable die Basis verläßt und eine andere in die Basis aufgenommen wird. Im Tableau wird in der aus dem Simplexverfahren bekannten Weise pivotiert. Dabei erfolgt die Wahl der die Basis verlassenden Variablen so, daß die rechte Seite stets positiv, d.h. die Lösung stets zulässig bleibt.

Da kein Optimierungsziel verfolgt wird, kann ein Monotonieargument, wie es für den Beweis der Endlichkeit der Simplexmethode angegeben wird,[3] nicht für das

---

1 Dies ist der Fall, da jeder fast-komplementäre Extrempunkt der Klasse k auf genau zwei F-Facetten dieser Klasse liegt. Im Rahmen des Verfahrens wird er über die eine Facette erreicht und über die andere verlassen.

2 Die Lösung $z_i = 0$ (i = 1,...,n) ist in der Regel unzulässig für das LK(M,q). Wäre sie zulässig, so wäre sie auch komplementär. Dies kann nur der Fall sein, wenn $q_i \geq 0$ (i = 1,...,n); dieser Fall ist trivial. Damit kommt die Null-Lösung als Ausgangspunkt des Verfahrens nicht in Betracht.

3 Vgl. Dantzig (1966), S. 117.

Komplementärpivot-Verfahren herangezogen werden. Statt dessen wird in bezug auf die Endlichkeit des Verfahrens wie folgt argumentiert: Da es nur endlich viele fast-komplementäre Extrempunkte des zulässigen Bereichs eines LK(M,q) geben kann, ist jeder F-Pfad endlich und endet in einer der drei folgenden Situationen.

1. Es kann keine weitere F-Facette gefunden werden. Dies bedeutet, daß der Extrempunkt nur auf einer F-Facette der Klasse k liegt. Damit ist eine komplementäre Basislösung erreicht, denn nur komplementäre Extrempunkte eines F-Pfades liegen auf genau einer Facette der Klasse k.
2. Es kann kein weiterer Extrempunkt gefunden werden, die F-Facette ist also unbeschränkt. In diesem Fall ist keine Lösung erreicht, und es liegt im allgemeinen auch keine Aussage darüber vor, ob das Problem lösbar ist oder nicht.
3. Der Ausgangspunkt des Verfahrens, also der erste fast-komplementäre Extrempunkt, wird wieder erreicht. In diesem Fall liegt ein Zyklus vor, und es ergibt sich kein brauchbares Ergebnis. Die geeignete Wahl des Startpunktes des Verfahrens ermöglicht es jedoch, diesen Fall auszuschließen.[1]

Damit ist die Endlichkeit des Verfahrens gesichert, nicht jedoch seine erfolgreiche Beendigung. Unter bestimmten Voraussetzungen an die Matrix M ist es jedoch möglich, aus dem Abbruch des Verfahrens in einer unbeschränkten F-Facette (Fall 2) auf die Nicht-Existenz einer Lösung des untersuchten Problems zu schließen. Dies ist der Fall, wenn M copositiv plus ist.[2] In Fällen, wo die Existenz einer eindeutigen Lösung allgemein gesichert ist, liefert das Verfahren diese Lösung. Diese Sicherheit besteht für LK(M,q) mit M positiv definit, bzw. für die größere Klasse der P-Matrizen:[3] Ist M eine P-Matrix, so liefert das angegebene Verfahren stets die eindeutige Lösung des Komplementärproblems.[4]

---

1 Vgl. Cottle und Dantzig (1968).

2 Die Eigenschaft "copositiv plus" wurde von Lemke (1965) eingeführt. Sie besagt, daß
$z^TMz \geq 0$ für alle $z \in \mathbb{R}^n$, $z \geq 0$, und daß gilt
$z^TMz = 0 \Rightarrow (M + M^T)z = 0$.
Damit ist eine positiv semidefinite Matrix auch copositiv plus, vgl. z.B. Karamardian (1972).

3 Eine *P-Matrix* ist eine Matrix, die nur positive Hauptminoren aufweist. Unter den *Hauptminoren* einer Matrix werden die Determinanten aller quadratischen Untermatrizen verstanden, die durch das Fortlassen von Zeilen und Spalten der Matrix mit demselben Index entstehen.

4 Diese Ergebnisse und ihre Beweise finden sich bei Cottle und Dantzig (1968). Eaves (1971) erweitert die Resultate auf eine größere Klasse, die sog. L-Matrizen, für deren Definition ebenfalls auf Eaves (1971) verwiesen sei.

Zusammenfassend läßt sich festhalten, daß lineare Komplementärproblem und das von Lemke (1965) vorgeschlagene Lösungsverfahren eine enge Verwandtschaft zur Linearen Programmierung und der Simplexmethode aufweisen.[1] Die folgende Beispielrechnung illustriert das Vorgehen der Methode anhand des zum oben eingeführten (LP) äquivalenten LK(M,q).[2]

Beispiel

Das Anfangstableau besteht aus der 4×4 - dimensionalen Einheitsmatrix, deren Spalten mit den Variablen w_i (i = 1(1)4) verknüpft sind, und der Matrix -M, deren Spalten mit den Variablen z_i (i = 1(1)4) verbunden sind. Auf der rechten Seite befindet sich der Vektor q. Die zu diesem Tableau gehörige Lösung,

$(z^1)^T = (0, 0, 0, 0)$, $(w^1)^T = (2, 2, -4, -6)$

ist nicht zulässig.

w_1	w_2	w_3	w_4	$z_1=x_1$	$z_2=x_2$	$z_3=y_1$	$z_4=y_2$	q
1	0	0	0	0	0	3	1	2
0	1	0	0	0	0	2	5	2
0	0	1	0	-3	-2	0	0	-4
0	0	0	1	-1	-5	0	0	-6

Im ersten Schritt des Verfahrens wird in einer Spalte der Matrix M mit ursprünglich ausschließlich nicht-negativen Einträgen (d.h. in der Tableaudarstellung liegen nur nicht-positive Einträge vor) so pivotiert, daß die rechte Seite komplett positiv wird.[3] Auf diese Weise wird eine erste zulässige Lösung erreicht, die durch das nächste

---

[1] Lemke (1965) entwickelte das Verfahren ursprünglich für die Lösung von Bimatrix-Spielen. Auch diese sind nämlich lineare Komplementärprobleme mit spezieller Struktur. Auf Bimatrix-Spiele soll aber an dieser Stelle nicht eingegangen werden; es sei hierzu verwiesen auf Owen (1982), S. 126ff.

[2] Lineare Programme können vorteilhafter mit dem Simplexverfahren gelöst werden, daher ist die folgende Rechnung nur als Veranschaulichung anzusehen.

[3] Diese Initialisierungsvorschrift stammt von Cottle und Dantzig (1968). Sie bedeutet gerade die Initialisierung im Endpunkt einer unbeschränkten F-Facette, so daß der oben genannte dritte Fall (Rückkehr zum Startpunkt des Verfahrens) ausgeschlossen wird.
Der etwas schwierigere Fall, daß die Matrix keine solche Spalte aufweist, soll hier nicht behandelt werden. Eine geeignete Vorgehensweise zur Eröffnung des Verfahrens findet sich ebenfalls bei Cottle und Dantzig (1968).

Tableau repräsentiert wird. Hier wurde in der zu z_1 gehörigen Spalte in der vierten Zeile pivotiert, so daß w_4 die Basis verläßt.

w_1	w_2	w_3	w_4	$z_1=x_1$	$z_2=x_2$	$z_3=y_1$	$z_4=y_2$	q
1	0	0	0	0	0	3	1	2
0	1	0	0	0	0	2	5	2
0	0	1	-3	0	13	0	0	14
0	0	0	-1	1	5	0	0	6

Die erste zulässige Lösung lautet $(z^2)^T = (6, 0, 0, 0)$, $(w^2)^T = (2, 2, 14, 0)$. Diese Lösung ist fast-komplementär, denn sie weist ein Paar von Variablen auf, die beide positiv sind ($w_1{}^2 > 0$, $z_1{}^2 > 0$), und ein Paar von Variablen, die beide den Wert Null haben ($w_4{}^2 = z_4{}^2 = 0$). Damit ist die Lösung fast-komplementär der Klasse 1, und es wird in dieser Lösung ein F-Pfad der Klasse 1 initialisiert.

Im nächsten Schritt wird die Variable in die Basis aufgenommen, deren komplementäre Variable diese gerade verlassen hat, d.h. in diesem Fall die Variable z_4. Auf diese Weise wird der gerade erreichte Extrempunkt auf einer anderen Kante verlassen als der Kante, auf der er im Schritt zuvor erreicht wurde. Es ist so zu pivotieren, daß die Zulässigkeit gewahrt bleibt, hier also in Zeile 2 des Tableaus.

w_1	w_2	w_3	w_4	$z_1=x_1$	$z_2=x_2$	$z_3=y_1$	$z_4=y_2$	q
1	-1/5	0	0	0	0	13/5	0	8/5
0	1/5	0	0	0	0	2/5	1	2/5
0	0	1	-3	0	13	0	0	14
0	0	0	-1	1	5	0	0	6

Die neue fast-komplementäre Basislösung der Klasse 1 lautet
$(z^3)^T = (6, 0, 0, 2/5)$, $(w^3)^T = (8/5, 0, 14, 0)$.

Die anschauliche Fortbewegung auf der Kante zwischen (z^2, w^2) und (z^3, w^3) erfolgt durch Erhöhung des Variablenwertes von z_4, und es wird solange auf der Kante fortgeschritten, bis wieder eine Variable, in diesem Fall w_2, den Wert Null annimmt.

Die beiden weiteren Schritte des Verfahrens verlaufen analog. Der nächste Schritt liefert die Basislösung $(z^4)^T = (8/13, 14/13, 0, 2/5)$, $(w^4)^T = (8/5, 0, 0, 0)$.

w_1	w_2	w_3	w_4	$z_1=x_1$	$z_2=x_2$	$z_3=y_1$	$z_4=y_2$	q
1	-1/5	0	0	0	0	13/5	0	8/5
0	1/5	0	0	0	0	2/5	1	2/5
0	0	1/13	-3/13	0	1	0	0	14/13
0	0	- 5/13	2/13	1	0	0	0	8/13

w_1	w_2	w_3	w_4	$z_1=x_1$	$z_2=x_2$	$z_3=y_1$	$z_4=y_2$	q
5/13	-1/13	0	0	0	0	1	0	8/13
-2/13	3/13	0	0	0	0	0	1	2/13
0	0	1/13	-3/13	0	1	0	0	14/13
0	0	- 5/13	2/13	1	0	0	0	8/13

Damit ist nach dem vierten Schritt das Verfahren beendet und es liegt eine komplementäre Basislösung vor, nämlich
$(z^*)^T = (8/13, 14/13, 8/13, 2/13)$, $(w^*)^T = (0, 0, 0, 0)$.

Übertragen auf das Ausgangsproblem, also das Problem der linearen Programmierung, bedeutet dies, daß die Lösung des primalen Problems durch
$x_1^* = 8/13$, $x_2^* = 14/13$
und die Lösung des dualen Problems durch
$y_1^* = 8/13$, $y_2^* = 2/13$ gegeben ist.
Den Zielfunktionswert der beiden Probleme, der 44/13 beträgt, liefert das Komplementärproblem nicht. Er muß durch Einsetzen in die Zielfunktion nach beendeter Rechnung ermittelt werden.

II.4 Iterative Verfahren zur Lösung linearer Komplementärprobleme

Neben der Klasse der Komplementärpivot-Verfahren existiert eine weitere Klasse von Lösungsverfahren für lineare Komplementärprobleme. Während die ersteren als Basisaustauschverfahren charakterisiert werden können, die, sofern sie ein konkretes Problem lösen können, in einer exakten Lösung terminieren, handelt es sich bei der zweiten, noch vorzustellenden Verfahrensgruppe um iterative Lösungsverfahren, die sich der Lösung annähern, ohne diese jedoch exakt zu erreichen. Im wesentlichen basieren diese Verfahren auf dem SOR-Verfahren,[1] welches seinen ursprünglichen Zweck in der iterativen Lösung linearer Gleichungssysteme der Form

(LG) $Ax = b$

mit $A \in \mathbb{R}^{n \times n}$ und $b \in \mathbb{R}^n$ hat.

Es handelt sich bei den SOR-Verfahren um Weiterentwicklungen der iterativen Gauss-Seidel-Methode zur Lösung linearer Gleichungssysteme.[2] Zur Anwendung der Gauss-Seidel-Methode wird die Koeffizientenmatrix A in eine obere rechte Dreiecksmatrix R und eine untere linke Dreiecksmatrix L sowie die Diagonale D zerlegt. Das Gleichungssystem (LG) kann dann geschrieben werden als

$Lx + Dx + Rx = b.$

Zu diesem System sollen nun immer "bessere" Lösungen mittels einer Fixpunkt-Iteration erzeugt werden. Im Gegensatz zum bekannten Gauss'schen Eliminations-Verfahren,[3] welches zur exakten Lösung von Gleichungssystemen konzipiert ist, erfolgt hier die sukzessive Annäherung durch die wiederholte Lösung von Gleichungssystemen. Die Rechnung endet nicht mit der exakten Lösung, sondern es ist durch ein Abbruchkriterium sicherzustellen, daß die Rechnung beendet wird, wenn die ermittelten Lösungen eine hinreichend große Genauigkeit - beispielsweise auf fünf Nachkommastellen - erreicht haben.
Beginnend bei einem beliebigen Startvektor x^0 in der ersten Iteration, wird in der k-ten Iteration ein neuer Vektor x^{k+1} bestimmt, der das Gleichungssystem

$Lx^{k+1} + Dx^{k+1} + Rx^k = b$

---

1 "SOR" steht für "Successive Over-Relaxation".

2 Verfahren zur iterativen Lösung linearer Gleichungssysteme werden ausführlich in Varga (1962) dargestellt.

3 Vgl. z.B. Stoer (1983), S. 141ff.

löst, wobei x^k der in der vorherigen Iteration berechnete Vektor ist. Die Elemente des Vektors x^{k+1} werden dabei in der Reihenfolge ihrer Indizes bestimmt, denn aus dem angegebenen Gleichungssystem läßt sich durch einfache Umformungen die folgende Iterationsvorschrift der Gauss-Seidel-Methode für die Berechnung der i-ten Komponente des Vektors x^{k+1} ableiten. Sie lautet

$$x_i^{k+1} := D_{ii}^{-1}(b_i - L_{i.}x^{k+1} - R_{i.}x^k).$$

Dabei bezeichnet D_{ii} das i-te Diagonalelement von D; $L_{i.}$ bzw. $R_{i.}$ geben die i-te Zeile der Matrix L bzw. R an. Die auf der rechten Seite der Iterationsvorschrift benötigten Komponenten von x^{k+1} sind stets nur diejenigen mit einem kleineren Index als i, da es sich bei L um eine untere Dreiecksmatrix handelt. Innerhalb einer Iteration wird also zunächst

$$x_1^{k+1} := D_{11}(b_1 - R_{12}x_2^k - R_{13}x_3^k - \dots - R_{1n}x_n^k)$$

bestimmt, anschließend

$$x_2^{k+1} := D_{22}(b_2 - L_{21}x_1^{k+1} - R_{23}x_3^k - R_{24}x_4^k - \dots - R_{2n}x_n^k)$$

usw., wobei R_{ij} das Element der Matrix R (und damit auch der Matrix A) bezeichnet, das in der i-ten Zeile in der j-ten Spalte steht. Ebenso ist L_{ij} definiert.
Bei der Verwendung der angegebenen Vorschrift werden die in einer Iteration bereits neu berechneten Komponenten von x^{k+1} sofort bei der Berechnung der übrigen Komponenten verwendet. Die Gauss-Seidel-Methode wird daher auch als Einzelschritt-Verfahren bezeichnet, während das Jacobi-Verfahren, welches in jeder Iteration ausschließlich mit den Werten der vorangegangenen Iteration rechnet, als Gesamtschritt-Verfahren bezeichnet wird.

Die SOR-Methode entsteht nun durch die Erweiterung der Iterationsvorschrift um eine sog. Relaxation.[1] Diese Relaxation besteht in der gewichteten Addition der "alten" und der "neuen" Lösung des Gleichungssystems, d.h. der Vektor x^{k+1} wird unter Verwendung eines Relaxationsparameters ω bestimmt als[2]

$$x^{k+1} = (1 - \omega)\, x^k + \omega\, D^{-1}(b - Lx^{k+1} - Rx^k).$$

---

1 Die Relaxation in diesem Sinne ist nicht zu verwechseln mit der Relaxation in Branch and Bound Verfahren, bei der das Problem beispielsweise durch Fortlassen von Restriktionen relaxiert (abgeschwächt) wird. Vgl. z.B. Domschke und Drexl (1990), S. 20ff. und S. 54ff.

2 Diese Vorschrift ist entsprechend wie die oben angegebene Gauss-Seidel-Methode zu interpretieren; zur Vereinfachung der Schreibweise werden die Indizes fortgelassen.

Wenn für den Relaxationsparameter gilt: $\omega > 1$, so wird das Verfahren als "overcorrecting" bezeichnet; entsprechend heißt es im Falle $\omega < 1$ "undercorrecting".[1]

Empirisch kann gezeigt werden, daß SOR-Methoden der Gauss-Seidel-Methode häufig hinsichtlich der Zahl der Iterationen, die bis zum Erreichen einer bestimmten Lösungsgenauigkeit erforderlich sind, überlegen sind.[2] Allerdings ist nicht allgemein garantiert, daß ein iteratives Verfahren ein bestimmtes Gleichungssystem überhaupt löst, denn die Konvergenz der Iterierten ist nicht allgemein gesichert.[3] Bei SOR-Verfahren muß zudem die Wahl von ω auf das offene Intervall (0, 2) beschränkt werden, denn für andere Parameter konvergiert das SOR-Verfahren nicht.[4]

Die Methoden zur Lösung linearer Gleichungssysteme können Anwendung auf lineare Komplementärprobleme mit symmetrischer und positiv definiter Matrix M finden. Ein solches LK(M,q) ist einem quadratischen Optimierungsproblem der Form

$$\text{(OPT)} \quad \min_{z \geq 0} \quad f(z) := \frac{1}{2} \cdot z^T M z + q^T z$$

äquivalent. Die Symmetrie ist hierbei entscheidend, denn sie stellt sicher, daß die Kuhn-Tucker-Bedingungen des quadratischen Problems genau den Bedingungen (K1) bis (K3) des Komplementärproblems entsprechen. Um dies zu zeigen, ist zunächst die Lagrange-Funktion aufzustellen.[5] Sie lautet unter Verwendung des Vektors $w \in \mathbb{R}^n$ der Lagrange-Multiplikatoren, die der Nichtnegativitätsbedingung zugeordnet sind,

$$L(z,w) := \frac{1}{2} \cdot z^T M z + q^T z - w^T z.$$

---

1 Im Falle $\omega = 1$ liegt gerade das Gauss-Seidel-Verfahren vor.

2 Vgl. Berman und Plemmons (1979), S. 169.

3 Zu notwendigen und hinreichenden Bedingungen für die Konvergenz iterativer Verfahren zur Lösung linearer Gleichungssysteme vgl. Berman und Plemmons (1979), S. 171.

4 Vgl. Berman und Plemmons (1979), S. 173. In praktischen Anwendungen hat sich die Parameterwahl $\omega = 1{,}8$ bewährt, vgl. Cryer (1971).

5 Zu Definition und Bedeutung der Lagrange-Funktion in der Optimierungstheorie vgl. Mangasarian (1969), S. 114ff.

Die Kuhn-Tucker-Bedingungen[1] ergeben sich dann zu

$$\nabla_z L(z,w) = \nabla_z f(z) - w = \frac{1}{2}(M + M^T)z + q - w = 0,$$

$$w \geq 0, \;\; z \geq 0, \;\; \text{und} \;\; z^T w = 0.$$

Aus der ersten Kuhn-Tucker-Bedingung und der Symmetrie der Matrix M folgt direkt

$w = Mz + q,$

und damit liefern die Kuhn-Tucker-Bedingungen gerade das LK(M,q). Da die Matrix M als positiv definit vorausgesetzt wurde, ist die Funktion f(z) (strikt) konvex, und demzufolge sind die Kuhn-Tucker-Bedingungen notwendig und hinreichend für das Vorliegen eines Optimums; die beiden Probleme (OPT) und LK(M,q) sind äquivalent.

Um das durch Nichtnegativitätsbedingungen restringierte quadratische Optimierungsproblem zu lösen, kann das unrestringierte Problem

$$\min \quad f(z) = \frac{1}{2} \cdot z^T M z + q^T z$$

betrachtet werden, dessen eindeutige Lösung[2] durch die Optimalitätsbedingung

$$\nabla f(z) = Mz + q = 0$$

bestimmt ist.[3] Die Lösung des unrestringierten Problems stimmt also mit der Lösung des Gleichungssystems

$Mz = - q$

überein, die durch eines der oben beschriebenen iterativen Verfahren bestimmt werden kann. Für das restringierte Problem und damit das Komplementärproblem LK(M,q) ist zusätzlich nur zu gewährleisten, daß die Iterierten den positiven

---

1 Die Kuhn-Tucker-Bedingungen sind, sofern gewisse Regularitätsforderungen an das Optimierungsproblem erfüllt sind, notwendig für das Vorliegen eines lokalen Optimums, vgl. Mangasarian (1969), S. 173. Im Falle der konvexen Optimierung sind sie auch hinreichend, vgl. Fiacco und McGormick (1968), S. 90.

2 Die Eindeutigkeit der Lösung folgt aus der strikten Konvexität der Zielfunktion.

3 Dies ist die notwendige Bedingung für lokale Extrema nicht restringierter Probleme, vgl. Forster (1984), S. 60. Zusammen mit der positiven Definitheit der Hesse-Matrix der Funktion f, hier also der Matrix M, ist die Bedingung auch hinreichend für das Vorliegen eines Minimums, vgl. Forster (1984), S. 61f.

Orthanten nicht verlassen, da sonst die Zulässigkeit nicht gewährleistet ist. Daher werden in jedem Schritt die Iterierten auf den positiven Orthanten projiziert, und das entstehende Verfahren heißt "Projiziertes SOR-Verfahren".[1]
Die Iterationsvorschrift lautet dann

$$z^{k+1} = ((1 - \omega)\, z^k + \omega \cdot M_D^{-1}\, (- q - M_L z^{k+1} - M_R z^k))_+,$$

wobei die Notation x_+ für einen Vektor x bedeutet, daß
$(x_i)_+ := \max\,(0, x_i)$ (für $i = 1(1)n$)
gesetzt und also jede Komponente des Vektors x, die negativ ist, auf den Wert Null erhöht wird. Dies ist die Projektionsvorschrift. Mit M_D wird die Diagonale der Matrix M bezeichnet, mit M_R und M_L die rechte obere und die linke untere Dreiecksmatrix.

Die Konvergenz des Verfahrens für LK(M,q), deren Daten die genannten Voraussetzungen - M ist positiv definit und symmetrisch - erfüllen, zeigt Cryer (1971). Der Beweis stützt sich dabei insbesondere auf die positive Definitheit der Matrix M.

Die Klasse iterativer Lösungsverfahren für lineare Komplementärprobleme kann auch aus dem Zusammenhang mit den Verfahren projizierter Gradienten für restringierte, quadratische Optimierungsprobleme abgeleitet werden. Diese bestimmen in jeder Iteration die Richtung des negativen Gradienten als Richtung des steilsten Abstieges und schreiten in dieser Richtung möglichst soweit fort, bis ein Minimum erreicht ist. Wird eine der Nebenbedingungen jedoch zuvor restriktiv, so wird der ermittelte Punkt in den zulässigen Bereich projiziert, und zwar auf den Punkt des zulässigen Bereiches, der dem Minimum in der betreffenden Richtung am nächsten liegt. Diese Herleitung führt auf die verallgemeinerten SOR-Verfahren,[2] zu denen das oben dargestellte SOR-Verfahren von Cryer als ein Spezialfall gehört. Sie sind - mit kleinen Einschränkungen - zur Lösung von Problemen mit positiv semidefiniter Matrix geeignet.[3] Es kann darüber hinaus gezeigt werden, daß jeder Häufungspunkt

---

[1] Dieses Verfahren geht auf die grundlegende Arbeit von Cryer (1971) zurück.

[2] Vgl. Mangasarian (1977).

[3] Genau genommen kann die Konvergenz der Verfahren und damit die Lösung des LK(M,q) sogar für strikt copositive Matrizen und Matrizen, die copositiv plus sind und zusätzlich entweder die Eigenschaft
(I) $Mz + q > 0$ für ein $z \in \mathbb{R}^n$
oder die Eigenschaft
(II) $Mz > 0$ für ein $z \in \mathbb{R}^n$
haben, gezeigt werden. Damit folgt die Konvergenz auch für positiv semidefinite Matrizen, die eine der beiden Eigenschaften (I) oder (II) erfüllen. Vgl. Mangasarian (1977).

einer von einem verallgemeinerten SOR-Verfahren erzeugten Folge auch immer eine Lösung des entsprechenden Komplementärproblems ist; für beliebige Matrizen ist allerdings die Existenz eines Häufungspunktes und erst recht die Konvergenz des Verfahrens nicht gesichert.[1]

Damit liefern die Komplementärpivot-Verfahren und die iterativen Verfahren für etwa dieselben Matrizenklassen garantiert eine Lösung des LK(M,q). Allerdings ist die Anwendbarkeit der SOR-Methoden zunächst auf symmetrische Matrizen beschränkt.[2] Da jeder mit einem solchen Verfahren ermittelte Häufungspunkt eine Lösung des Problems ist, besteht jedoch auch bei nicht theoretisch abgesicherter Konvergenzgarantie die Möglichkeit, daß ein Problem gelöst werden kann. Ebenso wie die exakten Verfahren können die iterativen Verfahren bei der Suche nach einer Lösung erfolglos sein und ohne einen Häufungspunkt abbrechen, wenn die die Konvergenz garantierenden Bedingungen nicht erfüllt sind.
Vorteile der iterativen gegenüber den exakten Verfahren sind neben der einfacheren Implementierbarkeit die Tatsache, daß nicht in jedem Schritt eine Neuberechnung der Matrix M erforderlich ist, wie es beim Komplementärpivot-Verfahren der Fall ist. Insbesondere bei speziell strukturierten oder dünn besetzten Matrizen wird die Struktur beim Einsatz von Komplementärpivot-Verfahren nach wenigen Schritten zerstört sein, während iterative Verfahren immer mit der Ausgangsmatrix arbeiten und so ihre Struktur bewahren. Die Pivotierung kann darüber hinaus zu numerischen Problemen führen, die bei iterativen Verfahren nicht auftreten; schon die Ermittlung des Pivotelements kann bei dünn besetzten Matrizen Schwierigkeiten bereiten. Damit liegen die Vorzüge der SOR-Verfahren nicht so sehr im theoretischen Bereich, sondern vornehmlich im Bereich der praktischen Anwendbarkeit. Da es sich um Näherungsverfahren handelt, sind sie für Rechnungen "per Hand" ungeeignet. Auf die Angabe eines Beispiels wird daher verzichtet.

---

1 Die Beweise dieser Aussagen finden sich ebenfalls bei Mangasarian (1977).

2 In der Literatur finden sich Vorschläge, wie der Anwendungsbereich iterativer Verfahren auf Probleme mit unsymmetrischer Matrix erweitert werden kann. Einen solchen Vorschlag macht Subramanian (1988). Dabei ist es erforderlich, das ursprünglich zu lösende Problem mit nicht-symmetrischer Matrix in ein äquivalentes Problem mit symmetrischer Matrix zu überführen, welches anschließend mit den angegebenen SOR-Verfahren gelöst werden und aus dessen Lösung schließlich eine äquivalente Lösung des Ausgangsproblems gewonnen werden kann.
Eine andere Möglichkeit schlägt Shiau (1988) vor. Anstatt einer Überführung des nicht-symmetrischen in ein symmetrisches Problem wird hier ein Abstiegsverfahren direkt auf das Problem mit nicht-symmetrischer Matrix angewendet; die Schwierigkeit liegt hierbei darin, daß in jeder Iteration die Lösung eines nicht-linearen Gleichungssystems bestimmt werden muß, um eine Abstiegsrichtung zu ermitteln.

Symbolverzeichnis

Es werden unterschiedliche Numerierungen für Anbieter und Nachfrager verwendet:

I, II,...	Bezeichnungen für Anbieter(märkte) sind römische Zahlen
1,2,...	Bezeichungen für Nachfrager(märkte) sind arabische Zahlen
*	Kennzeichen für optimale Lösung

Einige Symbole, die nur einmalig im Text verwendet werden, sind nicht aufgeführt, da sie an der entsprechenden Stelle eingeführt werden.
Viele der im folgenden angegebenen Symbole werden einerseits als Vektoren, andererseits als Elemente von Vektoren verwendet, wobei sie im zweiten Fall indiziert werden.
Aufgrund der vielen unterschiedlichen Modelle werden viele Symbole mehrfach verwendet, wobei sich zum Teil die Indizierung ändert. Aus dem Zusammenhang ist die Bedeutung des einzelnen Symbols stets klar; zwecks besserer Übersicht werden alle Interpretationen aufgeführt und ggf. das jeweilige Kapitel, in dem ein Symbol in abweichender Bedeutung benötigt wird, benannt.
Die Symbole sind in alphabetischer Reihenfolge geordnet, wobei jeweils erst Klein-, dann Großbuchstaben und anschließend ggf. die entsprechenden griechischen Buchstaben aufgeführt werden.

Name	Indizes	Bedeutung
a		Sättigungsmenge auf dem Punktmarkt; Abstand des Anbieters I vom Marktende im Hotelling-Modell (Kapitel 4)
a	i	Sättigungsmenge des Marktes i
a	ij	Koeffizienten des Überdeckungsproblems (Kapitel 4.8)
anz(j)		Zahl der Anbieter auf Markt j
A	j	Anbieter j
Anz		Gesamtzahl aller Anbieter
b		(negative) Steigung der Nachfragefunktion; Abstand des Anbieters II vom Marktende im Hotelling-Modell (Kapitel 4)
b	i	negative Steigung der Nachfragefunktion auf Markt i

B(D)	i	"Benefitfunktion", die den Nutzen der Nachfrager in i bei Erhalt von D angibt
c	j	variable Kosten (Kostensatz) der Produktion
c(Q)	j	variable Kosten in Abhängigkeit von den Produktionsmengen
cf		Charakteristische Funktion eines kooperativen Spiels
C	j	Fixkosten des Anbieters j
γ	i	Lagrangeparameter der Nichtnegativitätsbedingung für Ω
d	i	Steigung der Angebotsfunktion auf Markt i; Entfernung von Nachfrager i zum nächsten Anbieter (Abschnitt 4.7.2)
d	ij	Länge der Kante (i, j); Entfernung zwischen i und j
d(i, j)		Länge des kürzesten Weges zwischen zwei Knoten v_i und v_j
d(i, s)		Länge des kürzesten Weges zwischen einem Knoten v_i und einem Punkt $s \in G$
d(i, S)		Länge des kürzesten Weges zwischen einem Knoten v_i und dem dem Knoten nächstgelegenen Element der Menge $S \subset G$
$d_{eukl}(t,s)$		Euklidische Entfernung zweier Punkte t und s
d_{max}		Maximaldistanz für die Versorgung
D	i	Nachfragemenge auf Markt i; Nachfragemenge des Nachfragers i oder des Knoten i
D(p)	i	Nachfragefunktion des Marktes i
e	i	negativer Achsenabschnitt der Angebotsfunktion des Marktes i
E		Kantenmenge eines Netzwerks; Vektor der Faktormengen (Abschnitt 2.7)
E	kg	Menge des auf Markt k erworbenen Einsatzfaktors g
E	g	Gesamtmenge des Einsatzfaktors g
E(s)	g	Menge des Einsatzfaktors g bei Kauf auf dem bzgl. des Standortes s günstigsten Markt
$\varepsilon(x)$	j	Zufallsvariable, die die nicht-beobachtbare Geschmacksausprägung von Nachfragern in x bzgl. des Angebots des Anbieters j beschreibt
ε	ij	Zufallsvariable, die die nicht-beobachtbare Geschmacksausprägung von Nachfragern in i bzgl. des Angebots des Anbieters j beschreibt
f(E)		Produktionsfunktion
f	j	Fixkosten der Standorterrichtung für Standort j

f(d)	i	Bewertungsfunktion der Distanzen durch die Nachfrager (Abschnitt 4.7.4)
F(z)		Funktion, mit der allgemein ein lineares Komplementärproblem definiert wird
g		Einsatzfaktor (Abschnitt 2.7);
		Marktgrenze zwischen den Anbietern im Hotelling-Modell (Kapitel 4)
g(Ω)	j	gemeinsame Kostenfunktion der Anbieter auf Markt j
G		Ungerichteter Graph bzw. Netzwerk
G(·)	j	Gewinnfunktion des Anbieters j in Abhängigkeit gegebener Größen
G(Q)		Gewinn in Abhängigkeit der Menge(n) Q
G(Q, E, s)		Gewinn in Abhängigkeit der Mengen Q und E sowie des Standortes s
h	j	Faktor des quadratischen Kostenanteils der Kostenfunktion $c_j(Q)$
h		Index des Monopolisten (Abschnitt 3.4);
		Konkurrenzeinrichtung (Abschnitt 4.7.2)
H		Menge von Konkurrenzeinrichtungen (Abschnitt 4.7.2)
λ	k,i	Lagrangeparameter der Nichtnegativitätsbedingung für x
i		Nachfrager bzw. Absatzmarkt;
		Index für Knoten im Netzwerk;
		Punkt im $\mathbb{R}^2$ im Steiner-Weber-Problem (Abschnitt 2.3)
(i, j)		Kante zwischen den Knoten v_i und v_j
i(r,s)		Günstigster Markt für den Absatz von Gut r bei Wahl des Standortes s
I		Zahl der Absatzmärkte (Abschnitt 2.7);
		Indexmenge von Märkten (Abschnitt 4.7.2);
		Bezeichnung des ersten Spielers bzw. Anbieters;
		Einheitsmatrix (Anhang II)
II, III		Bezeichnungen des zweiten und dritten Spielers bzw. Anbieters
j		(Index für) Standorte;
		Spieler bzw. Anbieter;
		Index für Angebotsmärkte (Abschnitt 3.4.4)
J		Indexmenge von Standorten (Abschnitt 4.7.2)
k		(Index für) Einsatzfaktormärkte (Abschnitt 2.7);
		Index für Märkte (Kapitel 3)

$k(g,s)$		Günstigster Markt für den Erwerb von Faktor g bei Wahl des Standortes s
K		Zahl der Faktormärkte (Abschnitt 2.7); Menge von Vektoren (Q, x, D), die die Mengenkontinuitätsbedingungen erfüllen (Abschnitt 3.4); Koalition (Teilmenge) von Spielern (Abschnitt 4.8)
m		Zahl der Knoten bzw. Zahl der Nachfrager; Zahl der Märkte (Kapitel 3)
M		Matrix eines linearen Komplementärproblems LK(M,q) (Kapitel 3); sehr große Zahl (Abschnitt 4.7.2)
$M(S)$		Erzielter Marktanteil, abhängig von Standorten S
MA		Benötigter Marktanteil zur Deckung der Fixkosten (Abschnitt 4.6)
μ	i	Lagrangeparameter der Nichtnegativitätsbedingung für D
μ		Vektor der Lagrangeparameter; Heterogenitätsparameter (Kapitel 4)
n		Zahl der potentiellen Standorte; Zahl der Angebotsmärkte (Abschnitt 3.4.4)
n_1		Zahl der für den betrachteten Anbieter verfügbaren Standorte (Abschnitt 3.5.1)
N		Spielermenge
ν		Zahl der Spieler
Ω	k	Angebotsmenge auf Markt k
$\Omega(p)$	k	Angebotsfunktion für Markt k (Menge in Abhängigkeit vom Preis)
p		Zahl der zu bestimmenden Standorte (ggf. des ersten Anbieters); Preis auf dem Punktmarkt (Abschnitt 3.2)
p^a	r	Abholpreis des Gutes r
$p^d(x)$		Lieferpreis, zu dem Nachfrager in x beliefert werden
p	j	Angebotspreis des Anbieters j
p	k	Marktpreis auf Markt k
p	i, k	Preis/Dualvariable des Transportproblems (Abschnitt 3.3.4)
p_{min}		geringster Angebotspreis in der Preiskonkurrenz
$p(Q)$		Inverse Nachfrage- bzw. Preisabsatzfunktion: Preis in Abhängigkeit von Verkaufsmenge auf dem Punktmarkt
p^{In}	kg	Marktpreis des Faktors (Inputs) g auf Markt k

$P^{In}(E)$	kg	Inverse Nachfrage- bzw. Preisabsatzfunktion des Marktes k für Faktor (Input) g
p^{Out}	ir	Marktpreis des Produkts (Outputs) r auf Markt i
$P^{Out}(Q)$	ir	Inverse Nachfrage- bzw. Preisabsatzfunktion des Marktes i für Produkt (Output) r
P	j	Strategiemenge des Spielers j
$Pa(\Omega)$	i	Inverse Angebotsfunktion auf Markt i
Pn(D)	i	Inverse Nachfragefunktion auf Markt i
π	i	Lagrangeparameter für Flußbedingungen (Preis)
q		Vektor eines linearen Komplementärproblems LK(M,q)
q	i,k	Komponenten eines Vektors eines LK(M,q)
Q		Produktions-/Angebotsmenge eines Monopolisten auf dem Punktmarkt (Abschnitt 3.2); Vektor der Produktmengen mehrerer Anbieter
Q	ir	Menge des für Markt i produzierten Gutes r
Q	j	Produktions-/Angebotsmenge des Anbieters j
Q	r	Gesamtmenge des Produkts r (Abschnitt 2.7)
Q(p)		Verkaufsmenge in Abhängigkeit von Preis p (Monopol)
Q(s)	r	Menge des Gutes r bei Verkauf auf dem bzgl. des Standortes s günstigsten Markt
Q_{ges}		Gesamtproduktionsmenge bzw. Gesamtangebotsmenge mehrerer Anbieter
r		Produziertes Gut (Abschnitt 2.7); Zahl der Standorte des zweiten Anbieters
R		Zahl der Produkte
ρ		Strategiekombination
ρ	j	Strategie des Spielers j
s	j, k	Standorte aus Standortmenge S
s	j	Standort des Anbieters j (Kapitel 4)
s_c		Condorcet-Lösung
s_m		schwaches globales Gleichgewicht, Mehrheitslösung
s_s		Simpson-Lösung
S	I(p), II(r)	Menge von Standorten der Anbieter I bzw. II mit p bzw. r Elementen
S		Menge von potentiellen Standorten
S	j	Menge der dem Anbieter j zur Verfügung stehenden Standorte (Kapitel 4)

S_p		Menge von p Standorten
Sg	i	Menge der Orte, die genauso nahe an i liegen wie der bisherige Versorger
Sn	i	Menge der Orte, die näher an i liegen als der bisherige Versorger
SR		Strategieraum aller Strategienkombinationen
t		Transportkostensatz
t	ij	Transportkostensatz für den Transport einer Mengeneinheit von s_j nach i
t	ik	Transportkostensatz für den Transport einer Mengeneinheit von Markt i nach Markt k
$t(s_j)$	jk	Entfernungsabhängiger Transportkostensatz für den Transport einer Mengeneinheit vom Standort des Anbieters j zum Markt k
t(x)	ik	Mengenabhängige Transportkosten je transportierter Einheit von Markt i nach Markt k, wenn die Mengen x transportiert werden
$t^{In}(E, s)$	kg	Mengenabhängige Transportkosten je transportierter Einheit des Faktors (Inputs) g von Markt k zu Standort s, wenn E Mengeneinheiten transportiert werden
$t^{Out}(s)$	ir	Mengenunabhängige Transportkosten je transportierter Einheit des Produkts (Outputs) r von Standort s zu Markt i
$t^{Out}(Q,s)$	ir	Mengenabhängige Transportkosten je transportierter Einheit des Produkts (Outputs) r von Standort s zu Markt i, wenn Q Mengeneinheiten transportiert werden
u_e (i,j)		erwarteter Nutzen des Nachfragers i vom Kauf bei Anbieter j
u_g (i,j)		geschätzter Nutzen des Nachfragers i vom Kauf bei Anbieter j
u	ij	Nutzenbewertung für Kauf des Nachfragers i bei Anbieter j
$u(\rho)$	j	Auszahlungsfunktion des Spielers j
v	i	i-ter Knoten des Netzwerks
v	j	Binärvariable für Errichtung des Standortes s_j durch den ersten Anbieter (Abschnitt 4.7.2)
v_e		Kantengeschützter Knoten
V		Knotenmenge eines Netzwerks
w		Bildvektor eines Komplementärproblems
w	i	Knotengewicht
w	iI, iII	Gewicht von i, welches auf I bzw. II entfällt.
wz	j	von Anbieter j angebotene Wartezeit
wz_{min}, wz_{max}		untere und obere Grenze des Wartezeit-Intervalls (Abschnitt 4.6)

W	Gesamtnachfrage im Netzwerk
x	Vektor der Transportmengen (Kapitel 3); Punkt, in dem sich Nachfrage befindet (Kapitel 4); Verteilung der Kosten im Kostenallokations-Spiel (Abschnitt 4.8)
x_i	Binärvariable für Zuordnung zum neuen Versorger
x_j	Kosten, die der Teilnehmer j im Kostenallokations-Spiel zu tragen hat (Abschnitt 4.8)
x_{ik}	Transportmenge zwischen zwei Märkten i und k
x_{ij}	Binärvariable für die Zuordnung des Nachfragers i zum Standort s_j (ggf. des zweiten Anbieters, Abschnitt 4.7.2)
x_{ji}	Transportmenge von Anbieter j nach Markt i bzw. zu Nachfrager i
$x(s)$	x-Koordinate von s
y_j	Binärvariable für die Errichtung eines Standortes s_j (durch den zweiten Anbieter in Abschnitt 4.7.2)
$y(s)$	y-Koordinate von s
z	Urbild-Vektor eines Komplementärproblems
z_i	Binärvariable für halbe Zuordnung zum neuen Versorger
z_{ij}	Liefermenge von Standort s_j zu Nachfrager i; Binärvariable für die Zuordnung des Nachfragers i zum Standort s_j des ersten Anbieters (Abschnitt 4.7.2)

Mathematische Symbole

$\partial/\partial x$	Partielle Ableitung nach x
∇	Nabla-Operator: Gradient einer Funktion
$\mathbb{R}_+$	Menge der nichtnegativen reellen Zahlen
T	Transponieren eines Vektors oder einer Matrix

Abkürzungen

CPLP	Capacitated Plant Location Problem
LK(M,q)	Lineares Komplementärproblem
SOR	Successive Over-Relaxation
SPLP	Simple Plant Location Problem

Literaturverzeichnis

Ahuja, R.K., Magnanti, T.L., Orlin, J.B.: Network Flows - Theory, Algorithms, and Applications. New Jersey (1993).

Alonso, W.: Location Theory. In: Friedmann, J., Alonso, W. (Hrsg.): Regional Development and Planning, Cambridge (1964), S. 78-106.

Alonso, W.: A Reformulation of Classical Location Theory and its Relation to Rent Theory. Papers of the Regional Science Association 19 (1967), S. 23-44.

Anandalingam, G., Friesz, T.L.: Hierarchical Optimization: An Introduction. Annals of Operations Research 34 (1992), S. 1-11.

Anderson, S.: Spatial Competition and Price Leadership. International Journal of Industrial Organization 5 (1987), S. 369-398.

Anderson, S.: Equilibrium Existence in the Linear Model of Spatial Competition. Economica 55 (1988), S. 479-491.

Anderson, S.P., De Palma, A., Thisse, J.-F.: Discrete Choice Theory of Product Differentiation. Cambridge, London (1992).

Anderson, S.P., Neven, D.: Cournot Competition Yields Spatial Agglomeration. International Economic Review 32 (1991), S. 793-808.

Arrow, K.J., Debreu, G.: Existence of an Equilibrium for a Competitive Economy. Econometrica 22 (1954), S. 265-290.

Artle, R., Carruthers, N.: Location and Market Power: Hotelling Revisited. Journal of Regional Science 28 (1988), S. 15-27.

Balinski, M.: Integer Programming: Methods, Uses, Computation. Management Science 12 (1965), S. 253-313.

Bandelt, H.-J.: Networks with Condorcet Solutions. European Journal of Operational Research 20 (1985), S. 314-326.

Bard, J.F., Moore, J.T.: An Algorithm for the Discrete Bilevel Programming Problem. Naval Research Logistics 39 (1992), S. 419-435.

Bastian, M.: Lineare Komplementärprobleme im Operations Research und in der Wirtschaftstheorie. Meisenheim am Glan (1976).

Bauer, A., Domschke, W., Pesch, E.: Competitive Location on a Network. European Journal of Operational Research 66 (1993), S. 372-391.

Baumol, W.J., Wolfe, P.: A Warehouse-Location Problem. Operations Research 6 (1958), S. 252-263.

Beaumont, J.F.: Spatial Interaction Models and the Location-Allocation Problem. Journal of Regional Science 20 (1980), S. 37-50.

Beckmann, M.J.: Spatial Cournot Oligopoly. Papers of the Regional Science Association 28 (1972), S. 37-47.

Beckmann, M.J.: Spatial Oligopoly as a Noncooperative Game. International Journal of Game Theory 2 (1973), S. 263-268.

Beckmann, M.J.: Spatial Price Policies Revisited. Bell Journal of Economics 7 (1976), S. 619-630.

Behnen, K., Neuhaus, G.: Grundkurs Stochastik. Stuttgart (1984).

Behrens, K.C.: Allgemeine Standortbestimmungslehre. Köln, Opladen (1961).

Berman, A., Plemmons, R.J.: Nonnegative Matrices in the Mathematical Sciences. New York (1979).

Berman, O.: The p Maximal Cover - p Partial Center Problem on a Network. European Journal of Operational Research 72 (1994), S. 432-442.

Berman, O., Chiu, S.S., Larson, R.C., Odoni, A.R., Batta, R.: Location of Mobile Units in a Stochastic Environment. In: Mirchandani, P.B., Francis, R.L. (Hrsg.): Discrete Location Theory, New York et al. (1990), S. 503-549.

Berman, O., Hodgson, M.J., Krass, D.: Flow-Interception Problems. In: Drezner, Z. (Hrsg.): Facility Location: A Survey of Applications and Methods, New York (1995), S. 389-426.

Berman, O., Jaillet, P., Simchi-Levi, D.: Location-Routing Problems with Uncertainty. In: Drezner, Z. (Hrsg.): Facility Location: A Survey of Applications and Methods, New York (1995), S. 427-452.

Bertrand, J.: Théorie des Richesses. Journal des Savants (1883), S. 499-508.

Bester, H.: Noncooperative Bargaining and Spatial Competition. Econometrica 57 (1989), S. 97-113.

Boulding, K.E.: Economic Analysis, Volume I: Microeconomics. 4. Auflage, New York et al. (1966).

Brandeau, M.L., Chiu, S.S.: An Overview of Representative Problems in Location Research. Management Science 35 (1989), S. 645-674.

Brandeau, M.L., Chiu, S.S.: Location of Competing Facilities in a User-Optimizing Environment with Market Externalities. Transportation Science 28 (1994), S. 125-140.

Brandeau, M.L., Chiu, S.S., Kumar, S., Grossman, T.A.: Location with Market Externalities. In: Drezner, Z. (Hrsg.): Facility Location: A Survey of Applications and Methods, New York (1995), S. 121-150.

Brander, J.A.: Intra-Industry Trade in Identical Commodities. Journal of International Economics 11 (1981), S. 1-14.

Brouwer, L.E.J.: Über eineindeutige, stetige Transformationen von Flächen in sich. Mathematische Annalen 67 (1910), S. 176-180.

Brüggemann, W.: Ausgewählte Probleme der Produktionsplanung. Heidelberg (1995).

Burkard, R.E.: Locations with Spatial Interactions: The Quadratic Assignment Problem. In: Mirchandani, P.B., Francis, R.L. (Hrsg.): Discrete Location Theory, New York et al. (1990), S. 387-437.

Butt, S.E., Cavalier, T.M.: An Efficient Algorithm for Facility Location in the Presence of Forbidden Regions. European Journal of Operational Research 90 (1996), S. 56-70.

Campbell, J. F.: Integer Programming Formulations of Discrete Hub Location Problems. European Journal of Operational Research 72 (1994), S. 387-405.

Capozza, D.R., Van Order, R.: Pricing under Spatial Competition and Spatial Monopoly. Econometrica 45 (1977), S. 1329-1338.

Capozza, D.R., Van Order, R.: Product Differentiation and the Consistency of Monopolistic Competition: A Spatial Perspective. Journal of Industrial Economics 31 (1982), S. 27-39.

Chamberlin, E.H.: The Theory of Monopolistic Competition. 6. Auflage, Cambridge (1948); 1. Auflage von (1933).

Chen, R., Handler, G.Y.: The Conditional p-Center Problem in the Plane. Naval Research Logistics 40 (1993), S. 117-127.

Chhajed, D., Lowe, T.L.: An 0 (nm) Algorithm for a Special Case of the Multimedian Location Problem on a Tree. European Journal of Operational Research 63 (1992), S. 222-230.

Christofides, N., Beasley, J.E.: A Tree Search Algorithm for the p-Median Problem. European Journal of Operational Research 10 (1982), S. 196-204.

Church, R., ReVelle, C.: The Maximal Covering Location Problem. Papers of the Regional Science Association 32 (1974), S. 101-118.

Cornuejols, G., Fisher, M.L., Nemhauser, G.L.: Location of Bank Accounts to Optimize Float: An Analytic Study of Exact and Approximate Algorithms. Management Science 23 (1977), S. 789-810.

Cornuejols, G., Nemhauser, G.L., Wolsey, L.: The Uncapacitated Facility Location Problem. In: Mirchandani, P.B., Francis, R.L. (Hrsg.): Discrete Location Theory, New York et al. (1990), S. 119 - 172.

Cottle, R.W., Dantzig, G.B.: Complementary Pivot Theory of Mathematical Programming. Linear Algebra and its Applications 1 (1968), S. 103-125.

Cournot, A.: Recherches sur les Principles Mathematiques de la Theorie des Richesses. Dt. Übersetzung: Untersuchungen über die mathematischen Grundlagen der Theorie des Reichtums, Jena (1924); Originalausgabe (1838)

Cryer, C.W.: The Solution of a Quadratic Programming Problem Using Systematic Overrelaxation. SIAM Journal on Control 9 (1971), S. 385-392.

Dafermos, S., Nagurney, A.: Oligopolistic and Competitive Behaviour of Spatially Separated Markets. Regional Science and Urban Economics 17 (1987), S. 245-254.

Dantzig, G.B.: Maximization of a Linear Function of Variables Subject to Linear Inequalities. In: Koopmans, T.C. (Hrsg.): Activity Analysis of Production and Allocation, Proceedings of a Conference, New York, London (1951).

Dantzig, G.B.: Lineare Programmierung und Erweiterungen. Berlin et al. (1966).

Dasgupta, P., Maskin, E.: The Existence of Equilibrium in Discontinous Economic Games I: Theory. Review of Economic Studies 53 (1986-I), S. 1-26.

Dasgupta, P., Maskin, E.: The Existence of Equilibrium in Discontinous Economic Games II: Applications. Review of Economic Studies 53 (1986-II), S. 27-41.

D´Aspremont, C., Gabszewicz, J.J., Thisse, J.-F.: On Hotelling's "Stability in Competition". Econometrica 47 (1979), S. 1145-1150.

D´Aspremont, C., Gabszewicz, J.J., Thisse, J.-F.: Product Differences and Prices. Economics Letters 11 (1983), S. 19-23.

Davidson, C., Deneckere, R.: Long-Run Competition in Capacity, Short-Run Competition in Price, and the Cournot Model. Rand Journal of Economics 17 (1986), S. 404-415.

Dearing, P.M., Francis, R.L., Lowe, T.J.: Convex Location Problems on Tree Networks. Operations Research 24 (1976), S. 628-642.

De Palma, A., Ginsburgh, V., Labbé, M., Thisse, J.F.: Competitive Location with Random Utilities. Transportation Science 23 (1989), S. 244-252.

De Palma, A., Ginsburgh, V., Papageorgiou, G.G., Thisse, J.-F.: The Priciple of Minimum Differentiation Holds under Sufficient Heterogenity. Econometrica 53 (1985), S. 767-781.

De Palma, A., Ginsburgh, V., Thisse, J.-F.: On Existence of Location Equilibria in the 3-Firm Hotelling Problem. Journal of Industrial Economics 36 (1987), S. 245-252.

De Palma, A., Liu, Q., Thisse, J.-F.: Optimal Location on a Line with Random Utilities. Transportation Science 28 (1994), S. 63-69.

De Palma, A., Pontes, J.P., Thisse, J.-F.: Spatial Competition under Uniform Delivered Pricing. Regional Science and Urban Economics 17 (1987), S. 441-449.

De Palma, A., Thisse, J.-F.: Competition on Networks: Some Introductory Notes. Transportation Science 27 (1993), S. 1-3.

Dethloff, J., Fischer, K.: Lösungsverhalten allgemeiner exakter Verfahren bei alternativen Modellformulierungen gemischt ganzzahliger Probleme. Arbeitspapier 34a, Institut für Logistik und Transport, Universität Hamburg (1995).

Dewatripont, M.: The Role of Indifference in Sequential Models of Spatial Competition - An Example. Economics Letters 23 (1987), S. 323-328.

Diederich, H.: Grundtatbestände der Betriebswirtschaftslehre. In: Jacob, H. (Hrsg.), Allgemeine Betriebswirtschaftslehre in programmierter Form, Wiesbaden (1969), S. 17-112.

Dixit, A.K., Stiglitz, J.E.: Monopolistic Competition and Optimum Product Diversity. American Economic Review 67 (1977), S. 297-308.

Dobson, G., Karmarkar, U.S.: Competitive Location on a Network. Operations Research 35 (1987), S. 565-574.

Domschke, W.: Logistik: Transport. 3. Auflage, München, Wien (1989).

Domschke, W., Drexl, A.: Location and Layout Planning - An International Bibliography. Berlin et al. (1985).

Domschke, W., Drexl, A.: Logistik: Standorte. 3. Auflage, München, Wien (1990).

Domschke, W., Scholl, A., Voß, S.: Produktionsplanung. Berlin et al. (1993).

Dorward, N.: Recent Developments in the Analysis of Spatial Competition and Their Implications for Industrial Economics. Journal of Industrial Economics 31 (1982), S. 133-151.

Drezner, Z.: Competitive Location Strategies for Two Facilities. Regional Science and Urban Economics 12 (1982), S. 485-493.

Drezner, Z. (Hrsg.): Facility Location: A Survey of Applications and Methods. New York (1995)

Drezner, Z., Wesolowsky, G.O.: Location-Allocation on a Line with Demand-Dependent Costs. European Journal of Operational Research 90 (1996), S. 444-450.

Drezner, Z., Zemel, E.: Competitive Location in the Plane. Annals of Operations Research 40 (1992), S. 173-193.

Drissi-Kaitouni, O., Florian, M.: An Active Constraints Newton Algorithm for the Spatial Price Equilibrium Problem. European Journal of Operational Research 72 (1994), S. 155-166.

Eaton, B.C.: Spatial Competition Revisited. Canadian Journal of Economics 5 (1972), S. 268-278.

Eaton, B.C.: Free Entry in One-Dimensional Models: Pure Profits and Multiple Equilibria. Journal of Regional Science 16 (1976), S. 21-33.

Eaton, B.C., Lipsey, R.G.: The Principle of Minimum Differentiation Reconsidered: Some New Developments in the Theory of Spatial Competition. Review of Economic Studies 42 (1975), S. 27-49.

Eaton, B.C., Lipsey, R.G.: Freedom of Entry and the Existence of Pure Profit. Economic Journal 88 (1978), S. 455-469.

Eaton, B.C., Lipsey, R.G.: Product Differentiation. In: Schmalensee, R, Willig, R.D. (Hrsg.): Handbook of Industrial Organization, Vol. I, Amsterdam et al. (1989), S. 723-768.

Eaves, B.C.: The Linear Complementarity Problem. Management Science 17 (1971), S. 612-634.

Economides, N.: The Principle of Minimum Differentiation Revisited. European Economic Review 24 (1984), S. 345-368.

Economides, N.: Minimal and Maximal Product Differentiation in Hotelling's Duopoly. Economics Letters 21 (1986), S. 67-71.

Economides, N.: Symmetric Equilibrium Existence and Optimality in Differentiated Product Markets. Journal of Economic Theory 47 (1989), S. 178-194.

Edgeworth, F.: The Pure Theory of Monopoly. In: Edgeworth, F.: Papers Relating to Political Economy, Vol. I, London (1925). Zuerst erschienen in italienischer Sprache: La Teoria Pura del Monopolio. Giornale degli Economisti 40 (1897), S. 13-31.

Efroymson, M.A., Ray, T.L.: A Branch-Bound Algorithm for Plant Location. Operations Research 14 (1966), S. 361-368.

Eiselt, H.A.: Hotelling's Duopoly on a Tree. Annals of Operations Research 40 (1992), S. 195-207.

Eiselt, H.A., Laporte, G.: Trading Areas of Facilities with Different Sizes. Recherche Opérationelle / Operations Research 22 (1988), S. 33-44.

Eiselt, H.A., Laporte, G.: Competitive Spatial Models. European Journal of Operational Research 39 (1989-I), S. 231-242.

Eiselt, H.A., Laporte, G.: The Maximum Capture Problem in a Weighted Network. Journal of Regional Science 29 (1989-II), S. 433-439.

Eiselt, H.A., Laporte, G.: Locational Equilibrium of Two Facilities on a Tree. Recherche Opérationelle / Operations Research 25 (1991), S. 5-18.

Eiselt, H.A., Laporte, G.: The Existence of Equilibria in the 3-Facility Hotelling Model in a Tree. Transportation Science 27 (1993), S. 39-43.

Eiselt, H.A., Laporte, G.: Objectives in Location Problems. In: Drezner, Z. (Hrsg.): Facility Location: A Survey of Applications and Methods, New York (1995), S. 151-180.

Eiselt, H.A., Laporte, G., Pederzoli, G.: Optimal Sizes of Facilities on a Linear Market. Mathematical Comput. Modelling 12 (1989), S. 97-103.

Eiselt, H.A., Laporte, G., Thisse, J.-F.: Competitive Location Models: A Framework and Bibliography. Transportation Science 27 (1993), S. 44-54.

Emerson, D.L.: Optimum Firm Location and the Theory of the Firm. Journal of Regional Science 13 (1973), S. 335-347.

Enke, S.: Equilibrium Among Spatially Separated Marktes: Solution by Electric Analogue. Econometrica 19 (1951), S. 40-47.

Erkut, E., Neuman, S.: Analytical Models for Locating Undesirable Facilities. European Journal of Operational Research 40 (1989), S. 275-291.

Erlenkotter, D.: Facility Location with Price-Sensitive Demands: Private, Public, and Quasi-Public. Management Science 24 (1977), S. 378-386.

Erlenkotter, D.: A Dual-Based Procedure for Uncapacitated Facility Location. Operations Research 26 (1978), S. 992-1009.

Fiacco, A.V., McGormick, G.P.: Nonlinear Programming: Sequential Unconstrained Minimization Techniques. New York et al. (1968).

Florian, M., Hearn, D.: Network Equilibrium Models and Algorithms. In: Ball, M.O. et al. (Hrsg.): Network Routing, Handbooks in Operations Research and Management Science, Vol. 8, Amsterdam et al. (1995), S. 485-550.

Florian, M., Los, M.: A New Look at Static Spatial Price Equilibrium Models. Regional Science and Urban Economics 12 (1982), S. 579-597.

Forster, O.: Analysis 1. 4. Auflage, Braunschweig (1983).

Forster, O.: Analysis 2. 5. Auflage, Braunschweig (1984).

Francis, R.L., Goldstein, J.M.: Location Theory: A Selective Bibliography. Operations Research 22 (1974), S. 400-410.

Francis, R.L., McGinnis, L.F., White, J.A.: Locational Analysis. European Journal of Operational Research 12 (1983), S. 220-252.

Friedman, J.W.: Oligopoly and the Theory of Games. Amsterdam et al. (1977).

Friedman, J.W.: Oligopoly Theory. Cambridge et al. (1983).

Friedman, J.W.: Game Theory with Applications to Economics. New York, Oxford (1986).

Friesz, T.L., Harker, P.T., Tobin, R.L.: Alternative Algorithms for the General Network Spatial Price Equilibrium Problem. Journal of Regional Science 24 (1984), S. 475-507.

Friesz, T.L., Miller, T., Tobin, R.L.: Algorithms for Spatially Competitive Network Facility-Location. Environment and Planning B: Planning and Design 15 (1988-I), S. 191-203.

Friesz, T.L., Miller, T., Tobin, R.L.: Competitive Network Facility Location Models: A Survey. Papers of the Regional Science Association 65 (1988-II), S. 47-57.

Friesz, T.L., Tobin, R.L., Miller, T.: Existence Theory for Spatially Competitive Facility Location Models. Annals of Operations Research 18 (1989), S. 267-276.

Friesz, T.L., Tobin, R.L., Smith, T.E., Harker, P.T.: A Nonlinear Complementarity Formulation and Solution Procedure for the General Derived Demand Network Equilibrium Problem. Journal of Regional Science 23 (1983), S. 337-359.

Gabszewicz, J.J., Garella, P.: "Subjective" Price Search and Price Competition. International Journal of Industrial Organization 4 (1986), S. 305-316.

Gabszewicz, J.J., Thisse, J.-F.: Price Competition, Quality and Income Disparities. Journal of Economic Theory 20 (1979), S. 340-359.

Gabszewicz, J.J., Thisse, J.-F.: Spatial Competition and the Location of Firms. In: Arnott, R. (Hrsg.): Fundamentals of Pure and Applied Economics 5: Location Theory, Chur et al. (1986-I), S. 1-71.

Gabszewicz, J.J., Thisse, J.-F.: On the Nature of Competition with Differentiated Products. Economic Journal 96 (1986-II), S. 160-172.

Gabszewicz, J.J., Thisse, J.-F.: Location. In: Aumann, R.J., Hart, S. (Hrsg.): Handbook of Game Theory, Vol. I, Amsterdam et al. (1992), S. 281-304.

Gal-Or, E.: Hotelling's Spatial Competition as a Model of Sales. Economics Letters 9 (1982), S. 1-6.

Gal-Or, E.: Quality and Quantity Competition. Bell Journal of Economics 14 (1983), S. 590-600.

Gannon, C.A.: Consumer Demand, Conjectural Interdependence, and Locational Equilibria in Simple Spatial Duopoly. Papers of the Regional Science Association 28 (1972), S. 83-107.

Gannon, C.A.: Central Concentration in Simple Spatial Duopoly: Some Behavioral And Functional Conditions. Journal of Regional Science 13 (1973), S. 357-375.

Garey, M.R., Johnson, D.S.: Computers and Intractability - A Guide to the Theory of NP-Completeness. San Francisco (1979).

Ghosh, A., Craig, C.S.: A Location Allocation Model for Facility Planning in a Competitive Environment. Geographical Analysis 16 (1984), S. 39-51.

Gibbons, R.: Game Theory for Applied Economists. Princeton (1992).

Glicksberg, I.L.: A Further Generalization of the Kakutani Fixed Point Theorem with Application to Nash Equilibrium Points. Proceedings of the American Mathematical Society 38 (1952), S. 170-174.

Goldman, A.J.: Optimal Center Location in Simple Networks. Transportation Science 5 (1971), S. 212-221.

Graham, R.L., Lawler, E.L., Lenstra, J.K., Rinnooy Kan, A.H.G.: Optimization and Approximation in Deterministic Sequencing and Scheduling: A Survey. Annals of Discrete Mathematics 5 (1979), S. 287-326.

Graitson, D.: On Hotelling's "Stability in Competition" Again. Economics Letters 6 (1980), S. 1-6.

Graitson, D.: Spatial Competition a la Hotelling: A Selective Survey. Journal of Industrial Economics 31 (1982), S. 13-25.

Granot, D.: The Role of Cost Allocation in Locational Models. Operations Research 35 (1987), S. 234-248.

Greenhut, M.L.: Spatial Pricing in the United States, West Germany and Japan. Economica 48 (1981), S. 79-86.

Greenhut, J.G., Greenhut, M.L.: Spatial Price Discrimination, Competition and Locational Effects. Economica 42 (1975), S. 401-419.

Greenhut, J.G., Greenhut, M.L.: Alternative Uses of Spatial Microeconomics. Annals of Regional Science 26 (1992), S. 257-267.

Greenhut, M.L., Mai, C.-C., Norman, G.: Impacts on Optimum Location of Different Pricing Strategies, Market Structures and Customer Distributions over Space. Regional Science and Urban Economics 16 (1986), S. 329-351.

Greenhut, M.L., Ohta, H.: Monopoly Output under Alternative Spatial Pricing Techniques. American Economic Review 62 (1972), S. 705-713.

Güth, W.: Spieltheorie und ökonomische (Bei)Spiele. Berlin et al. (1992).

Güth, W.: Markt- und Preistheorie. Berlin et al. (1994).

Gutenberg, E.: Grundlagen der Betriebswirtschaftslehre, 1. Band: Die Produktion. 24. Auflage, Berlin et al. (1983).

Gutenberg, E.: Grundlagen der Betriebswirtschaftslehre, 2. Band: Der Absatz. 17. Auflage, Berlin et al. (1984).

Hakimi, S.L.: Optimum Locations of Switching Centers and the Absolute Centers and Medians of a Graph. Operations Research 12 (1964), S. 450-459.

Hakimi, S. L.: On Locating New Facilities in a Competitive Environment. European Journal of Operational Research 12 (1983), S. 29-35.

Hakimi, S.L.: p-Median Theorems for Competitive Locations. Annals of Operations Research 6 (1986), S. 77-98.

Hakimi, S.L.: Locations with Spatial Interactions: Competitive Locations and Games. In: Mirchandani, P.B., Francis, R.L. (Hrsg.): Discrete Location Theory, New York et al. (1990), S. 439-478.

Halpern, J.: The Location of a Center-Median Convex Combination on an Undirected Tree. Journal of Regional Science 16 (1976), S. 237-245.

Hamacher, H.W.: Mathematische Lösungsverfahren für planare Standortprobleme. Braunschweig, Wiesbaden (1995).

Hamilton, J.H., MacLeod, W.B., Thisse, J.-F.: Spatial Competition and the Core. Quarterly Journal of Economics 106 (1991), S. 925-937.

Hamilton, J.H., Thisse, J.-F.: Competitive Spatial Price Discrimination with Capacity Constraints. Transportation Science 27 (1993), S. 55-61.

Handler, G.Y.: p-Center Problems. In: Mirchandani, P.B., Francis, R.L. (Hrsg.): Discrete Location Theory, New York et al. (1990), S. 305-347.

Handler, G.Y., Mirchandani, P.B.: Location on Networks: Theory and Algorithms. Cambridge et al. (1979).

Hanjoul, P., Hansen, P., Peeters, D., Thisse, J.F.: Uncapacitated Plant Location Under Alternative Spatial Price Policies. Management Science 36 (1990), S. 41-57.

Hanjoul, P., Thisse, J.-F.: The Location of a Firm on a Network. In: Hughes Hallett, A.J. (Hrsg.): Applied Decision Analysis and Economic Behaviour, Dordrecht et al. (1984), S. 289-326.

Hansen, P.H., Hegedahl, B., Hjortkjaer, S., Obel, B.: A Heuristic Solution to the Warehouse Location-Routing Problem. European Journal of Operational Research 76 (1994), S. 111-127.

Hansen, P., Labbé, M.: Algorithms for Voting and Competitive Location on a Network. Transportation Science 22 (1988), S. 278-288.

Hansen, P., Labbé, M., Peeters, D., Thisse, J.-F.: Facility Location Analysis. In: Arnott, R. (Hrsg.): Fundamentals of Pure and Applied Economics 22: Systems of Cities and Facility Location, Chur et al. (1987), S. 1-70.

Hansen, P., Thisse, J.-F.: Multiplant Location for Profit Maximisation. Environment and Planning A 9 (1977), S. 63-73.

Hansen, P., Thisse, J.-F.: Outcomes of Voting and Planning - Condorcet, Weber and Rawls Locations. Journal of Public Economics 16 (1981), S. 1-15.

Hansen, P., Thisse, J.-F., Hanjoul, P.: Simple Plant Location under Uniform Delivered Pricing. European Journal of Operational Research 6 (1981), S. 94-103.

Hansen, P., Thisse, J.-F., Wendell, R.E.: Equivalence of Solutions to Network Location Problems. Mathematics of Operations Research 11 (1986), S. 672-678.

Hansen, P., Thisse, J.-F., Wendell, R.E.: Equilibrium Analysis for Voting and Competitive Location Problems. In: Mirchandani, P.B., Francis, R.L. (Hrsg.): Discrete Location Theory, New York et al. (1990), S. 479-501.

Hansmann, K.-W.: Entscheidungsmodelle zur Standortplanung der Industrieunternehmen. Wiesbaden (1974).

Hansmann, K.-W.: Industrielles Management. 4. Auflage, München et al. (1994).

Harary, F.: Graphentheorie. München, Wien (1974).

Harker, P.T.: Alternative Models of Spatial Competition. Operations Research 34 (1986), S. 410-425.

Harker, P.T.: Multiple Equilibrium Behaviors on Networks. Transportation Science 22 (1988), S. 39-46.

Harsanyi, J.C.: Games with Incomplete Information Played by "Bayesian" Players, I-III. Management Science 14 (1967/68), S. 159-182, S. 320-334, S. 486-502.

Hartwick, J.M., Hartwick, P.G.: Duopoly in Space. Canadian Journal of Economics 4 (1971), S. 485-505.

Hillier, F.S., Lieberman, G.J.: Operations Research. 4. Auflage, München, Wien (1988).

Hitchcock, F.L.: Distribution of a Product from Several Sources to Numerous Localities. Journal of Mathematics and Physics 20 (1941), S. 224-230.

Ho, T.H., Karmarkar, U.S., Rhim, H.: Competitive Location, Production, and Market Selection. Arbeitspapier, Anderson School, University of California, L.A. (1996).

Hodder, J.E., Jucker, J.V.: A Simple Plant-Location Model for Quantity-Setting Firms Subject to Price Uncertainty. European Journal of Operational Research 21 (1985), S. 39-46.

Holler, M.J., Illing, G.: Einführung in die Spieltheorie. 2., verbesserte und erweiterte Auflage, Berlin et al. (1993).

Hoover, E.M.: Spatial Price Discrimination. Review of Economic Studies 4 (1937), S. 182-191.

Hotelling, H.: Stability in Competition. Economic Journal 39 (1929), S. 41-57.

Huff, D.L.: Defining and Estimating a Trading Area. Journal of Marketing 28 (1964), S. 34-38.

Hummeltenberg, W.: Optimierungsmethoden zur betrieblichen Standortwahl. Würzburg-Wien (1981).

Hummeltenberg, W.: Die Berechnung von Standortmodellen mit der heutigen MPS-Software. Zeitschrift für betriebswirtschaftliche Forschung 35 (1983), S. 461-477.

Hurter, A.P., Lederer, P.J.: Spatial Duopoly with Discriminatory Pricing. Regional Science and Urban Economics 15 (1985), S. 541-553.

Hurter, A.P., Martinich, J.S.: Facility Location and the Theory of Production. Boston et al. (1989).

Infante-Macias, R., Munoz-Perez, J.: Competitive Location with Rectilinear Distances. European Journal of Operational Research 80 (1995), S. 77-85.

Isac, G.: Complementarity Problems. Berlin et al. (1992).

Isard, W.: Location and Space Economy. Cambridge (1956).

Isard, W., Smith, T.E.: Location Games: With Applications to Classic Location Problems. Papers of the Regional Science Association 19 (1967-I), S. 45-80.

Isard, W., Smith, T.E.: Coalition Location Games: Paper 3. Papers of the Regional Science Association 20 (1967-II), S. 95-107.

Jacob, H.: Zur Standortwahl der Unternehmungen. In: Alewell, K. (Hrsg.): Betriebswirtschaftliche Strukturfragen, Festschrift zum 65. Geburtstag von R. Henzler, Wiesbaden (1967), S. 233-293.

Jacob, H.: Preispolitik. 2. Auflage, Wiesbaden (1971).

Jacobsen, S.K.: Multiperiod Capacitated Location Models. In: Mirchandani, P.B., Francis, R.L. (Hrsg.): Discrete Location Theory, New York et al. (1990), S. 173 - 208.

Jahnke, H.: Produktion bei Unsicherheit. Heidelberg (1995).

Jehiel, P.: Product Differentiation and Price Collusion. International Journal of Industrial Organization 10 (1992), S. 633-641.

Kakutani, S.: A Generalization of Brouwer's Fixed Point Theorem. Duke Mathematical Journal 8 (1941), S. 457-459.

Karamardian, S.: The Complementarity Problem. Mathematical Programming 2 (1972), S. 107-129.

Kariv, O., Hakimi, S.L.: An Algorithmic Approach to Network Location Problems I: The p- Centers. SIAM Journal on Applied Mathematics 37 (1979-I), S. 513-538.

Kariv, O., Hakimi, S.L.: An Algorithmic Approach to Network Location Problems II: The p-Medians. SIAM Journal on Applied Mathematics 37 (1979-II), S. 539-560.

Karkazis, J.: Facilities Location in a Competitive Environment: A Promethee Based Multiple Criteria Analysis. European Journal of Operational Research 42 (1989), S. 294-304.

Karlson, S.H.: Spatial Competition with Location-Dependent Costs. Journal of Regional Science 25 (1985), S. 201-214.

Khalili, A., Mathur, V., Bodenhorn, D.: Location and the Theory of Production: A Generalization. Journal of Economic Theory 9 (1974), S. 467-475.

Klein, C.M., Kincaid, R.K.: The Discrete Anti-P-Center-Problem. Transportation Science 28 (1994), S. 77-79.

Kohlberg, E.: Equilibrium Store Locations When Consumers Minimize Travel Time Plus Waiting Time. Economics Letters 11 (1983), S. 211-216.

Kohlberg, E., Novshek, W.: Equilibrium in a Simple Price-Location Model. Economics Letters 9 (1982), S. 7-15.

Kolen, A., Tamir, A.: Covering Problems. In: Mirchandani, P.B., Francis, R.L. (Hrsg.): Discrete Location Theory, New York et al. (1990), S. 263 - 304.

Koopmans, T.C.: Optimum Utilization of the Transportation System. Ergänzungsheft zu Econometrica 17 (1949).

Koopmans, T.C., Beckmann, M.: Assignment Problems and the Location of Economic Activities. Econometrica 25 (1957), S. 53-76.

Krarup, J., Pruzan, P.M.: UNILOC: A Uni-Location Model. Regional Science and Urban Economics 12 (1982), S. 547-578.

Krarup, J., Pruzan, P.M.: The Simple Plant Location Problem: Survey and Synthesis. European Journal of Operational Research 12 (1983), S. 36-81.

Krarup, J., Pruzan, P.M.: Ingredients of Locational Analysis. In: Mirchandani, P.B., Francis, R.L. (Hrsg.): Discrete Location Theory, New York et al. (1990), S. 1-54.

Krelle, W.: Preistheorie. I. Teil: Monopol- und Oligopoltheorie. 2. Auflage, Tübingen (1976).

Krelle, W.: Auszeichnung des Status quo: Gleichgewichtsbereiche im Dyopol. Jahrbuch für Nationalökonomie und Statistik, Stuttgart (1989), Band 206/4-5, S. 434-445.

Kreps, D.M., Scheinkman, J.A.: Quantity Precommitment and Bertrand Competition Yield Cournot Outcomes. Bell Journal of Economics 14 (1983), S. 326-337.

Kreps, D.M., Wilson, R.: Sequential Equilibria. Econometrica 50 (1982), S. 863-894.

Kuehn, A.A., Hamburger, M.J.: A Heuristic Program for Locating Warehouses. Management Science 9 (1963), S. 643-666.

Kuhn, H.W.: A Note on Fermat's Problem. Mathematical Programming 4 (1972), S. 98-107.

Labbé, M.: Outcomes of Voting and Planning in Single Facility Location Problems. European Journal of Operational Research 20 (1985), S. 299-313.

Labbé, M., Hakimi, S.L.: Market and Locational Equilibrium for Two Competitors. Operations Research 39 (1991), S. 749-756.

Lane, W.J.: Product Differentiation in an Market with Endogenous Sequential Entry. Bell Journal of Economics 33 (1980), S. 237-260.

Laporte, G.: Location-Routing Problems. In: Golden, B.L., Assad, A.A. (Hrsg.): Vehicle Routing: Methods and Studies, Amsterdam et al. (1988), S. 163-197.

Laporte, G., Louveaux, F., Hamme, L. van: Exact Solution to a Location Problem with Stochastic Demands. Transportation Science 28 (1994), S. 95-103.

Laux, H.: Entscheidungstheorie I. 2. Auflage, Berlin et al. (1991).

Lederer, P.J., Hurter, A.P.: Competition of Firms: Discriminatory Pricing and Location. Econometrica 54 (1986), S. 623-640.

Lederer, P.J., Thisse, J.-F.: Competitive Location on Networks under Delivered Pricing. Operations Research Letters 9 (1990), S. 147-153.

Lemke, C.E.: Bimatrix Equilibrium Points and Mathematical Programming. Management Science 11 (1965), S. 681-689.

Lemke, C.E., Howson, J.T.: Equilibrium Points of Bimatrix Games. SIAM Journal of Applied Mathematics 12 (1964), S. 413-423.

Lerner, A.P., Singer, H.W.: Some Notes on Duopoly and Spatial Competition. Journal of Political Economy 45 (1937), S. 145-186.

Levy, J.: An Extended Theorem for Location on a Network. Operational Research Quarterly 18 (1967), S. 433-442.

Liu, Y.-H., Spencer, T.H.: Solving a Bilevel Linear Program When the Inner Decision Maker Controls Few Variables. European Journal of Operational Research 81 (1995), S. 644-651.

Lösch, A.: Die räumliche Ordnung der Wirtschaft. 3. Auflage, Stuttgart (1962).

Louveaux, F., Thisse, J.-F.: Production and Location on a Network under Demand Uncertainty. Operations Research Letters 4 (1985), S. 145-149.

Louveaux, F., Thisse, J.-F., Beguin, H.: Location Theory and Transportation Costs. Regional Science and Urban Economics 12 (1982), S. 529-545.

Love, R.F., Morris, J.G., Wesolowsky, G.O.: Facilities Location. New York et al. (1988).

Lucas, W.F.: Von Neumann-Morgenstern Stable Sets. In: Aumann, R.J., Hart, S. (Hrsg): Handbook of Game Theory, Vol. I, Amsterdam et al. (1992), S. 543-590.

MacLeod, W.B.: On the Non-Existence of Equilibria in Differentiated Product Models. Regional Science and Urban Economics 15 (1985), S. 245-262.

MacKinnon, J.G.: An Algorithm for the Generalized Transportation Problem. Regional Science and Urban Economics 5 (1975), S. 445-464.

Mangasarian, O.L.: Nonlinear Programming. New York et al. (1969).

Mangasarian, O.L.: Solution of Symmetric Linear Complementarity Problems by Iterative Methods. Journal on Optimization Theory and Applications 22 (1977).

Manne, A.S.: Plant Location under Economies-of-Scale - Decentralization and Computation. Management Science 11 (1964), S. 213-235.

Maschler, M.: The Bargaining Set, Kernel, and Nucleolus. In: Aumann, R.J., Hart, S. (Hrsg.): Handbook of Game Theory, Vol. I, Amsterdam et al. (1992), S. 591-667.

Mas-Colell, A.: Walrasian Equilibria as Limits of Noncooperative Equilibria. Part I: Mixed Strategies. Journal of Economic Theory 30 (1983), S. 153-170.

Mathur, K., Puri, M.C.: A Bilevel Bottleneck Programming Problem. European Journal of Operational Research 86 (1995), S. 337-344.

Meggido, N., Zemel, E., Hakimi, S.L.: The Maximum Coverage Location Problem. SIAM Journal on Algebraic and Discrete Methods 4 (1983), S. 253-261.

Miehle, W.: Link-Length Minimization in Networks. Operations Research 6 (1958), S. 232-243.

Miller, S.M., Jensen, O.W.: Location and the Theory of Production. Regional Science and Urban Economics 8 (1978), S. 117-128.

Miller, T.C., Tobin, R.L, Friesz, T.L.: Stackelberg Games on a Network with Cournot-Nash Oligopolistic Competitors. Journal of Regional Science 31 (1991), S. 435-454.

Miller, T.C., Friesz, T.L., Tobin, R.L.: Heuristic Algorithms for Delivered Price Spatially Competitive Network Facility Location Problems. Annals of Operations Research 34 (1992), S. 177-202.

Miller, T.C., Friesz, T.L., Tobin, R.L.: Equilibrium Facility Location on Networks. Berlin et al. (1996).

Minieka, E.: The Centers and Medians of a Graph. Operations Research 25 (1977), S. 641-650.

Minieka, E.: Conditional Centers and Medians of a Graph. Networks 10 (1980), S. 265-272.

Mirchandani, P.B.: The p-Median Problem and Generalizations. In: Mirchandani, P.B., Francis, R.L. (Hrsg.): Discrete Location Theory, New York et al. (1990), S. 55 - 117.

Mirchandani, P.B., Francis, R.L. (Hrsg.): Discrete Location Theory. New York et al. (1990).

Moon, I.D., Chaudhry, S.S.: An Analysis of Network Location Problems with Distance Constraints. Management Science 30 (1984), S. 290-307.

Moses, L.N.: Location and the Theory of Production. Quarterly Journal of Economics 72 (1958), S. 259-272.

Müller-Merbach, H.: Operations Research. 3. Auflage, München (1973).

Mulligan, G.F., Fik, T.J.: Price and Location Conjectures in Medium- and Long-Run Spatial Competition Models. Journal of Regional Science 34 (1994), S. 179-198.

Murty, K.G.: On the Number of Solutions to the Complementarity Problem and Spanning Properties of Complementary Cones. Linear Algebra and its Applications 5 (1972), S. 65-108.

Murty, K.G.: Linear Complementarity, Linear and Nonlinear Programming. Berlin (1988).

Nagurney, A.: Network Economics: A Variational Inequality Approach. Dordrecht et al. (1993).

Narula, S.C.: Hierarchical Location-Allocation Problems: A Classification Scheme. European Journal of Operational Research 15 (1984), S. 93-99.

Nash, J.: Non-Cooperative Games. Annals of Mathematics 54 (1951), S. 286-295.

Neumann, J. von, Morgenstern, O.: Spieltheorie und wirtschaftliches Verhalten. 2. Auflage, Würzburg (1967).

Neumayer, P., Schweigert, D.: Three Algorithms for Bicriteria Integer Linear Programs. OR Spektrum 16 (1994), S. 267-276.

Neven, D.J.: Two Stage (Perfect) Equilibrium in Hotelling's Model. Journal of Industrial Economics 33 (1985), S. 317-325.

Neven, D.J.: Endogenous Sequential Entry in a Spatial Model. International Journal of Industrial Organization 5 (1987), S. 419-434.

Nicola, P.C.: Imperfect General Equilibrium. Berlin et al. (1994).

Norman, G.: Uniform Pricing as an Optimal Spatial Pricing Policy. Economica 48 (1981), S. 87-91.

Novshek, W.: Equilibrium in Simple Spatial (or Differentiated Product) Models. Journal of Economic Theory 22 (1980-I), S. 313-326.

Novshek, W.: Cournot Equilibrium with Free Entry. Review of Economic Studies 47 (1980-II), S. 473-486.

Novshek, W., Sonnenschein, H.: Walrasian Equilibria as Limits of Noncooperative Equilibria. Part II: Pure Strategies. Journal of Economic Theory 30 (1983), S. 171-187.

Önal, H.: A Modified Simplex Approach for Solving Bilevel Linear Programming Problems. European Journal of Operational Research 67 (1993), S. 126-135.

Ohta, H.: The Price Effects of Spatial Competition. Review on Economic Studies 48 (1981), S. 317-325.

Okabe, A., Suzuki, A.: Stability of Spatial Competition for a Large Number of Firms on a Bounded Two-Dimensional Space. Environment and Planning A 19 (1987), S. 1067-1082.

Osborne, M.J., Pitchik, C.: The Nature of Equilibrium in a Location Model. International Economic Review 27 (1986), S. 223-237.

Osborne, M.J., Pitchik, C.: Equilibrium in Hotelling's Model of Spatial Competition. Econometrica 55 (1987), S. 911-922.

Ott, A.E.: Grundzüge der Preistheorie. 3., überarbeitete Auflage, Göttingen (1979).

Owen, G.: On the Core of Linear Production Games. Mathematical Programming 9 (1975), S. 358-370.

Owen, G.: Game Theory. 2. Auflage, New York et al. (1982).

Pang, J.S.: A Hybrid Method for the Solution of Some Multi-Commodity Spatial Equilibrium Problems. Management Science 27 (1981), S. 1142-1157.

Peeters, D., Thisse, J.-F.: Economic Models of Firm Location. In: Drezner, Z. (Hrsg.): Facility Location: A Survey of Applications and Methods, New York (1995), S. 331-366.

Peleg, B.: Axiomatizations of the Core. In: Aumann, R.J., Hart, S. (Hrsg.): Handbook of Game Theory, Volume I, Amsterdam et al. (1992), S. 397-412.

Penn, M., Kariv, O., Halpern, J.: Competitive Location in Trees. Departement of Industrial and Management Engineering, Technicon, Haifa, Israel (1982) (unveröffentlicht), zitiert nach Hakimi (1990).

Pfähler, W., Wiese, H.: Oligopoltheorie aus spieltheoretischer Sicht. WISU 7 (1990), S. 438-444.

Phlips, L., Thisse, J.-F.: Spatial Competition and the Theory of Differentiated Markets: An Introduction. Journal on Industrial Economics 31 (1982), S. 1-9.

Ponsard, C.: History of Spatial Economic Theory. Berlin et al. (1983).

Prescott, E.C., Visscher, M.: Sequential Location Among Firms with Foresight. Bell Journal of Economics 8 (1977), S. 378-393.

ReVelle, C.: The Maximum Capture or "Sphere of Influence" Location Problem: Hotelling Revisited on a Network. Journal of Regional Science 26 (1986), S. 343-358.

ReVelle, C., Cohon, J.L., Shobrys, D.: Multiple Objectives in Facility Location: A Review. Lecture Notes in Economics and Mathematical Systems 190 (1980), S. 320-337.

ReVelle, C., Marks, D., Liebman, J.C.: An Analysis of Private and Public Sector Location Models. Management Science 16 (1970), S. 692-707.

ReVelle, C., Serra, D.: The Maximum Capture Problem Including Relocation. INFOR 29 (1991), S. 130-138.

Rosenhead, J., Powell, G.: The Ice-Cream Man Problem. Transportation Research 9 (1975), S. 117-121.

Rothschild, R.: The Effect of Sequential Entry on Choice of Location. European Economic Review 12 (1979), S. 227-241.

Rowse, J.: Solving the Generalized Transportation Problem. Regional Science and Urban Economics 11 (1981), S. 57-68.

Ruffin, R.J.: Cournot Oligopoly and Competitive Behaviour. Review of Economic Studies 38 (1971), S. 493-502.

Sakashita, N.: Production Function, Demand Function and Location Theory of the Firm. Papers of the Regional Science Association 20 (1967), S. 109-122.

Salant, D.J.: Equilibrium in a Spatial Model of Imperfect Competition with Sequential Choice of Locations and Quantities. Canadian Journal of Economics 19 (1986), S. 685-715.

Salop, S.C.: Monopolistic Competition with Outside Goods. Bell Journal of Economics 10 (1979), S. 141-156.

Samuelson, P.A.: Spatial Price Equilibrium and Linear Programming. American Economic Review 42 (1952), S. 283-303.

Seelbach, H.: Investition. In: Bea, F.X., Dichtl, E., Schweitzer, M. (Hrsg.): Allgemeine Betriebswirtschaftslehre, Band 3: Leistungsprozeß, 6., neubearbeitete Auflage, Stuttgart, Jena (1994).

Schumann, J.: Grundzüge der mikroökonomischen Theorie. 6. Auflage, Berlin et al. (1992).

Scotchmer, S., Thisse, J.-F.: Space and Competition - A Puzzle. Annals of Regional Science 26 (1992), S. 269-286.

Selten, R.: Spieltheoretische Behandlung eines Oligopolmodells mit Nachfrageträgheit. Zeitschrift für die gesamte Staatswissenschaft 121 (1965), S. 301-324.

Selten, R.: Reexamination of the Perfectness Concept for Equilibrium Points in Extensive Games. International Journal of Game Theory 4 (1975), S. 25-55.

Selten, R.: The Chain Store Paradox. Theory and Decision 9 (1978), S. 127-159.

Serra, D., Marianov, V., ReVelle, C.: The Maximum-Capture Hierarchical Location Problem. European Journal of Operational Research 62 (1992), S. 363-371.

Serra, D., ReVelle, C.: Competitive Location in Discrete Space. In: Drezner, Z. (Hrsg.): Facility Location: A Survey of Applications and Methods, New York (1995), S. 367-386.

Shaked, A.: Existence and Computation of Mixed Strategy Nash Equilibrium for 3-Firms Location Problem. Journal of Industrial Economics 31 (1982), S. 93-96.

Shaked, A., Sutton, J.: Relaxing Price Competition Through Product Differentiation. Review of Economic Studies 49 (1982), S. 3-13.

Shaked, A., Sutton, J.: Natural Oligopolies. Econometrica 51 (1983), S. 1469-1483.

Shaked, A., Sutton, J.: Product Differentiation and Industrial Structure. Journal of Industrial Economics 36 (1987), S. 131-146.

Sherali, H.D., Soyster, A.L., Murphy, F.H.: Stackelberg-Nash-Cournot Equilibria: Characterizations and Computations. Operations Research 31 (1983), S. 253-276.

Shiau, T.H.: An LP-Based Successive Overrelaxation Method for Linear Complementarity Problems. Journal of Optimization Theory and Applications 59 (1988), S. 247-259.

Shilony, Y.: Hotelling's Competition with General Customer Distributions. Economics Letters 8 (1981), S. 39-45.

Smith, A.: An Inquiry into the Nature and Causes of the Wealth of Nations. 6. Auflage, London (1950); 1. Auflage von (1776).

Smith, T.E., Friesz, T.L.: Spatial Market Equilibria with Flow-Dependent Supply and Demand. Regional Science and Urban Economics 15 (1985), S. 181-218.

Smithies, A.: Optimum Location in Spatial Competition. Journal of Political Economy 49 (1941), S. 423-439.

Stackelberg, H.: Marktform und Gleichgewicht. Wien, Berlin (1934).

Stahl, K.: Differentiated Products, Consumer Search and Locational Oligopoly. The Journal of Industrial Economics 31 (1982), S. 97-113.

Stammbach, U.: Lineare Algebra. 2., durchgesehene Auflage, Stuttgart (1983).

Stoer, J.: Einführung in die Numerische Mathematik I. 4., verbesserte Auflage, Berlin et al. (1983).

Subramanian, P.K.: A Dual Exact Penalty Formulation for the Linear Complementarity Problem. Journal of Optimization Theory and Applications 58 (1988), S. 525-538.

Sutton, J.: Explaining Everything, Explaining Nothing? - Game Theoretic Models in Industrial Economics. European Economic Review 34 (1990), S. 505-512.

Sweezy, P.M.: Demand under Conditions of Oligopoly. Journal of Political Economy 47 (1939), S. 568-573.

Takayama, T., Judge, G.G.: Spatial and Temporal Price and Allocation Models. Amsterdam, London (1971).

Tamir, A.: On the Core of Cost Allocation Games Defined on Location Problems. Transportation Science 27 (1993), S. 81-86.

Tansel, B.C., Francis, R.L., Lowe, T.J.: Location on Networks: A Survey. Part I: The p-Center and p-Median Problems. Management Science 29 (1983-I), S. 482-497.

Tansel, B.C., Francis, R.L., Lowe, T.J.: Location on Networks: A Survey. Part II: Exploiting Tree Network Structure. Management Science 29 (1983-II), S. 498-511.

Tansel, B.C., Francis, R.L., Lowe, T.J., Chen, M.L.: Duality and Distance Constraints for the Nonlinear p-Center Problem and Covering Problem on a Tree Network. Operations Research 30 (1982), S. 725-744.

Tapiero, C.S., Desplas, M.: Optimal Location of Two Competing Facilities under Uncertainty. In: Thisse, J.-F. und Zoller, H.G. (Hrsg.): Locational Analysis of Public Facilities, Amsterdam et al. (1983), S. 315-330.

Teitz, M.B.: Locational Strategies for Competitive Systems. Journal of Regional Science 8 (1968), S. 135-148.

Teitz, M.B., Bart, P.: Heuristic Methods for Estimating the Generalized Vertex Median of a Weighted Graph. Operations Research 16 (1968), S. 955-961.

Tempelmeier, H.: Standortoptimierung in der Marketing-Logistik. Königstein/Ts. (1980).

Thisse, J.-F., Perreur, J.: Relations Between the Point of Maximum Profit and the Point of Minimum Total Transportation Cost: A Restatement. Journal of Regional Science 17 (1977), S. 227-234.

Thurstone, L.L.: Psychological Analysis. American Journal of Psychology 38 (1927), S. 368-389.

Tijs, S., Driessen, T.: Game Theory and Cost Allocation Problems. Management Science 32 (1986), S. 1015-1028.

Tirole, J.: The Theory of Industrial Organization. Cambridge, London (1988).

Tobin, R.L., Friesz, T.L.: Formulating and Solving the Spatial Price Equilibrium Problem with Transshipment in Terms of Arc Variables. Journal of Regional Science 23 (1983), S. 187-198.

Tobin, R.L., Friesz, T.L.: Spatial Competition Facility Location Models: Definition, Formulation and Solution Approach. Annals of Operations Research 6 (1986), S. 49-76.

Varga, R.S.: Matrix Iterative Analysis. New Jersey (1962).

Vidal, M.: Kämpferische und wirtschaftsfriedliche Strategien im Wettbewerb zwischen Pionier und Nachzügler. Zeitschrift für Betriebswirtschaft 66 (1996), S. 147-165.

Vogel, K.-H.: Das Steiner-Weber-Problem und Erweiterungen des Problems bei der Bestimmung optimaler Standorte. Dissertation, Hamburg (1978).

Wagner, J.L., Falkson, L.M.: The Optimal Nodal Location of Public Facilities with Price-Sensitive Demand. Geographical Analysis 7 (1975), S. 69-83.

Walras, L.: Eléments d´économie politique pure. Paris, Lausanne (1926); zuerst erschienen (1874).

Weber, A.: Über den Standort der Industrien. 1.Teil: Reine Theorie des Standorts. 2. Auflage, Tübingen (1922); zuerst erschienen (1909).

Weinberg, J.: Bertrand Oligopoly in a Spatial Context. Regional Science and Urban Economics 15 (1985), S. 263-275.

Wendell, R.E., Hurter, A.P.: Optimal Locations on a Network. Transportation Science 7 (1973), S. 18-33.

Wendell, R.E., McKelvey, R.D.: New Perspectives in Competitive Location Theory. European Journal of Operational Research 6 (1981), S. 174-182.

Wen, U.-P., Hsu, S.-T.: Efficient Solutions for the Linear Bilevel Programming Problem. European Journal of Operational Research 62 (1991), S. 354-362.

Werner, J.: Optimization Theory and Applications. Braunschweig (1984).

Weskamp, A.: Existence of Spatial Cournot Equilibria. Regional Science and Urban Economics 15 (1985), S. 219-227.

Whitmore, H.W.: Plant Location and the Demand for Investment: A Theoretical Analysis. Journal of Regional Science 21 (1981), S. 89-101.

Wied-Nebbeling, S.: Markt- und Preistheorie. Berlin et al. (1993).

Williams, H.P.: Model Building in Mathematical Programming. 2. Auflage, Chichester et al. (1985).

Wolfe, P.: The Simplex Method for Quadratic Programming. Econometrica 27 (1959), S. 382-398.

Young, H.P.: Cost Allocation. In: Aumann, R.J., Hart, S. (Hrsg.): Handbook of Game Theory, Vol. II, Amsterdam et al. (1994), S. 1193-1235.

www.ingramcontent.com/pod-product-compliance
Lightning Source LLC
LaVergne TN
LVHW010648051026
849532LV00001B/212
9783790810318